昆铜乡志

《昆铜乡志》编纂委员会　编

方志出版社
Publishing House of Local Records

图书在版编目(CIP)数据

昆铜乡志 /《昆铜乡志》编纂委员会编 .—北京 :
方志出版社, 2021.12
ISBN 978-7-5144-5118-4

Ⅰ. ①昆… Ⅱ. ①昆… Ⅲ. ①乡镇－地方志－安吉县
Ⅳ. ①K295.55

中国版本图书馆CIP数据核字(2022)第232981号

责任编辑：李志瑜
责任校对：刘玉霞
责任印制：梅中英
出 版 者：方志出版社
地　　址：北京市朝阳区潘家园东里9号(国家方志馆4层)
邮　　编：100021
网　　址：http://www.zgfzcb.cn
发　　行：方志出版社图书营销中心(010-67110500)
印　　刷：杭州富春印务有限公司
开　　本：889毫米×1194毫米　1/16
印　　张：31.75
字　　数：708千字
版　　次：2021年12月第1版
印　　次：2021年12月第1次印刷
定　　价：398.00元

《昆铜乡志》编纂委员会

顾　问　唐银荣

第一届（2016 年—2019 年）

主　任　陈小龙

副主任　马洪亮

委　员　汤常欢　曹根迪　尚亿琴

第二届（2019 年—2021 年）

主　任　符海滨

副主任　徐启龙

委　员　汤常欢　郭　伟　曹根迪　尚亿琴

第三届（2021 年）

主　任　夏中金

副主任　朱越峰

委　员　郑　浩　王舒君　游丹熠　曹根迪

《昆铜乡志》编纂部

主　　编　江铭新

执行编辑　袁成民　程太平　徐晓洪

摄　　影　舒国平

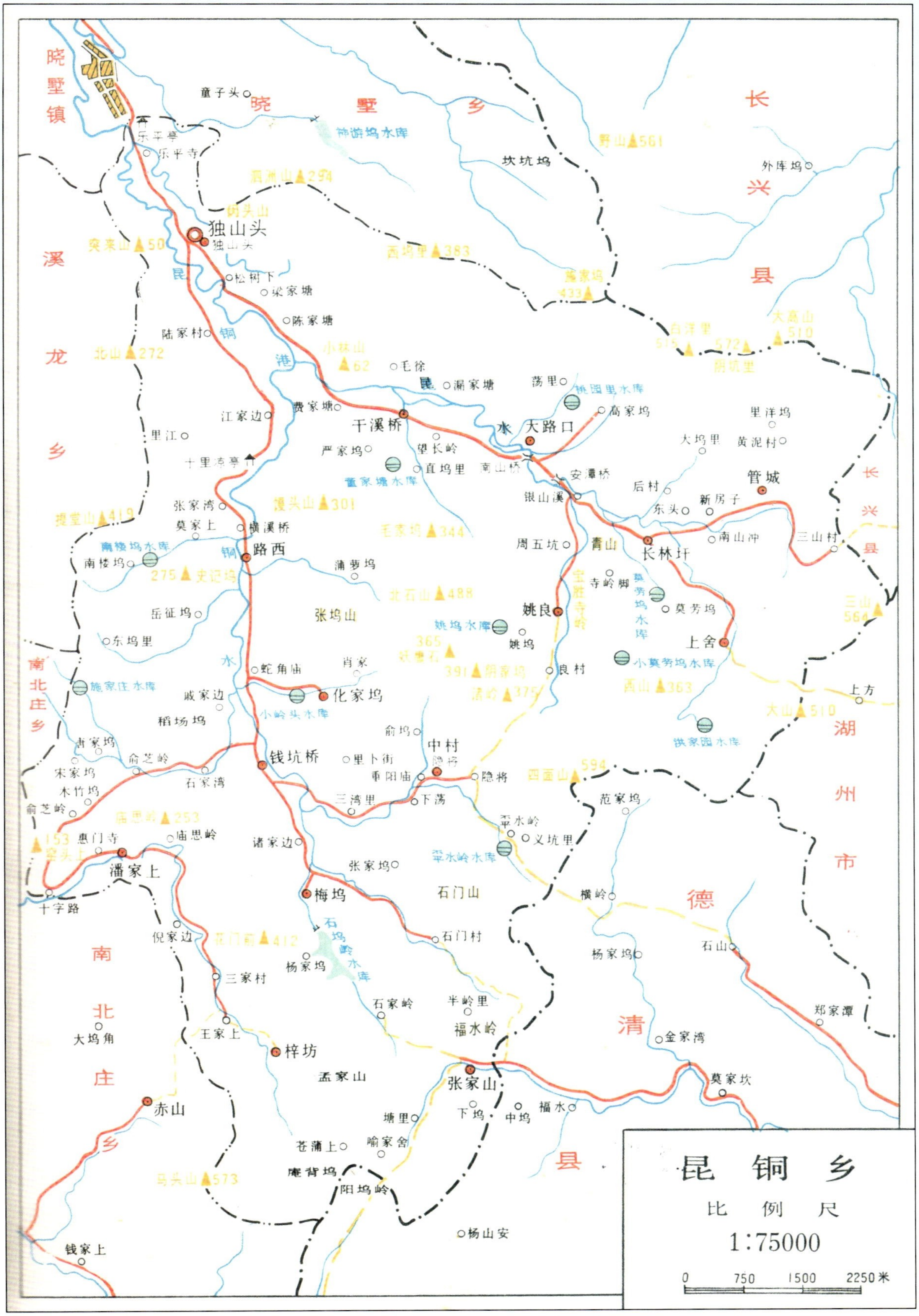

▲ 1984年昆铜乡政区图(选自《浙江省安吉县地名志》)

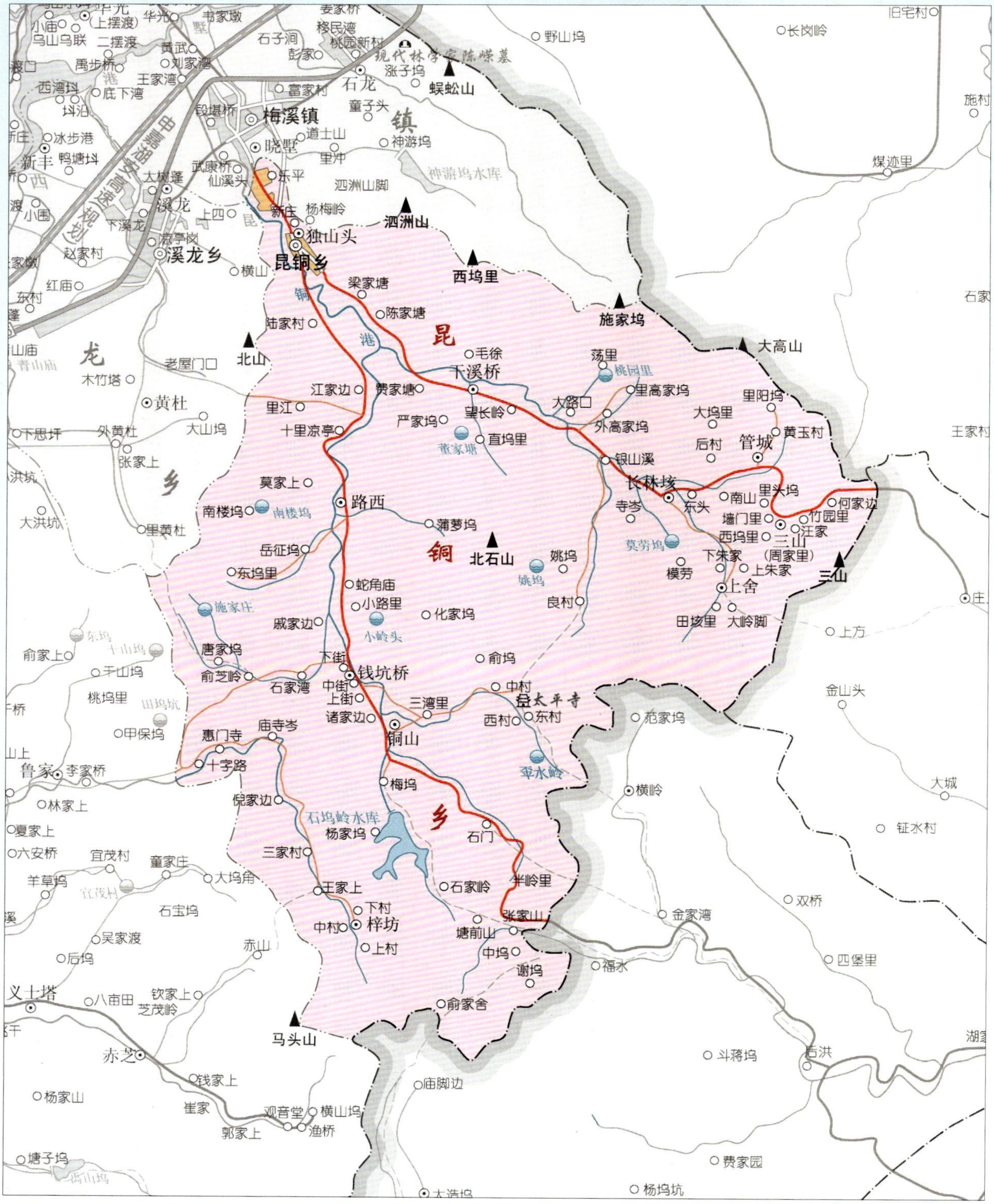

▲ 昆铜乡政区图【安吉县政区图(审图号:浙S〔2009〕206号)截图】

▲ 2011年昆铜乡地形图

▲ 历史上的昆山乡与铜山乡图

▲ 昆铜乡政府（2011年5月摄）

▲ 铜山石门

（2010年5月摄）

▲ 竹溪湿地（2010年5月摄）

▲ 化家坞古银杏树（2010年5月摄）

▲ 江家边铜山溪中的安吉大鲵(2014 年摄)

▲ 铜山门(回音壁)(2010 年 5 月摄)

▲ 乐平亭(2010 年 5 月摄)

▲ 石坞岭水库(2010年5月摄)

▲ 路西村十里亭(2010年5月摄)

▲ 上舍村至德清县横岭村范家坞的盘山公路(2010年5月摄)

▲ 大路口古道(2010年5月摄)

▲ 庙思岭古道(2010年5月摄)

▲ 上舍村上朱家石拱桥
（2010年5月摄）

▲ 1942年吴兴县政府在上舍村创办的《吴兴日报》遗址
（2010年5月摄）

▲ 抗日战争时期《吴兴日报》印刷机（2010年5月摄）

▲ 隐将太平观(纯阳殿)(2010年5月摄)

▲ 隐将太平观(天将殿)(2010年5月摄)

▲ 长林垓宝胜寺
(2010年5月摄)

▲ 三山秀峰寺(2010年5月摄)

▲ 麒峰寺灵塔(2010年5月摄)

▲ 南楼坞麒峰寺(2010年5月摄)

▲ 钱坑桥下街关帝庙(2010年5月摄)

▲ 筋竹关总管庙(2010年5月摄)

▲ 上舍村龙博物馆(2010年5月摄)

▲ 梓坊茶文化展示馆(2010年5月摄)

▲ 朱才雕像(2010年5月摄)

▲ 杨植之墓(2010年5月摄)

▲ 上舍村(2010年5月摄)

▲ 三山村(2010年5月摄)

▲ 路西村(2010年5月摄)

▲ 独山头村（乡政府所在地）（2010年5月摄）

▲ 干溪桥村（2010年5月摄）

▲ 长林垓村(2010年5月摄)

▲ 管城村(2010年5月摄)

▲ 钱坑桥村（2010年5月摄）

▲ 铜山村(2010年5月摄)

▲ 梓坊村(2010年5月摄)

▲ 梓坊钱氏宗谱

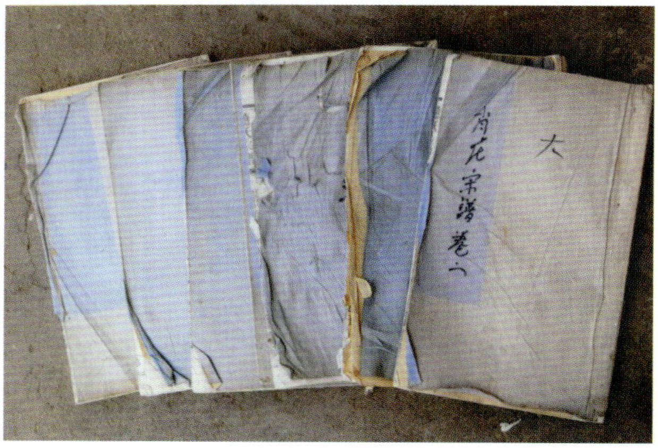

▲ 化角坞肖氏宗谱

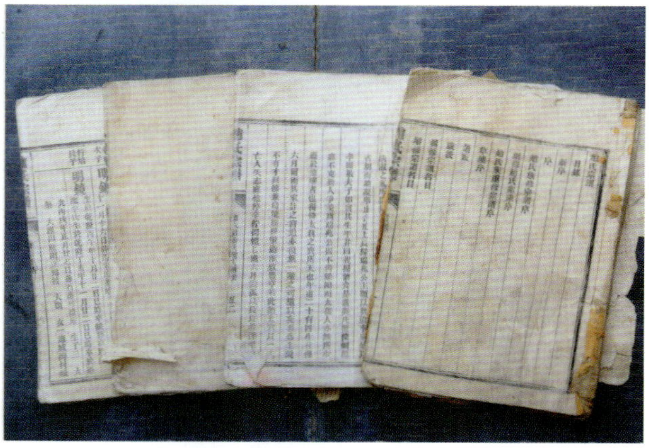

▲ 化角坞赵氏宗谱

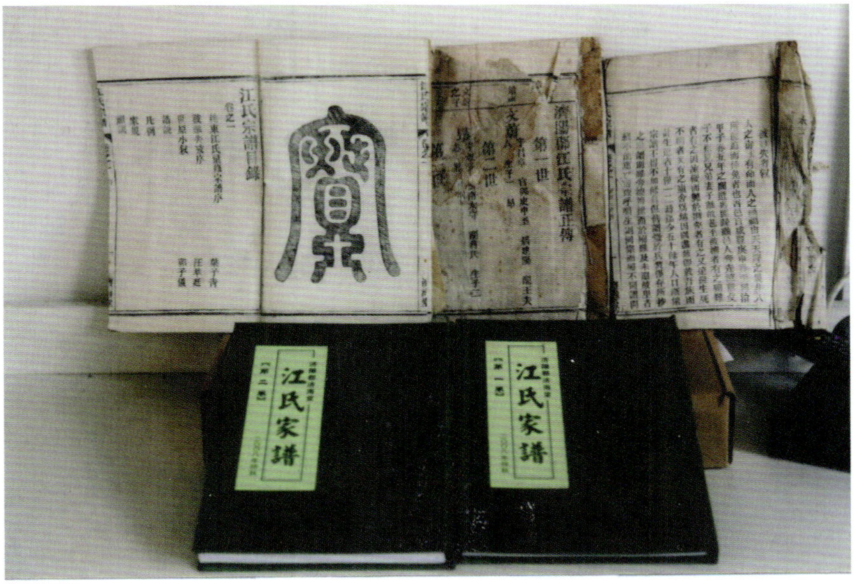

▲ 路西村江家边江氏宗谱

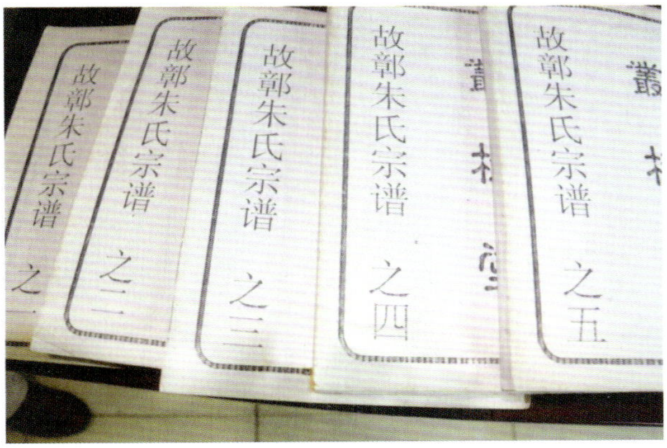

▲ 上舍村故鄣朱氏宗谱

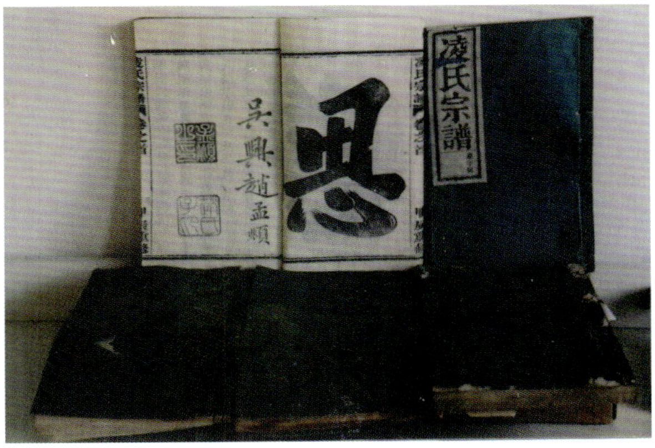

▲ 路西村蒲芦坞凌氏宗谱

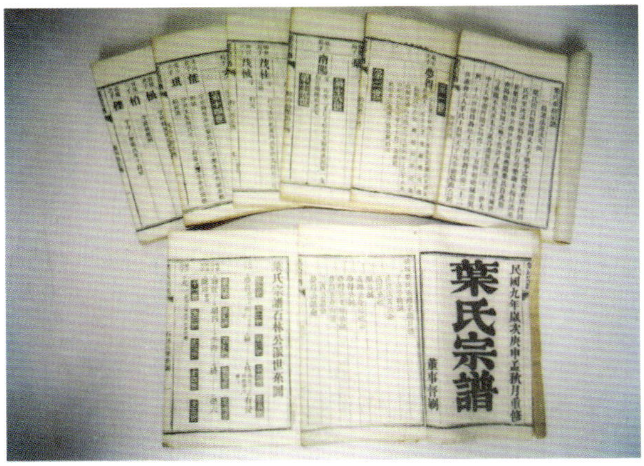

▲ 路西村南楼坞叶氏宗谱

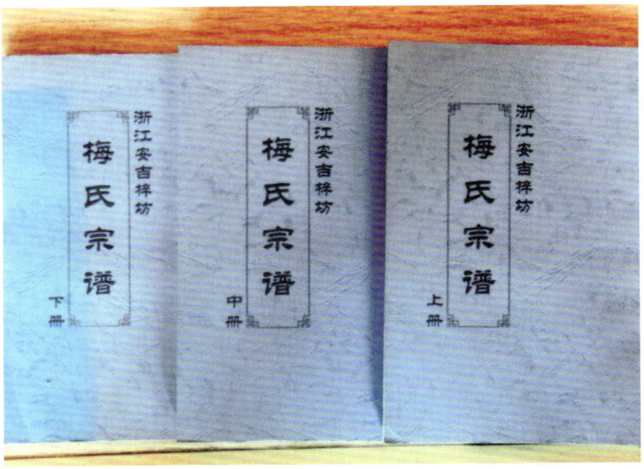

▲ 梓坊梅氏宗谱

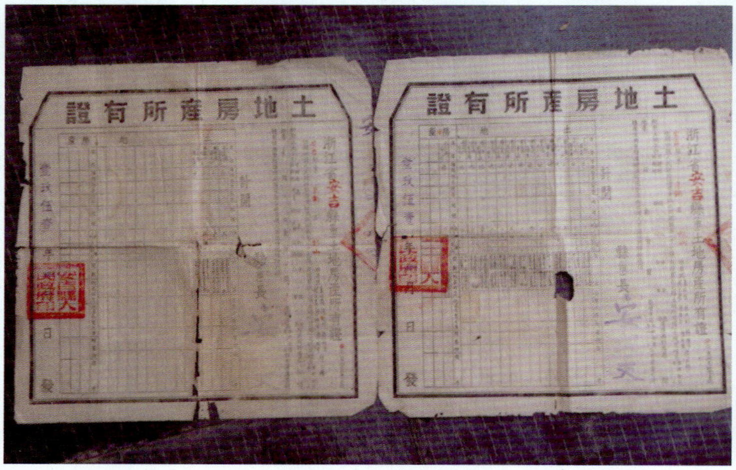

▲ 中华人民共和国成立初安吉县政府颁发的“土地房产所有证”（化家坞村）

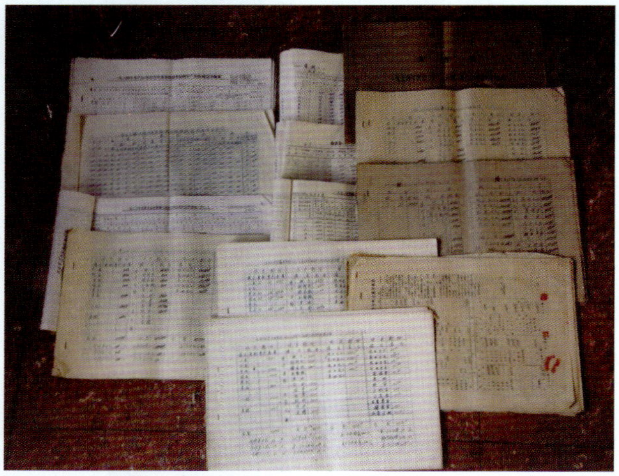

▲ 路西村保留的历年账册

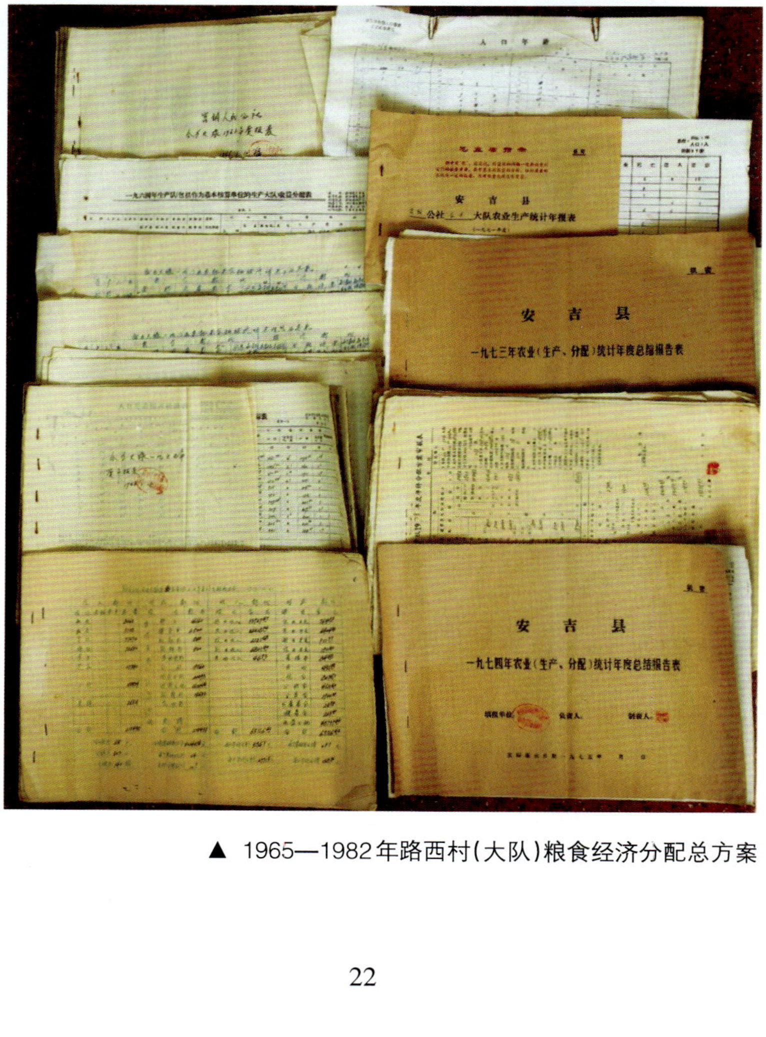

▲ 1965—1982年路西村（大队）粮食经济分配总方案

▲ 峰晖公司竹木工艺品样品展示

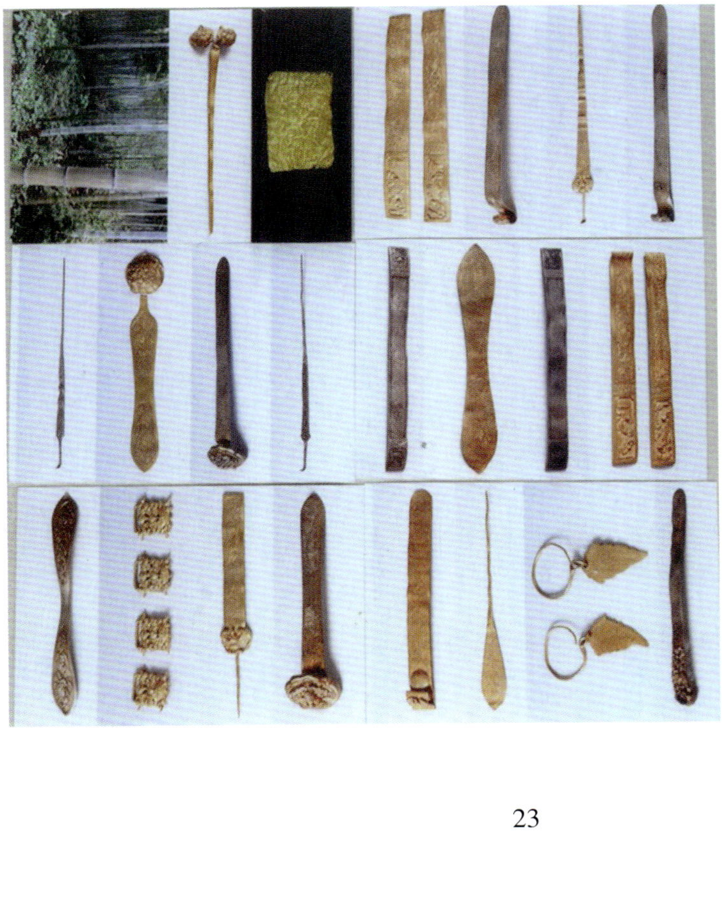

▲ 管城村出土金银窖藏部分饰品

▲ 朱兆年画室

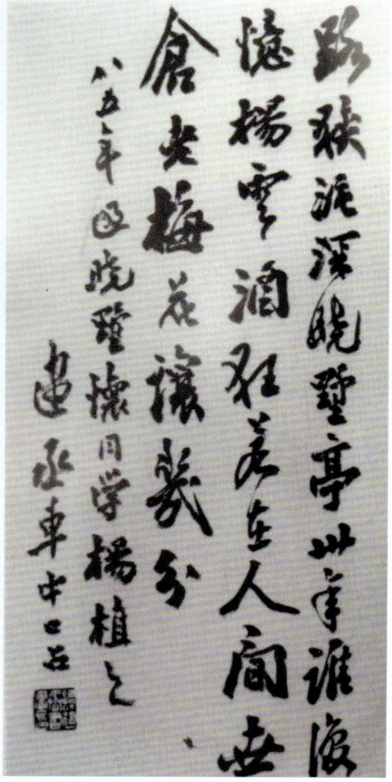

▲ 湖州市政协原副主席潭建丞怀念杨植之所做书法作品

▲ 独山头李益程书画

▲ 独山头李益程书画

▲ 上舍朱兆年书画

▲ 上舍朱兆年书画

▲ 谢百根竹根雕

▲ 谢百根竹根雕

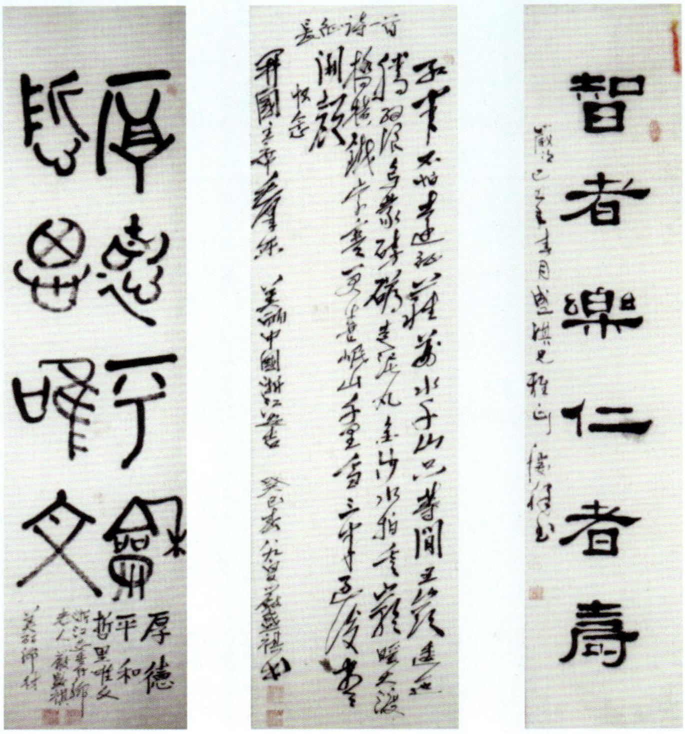

▲ 严盛棋书画

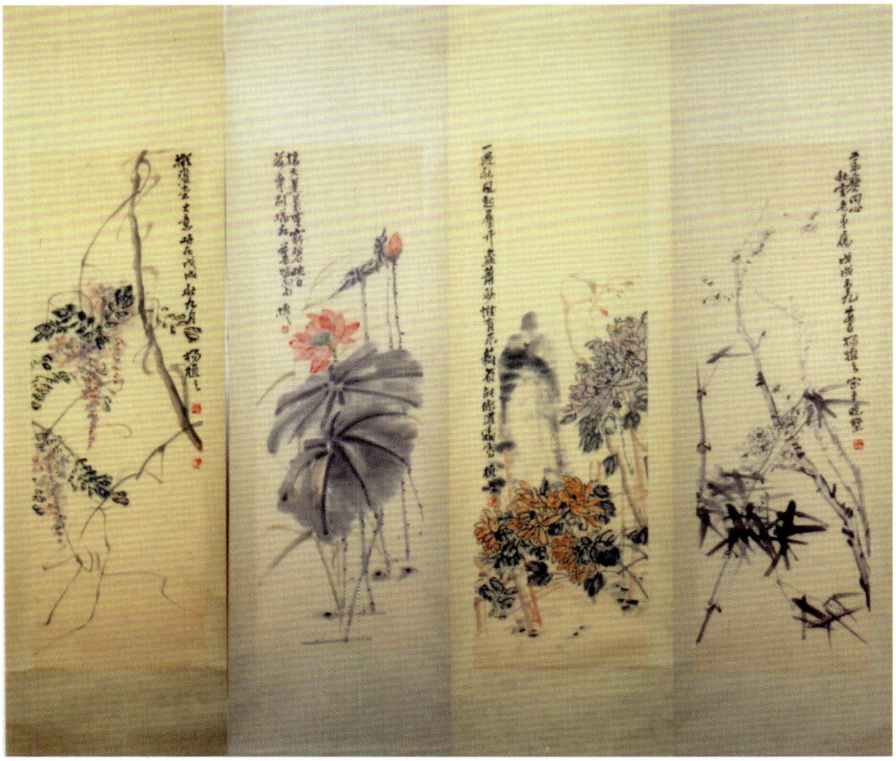

▲ 杨植之书画

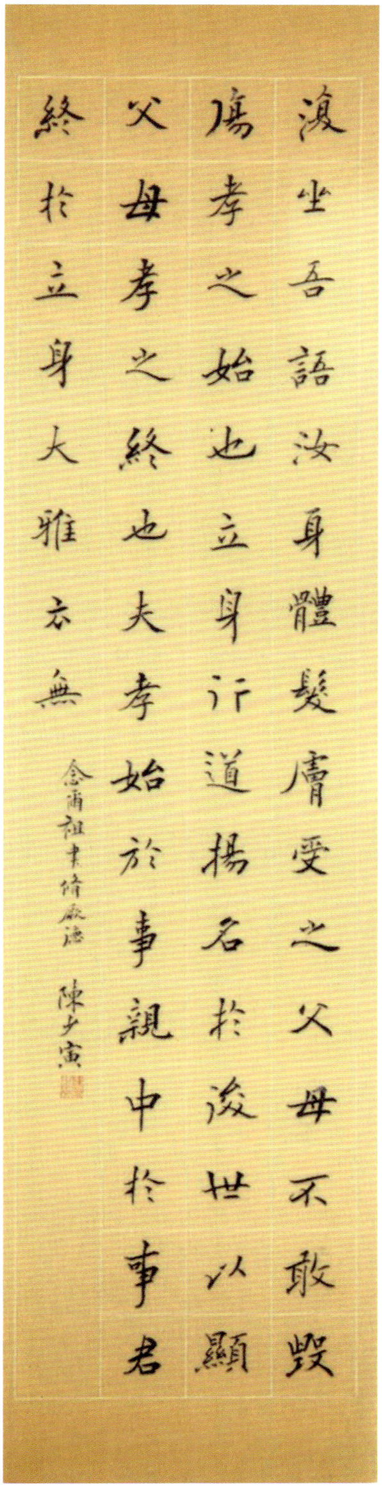
復坐吾語汝身體髮膚受之父母不敢毀
傷孝之始也立身行道揚名於後世以顯
父母孝之終也夫孝始於事親中於事君
終於立身大雅云無
念爾祖聿脩厥德
陳少寅

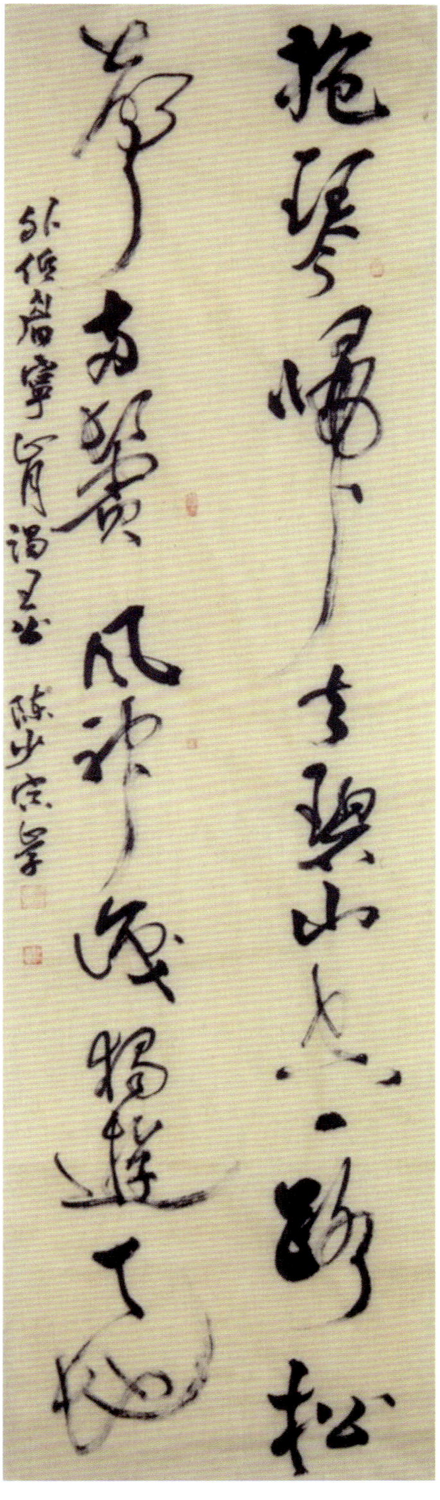

▲ 陈少寅书画

▲ 上舍竹叶龙在天安门广场表演(2008年摄)

▲ 2009年上舍竹叶龙应邀参加法国第三十七届和平艺术节展演

序　一

昆铜因境内昆山、铜山两山首字得名，一直以来，以厚重的历史、灿烂的文化、茂林修竹的幽雅风光而闻名。2012年5月，昆铜乡并入梅溪镇。在各级领导和社会各界人士的重视和帮助下，历经五载，《昆铜乡志》暨安吉县首部乡镇志终于付梓，令人欣喜，值得庆贺。

昆铜历史悠久，人文荟萃，六朝时有朱才、施斌、吴均等；六朝和唐时葛洪、陶弘景、陆龟蒙等隐居境内修身养性、著书立说。由此，也造就了太平观、乐平亭等诸多胜景和文物古迹，一直以来为安吉县宜居之地。中华人民共和国成立后特别是改革开放以来，昆铜乡在中国共产党的领导下，发生了翻天覆地的变化。《昆铜乡志》充分运用遗存的乡土文献和现实资料，略古详今，记述的内容涵盖昆铜的地理环境、村庄变迁和人文轨迹，并着重记述了20世纪50年代到进入21世纪的历史轨迹，堪称昆铜最完整、最系统的乡情大全，是昆铜地区的百科全书。

《昆铜乡志》涉及的时间跨度大、地域范围广。主编江铭新本着爱家乡的淳朴信念，收集资料、跑遍昆铜的山山水水，征集古今逸闻趣事，心记笔录。编辑们致力于收集、梳理和研究昆铜各种丰富资源，深度发掘，严谨论证，一丝不苟，力求精品。县内有关文史、志书、文学等方面的专家学者，以及近几十年来亲历昆铜发展变迁的多位老昆铜人和曾在昆铜工作过的老前辈，也给予了极大地指导和帮助。在此，我们表示衷心地感谢。

盛世修史，懿年纂志。习近平总书记指出，要高度重视修史修志，让文物说话、把历史智慧告诉人们。昆铜的建设发展是我县乡村建设发展的缩影，也是现代社会浩荡向前在一个乡镇的生动反映。《昆铜乡志》是一部历代先辈励精图治、薪火相传的奋斗史，具有“存史、资政、育人”的功能；更是一项昆铜人留住乡愁、赓续乡情的文化工程，具有慰藉乡思、热爱家乡作用，将不断激励和推动昆铜人民建设更美好幸福的明天。

中共梅溪镇党委书记

梅溪镇人民政府镇长

2021年7月

序　二

盛世修志，志资盛世。编纂地方志是中华民族优秀文化传统。地方志书是全面系统地记述一地自然、政治、经济、文化和社会的历史与现状的资料性文献，具有“资治、教化、存史”之功能。我国历史上留存海量的省府州县志，一般官修。也留有少量的民修乡镇志。中华人民共和国成立后，乡镇属一级政权，志书一般也由官修。安吉县历代有官修县志，无乡镇志。

昆铜乡位于安吉东部，东南分别与长兴、吴兴、德清交界，以昆山、铜山合称而得名。乡域似两张并蒂的树叶，昆水、铜水为叶茎，两侧山坞为叶脉。是安吉一个典型的山区产竹乡。昆铜历史悠久，境内有安吉最古老的乐平寺（20世纪70年代被毁），南朝宋元嘉元年（424）信义太守施彬（斌）舍宅建。据文献记载，唐时已设置昆山乡、铜山乡，昆铜地域属之。民国36年（1947）正式建立昆铜乡，后虽有变更，但地域范围基本不变。自安吉及其前身故鄣建县以来，昆铜地域即为县修身养性宜居之地，不时有名人来隐居，形成了许多人文地名和故事，如隐将由三国吴朱才隐居而传，葛坞由东晋葛洪隐居而传，石门由南朝齐梁吴均隐居而传，隐坞由南朝梁陶弘景隐居而传。宋元及明时，施氏、朱氏、凌氏、江氏、叶氏、王氏、诸氏、张氏、李氏、钱氏等氏族移居昆铜，人丁兴旺，现仍为境内主要氏族。清末，太平天国运动和瘟疫后，人口锐减。随后招徕移民垦荒。新中国成立后特别是改革开放以来，在中国共产党的领导下，昆铜乡发生了翻天覆地的变化，成为生产发展、生活富裕、生态良好、美丽宜居的美丽乡村。

昆铜老同志江铭新从20世纪70年代后期开始一直在昆铜村、乡工作，对昆铜的今昔变迁感悟至深；同时他又是一个乡村文人，爱好乡域历史、氏族繁衍、文化传统、名胜古迹、名人传说等资料收集。我认识江铭新，是在他编纂《路西村志》时，当时我在县档案局（馆）工作，就村志编纂与他多次交流，并到访过其工作室。2017年6月的一天，江铭新到我办公室，表达编纂《昆铜乡志》的想法，而我正为如何消灭安吉乡镇志空白发愁，表示全力支持。在市地方志编纂室帮助下，我找来全国名镇志《双林镇志》予之参考。后与他接触十分频繁，主要是就有关编纂纲目、具体内容、资料查找、初稿修改等进行交流。2020年11月19日我主持召开初审会，提出修改意见；随后又协助落实有关内容修改。2021年5月15日我主持召开复审会，并出具《复审意见书》。现《昆铜乡志》即将付梓，安吉县第一部乡镇志即将诞生，实感欣慰。

《昆铜乡志》上溯汉末三国，下迄2012年5月该乡撤并，对昆铜乡建置、自然、政治、经济、文化、社会等方面历史，作了较为全面、系统的记述，基本做到了“横分门类不缺要项，纵述史实不断主线”；资料翔实、内容丰富，观点正确、体例完整，乡土气息浓厚、地域特色突出，文风朴实。《昆铜乡志》是首志，也是末志；是宣传、了解昆铜的唯一一部百科全书，更是昆铜地域文化建设的标志性成果。限于条件，这部乡志难以尽善尽美，但亦不可苛求。

县志记载偏重于县域历史的“基本面”，如果想要还原某个具体乡镇或村域社会历史变迁的更详细史实、更丰富细节，最理想的方式是编纂乡镇志、村志。特别是现在，我们正处于经济大发展、地貌大变化、社会大变迁、文化大变革的日新月异的历史时期，编纂乡镇志、村志更有现实和历史意义。这是我们这一代人的现实责任，更是赓续地方文化的历史责任。值此《昆铜乡志》问世之际，希望各级领导和各方志士仁人关心支持乡镇志编纂，兴起安吉县乡镇志编纂的高潮，为把安吉建设成中国最美县域、共同富裕的县域样本做出积极贡献。

安吉县政府地方志编纂室原主任　唐银荣

2021年7月

凡　例

一、《昆铜乡志》坚持以马克思列宁主义、毛泽东思想、邓小平理论、“三个代表”重要思想、科学发展观、习近平新时代中国特色社会主义思想为指导，坚持辩证唯物主义和历史唯物主义的立场、观点和方法，坚持“实事求是、客观述记、突出特色、以质立言”的修志原则，按照存史、资政、育人的要求，全面客观记述昆铜乡的历史和现状，突出区域经济和文化特色。

二、记述地域范围，以2012年5月昆铜乡行政区域为主。为记事完整，对历史上曾属昆山、铜山范围内的人和事适当追溯记述。

三、记事时限上溯事物发端，下迄2012年5月。为记事完整，或因为统计关系，部分稍有后延，力求明古详今。

四、全书由概述、大事记、专志、丛录四部分组成。“概述”综述乡情，总揽全书；大事记以编年体为主，结合纪事本末体；“专志”采用记述体，以章、节、目、子目为框架，章下冠以无题小序，分建置沿革、自然、政治、经济、文化、社会等编，纵述史实；“丛录”作适当考证。志首及随文配以照片、图表。

五、历史纪年：中华人民共和国成立之前纪年以朝代年号加注公元，中华人民共和国成立之后使用公元纪年。

六、所载历史地名均用当时名称，并括注今名。乡内组织、机关亦用当时名称。“注销的村名”为1984年以后注销的行政村或自然村名。

七、历史计量沿用旧制，不再换算。

八、本志所称“解放前”“解放后”，以1949年4月30日安吉解放日为界。

九、“人物传记”主要记录昆铜籍和在昆铜客住、工作过的典型人物，以出生年月为序，生不立传。“人物选介”设功勋人物、劳模、副处级以上人物和当代知名人士、企业领军人物等，以出生年月为序。“参战老兵”“其他人才”等人物以名录形式呈现。

十、本志资料来源于档案、方志、家谱、历史文献、报刊、专著以及当事人、知情人的口述；数据采自文献资料、官方统计报表，个别酌用相关单位提供的资料。一般不注明出处。

目　录

第五章　人口 婚姻 姓氏

第六章　乡村建设

第七章　农业经济体制

第八章　农　业

第九章　林　业

第十章　水利　电力

第十一章　交　通

第十二章　邮电　广电

第十三章　工业　财贸

第十四章　民间文化

第十五章　教　育

第十六章　卫生　体育

第十七章　军事　治安

第十八章　村民生活

第十九章　风俗　宗教

第二十章　人　物

第二十一章　丛　录

概 述

一

昆铜乡位于安吉县东部，地处天目山北麓东支山脉末端。东临长兴县和吴兴区，南邻德清县，西连溪龙乡和递铺镇，北接梅溪镇，以昆山、铜山各取首字而得名。地理位置在北纬30°38′～30°45′，东经119°45′～119°53′之间。乡域面积90.97平方千米。昆铜乡四面环山，乡域地图形似两张并蒂的树叶。昆水和铜水为叶茎，两侧山坞似叶脉遍布域内。两条叶茎在陈家塘相聚形成叶柄，伸向独山头。乡政府驻独山头，西南距县城23千米，东北距湖州市区43千米，东南距杭州市区89千米。

全乡地貌素有“七山二田一分水”之说。昆山植被多为毛竹林，昆水两岸有耕地千余亩；铜山植被多为薪炭林，竹林和白茶园参差错落，铜水两岸有耕地数百亩。昆铜两水下游两岸是浙江省最大的小竹林湿地。

文献记载，唐朝时安吉县已设置昆山乡和铜山乡，其地域基本为21世纪初的昆铜、溪龙和南北庄三乡范围。民国初期沿用旧制，昆山、铜山两乡共设14庄，有自然村91个。以后，变动频繁。民国36年（1947）合并为昆铜乡，区域范围与今相仿，下辖13保、100甲。

1949年5月解放后沿用旧制，称昆铜乡。1950年4月分建昆山乡和铜山乡，1956年2月两乡合并建昆铜乡。1958年9月昆铜乡等3乡1镇合建晓墅人民公社。1959年3月成立晓墅公社昆铜管理区。1961年8月，昆铜管理区从晓墅公社划出重建昆铜公社。1984年1月，昆铜公社改称昆铜乡，生产大队改称行政村，生产小队改称村民小组。2012年5月撤并前，下辖10个行政村，140个村民小组；有85个自然村、16300余人。

新石器时代至商周时期，安吉先民就在昆铜一带居住与生活。春秋后期，山越人在这里顽强地与大自然争斗，得以生存、繁衍。三国时期，朱治、朱才等战将猛士跃马扬鞭，常驰骋于昆铜山间古道，这里还成为他们晚年的安居地；当阳侯朱然祖居独山头北，其孙东晋征西大将军施斌，以独山头为食邑之地，并建乐平寺。南朝时期，一代文学巨匠吴均从昆铜青山走出，一生著作丰硕，文章为后人仰止。此后，代有才人，似昆溪铜水川流不息。这里崇山峻岭，翠竹漫岗，为天目山北麓的天然屏障，堪称世外桃源。每遇朝代更替，常有一些前朝官员到该地隐居或避难，从而为昆铜增添了新居民。

太平天国运动在昆铜地区持续五年之久，其间又遭饥荒瘟疫，其后幸存者仅十之一二。清末和民国期间，各姓氏续修的家谱中无不简要记述了该次灾难惨象。是时，尸骨暴于途，土地全荒芜，阡陌无人迹，令人扼腕叹息。战后，清政府实行招徕政策，大量的豫鄂皖苏和浙东南移民迁入垦荒，逐步填补了遇难人口，同时带来了各地的方言、习俗、民风、文化。久而久之，与当地人融为一体。

几千年来的封建社会和农耕经济，人民赖以生存的物质基础土地，却全掌握在官僚、地主手中。劳动人民若遇战乱和自然灾害，便饥寒交迫，民不聊生。中华人民共和国成立后，在中国共产党的领导下，土地回到了劳动人民手中，乡人第一次实现了普遍温饱。互助组、集体化增强了抵御自然灾害的能力，乡人生活水平逐步提高。改革开放后，农业生产逐步实现机械化，多余劳力经商、办企业，昆铜经济迅猛发展，昆铜人的生活安谧而幸福。

二

昆铜地区属亚热带季风气候，四季分明，雨量充沛。有记录的年均日照1850.8小时，年均温度15.8℃，近半个世纪的年均降水量1491.9毫米，气候宜人，植被丰茂。昆铜地势东南高、西北低，两条十余千米的大山坞中蕴藏着丰富的林业资源。昆山片上游毛竹林茂密，铜山片上游竹木杂生，昆水、铜水和梓坊溪沿岸遍生小杂竹。林业资源尤以竹类为著，全乡有山林11.5万亩，其中毛竹林4.04万亩、小竹林2.01万亩。自古以来，上游山区各村以林业为主，下游接近平原处以种植业为主。

宋代，晓墅已成为安吉的竹子、木材、柴、炭等林产品集散地。山林为村民赖以生存的主要经济来源。解放前，山林属于地主大户，林木长期处于自然生长状态，荒山随处可见。中华人民共和国成立后，广大农民分得山林，党和政府号召绿化造林，实施封山育林，扩大竹林面积，提高立竹量。计划经济时期，全公社每年(度)按国家计划指标砍伐、投售毛竹、小竹、木材、木炭。

集体化以后，社队逐步开始用毛竹和小竹加工各种农业生产工具、生活用具和竹工艺品，增加竹子的附加值。1975年开始，竹资源开发利用的速度加快，竹子产值占林业总产值的70%，竹林面积和产量随之增加。改革开放后，昆铜200余家竹加工企业生产的白竹、青竹、竹渔具、火炬、沙滩围栏等产品、工艺品销往国内外。1999年，昆铜被省林业厅命名为“百竹之乡”。进入21世纪，全乡竹加工产品出口创汇超1亿美元，竹加工业逐步成为昆铜乡经济的重要支柱产业。

昆铜传统粮油作物有水稻、油菜、麦类等。但由于山区田水冷、光照短，向来产量较低。1950年实行土地改革，昆铜全体村民都分得了田地，极大地激发了生产热情。以后又建立互助组、合作社、人民公社，走上集体化道路，社员大搞农田基本建设，改田造地，兴修水利，增强了抵御自然灾害的能力，引种水稻新品种，改单季为双季，使用化肥和农药，产量大幅度提高。1958年的“大跃进”，出现了瞎指挥，加上三年困难时期，粮食减产。1961年以后逐步得到恢复。“文化大革命”期间，农业生产再度遭受损失。但20世纪60—70年代的改田造地运动，全公社耕地增加千余亩，逐步增加了粮食总产量，初步改变了昆铜历史上长期缺粮的局面。改革开放后，1982年实行家庭联产承包责任制，村民生产热情一度高涨，推广种植杂交水稻，亩产达千斤。20世纪90年代，农户开始调整农业产业结构，传统的农业经营模式发生变化，粮食种植比重下降，茶叶、水果、苗木、蚕桑等经济作物增多，散养耕牛、猪、羊、鸡、鸭等大幅减少，而养殖大户增加。接着，实行土地流转，农业大户增加，机械化程度提高，多余劳动力从事工业和第三产业。从此，昆铜农业不再以粮食生产为主。2000年前后，安吉白茶生产经济效益大增，昆铜乡逐步形成白茶育苗、种植、采摘、加工、销售一条龙的产业链，逐步成为昆铜农业的支柱产业。

三

中华人民共和国成立前，昆铜没有工业，仅有几座砖瓦窑和几家土纸厂以及手工竹木加工作坊。中华人民共和国成立后，党和人民政府扶持手工业和家庭工业发展。1956年，手工业者参加乡手工业联合社，开设竹器厂、木器社、农具厂等。1958年，昆铜公社开办砖瓦厂。1962年，公社办起竹器厂。1968年创办公社农具厂。1970年，全公社的社队企业年产值40万元。1974年，昆铜公社通电，逐步办起锯板厂、鱼竿厂、石粉厂、粮食和饲料加工厂。1984年，公社、大队改为乡、村建制，全乡实行土地承包责任制，大量劳动力从土地上解放出来，个体、私营企业蓬勃发展。同年，全乡工业产值增至2000万元。

改革开放大潮中，境内的私营企业迅速发展，从手工绣花、针织厂到羊毛衫家庭作坊，一路发展壮大，村办企业相继增加，规模逐步扩大。到1990年，全乡工业企业增至200多家。全乡涌现出一大批乡办企业领军人物，集体工业走在了全县前列。1993年起，乡办、村办集体企业逐步改为股份合作制企业，乡村集体股份逐步退出，个体私营企业占了主要地位。1998年，全乡共有私营企业203家，有职工5338人，年产值3.66亿元。

进入21世纪，乡政府坚持“生态立乡、工业强乡、产业兴乡”发展战略，引进内资企业6家、中外合资企业5家，昆铜乡的工业经济快速增长。到2012年，全乡有工业企业150家，其中年产值2000万元以上规模企业11家，小型企业200多家，生产各种五金、搪瓷、铸造、竹木制品、竹工艺品、转椅配件和塑料制品、纺织品和麻纺织品等产品。全乡工业总产值18.2亿元，缴纳税金3140万元。

四

千百年来，昆铜通往各村的道路均是卵石铺设的古道或羊肠小道。竹木柴炭用肩挑背驮出山，再用骡马驮载或水运到晓墅出售。道路泥泞狭窄，行人过溪涉水，遇到洪水须翻山越岭绕道而行。山区毛竹靠溪水放运到晓墅出售。1947年2—5月，乡公所发动乡民自筹资金，分派义务工修筑晓墅至钱坑桥、独山头至长林部分道路，不久被洪水冲毁数段。中华人民共和国成立后，依靠集体力量逐步加宽山间道路，独轮车、双轮车得到广泛使用。20世纪60年代，修建晓钱线、独长线砂质公路，汽车开进大山深处。70年代，修筑山村、田间机耕路，手扶拖拉机爬上了山间梯田，毛竹、毛料改用汽车装运。改革开放后，公路不断拓宽并硬化，林道不断向山沟延伸。进入21世纪，境内村村通公路，并延伸到各自然村各农户门口，汽车到山脚装载山货。昆铜交通日新月异。代步工具从70年代的自行车，80年代的摩托车，90年代的小巴、中巴发展到21世纪的电瓶车、小轿车。如今，几乎家家有小轿车。货物运输从肩挑背扛，独轮车、双轮车、机动三轮车、拖拉机到载重货车。

中华人民共和国成立前，昆铜山区村庄除地主富户外，村民房舍低矮破旧，千百年来变化微小。中华人民共和国成立后至改革开放前，村民的茅屋经过多次更换，普遍为泥墙木架盖瓦楼房。改革开放后，村庄建设加快，村内道路拓宽。2008年开始，实施村庄整治，建设美丽乡村。2010年，加快精品村建设步伐，村庄整洁，道路硬化，四旁绿化，家庭建设美丽庭园，引入清洁自来水，污水净化排放，垃圾每天清扫并实施长效管理，环境优美、空气清新。各村的文化礼堂、图书阅览室、娱乐健身等公共设施日趋完善。山村楼房鳞次栉比，现代化家用电器户户普及。现代化交通工具奔驰在深山沟里，解放初宣传的“楼上楼下，电灯电话，顺风耳，千里眼”的梦想早已实现，而且有过之而无不及。

五

旧时，乡村没有医疗机构，民间只有中医郎中，穷人得病能拖则拖，故长寿者稀少，残疾人甚多。中华人民共和国成立后，党和政府重视医疗卫生，乡里办起卫生院，村里办起合作医疗站。20世纪90年代后，全面实行大病统筹，村民人人享有医疗卫生健康保障，健康水平逐步提高。

昆铜历史上一向有耕读传家风尚，但是只有殷实富户的子弟才有经济能力进私塾读书。民国开始开办乡村学校，村民忙于衣食，入学者寥寥，穷人多文盲。中华人民共和国成立后，通过新学和扫盲运动，多数人受到教育，同时逐步开办初级小学、高级小学和初级中学。村民逐步扫除文盲，适龄儿童普遍入学。20世纪改革开放后，教育事业发展迅猛。1986年开始，实施九年制义务教育，适龄学生应学尽学。进入21世纪，昆铜成功创建省级教育强乡（镇）；初中毕业生90%以上进入高级中学；高中毕业生考入大学的逐年增多，有获得硕士、博士学位的，有出国留学深造的，一批批各类人才从昆铜山村脱颖而出。

六

20世纪90年代以来，昆铜乡先后被授予全国环境优美乡、省级教育强乡（镇）、省级体育强乡（镇）、省级卫生乡（镇）、省级民族民间艺术之乡、浙江省小康型老年体育乡镇；浙江省青年科技示范乡、湖州市个体私营经济发展先进乡（镇）等称号；被誉为“百竹之乡”“竹漾之乡”。全乡10个行政村，全部成为浙江省美丽乡村精品村或美丽乡村精品村示范村。域内村村优美，家家宽裕、户户和谐，人人幸福，成为“宜居宜业、宜游宜憩”的美丽乡村。

大 事 记

汉 至 唐

汉高祖十二年至汉景帝前元三年(前195—前154) 吴王刘濞在豫章(故鄣)郡铜山采铜,“招致天下亡命者铸钱”。

三国吴大帝孙权黄龙三年(231) 故鄣侯朱治之子偏将军朱才去世,据传葬铜山朱墓岭(今诸岭,曾称朱氏岭、朱士岭、诸家岭)。

东晋太元年间(376—396) 名僧昙谛(又名支昙谛)自乌程之千秋里徙故鄣之昆山,闲居涧饮二十余载。

南朝宋元嘉元年(424) 信义太守施彬(斌)舍宅建乐平寺,初名乐平教寺。

南朝宋元嘉十五年(438)前后 昆山寺建成。唐乾元元年(758)移落石山下,唐肃宗赐额“天宁报恩光孝万寿寺”。

南朝宋泰始五年(469) 文学家吴均出生在故鄣县东,青山脚下。

南朝梁早中期(502—536) 医药家、炼丹家、文学家陶弘景(456—536)“尝隐居于铜山隐坞”。

南朝陈永定元年至三年(557—559) 陈高祖陈霸先采办昆铜地区木材,在梅溪之曲建造舟船。

唐贞观三年(629) 重修施明侯庙。

唐乾符五年(878)八月 黄巢起义大军由广德经泗安多路攻杭州,其中一支途经梅溪、昆铜入武康。

五代后周广顺元年(951) 尚书管某舍宅建梓坊惠门寺,初名延寿禅院。

五代时期(907—960) 创建长林垓宝胜寺,初名宝胜教院。

宋 至 明

北宋政和五年(1115) 铜山乡朱跸中进士。

南宋建炎年间(1127—1130) 在昆铜地区设置金竹关(筋竹关)、湛水关、福水关、铜关,并派兵防守。

南绍兴元年(1131) 五月丁未,朝散郎致仕胡咸葬于管城之原。

南宋绍兴八年(1138) 湖州府铺路西南,出清源门,走昆山至安吉。

明初 铜山隐将建太平寺,初名隐龙庵。

明洪武五年(1372) 昆山、铜山两乡各建一"申明亭","凡本乡境内民人有犯者,书其过,明榜于亭上"。同时各建一"旌善亭",粘贴榜文,公布本地的孝子贤孙、贞女节妇之事,以教化乡民。

明景泰四年(1453) 自十一月至翌年春降大雪,平地雪厚三尺。

明代中叶 铜山钱坑桥建关帝庙,始名观音庵。

明嘉靖二十三年(1544) 荒歉,卖妻鬻子者无算。铜山一男先卖妻,后卖九岁一子,所得价值以抵其税,遂投河而死。

明万历年间(1573—1620) 僧童志幻在麒堂山建麒峰禅院,初为茅舍。

明末 建秀峰寺。

清

康熙十年(1671) 铜山乡有乡学4所,昆山乡有乡学2所。

康熙二十一年(1682) 昆山乡人周钦濂中岁贡。

康熙二十四年(1685) 铜山乡人朱禄"持躬谨悫,教子游庠",知州陈一夔给匾。

康熙三十三年(1694) 僧隐谷建楼。五十四年(1715),僧道芳建殿。麒峰寺僧隐谷重建乐平桥凉亭,"捐修梅墅路二十余里"。

康熙四十三年(1704) 昆山乡人徐淳,知州江麟给匾。

康熙四十七年至四十八年(1708—1709) "饥疫相仍"。昆山乡钱五铢(钱伦著曾孙)"施粥施椋,不吝重资,乡人咸感德焉"。

康熙五十二年(1713) 昆山乡人石子昌"谦恭正直,令德攸昭"。知州袁安煜给匾。

康熙五十三年(1714) 昆山乡人徐君彩,知州袁安煜赠匾曰:"令德启后。"

康熙五十六年(1717) 昆山乡人徐行道,知州袁安煜给匾。

雍正元年(1723) 昆山乡人徐圣心,知州王湛给匾。

雍正三年(1725) 铜山乡人朱秉伦,知州王湛给匾。

雍正五年(1727) 昆山乡人汪明台,知州翁与义赠匾曰:"桃东耆望。"

乾隆九年(1744) 昆山乡人陈茂相"居乡谨厚,以好善闻"。知州刘蓟植赠匾曰:"善行可风。"

乾隆十年(1745) 铜山乡渠塘山(麒堂山)南北两麓各筑有一渠塘。

乾隆十一年(1746) 铜山乡人叶正美,知州刘蓟植给匾。

乾隆十四年(1749) 重建施明侯庙。

乾隆三十六年(1771) 铜山乡化角坞人赵列三,知州李东来赠匾曰:"一乡善上。"

乾隆四十二年(1777) 铜山乡前坑桥人王介眉,学院王赠匾曰:“克绍殷贤。”

同年 铜山乡前坑桥人王寿,“业精岐黄,修身养性”。七十大寿之时,教谕洪赠匾曰:“师善永年。”

同年 铜山乡人郎大丰,字爻占,“掩骨埋胔,筑路成桥,乐善好施,一乡称美”,享年六十。

嘉庆五年(1800) 铜山乡人施惠中岁贡。

嘉庆年间 上舍化龙灯舞开始在当地流行,时称花龙灯。

道光十六年(1836) 铜山乡人叶培中岁贡。

道光二十年(1840) 铜山乡人施镜清中岁贡。

咸丰六年(1856) 大旱110天,田荒地白,百姓饮水困难,饥荒。

咸丰十年(1860) 太平军攻克安吉,至同治三年(1864)与清军持续战斗四年半,田地荒芜,瘟疫蔓延,人口锐减,村民死亡80%以上,乐平、高磡、铜山湾等村人口绝灭。

光绪九年(1883) 上舍化龙灯舞分支“竹叶龙舞”诞生。

光绪二十一年(1895) 复建乐平寺。

中 华 民 国

民国4年(1915)

民国政府开始禁烟(鸦片),铜山乡任命江路村施南初为协查。

民国7年(1918)

昆山、铜山两乡建制撤销,属梅墅区。

民国8年(1919)

境内虫灾。

民国11年(1922)

大水。

民国18年(1929)

实行闾邻的户口管理制度。

民国20年(1931)

7月28日 降雨627.0毫米,多处山洪,梅溪出现9.95米高水位。

民国23年(1934)

闾邻制改为保甲制。

民国24年(1935)

莫干山施主施少卿独资建造太平观前观音桥。

民国26年(1937)

12月21日 日本侵略者101师团一部自湖州经晓墅转向莫干山,江家边一爿小店遭抢并被烧毁,路西自然村杨阿财等农户房屋被烧毁28间,钱坑桥集市多户被抢掠。

民国27年(1938)

1月29日 安吉游击第五大队大队长郑梦兰(管城村人)给国民党第98师郑旅带路,星夜破坏日本侵略者控制的京杭(南京至杭州)国道,炸毁埭溪公路大桥。

2月17日 日本侵略者窜到隐将,欲烧毁庙宇,正在庙中持剑作法的汪道士,被日本侵略者残忍杀害。

2月21日 武康日本侵略者天戢联队1000余人经福水偷袭钱坑桥,国民党第59师与第98师郑旅合兵迎击不敌。日本侵略者于次日进占安吉县城。

3月17日 武康日本侵略者经张家山进占钱坑桥,次日由钱坑桥占领安吉县城。

4月 吴兴县行动委员会在上舍村建立,7月恢复吴兴县政府建制。

5月18日 长兴太平桥日本侵略者自晓墅向昆山乡进发,经长林、管城、三山村前往方家庄,一路烧杀抢掠。

7月 吴兴县政府迁入昆铜上舍村。同年长兴、桐乡、崇德、嘉兴等4县县政府入驻上舍,上舍成为嘉湖地区抗日大后方。

民国28年(1939)

1月 吴兴县政府迁址吴兴县梅峰乡上方村。

8月27日 武康日本侵略者侵入钱坑桥,28日向安吉县城进发时,安吉国民抗日(国抗)第三大队大队长郑梦兰率众作为向导,带领国民党59师某部给予敌迎头痛击,敌退回武康。

同年秋 浙江省政工三队队部自三社移至昆铜上舍村。

同年 汉奸、伪军经常带日本侵略者进入昆铜地区,砍伐风景树和乔木运往梅溪等地筑工事。

同年 浙江省第一区行政督察专员汪浩到上舍检查抗日工作。

民国29年(1940)

2月 国民党浙西行署第二区经济封锁线封锁处在长林垓设封锁站,同年11月裁并。

同月 国民党浙西行署在长林垓设立递步哨,称14小哨,哨长胥洪生,其总哨设在天目山。

秋 在上舍村创办"吴兴安吉两县联立中学补习学校",简称"吴安联中"。

9月 国民党浙西行署在钱坑桥设立军民合作站,下设问事组、征催组、贩卖组、向导组、救护组、茶水组等6组,为过境国民党官兵、伤病员和难民等提供帮助。

同月 中共钱坑桥支部建立,隶属晓墅(东区)区委,支部书记范绍赓。

10月8日 武康日本侵略者经瑶坞、木竹坞侵占俞家舍。次日至钱坑桥,与另一路自递铺进入钱坑桥之日本侵略者会合。10日上午,经路西、江家边、独山头侵占晓墅镇。

同年 昆铜域内分建高葛、大同两乡,属梅溪区。

民国30年(1941)

8月 国军28军62师司令部驻守在诸家边,184团驻守在江家边,186团驻守在梓坊,185团驻守在南北庄。

9月2日 湖州日本侵略者分三路驰入昆铜地区,国军62师、192师在钱坑桥、诸家边阻击,次日敌遭重创,溃退武康。

9月 日本侵略者飞机轰炸上舍村,莫劳坞赵墨生的母亲姚氏在去上舍村探亲途中被炸死。

民国31年(1942)

春 吴兴县政府机关报《吴兴日报》在上舍村创办,1943年9月因日本侵略者入侵而停办。

民国32年(1943)

8月 两月不雨,大旱,"歉收六成"。

9月底 驻扎在钱坑桥的国民党28军192师1118团2营官兵,得知日本侵略者即将大举进攻安吉、孝丰,立即撤向於潜。

10月8日 日本侵略者大野部队进占梅溪,梅溪镇公所迁至昆山乡办公。

同日 日本侵略者小池部队进占安吉县城,国民党安吉县政府转移至上舍村。

民国33年(1944)

9月1日 国民党安吉县参议会在上舍村成立,并召开第一届第一次大会,会期3日。

12月 郎玉麟在上舍被浙西行署第二区保安副司令扣押,并解送至行署,不久被释放。

同年 大旱、虫灾。

同年 高葛乡、大同乡和杏红乡的小部分合并分建昆山乡和铜山乡。

民国34年(1945)

2月10日 新四军迫近梅溪,国民党安吉县政府自上舍向於潜、昌化迁移。

2月12日 新四军苏浙军区第一纵队经昆山路、铜山路挺进莫干山地区。

同月下旬 顾玉良、康英(女)、胡杰、谷秋龙等中共地下党员在上舍召开会议,商议筹建安吉县委事宜。

同月 抗日民主政权梅溪区署在铜山乡杨家坞成立。

4月 昆山乡、铜山乡民主政权成立,随后各级农救会成立。

8—10月 昆铜地区大批地下党员、进步青年参加新四军,并随部队北撤。

10月上旬 忠义救国军部队进入昆铜地区,安吉县国民党政府返回安吉。

10月11日 国民党安吉县政府开始清乡,大肆抓捕新四军家属和替新四军办事的人员。

10月21日 新四军浙西留守处140余人,于夜间自长兴和平经管城、长林垓、良村翻山趋莫干山。22日宿张家山喻家舍,23日宿谢坞,24日进入德清县南路乡,宿杨家庵。

民国35年(1946)

9月25—26日 倾盆大雨,山洪暴发,田地淹没,房屋倒塌甚多。

同年 境内天花流行,死亡10余人,数十人留下麻脸后遗症。

民国36年(1947)

2月 昆山乡和铜山乡两乡合并建昆铜乡,乡公所驻江家边。

同月 修筑晓墅至钱坑桥、独山头至长林垓大道。

同年 境内开始使用国民身份证。

民国37年(1948)

1月 昆铜乡乡公所迁费家塘。

中华人民共和国

1949年

4月30日 安吉解放。

7月初 撤乡建区,在晓墅成立昆铜区公所。

7月10日夜 晓墅工商自卫队王敬民、卢炳章等人叛变。次日,南下干部、晓墅镇指导员马士敬在上舍村洪家园被叛匪枪杀。

8月18日 人民解放军剿匪部队在上舍村围歼匪“苏浙皖边区第五团”，击毙匪团长杨伯臻，活捉匪首陈迪化，俘匪25人。

同年冬 废除保甲，建立村政权，成立农会组织。

1950年

3月20日 《浙江日报》第三版报道昆铜地区群众积极销售木材、毛竹、毛料的情况。

4月 划乡建乡。昆铜区下设昆山、铜山等乡。晓一村划入昆山乡。昆山乡下辖晓一、昆一、昆二、昆三等4个村；铜山乡下辖铜四、铜五、铜六、铜七等4个村。

同月 昆山、铜山两乡分别召开第一次各界人民代表大会。

10月 开展镇压反革命运动。昆山与铜山两乡各镇压反革命分子2名，并逮捕多名。

12月 开展土地改革，没收地主和富农的田地与财产，均分给贫雇农。至1951年3月中旬结束。

同月 开展冬学活动，各村纷纷开办夜校。

同年 禁用旧币，改用人民币。

1951年

2月 铜山乡供销合作社成立。

6月 中共昆山乡支部建立。

7月9—16日 大雨，山洪暴发。

7月 昆山乡供销合作社成立。

10月 开展土地改革复查工作。

冬 昆铜有数十人报名参加中国人民志愿军，奔赴朝鲜战场。

1952年

2月 昆铜区各村以“互助组为单位实行固定代耕”方式，帮助军烈属生产。

5月 中共铜山乡支部建立。

同年 开展肃反运动，破获路西村以杨美全为首的“东南青年救国团”反革命组织，并将其镇压在凉亭岗。

同年 各村成立“帮工组”，亦称“调工组”“临时互助组”。

同年 中国新民主主义青年团昆山乡委员会、铜山乡委员会相继成立。

同年 域内开始接种牛痘疫苗。

年底 梁应墀常年互助组成立，为昆山乡第一个常年互助组。

1953年

8月 昆山、铜山两供销社合并为昆铜供销社。

下半年 两乡分别开展人口普查和基层普选，选举乡人民代表大会代表。

同年 昆山与铜山两乡建立数十个互助组。

1954年

1月 实行粮食统购统销。1955年8月，农村粮食实行定产量、定购、定销的三定政策。

2月 铜山乡铜六村同心农业生产合作社成立，为铜山乡第一个初级农业生产合作社。

5月18日至8月2日 梅雨期长达77天，期内雨日55天，发生严重洪涝灾害。昆铜乡组织百余民兵赴荆湾乡参加排涝，2名民兵溺水殉职。

6月 乡“各界人民代表会议”改为乡“人民代表大会”，选举产生昆山、铜山乡第一届人民政府委员会正副乡长。

同月 两山实行棉花统购，棉布统销。

9月 昆山和铜山两乡各建1所高级小学。

秋 实行普遍民兵制，凡18～45周岁，政治、身体素质较好的男性公民均编入民兵组织。

同年 各村互助组普遍合并成立初级社。

同年 昆山乡、铜山乡成立信用社，农户参股入社率达85%。

1955年

1月 昆铜供销社与晓东（乡）供销社合并。

3月 人民币旧币换新币，1万元旧币兑换1元新币。

同年 两乡的农民协会完成历史使命。

1956年

1月 铜山乡第一高级农业生产合作社成立；昆山乡上舍、三城、五星等高级农业生产合作社成立。

2月 昆山乡与铜山乡合并为昆铜乡。

同月 昆铜联合诊所成立。

3月 中共昆铜乡第一次代表大会召开。中共昆铜乡总支委员会建立。

同月 青年团昆铜乡总支委员会建立。

8月1—3日 特大台风袭击昆铜，全乡数十户房屋倒塌，吹倒树木无数。

10月 开始合并初级社，成立高级社。截至年底，共成立13个高级社。1957年，新成立两个高级社，至此，全乡全部建立高级社。

秋 召开第二届昆铜乡人民代表大会，选举产生乡人民委员会正副乡长。

同年 全乡40余人分两批支援宁夏。

同年 推广普及一年二熟制水稻。

同年 有人在昆铜山区放置暗弓射杀花豹。

同年 乡手工业联合社成立。

同年 昆铜乡信用合作社成立。

1957年

8月31日 钱坑桥供销部综合商店发生抢劫，抢走现金2657元，布匹520余尺及其他一批物资。10月中旬破案。

同年 上舍化龙灯参加浙江省第二届民间音乐舞蹈观摩大会。

同年 乡人民武装部建立，乡自卫队组织撤销。

1958年

4月 昆铜乡第三届人民代表大会召开。

夏 干旱，全乡奋战8天8夜，打井3663眼，引水抢种和保苗1274亩。

夏秋 全乡组织近2000人突击修筑晓墅至长兴三矿公路。

8月12日 《浙江日报》第一版刊登“大挖井泉猛战干旱——昆铜乡井泉涌流群众开颜”的报道文章。

9月上旬 昆铜乡建立昆铜人民公社。行政村改称生产队。

10月 昆铜人民公社并入晓墅人民公社。

秋 掀起大办钢铁高潮，各生产队打窑烧炭，大批古老树木砍伐烧成炭后，送晓墅的小高炉炼钢铁。

秋 各生产队建立大食堂，社员全部到大食堂免费用餐。

秋 昆铜联合诊所改称昆铜卫生所。

秋冬 各生产队队部接通“摇把子”电话机，并利用电话线接通广播到各食堂。

秋冬 建立梁家塘、莫劳坞、诸家边等3所幼儿园，4～7岁幼儿全部集中到幼儿园照看供养，以解放妇女劳动力。

12月25日 四岭生产队女社员方桂珍赴北京，参加全国农业社会主义建设先进单位代表会议，并随团出访苏联。

同年 境内用柴油机带动碾米机加工粮食。

同年 昆山5个生产队合建五联党支部，铜山7个生产队合建四岭党支部。

1959年

3月 晓墅公社昆铜管理区成立。

6月25日 《浙江日报》第三版刊登周美湘文章《学习方桂珍小组的冲天革命干劲》。

8月8日 《浙江日报》第二版刊登嵇毓贞、陆秋影的文章《高山上的红旗——丰收季节访方桂珍小组》。

8月20日 《浙江日报》第二版全版刊登记者王亮的文章《方桂珍和她的伙伴》。

10月 改公社生产资料所有制为生产队所有制，并以生产队为核算单位。

11月 中共昆铜管理区召开第二次代表大会。

同年 全公社刮起浮夸风、强迫命令风、共产风、生产瞎指挥风、干部特殊化风，简称“五风”。

同年 幼儿园发生麻疹传染病，昆铜管理区幼儿死亡20余人。

同年 昆铜管理区团总支升格为团委。

1960年

6月 香烟、酒、糖、肥皂、火柴、棉布、食盐等商品开始凭票供应。

9月10日 《浙江日报》第三版报道《高山种出丰产稻——介绍农技师方桂珍》。

同年 遭遇困难时期，集体食堂缺粮，社员常以葛根、蕨菜、金刚刺根打粉代粮，或以野菜薄粥充饥。

同年 部分生产队修建机埠，用柴油机抽水灌溉。

同年 昆铜卫生所增设产科病房，民间接生婆逐渐被淘汰。

1961年

5月 重新分配自留地，下放荒山，允许开荒种地，鼓励社员发展副业。

8月 昆铜公社成立，生产队改称生产大队，下设生产队或生产小队。落实“四固定”，即将土地、牲畜、农具和劳动力统一固定给生产队，生产实行“三包”，即包工、包本、包产。

同月 各自然村大食堂停办。

同月 各幼儿园停办。

同月 中共昆铜总支委员会升格为党委，各大队建有党支部。

10月4—7日 昆铜遭遇特大台风、洪水，沿溪田地、竹林、树木被冲毁，部分农户房屋被吹倒，损失严重。

同年 昆铜公社召开第四届社员代表大会。

1962年

9月6—8日 遭遇全公社特大台风、洪水袭击，损失甚大。

10月 以公社、大队、生产队的三级所有制确立，以生产队为基本核算单位。

同年 公社设立企业管理办公室，创办昆铜公社竹器厂。

同年 昆铜卫生所升格为昆铜卫生院。

同年 各大队建立普通民兵连，公社建立武装基干民兵连。

1963年

1月 中共昆铜公社第三次代表大会召开。

9月12—15日 昆铜遭遇特大台风、洪水。

同年 食盐、肥皂、火柴、煤油等物资继续按人定量，凭票供应。

同年 上舍西洋坞水库建成，坝长156米，坝高6米，库容量5.5万立方米。

同年 昆铜开始采用民工建勤的方式修筑晓墅至钱坑桥段、独山头至长林垓段公路路基。

同年 境内疟疾大暴发，到1965年逐步得到控制。

1964年

年初 公社派出劳务抢修老石坎水库及孝丰二级电站。

同年 江家边至钱坑桥公路建成，全长6.17千米，为砂石公路。

同年 公社竹器厂由上舍大队搬迁至路西大队。

同年 昆铜公社召开第五届社员代表大会。

1965年

同年 建晓墅至钱坑桥公路时，建于清末的乐平亭西移7米按原样重建。同时改建乐平桥。

同年 建晓墅至钱坑桥公路时，建于明代的钱坑桥拆除，改以水泥钢筋浇筑。同时新建四公溪桥、向阳桥、铜山桥；拆除莫家桥，改以钢筋水泥浇筑。

同年 晓墅至钱坑桥公路（简称晓钱线）建成通车，全长10.2千米，为昆铜第一条公路。

1966年

4月 昆铜公社第六届社员代表大会召开。

秋冬 “文化大革命”开始。全公社开展“破四旧（旧思想、旧文化、旧风俗、旧习惯），立四新（新思想、新文化、新风俗、新习惯），横扫一切牛鬼蛇神”运动。各村的庙宇被毁，古建筑雕刻被认为是“封资修”的产物，一律砸碎烧毁；宗氏家谱被搜查出来连同古典书籍统统烧掉；各大队都成立造反派组织，开始批判当权派，老干部“靠边站”。

同年 独山头、长林垓、钱杭桥设立3个邮电代办点。

1967年

3月26日下午 境内遭受特大龙卷风和冰雹袭击，梁家塘、陈家塘、干溪桥、江家边、里江等村损失惨重。

6月7日 县委、县政府贯彻中共中央、国务院护林紧急指示，制止昆铜、双建等地发生的严重破坏山林事件。

7月22日至10月31日 大旱。

同年 公社和大队成立贫下中农协会。

同年 开始提倡晚婚，实施计划生育政策。

同年 自筹资金修筑独长线公路。

同年 江家边一村民购买自行车，为全公社第一辆。

1968年

1月 公社革命委员会(简称公社革委会)成立。1969年，公社革委会建立党的核心小组。

7月 昆山中学、铜山中学开办。

9月 首批上山下乡知识青年到各生产队落户。至1970年，共有200多名安吉县城镇及上海等地的知识青年到各生产队插队落户，“接受贫下中农再教育”。

同年 开始大搞“三忠于，四无限”，社员饭前唱毛主席语录歌，献忠心。

同年 抽调基干民兵40人参加长兴8383国防工程建设和杭州704工程建设。

同年 公社贫代会、贫管会成立；贫管会进驻学校、商店、信用社、合作医疗等单位。

同年 动工修建独山头至长林垓公路。

同年 公社农具厂创办。

同年 昆铜公社成人教育学校创办。

1969年

9月 各生产队办耕读小学，读初小不出生产队。

秋 开展清理阶级队伍活动，致使扩大化，并采取“逼、供、信”，导致全公社有3人自杀。

秋 各大队小学升级为完小，公办教师转为民办，落户生产队。

秋冬 宣传“深挖洞，广积粮，不称霸”，各队各户挖防空洞。

冬 各大队建立合作医疗站。

同年 独长线公路的革新桥、青山桥、安潭桥建造。

同年 昆铜公社广播站建立。

1970年

1月 铜山片5个大队联合建设石坞岭水库，劳务由各大队按人口分摊，物资由县水利局供给。库内的培头上、杨家坞等2个自然村部分移民分摊到5个大队落户。

9月 中共昆铜公社第四次代表大会召开。

同年 境内再次出现花豹，被外地人猎杀。

同年 开始建造小型水力发电站，引小水库的水发电。

同年 独山头至长林垓公路建成通车，全长7.63千米，基宽6米，面宽5米；有桥梁5座，共长76.3米。

同年 公社成立2个电影放映队，轮流到各大队放映。

1971年

春夏之交 昆铜100余名民兵携带铺盖、工具，急行军赶往山河公社（今天荒坪镇）潘村水库抢险工地，奋战近20天，赶在汛期之前排除险情，受到县民兵独立团的嘉奖。

6月23日 高一大队（钱坑桥村俞芝岭自然村）发生凶杀抢劫案。犯罪分子用木棍猛击商店营业员周炳灿（62岁）头部致死，抢走钱物潜逃（案未破）。

夏秋 大旱，村民抗旱保苗，农作物受损严重。

秋 境内毛竹枯梢病暴发，全乡死亡毛竹10多万支。上舍、姚良、三城、隐将等重病区大队，均成立毛竹枯梢病防治小组，组织防治。1973年秋再次暴发，损失更重。1974年采取清除病源、药械防治、钩梢、施甲肥等，效果较好。1975年该病得到控制。

1972年

3月 公社制定“四五”人口规划，将指标下达到大队，大队落实到生产队，生产队落实到人，经社员讨论后张榜公布。

冬 各大队疏浚山溪河道并进行截弯取直。

同年 各生产队成立政治夜校，每月开会学习9天。

同年 江家边生产队建造一座石灰窑，从长兴韦山村采购石灰石烧制石灰。

1973年

同年 各大队和部分生产队购买手扶拖拉机，用于耕田和货物运输。

同年 昆铜竹制工艺品厂的产品提供给安吉县外贸公司出口。

同年 各级调解组织恢复活动。

1974年

8月19—21日 台风暴雨，发生洪灾。

9月 独山头和张家山率先办起完小附设初中班。

10月 钱坑桥至石门段公路建成通车。

同年 铜山片接通国家电网，结束了火篾、煤油照明的历史。

同年 建立公社农电站（公社电管站）。

1975年

3月19日 《浙江日报》第二版报道姚良大队农业学大寨事迹，标题为“竹乡新风”。

6月22日 《浙江日报》第二版报道上舍大队农业学大寨事迹，标题为“竹乡新貌”。

6月 早稻受叶蝉危害，大量出现矮缩病。

9月 各大队完小开设“戴帽子初中班”。昆山中学和铜山中学则增设高中班。

同年 再次进行河道治理，截弯取直，溪堤驳挡墙砌石坎埂，开辟粮田。

同年 银山至姚良公路建成通车，全长1.662千米。

1976年

9月9日 毛泽东主席逝世，各大队举行追悼大会。

9月 戴帽子初中班全部并入公社中学。

10月 晚稻三代三化螟大发，全公社危害严重。

10月底 境内开始下雪，为百年罕见。

同年 昆山各自然村自筹资金接通了国家电网，昆铜从此结束没有电的历史。

同年 横溪桥至南楼坞、路西至蒲萝坞、化家坞至蛇角庙、诸家边至隐将、钱坑桥至山里湾、梅坞里至杨家坞等公路建成通车。

同年 昆铜、皤溪、缫舍等3个公社联办安吉工艺竹编总厂，厂址设在昆铜。

同年 公社创办鱼竿厂，有职工60人，年产值50万元，利税5.5万元。

同年 十里亭倒塌。2004年重建。

1977年

1月底至2月初 气温连续多日-10℃以下。持续大雪，普遍积雪60厘米，张家山村积雪70余厘米，30余天未解冻，交通严重受阻。

6月下旬 连续干旱113天。

同年 梓坊苍蒲上自然村所有住户陆续迁到梓坊、王家上、三家村3个自然村，村址改为大队林场，苍蒲上自然村名注销。

同年 竹螟暴发，全公社的毛竹、小竹危害严重，半山腰至山顶的大批嫩毛竹枯死。在县竹螟防治指挥部领导下，先后采用灯光诱杀、烟雾熏杀和竹腔注射等办法防治，逐步控制虫害。

同年 公社创办工艺竹编厂，有职工70余人，年产值150万元，利税15万元。

1978年

6月4日至9月24日 夏秋旱。9月9日梅溪水位降至2.15米，是建站有水位记录以来的最低值。

同年 松毛虫大发，部分山坡的松树针被吃光，全公社枯死松树200余立方米，政府采用飞机喷药治虫。

同年 姚良大队在良村自然村进口处，投资建设一排二层连基楼房28间的新农村样板房。

同年 按照三级公路标准改造独山头至长林垓段，改造后路基拓宽至8.5米，路面宽7米。

同年 贫下中农管理学校委员会撤销，各学校恢复校长负责制。

同年 境内开始有电视信号，公社购置一台黑白电视机。

1979年

3月 “地、富、反、坏、右”帽子全部摘除，部分冤假错案得以平反。

同月 竹木及其制品出县凭县林业局签发的运输证明凭证运输，并接受检查站检查。

5月 中共昆铜公社第五次代表大会召开。

夏秋 昆铜公社工办率先向工商部门注册登记成立“地方产品供销经理部”，开办集体商店。

同年 梅坞桥、中坞口桥等民间桥梁建成。

同年 开始安排知青回城镇就业，至1988年结束。

1980年

4月 卫生部部长崔月梨到昆铜视察计划生育工作，在上舍村朱正生家开座谈会。

12月 三城大队里阳坞自然村村民万某某在建房挖墙基时发现一处金银器窖藏，遂发生哄抢。后追回金银器38件。

同月 毛竹、小竹完成派购任务后，允许社队自产自销或委托供销社代购代销，价格随行就市。随后逐步有村民参与收购运销毛竹、小竹和竹副产品。

同年 推广使用插秧机。

同年 毛竹传统捏黝改用固体松烟油笔书写。

同年 姚良村部至长林垓公路建成通车。

同年 提倡一对夫妇只生育一个孩子，全公社有上百户家庭领取独生子女证。

1981年

5月 大部分大队名以驻地更名：五星——独山头、高葛——干溪桥、长林——长林垓、昆一——大路口、三城——管城、合力——路西、高一——钱坑桥、三合——化家坞、新华——梅坞、勇将——隐将、四岭——张家山、梓兴——梓坊、永年——潘家上。

6月 昆铜公社第七届人民代表大会召开。

秋冬 根据上级指示，各大队试行将部分生产队划分为若干个小组，实行生产任务到组。

同年 民间桥梁长胜桥、下朱桥建成。

同年 参加民兵组织的年龄改为18～28周岁。

1982年

7月1日 全国开展第三次人口普查，普查结果：全公社共有3293户14201人。

9月2日 县委组织部作出给予范绍赓平反的决定。

冬 开始实行联产承包责任制，将集体的田地按人口承包到户。

同年 用毛竹老枝扎制的大扫帚出口日本。

同年 石门至张家山公路开工建设，1986年竣工通车。

同年 公社创办工艺鱼竿厂。

1983年

4月28日 10级大风袭击昆铜，大小麦等农作物遭到不同程度损害。

春 全公社除姚良大队外，全部完成农田承包责任制。

5月 乐平亭被列为第一批县级文物保护单位。

8月 允许个体、私营经济发展，部分农户开设商店，开办个体、私营企业。

10月 撤销独山头中学，学生分流至晓墅中学、昆山中学和铜山中学。

12月 撤销昆铜公社管理委员会，建立昆铜乡人民政府。

冬 落实林业生产责任制，境内山林、竹漾承包到户。独生子女享受双份自留山。

冬 大雪，积雪50厘米，30余天才融化，村民上山狩猎，发生野猪伤人事件。

1984年

1月 生产大队改称行政村，生产小队改称村民小组，全乡下辖行政村15个，村民小组166个。

4月 中共昆铜乡第六次代表大会召开。

5月 昆铜乡第八届人民代表大会召开。

6月12—15日 连降大雨，昆铜2条主要公路交通中断，大水冲进独山头、梁家塘、陈家塘、江家边、十里亭等自然村，农户房屋及围墙倒塌数十处；沿溪两岸的田地、竹林损失严重。

6月 境内降雨513.9毫米，为50年来降雨最多的月份。

秋 管城村因山林纠纷，山林遭到破坏。县政府派工作组前往处理，发生非法拘留农民，造成一人自缢身亡事故。事后，对工作组有关人员给予党纪、政纪处分，并追究刑事责任；负责工作组的一名副县长于次年被依法罢免。

12月 晓墅森林派出所成立。

同年 各村成立经济合作社。

同年 毛竹捏黝改用公元纪年表示竹龄，以承包户个人姓名表示权属。

同年 昆铜乡创办建筑队；联户企业、个体企业和私营企业大批涌现。

同年 乡政府创办敬老院，开始接收部分五保户。

1985年

5月6日 境内短时间内出现12级大风，全乡损失严重。

5月 竹木、生猪取消派购任务，放开经营。粮食取消统购。

6月29—30日 连降大雨，局部地区出现暴雨，昆铜2条主要公路交通中断，沿溪两岸的田地、竹林损失严重。

同年 乡办企业、学校等单位开始安装电话机。

1986年

7月15日至8月20日 晴热36天，导致旱灾，农作物受损严重。

9月6日 《浙江日报》第四版报道优秀教师朱双凤事迹，标题为“竹乡，有一枝翠竹”。

9月 管城行政村分为管城、三山2个行政村。

同年 安吉昆铜钓竿厂“游乐牌”工艺钓鱼竿在全国钓鱼协会评比中获一等奖。

同年 养殖户、种植户、个私企业联合体出现。

同年 长林垓至上舍公路建成通车，全长2.59千米。

同年 姚良村实行联产承包责任制。

同年 全乡开始推广节柴灶，热效率提高2倍以上。

1987年

5月 中共昆铜乡第七次代表大会召开。

6月 昆铜乡第九届人民代表大会召开。

8月 昆铜初级中学建成并投入使用，昆山中学（长林干中学）、铜山中学（钱坑桥中学）同时迁入。

同年 符合条件的育龄夫妇本人有要求的可以生育第二胎。

同年 建立乡林业工作站。

同年 朱双凤被评为全国劳动模范。

1988年

4月 全乡各村分批发放居民身份证,为中华人民共和国建立后发放的第一代居民身份证。

12月 境内降雨量0.1毫米,为有记录以来降雨量最少的月份。

同年 实行九年制义务教育。

同年 张家山至德清县福水公路建成通车。晓于线全线贯通。

同年 大路口至荡里、里高家坞,管城至里阳坞,钱坑桥至俞芝岭等公路建成通车。

同年 寄信开始使用邮政编码,昆铜乡的编码为313307。

1989年

5月 梓坊村菖蒲上产的梓坊雀舌,在省第二届斗茶会上被评为优良名茶。

同年 1973年前出生的公民全部办理身份证。

同年 全乡开始开展"评三户"(文明户、五好家庭户、爱国守法户)活动。

同年 开展林业普查,全乡有毛竹林40700亩、小竹林22900亩。

同年 政府将重阳节定为老人节,乡村、各单位在节日期间开展慰问老年人,关爱老年人活动。

1990年

2月 中共昆铜乡第八次代表大会召开。

3月 昆铜乡第十届人民代表大会召开。

7月1日 全国开展第四次人口普查,普查结果:全乡共有4165户15552人。

同年 里江村村民率先引种"白叶一号",发展安吉白茶。

同年 柴灶逐渐改用煤气灶,村民烧饭用柴大量减少。

同年 俞芝岭至梓坊公路建成。钱坑桥至梓坊(钱梓线)全线贯通,全长9.07千米。

同年 安吉春晖竹木业有限公司成立。

同年 各村小学开设幼儿班,招收4~7岁的幼儿。

1991年

3月 村合作医疗制度建立。

5月 殡葬改革实行,开始推广遗体火化。1998年全面实施。

同年 乡镇企业、村办企业开始实行改革,逐步转为私营企业。

同年 安吉工艺竹编总厂转给昆铜乡,有职工120人,年产值1000余万元,创利税100万元。

同年 上舍化龙灯复出，并参加湖州“丝绸文化节”演出。

1992年

10月28日 中国农业电影电视中心摄制组到安吉拍摄电视专题片《竹子的利用》，在昆铜选取外景。

同年 昆铜乡文化站经省文化厅考核，定级为一级文化站。

同年 独山头至昆铜中学段浇灌柏油，长林垓段铺筑混凝土路面。

同年 安吉县兴华综合厂创办。

1993年

1月1日 粮食购销市场放开，粮、油票证取消。

1月 中共昆铜乡第九次代表大会召开。

2月 昆铜乡第十一届人民代表大会召开。

同年 经市、县血防领导小组专家考核组考核，昆铜乡消灭了血吸虫病。

同年 县名茶公司承包昆铜乡独山头村茶场200亩坡地，种植“白叶一号”。

1994年

8月6日 长兴县和平镇发生山林大火。昆铜乡、晓墅镇300名民兵奋战三天三夜，在两县交界处开辟一条3千米长50米宽的防火隔离带，制止大火蔓延至境内，避免了一次重大损失。

同年 昆铜乡被共青团浙江省委确定为青年科技示范乡。

同年 安吉县佳源竹木制品有限公司成立。

同年 乡广播站改称为乡广播电视站。有线电视（闭路电视）在境内开通，黑白电视机逐渐被淘汰。

1995年

3月 昆铜乡新敬老院建成。

同年底 全乡程控电话开通。

同年 乡内烧砖瓦的小土窑全部关停，复土还耕。

同年 安吉三美竹木制品有限公司成立，为日资独资企业。

1996年

1月 中共昆铜乡第十次代表大会召开。

2月 昆铜乡第十二届人民代表大会召开。

5月16日 县政府发文批准重建隐将村的隐龙庵（原名太平寺），并被县人民政府批准为合法道教场所。

6月 昆铜乡工商联合会成立。

同年 昆铜乡被县委、县政府评为2015年度全县"工业一星级乡镇",获出口创汇铜杯。

同年 乐平亭按原貌修复。

同年 管城村老年人协会被省老龄委评为省级先进单位。

同年 部分村民承包的土地开始流转。

同年 晓墅至钱坑桥10.2千米公路全部改为沥青路面。

同年 江家边至里江分水岭公路建成通车,全长1.65千米。

同年 志平矿山机械铸造厂建成。

同年 昆铜中学被评为省体育达标先进学校。

1997年

2月 实行城乡居民最低生活保障制度,全家人均收入低于500元及以下的,每人年救助360元;低于800元以下的,每人年救助240元。从2002年6月起,根据生活水平和物价上涨情况进行调整。

7月 电视光缆从晓墅接通到独山头。

同年 昆铜中学被命名为市级文明学校。

同年 昆铜乡初级卫生保健达标考核通过市级评审。

1998年

4月1日 昆铜乡统一实行殡葬改革,遗体全部火化,部分村建立公墓。

10月 昆铜乡召开职工代表大会,选举产生昆铜乡第一届工会委员会。

12月 中共昆铜乡第十一次代表大会召开。

冬 乡党政内设机构进行改革,设置党政、计生科教文卫、财政统计、工业贸易、农林、民政政法、村镇建设等七大办公室。

同年 浙江春晖竹木业有限公司列入省"百龙工程"和国家农业综合开发多种经营项目单位,成为省级农业龙头企业。

同年 昆铜乡被评为湖州市个体私营经济发展先进乡镇。

同年 长林干、钱坑桥两个移动电话通信塔建成投入使用。部分村民开始使用手机。

同年 昆铜中学被评为省级电教工作先进集体。

同年 乡农科站被评为市级"五有"乡镇农科站。

同年 昆铜乡中心小学获"1997—1998年度县级文明单位"称号。

同年 福水岭至喻家舍公路建成通车,全长3.1千米。

同年 电视光缆接通到昆山、铜山片各村,总长度达90余千米。有线电视入户工程完成。

冬　全乡完成土地二轮延包。

1999年

1月　昆铜乡第十三届人民代表大会召开。

3月　浙江春晖竹木业有限公司取得外贸自营出口权。

冬　实行农民合作医疗大病统筹制度，当年年底，完成统筹工作。

同年　全乡16个村级卫生室全部达标。

同年　境内总降雨1905.4毫米，为近50年来降雨量最大的年份。

同年　双季稻改种单季稻，早稻停止播种。

同年　安昆纤维厂创办。

同年　昆铜乡被省林业厅命名为“百竹之乡”。

2000年

1月9日　以梓坊村钱某某为首的重大摩托车盗窃团伙案被破。该团伙先后在上海、杭州、湖州等地盗窃高档摩托车20余辆，涉案价值近30万元。

2月　县工商联基层商会会长、秘书长工作会议在昆铜乡召开。

11月1日　全国第五次人口普查开始，普查结果：全乡共有3886户13673人。

同年　意大利驻华大使馆官员朱利奥捐款18万元，建造昆铜乡中心小学。

同年　昆铜乡档案室通过省二级认定。

同年　昆铜中学教师何金生获省第十三届“春蚕奖”荣誉称号。

同年　钱坑桥村获县级文明村称号。

同年　局部地区竹卵园蝽、竹螟等病虫害暴发成灾。加之久旱不雨，新竹大量死亡。

同年　乡政府对外来务工人员办理临时居住证（暂住证），实行流动人口暂住管理。

同年　境内最后一家石矿关停，并进行复土复绿。

同年　各村的小水电站逐步停止发电。

同年　全乡建有简易通村公路27条，35.22千米。实现行政村村村通公路。

同年　安吉正兴联麻纺织有限公司成立，安吉明瑞五金塑料制品厂创办。

2001年

10月9日　《浙江日报》第六版报道省级农业龙头企业春晖竹木业有限公司，标题是“一枝翠竹出国门 万顷竹海犹嫌少”。

12月　中共昆铜乡第十二次代表大会召开。

同年　昆铜中学获市级文明单位和国家物理实验学校称号。

同年　昆铜小学教师程万里获省十四届“春蚕奖”荣誉称号。

同年 启动晓墅工业园区昆铜分区建设，首期征地92亩。

同年 当地居士和外地信徒开始捐资在原址重建宝胜寺，2003年完工。

2002年

1月 昆铜乡第十四届人民代表大会召开。

5月 潘家上村并入梓坊村。

8月 经省林业局批准，梅坞天然阔叶林自然保护小区建成，面积5250亩。

同月 实施农村税费改革。从1月起，取消各种政策外收费和教育集资；从7月起，取消屠宰税；从2003年起，取消乡统筹费；从2004年起，取消农民劳动积累工和义务工；不再征收农业特产税；从2005年起，取消农业税。

同年 独山头村被列入2002年度县级工业强村（A档）行列；长林垓村被列入（B档）行列；上舍村、干溪桥村被列入（C档）行列。

同年 昆铜中学被评为市群众体育先进单位，并列为市教科研实验基地。

同年 部分村庄率先进行环境整治，经过一年的努力，有4个自然村被评为县级一等奖。

同年 昆铜开始对工业废水无序排放进行整治。

同年 晓墅至昆铜独山头段公路改线2千米，面宽24米。

同年 重建麒峰禅院（龙华寺）观音殿。

同年 启动文明村创建。

2003年

2月 长林垓村党支部获2002年度市级先进基层党组织称号。

3月 不少外地民工在昆铜乡大肆砍伐生态公益林中的柴木，出售到德清、余杭等地。森林公安及时发现并对为首者进行严肃处理，毁林行为得到有效制止。6月26日，《浙江日报》予以报道。

12月 实施被征地农民基本生活保障制度。

同年 姚良村被评为2002—2003年度市级文明村。独山头、上舍、长林垓村获2002—2003年度县级文明村。

同年 昆铜乡获安吉县创建文明乡镇工作先进单位称号。

同年 乡村“康庄工程”建设启动。新建长林垓至吴兴埭溪公路。

同年 管城村村民郭水林被评为省级孝子。

同年 为防止“非典”输入，境内禁止活禽交易。

2004年

9月 昆铜中心小学新教育楼投入使用，村级完小陆续撤并到乡中心。

同年　昆铜乡获县级文明乡镇称号。

同年　干溪桥村、路西村、化家坞村获县级文明村称号。

同年　昆铜乡文化广场和文化中心站舍建成。同年开始每年举办乡民间艺术节。

同年　昆铜乡重建十里亭。

同年　昆铜乡完成长林垓至三山、长林垓至上舍、钱坑桥至梓坊公路砂改油工程和梅坞至隐将公路混凝土路面浇筑工程。路西至岳征坞公路建成通车，全长2.55千米。同年，“康庄工程”在全县率先完成。

同年　昆铜乡通过浙江省东海文化明珠工程验收。

2005年

9月25日　域内无线信号基站建成。村民开始使用“小灵通”和手机。

9月　太平观被列为县级文物保护单位。

同年　独山头村被命名为“浙江省第二批全面小康示范村”。

同年　张家山村、大路口村、隐将村被评为县级文明村。

同年　昆铜乡完成乡垃圾中转站、污水处理系统建设。

同年　全乡禁止野外焚烧油菜秆和其他植物秸秆。

同年　管城至长兴方家庄公路建成通车，全长1.53千米；隐将至德清横岭公路建成通车，全长2.53千米。

同年　昆铜乡成功创建市级卫生乡（镇）；乡卫生院新门诊大楼建成启用。

同年　有村民开始购置小汽车。

2007年

4月　中国移动安吉分公司昆铜营业厅开始营业。

5月29日　昆铜乡被国家环保总局命名为“第五批全国环境优美乡”。

6月5日　昆铜乡被省文化厅命名为第三批“省级民族民间艺术之乡”。

7月12日　长林垓蔬菜农民专业合作社注册成功，为安吉第一家适用新《中华人民共和国农民专业合作社法》办理的农民专业合作社。

8月　开展山林延包和林权证发放工作，至次年4月，完成山林延包合同签订和林权证发放工作。

9月27日　长林制衣厂民工桑坤被评为浙江省十位“最感动你的民工”之一。

12月4日　昆铜化龙灯被列入湖州市首批非物质文化遗产代表作名录。

12月7日　中共昆铜乡第十三次代表大会召开。

12月16日　昆铜乡第十五届人民代表大会召开。

同年　昆铜乡党校通过市级基层党校示范点验收。

同年 昆铜司法所被评为省级示范所。

同年 昆铜乡卫生院被评为县级文明单位。

同年 昆铜乡“文明家庭”创建活动启动。

同年 长林垓村被命名为“浙江省第三批全面小康示范村”。

同年 长林垓客运站竣工，为湖州市第一座农村准四级客运站。

同年 昆铜乡获市级科普乡称号。

2007年

4月 上舍村被命名为省级文化示范村。

6月5日 上舍化龙灯被浙江省人民政府列入第二批省级非物质文化遗产名录。

7月6日 长林垓罗雪娟希望小学建成揭牌。罗雪娟是奥运会游泳冠军，罗雪娟希望小学是由罗雪娟和中国运动员教育基金会共同出资建造的。

7月25日 《浙江日报》第七版刊登“新婚之夜，新郎仍在现场调解”（副标题为“一把喜糖化解44年山林纠纷”）的报道，详细介绍昆铜乡司法所干部余五四成功调解三山村与管城村44年的山林纠纷。

9月10日 张家山茶叶合作社的张家山牌安吉白茶获第七届中茶杯全国名优茶评比特等奖。

11月27日 乡人民调解委员会被授予省“优秀人民调解委员会”荣誉称号。

11月 姚良村经济联合社“黄浦源”毛竹笋生产基地，被省林业厅森林认定委员会认定为“浙江省森林食品基地”。

同月 长林垓村被浙江省绿化委员会、省林业厅授予“浙江省绿化示范村”称号。

同月 姚良村被授予“浙江省第二批兴林富民示范村”称号。

同月 姚良、大路口2村并入长林垓村；化家坞村并入钱坑桥村；梅坞、隐将、张家山3村合并建铜山村。

12月18日 中央电视台国际频道《同乐五洲》栏目录制的竹叶龙专辑向全球播放。《浙江日报》第五版作了报道，标题为“安吉竹叶龙舞进央视”。

同年 成功创建省级卫生乡（镇）。同时，长林垓村被授予省级卫生村，独山头村被授予市级卫生村。

同年 乡司法所被评为省级示范司法所。

同年 县林业部门的调查显示，昆铜乡有林地103500亩，其中竹林72000亩、乔木林和薪炭林31500亩，另有四旁和散生树木26800株。森林覆盖率87.9%。

同年 长林垓至吴兴关上村公路建成通车，全长5千米。

同年 化家坞茶厂、九宝茶厂、毛羽茶场、周家坞茶场的茶叶和张家山牌安吉白茶获国家级无公害农产品认定。

2008年

1月22日 上舍化龙灯舞者杨森芳被列入浙江省第一批非物质文化遗产传承人名录。

1月26—27日 连日大雪，造成部分民房和企业的钢棚坍塌，工厂产品和设备受损严重。

3月29日 安吉县发展现代家庭工业现场会在昆铜举行。

4月26日 上舍竹叶龙参加2008年中国昆山国际文化旅游节江浙沪舞龙邀请赛，获优胜奖。

6月30日 昆铜白茶园区被认定为第一批市级现代农业示范园区。

7月27日 上舍竹叶龙参加北京奥运会广场民间文艺演出，8月1日在北京天安门广场演出。

11月12日 梓坊雀舌茶制作技艺、上舍竹叶龙舞被湖州市人民政府列入市级非物质文化遗产名录。

12月10日 昆铜乡获第二批“浙江省小康型老年体育乡镇”称号。

12月28日 昆铜乡被命名为省级体育强乡(镇)。

同年 全乡大部分家庭接通自来水。

同年 长林垓村被授予省级文明村称号。

同年 境内宽带网络开通，村民陆续使用计算机(电脑)。

2009年

6月22日 上舍竹叶龙被浙江省人民政府列入第三批省级非物质文化遗产名录。

6月26日 石门炭的故事、昆铜竹雕、竹叶龙舞、打年糕技艺被列入安吉县非物质文化遗产名录。

7月6日 上舍村舞龙文化博物馆动工兴建，为中国首个民间舞龙文化博物馆。

7月6—24日 上舍竹叶龙艺术团赴法国参加第37届和平艺术节，巡回7座城市，演出30余场。

11月19日 上舍竹叶龙舞者胡启华被列入浙江省第二批非物质文化传承人名录。

同年 “梓坊”牌茶叶获湖州市著名商标。

同年 长林垓村毛竹股份专业合作社生态高效竹林基地被评为市“十大生态高效竹林基地”之一。

同年 铜山村体育俱乐部被授予“浙江省村级体育俱乐部”称号。

同年 独山头、干溪桥、长林垓、上舍等4村成功创建县级美丽乡村精品村。

同年 “美丽家庭”创评活动启动。

同年 有线电视升格为数字电视。

同年 干溪桥村、钱坑桥村被评为市级文明村。

同年 独山头工业园区引进中外合资企业——浙江祥丰金属制品有限公司。

2010年

5月8日 浙江龙舞文化博物馆暨中国生态博物馆上舍村龙舞文化展示馆开馆。

同日 省第十一届广场文化艺术节、省第二届农民文化艺术节暨“南方铜业杯”省第二届乡村龙舞大赛在上舍开幕，绍兴、宁波、衢州、安吉等全省16条“龙”参赛。

5月16日 上舍竹叶龙参加“中国2010年上海世博会安吉周·欢乐盛装大巡游”。

7月14日 省委常委、常务副省长陈敏尔率省有关部门人员，实地考察昆铜美丽乡村建设。

8月5日 县内首个村级商会——昆铜乡路西村商会成立。

9月 中小学生上学全部改用校车接送。

10月 下朱家一号桥、翁家桥2座石拱桥和闽头山古墓群被列为县级文物保护单位。

11月1日 全国第六次人口普查开始，普查结果：全乡共有4069户15939人。

12月 全乡10个行政村全部创建为美丽乡村精品村。

同年 昆铜乡开通塘田垓昆山与铜山的网络公路，长林垓至钱坑桥距离缩短5千米。

同年 梓坊村创建茶文化展示馆，上舍村创办抗日战争纪念馆，路西村创建古亭文化苑。

2011年

1月4日 长林垓村被全国妇联授予“全国妇联基层组织建设示范村”称号。

6月15日 梁家塘花灯、重阳庙会被列入安吉县非物质文化遗产名录。

6月 改建晓于线独山头至铜山段8.5千米，次年12月竣工。改造后，面宽7～10.5米，属二级公路。

8月31日 昆铜白茶示范区被认定为“第二批省级现代农业主导产业示范区创建点”。

9月 长林垓村获列第三批全国生态文化村名录。

同月 中共昆铜乡第十四次代表大会召开。

10月8日 浙北1000千伏特高压变电工程在江家边启动建设，2013年9月正式投运。

同年 长林垓村毛竹园区被省政府授予省现代农业园区毛竹示范区称号。

同年 梓坊至县城驿站广场城郊公交开通。

同年 独山头工业园区引进内资企业——浙江健丰金属制品有限公司。

同年 乡工会升格为总工会。

同年 路西村创建文史资料、农耕实物陈列室。

同年 路西村在村委旁开始建造农民新村。

2012年

1月 昆铜乡第十六届人民代表大会召开。

5月29日 昆铜乡建制撤销，其行政区域并入梅溪镇。

同年 独山头工业园区引进中内资企业——浙江威龙泵业有限公司。

同年 昆铜卫生院被确定为省级规范化卫生院。

同年 古树名木普查完成，全乡共有97株。其中，钱坑桥化角坞一株古银杏树树龄1100年，2016年、2017年先后被列入“全国十大最美古银杏”“浙江省十大最美银杏树王”名录。

同年 全乡共有山塘138座，库容量31.31万立方米；水库32座，库容量428.75万立方米。有堰坝16座。有公路40条94.50千米；林道88条117.15千米。有明清时期所建古桥25座；公路桥梁30座562米。有企业185家，其中年产值2000万元以上规模企业11家。

第一章 建 置

昆铜境内人类活动源远流长。溪龙上马坎遗址发掘出土的旧石器标本显示，至少在80万年以前就已有古人类在这一带活动和生活。商周时期，中原文明渐及乡境。秦汉以前辖属不定，暂无文献考证。秦王政二十五年（前222），秦灭楚，郡县天下，置故鄣县，昆铜属之。隋文帝开皇九年（589）至隋义宁元年（617）的28年划属绥安县。隋义宁二年（618）复置安吉县时，昆铜改属安吉县，直至2012年5月并入梅溪镇。历史上，乡内曾设里、扇、管、图、庄、村、大队等行政管理单位，名称各异，地域基本相同。

第一节 建置沿革

春秋战国时期，初属吴，吴灭属越，越灭属楚。

秦王政二十五年（前222），秦灭楚，郡县天下，置故鄣县，昆铜属之。

汉灵帝中平二年（185），分故鄣县南置安吉县，昆铜仍属故鄣县。

隋文帝开皇九年（589），撤故鄣、安吉、原乡三县入绥安县，昆铜属绥安县。

隋义宁二年（618），复置安吉县，昆铜属之。

唐武德七年（624），昆铜随安吉县并入长城县（今长兴县）。

唐麟德元年（664），再置安吉县，昆铜属安吉县。

唐代中期，安吉县置有20乡，有昆山乡、铜山乡之名。

宋至明初，昆山、铜山两乡属安吉县。

明正德元年（1506），安吉县升为安吉州，铜山乡、昆山乡共属安吉州。

清雍正九年（1731），安吉州下设四路二区，铜山乡、昆山乡属东路安区，属安吉州。

清乾隆三十八年（1773），降安吉州为县，铜山乡、昆山乡属东路安区，属安吉县。

民国元年（1912），成立安吉县公署，乡镇建制沿袭清制。

民国7年（1918），昆山、铜山两乡建制撤销，同属梅墅区。

民国19年（1930），梅墅区改称第三区。

民国20年（1931），全县设4镇77乡，昆铜境内各乡属第三区。

民国23年（1934），调整区和乡镇建制，全县设5区4镇32乡。

民国29年（1940），再次调整区和乡镇建制，全县设3区4镇18乡。昆铜域内分建高葛、大同、杏红、大东等4乡，属梅溪区。同时将原铜山乡南部的第七、第八庄划出另建古梅乡，改属递铺区。

民国33年（1944），高葛乡、大同乡和杏红乡的小部分合并分建昆山乡和铜山乡；杏红乡、大东乡合并建磬山乡。

民国36年（1947），撤区并乡，磬山乡改名玉磬乡；昆山乡、铜山乡合并建昆铜乡，乡公所驻江家边自然村，1948年年初迁到费家塘自然村。

1949年4月30日，昆铜解放。5—6月，沿用旧制。

1949年7月，撤乡建区，昆铜乡撤销，属昆铜区。

1950年5月，复建昆山乡、铜山乡，两乡同属昆铜区。

1956年2月，撤区并乡，昆山乡与铜山乡合并建昆铜乡，乡公所驻独山头村，属县直辖。

1958年9月，撤销昆铜乡建制，成立昆铜人民公社，10月底并入晓墅人民公社。

1959年3月，晓墅人民公社在昆铜地区建立昆铜管理区。

1961年8月，昆铜管理区从晓墅人民公社划出建昆铜人民公社，属梅溪区。

1962年7月，梅溪区撤销，改为县直辖。

1980年3月，恢复区级派出机构，属梅溪区。

1983年12月，昆铜人民公社改称昆铜乡，属梅溪区。

1995年11月，区级派出机构撤销，改为县直辖。

2012年5月，昆铜乡建制撤销，其行政区域并入梅溪镇。

第二节 区域位置

唐至明初，昆山、铜山两乡位于安吉县域东北部。明成化二十三年（1487）析安吉县南置孝丰县，长兴3乡并入安吉县后，昆山、铜山两乡位于安吉县（州）域东部。清代，昆山、铜山两乡地域基本上为20世纪80年代的昆铜、溪龙和南北庄三乡范围；东界归安县、武康县，南接凤亭乡，西邻定福乡、顺安乡、安福乡，北连安福乡、长兴县。民国期间，区乡调整变化无常，直至民国36年（1947）建立昆铜乡后，昆铜乡地域范围相对稳定，没有大的变化。1958年安吉、孝丰两县合并后，昆铜乡位于县域东北。

境界东起三山村和长兴县和平镇方家庄村、吴兴区埭溪镇庄上村三村交会处的3305012223S界桩；西南沿吴兴区埭溪镇的关上、上坊自然村岗岭，上舍村的背山冈，至吴兴区埭溪镇大城村、德清县莫干山镇横岭村、乡境上舍村交界处横岭林场大湾里北面山顶3305012123S界桩；折西顺德清县南路乡横岭村的范家坞山冈，至昆铜乡的制高点海拔594.3米的“四面山”顶峰，曲转向西南歪水岭，继而由西南经杨家村至德清县莫干山镇福水村和乡境铜山村交界处简易公路北侧的052123002号界桩。再由中坞自然村东侧西南向到谢坞山顶，转西北到乡境最南端的俞家舍自然村；沿山冈进入与递铺街道赤芝村交界海拔573米的马头山冈，西北沿鲁家村的蒋家坞、彭家边、夹保坞村界至俞芝岭的岭头，北偏东沿溪龙乡里黄杜塘家坞岭、杨山岭、大山坞，分水岭、北山冈到县林科所东侧横山村村界。再转东北沿晓墅村界、晓墅镇界到石龙村的杨梅岭，转东至乡境最北端的泗洲山，沿涨子坞西山冈转东南到长兴和平镇方家庄与管城村里阳坞山山冈，越过背夫岭至三山村的何家边村，偏东穿越方家庄田畈，沿山梁至3305012223S界桩。

乡域处于北纬30°38′～30°45′，东经119°45′～119°53′之间。东西宽约16千米，南北长约18千米，略呈桃形。乡域面积90.97平方千米。东与湖州市吴兴区毗邻，东南邻德清县，西接递铺镇和溪龙乡，北连梅溪镇，东北临吴兴区和长兴县。乡政府驻独山头，西南距县城23千米，东北距湖州市区43千米，东南距杭州市区89千米。

第三节　行政区划

一、唐至清时期区划

1. 唐宋

唐宋时期，昆山乡、铜山乡各辖5里。昆山乡下辖仙涧、苕水、侯溪、三山、合川5里；铜山乡下辖桃源、深谷、临泉、修竹、铜山5里。

2. 元代

元至正初，乡下设扇管。昆山乡设2扇6管；铜山乡设3扇9管。

3. 明代

明洪武十四年(1381)，废扇管设图。昆山乡设7图，铜山乡设8图。同时恢复乡里制，昆山乡里数如旧，设里长7人；铜山乡的铜山里改称俞子里，里数如旧，设里长8人。

4. 清代

清初沿袭明制。昆山乡下辖苕水、侯溪、三山、仙涧、合川等5里；铜山乡增加玉山里，为桃源、临泉、深谷、修竹、俞子、玉山等6里。

清雍正七年(1729)，实行“顺庄法”，乡里制改为乡庄制。昆山乡5里内设6庄，铜山乡6里内设8庄。两乡共有自然村91个。

东路安区昆山乡　下辖6庄，共有自然村30个。

一庄，有自然村3个：上舍村、莫劳村、管城村。

二庄，有自然村6个：姚坞村、梁村、长林村、银山村、坳磡村、干溪村。

三庄，有自然村4个：陈家村、梁家村、长厅、松树下。

四庄，有自然村8个：石家村、里庄、凌家村、泽头圩、大漾村、前岗中村、前岗下村、溪衖村。

五庄，有自然村5个：里黄杜村、外黄杜村、下施干、柴潭村、杨家村。

六庄，有自然村4个：赤土圩、青山村、徐村湾、高湾村。

东路安区铜山乡　下辖8庄，共有自然村61个。

一庄，有自然村12个：俞家舍、荡里村、张家山、谢坞村、中坞村、石门村、石门衖、诸家边、坟头村、下汤村、隐将村、俞坞村。

二庄，有自然村8个：倪家边、三家村、梓方村、木竹坞、施家边、墙里村、杨家坞、培头上。

三庄，有自然村7个：钱坑桥、化角坞、蛇角庙、戚家边、石家湾、俞朱岭、唐家坞。

四庄，有自然村5个：岳正村、塽上村、蒲芦村、横溪村、路西村。

五庄，有自然村8个：上范村、十字路、蒋家坞、彭家边、大园里、鲁家溪、回龙墩、鞍山坞。

六庄，有自然村5个：外江村、里江村、铜山湾、高磡、南楼坞。

七庄，有自然村9个：梅村、麻园溪、上庄、范家村、朱凌村、姚圩里、吴家大村、大坞村、泥母村。

八庄，有自然村7个：漩潭村、八亩田、芝村、茂泉村、铜凤村、尺五村、赤山。

二、民国时期区划

民国初期沿用旧制，昆山、铜山两乡共设14庄，有自然村91个。

民国7—19年（1918—1920），撤乡建区，且区名、区数、区域变动无常，区下仍设庄村。

民国20年（1931），并区建乡，乡下庄村制改为闾邻制，全县共5区、4镇、77乡、701闾、3484邻。域内乡数与闾邻数无考。

民国23年（1934）撤区，调整乡镇，安吉为32乡、4镇。同时，乡下闾邻制改为保甲制。域内乡数及保甲数设置无考。

民国29年（1940），重新设区，再划乡镇。全县设3区、18乡、4镇。清末民初时期的昆山、铜山域内分建高葛、大同、杏红、大东4乡：割清末民初时期昆山乡的第一庄、第二庄、第三庄建高葛乡，乡公所驻坳磡村；割铜山乡的第一庄、第二庄、第三庄和第六庄的高磡、南楼坞等村，以及第四庄的蒲芦村等村建大同乡，乡公所驻钱坑桥；割昆山乡的第四庄和第五庄的里黄杜、外黄杜、下施干以及铜山乡第六庄的外江、里江等村建杏红乡，乡公所驻水王庙；割昆山乡第六庄和铜山乡的第五庄等建大东乡，乡公所驻大东寺。以上4乡属梅溪区。另割铜山乡的第七庄、第八庄建古梅乡，改属递铺区。

民国33年（1944），高葛乡、大同乡改称昆山乡和铜山乡，其中杏红乡的路西、岳征、外江、里江等自然村割予铜山乡。

民国36年（1947）2月扩并乡镇，昆山乡和铜山乡合并建昆铜乡，区域范围大致为清代昆山乡的第一、第二、第三庄，铜山乡的第一、第二、第三、第六庄和第四、第五庄的一部分。乡公所驻江家边，次年迁费家塘，下辖13保100甲；杏红乡与大东乡合并建玉磬乡，其中大同乡的彭家边、六安桥等村割予玉磬乡，乡公所驻昆山寺。

民国36年(1947)2月昆铜乡保甲设置一览表

表1-1

保第	甲数(个)	内辖主要自然村						办公地点
一保	13	银山溪	大路口	高家坞	望长林	干溪桥	直坞里	大路口
二保	7	良村	姚坞					良村
三保	7	长林垓	后村	大坞里	莫劳坞			长林垓
四保	9	三山村	管城村	里阳坞	黄玉村			三山村
五保	9	上舍村						上舍村
六保	6	隐将	俞坞里	下荡	诸家边			隐将
七保	7	中坞	谢坞	张家山	石门	俞家舍		张家山
八保	7	梅坞村	杨家坞	培头上	石家岭			杨家坞
九保	9	梓坊村	王家上	倪家边	庙寺岭	十字路		梓坊村
十保	8	钱坑桥	俞芝岭	卜家上				钱坑桥
十一保	6	化角坞	道场坞	蛇角庙				化角坞
十二保	7	路西村	蒲萝坞	横溪桥	瓦子坞			蒲萝坞
十三保	5	江家边	南楼坞	里江				江家边

三、解放后区划

1949年5月解放后沿用旧制，称昆铜乡，下辖13保100甲。同年7月，撤乡建区，昆铜乡撤销，属昆铜区。12月废除保甲制，改设行政村。原昆铜乡区域内共设昆一、昆二、昆三、铜四、铜五、铜六、铜七等7个行政村。

1950年4月，域内分建昆山乡和铜山乡，同时将晓一村划入昆山乡。昆山乡下辖晓一、昆一、昆二、昆三等4个村；铜山乡下辖铜四、铜五、铜六、铜七等4个村。

1956年2月撤区并乡，昆山、铜山两乡合并称昆铜乡。1957年年底，下辖五星、高葛、昆一、姚良、长林、上舍、三城、合力、三合、高一、勇将、四岭、新华、梓兴、永年等15个高级农业生产合作社。

1958年9月撤乡建社，将板桥、昆铜、溪龙、晓墅等3乡1镇联合起来，建立了全县第一个人民公社即晓墅人民公社。同时将高级农业生产合作社改称为生产队。1959年3月，晓墅公社下设昆铜管理区，管理原昆铜乡地域生产队，时有五星、高葛、昆一、姚良、长林、上舍、三城、合力、三合、高一、勇将、四岭、新华、梓兴、永年等15个生产队。

1961年8月，昆铜管理区从晓墅公社划出建昆铜公社，同时将生产队改称为生产大队。全公社下辖五星、高葛、长林、姚良、昆一、上舍、三城、合力、高一、三合、新华、勇将、四岭、梓兴、永年等15个生产大队。

1980年，昆铜公社下辖生产大队15个，生产小队81个。

1981年5月，15个生产大队分别更名为独山头、干溪桥、长林干、姚良、大路口、上舍、管城、路西、钱坑桥、化家坞、梅坞、隐将、张家山、梓坊、潘家上。

1982年，全公社生产小队增加到145个，1983年增加到156个。

1983年12月，恢复乡村建置。昆铜公社改称昆铜乡。1984年1月，生产大队改称行政村，生产小队改称村民小组，全乡下辖行政村15个，村民小组166个；有自然村108个。

1986年9月，管城行政村析分三山等自然村另建行政村，取名三山村。同年，昆铜乡下辖行政村16个，村民小组145个。

1991年，自然村减少到94个，村民小组增加到169个。

2002年5月，潘家上村并入梓坊村。2007年11月，姚良、大路口2村并入长林垓村；化家坞村并入钱坑桥村；梅坞、隐将、张家山3村合并建铜山村。2008年，村民小组调整到160个。2009年，村民小组调整到140个。

2012年4月，全乡下置独山头、干溪桥、长林垓、三山、管城、上舍、路西、钱坑桥、梓坊、铜山等行政村10个；村民小组140个，有自然村85个。

1949—2012年行政村（大队）名沿革一览表

表1–2

<table>
<tr><th>1949年12月</th><th>1956年2月</th><th>1958年10月</th><th>1961年8月</th><th>1981年6月</th><th>1984年1月</th><th>2012年4月</th></tr>
<tr><td>晓一村</td><td>五星高级社</td><td>五星生产队</td><td>五星大队</td><td>独山头大队</td><td>独山头村</td><td>独山头村</td></tr>
<tr><td rowspan="2">昆一村</td><td>高葛高级社</td><td>高葛生产队</td><td>高葛大队</td><td>干溪桥大队</td><td>干溪桥村</td><td>干溪桥村</td></tr>
<tr><td>昆一高级社</td><td>昆一生产队</td><td>昆一大队</td><td>大路口大队</td><td>大路口村</td><td rowspan="3">长林垓村</td></tr>
<tr><td rowspan="2">昆二村</td><td>姚良高级社</td><td>姚良生产队</td><td>姚良大队</td><td>姚良大队</td><td>姚良村</td></tr>
<tr><td>长林高级社</td><td>长林生产队</td><td>长林大队</td><td>长林垓大队</td><td>长林垓村</td></tr>
<tr><td rowspan="3">昆三村</td><td rowspan="2">三城高级社</td><td rowspan="2">三城生产队</td><td rowspan="2">三城大队</td><td rowspan="2">管城大队</td><td rowspan="2">管城村</td><td>管城村</td></tr>
<tr><td>三山村</td></tr>
<tr><td>上舍高级社</td><td>上舍生产队</td><td>上舍大队</td><td>上舍村</td><td>上舍村</td><td>上舍村</td></tr>
<tr><td>铜七村</td><td>合力高级社</td><td>合力生产队</td><td>合力大队</td><td>路西大队</td><td>路西村</td><td>路西村</td></tr>
<tr><td rowspan="2">铜六村</td><td>第一高级社</td><td>高一生产队</td><td>高一大队</td><td>钱坑桥大队</td><td>钱坑桥村</td><td rowspan="2">钱坑桥村</td></tr>
<tr><td>三合高级社</td><td>三合生产队</td><td>三合大队</td><td>化家坞大队</td><td>化家坞村</td></tr>
<tr><td rowspan="3">铜四村</td><td>勇将高级社</td><td>勇将生产队</td><td>勇将大队</td><td>隐将大队</td><td>隐将村</td><td rowspan="3">铜山村</td></tr>
<tr><td>新华高级社</td><td>新华生产队</td><td>新华大队</td><td>梅坞大队</td><td>梅坞村</td></tr>
<tr><td>四岭高级社</td><td>四岭生产队</td><td>四岭大队</td><td>张家山大队</td><td>张家山村</td></tr>
<tr><td rowspan="2">铜五村</td><td>梓兴高级社</td><td>梓兴生产队</td><td>梓兴大队</td><td>梓坊大队</td><td>梓坊村</td><td rowspan="2">梓坊村</td></tr>
<tr><td>永年高级社</td><td>永年生产队</td><td>永年大队</td><td>潘家上大队</td><td>潘家上村</td></tr>
</table>

说明1. 管城村于1986年9月析分为管城和三山两村。

2. 梓坊村与潘家上村于2002年5月合并。

3. 2007年11月，大路口村、姚良村与长林垓村合并；化家坞村与钱坑桥村合并；隐将村、梅坞村与张家山村合并

附：

历史乡(人民公社)名

一、昆山乡

以境内昆山得名。历史上出现2次。第一次：建于北宋前。宋代，下辖苕水、侯溪、三山、仙涧、合川等5里。元代，下设2扇6管。明代，下置7图。清雍正年间，下有6庄29村，区域范围大致为今昆铜乡的上舍、三山、管城、长林垓、干溪桥等村和递铺街道鞍山村及溪龙乡全部。民国初年沿袭旧制。民国7年，废乡设区，昆山乡名消失。第二次：1950年4月，由昆铜区昆一、昆二、昆三和晓一等4村合并而建。1956年2月，与铜山乡合并建昆铜乡，昆山乡名消失。

二、铜山乡

以境内铜山得名。历史上出现2次。第一次：建于北宋前。宋代，下辖桃源、深谷、临泉、修竹、铜山等5里。元代，下设3扇9管。明代，下置8图；铜山里改称俞子里。清初增加玉山里，共辖6里。清雍正年间，下有8庄61村，区域范围大致为今昆铜乡的路西、钱坑桥、铜山、梓坊村和递铺镇的赤芝、鲁家、义士塔、南北庄等村。民国初沿袭旧制。民国7年(1918)，废乡设区，铜山乡名消失。第二次：1950年4月，由昆铜区铜四、铜五、铜六、铜七等4村合并而建。1956年2月，与昆山乡合并建昆铜乡，铜山乡名消失。

三、高葛乡

位于今昆铜乡的东北部，以境内高家坞、葛坞两坞各取首字得名。建于民国29年(1940)，属梅溪区。区域范围大致为清代昆山乡的第一、第二、第三庄，即今上舍、三山、管城、长林垓、干溪桥等村。乡公所驻坳磡村一步岭，下辖6保。民国36年(1947)，与大同乡合并建昆铜乡，高葛乡名消失。

四、大同乡

位于今昆铜乡的西南部。建于民国29年(1940)，属梅溪区。区域范围大致为清代铜山乡的第一、第二、第三庄，即今钱坑桥、铜山、梓坊等村。乡公所驻钱坑桥。民国36年(1947)，与高葛乡合并建昆铜乡，大同乡名消失。

五、大东乡

位于今递铺街道的东部、溪龙乡的西部，以境内大东寺得名。建于民国29年(1940)，属梅溪区。区域范围大致为清代昆山乡的第五庄(部分)、第六庄，铜山乡的第五庄，顺安乡的第一庄，即今递铺镇的鞍山村、马家村、鲁家村和溪龙乡的徐村湾等村。乡公所驻大东寺。民国34年(1945)12月，割徐村湾村予磬山乡。辖6保47甲。民国36年(1947)，与磬山乡合并建玉磬乡，大东乡名消失。

六、杏红乡

位于今溪龙乡，以境内杏红山得名。建于民国29年(1940)，属梅溪区。区域范围大致为清代昆山乡的第四庄、第五庄(大部分)和铜山乡的第四庄，即今溪龙乡的溪龙、黄杜、新丰等村和昆铜乡的路西村。乡公所驻水王庙。民国34年(1945)12月,割路西村予铜山乡,同时划入大东乡的徐村湾村,并且将杏红乡更名为磐山乡,杏红乡名消失。

七、古梅乡

位于今递铺街道东南部,以古代鄣南八景之"北庄梅花"得名。建于民国29年(1940),属递铺区。区域范围大致为清代铜山乡的第七、第八庄和凤亭乡第一、第二庄的历山、鹿馆等自然村,即今递铺街道赤芝、义士塔、南北庄村和长乐社区。乡公所驻华严寺。民国36年(1947),与郎里乡、石马乡合并建三港乡,古梅乡名消失。

八、昆铜人民公社

1961年8月,析晓墅公社昆铜管理区而建,区域范围等同于2012年并入梅溪镇前的昆铜乡。公社管理委员会驻独山头村,下辖15个生产大队、84个生产小队。1983年12月改称昆铜乡,昆铜公社名消失。

第四节 行政村与自然村

一、独山头村

1. 行政村

以村委会驻地独山头得名。属乡政府驻地。村委会驻独山头自然村9号。东连干溪桥村,南连路西村,西至溪龙乡,北至晓墅村。村域面积11.76平方千米,其中山林12055亩,耕地812亩。辖9个村民小组;有6个自然村,460户1703人。

宋至清初分属梅溪乡、昆山乡。清雍正年间分属安福乡第八庄、昆山乡第三庄,有独山、陈家、梁家、长厅、松树下等村。民国29年(1940)属晓墅镇。民国36年(1947)属晓墅镇第十一保,下辖13甲。1949年5月解放后沿袭旧制,同年7月撤乡建区属昆铜区,称晓一村。1950年4月,属昆山乡,仍称晓一村。1956年2月,昆山乡与铜山乡合并,属昆铜乡。同年,梁家塘、陈家塘、松树下、独山头、六家村、乐平寺等初级社合并建五星高级社。1958年9月属晓墅公社,称五星生产队。1959年3月,属晓墅公社昆铜管理区。1961年8月,属昆铜公社,称五星大队。同时叶家井等生产队部分农户划入新庄自然村。1981年5月,以驻地更名独山头大队。1983年12月属昆铜乡。1984年1月称独山头村。2012年5月随昆铜乡并入梅溪镇。

2. 自然村

独山头 村委会驻地自然村,梅溪镇至长林垓、钱坑桥村公路在此分叉。村西北0.5千米有独山(曾名塔山),村以山得名。宋至清初属梅溪乡。清雍正年间称独山村,改属安福乡第八庄。清末称独峰村。民国期间改称独山头村,属晓墅镇。民国36年(1947)称独山头,属晓墅镇第十一保。2009年,松树下自然村并入。村舍呈聚集状。有125户433人。

乐平 在村委会驻地西北0.89千米,西傍昆铜港。南北朝宋元嘉元年(424),信义太守施斌在此建乐平寺，村以寺名，称乐平寺。2009年根据习称更名为乐平。村舍呈聚集状。有60户205人。

陆家村 在村委会驻地南1.77千米，梅溪至钱坑桥公路西南侧，以姓得名。明清称长厅村。民国29年(1940)属高葛乡。村舍呈长方形。有62户228人。

梁家塘 在村委会驻地东南1.58千米，梅溪镇至长林垓公路东北侧，以梁姓得名。清初称梁家村，属昆山乡第三庄。民国36年(1947)称梁家塘，属晓墅镇十一保。村舍呈聚集状。有102户418人。

陈家塘 在村委会驻地东南2.16千米，西北与梁家塘相连，以姓得名。清初称陈家村，属昆山乡第三庄。民国36年(1947)改称陈家塘，属晓墅镇十一保。村舍呈聚集状。有80户309人。

新庄 在村委会驻地东北0.5千米。抗日战争时期，苏姓地主在此建房看管山林，后住户陆续增多，建成新村，取名新庄。村舍呈聚集状。有31户110人。

3. 注销的村名

松树下 独山头东南0.5千米，晓墅至长林圩公路东北侧。村上原有一棵胸围五米的千年大松树(抗战时期被毁)，故名。清初属昆山乡第三庄，称长厅松树下。民国36年(1947)属晓墅镇第十一保。1982年有59户239人。2009年并入独山头自然村。

二、干溪桥村

1. 行政村

以村委会驻地自然村得名。村委会驻干溪桥自然村8号，西北距乡政府驻地3.5千米。东连长林垓村，南连路西村，西连独山头村，北连石龙村。村域面积4.9平方千米。有山林4562亩，其中毛竹林3051亩，杂竹林1511亩；耕地420亩，其中水田371亩。辖7个村民小组；有6个自然村，193户694人。

历史上属昆山乡。清初属昆山乡第二庄，称乾溪村。民国29年(1940)属高葛乡。民国36年(1947)属昆铜乡第一保，有望长林、干溪桥、倪(严)家坞、直坞里等自然村。1949年5月解放后沿用旧制。同年7月属昆铜区昆一村。1950年4月属昆山乡昆一村。1956年2月属昆铜乡，同年建葛坞高级农业生产合作社。1958年9月，属晓墅公社，葛坞高级社改称高葛生产队。1959年3月，属晓墅公社昆铜管理区。1961年8月属昆铜公社，称高葛大队。1981年5月，以驻地更名干溪桥大队。1983年12月属昆铜乡。1984年1月称干溪桥村。2012年5月随昆铜乡并入梅溪镇。

2. 自然村

干溪桥 村委会驻地自然村，北傍昆水。古代，村旁小溪经常无水，故称干溪，村以溪名。清初称乾溪村，属昆山乡第二庄。后建一桥，桥以溪名，村又以桥名。民国29年(1940)属高葛乡。民国36年(1947)称干溪桥村，属昆铜乡第一保。村舍呈聚集状。有47户169人。

毛徐 在村委会驻地北0.46千米，最早是毛、徐两姓在此定居，故名。村舍呈聚集状。有8户36人。

费家塘　在村委会驻地西0.81千米，以费姓得名。村舍呈聚集状。有22户83人。

直坞里　在村委会驻地南0.7千米，此坞直通到底，约有五华里，故名直坞里。民国29年(1940)属高葛乡。民国36年(1947)属昆铜乡第一保。2009年，吴家门口、山冲里、赵家门口自然村并入。村舍呈带状。有52户183人。

望长岭　在村委驻地东南0.45千米，独山头至长林垓公路南侧。岭上能望到长林垓，故民国36年(1947)称昆铜乡一保望长林。后改为望长岭。2009年，窑厂里自然村并入。村舍呈聚集状。有36户127人。

严家坞　在村委会驻地西南0.85千米，村在山坞中，以姓得名。民国29年(1940)属高葛乡。民国36年(1947)属昆铜乡第一保。2009年，东坞里自然村并入。村舍呈聚集状。有28户96人。

3. 注销的村名

漏家塘　在干溪桥东0.5千米。1982年有12户45人，后陆续迁往干溪桥自然村，2009年村名被注销。

吴家门口　在干溪桥东南0.5千米，此处原有吴姓居住，故名。1982年有5户20人。2009年并入直坞里自然村。

山冲里　在干溪桥南0.7千米。1982年有2户10人。2009年并入直坞里自然村。

东坞里　在干溪桥西南1千米，村在坐北朝东的山坞口，故名。1982年有4户20人。2009年并入严家坞自然村。

窑厂里　在干溪桥东0.3千米，晓墅至长林垓公路两侧。此处原有窑厂，故名。1982年有8户34人。2009年并入望长岭自然村。

三、长林垓村

1. 行政村

以村委会驻地得名。村委会驻长林垓自然村108号，西北距乡政府驻地7千米。东连管城村，南交上舍村，西南连铜山村，北交长兴县。村域面积17.1平方千米。有山林14464亩，其中毛竹13187亩，杂竹1277亩；有耕地1821亩，其中水田1683亩；有茶园2000亩，桑园105亩。辖26个村民小组；有14个自然村，972户3335人。

历史上属昆山乡。清初属昆山乡第二庄，域内有长林、姚坞、梁村、银山、坳磡等村。民国29年(1940)属高葛乡，称长林垓。民国36年(1947)属昆铜乡第三保，下辖7甲。1949年5月解放后沿用旧制，同年7月撤乡建区属昆铜区，分属昆二、昆一、昆三村。1950年4月属昆山乡。1956年2月属昆铜乡。1957年，大坞里、南山和昆三村的三个初级社合并为长林垓高级社。1958年9月属晓墅公社，称长林生产队。1959年3月，属晓墅公社昆铜管理区。1961年8月属昆铜公社，称长林大队，下辖大坞、后村、南山、东头、莫劳、寺岭脚、长林中心等7个生产队。1981年5月以驻地更名长林垓大队。1983年12月属昆铜乡。1984年1月，称长林垓村。2007年11月，长林垓村、姚良村、大路口村合并，复称长林垓村。2012年5月随昆铜乡并入梅溪镇。

2. 自然村

长林垓　村委会驻地自然村。清初称长林村，属昆山乡二庄。民国36年(1947)称长林垓，属昆铜乡第三保。1981年5月称长林干。2007年11月，三村合并时复称长林垓。村舍呈聚集状。有66户220人。

后村　在村委会驻地北0.5千米，因在长林垓北，故名后村，民国36年(1947)有是名。村舍呈长方形。有41户166人。

大坞里　在村委会驻地以北偏东1.32千米，村处较大的山坞里，故名大坞里，民国36年(1947)有是名。村舍星散分布。有45户156人。

南山　在村委会驻地东偏南0.98千米。村处南山冲之中，故名南山冲。2009年根据习称更名为南山。同年，新房子自然村并入。村舍呈聚集状。有35户125人。

东头　在村委会驻地东0.45千米，长林垓东头，故名。村舍呈长方形。有35户125人。

模劳　在村委会驻地以南1.53千米。清初称莫劳村，属安区昆山乡第一庄。民国36年(1947)称莫劳坞，属昆铜乡第三保。2009年根据习称更名为模劳。村舍呈聚集状。有43户150人。

寺岭　在村委会驻地西南1.14千米。村西山岭上有座始建于五代时期的宝胜寺，故此岭被称为寺岭。村在其东麓山脚，故名寺岭脚。2009年根据习称更名为寺岭，村以岭得名。村舍呈带状。有31户118人。

姚坞　在村委会驻地西南3.27千米。村处一山坞中，坞以姓得名，村又以坞得名。清初称姚坞村，属昆山乡第二庄。民国36年(1947)称姚坞，属昆铜乡第二保。村舍呈聚集状。有125户472人。

良村　在村委会驻地南偏西3.49千米，村以梁姓得名。清初称梁村，属昆山乡第二庄。清末民初以音似改称良村。民国36年(1947)属昆铜乡第二保。村舍呈聚集状。有161户607人。

里高家坞　在村委会驻地以北偏西2.88千米。村处山坞中，原高姓人家较多，坞以姓得名，村又以坞得名。民国36年(1947)称高家坞，属昆铜乡第一保。20世纪80年代分成两个自然村，此村位里，故名里高家坞，2009年正式命名。村舍呈长方形。有98户268人。

外高家坞　在村委会驻地北偏西2.49千米。村处山坞中，原高姓人家较多，坞以姓得名，村又以坞得名。民国36年(1947)称高家坞，属昆铜乡第一保。20世纪80年代从原高家坞自然村中分出，此村位外，故名外高家坞，2009年正式命名。村舍呈聚集状。有93户233人。

大路口　在村委会驻地西北2.19千米，独山头至长林垓公路北侧。清初称坳磡村，属安区昆山乡二庄。民国36年(1947)属昆铜乡第一保大路口村，为第一保办公所在地。解放初属昆山乡第一村，为昆山乡公所驻地。20世纪70年代，因公路开通至南山岭、高家坞，村中心移至公路岔口边，故坳磡村改叫大路口村。村舍呈聚集状。有63户229人。

荡里　在村委会驻地西北3千米，村里原有许多小塘，地形低洼，故名。村舍呈聚集状。有

52户199人。

银山溪　在村委会驻地西北2千米，独山头至长林垓公路两侧。清初称银山村，村以山得名，属昆山乡第二庄。又：村前有一山溪，溪以山名，为银山溪。清末民初改称银山溪村，村又以溪得名，为昆山片区贸易小集市。民国36年（1947）属昆铜乡第一保。村舍呈聚集状。有43户132人。

3. 注销的村名

姚良行政村　位于长林垓行政村西南部。清初属安区昆山乡第二庄。民国时为昆山乡第二保，下辖7甲。1949年7月属昆铜区昆二村。1956年，姚坞、良村两个初级社合并建农业高级社，各取首字，称姚良高级社。1958年9月属晓墅公社，称姚良生产队。同年开始在两自然村北端路口会合处陆续建造生产队大会堂、学校、商店等建筑，逐渐形成新的自然村，取名姚良，为姚良大队、姚良行政村的驻地。1959年3月，属晓墅公社昆铜管理区。1961年9月属昆铜公社，称姚良大队。1984年12月称姚良行政村，有山林6564亩，耕地419亩；有3个自然村，210户922人。2007年11月并入长林垓村，姚良自然村内住户分别划入姚坞和良村自然村，姚良行政村和姚良自然村同时注销。

大路口行政村　位于长林垓行政村西南部。清初称坳磡村，属安区昆山乡第二庄。民国时属昆山乡第三保、第一保。1949年7月属昆铜区昆一村。1956年办高级社时，曙光、大荡、高家、新华4个初级社合并成立昆一农业高级社。1958年9月称昆一生产队，属晓墅公社。1959年3月，属晓墅公社昆铜管理区。1961年9月称昆一大队，属昆铜公社。1981年5月，更名大路口大队，下辖坳磡、殷家塘、荡里、外高家坞、里高家坞、银山溪等6个生产队。1984年1月改作大路口行政村，有山林8375亩，耕地329亩；有14个自然村，197户849人。2007年11月并入长林垓村。

高家坞　在大路口东0.5千米，以姓得名。1982年有87户181人。2009年划为里、外高家坞两个自然村。

新房子　在长林垓东北0.5千米的山脚，西与后村相近。清末，钱姓在此建新楼一幢，称新房子，后形成村庄，仍沿用原名。1982年有12户59人。2009年并入南山自然村。

四、上舍村

1. 行政村

以村委会驻地上舍得名。村委会驻中心自然村60号，西北距乡政府8.5千米。东临湖州市吴兴区，南接德清县，西、北与长林垓村交界。村域面积4.6平方千米。有山林4190亩，其中毛竹4049亩；耕地365亩，其中水田326亩。辖14个村民小组；有5个自然村，385户1320人。

清初属安区昆山乡第一庄。民国29年（1940）属高葛乡第六保。民国36年（1947）为昆铜乡第五保。1949年5月解放后沿用旧制，同年7月撤乡建区，属昆铜区昆三村；1950年4月属昆山乡；1956年2月属昆铜乡，同年建上舍高级社。1958年9月属晓墅公社，称上舍生产队。1959年3

月，属晓墅公社昆铜管理区。1961年8月属昆铜公社，称上舍大队，下辖大岭脚、田垓里、村中心、上朱家、下朱家等5个生产队。1983年12月属昆铜乡。1984年1月称上舍村。2012年5月随昆铜乡并入梅溪镇。

2. 自然村

村中心 村委会驻地自然村，东临大岭脚、上朱家，南接田垓里，西至西山，北至下朱家。清初称安区昆山乡一庄上舍村。2009年划为5个自然村，该村位于5个自然村的中心，故名。村舍呈聚集状。有85户293人。

大岭脚 在村委会驻地东0.42千米，大岭山脚下，故名大岭脚。2009年正式命名。村舍呈聚集状。有71户243人。

田垓里 在村委会驻地南0.09千米，以原小地名田垓里得名。2009年正式命名。村舍呈聚集状。有88户301人。

上朱家 在村委会驻地东北0.35千米，以姓得名。该村地势较高，故名上朱家。2009年正式命名。村舍呈聚集状。有61户209人。

下朱家 在村委会驻地北0.37千米，以姓为名。该村地势较低，故名下朱家。2009年正式命名。村舍呈聚集状。有80户209人。

3. 注销的村名

上舍 在独山头东南8.5千米，三面环山。古代行军以三十里为一舍，该村在县治一舍开外的半山坡上，故名上舍。清初称上舍村，属安区昆山乡第一庄。民国36年（1947）属昆铜乡第五保，下辖9甲。1982年有299户1138人。2009年划分为5个自然村，上舍自然村注销。

五、管城村

1. 行政村

以村委会驻地得名。村委会驻管城自然村75号，西北距乡政府8千米。东北临长兴县，西与长林垓村交界，南至三山村。域内面积2.67平方千米：有山林2463亩，其中毛竹林2139亩，杂竹林324亩；有耕地268亩，其中水田225亩；有茶园126亩，桑园35亩。辖6个村民小组；有3个自然村，162户532人。

清初属安区昆山乡一庄。民国29年（1940）属高葛乡。民国34年（1945）属昆山乡第六保。民国36年（1947）属昆铜乡第四保。1949年5月解放后沿用旧制，同年7月撤乡建区属昆铜区。1950年4月属昆山乡昆二村；1956年2月属昆铜乡。同年，三山、管城两个初级社合并，各取一字，建三城高级社。1958年9月称三城生产队，属晓墅公社。1959年3月，属晓墅公社昆铜管理区。1961年8月称三城大队，属昆铜公社。1981年5月以驻地更名为管城大队。1983年12月，属昆铜乡。1984年1月称管城村，有自然村5个，285户1195人。1986年9月，管城村析三山等自然村另建三山行政村。2012年随昆铜乡并入梅溪镇。

2. 自然村

管城　村委会驻地自然村。清初称管城村,属昆山乡第一庄。民国29年(1940)属高葛乡。民国34年(1945)属昆山乡第六保。民国36年(1947)属昆铜乡第四保。村舍呈"T"字形。有71户221人。

黄玉村　在村委会驻地东北0.62千米。清末称黄泥墩,民国36年(1947)称黄玉村,属昆铜乡第四保。解放后称黄泥村。2009年恢复黄玉村名。村舍呈聚集状。有47户166人。

里阳坞　在村委会驻地北0.73千米。此坞朝东,太阳直照坞里,故名里阳坞,村以坞名。民国36年(1947)称里阳坞,属昆铜乡第四保。后改为里洋坞。2009年恢复里阳坞名。村舍呈长方形。有44户145人。

六、三山村

1. 行政村

位于三山北麓,村以山名。村委会驻周家里自然村52号,西北距乡政府驻地9千米。东连长兴县,南连湖州市吴兴区,西连上舍村,北连管城村。域内面积2.8平方千米:有山林2293亩,其中毛竹林2202亩,小竹林91亩;有耕地399亩,其中水田313亩;有茶园132亩,桑园40亩。辖9个村民小组;有7个自然村,218户760人。

宋至明属昆山乡三山里。清初属安区昆山乡第一庄。民国29年(1940)属高葛乡。民国34年(1945)属昆山乡第六保。民国36年(1947)属昆铜乡第四保。1949年5月解放后沿用旧制,同年7月撤乡建区属昆铜区昆三村。1950年4月属昆山乡。1956年2月属昆铜乡。同年,三山、管城两个初级社合并,各取一字,建三城高级社。1958年9月称三城生产队,属晓墅公社。1959年3月,属晓墅公社昆铜管理区。1961年8月称三城大队,属昆铜公社。1981年5月以驻地更名为管城大队。1983年12月属昆铜乡。1984年1月,称管城村。1986年9月,从管城行政村划出建三山行政村。2012年5月随昆铜乡并入梅溪镇。

2. 自然村

周家里　村委会驻地自然村。原属三山自然村。1986年建三山行政村后,从三山自然村划出,组成新的自然村,以俗称的小地名得名。2007年正式命名。村舍呈聚集状。有50户162人。

何家边　在村委会驻地东0.55千米,村以姓得名。原属三山自然村。1986年建三山行政村后,从三山自然村划出,组成新的自然村,以清末民初的老地名得名。2007年正式命名。村舍呈聚集状。有40户136人。

西坞里　在村委会驻地西南0.81千米。原属三山自然村。1986年建三山行政村后,从三山自然村划出,组成新的自然村,以地理位置得名。2007年正式命名。村舍呈聚集状。有20户63人。

汪家　在村委会驻地东0.45千米,东与何家边自然村相连,以姓得名。2009年正式命名。村舍呈聚集状。有21户73人。

竹园里 在村委会驻地东0.25千米，村在竹园中，故名。2009年正式命名。村舍呈“T”字形。有30户98人。

墙门里 在村委会驻地西南0.56千米，以老民居结构命名为墙门里。2009年正式命名。村舍呈长方形。有26户89人。

里头坞 在村委会驻地西北0.33千米，从管城向南直至坞底，故名里头坞。曾名小庄。村舍呈“T”字形。有31户116人。

七、路西村

1. 行政村

以村委会原驻地路西自然村得名。村委会驻十里亭自然村41号，北距乡政府驻地4千米。东与干溪桥村交界，南与钱坑桥村相邻，西至溪龙乡黄杜村，北接独山头村。村域面积14平方千米。有山林6601亩，其中毛竹林4860亩；有耕地895亩，其中水田737亩；有茶园3900亩，桑园40亩。辖12个村民小组；有10个自然村，448户1720人。

宋至明属铜山乡修竹里。清初为安区铜山乡第四庄、第六庄。民国初改庄为村，称江路村，不久改作保甲制，称铜山乡第七保。民国29年（1940）划入杏红乡，称路西村。民国34年（1945）为铜山乡第一、第二保，共有13甲。民国36年（1947）为昆铜乡第十二、十三保，共有12甲。1949年5月解放后沿用旧制，同年7月撤乡建区，属昆铜区，12月称铜七村。1950年4月属铜山乡。1956年2月属昆铜乡。同年，岳征、红星、合星、南阳、合力等6个初级社合并建合力高级社。1958年9月属晓墅公社，称合力生产队。1959年3月，属晓墅公社昆铜管理区。1961年8月属昆铜公社，称合力大队。1981年5月以驻地更名为路西大队。1983年12月属昆铜乡。1984年1月称路西村。2012年5月随昆铜乡并入梅溪镇。

2. 自然村

十里亭 村委会驻地自然村，此处原有十里凉亭。20世纪末，部分南楼村住户迁此建村。2007年，以亭命名为十里亭自然村。2010年，村委会自路西自然村迁址于此。村舍呈聚集状。有27户218人。

路西 在村委会驻地南1.65千米，以大部分民房建在晓墅至钱坑桥古道的西侧得名。清初称路西村，属铜山乡第四庄。民国29年（1940）划入杏红乡。民国34年（1945）属铜山乡第二保。民国36年（1947）属昆铜乡第十二保。村舍呈聚集状。有67户349人。

蒲萝坞 在村委会驻地东南3.13千米，村庄处于一形似葫芦的山坞中，方言称蒲芦坞，村以坞得名。清初属安区铜山乡四庄，称蒲芦村。民国29年（1940）属杏红乡，民国34年（1945）属铜山乡第二保。民国36年（1947）改称蒲萝坞村，属昆铜乡第十二保，为第十二保办公所在地。村舍呈线形。有60户260人。

岳征坞 在村委会驻地西南2.73千米。清初称岳正村，属安区铜山乡第四庄。清末民初改为岳征坞。村舍呈长方形。有40户147人。

莫家上 在村委会驻地西南2千米，以姓得名。村舍呈聚集状。有24户120人。

南楼坞 在村委会驻地西南2.82千米。原名孙家坞，明代改名南楼坞，以叶姓始迁祖叶表之字“南楼”得名。清初称南楼坞，属安区铜山乡第六庄。民国36年（1947）称昆铜乡第十三保南楼坞村。村舍呈线形。有23户100人。

里江 在村委会驻地西北1.61千米。原江姓居住，分外、中、里三村，此村在山坞的最里面，故称里江。清初称里江村，属安区铜山乡第六庄。民国36年（1947）称昆铜乡第十三保里江村。村舍呈长方形。有30户128人。

东坞里 在村委会驻地西南3.7千米。是条朝东的山坞，村在山坞最里面，故名。村舍呈带状。有43户152人。

江家边 在村委会驻地东北0.64千米，以姓得名。清初称外江村，属安区铜山乡第六庄。清末民初改称江家边。民国34年（1945）属铜山乡第一保。民国36年（1947）属昆铜乡第十三保，为第十三保办公所在地。村舍呈聚集状。有84户386人。

横溪桥 在路西村南1.25千米。清初称横溪村，村以溪得名，属安区铜山乡第四庄。清末改称横溪桥村，村以桥得名，民国34年（1945）属铜山乡第二保。民国36年（1947）属昆铜乡第十二保。有13户83人。

3. 注销的村名

张家湾 在路西村西南0.84千米，晓墅至钱坑桥公路西侧，以姓得名。1982年有3户14人。2009年并入路西自然村。

八、钱坑桥村

1. 行政村

以原驻地钱坑桥自然村得名，村委会驻中街自然村177号，北距乡政府驻地6.5千米。东与长林垓村接壤，南与铜山村相连，西与递铺街道鲁家村接壤，北与路西村相连。村域面积10.4平方千米。有山林7580亩，其中毛竹林5011亩，杂竹林2569亩；耕地856亩，其中水田711亩；茶园3210亩，桑园61亩。辖9个村民小组；有10个自然村，536户1956人。

历史上属铜山乡。清初属安区铜山乡第三庄。民国23年（1934）属铜山乡第五保。民国29年（1940）属大同乡。民国34年（1945）为铜山乡第四保，下辖8甲。民国36年（1947）属昆铜乡，为第十保，下辖8甲。1949年解放后沿用旧制，同年7月撤乡建区属昆铜区，年底改称铜六村。1950年4月属铜山乡。1956年，建铜山乡第一高级社。1958年9月属晓墅公社，称高一生产队。1959年3月，属晓墅公社昆铜管理区。1961年8月属昆铜公社，称高一大队。1981年5月，以驻地更名为钱坑桥大队。1983年12月属昆铜乡。1984年1月称钱坑桥村。2007年11月，化家坞行政村并入。2012年5月随昆铜乡并入梅溪镇。

2. 自然村

中街 村委会驻地自然村，原属钱坑桥自然村。20世纪末分为上街、中街、下街三个自然村。此村在钱坑桥村的中心，故称中街。2009年正式命名。村舍呈聚集状。有73户266人。

上街　在村委会驻地南1千米，原属钱坑桥自然村。20世纪末分为上街、中街、下街三个自然村。此村在钱坑桥村的上面，故称上街。2009年正式命名。同年，里卜街自然村并入。村舍呈聚集状。有59户211人。

下街　在村委会驻地西北0.5千米，原属钱坑桥自然村。20世纪末分为上街、中街、下街三个自然村。此村在钱坑桥村的下面，故称下街。2009年正式命名。村舍呈聚集状。有68户257人。

俞芝岭　在村委会驻地西2.27千米，东邻石家湾自然村，村以岭得名。清初称俞朱岭村，属安区铜山乡第三庄。民国期间改称俞子岭、俞芝岭村。民国36年(1947)属昆铜乡第十保。村舍呈长方形。有51户200人。

唐家坞　在村委会驻地西2.68千米，东邻俞芝岭。唐姓建村，村在山坞中，故名。清初称唐家坞村，属安区铜山乡第三庄。村舍呈线形。有50户190人。

戚家边　在村委会驻地西北0.93千米，以姓得名。清初称戚家边村，属安区铜山乡第三庄。村舍星散分布。有7户28人。

石家湾　在村委会驻地西1.41千米，村处山湾，以姓得名，故名石家湾。抗战前，铜山乡公所曾设于此。村舍呈线形。有14户55人。

化家坞　在村委会驻地东北2.03千米。清初称化角坞，属安区铜山乡第三庄。民国34年(1945)属铜山乡三保。民国36年(1947)属昆铜乡第十一保。解放后演化为化家坞。2009年，肖家自然村并入。村舍呈长方形。有88户264人。

蛇角庙　在村委会驻地北1.32千米，村以庙名。清初称蛇角庙村，属安区铜山乡第三庄。民国36年(1947)属昆铜乡第十一保。村舍呈聚集状。有76户268人。

小路里　在村委会驻地北0.93千米，此地原是通往化家坞的一条小路，故名。2009年正式命名。村舍呈聚集状。有36户124人。

3. 注销的村名

化家坞行政村　位于钱坑桥村北部，历史上属铜山乡。清初属安区铜山乡第三庄。民国23年(1934)属铜山乡第五保。民国29年(1940)属大同乡，民国34年为铜山乡第三保。民国36年(1947)属昆铜乡，为第十一保。1949年解放后沿用旧制，同年7月撤乡建区属昆铜区，年底改属铜六村。1950年4月属铜山乡。1956年2月属昆铜乡，同年分建同力、同合、光明三个初级社。1957年三个初级社合建三合高级社。1958年9月属晓墅公社，称三合生产队。1959年3月，属晓墅公社昆铜管理区。1961年8月属昆铜公社，称三合大队。1981年5月，以驻地更名为化家坞大队。1982年有山林2742亩，耕地293亩；有3个自然村，151户678人。1983年12月属昆铜乡。1984年1月称化家坞村。2007年11月并入钱坑桥村。

钱坑桥　在独山头南6.5千米，晓墅至钱坑桥公路终点。村以桥名。清初称钱坑桥村，属安区铜山乡第三庄。清末民初称钱坑市。民国23年(1934)称钱坑桥，属铜山乡第五保。民国29年(1940)属大同乡，为乡公所驻地。民国34年(1945)属铜山乡第四保。民国36年(1947)属昆铜乡第十保。1982年有157户583人。2009年划为上街、中街、下街三个自然村,钱坑桥自然村名注销。

宋家坞 在钱坑桥西2.5千米,以姓得名。1982年有2户10人,21世纪初外迁。2007年,自然村名注销。

木竹坞 在钱坑桥西2千米,此山坞原多木竹,故名木竹坞,村以坞名。1982年有2户11人,21世纪初外迁。2007年,自然村名注销。

里卜街 在钱坑桥东1千米。别名北家上。1982年有7户31人。2009年并入上街自然村。

肖家 在化家坞东,以姓得名。20世纪80年代开始,居民陆续迁入化家坞自然村。2009年,自然村名注销。

九、铜山村

1. 行政村

以辖区内铜山得名。村委会驻梅坞自然村145号,北距乡政府驻地8.7千米。东临长林垓村,南接德清县,西接梓坊村,北接钱坑桥村。村域面积16.5平方千米。有山林34666亩,其中毛竹10839亩,杂竹6494亩;耕地622亩,其中水田483亩;有茶园350亩,桑园47亩。辖26个村民小组;有16个自然村,713户2442人。

清初为安区铜山乡第一、第二庄。民国29年(1940)属大同乡。民国34年(1945)为铜山乡第五、第六、第七保。民国36年(1947)为昆铜乡第六、第七、第八保,共有20甲。1949年5月解放后沿用旧制,同年7月撤乡建区属昆铜区,年底称铜四村。1950年4月属铜山乡。1956年2月同属昆铜乡。同年,域内分建梅坞、勇将、四岭高级社。1958年9月属晓墅公社,梅坞高级社改称新华生产队,勇将、四岭高级社分别称生产队。1959年3月,属晓墅公社昆铜管理区。1961年8月属昆铜公社,称新华大队、勇将大队、四岭大队。1981年5月,以驻地分别更名为梅坞大队、隐将大队、张家山大队。1983年12月属昆铜乡。1984年1月改称梅坞村、隐将村、张家山村。2007年11月,梅坞、隐将、张家山三村合并,称铜山村。2012年5月随昆铜乡并入梅溪镇。

2. 自然村

梅坞 铜山村委会驻地自然村,村庄处于一山坞内,坞以姓得名,村又以坞得名。清初称施家边,村以姓得名,属安区铜山乡第二庄。清末民初改称梅坞村。民国34年(1945)属铜山乡第七保。民国36年(1947)属昆铜乡第八保。村舍呈长方形。有91户275人。

诸家边 在村委会驻地北0.42千米。以姓得名。清初称诸家边村,属安区铜山乡第一庄。民国23年(1934)属铜山乡第二保。民国34年(1945)属铜山乡第五保,称诸家边。民国36年(1947)属昆铜乡第六保。村舍呈长方形。有70户242人。

杨家坞 在村委会驻地南1.27千米,村庄处于一山坞内,坞以姓得名,村又以坞得名。清初称杨家坞村,属安区铜山乡第二庄。民国34年(1945)属铜山乡第七保,称杨家坞。民国36年(1947)属昆铜乡第八保,为第八保办公所在地。村舍呈聚集状。有60户192人。

石家岭 在村委会驻地东南2.21千米，村处于岭上，岭以姓得名，村又以岭得名。村舍呈带状。有35户123人。

石门 在村委会驻地东南2.08千米，石门山西南麓。山上耸立两块巨石，似门柱，中间空隙远看如门，故为石门山，村以山得名。清初称石门村，属安区铜山乡第一庄。民国36年（1947）属昆铜乡第七保。村舍呈橄榄形。有60户201人。

湛水岭 在村委会驻地东4.83千米。原名湛水岭，岭旁有湛水关。曾为潺水岭，后因山路陡峭写成湛水岭，村以岭名。村民呈散居状。有19户81人。

中村 在村委会驻地东北2.42千米，为解放后新建村。村庄位于隐将村与重阳庙的中间，故名中村。1981年为隐将大队部驻地，1984年为隐将村委会驻地。2009年，重阳庙、下荡自然村并入。村舍聚集状。有41户135人。

俞坞 在村委会驻地东北3.03千米，村庄处于一山坞内，坞以姓得名，村又以坞得名。清初称俞坞村，属安区铜山乡第一庄。民国36年（1947）称俞坞里，属昆铜乡第六保。解放后改称俞坞。村舍呈聚集状。有40户140人。

三湾里 在村委会驻地东北1.44千米，村处第三个小山湾而得名。2009年，张家坞自然村并入。村舍呈线形。有34户123人。

东村 在村委会驻地东北3.08千米。原属隐将自然村。20世纪末分为东、西两自然村，此村位东，故名东村。2009年正式命名。村舍呈聚集状。有43户143人。

西村 在村委会驻地东北2.93千米，原属隐将自然村。20世纪末分为东、西两自然村，此村位西，故名西村。2009年正式命名。村舍呈聚集状。有47户146人。

中坞 在村委会驻地东南6.84千米，村在谢坞和福水两村中间，故名中坞。清初称中坞村，属安区铜山乡第一庄。村舍呈带状。有33户130人。

谢坞 在村委会驻地东南5.74千米，坞以姓名，村以坞名。清初称谢坞村，属安区铜山乡第一庄。民国34年（1945）属铜山乡第六保。民国36年（1947）称谢坞，属昆铜乡第七保。解放后，因本地方言而误写为下坞，2009年复称谢坞。村舍呈带状。有37户131人。

张家山 在村委会驻地东南5.12千米，原山属张姓所有，故名张家山，村以山名。清初称张家山村，属安区铜山乡第一庄。民国36年（1947）称张家山，属昆铜乡第七保。2009年，半岭里、姚家自然村并入。村舍呈聚集状。有36户135人。

俞家舍 在村委会驻地南7.66千米，以姓得名。清初称俞家村，属安区铜山乡第一庄。民国36年（1947）称俞家舍，属昆铜乡第七保。解放前后误写成喻家舍。2009年复称俞家舍。村舍呈聚集状。有36户138人。

塘前山 在村委会驻地东南5.04千米，解放后新建。村处一山脚，旁有一水塘，故名塘前山，村以山得名。2009年，福水岭自然村并入。村舍星散分布。有29户113人。

3. 注销的村名

隐将行政村 位于铜山村北部。清初属安区铜山乡第一庄。民国23年（1934）属铜山乡第一保。民国29年(1940)属大同乡。民国34年(1945)为铜山乡第五保,下辖9甲。民国36年(1947)属昆铜乡第六保,下辖6甲。1949年5月解放后沿用旧制,同年7月撤乡建区属昆铜区,年底属铜四村。1950年4月属铜山乡铜四村。1956年2月属昆铜乡,同年建勇将农业高级社。1958年9月属晓墅公社,称勇将生产队。1959年3月,属晓墅公社昆铜管理区。1961年8月改称勇将大队,下辖湛水岭、东西村队、俞坞、中村、三湾里等生产队。1981年5月,以驻地自然村更名隐将大队。1983年12月,属昆铜乡。1984年1月改称隐将行政村。有山林6177亩,耕地222亩;有9个自然村,165户712人。2007年11月,隐将、梅坞、张家山三个村合并称铜山村,隐将行政村注销。

梅坞行政村　位于铜山村西北部。以驻地梅坞自然村得名。清初属安区铜山乡第二庄。民国29年(1940)属大同乡。民国34年(1945)为铜山乡第七保。民国36年(1947)为昆铜乡第八保,下辖6甲。1949年5月解放后沿用旧制,同年7月撤乡建区属昆铜区,年底属铜四村。1950年4月属铜山乡铜四村。1956年2月属昆铜乡,同年建先锋、长青、诸梅三个高级社。1958年9月属晓墅公社,先锋、长青、诸梅三个高级社合并建新华生产队。1959年3月,属晓墅公社昆铜管理区。1961年9月属昆铜公社,称新华大队。1981年5月,以驻地更名为梅坞大队。1983年12月属昆铜乡。1984年1月改称梅坞行政村。有山林11559亩,耕地213亩;有6个自然村,202户895人。2007年11月,梅坞、隐将、张家山三个村合并称铜山村,梅坞行政村注销。

张家山行政村　位于铜山村东南部,以驻地张家山自然村得名。清初属安区铜山乡第一庄。民国29年(1940)属大同乡。民国34年(1945)为铜山乡第六保,下辖7甲。民国36年(1947)为昆铜乡第七保,下辖7甲。1949年5月解放后沿用旧制,同年7月撤乡建区属昆铜区,年底属铜四村。1950年4月属铜山乡铜四村。1956年2月属昆铜乡,同年建四岭高级社。1958年9月属晓墅公社,称四岭生产队。1959年3月,属晓墅公社昆铜管理区。1961年9月属昆铜公社,称四岭大队。1981年5月,以驻地更名为张家山大队。1983年12月属昆铜乡。1984年1月称张家山行政村。有山林5426亩,耕地117亩;有10个自然村,127户596人。2007年11月,张家山、梅坞、隐将三个村合并称铜山村,张家山行政村注销。

义坑里　在中村东南1.2千米。清初称坟头村,属安区铜山乡第一庄。后人在村旁建义冢,改名义坑里。解放后住民陆续迁往他处,20世纪80年代初就无人居住。2007年注销。

直坞坑　在张家山南1千米。1982年有1户2人,后外迁。2007年注销。

塘里　在张家山西南1千米。1982年有3户7人,后外迁。2007年注销。

重阳庙　与中村相连,内有一座重阳庙,村以庙名。2009年并入中村自然村。

下荡　在中村西0.5千米,地势较低,故名。清初称下汤村,属安区铜山乡第一庄。民国36年(1947)改称下荡村,属昆铜乡第六保。1982年有9户48人。2009年并入中村自然村。

张家坞　在中村南1.2千米,坞口为三湾里村。1982年有6户27人。2009年并入三湾里自然村。

半岭里　在张家山北0.7千米,村在福水岭山腰,故名。1982年有2户11人。2009年并入张家山自然村。

福水岭 在张家山西，解放后新建村，村以岭名。1982年有2户11人，2009年并入塘前山自然村。

姚家 在张家山南，以姓得名。1982年有7户30人，2009年并入张家山自然村。

隐将 在中村东，四面山西麓。三国时期，东吴名将朱才解甲归乡，隐居于此，故称隐坞。后人为纪念将军，改名为隐将。清初称隐将村，属安区铜山乡第一庄。民国36年（1947）称隐将，属昆铜乡第六保。1982年有57户251人。2009年划为东村、西村二个自然村，隐将自然村名注销。

十、梓坊村

1. 行政村

以域内梓坊自然村得名，村委会驻惠门寺自然村35号，北距乡政府驻地11.5千米。东连铜山村，南界德清县，西连递铺街道鲁家村，北连钱坑桥村。村域面积7.4平方千米，有山林8552亩，其中毛竹林6928亩，杂竹林1624亩；耕地432亩，其中水田350亩；有茶园250亩，桑园100亩。辖11个村民小组；有9个自然村，400户1400人。

清初为安区铜山乡第二庄。民国23年（1934）属铜山乡第三保。民国28年（1939）属大同乡。民国34年（1945）属铜山乡第八保。民国36年（1947）为昆铜乡第九保，下辖9甲。1949年5月解放后沿用旧制，同年7月撤乡建区属昆铜区，年底称铜五村。1950年4月属铜山乡。1956年2月属昆铜乡，同年建梓兴、永年两个高级社。1958年9月属晓墅公社，分别称梓兴、永年生产队。1959年3月，属晓墅公社昆铜管理区。1961年8月属昆铜公社，分别称梓兴大队、永年大队。1981年5月，分别以驻地更名梓坊大队、潘家上大队。1983年12月属昆铜乡。1984年1月分别称梓坊村、潘家上村。2002年5月，潘家上行政村并入。2012年随昆铜乡并入梅溪镇。

2. 自然村

惠门寺 村委会驻地自然村。该处原有惠门寺，村以寺名。民国34年（1945）属铜山乡第八保。村舍呈带状。有36户135人。

倪家边 在村委会驻地东南1.7千米，以姓得名。清初称倪家边，属安区铜山乡第二庄。民国34年（1945）属铜山乡第八保。民国36年（1947）属昆铜乡第九保。村舍呈带状。有54户186人。

庙寺岭 在村委会驻地东0.82千米。村在一岭下，岭上有庙，故称庙施岭，村以岭名。民国36年（1947）称庙寺岭，属昆铜乡第九保。解放后改称庙思岭。2009年根据习称更名为庙寺岭。村舍呈聚集状。有16户57人。

十字路 在村委会驻地西南1.1千米，村处十字路旁，故名。清初称十字路村，属铜山乡第五庄。村舍呈聚集状。民国36年（1947）属昆铜乡第九保。有28户95人。

上村 在村委会驻地西东南4.85千米。原属梓坊自然村，20世纪末分成上村、中村、下村三个自然村。该村地势较高，故名上村，2009年正式命名。村舍呈聚集状。有59户186人。

中村 在村委会驻地西南4.35千米。原属梓坊自然村,20世纪末分成三个自然村,此村位于中部,故名中村,2009年正式命名。村舍呈聚集状。有51户180人。

下村 在村委会驻地西南3.75千米。原属梓坊自然村,20世纪末分成三个自然村,此村位于下部,故名下村,2009年正式命名。村舍呈聚集状。有76户236人。

王家上 在村委会驻地西南3.65千米,王姓建村,故名。民国36年(1947)属昆铜乡第九保。村舍聚集状。有59户180人。

三家村 在村委会驻地西南3.01千米。原是赵姓建村,曾名赵家墩,后因三家施姓迁住于此,故改称三家村。清初称三家村,属铜山乡第二庄。村舍呈带状。有29户128人。

3. 注销的村名

潘家上行政村 以村委会驻地潘家上自然村得名。清初属安区铜山乡二庄。民国23年(1934)属铜山乡第三保。民国28年(1939)属大同乡。民国34年(1945)属铜山乡第八保。民国36年(1947)属昆铜乡第九保。1949年5月解放后沿用旧制,同年7月撤乡建区属昆铜区,年底属铜五村。1950年4月属铜山乡铜五村。1956年2月,属昆铜乡。同年建永年农业高级社。1958年9月属晓墅公社,称永年生产队。1959年3月,属晓墅公社昆铜管理区。1961年8月称永年大队。1981年5月以驻地改称潘家上大队。1983年12月属昆铜乡。1984年1月称潘家上村。时有山林3505亩,耕地144亩;有6个自然村,96户440人。2002年5月,并入梓坊行政村。

梓坊 北距独山头17千米。清初称梓方村,属铜山乡第二庄。清末有范姓在此建纸坊,后演变为梓坊。民国36年(1947)称梓坊村,属昆铜乡第九保。1982年有130户572人,2009年划为上村、中村、下村三个自然村,梓坊自然村名注销。

潘家上 在钱坑桥西南2千米,惠门寺东侧,以姓得名。原为潘家上大队、潘家上行政村驻地。1982年有11户48人。2009年并入惠门寺自然村,潘家上自然村名注销。

大竹漾 在潘家上西,此处原是一片竹林,解放后建村,故名大竹漾。1982年有4户21人。2009年并入惠门寺自然村。

苍蒲上 在村委会驻地东南6千米。1977年,自然村有住户12户58人,同年所有住户陆续迁到梓坊、王家上、三家村三个自然村,村址改为行政村林场,苍蒲上自然村名注销。

第二章　自然环境

昆铜乡属山区乡，村庄群山环抱，山冈连绵起伏。昆、铜二水分由东部和南部流向北部，至陈家塘自然村相汇后出独山头村注入晓墅港，终年流水淙淙，四季清澈见底。域内土地肥沃，植被茂盛，翠绿欲滴。山头树木成林，山间毛竹遍坡，溪涧两侧多小竹，“蘙荟十余里，几不可睹天日”。素称百竹之乡。属亚热带海洋性季风气候，日照充足，四季分明，降水充沛，气候适宜。诚为水秀山明，环境宜人。

第一节　地形地貌

昆铜乡四面环山，仅西北处一山口通往外界，两山最窄处只有0.5千米。总体地势由东南向西北倾斜，呈现明显的东南高、西北低的特征。南部毫坞山（德清称杨坞岭）主峰海拔702米，与德清分界，为境内最高山峰；西南马头山主峰海拔573米，与递铺镇赤山村相隔；东部四面山主峰海拔594米，与德清为界；东北大高山主峰海拔510米，界长兴；中部及西北部全为海拔200～500米的丘陵，北部独山头附近海拔不足20米。

乡域形状像两张并蒂的树叶。东边以昆水为叶茎，西边以铜水为叶茎，两叶茎双侧的大小山坞似平行的叶脉遍布域内。两片树叶的叶茎在陈家塘相聚形成叶柄，伸向独山头。

境内植被茂盛。昆水两侧山坡植被多为毛竹林，坡下有耕地千余亩；铜水两侧山坡植被多为薪炭林，缓坡地带薪炭林、竹林和白茶园参差错落，沿溪两岸有数百亩耕地。铜山钱坑桥以下与昆山干溪桥以下，一直到独山头，沿溪两岸是省级安吉竹溪湿地公园。全乡地貌素有“七分山林，二分田地，一分溪流、道路和村庄”之说。

第二节　山　川

昆铜的山脉为天目山东北麓余脉，在境内又分成若干小支脉，形成众多连绵的冈岭。其最高最长的山冈成为安吉与邻县的分界。冈岭之间的山谷中孕育了无数条溪流，呈叶脉状汇聚成昆水和铜水并汇入昆铜港。

一、山岭

独山头　在独山头村境内，曾名塔山、独山，海拔27米，方圆0.06平方千米，东南距独山头自然村0.5千米，西傍昆铜港，是一座孤独的石土山，故名。清乾隆《安吉州志》载："塔山，在州东梅墅之南，为昆山、铜山两乡锁钥，其形圆正，故名。又名独山。"长有松树、杂柴。

突来山　在独山头村境内，海拔41米，方圆0.06平方千米。东距独山头自然村0.5千米，东傍昆铜港。与北面的独山头为两座独立的小山。传说此山是突然从别处飞来的，故名。产茶叶、油茶。

闵头山　在独山头村境内。东西走向，主峰海拔103.0米。西距独山头自然村0.5千米。东北与泗洲山凤凰墩相连。清乾隆《安吉州志》载："闵头山，在州东北三十里昆山乡，上有洞梁五丈许，游人携火而入，中有棋坪。"今洞梁尚在，但洞口狭窄，仅可容一人匍匐进入。山上长有松树、杂柴，山脚周围长有小竹。

北山　位于路西村里江自然村的北面，故名。东西走向，主峰海拔272.6米。东北距独山头村委2千米，西连溪龙乡杏红山，北界县林科所、横山村，东至江家边、陆家村。是一座孤山，长有松树、杂柴，产白茶。

小林山　位于独山头村境内，离陈家塘自然村0.5千米，海拔62.2米，为独立山体，方圆0.6平方千米。东侧为干溪桥村毛徐自然村相近，南傍昆山溪和小竹林，西、北均是农田。长有树木、杂柴。1990年前后曾开过石矿。

毛家坞山　位于干溪桥村南侧、长林垓村西侧，南北走向，主峰海拔344米。东麓属长林垓村银山溪自然村，南麓为姚坞自然村，西南端与北石山相连，西北端为干溪桥村东坞自然村。原属毛姓，故名。山坞两侧长有毛竹、山顶长有杂柴。

西坞山　位于干溪桥村境内西侧，南北走向，主峰海拔373.7米。东侧与东坞相连，东南岗顶与北石山相连，南麓属路西村蒲芦坞，西与路西村铜山相接，北端为干溪桥村严家坞。山上长有毛竹，间有零星树木、杂柴，东侧有晓墅村插花山。

毛徐山　位于干溪桥村北侧，北南走向，主峰海拔347米。北麓山冈与石龙村的涨子坞交界，东与大高山相接，东南麓属大路口村荡里，南端至毛徐村庄，西连独山头村的朱其坞。长有毛竹、杂柴、零星树木，产白茶。

大高山　位于管城村境内，东西走向，主峰海拔510米。山冈东端属长兴县方家庄，东南麓为管城里阳坞自然村，南与长林垓村阴坑里山相接，西端与毛徐山相连，北麓为长兴县界。因与长兴县的小高山相连，故称大高山。

三山　俗称笔架山，位于三山村东南，西南东北走向，主峰海拔504.8米。山冈东北端界长兴，东南侧为吴兴梅峰乡关上自然村为界，西南端接大山属上舍村，西北侧为三山村。三山有三个山峰，远望呈笔架山形。《统纪》云：三山，"一水东南出归安，一水北出长兴，一水入本州，故名"。是昆水源头之一。山上产毛竹、小竹、杂柴。

青山　位于长林坟村境内，南北走向，主峰海拔143米。东麓为长林坟，南端与宝胜寺岭相连，西麓为姚坞和周坞坑自然村，北麓至银山溪独长线公路。山上土壤肥沃，毛竹、杂柴青翠茂盛，故名青山。

宝胜寺岭　位于长林坟村境内，南北走向，海拔246米。东麓属模劳，南连南山与四面山相接，西麓属姚坞和良村，北与青山相连，两山连接处有宝胜寺，故名。出产毛竹。

诸岭　位于长林坟村良村自然村西南，东西走向，海拔324米。东接四面山，南麓属隐将村，西与阴家坞山相连，北侧属姚坞和良村。该岭中部有昆山至铜山古道。相传三国时期东吴名将朱才逝后归葬在该岭南侧山脚下，故称朱氏岭，后以音似改称诸岭；又传该山冈岭的山地属诸姓，故名诸岭。

阴坑里山　位于管城北，北南走向，主峰海拔572.2米。东侧属里阳坞、黄玉村，南端至管城，西侧属大坞里，北接大高山。产毛竹、杂柴、白茶。

白洋里山　位于长林坟村大坞自然村北，北南走向，主峰海拔515米。东与阴坑里山交界，南麓为大坞自然村，西侧属高家坞，北接大高山。原名白阳里山，后误写为白洋里山。出产毛竹、杂柴、白茶。

阴家坞山　位于长林坟村姚坞自然村与良村自然村的西南，东南西北走向，主峰海拔391米。东南接诸岭，南为俞坞，西麓为化家坞，北与妖鹰石山相连，东北麓为姚坞、良村自然村。生长毛竹、杂柴。

妖鹰石山　位于长林坟村姚坞自然村西侧，南北走向，主峰海拔365米。东麓为姚坞自然村，东南与阴家坞山相连，西麓属化家坞自然村，北接北石山。主峰有巨石似鹰，故名。产毛竹、杂柴。

西山　位于上舍村境内，南北走向，主峰海拔363米。东麓为上舍村，南接南山与四面山相连，西麓为章群坞，北端抵长林。产毛竹、小竹。

大山　位于上舍村东，西南东北走向，为安吉与吴兴、德清界山，主峰海拔510米。东麓为吴兴埭溪镇上坊村，南侧为德清县横岭村林场，西麓为上舍村庄，北麓为三山村西坞。出产毛竹、小竹。

铜山　位于路西村境内，西东走向，主峰海拔274米。东接北石山，南麓为蒲萝坞，西端至铜水，北麓为路西。古称铜岘山。《嘉泰吴兴志》记载："铜岘山在县东三十里，高一千三百尺。"《括地志》云："吴采鄣山之铜，即此山也。"铜山乡以此山得名。

馒头山　位于路西村江家边自然村东，属孤山，山顶海拔51米。东侧属干溪桥村，南、西、北均为塘田坟水田，山体似馒头，故名。山上为疏林。

麒堂山　位于路西村境内，西南东北走向，主峰海拔390米。东北端抵铜水，南麓为南楼坞，西连岳征坞与堤堂山山冈，北麓为里江自然村。古代称渠塘山，以山麓南北各有一渠塘得名。明末清初称麒堂山，清代中期改称麒塘山，解放后称堤堂山。南麓有麒峰禅院。长有疏林和小竹，产白茶。

施记坞　位于路西村境内，西南东北走向，主峰海拔275米。东北端抵铜水，南麓为岳征坞，西连岳征坞与麒塘山山冈，北麓为莫家上自然村。原属施姓，故名。长有疏林，少量小竹，产白茶。

北石山　位于路西村境内的蒲芦坞自然村东北，西南东北走向，主峰海拔488.2米。东麓为长林垓村的姚坞，南与妖鹰石山相连，西麓为蒲芦坞，北侧分属干溪桥村和路西村。出产毛竹、杂柴和树木。

稻场坞山　位于钱坑桥村境西侧，西南东北走向，主峰海拔199米。东侧抵铜水，南麓属俞芝岭村，西为唐家坞，北麓为岳征坞。山体长有疏林、杂柴。

俞芝岭　位于钱坑桥村西侧2.5千米，东西走向，海拔138米。东为俞芝岭自然村，南为庙思岭，西侧为低矮小山，北为唐家坞。东南端俞芝岭为古代安城经钱坑桥至武康必经要道。长有疏林、毛竹、小竹。

窑头上山　位于梓坊村境内西面，东北西南走向，主峰海拔153米。东北接庙思岭千坞山冈，南端抵十字路自然村，西麓下为梓坊村通钱坑桥公路，北为俞芝岭。历史上曾是烧制砖瓦之处，遗址尚存，故名窑头上山。

庙思岭　位于梓坊村境内，东西走向，主峰海拔253米。东接大张坞岗上山，南麓为庙思岭自然村，西与窑头上山相连，北麓为通往钱坑桥村的要道，岭岗上曾建有观音庙，解放后庙毁，庙基尚存。产毛竹。

大张坞岗上山　又名张家坞，位于梓坊倪家边与铜山梅坞之间，南北走向，主峰海拔351米。东麓为钱坑桥、梅坞，南接花门前山冈，西麓为倪家边自然村，北端西侧与庙思岭相连。该山原属张姓，故名。产毛竹。

马头山　位于梓坊村南，南北走向，主峰海拔573米。东接孟家山，南连六泉山，西麓属递铺镇赤山村，北与东北麓属梓坊村。产毛竹和薪柴。

孟家山　位于梓坊村东，南北走向，主峰海拔553米。东麓连铜山村沙溪坞山，南麓为铜山村俞家舍，西麓为梓坊村，西北连花门前山冈，北麓有石坞岭水库。该山原孟姓家，故名。产毛竹、杂竹。

福水岭　位于铜山村境内，东南西北走向，主峰海拔415米。东至猫头山，南麓为张家山自然村，西南侧为塘前山北岗与孟家山相接，西至石坞岭水库，北麓为石门、钱坑桥方向的半岭。古代，山体东南端设有福水关，为安吉至武康重要关隘之一。

阳坞岭山　曾名杨逢岭，位于铜山村俞家舍自然村东南面，西南东北走向，主峰海拔427米。东北端抵福水岭，南侧属谢坞，西南端接毫坞山，西麓属俞家舍自然村。出产毛竹。

毫坞山　又名凹坞，位于铜山村谢坞自然村东，西南东北走向，主峰海拔701.7米。东北端为境内谢坞自然村，东南与南麓界德清县，西麓属德清县大造坞村木竹坞自然村，西北为俞家舍自然村，北麓为境内龙头山冈。原名凹坞，后误写毫坞，为昆铜境内最高山峰。

四面山　位于铜山村境内的隐将自然村东北，东北西南走向，主峰海拔594.3米。东麓为德清县横岭村范家坞自然村，南麓为隐将与德清县交界的分水岭，西连诸岭，北连西山，东北连大山。四面山是附近较高的山，在山顶可以望到长兴、吴兴、德清、安吉等4县的部分山水村庄，故名。

二、河流

1. 市县级河道

境内有市级河道1条，即昆铜港。铜水为昆铜港主流，昆水为昆铜港支流。

昆　水

以源出古昆山乡得名。发源于梅溪镇上舍村四面山的东北坡，西北转东北流至下朱家，再转西北至长林垓，右侧纳三山、管城来水。继向西北流经银山溪至大路口南山桥，左侧有姚良水汇入，再向西北流经干溪桥村，至独山头村陈家塘自然村入昆铜港。主流全长11.62千米，流域面积32.03平方千米，河道平均纵坡18.40‰。

铜　水

以源出古铜山乡得名，为晓墅港正源。古代属梅溪正源，清代至民国为四公溪上游。发源于铜山村石门山之东的石门坞，北流至湛水岭纳四面山水，折西北流经隐将村，再折向西南至钱坑桥，左侧有梅坞水汇入后折向正北，经路西村流至独山头村陈家塘入昆铜港。主流全长12.31千米，其中石坞岭水库至陈家塘段全长9.56千米。

昆铜港

清代至民国为四公溪的一段，解放后改称是名。起始于独山头村陈家塘昆水与铜水汇合处，西北流经独山头、乐平寺进入晓墅镇入晓墅港，最后于长兴吴山汇入西苕溪。昆铜境内主流全长4.81千米。

2. 乡级河道

全乡有乡级河道有19条，共37.29千米。

昆铜乡乡级河道一览表

表2-1　　　　单位：千米

序号	河道名称	长度	起点位置	终点位置
1	良村溪	3.67	茅家地山塘	独长线昆水溪入口
2	俞芝岭溪	4.11	俞芝岭	铜水入口
3	吴家湾溪	1.84	三向屋	吴家湾
4	陈家塘溪	5.65	独头山	昆铜港入口
5	半岭里溪	2.51	半岭里	诸家边
6	隐将溪	3.4	潺水岭水库	重阳庙铜水入口
7	俞坞溪	0.9	俞坞	隐将溪入口
8	小岭头溪	0.73	小岭头水库	蛇角庙

续表2-1

序号	河道名称	长度	起点位置	终点位置
9	岳征坞溪	2.02	庙前头	岳征坞铜水入口
10	蒲萝坞溪	2.24	蒲萝坞	路西村
11	毛徐溪	0.7	毛徐	昆水入口
12	高家坞溪	1.07	高家坞山塘	大路口村
13	寺岭脚溪	1.54	莫劳坞水库	昆水入口
14	大坞里溪	0.86	石荡山塘	后村
15	里洋坞溪	1.34	里洋坞	黄玉
16	何家边溪	0.3	三山上	何家边
17	周家里溪	0.39	周家里	罗岭头
18	莫劳坞溪	0.91	里莫劳坞山塘	莫劳坞水库
19	三山溪	3.11	陈家文山塘	三山

3. 流入境外的河道

境内流入境外的河道有2条，共9.63千米。

梓坊水

发源于海拔593米的光家山（孟家山）西麓，西北流经上村、中村、王家上、三家村、倪家边至庙思岭，转西偏南经惠门寺、十字路至递铺镇鲁家村二庄入鲁家溪，为鲁家溪正源。此后递次流入铜山港、递铺港汇入西苕溪。昆铜境内全长7.24千米。

张家山水

发源于铜山村与德清县后坞村交界海拔702米的杨坞岭（毫坞山）东北麓，为吴兴埭溪源头。北流转东流至张家山，右有谢坞水汇入，继而东流过中坞出境入德清县境，再入吴兴区老虎潭水库，最后注入太湖。昆铜境内全长2.39千米，其中塘里山塘至张家山段1.49千米。为二级支流。

第三节　土壤植被

一、土壤

昆铜乡境内地层复杂，土壤层岩分布种类较多。山间山体表层土质自东南向西北倾斜，各山体的层级有所不同，多数为黄黏土和黄红土壤；北部平缓区域为粉红泥土地，在晓墅交界地带为潮土的洪积沙土；山区溪沟河道滩地则是黑砂冲积的砂石土；费家塘至江家边、里江缓地潜深为晒白泥的泥盆系，是烧制砖瓦的优质土；长林垓周边至上舍、三山、管城和乌田垓、塘田垓等平缓梯田为山区黄壤，有部分属山间水系冲积而成的沉积沙性土，地层浅厚不一，土质不同。

境内上舍、三山的山体纵深系花岗岩的粉砂岩石，浅层黄壤土质，层积深浅不一；铜山片区的山高而徒，部分岩石裸露，植被易受干旱枯死。全乡的山坡土层适宜竹木生长，尤其是昆山片区，山体多为缓坡，土层较深，竹林茂盛连片直至山冈。

二、植被

昆铜乡植被以毛竹、小竹为主。山体植被中，竹类占50%。竹林中嵌有零星松树、杉树等树木。除竹类外，其他植被以薪柴为主，林间混生栎类、橡、榉、株和茅栗、杜鹃、乌米饭、山苍等杂柴灌薪种类。薪柴间混生马尾松、杉木、檫树。上舍村的山林中有少量金钱松树种；岳征坞原有少量梓树，近年很少发现；张家山村的毛竹林中原有柳杉树丛参天，近年只有零星散生。

山岙、丘陵、岗地海拔低、坡度小，土壤深厚，植被以茶园、果木、桑树、小竹林等为主。20世纪70年代前后开展绿化造林，各村都种植杉木苗、外国松苗，生长较快。进入21世纪后，由于实行林业承包责任制，山林缓坡逐步被开垦种植白茶，近年发展势头较快，山林植被受到较大的影响。

第四节　野生动植物

一、野生动物

野生动物生存　解放前及解放初期，昆铜乡的野生动物有豹、豺、狼、野猪、鹿、麂、獐、岩羊、黄鼠狼、灵猫、猪獾、狗獾、豪猪、白猬、水獭、野兔、穿山甲、刺猬；白鹭、老鹰、山鸠、啄木鸟、乌鸦、喜鹊、画眉、鹦鹉、雉鸡、竹鸡、秧鸡、布谷鸟、麻雀、八哥、点水雀(茅坑鸟)、翠鸟、野鸭、白鹭；乌龟、鳖、扬子鳄、水蛇、乌梢蛇、蝮蛇、竹叶青、菜花蛇、蕲蛇、秤杆蛇；鱼、虾、黄鳝、石蟹、安吉小鲵(蝾螈)等；鸣蝉、蜻蜓、飞蛾、蝴蝶、蜥蜴、蝎子、蜈蚣、蚂蚁等飞爬昆虫不可胜数。

合作化以前，豺狼经常窜到各自然村咬死山羊，村民在白天也能看到豹子、岩羊在陡坡上行走。合作化期间，每逢冬季降雪后，年轻村民上山驱赶野兽，猎人带猎狗捕捉獐、鹿、猬、獾、野兔等。1956年和1970年，有富阳人在高家坞、直坞、江家边、里江、蒲芦坞等村山冈上放置暗弓射杀花豹，出售豹肉和骨胶。每年都有大量的野兽皮张卖给供销社收购站，供出口需要。之后，豺、狼、豹、岩羊、灵猫和扬子鳄、穿山甲逐渐绝迹。20世纪60年代开始大量使用农药，空中飞禽和水陆爬行类动物数量快速减少。70年代后，经过多年的钹山，毛竹林下少有灌木，林场造林多为纯林，加之薪炭林面积大幅减少，野生动物的生存空间缩小，数量进一步减少。20世纪末，昆铜的山林中只能看到野猪、蛇、黄鼠狼、松鼠、刺猬、野兔及鸟类、昆虫类等少量野生动物。

野生动物保护　20世纪后期，政府实施猎枪管理，收缴无证枪支，猎户须持公安部门颁发的狩猎证按季节打猎；加大封山育林力度，野生动物的生存空间逐步恢复，除豹、豺、狼、扬子鳄外，其他野生哺乳类动物逐渐增加。进入21世纪，随着农业产业调整，农药使用量减少，飞禽和爬行类动物也逐渐增多。江家边村民在溪中发现安吉小鲵(蝾螈)，捕后送县森林公安作保护处理。

二、野生植物

昆铜乡野生植物有蕨类植物，裸子植物，双子叶植物、单子叶植物，苔藓、地衣等植物，有各种灌木树和藤蔓，有常绿阔叶树、落叶阔叶树、有针叶树，其中有国家二级保护的银杏、金钱松。

材用类 马尾松、槿松、杉树、栗树、白杨、槠树、橡树、榉槭、檀树、槐树、楝树、柏树、银杏、枫树、柏子、檫树、梓树、椿树、桐树（梧桐）、冬青、皂夹、榔榆、三角枫、柳树、沙林、枫杨（水花树）、青冈栎、花背树、银皮树、麻栗橡等。

观赏类 紫藤、红杜鹃、蓝杜鹃（映山红）、山苍子、野桂花、八角刺、雀不踏、天竺、紫薇、栀子、木槿、兰花、石菖蒲、乌饭树、枸骨、爬山虎、胡馥子等。

药用类 野桃、绞股蓝、白毛夏枯草、老虎蹄、车前草、犁头尖草、刺草莓、白毛藤、夏枯草、鱼腥草、黄精、玉竹、鹿含草、丹参、天南星、威灵仙、益母草、紫苏、刮类子、百部、金银花、金樱子、山楂、苍耳子、野菊花、七叶一枝花、天冬、瓦松、艾蒿、何首乌、石斛、半夏、地榆、百合、防己、麦冬、柴胡、茯苓、党参、牛膝、金钱草、蒲公英、鹅不食、穿心莲、黄栀枝、覆盆子等。

食用类 野杨梅、野栗子、金钩子、野洋桃、野水葡萄、黄狗卵子、榨树、野梅、野柿子、秤砣子、刺草莓、山楂、青蒿、野芝麻、苦麻菜、野芹菜、马兰头、荠菜、凉粉蒲、朴籽、鸭脚板菜，以及竹荪、高脚伞宝蕈、油塔蕈、林肉蕈、鸡窝蕈、竹根蕈、红蕈等。

槠树和花梢树、橡树等树的果实，可磨浆做山槠豆腐，白栗柴籽和金刚刺块根曾作酒厂酿酒原料。三年困难时期后期（1960—1961），山区社员普遍缺粮，曾挖葛藤根、郎蕨根、金刚刺根打粉代粮，采各种野菜拌米烧粥充饥。进入21世纪，村民生活达到小康以后，又把葛藤根粉、郎蕨根粉当作营养品，把郎蕨苔、野芝麻叶、苦麻菜、野芹菜、马兰头、鸭脚板、荠菜等当作餐桌上的珍品。

附：

一、竹漾之乡

清同治版《安吉县志》载，明朝湖州诗人董斯张对梅溪竹漾的描述："梅溪路多种竹，翳荟十余里，几不可睹天，里人名曰竹漾，为作竹漾诗：一林绿初满，日在其隙中；虽无临淇媚，时鼓瑶磵风；所遇鲜异色，淙琤戛空蒙；鸟声聊复暂，声匪他林同；残暑徒尔为，已绝地天通；衣润境亦寒，影息幽难穷；焉知阴森处，不有虎豹容？竹尽山乃出，西景摇斜红。"此诗绝妙地写出了梅溪竹漾的风景。

昆铜乡是县内竹子种类最多，小竹成片最广的乡镇，被人们称为竹漾之乡。全乡总面积90.97平方千米中，毛竹林面积占26.95平方千米，小竹林面积占17.89平方千米。小竹类品种繁多，有刚竹、石竹、黄枯竹、五月竹（五月斑）、淡竹、水竹、苦竹、红竹、早竹等。乡政府、行政村和个人利用丰富的竹子资源，开办鱼竿厂、竹编工艺厂、乐器材料加工厂等各种竹加工企业。1989年，昆铜有竹加工企业46家，年产值3200万元。1998年，全乡竹木制品品种116种、300多个规格。

其中，浙江春晖竹木业有限公司有56个品种、200多个规格，产品主要销往日本、美国、德国、韩国、马来西亚、伊朗等地。1999年，竹加工企业发展到75家，年产值5800万元。2009年，竹加工企业发展到110家，年产值1.50亿元。

二、竹溪湿地公园

昆水和铜水流域的谷地与平原交界处，东南自江家边昆水、铜水交汇处，西北至独山头村，为太湖流域西苕溪支流的谷口至平原过渡带。这里的滩地上生长有2万亩小竹林，上游生长有10余万亩毛竹林和树林，是城镇饮用水源的重要涵养地。改革开放后的前20年，这里的竹林为众多的竹加工厂提供了大量的竹材原料，竹林也被培育得茂密旺盛。可是，进入21世纪不久，竹制家具、农具被塑料制品和高档木制品取代，大批窑厂关停，不再用竹，工艺竹编和竹加工产品大幅减少。竹林的经济效益下降，产生了部分毁林现象，工业建设也挤占部分竹林，昆铜的滩地竹林在逐步萎缩，湿地面积缩减，自然湿地的资源性和生态功能性退化，水源地安全受到威胁。2010年，县人民政府制定《建立安吉竹溪湿地公园规划》，以保护湿地，保护生态平衡。此规划获得了市、省政府批复。

公园规划长3220米，宽550米，其中生态保育区1378.8亩，占总面积的73.67%；恢复重建区257.2亩，占总面积的13.74%；合理利用区235.8亩，占总面积的12.60%。具有调节径流、蓄洪防旱、降排污染、调节气候等环保功能。

竹溪湿地公园建设将列入梅溪镇生态文明与美丽乡村建设的重要内容。规划将以湿地公园为核心，整合周边林果、茶园、田园、村庄等自然资源，构建“绿竹、清泉、金沙”的湿地载体；融生态性、文化性、民俗性为一体，打造自然生态完整、服务功能全面、湿地景观优美、文化内涵丰富、宣教能力强大、基础设施完备的省级湿地公园。

第五节　气　候

昆铜的气候属亚热带海洋性季风气候，气候温和，四季分明，雨量充沛，光照充足。春季，天气变化无常，年份之间有差异；气温回暖早，有时会有倒春寒。夏季炎热多“梅雨”，多东南风，气候湿热，平地与山坞之间气温有2～3℃的差异。冬季多偏北风，气候干冷。气温有逐年升高趋势。

梅雨季节炎热多雨，易发生洪涝灾害。仲夏、秋初为台风季节，每年7—9月份常受台风影响，造成农作物、林木、农舍、道路毁坏；仲夏至秋天如无台风，易干旱，农作物和春笋竹受损。据史料记载：清咸丰五年（1855）连续干旱110天，田荒地白，百姓饥荒。

昆铜地区有记录的年均日照时间为1850.8小时，年均温度为15.8℃。常年7—8月最热，平均最高气温可达36～38℃，1967年、1978年极端气温高达41.9℃；常年最冷天气从冬至前后开始，持续到次年1月间，最低气温达-4～5℃，1977年1月底至2月初气温均在-10℃以下，极端最低气温达-17℃。

初霜大多在霜降前后开始，一般在谷雨前后断霜，年均无霜期为226天。降雪一般发生在12月初至次年3月初。上舍、张家山、俞家舍等地如遇低温下雪，积雪可持续一月后才能融化，严重影响村民交通和日常生活。最早开始下雪的日期是1976年10月底，为特殊年份。

钱坑桥水文站观察数据显示：1962—2012年，年均降雨量1491.9毫米；最大降雨量的年份是1999年，总降雨1905.4毫米；最大降雨量的月份是1984年6月，降雨513.9毫米；降雨量最少的年份是1978年，总降雨938.7毫米；降雨量最少的月份是1988年的12月，降雨0.1毫米。

1962—2012年昆铜地区历年降雨量一览表

表2-2　　单位：毫米

年份	年降雨量	最大降雨		年份	年降雨量	最大降雨	
		月份	雨量			月份	雨量
1962	1631.6	8	302.2	1988	1756.0	8	335.8
1963	1547.5	9	358.9	1989	1683.4	8	311.1
1964	1528.2	9	343.1	1990	1524.6	8	379.5
1965	1331.5	8	320.3	1991	1474.9	6	284.5
1966	1377.3	7	182.6	1992	1386.1	3	295.1
1967	1376.6	4	235.7	1993	1788.7	8	320.1
1968	1353.7	5	239.5	1994	1105.0	6	252.3
1969	1590.7	8	289.1	1995	1417.3	6	281.5
1970	1491.2	3	213.5	1996	1522.2	7	259.6
1971	1461.9	9	293.2	1997	1311.6	8	342.6
1972	1302.4	8	277.9	1998	1695.6	9	289.8
1973	1809.6	6	313.9	1999	1905.4	8	367.8
1974	1724.5	8	352.9	2000	1154.4	11	146.1
1975	1669.5	10	225.7	2001	1348.7	6	240.2
1976	1254.0	8	199.9	2002	1527.6	4	265.4
1977	1808.8	9	373.7	2003	1020.4	3	126.2
1978	938.7	5	197.5	2004	1313.6	8	186.3
1979	1248.3	8	312.1	2005	1428.0	8	245.8
1980	1442.0	8	283.7	2006	1217.4	7	212.8
1981	1761.3	7	271.3	2007	1474.0	10	240.3
1982	1395.6	7	340.5	2008	1670.8	6	474.9
1983	1848.2	10	353.9	2009	1725.4	8	321.8
1984	1568.6	6	513.9	2010	1552.9	7	327.4
1985	1693.5	6	227.1	2011	1645.8	6	503.5
1986	1316.3	6	272.7	2012	1799.1	8	472.0
1987	1166.7	8	183.9	平均	1491.9	8	305.5

第六节　自然灾害

昆水、铜水因源短、落差大，暴雨即洪灾。解放后，陆续兴建石坞岭、南楼坞、董家塘、莫劳坞、黄泥墩等大小水库11座，总蓄水量380万立方米，有效控制了洪水和干旱灾害。另有风灾、雪灾、虫灾等自然灾害。

一、旱灾

昆铜乡属山区，山脉交错，山体坡陡，山沟狭窄，部分山体岩石裸露，涵养水源有限，夏秋季节高温少雨，山坎石壁植被极易受旱枯死，溪滩地砂石土耐旱性极差。

明弘治十六年（1503），旱、疫。

明嘉靖二十三年（1544），四月至七月无雨，大旱，“安吉人食草木树皮，卖妻鬻子者无算，大疫”。

明崇祯十五年（1642）夏，秋大旱，蝗灾，民无所食，取榆皮、苇根杂糖秕食之或掘白泥（观音粉）充饥。

清康熙十年（1671）五月至七月不雨，安吉、孝丰大旱。暑热异常，溪河尽涸，草木枯槁，“人渴死者甚众，饥民采蕨为食，继以葛及榆皮充饥”。

清乾隆五十年（1785）五月至七月不雨，安吉、孝丰大旱，“溪港皆涸”。

清咸丰六年（1856）五月至八月不雨，河塘干涸，草木皆枯，安吉大旱，大饥。

民国3年（1914），夏秋大旱，民大饥。

民国23年（1934），5月9日至7月18日，71天内降雨仅117.10毫米，8月24日梅溪水位2.57米，农作物多枯槁，灾民54639人。“民众以草根树皮充饥，出现卖儿鬻女的惨状”，旱情为近百年所未有。

民国32年（1943）8月起两月不雨，大旱，歉收六成。

民国34年（1945）夏秋，大旱2个月，田地颗粒无收。

1958年5月3日至7月30日，89天无透雨，旱情严重。

1967年7月22日至10月31日，大旱。梅溪水位降至2.4米。农作物严重受损，百姓饮水困难。

1971年6月20日至8月24日，夏秋大旱，村民抗旱保苗，农作物受损严重。

1978年6月4日至9月24日，夏秋旱。9月9日梅溪水位降至2.15米，是梅溪站有水位记录以来的最低值。

1986年7月15日至8月20日，晴热36天，导致旱灾，农作物受损严重。

二、洪灾

山区的夏秋季节时有暴雨，引发山洪暴发，冲毁溪岸桥梁，冲毁竹林、田地。

南宋绍兴三十年(1160),“久雨,辛卯夜山水暴出”。

南宋绍熙五年(1194)八月辛丑,“平地水丈余,冬无麦苗”。

南宋嘉定十一年(1218)六月戊申,大水,“漂官舍民庐,坏田稼人畜”。

南宋咸淳十年(1274),“霖雨,天目山崩,民溺死者无算”。

明洪武三十一年(1398),大水。

明景泰七年(1456)四月至六月,大雨,“水淹稼禾,岁荒,人食木皮”。

明成化十五年(1479),大水。

明嘉靖六年(1527)秋,山水溢。

明嘉靖八年(1529),大水。

明万历三十六年(1608)夏,“安孝大雨水,连日大雨如注,山洪倾泻,陆地可行舟,自安吉抵长兴、归安七邑,尽成巨壑。民大饥,八月赈粮”。

明崇祯十三年(1640)五月大雨七昼夜,“大水溢街市,田禾尽淹”“三吴皆饥,草木树皮皆尽,人相食,道殣相望,死者无数”。

清乾隆二十年(1755)春:“淫雨损麦,秋蝗蛹生。”秋:“大水,伤禾岁饥,草根树皮采食殆尽。”

清道光二十九年(1849)夏,大水。

清道光三十年(1850)八月,大水。

清光绪十五年(1889)六月二十四日起,安吉连雨;七月二十八日始,风雨三昼夜;八月二十三日至十月初八,日夜大雨,邑西安吉、长兴毗境数十里尽成泽国,田禾颗粒无收。

民国7年(1918),水灾。

民国9年(1920),水灾。

民国10年(1921),水灾。

民国11年(1922)5月、6月、8月、9月四个月降雨量,孝丰水分站实测为1214.8毫米,洪水与安吉城墙齐平,民庐漂淹、倒塌、堤坝毁决无数,淹死数百人。

民国20年(1931),梅雨期45天,梅溪地区降雨752毫米。7月28日,降雨627.0毫米,多处山洪,梅溪出现9.95米高水位。

民国35年(1946)9月25—26日,倾盆大雨,山洪暴发,田地淹没,房屋倒塌。

1951年7月9—16日,大雨,山洪暴发。

1954年,梅雨期92天,大雨小雨83天,降水量为964毫米,山区、平原受灾。

1956年,秋季洪水。

1984年6月12—15日、1985年6月29—30日,连降大雨,局部地区出现暴雨,昆铜2条主要公路交通中断,大水冲进独山头、梁家塘、陈家塘、江家边、十里亭等自然村部分农户家中,房屋及围墙倒塌数十处;沿溪两岸的田地、竹林损失严重。

1997年、2002年、2011年都发生洪水,冲毁溪坝数条,溪边竹林损失10余亩,沿公路两岸的挡墙被毁多处。

三、风灾

明万历二十五年(1597)年,狂风怒号,拔卷树林,摧毁房屋无数。

民国11年(1922)8月末,强台风带来特大暴雨,山洪暴发。9月1日,梅溪水位高达10.12米,昆铜堰坝大多被冲毁,受灾严重。

1956年8月1—3日,强台风影响安吉,2日台风达到10级。全乡房屋倒塌100余间;吹倒大树无数,其中吹倒独山头松树下自然村附近的松树一片;吹倒路西村东坞自然村旁松树和枫树无数,最大的松树胸径1.7米;吹倒横溪桥一棵大橡树,直径达1.5米。

1961年10月4—7日、1962年9月6—8日、1963年9月12—15日,连续三年台风暴雨袭击昆铜,全乡房屋倒塌200余间,淹死牲畜100余头,夏季的农作物损失严重。山坞的水坝大多冲毁,沿溪的田地、竹林被冲毁,形成数十亩的石滩。

1967年3月28日,特大龙卷风加冰雹袭击昆铜,龙卷风所经过的梁家塘、陈家塘、干溪桥、江家边、里江等村损失惨重,树木、电线杆摧毁无数,房屋受损数十间,百十幢房屋瓦片被掀走;油菜、大小麦等农作物受到毁灭性破坏。

1974年8月19—21日,台风暴雨,发生洪灾。

1983年4月28日,10级大风袭击昆铜,大小麦等农作物遭到不同程度损害。

1985年5月6日,短时间内出现12级大风,全乡损失严重。

四、雪灾

明景泰四年(1453),自十一月至翌年春降大雪,平地雪厚三尺。

明天启元年(1621),大雪。

清道光二十一年(1841),大雪。自十月三十日起至十一月初七日止,“平地丈余,道路不通者六七日,街市无人,屋宇坏者无数,民有压死者;有饿死者,野兽饿毙者亦不知其数,其阴寒处积雪至明年三月后方消”。

1976年,冷空气连续10余天,最低气温在-10℃,持续下大雪,积雪达60厘米,张家山村有70余厘米,30余天冰冻,交通受阻。

1983年冬,大雪,积雪达50厘米,30余天才融化,村民上山狩猎,驱赶獐、鹿、兔等,发生野猪伤人事件。

2008年冬,大雪造成部分民房倒塌,部分企业的钢棚坍塌,工厂产品和设备受损严重。

五、虫灾

南宋绍兴三十二年(1162),蝗灾。

民国8年(1919),虫灾。

民国30年(1941),虫灾。

民国33年(1944),安吉大旱、虫灾。

1975年,早稻受叶蝉危害,出现矮缩病。

1976年,晚稻三代三化螟大发,全公社危害严重。

1977年,竹螟暴发,专吃嫩毛竹叶,全公社的毛竹、小竹危害严重,特别是半山腰至山顶的大批嫩毛竹枯死,三山、上舍、姚良、大路口、隐将、张家山、梅坞、梓坊、潘家上的竹林危害更严重。乡农技站指导各生产队在竹林放烟雾剂治虫。全乡每年的毛竹、小竹出笋季节都遭有不同程度的笋虫危害,尤其是小竹笋的虫害较为严重,使退笋增加。

1978年,松毛虫大发,各山坞松树遭松毛虫危害,部分山坡的松树针被吃光,全部枯死。全公社枯死松树有200余立方米,政府采用飞机喷药治虫。

1997年,昆铜乡张家山村发现小面积毛竹枯梢病。

2000年,昆铜局部地区竹卵园蝽、竹螟等病虫害暴发成灾。加之久旱不雨,新竹大量死亡。

2000年,政府限制使用剧毒农药以后,农作物的害虫时有不同程度发生。

第三章　名胜古迹

昆、铜二水的下游一马平川，水网纵横，向为安吉粮仓；上游崇山峻岭，森林茂密，造就了风光秀丽的自然胜境。春秋时期，这里是吴越争战的军事要塞；三国时期，是东吴将士出入的通道。东晋后期至南北朝曾为晋征西大将军施斌的食邑之地。每逢朝代更替、战乱之际，这里常成为一些前朝官员、富人理想的避难隐居之地。他们的子孙在这里世代繁衍，为昆铜的文明和经济发展做出了巨大的贡献。勤劳的昆铜前人留下了众多的古寺庙、古民居、道观、凉亭、古道、桥坝等古建筑和遗迹。

第一节　名　胜

一、乐平亭

位于梅墅上街与昆铜乡交接地乐平桥南堍，古乐平寺西北侧，始建于明初。清康熙中期，麒峰寺僧隐谷重建。清光绪二十一年（1895）复建。1965年建晓墅至钱坑桥公路时，向西移7米按原样重建。1996年，县政府和晓墅镇、昆铜乡政府及附近的厂家筹集11万余元按原貌修复。

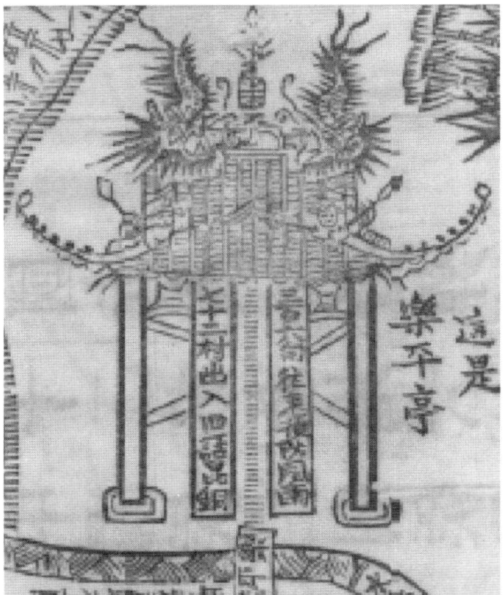

清末乐平亭（“施氏宗谱”截图）

修复后的古亭为四方形歇山顶，通高6.5米，每面宽9.1米。歇山顶冠对称塑有龙凤，斜垂脊戗脊端塑有薛仁贵征东和岳飞枪挑小梁王的塑像。歇山顶下十六根明代石柱上为抬梁式木结构。中间四根石柱上刻有二副对联，其中南面两根中石柱上为“锁钥谨严重建塔山路口，桥梁联络高出梅墅街头”；北面两根中石柱上为“三百六旬往来预防风雨，七十二村出入旧话昆铜”。

乐平亭的建筑呈典型的明代建筑风格，是昆铜入口处的一座地标，远处遥望乐平亭蔚为壮观，近处观望塑像栩栩如生，石柱古枋雕梁画栋，四角翻翘垂兽挺立，是安吉唯一一座保存完美的古亭。1983年5月被列为第一批县级文物保护单位。

二、十里亭

位于铜山乡路西村黄家滩，以北距梅墅镇十里得名。十里亭旧时为穿心凉亭，四周石块砖墙，16柱落地，四骈骑梁跨越路面，桁条椽子土瓦屋面。骑路两头为大门洞，两边柱与柱离地50厘米均串连大木条长凳，亭内地坪为小卵石规则铺设，辅以精美图案。是古代山里人山货担行、骡马驮货人的歇脚点，也是行人纳凉避风躲雨之处。凉亭两则修竹环抱，路旁曾开设小店和饮食摊点。

十里亭始建于何时无考，清朝后期曾维修过。1976年倒塌。2004年投入12万元在原址重建。重建后的十里亭为歇山顶，仿古八柱空心亭。八根亭柱分别题有四副亭联（见《教育文化》章）。

三、太平观

位于昆铜乡隐将村中村自然村朱墓岭下，原名太平寺，亦称隐龙庵，始建于明朝初期，后曾改名太平庵、隐将庙、纯阳宫等。清末民初曾有庙宇群落，四进三天井，有韦驮、普贤、观音、纯阳四殿，还有客房斋堂、圣庵、土地庙及戏台，北有堂子庙，共计庙屋三十八间。民国时期重修纯阳殿。民国24年（1935），莫干山施主施少卿独资建造庙前观音桥。解放初，庙宇基本保持完好，有和尚持庙。1966年“文化大革命”期间，庙宇被毁。

1996年，县政府批准太平观为合法道教场所，委施发坤为法人代表，蒙十方善士乐助建成前殿山门，太平寺匾额由钱塘书画社社长秦天孙书写。2001年开始，投资365万元，先后建造天降殿、观音阁、念佛堂，塑造纯阳、观音、天将等神像，购置宝鼎二座及钟、鼓、香炉等设施，寺庙占地3520平方米。2005年9月被列为县级文物保护单位。2006年，举行修复十周年庆典活动，省道教协会原会长高信一为太平观题词“太平道观重光”。2007年改名为太平观。2009年，举行三清殿落成庆典，上海、湖州、杭州，以及县内道教界人士1000余人参加。2012年，观内建有灵官殿（供奉护法天将）；纯阳正殿、财神阁、祠山阁（供奉纯阳祖师、茶神白医师、财神、祠山大帝）、观音阁、三清殿（供奉元始天尊、灵宝天尊、道德天尊、长生天尊、救苦天尊）、玉皇殿（供奉玉皇大帝、紫微大帝、勾陈大帝、皇土后祇东华帝君）等，有神像29尊。配套设施有斋堂、道教展示厅、云房四宝、伙房、办公楼、灵签室、香烛室、修复室、会议室、储藏室、放生池及滴水观音、土地殿、钟楼、鼓楼、墙门楼、焚香宝鼎等。同年，观内有道士7人。

太平观历来为道教场所，香火历久不息，鼎盛时期游人及香客达万人之众。民国时期有龙灯、舞狮、长大人高跷、台架抛车等集会。每年九月初九日重阳节庙会最为隆重，四面八方前来“轧庙会”者众多。

四、宝胜寺

位于昆铜乡长林垓村与姚良村交界的宝胜寺岭山冈。始建于五代时期（907—960），原名宝胜教院。明代中叶重修，取名宝升庵。明末清初改称宝胜庵。清乾隆时期再修，改称宝胜寺。据传，当时有大殿三进，僧房数十间，佛像200余尊，有庙产水田几十亩，山林几百亩，僧人数十名。

清末，因寺内住持及僧人吸食鸦片而将寺庙的山林、田地变卖，再加上寺庙失修坍塌，香火冷清。“文化大革命”时期被彻底损毁。2001年，当地居士在原址重建小屋三间，供奉香火。2003年，部分村民自发组织并联系江苏吴江、浙江湖州等地的香客信徒，募捐20余万元，在原址上重建大雄宝殿硬山顶3间，天王殿歇山顶3间，塑佛像20余尊，另建西厢房和厨房共7间。2007年经批准对外开放，香火旺盛。2012年，寺内有僧人3名。

五、秀峰寺

位于昆铜乡三山村周家里自然村。据传建于明代，原名三众庵，后因此处山峰叠起，取名为秀峰庵，清代改称秀峰寺。寺庙坐南朝北，自高而低前后三进殿，均是砖木结构；东面建有小屋三间为膳房，西面建三间二层楼房为禅房；庙前有广场500平方米，广场旁建有戏台楼阁，雕花精致，戏台旁有石碑及石质台阶，每逢庙内有佛事，请来戏班演出戏文，方圆几十里香客村民都来凑热闹，寺庙香火甚旺。清代举人姜天麒有《游三山》诗：“夙爱三山好，寻幽策瘦筇。碧流区郡邑，翠耸压昆铜。深壑蛟螭隐，层岩虎豹雄。云乘与峦雉，何必梦魂通。”

1958年人民公社化时期，秀峰寺被用作大食堂，全大队的社员都在此用餐。“文化大革命”时期，庙宇遭到严重破坏，仅存后二进大殿和一棵千年古柏。20世纪末，当地百姓先后自发捐资重建第一进大殿，修复后二进庙宇，摆放各殿佛像，重建东边禅房。2010年，通过各地信徒募捐，在原庙西南50米处又新建观音殿、大雄宝殿，占地400平方米。

秀峰寺庙背三山顶中间山峰上曾有一座将军庙，亦称三山庙，建于清代，是秀峰寺的姊妹庙，庙内供奉南宋抗金名将岳飞帐下的将军张德凯，因他三兄弟抗金有功，被当地百姓立庙供奉。可惜庙宇早已坍塌，只剩残基碎片。

六、麒峰禅院

又称麒堂山寺，位于昆铜乡路西村南楼坞自然村境内的麒堂山。明万历年间(1573—1620)，僧憧志幻居此，始有茅舍。明末建寺。清康熙三十三年(1694)，僧隐谷建楼；五十四年(1715)，僧道芳建殿。清雍正十年(1732)安吉举人姜天麒有《登麒堂山》(一作渠塘山)诗：“古寺云深客到稀，夕阳山下老僧归。松排劲干凌银汉，竹护青阴傍翠微。坞里谁能拟摩诘，洞中吾欲访灵威。探幽端赖孤筇稳，还向高岗一振衣。”

解放前，麒峰禅院有庙宇数十间，前院有佛塔，庙后有十余尊住持方丈的圆寂塔，塔基犹存，部分石塔石块遗失，部分散落在附近的毛竹林中。还有开山静主志幻禅师骨塔，二代静主云节禅寺塔的顶，系清顺治七年(1650)四月弟子智虚建。解放后庙宇衰落被毁，庙基山地被分到农户。“文化大革命”期间，部分佛塔、石墩、圆寂塔、石板被运下山用于建造水库、砌埂和建大会堂等。遗物中有一块长1.5米，宽0.8米，重达250公斤的石制豆腐榨床。庙后有一尊刻有湖州弁山龙华寺第三代第十四位住持铁鸣智镒和尚之塔碑，“康熙壬戌（1682）季桐月吉日建，额刻有传曹洞宗”，是在其圆寂后遗体运到麒堂山下葬立塔的。2002年，村民捐献原有庙基地，重建观音殿。由于庙后有一石碑上刻有“龙华寺”字样，故误将新建的寺庙称作龙华寺。新庙建成后，本乡和外乡的香客常来进香，名声重振。2010年年初，村民捐资建造天王殿，殿前设焚香宝鼎，同时建造财神庙、土地庙、禅房数间，建有伙房、餐厅、厕所、消防等配套设施。同时浇筑了上山水泥路，半山腰设有停车场。停车场至禅院有500余级花岗岩石板台阶，其中段建有爱心亭，供行人歇息。

七、石门

位于铜山村石门自然村石门山南侧。山坡上耸立两块7丈余高的大石头，呈笋尖形，相对屹立在树林中，犹如大石门，故名。俗称“仙人石”。

南朝梁文学家、史学家吴均因病辞官，回到家乡，曾在石门山上筑房隐居。其《与顾章书》云：“仆去月谢病，还觅薜萝。梅溪之西，有石门山者，森壁争霞，孤峰限日；幽岫含云，深溪蓄翠。蝉吟鹤唳，水响猿啼；英英相杂，绵绵成韵。既素重幽居，遂葺宇其上。丰富菊花，遍绕竹石，山谷所资，于斯已办。仁智所乐，岂陡语哉！”

第二节　古　迹

一、古关隘

金竹关　又名筋竺关，位于昆铜乡三山村东约3千米，与吴兴县交界的山峦上。此地东南接吴兴梅峰乡，西连安吉，北望长兴县交界的方家庄，为三县交界之处，为故鄣、安吉至湖州古陆道之隘口。传说南宋初，抗金名将岳飞帐下的大将张德凯三兄弟率领一千人马奉命驻守于此，以防金兵越岭进犯临安（杭州）。张德凯三兄弟在此驻守期间，爱护百姓，使之安居乐业。三兄弟去世后，当地百姓为纪念他们，纷纷捐资在关隘旁建造了一座总管庙，内塑三尊菩萨，又在三山顶峰建了座将军庙。总管庙和将军庙在民国期间损毁。2004年，当地百姓集资，在原址上重建总管庙，里面供奉着张氏三兄弟三尊菩萨。关隘始建于宋，今无存迹。

湛水关　位于昆铜乡隐将村东南2千米，关南属德清县（原为吴兴县）南路乡横岭村。关隘东西两侧为山峰，关门设在岭西峡谷将军石处，宽约2米。将军石是一块巨石，立于峡谷底西侧进出山岭的必经之路上，扼守咽喉之要，因山体峭徒，行走困难，故称湛水岭。关隘始建于宋，遗迹无存。

福水关　位于昆铜乡张家山村石门自然村进山坞与张家山村的分水岭上，为安吉至武康要道之隘口、南宋时重点军事关隘之一。关隘山体高大雄伟，并各自向中间收缩，仅留有一宽5米、纵深20米左右的豁口，供百姓通行。东侧山腰有数段残存石砌墙体，应是关墙；其余已被村民开山种茶所损毁。关隘始建于宋，明末渐废，今址无存。

二、古道

昆铜尚有遗存古道13段，其中6段被列入县级文物保护点。

大路口古道 位于大路口村。旧称坳磡村古道，位于坳磡自然村，属安吉经金竹关至湖州古道中的一段。古道修建于清代，为东西走向。铺筑方法：中间一块卵石相对较大，两侧卵石相对较小，整条古道基本平缓，残存1000米左右，现破损严重。古道上有一座单孔平桥，抗日战争时期建造，桥长8米，宽2米，通高2.1米，桥面为钢筋水泥浇筑，两侧金刚墙为块石叠砌。2010年6月被列为县级文物保护点。

诸岭古道 位于姚良村良村自然村西南诸岭山体上，自良村越诸岭至隐将。古道修建于清代，为南北走向，残存1000米，路宽1.5～2.7米不等，其中完整段约800米。为块石和卵石铺设，中间块石较大，两侧块石相对较小，随诸岭山势铺设，平缓时平铺，陡峭处设台阶。古道南端有一界石，为花岗岩石质，高55厘米，宽30厘米，厚12厘米；上面阴刻行书"诸岭南经永将北经良村禁止拖木"14个字，字径6厘米。由此可知，该古道为隐将与良村之间的主要道路，立该石碑是禁止村民拖木以保护古道。2010年6月被列为县级文物保护点。

俞家舍古道 位于张家山村张家山自然村至俞家舍自然村的直坞坑山体上，东北距张家山自然村约300米。古道修建于清代，为南北走向，残存2500米，路宽1.5～2米不等，其中保存完整段约1500米。路面为块石铺筑，中间一块相对较大，两侧块石相对较小。沿直坞坑山岭和山溪而上，随着山势起伏，平缓时平铺，陡峭处设台阶。2010年6月被列为县级文物保护点。

苍蒲上古道 位于梓坊村苍蒲上自然村大山岭山体上，自钱家桥至正坞里处分叉，分别至苍蒲上和大山岭，东接张家山村俞家舍自然村，南连递铺镇赤渔村。古道修建于清代或清代以前，为南北走向，残存1700米左右，路面宽为0.8～2.3米不等。路面系块石与卵石铺筑，中间一块块石相对较大，两侧块石相对较小，沿山势而筑，平缓时平筑，陡峭时有台阶，坡度45°左右，部分路段为山石直接开凿而成。2010年6月被列为县级文物保护点。

庙思岭古道 位于钱坑桥村通往庙思岭自然村的山体上，自庙思岭自然村越庙思岭至潘家上。东北距钱坑桥约1200米，西距惠门寺300米左右。古道修建于清代，为东西走向，残存约1500米，宽1.6米左右，其中完整段约500米。为块石与卵石铺筑，中间一块块石相对较大，两侧块石相对较小，沿着庙思岭山势而筑，平缓时平铺，陡峭时设台阶。该古道修筑于清代，原为钱坑桥通往惠门寺和倪家边等自然村的主要道路之一，现仅作为林道使用，较少有人行走。2010年6月被列为县级文物保护点。

麒峰寺古道 位于路西村南楼坞自然村麒堂山山体上，西与溪龙乡外黄杜相接。东距晓于公路1500米左右。古道修建于清代，为东西走向，残存1200米左右，宽1.4～2.9米。为块石铺筑，中间一块块石相对较大，两侧块石相对较小，依山势起伏而铺筑，平缓时平铺，陡峭时则有台阶，坡度为45°。古道横跨单孔石拱桥2座，其中一号桥桥长3.84米，宽1.7米，通高2.6米，拱跨2米，矢高2米；2号桥桥长5.3米，宽1.7米，通高2.5米，拱跨2.2米，矢高2米，两桥拱圈均为块石纵联砌筑。2010年6月被列为县级文物保护点。

（其余古道见《交通》章）

附录：

古　亭

据清同治《安吉县志》记载，昆铜境内除乐平亭外，还有古亭7座，今已无存。亭名及位置摘录如下。

前岗亭（昆山乡西管城出口公路向下100米）

新凉亭（昆山乡干溪桥，费家塘村下150米）

长林亭（昆山乡长林垓青山脚）

横溪亭（铜山乡路西横溪桥）

七里亭（铜山乡路西江家边自然村下一华里祠山庙门口）

十里凉亭（铜山乡路西村）

福水亭（铜山乡张家山福水岭上）

三、古桥

昆铜尚有明清时期所建古桥25座，其中下朱家一号桥和翁家桥2座石拱桥于2010年被确认为县级文物保护单位。

下朱家一号桥　位于上舍村下朱家，西紧邻昆山至上舍公路，横跨村内山溪。该桥为单孔石拱桥，拱圈为不规则块石砌筑，桥长10.5米，宽5米，通高3.56米，拱跨4.7米，矢高3.6米。桥面原为块石铺筑，现用水泥浇筑，两侧金刚墙为块石砌筑，桥下河道用石块铺筑，桥西侧金刚墙被藤蔓覆盖。清代建造。2010年6月被列为县级文物保护点。

翁家桥　位于管城村翁家桥自然村南，横跨翁家桥小溪，溪水为西北向东南流向。为单孔石拱桥，拱圈为块石砌筑。桥长30米，宽2.8米，通高2.50米，矢高2.00米，拱跨3.39米。桥面由不规则的块石铺筑，两侧金刚墙为块石叠砌，桥两侧各有引桥连接路面。现已废弃不用。清代建造。2010年6月被列为县级文物保护点。

（其余古桥见《交通》章）

四、古寺庙

乐平寺　位于独山头乐平亭东南侧。南朝宋元嘉元年（424），信义太守施彬（斌）舍宅建，原名乐平教寺。唐大中三年（849）重修。七年（853），二十四代孙施公赞作记，并石刻。南宋时改称乐平寺，宋嘉泰《吴兴志》有载。宋刘焘有《题乐平寺》："名蓝占幽寂，花木深禅房。开轩俯芳流，竹风终日凉。谓此已胜绝,坐可雄诸方。谁知槿篱外,古木郁苍苍。下有湍激涧,珠玉鸣琅珰。何当开松门,两岸安石床。尽发溪山奇,枕流挈其芳。倘年我重来,君子留徜徉。"其胜境不亚于灵峰寺。乐平寺后侧建有中蠲侯施彬墓,乐平寺与施明侯墓之西侧建有施明侯庙,祀晋征西大将军尚书左丞中蠲侯施彬。唐贞观三年(629)重修侯庙。后,施明侯庙改为施氏祠堂,为吴兴地区施氏总祠。清初,施明侯祠坍塌无存,施明侯像供放在乐平寺内。乾隆十二年,施期魁等施氏后代在原址重建,于乾隆十二年竣工,并置买祭田,勒石于一侧。清末民初,施彬墓被毁。20世纪70年代,乐平寺改为粮食加工厂,施氏宗祠拆除建造民宅。

惠门寺 位于梓坊村潘家上自然村西面。五代后周广顺元年(951),尚书管某舍宅建,号延寿禅院。宋治平二年(1065)改称惠门院,明初《吴兴续志》有载。明代中期称惠民教院,成化《湖州府志》、嘉靖《安吉州志》有载。清康熙末称慧门寺,乾隆《安吉州志》有载。清末民初改称惠门寺。民国时毁。传说,寺里曾有一幅"若要金银,十八扇门里寻"的匾额,可见庙舍非常大。

关帝庙 位于原铜山乡钱坑桥村下街、通往晓墅和俞芝岭的三岔口路旁。建于明代,始名观音庵。明嘉靖、清康熙、乾隆《安吉州志》均有载。清末改称关帝庙。民国期间,庙后有三官堂、观音殿。20世纪50年代人民公社化时,该庙被拆除。2008年,经主管部门批准,部分村民集资,将原村委会的三间平房改建成关帝庙,里面摆放着关公塑像及其他菩萨,每逢初一、月半及道教活动日,香客众多。

蛇角庙 位于昆铜化家坞村出口处公路旁,三间两进,内供奉土地、十殿阎王、观世音等菩萨。传说古时候这里林木茂盛,附近有一条巨蛇成精,经常吞吃方圆几里内农家的禽畜,后来竟吞吃小孩和成人,闹得人心惶惶。当地一戚姓猎人用毒箭射掉蛇角,落在村子出口处的路旁。毒蛇遭重创后游到九曲岭,被雷公电母击杀。事后,当地百姓为纪念姓戚的猎人,封其为土地神,建了一座庙,故称蛇角庙。

(太平观 宝胜寺 秀峰寺 麒峰禅院 见《名胜》一节)

五、古民居

直坞殷氏古宅 位于干溪桥村直坞里自然村,坐东南朝西北,属花厅厅堂结构,建于清代。其建筑主体有三间,厅堂前为天井庭院,左右为马头墙硬伞顶造,通面宽12.2米(包墙),进深8.9米(包墙),三间总面积为108平方米。该建筑用料上乘,为三开门,中间二拼中柱骑梁挑抬,四柱落地,前大步外为五尺隔(鲁班尺),后为六尺隔(鲁班尺),左右边间墙五柱落地,中间为4.5米,两边间为3.85米。梁枋雕刻缠枝花卉及其他图案,部分图案在"文化大革命"中被毁。厅屋用青砖砌筑,地坪为古方砖平铺,天井及门外为卵石铺设。厅堂前设天井围墙,古宅正门在天井左侧墙体开启,正门朝南略带西。花厅退堂后墙体开有一扇门,现退堂板已被拆除,墙体被封,越过退堂便是茶厅,同样是雕梁画栋,是接待一般客人用茶之地;然后是五间两大厢,是殷氏后人起居之地。五间楼房装饰考究,土改时被分给部分贫农;花厅被收为国有,20世纪50年代公社化时期被用作大食堂。现厅堂天井及大门已被拆除,剩下的三间于2010年6月被列为县级文物保护点。

高家坞孙家古居一　位于大路口村高家坞自然村，坐东北朝西南，方向215°，建于晚清。主体为五间四厢二天井二门楼一照壁，二层楼风火墙硬山顶，土木结构。通面宽19.60米，其中明间4.00米、次、梢间均为3.60米；通井深24.90米，其中照壁至第一进5.20米、第一进6.80米、第二进12.90米，占地486.10平方米，建筑总面积686.00平方米。其梁架明间为抬梁式五架梁前单步后双步用五柱，次间为穿斗式用六柱。整幢建筑用料讲究，雕刻精美。门楼为内八字，天井呈长方形，卵石铺筑呈圆形图案，前附有照壁。梁、枋雕刻凤凰、人物故事、花卉、卷草纹等图案，牛腿上雕刻人物、花卉图案。几何形格扇窗。

荡里施家古居　位于大路口村荡里自然村。坐北朝南，方向175°，建于晚清。主体为三间二厢一天井二层楼硬山顶，砖木结构。通面宽12.80米，其中明间4.00米、次间3.80米；通进深14.70米，占地188.20平方米，建筑总面积360.40平方米。其梁架明间为抬梁式五架梁前后双步用四柱，次间为穿斗式用五柱，门楼为内八字门，几何形格扇窗，地面为三合土，天井呈长方形，卵石铺筑成图案，墙体为当地块石垒砌。整个建筑用料考究，雕刻精美，其中梁、枋、雀替上雕刻卷草纹、人物故事图案及缠枝花卉，牛腿上雕刻人物故事、花卉图案。

荡里殷家民居　位于大路口村荡里自然村殷家塘西南，坐东北朝西南，方向220°，建于民国初期。主体为三间一厢（原为二厢）一天井，二层楼硬山顶，石木结构。通面宽13.95米，其中明间4.37米、次间4.19米；通进深13.7米，占地175.90平方米，建筑总面积335.80平方米。其梁架明间为穿斗式前单步后双步用五柱，次间穿斗式用五柱，门楼为内八字门，内门楣上有彩绘图案。天井呈长方形，卵石铺筑。正屋地面为三合土。

高家坞孙家古居二　位于大路口村高家坞自然村44号，坐北朝南，方向210°，建于清代。主体为前后进三间二厢附廊檐一天井，二层楼风火墙硬山顶，前进为重檐，石木结构。通面宽12.30米，其中明间3.90米、次间3.60米；通进深27.50米，其中第一进14.32米、第二进13.18米。占地338.30平方米，建筑总面积636.60平方米。其梁架明间为抬梁式五架梁前单步附轩廊后双步用五柱，次间为穿斗式用六柱；后进明间为抬梁式五架梁前后双步用五柱，次间为穿斗式用六柱。整幢建筑用料考究，雕刻精美。墙门为内八字门，内门楣上雕刻龙纹、花卉等图案。天井呈长方形，为条石、卵石铺筑成图案。梁、枋、雀替等雕刻缠枝花卉及人物、动物等图案，牛腿雕刻人物及花卉图案。几何形格扇窗。屋内地面为三合土。2010年6月被列为县级文物保护点。

大路口孙家古居　位于大路口村坳磡自然村南，坐北朝北，方向200°，建于晚清。主体为三间二厢一天井，二层楼风火墙硬山顶，石木结构。通面宽13.00米，其中明间4.27米、次间3.80米；通进深15.40米。占地200.20平方米，建筑总面积380.60平方米。其梁架明间为抬梁式五架梁前后单步用五柱，次间为穿斗式用六柱。门楼为内八字门，上绘花卉等图案。屋内地面为三合土。几何形结合雕刻花卉图案图版格扇窗。天井呈长方形，为卵石铺砌成图案。梁、枋、雀替等雕刻凤凰及人物故事图案，牛腿雕刻人物图案。

高家坞孙家古居　位于大路口村高家坞自然村48号，坐北朝南，方向210°，建于晚清。主体为前后进三间一天井附偏屋七间，二层楼风火墙硬山顶，砖木结构。通面宽18.80米，其中明间

3.90米、次间3.50米；通进深25.40米，其中第一进12.56米、第二进12.84米。占地477.50平方米，建筑总面积815.00平方米。其梁架明间为抬梁式五架梁前后双步用五柱，次间为穿斗式用六柱；后进明间为抬梁式五架梁前后双步用五柱，次间为穿斗式用七柱。整幢建筑用料考究，雕刻精美。门楼为内八字门，几何形格扇窗。天井呈长方形，卵石铺筑。屋内地坪为三合土。梁、枋、雀替等雕刻龙、凤及缠枝花卉、卷草纹等图案，牛腿雕刻花卉图案。2010年6月被列为县级文物保护点。

姚良大会堂 位于姚良村姚良自然村，坐南朝北，方向28°，面对大路口至姚坞水库公路，背靠诸岭山脉，东侧紧邻银山溪至良村公路，建于20世纪60年代。主体为七开间三进深，二层楼硬山顶，砖木结构。通面宽26.10米，其中明间3.70米、次间3.65米；通进深12.70米。占地344.50平方米，建筑总面积508.00平方米。第一、第三进为二层楼房，第二进为通高观摩厅，东、西、南三面设有复层看台，背面原有舞台，现已拆除。侧立面仿徽派马头墙建筑，上有红色五角星及"毛主席万岁""大会堂"等字，正立面上有红色五角星、"胸怀祖国"等字。2010年6月被列为县级文物保护点。

良村谢家民居 位于姚良村良村自然村112号，方向15°，建于民国年间。主体为三间二厢一天井二层楼风火墙硬山顶，砖木结构。通面宽11.35米，其中明间3.75米、次间3.20米；通进深14.50米。占地164.50平方米，建筑总面积309.00平方米。其梁架明间为抬梁式五架梁前后单步用四柱，次间为穿斗式用五柱。门楼为内八字门，内门楣上绘梅、鹤、山水等图案。天井呈长方形，现为水泥抹面。

良村汤家民居 位于姚良村良村自然村72号北侧，坐南朝北，方向10°，建于民国年间。其主体为三间二厢一天井，二层楼硬山顶，砖木结构。通面宽13.90米，其中明间4.50米、次间4.10米；通进深14.80米。占地205.70平方米，建筑总面积391.40平方米。其梁架为穿斗式前后单步用六柱，门楼为内八字门，天井呈长方形，泥土铺筑。

莫劳坞杨家民居 位于长林垓村莫劳坞自然村北23号，坐南朝北，方向15°，北距莫劳坞水库100米，建于民国初。主体为前后进五间二厢附廊檐一天井一门楼，二层楼风火墙硬山顶，石木结构。通面宽21.50米，其中明间4.34米、次间4.29米、梢间3.70米；通进深35.80米，其中第一进17.23米、第二进18.57米。占地778.30平方米，建筑总面积932.80平方米。其梁架明间为抬梁式五架梁前单步附轩廊用五柱，次间为穿斗式用六柱，后进正帖穿斗式前单步后双步用六柱。整幢建筑用料粗大，雕刻精美。两座门楼均为砖砌、内八字门，其中外侧门楼为素面，后进门楼内楣上雕刻缠枝花卉、楣额为行书"尚文遗绪"四字。梁、枋、牛腿上雕刻有寿桃、花卉图案等。

莫劳坞吕家古居 位于长林垓村莫劳坞自然村北24号，坐东北朝西南，方向130°，建于清末。主体为二间一过弄一厢(原为三间二厢)，二层楼风火墙硬山顶，石木结构。通面宽10.50米，其中明间4.28米、次间3.88米、过弄1.36米；通进深14.00米。占地147.00平方米，建筑总面积246.00平方米。其梁架明间为穿斗式前单步后双步用五柱。门楼为内八字门，外楣额上刻"视履考祥"四字；内门楣上雕刻暗八仙、人物故事及缠枝花卉图案，楣额上刻"业广维勤"四字。天井呈长方形，卵石铺筑。二楼栏杆为宝瓶纹饰木栏杆，并有垂挂，雕刻较为精美。

下朱家46号朱家古居 位于上舍村下朱家自然村46号。坐北朝南，方向140°，建于清末。

主体为三间二厢一天井，二层楼风火墙硬山顶，石木结构。通面宽13.10米，其中明间4.50米、次间4.00米；通进深13.80米，占地181.20平方米，建筑总面积340.00平方米。其梁架明间为抬梁式五架梁前后双步用五柱，次间为穿斗式用六柱。整幢用料较好，梁、枋上雕刻缠枝花卉及人物故事，牛腿上雕刻人物等图案。门楼为内八字门，砖雕门楣上雕刻凤凰等图案，其中部分图案“文化大革命”时被毁。天井呈长方形，卵石铺筑。

下朱家78号朱家古居　位于上舍村下朱家自然村78号。坐西北朝东南，方向130°，建于清末。为五间四厢一天井，二层楼风火墙硬山顶，砖木结构。通面宽20.15米，其中明间4.35米、次间3.98米、稍间3.60米；通进深15.70米。占地316.00平方米，建筑总面积568.00平方米。其梁架明间为抬梁式五架梁前后双步用五柱，次间为穿斗式用六柱，两侧厢房开间均为2间。门楼为内八字门，天井呈长方形，现为水泥抹面。梁、枋上雕刻双凤、人物故事及缠枝花卉等图案，牛腿上雕刻人物故事图案，几何格扇窗。该建筑用料考究，雕刻精美，保存较好。

上舍杨家民居　位于上舍村陈家地自然村，坐东朝西，方向285°，建于民国初期。主体为三间一厢(原为二厢)一天井，二层楼风火墙硬山顶，石木结构。通面宽13.60米，其中明间4.40米、次间4.20米；通进深13.90米。占地169.30平方米，建筑总面积290.00平方米。其梁架为穿斗式前单步后双步用六柱。整幢建筑用料讲究，雕刻精细。牛腿上雕刻人物故事、花卉图案等。门楼为条石构造，内八字门，内门楣上原有雕刻，现已毁。天井呈长方形，为卵石铺筑。正屋地面为三合土。

大岭脚杨家古居　位于昆铜乡上舍村大岭脚48号，坐南朝北，方向12°，建于晚清。主体为三间两厢走马楼式，下石上砖木结构二层，硬山顶造。通面阔12.44米，其中明间3.98米、次间3.83米；通井深20.12米，占地250.20平方米，建筑面积485.50平方米。梁架明间为抬梁式五架前后单步用五柱，次间为穿斗式用六柱，梁、枋、雀替上雕刻人物，缠枝花卉等图案。天井呈长方形，卵石铺筑。

中心村杨家古居　位于昆铜乡上舍村中心村杨家队65号旁，坐北朝南，门向17°，建于晚清。主体为三间砖木结构二层楼，硬山顶造。通面宽11.62米，其中明间3.94米、次间3.44米；通进深9.17米。占地106.50平方米，建筑面积213.00平方米。梁架明间为抬梁式五架梁后单步用五柱，次间为穿斗式用六柱。梁、枋、牛腿上雕刻卷草纹、暗八仙及人物故事等图案。

沈家门古居　位于管城村西管城自然村北，坐北朝南，方向178°，建于晚清。主体为三间二厢一天井，二层楼硬山顶，石木结构。通面宽13.32米，其中明间4.26米、次间4.13米；通进深13.76米。占地177.90平方米，建筑总面积338.00平方米。其梁架明间为抬梁式五架梁前单步后双步用五柱，次间为穿斗式用六柱。门楼为内八字门，门罩上原有彩绘图案，现剩半座。天井呈长方形，现用水泥浇筑。整幢建筑雕刻精美，梁、枋上雕刻缠枝花卉及暗八仙图案，牛腿上雕刻花卉、人物图案等。

三山村古旧民居　三山村遗存的古旧民居有13幢，主要分布在何家边。大多建于清末至民国年间，距今80～100年不等。民居格局基本以三间二厢二层楼硬山顶为主，面积200～600平方米。梁架结构主体基本完整,但存在着屋面漏雨、墙体开裂、门窗残缺、后期砌筑、地坎改铺、木料霉蛀等不同程度的损毁。详见下表。

三山村古旧民居一览表

表3-1

序号	名称	位置	时代	面积(平方米)	保存状况
1	何振亚古居	竹园里	清代	600	部分坍塌
2	沈福根古居	周家里	清代	100	较差
3	何月星古居	周家里	清代	194	基本完整
4	沈子雄民居	墙门里	民国	330	基本完整
5	何明权民居	何家边	民国	200左右	基本完整
6	何沿海民居	何家边	民国	200左右	基本完整
7	高学诚民居	何家边	民国	200左右	基本完整
8	何守成民居	何家边	民国	200左右	基本完整
9	何文根民居	何家边	民国	200左右	基本完整
10	何文明民居	何家边	民国	200左右	基本完整
11	何末根民居	何家边	民国	200左右	基本完整
12	高学成民居	何家边	民国	200左右	基本完整
13	何阿长民居	何家边	民国	200左右	基本完整
14	何永泉民居	何家边	民国	200左右	基本完整
15	何阿黑民居	何家边	民国	200左右	基本完整
16	高甫成民居	何家边	民国	200左右	基本完整

钱坑桥朱家民居 位于钱坑桥村钱坑桥自然村中街,坐西北朝东南,方向60°,建于民国初期。主体为三间二厢一天井,二层楼风火墙硬山顶,土木结构。通面宽12.10米,其中明间3.90米、次间3.50米;通进深11.40米。占地137.90平方米,总建筑面积263.80平方米。其明间为穿斗式前后单步用五柱。天井呈长方形,为水泥浇筑。正屋地面为三合土。

化家坞金家民居 位于化家坞村化家坞自然村,坐东朝西,方向288°,建于民国初期。主体为五间二厢一天井,二层楼硬山顶,砖木结构。通面宽19.80米,其中明间4.13米、次间3.54米、稍间3.70米;通进深12.4米。占地245.50平方米,建筑总面积381.00平方米。其梁架明间为抬梁式五架梁前后单步用四柱,次间为穿斗式用五柱。门楼为内八字,内门楣上有彩绘图案。天井呈长方形,为土筑。梁、枋雕刻有缠枝花卉及运动图案,牛腿雕刻人物故事图案。

化家坞32号金家民居 位于化家坞村化家坞自然村32号,坐东朝西,方向288°,建于民国初期。主体为五间二厢一天井,二层楼风火墙硬山顶,土木结构。通面宽20.30米,其中明间4.18米、次间3.75米、梢间3.73米;通进深13.60米。占地276.00平方米,总建筑面积436.00平方米。其梁架明间为抬梁式五架梁前后单步用四柱,次间为穿斗式用五柱。墙门为内八字门,未粉刷。天井呈长方形,卵石铺筑成图案。梁、枋雀替浅刻花卉、双喜等图案。

梅坞里姚家民居　位于梅坞村梅坞里自然村，背靠梅坞山，面对小溪，坐东朝西，方向275°，建于1946年。主体为三间二厢一天井，二层楼风火墙硬山顶，土木结构。通面宽13.10米，其中明间4.14米、次间3.90米；通进深13.90米。占地182.00平方米，建筑总面积350.00平方米。其梁架明间为穿斗式前后单步用五柱。天井呈长方形，水泥浇筑；版筑泥墙。整幢建筑用料一般。

石门周家民居　位于梅坞村石门自然村33号，坐东北朝西南，方向233°，建于1955年。北300米为石门山，东紧邻董家山，南100米为上家坞。主体为并列二幢三间二厢一天井，二层楼风火墙硬山顶，土木结构。通面宽23.90米，其中明间3.90米、次间3.55米；通进深12.50米。占地298.70平方米，建筑总面积557.50平方米。梁架明间为穿斗式前后双步用五柱。天井呈长方形，水泥浇筑。墙体为泥墙板筑，屋内用料一般。

中村钱家民居　位于梓坊村梓坊自然村中村127号，坐东朝西，方向274°，建于20世纪40年代。主体为三间二厢一天井，二层楼风火墙硬山顶，附后披，土木结构。通面宽13.10米，其中明间4.36米、次间3.80米；通进深16.00米。占地209.60平方米，建筑总面积363.00平方米。梁架明间为抬梁式五架梁前后单步用四柱，次间为穿斗式用五柱。天井呈长方形，水泥浇筑。

惠门寺范家民居　位于梓坊村惠门寺自然村，坐北朝南，方向163°，建于民国初期。主体为三间二厢一天井，二层楼风火墙硬山顶，土木结构。通面宽11.00米，其中明间4.16米、次间3.65米；通进深12.50。占地137.50平方米，建筑总面积212.00平方米。其梁架明间为抬梁式五架梁前后单步用四柱，次间为穿斗式用四柱，其中第三进深边柱被偷去。门楼内八字门，未粉刷。天井呈长方形，卵石铺砌成图案。梁、枋上雕刻缠枝花卉及梅花、荷花等图案，牛腿浅刻花瓶等吉祥图案。几何纹格窗，三合土地面。

梓坊梅家古居　位于梓坊村梓坊自然村下村21号，坐北朝南，门向朝南偏西，建于晚清。主体上下二层三间楼房，两厢为平屋，硬山顶，石块石脚砖墙。通面阔11.8米，其中明间4.2米、次间连墙3.8米；进深连墙12.10米（包括天井），建筑占地面积143.4平方米。梁架明间两侧抬梁式四柱，次间边为穿斗式五柱，抬梁、枋子、雀替上雕刻花纹，前柱牛腿下雕有左边为鹤，右边为鹿等图案花纹，天井长方形，原有卵石铺设，后改为水泥浇筑，檐石为条石板铺嵌，保存完好。

附：

旗杆石座

旧时考取举人、进士的大户门前设有石座旗杆，有的贡生、监生、秀才等有功名的人，也可竖立石旗杆，以显示身份。石座用两块对称石板，相隔15厘米埋设，每块石板露出部分长60厘米、宽40厘米、厚10余厘米，每块石板上下端各有对称的小圆孔。石旗杆座一侧另铺一块稍矮的石板，为立旗杆时起支撑作用。旗杆底座也留有二个与石座相对应的圆孔，升旗时旗杆上端的圆孔与石座上端的圆孔串上横拴，立杆后再将石板和旗杆下端圆孔插上横拴固定。据村里老人回忆，三山村汪家边自然村曾有一旗杆石座，“文化大革命”时被挖出交上级文物部门；路西村江家边、东坞和隐将村俞坞也曾有旗杆石座，都在公社化及“文化大革命”期间被损毁。俞坞自然村尚保存有一座已被挖起的旗杆石座。

六、古墓

闽头山古墓群 位于独山头村独山头自然村东北闽头山的山脊上，北侧紧邻梅溪镇泗洲山，东侧为大石坞山，西南侧距独长线公路400米。该墓群呈串状分布，面积约1万平方米。有明显土墩10座，封土外貌呈椭圆形隆起，个别呈覆斗状，相对高度2～5米，底径60米左右，石墙长12.6米，外宽1.4米。部分土墩周围有巨石护坎。因村民开荒种植白茶，致使部分土墩有石室暴露。该墓群系东周时期。2010年10月被列为县级文物保护单位。

董家塘古墓群 位于干溪桥村董家塘西南丘陵岗地，东北紧邻水库，北距倪家坞约300米，西南连接直坞里，分布面积约5000平方米。有明显墓丘6座，外观呈馒头状，封土相对高度2米左右，底径15米左右。部分墓丘在建董家塘水库时被破坏。墓区上有部分明砖散落，有座无首，座上为石狮，宽0.5米，通高1.58米。座前底端及狮身前两眼已残破。根据墓的形制，石刻形制以及墓区内发现的墓砖分析推断，该墓群系明朝时期。

毛徐状元坟 坐落在毛徐进山坞左侧的小山冈上，离山坞沟底约150米，离毛徐原村落1华里，距干溪桥村1千米。相传状元坟原是一座较为完整的古墓，墓周围石砌，石板镶嵌整齐，墓穴坐北朝南，原拜台用石块石板砌筑，墓前有石碑埋设，石碑上有文字记载。二十世纪五六十年代，该墓的石砌块及石板被村民拆下用于铺筑沟溪及驳埂坎。据现场勘察，墓丘形状完整，但已被开挖，墓穴外露，随葬物品无存，墓穴封土残石散落四周。残存的石残片属规格石材，已无法断定其所属年代。

七、古窑址

董家塘旧窑址 位于干溪桥村董家塘水库西侧山脚，坐西北朝东南，方向140°，东邻董家塘水库，北距独长线公路600米。该窑址为龙窑，依山体而建，现窑床残长28米，宽3米。窑床南侧为废品堆积区，有红烧土遗迹。窑门位于董家塘水库内，窑址区发现部分窑具及缸、甏残片。根据窑址上散落的标本及当地村民介绍分析，推断该窑址为清代遗存。

管城金银窖藏 位于管城村里阳坞自然村山坎边。1980年12月，三城大队里阳坞自然村村民万某某在建房挖墙基时发现一处金银器窖藏，遂发生哄抢，众人连续几天翻挖寻找。后来，县政府派出由县政府办公室、公安局、人民银行、财政局、博物馆等部门组成的联合工作组，经多方努力，追回极大部分流失文物。追回的文物中共有金银器38件，其中金器21件，银器17件，器类主要有金镯、金簪、金耳坠、银耳勺、银钏等。根据其锤鍱、錾刻、镶嵌、焊接等传统制作工艺和采用的吉祥图案体裁，分析推断为清初以前遗物，属古墓葬的陪葬品。现藏于安吉县博物馆内。

铜岘山回音壁 铜岘山即铜山，位于昆铜乡路西自然村。《括地志》吴采鄣山之铜，即此山也。山体西端因采石炼铜而形成峭壁，峭壁下有一水潭，潭中水面呈现峭壁倒影，成为一道景观。峭壁很高，200米外发出的声音其声波碰到石壁就会传出回声，回音洪亮，人称回音壁。2010年，因晓于公路改道，在铜山峭壁处架桥，从此回音壁不再有回声。

九、其他遗迹

乌臼坝　位于管城村黄泥墩自然村西侧一条无名小溪上，遗迹由丁步桥、水坝及古道组成。丁步桥由五块不规则块石间隔置于小溪上；水坝紧连丁步桥北侧下游的小溪，用不规则块石呈斜坡铺砌，落差约1.5米；古道为连接丁步桥向西延伸的山间小道，现保存完整段100米左右，砌筑考究，保存完好。根据丁步桥、水坝及古道的砌筑方式，并结合村落史，当属明清时期的产物。

铜山坝　位于铜山溪铜山桥下游500米的铜山回音壁山坎末端，利用自然地理条件拦溪筑就。坝基用较大石块叠驳，下端用二挡巨石设底坝芯挖掘心墙，用黄泥夯筑，离坝2米筑巨石块以保护大坝根基。坝面用不规则的石块平面铺设，上筑数挡石墩，供行人越溪之用。坝高1.5米，宽4.5米，长16米，坝址两侧驳有石块挡墙。坝面一侧引水渠通向弯田头，可灌溉40余亩水田，为古代农民利用自然条件建造的水利设施，是昆铜地区有名的古水坝。20世纪50年代人民公社化时期开通至塘田垓的水渠，可灌溉250亩水田。1984年实行土地承包责任制后，水渠年久失修，后又因晓于公路改道而截断，水渠废弃。铜山坝遇特大洪水被冲毁，但坝基尚在。该坝是明清时代产物。

水井群　位于钱坑桥村之钱坑桥上街至下街。井壁为卵石砌筑，卵石多为圆形。其中，2号井口圈为六边形，井圈为花岗岩质，其余为块石，井口直径45～52厘米，深2.2～4.2米不等，井水清澈，为居民日常饮用和生活用水。还有化家坞金家居民聚集区域西南20米处的多口水井，井壁为卵石砌筑，呈圆形，井口直径0.50米，井深4.5米。均属民国以前的古老水井。

杨家坞贞节牌坊　位于杨家坞自然村出口处，至培头上、石家岭古道的交叉口。据杨家坞王氏家谱记载，该贞节牌坊的主人为节妇纪氏，系长兴县吴山乡苗谈村纪树基之女，生于清乾隆二十年（1755）正月初十，于乾隆三十六年九月二十六日嫁于杨家坞三槐堂王氏三十一世学坤为妻，出嫁时十七岁，夫妻感情甚笃。乾隆四十年（1775）八月初八丈夫病故，纪氏悲痛欲绝，本想触棺或绝食随夫而去，然已故丈夫遗有年迈双亲，下有待乳孤儿，经族人尽力相劝，残喘以全夫志。嗣后纪氏全力持家孝赡老人，抚养幼子成人。清嘉庆十二年（1807）十月，纪氏53岁，守节32年，浙江承宣布政使司特授湖州府、浙闽总督会同提督浙江学政旌表拨款，命本家自建牌坊，祠内设立题坊以赞其生平实事，杨家坞王氏续家谱时予以记载。清同治《安吉县志》记载："王学坤妻纪氏，铜山乡杨家坞人，年二十一夫故，名既臻于圭璧，节自凛于冰霜。请旌建坊，守节三十二年。"1969年，因建造石坞岭水库，牌坊被拆除。

另外，昆山乡有座明代贞节牌坊，为徐王圭妻范氏立，清中期毁。清同治《安吉县志》有记载。

第四章　党政社团

抗日战争期间，中共曾两度在昆铜乡建立党支部。1945年2月新四军南下后，于4月分别成立昆山乡、铜山乡抗日民主政府。新四军北撤后，民主政府解散，中共组织转入地下活动。

解放后，1949年6月建立中共昆铜区委，7月建立昆铜区人民政府。1950年4月，昆铜区下建立昆山、铜山两乡，分别建立乡党支部和乡政府。1956年2月，昆山、铜山两乡合并为昆铜乡，建立乡党总支，部分村建立村党支部。1958年9月昆铜乡等3乡1镇合建晓墅公社并建公社党委。1959年3月，建立晓墅公社昆铜管理区，并建区党总支。1961年成立昆铜公社，建立昆铜公社党委和公社管理委员会。1983年12月，公社党委改为乡党委。1984年1月，大队党支部改称村党支部。

中共昆铜乡党组织和人民政府成立后，青年团、妇女联合会、工会等人民团体相继成立，1996年6月，昆铜乡工商联合会成立，各人民团体在中共昆铜乡党委领导下，根据各自的章程开展工作，成为党和政府的有力助手，为昆铜乡的经济社会发展和人民生活水平的提高发挥了积极作用。

第一节　中国共产党

一、抗战时期中共昆铜地区党组织

1938年12月，中共安吉县工委建立。1939年2月，中共浙西特委在安吉县西北的青松乡青龙村成立。同年4月，安吉县工委改为安吉县委；同月，实由中共领导的省政工一大队三分队由临安移住安吉梅溪镇，随即向昆铜地区良村、钱坑桥、上舍等地派出工作组；同月月底，中共省政工三分队党支部建立，书记何坚白（原为安吉县政工队梅墅区分队长）、组织委员陈曼华（女）、宣传委员张铿。同年7月，中共省政工三队特支建立，直属浙西特委领导；秋，省政工三分队队部移至昆铜上舍村，特支转为中共安吉县委领导。1940年1月，中共上舍支部成立，盛全琪任书记，由中共西区（南湖）区委领导；12月，中共钱坑桥支部建立，范绍赓（隐将人）任支部书记，属中共东区（晓墅）区委领导；同月，中共上舍支部停止活动。1941年1月皖南事变后，中共党组织活动转入地下；同年6月，中共安吉县委委员、青年部长盛全琪被捕变节，随后安吉县党组织遭受严重破坏，范绍赓等52名党员被捕，钱坑桥支部停止活动。

1945年2月中旬，新四军苏浙军区部队进入安吉，随即第一次反顽自卫战役打响并取得胜利，控制了天目山以北地区。同月下旬，铜山乡党支部成立，朱文斌任党支部书记；3月，昆山乡党支部成立，赵以斌（小名赵阿毛，长林村人）任党支部书记。同年10月新四军奉命北撤后，昆铜地区党组织遭到国民党安吉县党部和国民政府的“清乡”破坏，部分党员惨遭杀害，党组织再次转入地下活动。

附：

抗战时期昆铜乡部分中共党员简介

范绍赓　隐将人。1939年，以教师身份为掩护，参加抗日救亡活动。同年冬，经中共安吉县委委员、妇女部长许斐然介绍加入中国共产党。1940年10月任钱坑桥支部书记。1941年6月被捕，1942年上半年被营救出狱。1943—1944年受命在郎玉麟部任指导员，1945年2月任铜山乡乡长，10月随新四军北撤。

凌其安　路西蒲芦坞人。1945年年初，安吉简师毕业。经递铺区委的林一鹏、沈俊介绍加入中国共产党，后任路西小学教师、古梅乡指导员。同年秋，新四军北撤途中受命返回浙西，留守地方，后被国民党杀害。

施公先　长林村莫劳坞人。1945年由梅溪区委书记许靖介绍参加中国共产党。曾任抗日民主政府昆山乡乡长，1945年10月随新四军北撤参加解放战争。

赵以斌　又名赵阿毛，长林垓村人。1945年由梅溪区委书记许靖介绍参加中国共产党。曾任支部书记，1945年秋，新四军北撤，受命留守地方。

徐有林　又名徐根生，长林垓新房子自然村人。1945年由梅溪区委书记许靖介绍参加中国共产党。曾任抗日民主政府昆山乡副乡长。同年秋，新四军北撤，受命留守地方。

李成义　又名李阿毛，管城村人。1945年由梅溪区委书记许靖介绍参加中国共产党。曾任抗日民主政府昆山乡副乡长，随新四军北撤途中，奉命返回地方留守，得知国民党当局搜捕的消息后，潜回东阳老家避居。

郭明　原籍诸暨枫桥人，以剃头为生来昆铜，招亲入赘梅坞村姚家。1945年2月经梅溪区委书记许靖介绍加入中国共产党，曾任抗日民主政府铜山乡乡长，1945年秋，新四军北撤，受命留守地方，开展地下活动，解放后任铜山乡乡长。

姚克明　梅坞村人，年少就参加抗日民主工作，担任地下交通站站长。1945年3月，经梅溪区委书记许靖和铜山乡支部书记杨林介绍参加中国共产党。同年6月参加新四军，10月随军北撤过江，参加解放战争。

钟立兴　又名志魁，路西村江家边人。1945年年初在小溪口做朝奉（店员），经地下党的同志介绍加入中国共产党，后党组织被破坏，失去联系，“文化大革命”时期找到原组织的领导人，才得以证明。

莫富生 上舍村人。1945年年初，经梅溪区委书记许靖介绍加入中国共产党，投入抗日救亡工作。解放后任昆山乡支部书记。

二、解放后中共昆铜乡组织

1. 组织沿革

1949年4月30日，安吉解放；7月，建立中共昆铜区委。1951年6月，中共昆山乡支部建立；1952年5月，中共铜山乡支部建立。1956年2月，昆山、铜山两乡合并为昆铜乡，建立乡党总支。1958年9月建立晓墅公社党委。1959年3月，建立晓墅公社昆铜管理区党总支，部分大队建立党支部。

1961年8月，建立昆铜公社党委。1967年年初，遭受"文化大革命"冲击，公社、大队各级党的组织被迫停止活动，党的主要领导被迫靠边站并被揪斗批判，公社由人武部主持日常工作，大队由民兵连长代为负责管理。1968年4月，成立昆铜公社革命委员会，党政合一。1969年4月，公社革委会成立党的核心小组，革委会主任是党的核心小组组长。1970年7月恢复昆铜公社党委，各大队党支部相继恢复。

1976年"文化大革命"结束后，开展整党建党工作。1983年12月，昆铜公社恢复乡建制，公社党委改为乡党委，重新选举新的乡党委领导。同年，乡党委下辖15个村党支部。

2. 领导人名录

1949.7—1956.2 中共昆铜区委领导人一览表

表4-1

职务	姓名	任职时间	备注
书记	刘恩溪	1949.7—1950.4	
	王星三	1950.4—1952.2	
	英瑞胜	1953.1—1954.5	
	赵传兴	1954.5—1956.2	
副书记	英瑞胜	1952.8—1953.1	
	赵传兴	1953.1—1954.5	
	丁铭法	1954.5—1955.8	
	刘春松	1955.3—1956.2	高禹人

1951.6—1956.1 中共昆山乡、铜山乡支部负责人一览表

表4-2

组织名称	职务	姓名	任职时间	备注
昆山乡党支部	书记	莫富生	1951.6—1955.8	上舍村人
		尤长林	1955.9—1956.1	独山头人
	副书记	梁云芳	1951.6—1954.3	梁家塘人
铜山乡党支部	书记	姚庆寿	1952.5—1954.8	梅坞人
		肖其隆	1954.9—1956.2	化家坞人

1956.2—1958.9 中共昆铜乡总支委员会负责人一览表

表 4-3

职务	姓名	任职时间	备注
书记	尤长林	1956.3—1958.1	独山头村人
	李宗田	1958.1—1958.9	山东人
副书记	肖其隆	1956.3—1958.9	化家坞人
	陈长法	1956.3—1958.8	干溪桥人

1958.9—1961.8 中共晓墅公社委员会负责人一览表

表 4-4

职务	姓名	任职时间
书记	李进民	1958.9—1959.2
	熊行富	1959.2—1961.8
副书记	杨永相	1958.9—1959.3
	熊行富	1958.9—1959.2
	洪贵来	1958.9—1959.2
	刘希才	1958.9—1959.7
	李宗田	1958.12—1961.2
	袁洪财	1959.8—1961.8
	吴芳葵	1961.3—1961.8

1959.3—1961.8 中共晓墅公社昆铜管理区总支委员会负责人一览表

表 4-5

职务	姓名	任职时间	备注
书记	马诗义	1959.3—1961.8	钱坑桥俞芝岭人
副书记	胡天仁	1959.3—1961.8	溪龙塘子滩人

1961.8—1968.4 中共昆铜公社委员会负责人一览表

表 4-6

<table>
<tr><th>职务</th><th>姓 名</th><th>任职时限</th><th>职务</th><th>姓 名</th><th>任职时限</th></tr>
<tr><td rowspan="2">书记</td><td>王有富</td><td>1961.8—1964.3</td><td rowspan="6">委员</td><td rowspan="6">吴爱民
李永彪
杨瑞林</td><td rowspan="6">1961.8—1966.5
1961.8—1966.5
1965.3—1966.5</td></tr>
<tr><td>潘有观</td><td>1964.3—1966.4</td></tr>
<tr><td rowspan="4">副书记</td><td>刘希才</td><td>1961.8—1963.7</td></tr>
<tr><td>许端礼</td><td>1962.7—1965.6</td></tr>
<tr><td>蒋振旺</td><td>1963.7—1966.5</td></tr>
<tr><td>王有富</td><td>1964.3—1966.5</td></tr>
<tr><td>书记</td><td>王有富</td><td>1966.5—1968.4</td><td rowspan="2">委员</td><td>吴爱民</td><td>1966.5—1968.4</td></tr>
<tr><td>副书记</td><td>田士斌</td><td>1966.6—1968.4</td><td>蒋振旺</td><td>1966.5—1968.4</td></tr>
</table>

1970.7—1979.12 中共昆铜公社委员会领导一览表

表 4-7

职务	姓 名	任职时限	职务	姓 名	任职时限
书记	英瑞胜	1970.7—1971.12	委员	陈土根	1970.7—1971.12
	刘春松	1971.12—1973.3		蒋振旺	1970.7—1976.10
	王有富	1973.3—1976.10		吴爱民	1970.7—1976.10
书记	王有富	1976.10—1978.3	委员	杨瑞林	1976.10—1979.12
	蒋振旺	1978.3—1979.12		李永彪	1976.10—1979.12
副书记	蒋振旺	1976.10—1978.3		吴爱民	1976.10—1979.12
	华绍文	1976.10—1979.7		高尚铎	1976.10—1979.12
	叶树强	1978.3—1979.12		朱姜成	1976.10—1979.12
	傅小寿	1979.7—1979.12			

1979.12—1984.3 第五届昆铜公社（乡）党委领导一览表

表 4-8

职务	姓 名	任职时限	职务	姓 名	任职时限
公社书记	蒋振旺	1979.12—1981.6	委员	李永彪	1979.12—1983.12
	吴仕连	1982.2—1983.12		高尚铎	1979.12—1983.6
公社副书记	傅小寿	1979.12—1983.12		孙菊林	1979.12—1980.7
	吴爱民	1980.1—1983.12		朱姜成	1979.12—1983.12
	奚林根	1980.8—1983.12		汤学如	1979.12—1980.8
	汤学如	1980.8—1983.12			
乡书记	王有富	1983.12—1984.3	委员	孙菊林	1983.12—1984.3
乡副书记	汤纯豪	1983.12—1984.3		李永彪	1983.12—1984.3
	陈永安	1983.12—1984.3	纪委书记	傅小寿	1983.12—1984.3

1984.3—2012.5 中共昆铜乡委员会负责人一览表

表 4-9

届别	职务	姓名	任职时限	职务	姓名	任职时限
第六届 1984.3—1987.3	书记	王有富	1984.3—1985.7	委员	孙菊林	1984.3—1987.3
		杨步生	1985.7—1987.1		李永彪	1984.3—1987.3
		方木金	1987.1—1987.3		沈海根	1984.11—1987.1
	副书记	汤纯豪	1984.3—1987.3		沈宝玉	1987.1—1987.3
		陈永安	1984.3—1985.5			
		方木金	1985.7—1987.1			
		洪家信	1985.7—1987.3			
		杨根法	1987.1—1987.3			

续表 4-9

届别	职务	姓名	任职时限	职务	姓名	任职时限
第七届 1987.3 — 1990.2	书记	方木金 洪家信	1987.3—1988.10 1988.10—1990.2	委员	汤纯豪 沈宝玉 孔世明	1987.3—1989.11 1987.3—1988.10 1988.4—1990.2
	副书记	洪家信 杨根法 沈宝玉 汤纯豪	1987.3—1988.10 1987.3—1989.11 1988.10—1990.2 1989.11—1990.2			
第八届 1990.2 — 1993.1	书记	洪家信 董洪潮	1990.2—1991.1 1991.3—1993.1	委员	沈海根 夏怀龙 孔世明 徐永安 刘达有 刘晓芒	1990.2—1993.1 1990.2—1993.1 1990.2—1993.1 1991.6—1992.12 1992.1—1992.10 1992.10—1993.1
	副书记	汤纯豪 沈宝玉 张宝林 徐永安	1990.2—1993.1 1990.2—1992.10 1992.9—1993.1 1992.12—1993.1			
第九届 1993.1 — 1996.1	书记	董洪潮 任大江	1993.1—1995.1 1995.1—1996.1	委员	刘晓芒 夏怀龙 殷志龙 高岳林 张春香 陈伏林 严平新 马国富 周连芳 张孟蛟	1993.1—1994.6 1993.1—1994.4 1993.1—1995.12 1993.1—1996.1 1993.1—1994.11 1993.12—1995.10 1994.4—1995.12 1995.12—1996.1 1995.12—1996.1 1995.12—1996.1
	副书记	张宝林 余议志 徐　勇 钱根良	1993.1—1995.10 1993.7—1996.1 1995.11-1996.1 1995.11-1996.1			
第十届 1996.1 — 1998.12	书记	任大江 徐　勇	1996.1—1998.6 1998.6—1998.12	委员	马国富 周连芳 高岳林 张孟蛟 王培根 陈志文 蒋立新	1996.1—1998.6 1996.1—1998.7 1996.1—1998.9 1996.1—1998.7 1998.7—1998.12 1998.7—1998.12 1998.9—1998.12
	副书记	余议志 钱根良 徐　勇 马国富 孟建州	1996.1—1998.6 1996.1—1998.6 1996.1—1998.6 1998.6—1998.12 1998.6—1998.12			
第十一届 1998.12 — 2001.12	书记	徐　勇 黄　勇	1998.12—2001.11 2001.11—2001.12	委员	王培根 陈志文 蒋立新 周连芳 白秀峰 任爱军 诸慧明	1998.12—2001.1 1998.12—2001.12 1998.12—2001.12 2001.1—2001.12 2001.1—2001.12 2001.11—2001.12 2001.11—2001.12
	副书记	马国富 孟建州 王培根 许筱媛	1998.12—2001.12 1998.12—2001.11 2001.1—2001.12 2001.7—2001.12			

续表4-9

届别	职务	姓名	任职时限	职务	姓名	任职时限
第十二届 2001.12—2006.12	书记	黄　勇	2001.12—2006.7	委员		
		毛如庆	2006.7—2006.12		任爱军	2001.12—2004.12
	副书记	马国富	2001.12—2004.11		诸慧明	2001.12—2003.7
		许筱媛	2001.12—2006.12		阮红权	2002.2—2006.8
		王培根	2001.12—2006.8		肖建忠	2003.7—2006.8
		徐　伟	2004.11—2006.12		周方平	2004.12—2006.12
		王　雅	2004.12—2006.8		陈小龙	2006.8—2006.12
		周江龙	2005.8—2006.8		赵　晖	2006.8—2006.12
		肖建忠	2006.8—2006.12			
第十三届 2006.12—20011.9	书记	毛如庆	2006.12—2009.4	委员		
		徐　伟	2009.4—2010.10		陈小龙	2006.12—2009.5
		陈志文	2010.10—2011.9		周方平	2006.12—2011.9
	副书记	徐　伟	2006.12—2009.4		赵　晖	2006.12—2011.7
		肖建忠	2006.12—2009.5		朱家胜	2009.5—2011.9
		管永丰	2009.4—2011.9		陈法有	2009.5—2011.9(兼)
		陈小龙	2009.5—2011.6		胡莉娟	2011.7—2011.9
		叶鸣岗	2011.7—2011.9			
十四届 2011.9—2012.5	书记	陈志文	2011.9—2012.5	委员	朱家胜	2011.9—2012.5
	副书记	管永丰	2011.9—2012.5		周方平	2011.9—2012.5
		叶鸣岗	2011.9—2012.5		胡莉娟	2011.9—2012.5
	2012年5月并入梅溪镇					

三、中共昆铜乡代表大会

1956年，昆山、铜山两乡合并为昆铜乡，建立乡党总支后召开了第一次代表大会。至2011年，中共昆铜乡委员会共组织召开过14次代表大会。每次代表大会的议程都是由上届党委书记作工作报告，乡纪委书记作纪委工作报告；全体代表讨论和通过两个工作报告以及其他相关决议，选举产生新一届党委领导成员，选举出席中共安吉县相应届次代表大会代表。

中共昆铜乡第一次代表大会

1956年3月召开。大会总结了昆铜乡（区）委七年来工作，提出了之后三年的工作任务。大会号召，全乡党员在社会主义新的形势下，勤勤恳恳、兢兢业业，执行党的正确路线和政策，全心全意地为人民服务，为实现大面积增产丰收和实现高级合作化，提前完成五年计划而奋斗。

中共昆铜管理区第二次代表大会

1959年11月召开。大会号召，在党中央和毛主席的领导下，高举总路线、“大跃进”、人民公社三面红旗，充分发挥党的骨干核心和战斗堡垒作用，团结广大群众，同心同德，鼓足干劲，力争上游，为完成和提前完成1960年继续跃进而奋斗；为实现昆铜公社机械化、水利化、化学化、电气化而奋勇前进。

中共昆铜公社第三次代表大会

1963年1月召开。大会号召，响应党中央和毛主席的伟大号召，加强团结，努力奋斗，克服困难，争取胜利；坚持党的三面红旗，执行党的一系列方针政策路线，长志气，鼓干劲，为实现1963年农业丰收，为迎接农业生产的新高潮而奋斗。

中共昆铜公社第四次代表大会

1970年9月召开（时值“文化大革命”期间，资料散失）。

中共昆铜公社第五次代表大会

1979年12月召开。大会号召，全公社共产党员和社员团结起来，同心同德，艰苦奋斗，克服前进中的困难，以社会主义建设的出色成绩庆祝中华人民共和国成立三十周年，为加速实现四个现代化而努力奋斗。

中共昆铜乡第六次代表大会

1984年3月23日在昆铜召开，出席代表53名，乡第五届党委书记王有富代表上届党委作工作报告。会议主题是团结全乡人民，沿着党的十二大指引的方向，立志改革，艰苦奋斗，振兴昆铜，为全面开创社会主义建设新局面而奋斗。会议选举产生新一届党委。王有富任书记，汤纯豪、陈永安任副书记，委员4人。选举出席中共安吉县第六次代表大会代表。

中共昆铜乡第七次代表大会

1987年3月3日召开，出席代表50名，党委书记方木金代表上届党委作工作报告。会议主题是动员和团结全乡人民，全面正确理解和贯彻执行党的十一届三中全会以来的路线、方针，政策，坚持四项基本原则，反对资产阶级自由化；坚持改革开放搞活，沿着党的十一届三中全会以来的路线前进。会议选举产生由方木金任书记，杨根法、洪家信任副书记的新一届党委。选举出席中共安吉县第七次代表大会代表。

中共昆铜乡第八次代表大会

1990年2月20日召开，出席代表56名，洪家信作工作报告。大会号召，紧密地团结在中共中央周围，坚持党的基本路线，振奋精神，同心同德，自力更生，艰苦奋斗，推进全乡各项事业发展。会议选举产生由洪家信任书记，汤纯豪、沈宝玉为副书记的新一届党委。选举出席中共安吉县第八次代表大会代表。1991年，洪家信病故，3月12日的第二次会议选举董洪潮为书记。

中共昆铜乡第九次代表大会

1993年1月18日召开，党委书记董洪潮作题为“认真贯彻党的十四大精神，加快改革开放步伐，推动昆铜经济再上新台阶”的报告。大会号召，紧密地团结在党中央周围，高举建设中国特色社会主义伟大旗帜，以只争朝夕的精神，努力拼搏，奋勇前进。会议选举产生由董洪潮任书记，张宝林、余议志任副书记的新一届党委。

中共昆铜乡第十次代表大会

1996年1月16日召开，出席代表52名，任大江代表上届党委作工作报告。会议选举产生由任大江任书记，余议志、钱根良、徐勇任副书记的新一届党委。

中共昆铜乡第十一次代表大会

1998年12月16日召开，徐勇代表上届党委作工作报告。大会号召，高举邓小平理论伟大旗帜，在党中央和省、县委的领导下，团结和依靠全乡人民，同心同德，艰苦奋斗，为加快新农村建设步伐，夺取改革开放和社会主义现代化建设的更大胜利而努力奋斗。会议选举产生由徐勇任书记，马国富、孟建洲任副书记的新一届党委。

中共昆铜乡第十二次代表大会

2001年12月19日召开，出席代表53名，黄勇代表上届党委作工作报告，大会选举产生由黄勇任书记，马国富、许筱媛、王培根任副书记的新一届党委。

中共昆铜乡第十三次代表大会

2006年12月7日召开，毛如庆代表上届党委作工作报告。大会号召，紧密地团结在党中央周围，在十六大精神指引下，高举邓小平理论伟大旗帜，全面实践"三个代表"重要思想，带领全乡党员干部和人民群众继往开来，与时俱进，为全面建设小康社会，加快推进生态昆铜而努力奋斗。大会选举产生由毛如庆任书记，徐伟、肖建忠任副书记的新一届党委。

中共昆铜乡第十四次代表大会

2011年9月22日召开，出席代表50名，陈志文代表上届党委作工作报告。大会号召，以邓小平理论和"三个代表"重要思想为指导，全面落实科学发展观，坚持生态立县，突出工业强乡，在县委的正确领导下，万众一心，奋发进取，振奋精神，勇于开拓，为建设富裕美丽的昆铜而努力奋斗。大会选举产生由陈志文任书记，管永丰、叶鸣岗任副书记的新一届党委。

四、中共昆铜乡纪律检查委员会

中华人民共和国成立后，昆铜乡党组织设立党的纪律检查委员会，处理人民群众的来信来访，教育和处理违反党纪国法的党员干部，保证党的路线、方针、政策的贯彻落实。"文化大革命"期间，党委和党的监察工作被迫停止。1970年恢复乡党委，纪律检查委员会随之恢复，党委分管党群的副书记负责纪律检查工作。1979年开始配备专职纪检工作人员。1984年起，每届乡党代会选举产生新的纪律检查委员会，由乡党委分管党群工作的副书记兼任纪检委书记，乡党委纪检委员任纪检委副书记，设两名纪律检查委员。

长期来，乡纪检委贯彻"从严治党"方针，纪检工作履行"保护、惩处、监督、教育"四项职能，为搞好全乡的党风廉政建设，促进经济发展发挥重要作用。

1984—2012年中共昆铜乡纪检委主要负责人一览表

表4-10

届次	职务	姓名	任职时间	备注
第六届	书记	付小寿	1984.3—1987.5	1984.3.中共昆铜乡第六次党代会选举产生
第七届	书记	洪家信	1987.5—1990.2	1987.2中共昆铜乡第七次党代会选举产生

续表4-10

届次	职务	姓名	任职时间	备注
第八届	书记	沈宝玉	1990.2—1992.10	1990.2昆铜乡第八次党代会选举产生
	书记	徐永安	1992.10—1993.1	因工作调动,经八届四次全会选举
第九届	书记	徐永安	1993.1—1993.7	1993.1昆铜乡第九次党代会选举产生
	书记	余议志	1993.7—1995.9	因工作调动,届中第二次全会选举产生
	书记	钱根良	1995.9—1996.1	因工作调动,届中第四次全会选举产生
第十届	书记	钱根良	1996.1—1998.12	1996.1昆铜乡第十次党代会选举产生
第十一届	书记	孟建洲	1998.12—2001.12	1998.12昆铜乡第十一次党代会选举产生
第十二届	书记	许筱媛	2001.12—	2001.12昆铜乡第十二次党代会选举产生
	副书记	李成锋	2001.12—2006.12	
第十三届	书记	肖建忠	2006.12—2011.6	2006.12昆铜乡第十三次党代会选举产生
	副书记	王海平	2006.2—2011.9	
第十四届	书记	叶鸣岗	2011.9—2012.5	2011.9昆铜乡第十四次党代会选举产生

五、村级党组织

1. 村级党组织建设

1949年解放后至1954年,南下干部、部队转业、退伍军人中转入一批共产党员,昆山乡和铜山乡各设有一个党支部。1956年2月,昆山和铜山两乡合并,建立党总支部,下辖2个党支部,共有党员64名,其中女性1名。1958年,昆山5个大队合并建五联党支部,书记马志英;铜山7个大队合并建四岭党支部,书记陈长法,隶属晓墅公社党委。1959年3月隶属昆铜管理区党总支部。1961年,各大队设大队党支部,隶属昆铜公社党委。1963年,全公社党支部有16个,党员214名,其中女性20名。1974年有党支部17个,党员282名,其中女性27名。1984年恢复村建制,大队党支部改称村党支部。同年,全乡有党支部19个,党员387人,其中女性32名。

1963、1976、1984年中共昆铜乡(公社)各支部人数统计表

表4-11　　单位:人

支部名称	1963年		1976年		1984年	
	党员数量	其中女性	党员数量	其中女性	党员数量	其中女性
独山头(五星)	25	3	32	6	32	3
干溪桥(高葛)	9	—	13	—	13	2
大路口(昆一)	9	1	14	1	19	1
长林	13	—	15	1	21	1
三城	20	2	21	2	27	3
姚良	17	4	16	3	23	3
上舍	19	2	23	4	26	3
路西(合力)	19	2	22	2	28	3

续表4-11

支部名称	1963年		1976年		1984年	
	党员数量	其中女性	党员数量	其中女性	党员数量	其中女性
化家坞（三合）	6	—	10	—	13	1
钱坑桥（高一）	19	1	21	1	24	1
梅坞（新华）	18	1	13	—	14	—
隐将（勇将）	7	—	10	—	17	—
张家山（四岑）	12	3	13	3	18	3
梓坊（梓兴）	7	—	13	1	20	1
潘家上（永年）	8	1	11	1	13	1
公社机关	6	—	11	1	23	3
公社企业	—	—	24	1	39	1
昆铜中小学	—	—	—	—	8	2
供销社	—	—	—	—	9	—
合计	214	20	282	27	387	32

改革开放后，许多优秀青年参加党组织，党的战斗力有所加强，基层组织快速发展。2011年，昆铜乡党委下辖1个二级党委、4个党总支部、10个直属党支部；共有党支部27个，党员681名，其中机关和企事业党员165名，农村党员516名。1984—2011年，全乡有8个村党支部先后被评为县、市级五好党支部，有10余名党员先后被评为县、市级优秀共产党员。

2011年昆铜乡党委基层组织名称一览表

表4-12

组织名称	党支部名称	组织名称	党支部名称
长林垓村二级党委	大路口党支部	铜山村党总支部	梅坞村党支部
	姚良党支部		隐将村党支部
	长林垓农村党支部		张家山村党支部
	长林垓企业党支部	（直属党支部）	独山头村党支部
乡机关党总支部	乡机关一支部		干溪桥村党支部
	乡机关二支部		上舍村党支部
	乡林业站党支部		三山村党支部
乡企业中心党总支部	企业服务中心党支部		管城村党支部
	峰晖公司党支部		路西村党支部
	园区联合党支部		梓坊村党支部
	胜达公司党支部		乡卫生院党支部
钱坑桥村党总支部	钱坑桥党支部		乡中学党支部
	化家坞党支部		乡小学党支部
	三美公司党支部	合计27个党支部	

2. 各村(大队)党组织领导人名录

村(大队)党支部组织和干部变动复杂。下按2007年的行政村名称列表,记录1958—2012年各村(大队)党支部书记的任职情况。

中共独山头村支部委员会书记一览表

表4-13

姓名	职务	任职年份	村组织名称
叶元智	大队书记	1958—1961	公社 五星大队
尤长林	大队书记	1962—1964	
叶元智	大队书记	1964—1968	
林崇逊	大队书记	1968—1971	
林崇逊	大队书记	1971—1978	
施月华	大队书记	1978—1983	
叶树成	村书记	1984—1989	昆铜乡 独山头村
林崇逊	村书记	1990—1992	
林崇逊	村书记	1992—1994	
施文勇	村书记	1994—1996	
施文勇	村书记	1996—1998	
陈顺林	村书记	1998—2008	
陈顺林	村书记	2008—2012	

中共干溪桥村支部委员会书记一览表

表4-14

姓名	职务	任职年份	村组织名称
叶长根	大队书记	1958—1961	公社 高葛大队
叶长根	大队书记	1961—1971	
楼荣根	大队书记	1971—1980	
楼荣根	大队书记	1980—1984	
楼荣根	村书记	1984—1987	昆铜乡 干溪桥村
高超群	村书记	1988—1992	
楼荣根	村书记	1992—1995	
王雪平	村书记	1995—1998	
王雪平	村书记	1998—2012	

中共大路口村支部委员会书记一览表

表4-15

姓名	职务	任职年份	村组织名称
孙和生	大队书记	1958—1961	公社 昆一大队
孙和生	大队书记	1961—1968	
孙和生	大队书记	1969—1972	
孙克礼	大队书记	1972—1976	
孙荣春	大队书记	1976—1979	
盛荣宝	大队书记	1979—1982	
孙毓群	大队书记	1982—1985	昆铜乡 大路口村
孙根芳	村书记	1985—1987	
施其新	村书记	1987—1990	
殷彩英	村书记	1990—1993	
殷彩英	村书记	1993—1996	
殷彩英	村书记	1996—2002	
刘卫民	村书记	2002—2005	
孙立如	村书记	2005—2007	

中共姚良村支部委员会书记一览表

表4-16

姓名	职务	任职年份	村组织名称
沈阿生	大队书记	1958—1961	公社 姚良大队
沈阿生	大队书记	1961—1964	
沈阿生	大队书记	1964—1984	
谢建民	村书记	1984.4—1984.12	昆铜乡 姚良村
金顺荣	村书记	1985—1988	
姚海康	村书记	1989—1991	
陈自有	村书记	1992—1999	
沈爱赟	村书记	2000—	
郭文彬	村书记	2001—2002	
谢传超	村书记	2002—2004	
姚佩强	村书记	2005—2006	
张　炜	村书记	2007—	

中共长林村支部委员会书记一览表

表 4-17

姓名	职务	任职年份	村组织名称
徐长寿	大队书记	1958—1961	公社 长林大队
徐长寿	大队书记	1961—1968	
徐长寿	大队书记	1968—1971	
张学仁	大队书记	1971—1982	
赵小荣	村书记	1983—1985	昆铜乡 长林村
赵小荣	村书记	1985—1987	
赵小荣	村书记	1987—1989	
赵小荣	村书记	1989—1991	
赵小荣	村书记	1992—1995	
陈法友	村书记	1996—2001	
陈法友	村书记	2001—2007	
陈法友	村书记	2008—2010	
陈法友	村书记	2011—2012.5	

中共上舍村支部委员会书记一览表

表 4-18

姓名	职务	任职年份	村组织名称
马志英	大队书记	1958—1959	公社 上舍大队
马志英	大队书记	1959—1962	
孙志明	大队书记	1962—1964	
孙志明	大队书记	1964—1966	
孙志明	大队书记	1966—1968	
孙志明	大队书记	1968—1971	
孙志明	大队书记	1971—1981	
孙志明	大队书记	1981—1983	
孙志明	村书记	1983—1988	昆铜乡 上舍村
陈西龙	村书记	1989—1992	
朱应武			
朱明金			
朱明金	村书记	1992—1995	
朱文华	村书记	1995—1998	
朱文华	村书记	1998—2000	
朱文华	村书记	2000—2005	
朱文华	村书记	2005—2008	
朱文华	村书记	2008—2012.5	

中共管城村支部委员会书记一览表

表4-19

姓名	职务	任职年份	村组织名称
郭金龙	大队书记	1958—1964	公社 三城大队
郭金虎	大队书记	1965—1971	
李顺民	大队书记	1971—1982	
盛有根	大队书记	1982—1984	
李顺民	村书记	1985—1988	昆铜乡 管城村
石金祥	村书记	1988—1990	
朱新林	村书记	1990—1992	
盛有根	村书记	1992—2001	
石金祥	村书记	2001—2005	
郑继学	村书记	2005—2012.5	

中共三山村支部委员会书记一览表

表4-20

姓名	职务	任职年份	村组织名称
郭金龙	大队书记	1958—1964	公社 三城大队
郭金虎	大队书记	1965—1971	
李顺民	大队书记	1971—1982	
盛有根	大队书记	1982—1984	
陆有根	村书记	1984—1985	昆铜乡 三山村
陆有根	村书记	1986—1989	
周岳南	村书记	1989—1993	
殷志龙	村书记	1993—1994	
赵德明	村书记	1994—1999	
赵德明	村书记	1999—2002	
赵德明	村书记	2002—2005	
沈志平	村书记	2005—2008	
沈志平	村书记	2008—2012	
汪　波	村书记	2012—2012.5	

中共路西村支部委员会书记一览表

表4-21

姓名	职务	任职年份	村组织名称
施金寿	大队书记	1958—1961	公社 合力大队
尤长林			
尤长林	大队书记	1961—1964	
高根彩	大队书记	1964—1966	

续表 4–21

姓名	职务	任职年份	村组织名称
高小毛	大队书记	1966—1968	
高根彩	大队书记	1968—1971	
高小毛	大队书记	1971—1978	
高小毛	大队书记	1978—1983	
叶永财	村书记	1984—1986	昆铜乡 路西村
刘康荣	村书记	1987—1992	
刘康荣	村书记	1992—1994	
何金岳			
江铭新	村书记	1995—1998	
张孟蛟			
高小毛	村书记	1998—2000	
江铭新			
江铭新	村书记	2000—2004	
江铭新	村书记	2004—2008	
郭文彬	村书记	2008—2011	
周重凯			
周重凯	村书记	2011—2012.5	

中共化家坞村支部委员会书记一览表

表 4–22

姓名	职务	任职年份	村组织名称
肖其云	大队书记	1958—1964	公社 三合大队
肖其云	大队书记	1964—1968	
肖连顺	大队书记	1968—1971	
肖连顺	大队书记	1971—1983	
肖如高	村书记	1983—1985	昆铜乡 化家坞村
赵祥林	村书记	1985—1988	
肖连顺	村书记	1988—199	
肖发林	村书记	1990—1992	
俞正云	村书记	1992—1994	
肖学平	村书记	1994—1996	
俞荣水	村书记	1996—2003	
肖连明	村书记	2003—2005	
肖连明	村书记	2005—2007	

中共钱坑桥村支部委员会书记一览表

表4-23

姓名	职务	任职年份	村组织名称
方良荣	大队书记	1958—1961	公社 高一大队
马诗义	大队书记	1961—1964	
陈长法	大队书记	1964—1971	
韦永杰	大队书记	1971—1974	
韦永杰	大队书记	1974—1977	
韦永杰	大队书记	1977—1983	
韦永杰	村书记	1983—1985	昆铜乡 钱坑桥村
林根福	村书记	1985—1987	
应火根	村书记	1988—1990	
韦永杰	村书记	1991—1997	
吴平	村书记	1997—2000	
王月忠	村书记	2000—2003	
王月忠	村书记	2003—2007	
王月忠	村书记	2007—2011	
王月忠	村书记	2011—2012.5	

中共梅坞村支部委员会书记一览表

表4-24

姓名	职务	任职年份	村组织名称
姚庆寿	大队书记	1958—1961	公社 新华大队
姚庆寿	大队书记	1961—1963	
汪来根	大队书记	1963—1968	
汪来根	大队书记	1968—1971	
郭聚荣	大队书记	1971—1984	
郭聚荣	村书记	1984—1986	昆铜乡 梅坞村
姚宏江	村书记	1986—1988	
诸崇祥	村书记	1988—1990	
孟茂法	村书记	1990—1992	
孟茂法	村书记	1992—1994	
肖学平 郭聚荣	村书记	1995—1998	
诸爱华 董世勇	村书记	1998—2000	
徐国琴	村书记	2000—2007	

中共隐将村支部委员会书记一览表

表4-25

姓名	职务	任职年份	村组织名称
汪来根	大队书记	1958—1960	公社 勇将大队
姚松寿	大队书记	1960—1961	
刘水根	大队书记	1961—1963	
叶恒祥	大队书记	1963—1972	
章高远	大队书记	1972—1980	
钱彩荣	大队书记	1980—1982	
钱彩荣	村书记	1982—1986	昆铜乡 隐将村
蔡根有	村书记	1986—1994	
方敏华	村书记	1994—1996	
方敏华	村书记	1996—2005	
方敏华	村书记	2005—2007	

中共张家山村支部委员会书记一览表

表4-26

姓名	职务	任职年份	村组织名称
谢正荣	大队书记	1958—1961	公社 四岭大队
谢正荣	大队书记	1961—1964	
周通泉	大队书记	1964—1968	
周通泉	大队书记	1968—1971	
陈根法	大队书记	1971—1982	
陈根法	大队书记	1982—1984	
陈根荣	村书记	1984—1986	昆铜乡 张家山村
陈志平 陈根荣	村书记	1986—1988	
周重凯	村书记	1988—1990	
周旭平 陈志平	村书记	1990—1992	
马东亮 吴立勇	村书记	1992—1994	
卢百福	村书记	1994—1996	
周重凯	村书记	1996—2007	

中共梓坊村支部委员会书记一览表

表4-27

姓名	职务	任职年份	村组织名称
姚松寿	大队书记	1958—1961	公社 梓兴大队
汪来根	大队书记	1962—1964	
葛世正	大队书记	1964—1980	
葛世正	大队书记	1980—1983	
钱早云	村书记	1984—1986	昆铜乡 梓坊村
钱早云	村书记	1986—1990	
钱早云	村书记	1991—1994	
钱早云	村书记	1994—1998	
王安心	村书记	1999—2002	
王安心	村书记	2002—2005	
施志伟	村书记	2005—2008	
方志龙	村书记	2008—2011	
李一鸣	村书记	2011—2012.5	

中共潘家上村支部委员会书记一览表

表4-28

姓名	职务	任职年份	村组织名称
陈长法	大队书记	1958—1961	公社 永年大队
潘宝成	大队书记	1962—1967	
万茂贤	大队书记	1967—1980	
黄茂旭	大队书记	1980—1983	
卢小宝	村书记	1984—1986	昆铜乡 潘家上村
潘建民	村书记	1987—1989	
卢小宝	村书记	1989—1992	
黄荣坤	村书记	1992—1995	
黄荣坤	村书记	1995—1998	
黄荣坤	村书记	1999—2002	

中共铜山村支部委员会书记一览表

表4-29

姓名	职务	任职年份	村组织名称
方敏华	村书记	2007—2010	昆铜乡 铜山村
方敏华	村书记	2010—2011	
汪庆意	村书记	2011—2012.5	

附：

国民党昆铜乡组织

民国16年(1927),国民党安吉县党部筹备委员会成立。随后国民党建立基层组织。昆铜乡属安吉县东区,县党部在昆铜设东区区分部,书记施正庭(路西莫家上村人)。至1949年4月,国民党东区分部的昆铜籍执行委员:叶蔚(独山头叶家井人)、赵品贵(大路口坳磡人)、谢长寿(姚良良村人)、江岳林(路西村江家边人)、叶吉富(路西村莫家上人)、诸静庄(梅坞村诸家边人)等。

第二节　行政与权力机关

一、乡人民政府

1. 机构沿革

1945年新四军南下后,于4月成立昆铜乡抗日民主政府。同年10月,新四军奉命北撤,抗日民主政权不存。1949年4月底昆铜解放。初期,乡政府机构沿用民国旧制,基本处于无政府状态。6月,南下干部到位,成立昆铜乡人民政府。7月,并乡建区,昆铜乡人民政府机构撤销,建立昆铜区人民政府。1950年4月成立昆山乡、铜山乡人民政府。1956年2月撤区并乡,昆山、铜山两乡合并,成立昆铜乡人民委员会。1958年9月由昆铜等3乡1镇合并组建晓墅人民公社。1959年3月成立晓墅公社昆铜管理区。1961年8月,撤销昆铜管理区,成立昆铜公社,建立昆铜公社管理委员会。1967年年初,受"文化大革命"冲击,公社管理委员会靠边站。1968年4月建立昆铜公社革命委员会。1979年12月恢复昆铜公社管理委员会。1983年12月,人民公社建制改为乡建制,复称昆铜乡,公社管理委员会改为乡人民政府。2012年5月,昆铜乡人民政府撤销,机构并入梅溪镇政府。

昆铜乡人民政府机构变化一览表

表4-30

时间	建制	管理机构名称	备注
1945.4—1945.10	昆山乡、铜山乡	抗日民主政府	设乡长、副乡长
1949.6—1949.7	昆铜乡	乡人民政府	设乡长、副乡长
1949.7—1950.6	昆铜区	区人民政府	设区长、副区长
1950.4—1956.2	昆山乡、铜山乡	乡人民政府	设乡长、副乡长
1956.2—1958.9	昆铜乡	乡人民委员会	设乡长、副乡长
1958.9—1961.8	晓墅人民公社	公社管理委员会	设社长、副社长
1959.3—1961.8	公社昆铜管理区	管理区委员会	设主任、副主任
1961.8—1967.1	昆铜人民公社	公社管理委员会	设社长、副社长

续表4-30

时间	建制	管理机构名称	备注
1968.4—1979.12	昆铜人民公社	公社革命委员会	设主任、副主任
1979.12—1983.12	昆铜人民公社	公社管理委员会	设主任、副主任
1983.12—2012.5	昆铜乡	乡人民政府	设乡长、副乡长

2. 历届行政领导人名录

1945.6—10月抗日民主政府正副乡长一览表

表4-31

政权名称	乡长	副乡长
昆山乡抗日民主政府	施公先	李敏　李成义　徐有林
铜山乡抗日民主政府	范绍赓	

1949.6—1983.12月昆铜乡（区、公社）行政领导一览表

表4-32

政权名称	职务	姓名	任职时间	备注
昆铜乡人民政府	乡长	吴殿顺	1949.6—1949.7	山东人
昆铜区人民政府	区长	吴殿顺	1949.7—1950.2	昆铜区由原昆铜、玉馨、晓墅等2乡1镇合并组建
		李岳清	1950.4—1950.6	
	副区长	卢兴仁	1950.5—1950.6	
昆山乡人民政府	乡长	李祝如	1950.4—1951.5	上舍人
		吴　璋	1951.5—1952.10	梁家塘人
		陆有根	1952.11—1956.2	三山人
	副乡长	施庆官	1950.4—1951.5	坳磡人
		陈国祥	1951.3—1952.10	长林垓人
		汤月昆	1952.10—1956.2	良村人
铜山乡人民政府	乡长	郭　明	1950.4—1956.2	诸暨人（入赘梅坞村）
	副乡长	汪希强	1950.4—1952.12	梅坞人
		肖其隆	1951.3—1956.2	化家坞人
昆铜乡人民委员会	乡长	陆有根	1956.2—1958.1	三山人
		钟元贞	1958.1—1958.9	晓墅街上
	副乡长	汤月昆	1956.2—1958.4	良村人
晓墅人民公社管理委员会	社长	杨永相	1958.9—1958.12	晓墅公社由原昆铜、晓墅、板桥、溪龙等3乡1镇组建
		李宗田	1958.12—1961.2	
		吴芳癸	1961.3—1961.8	
	副社长	赵国荣	1958.9—1959.3	
		徐觉人	1958.9—1959.7	

续表4-32

政权名称	职务	姓名	任职时间	备注
		张胜林	1959.3—1959.11	
		陈长春	1959.5—1961.8	
		张成业	1959.11—1961.8	
		敖明国	1960.4—1961.8	
		徐觉人	1960.5—1961.8	
		孟金娥	1961.1—1961.8	女,缫舍人
晓墅人民公社昆铜管理区委员会	主任	胡天仁	1959.3—1960.3	
	副主任	方金才	1959.3—1961.8	
		杨西山	1959.3—1961.8	梅溪杨店人
		陈天俊	1960.3—1960.8	
昆铜人民公社管理委员会	社长	刘希才	1961.8—1962.7	晓墅人
		许端礼	1962.7—1964.3	湖州北门
		王有富	1964.3—1966.5	安城唐家村
	副社长	陈长春	1961.8—1962.4	
		钟元贞	1962.10—1968.4	晓墅人
		孟金娥	1962.10—1963.5	女,缫舍人
		冯文波	1965.6—1968.4	
		李文雄	1965.6—1968.4	梅溪人
昆铜人民公社革命委员会	主任	王有富	1968.4—1970.6	
		英瑞胜	1970.6—1971.12	山东人
		刘春松	1971.12—1973.3	高禹人
		王有富	1973.3—1978.3	安城唐家人
		蒋振旺	1978.3—1979.12	
	副主任	蒋振旺	1968.4—1978.3	梅溪甲子人
		陈土根	1970.6—1971.12	报福人
		吴爱民	1976.10—1979.12	
		林嵩逊	1976.10—1977.8	独山头人
		华绍文	1976.10—1979.7	良朋人
		叶树强	1978.3—1979.12	独山头人
		傅小寿	1979.7—1979.12	
昆铜人民公社管理委员会	主任	蒋振旺	1979.12—1981.1	
		奚林根	1981.1—1983.12	
	副主任	吴爱民	1979.12—1980.1	梅溪荆湾人
		傅小寿	1979.12—1983.12	
		李永彪	1981.1—1983.12	独山头人

1983.12—2012.5月昆铜乡人民政府领导人一览表

表4-33

届别	职务	姓名	起止时限
第八届（1983.12—1987.4）	乡长	汤纯豪	1983.12—1985.7
		方木金	1986.4—1987.1
	副乡长	徐鑫堂	1983.12—1987.4
		张春香	1983.12—1987.4
		刘　志	1986.4—1987.4
	经济联合社社长	孙菊林	1983.12—1987.4
	副社长	夏怀龙	1983.12—1987.4
		吴继平	1983.12—1984.4
第九届（1987.4—1990.3）	乡　长	杨根法	1987.4—1989.11
	代理乡长	汤纯豪	1989.11—1990.3
	副乡长	汤纯豪	1987.4—1989.11
		刘　志	1987.4—1990.3
		沈海根	1987.4—1990.3
第十届（1990.3—1993.3）	乡　长	汤纯豪	1990.3—1993.3
	副乡长	沈海根	1990.3—1993.3
		严平新	1990.3—1993.3
		殷志龙	1990.3—1993.3
	乡长助理	刘晓芒	1990.3—1993.3
第十一届（1993.3—1996.2）	乡　长	张宝林	1993.3—1995.9
		余议志	1995.9—1996.2
	副乡长	刘晓芒	1993.3—1994.4
		严平新	1993.3—1995.12
	乡长助理	马国富	1995.12—1996.2
		陈方良	1995.12—1996.2
		周连芳	1995.12—1996.2
		白秀峰	1995.12—1996.2
第十二届（1996.2—1999.1）	乡　长	余议志	1996.2—1998.7
	代理乡长	马国富	1998.7—1999.1
	副乡长	马国富	1996.2—1998.7
		陈方良	1996.2—1998.7
		白秀峰	1996.2—1999.1
		周连芳	1996.2—1999.1
	乡长助理	王培根	1998.7—1999.1

续表4-33

届别	职务	姓名	起止时限
十三届（1999.1—2002.1）	乡　长	马国富	1999.1—2002.1
	副乡长	王培根	1999.1—2001.8
		周连芳	1999.1—2001.11
		白秀峰	1999.1—2001.11
第十四届（2002.1—2007.1）	乡　长	马国富	2002.1—2004.11
		徐　伟	2004.11—2007.1
	副乡长	任爱军	2002.1—2004.12
		姚建华	2002.1—2004.12
		曹宏华	2002.1—2005.1
		阮红权	2004.12—2006.8
		周幼华	2004.12—2007.1
	乡长助理	陈小龙	2006.8—2007.1
		张　林	2006.8—2007.1
第十五届（2007.1—2012.1）	乡　长	徐　伟	2007.1—2009.4
		管永丰	2009.4—2012.1
	副乡长	陈小龙	2007.1—2009.5
		周幼华	2007.1—2012.1
		张　林	2007.1—2009.6
		夏中金	2009.6—2012.1
		朱家胜	2011.1—2012.1
第十六届（2012.1—2012.5）	乡　长	管永丰	2012.1—2012.5
	副乡长	朱家胜	2012.1—2012.5
		周幼华	2012.1—2012.5
		夏中金	2012.1—2012.5

附：

民国时期昆铜乡政权

1911年秋，安吉收复，建立民国，实行地方自治，成立县公署。昆山乡、铜山乡建制沿袭清代；两乡分别设立乡公所，配有乡长和值事班子。民国29年(1940)设区，重划乡镇。清代昆铜区域内分建高葛、大同、杏红、大东等4乡，属梅溪区。同时将原铜山乡南部的第七、第八庄划出另建古梅乡，改属递铺区。民国33年(1944)，高葛乡、大同乡和杏红乡的小部分合并分建昆山乡和铜山乡。乡设自治公所，设董事，后改为自治委员会，不久改设乡公所；乡设乡长、副乡长、总干事、乡队副、文化、经济、户籍、书记等5～6人，并配乡丁(武装人员)若干人。1947年，昆铜二乡合并为昆铜乡，乡公所驻江家边，1948年年初迁到费家塘自然村。

铜山乡早期乡长为叶名久(路西村横溪桥人)，副乡长徐志平。1937—1946年，乡长为诸静庄

（诸家边人），副乡长为叶守能、姚逸明。

昆山乡早期乡长为谢正权（姚良良村人），副乡长谢成品。1943年卸任的乡长为叶蔚（独山头村叶家井人），副乡长章荣顺。1943—1946年的乡长为郑效山（管城黄玉村人），副乡长孙文明。

1947—1949年4月，昆铜乡乡长为诸静庄，副乡长施阿珍（坳磡人）、李吉（独山头人）。

二、乡人民代表大会

中华人民共和国成立初期，昆山乡、铜山乡人民政府分别组织召开乡各界人民代表大会。1954年7月开始，经普选召开乡人民代表大会，选举成立昆山、铜山乡第一届人民政府正副乡长。1956年2月后，选举昆铜乡人民委员会正副乡长。1958年9月建立人民公社后，乡人民代表大会改为公社社员代表大会，乡人民委员会改为公社管理委员会，选举公社管理委员会正副主任。1968年4月，建立公社革命委员会后，公社社员代表大会停止活动。1979年12月撤销公社革命委员会，恢复公社管理委员会和公社社员代表大会。1983年12月改社建乡后，恢复乡人民代表大会。至2012年，共历十六届。每届人民代表大会任期2～5年，除"文化大革命"开始后的1967年至1980年外，每年都召开全体会议。每届人民代表大会第一次会议都听取乡人民政府工作报告，审查和批准上年度财政预算执行情况和当年度财政预算报告；决定经济、文化和公共事业建设计划，并提出议案及建议；选举产生正、副乡长；选举产生参加相应届次县人大代表。1990年3月，设立乡人大主席团，乡人大主席团在休会期间，认真行使宪法和法律赋予的职权，督促办理代表提案、议案和建议。

1. 乡各界人民代表会议

1950年，昆山、铜山两乡分别召开第一次各界人民代表会议，传达安吉县第一、第二次各界人民代表大会精神，总结征粮、减租土改等工作；贯彻发展农业生产等施政方针。1951—1953年每年召开1～2次，会议主题为：动员各界人民积极投入农业生产，提高粮食产量；支援抗美援朝、镇压反革命运动；开展城乡物资交流，巩固人民民主专政；号召代表们带头搞好互助组，兴修水利，发展农业生产；贯彻开展"三反""五反"运动的政策，贯彻实行《中华人民共和国婚姻法》和民兵制度等。

2. 乡人民代表大会

第一届人民代表大会　第一次会议于1954年6月召开。会议传达贯彻巩固农业生产合作社、肃清反革命分子，增产节约和粮食定产定购定销政策；作出"推行农业互助合作、掀起粮食征购高潮""支援中国人民解放军保卫祖国解放台湾"等决议。分别选举产生昆山乡、铜山乡第一届人民政府乡长、副乡长，选举出席安吉县第一届人民代表大会的代表。

第二届人民代表大会　第一次会议于1956年秋召开，会议传达全国发展国民经济第一个五年计划草案和毛主席关于合作化问题的批示；决定乡人民政府改为乡人民委员会，选举产生昆铜乡第一届人民委员会乡长、副乡长、委员，选举产生安吉县第二届人民代表大会代表。

第三届人民代表大会　第一次会议于1958年4月召开。会议传达贯彻《全国农业发展纲要（修正草案）》，贯彻"鼓足干劲、力争上游、多快好省地建设社会主义"总路线，要求以整风精神，促进农业、工业和各项建设事业全面大跃进，并作出相应决议。选举出席县第二届人民代表大会的代表。

第四届至第五届公社社员代表大会　在人民公社化期间召开。会议主题主要有贯彻以农业为基础、以工业为主导，发展国民经济的总方针；开展增产节约运动及社会主义教育运动等。公社干部均由县委组织部任命。

第六届公社社员代表大会　第一次会议于1966年4月召开。会议主题：交流和讨论突出政治、活学活用毛主席著作的经验，要求以毛泽东思想为指导，把学习毛主席著作和农业生产推向新高潮等。社员代表大多为贫下中农代表。以后，社员代表大会中断14年。

第七届人民代表大会　第一次会议于1981年6月召开。会议总结"文化大革命"教训，批判"左"的错误，号召全乡人民恢复实事求是的优良传统，发展安定团结的政治局面。

第八届至第十届人民代表大会　任期均为3年。各届代表大会的第一次会议分别于1984年7月、1987年4月、1990年3月召开。会议主题：贯彻县委县政府会议精神，号召全乡人民解放思想、勇于创新，不断提高经济效益、改善人民物质文化生活；以提高经济效益为中心，把经济建设推向前进；坚决抵制和消除精神污染，加强社会主义精神文明建设；加强法制教育，打击刑事和经济犯罪活动；搞好机构改革，加强政权建设，恢复昆铜乡人民政府建制；继续进行经济体制改革，调整农村产业结构，加速农村经济向专业化、商品化、现代化方向发展；积极发展乡村企业，坚持稳步地发展经济的方针，巩固发展安定团结的政治局面，加快农业发展步伐；进一步稳定经济、深化改革、继续强化农业基础，充分利用自然资源优势，发掘企业内部潜力，加快乡镇企业发展和开发农业的步伐。各届代表大会的第一次会议都选举本届乡长、副乡长。1990年3月第十届开始，选举乡人民代表大会主席团和常务主席。

第十一届至第十三届人民代表大会　任期均为3年。各届代表大会的第一次会议分别于1993年3月、1996年2月、1999年1月召开。会议主题：确定本届人大3年期间全乡经济社会发展目标；进一步强化农业基础地位。继续稳定家庭联产承包为主的责任制，完善统分结合的双层经营体制，把恢复和发展粮食生产放在重要位置；进一步深化企业改革，加强企业管理，注重经济效益和社会效益，转换企业经营机制，进行劳动用工制度和分配制度的改革；突出经济建设中心，实事求是，团结拼搏，负重前进；认真研究解决在改革开放中出现的新情况、新问题，以保证各项改革制度的顺利实施，"抓住机遇、加快改革、扩大开放、促进发展、保持稳定"，推动全乡经济建设和社会各项事业再上新台阶；强化农业基础，突出工业重点，加强精神文明和民主法制建设，促进社会全面进步；按照县委、县政府的要求，抓落实、重提高、促发展，使昆铜乡经济社会有新的发展、新的提高、新的突破，为跨世纪的发展和提前基本实现现代化打下坚实的基础。各届人民代表大会第一次会议都选举本届乡长、副乡长。1996年2月第十二届乡人代会开始，选举乡人大主席、副主席。

第十四届至十六届人民代表大会　任期均为5年。各届代表大会的第一次会议分别于2002年1月、2007年1月、2012年1月召开。会议主题：确定本届人大5年期间全乡经济社会发展目标；全面实施“生态立县”战略，改善发展环境，努力建设生态经济强乡。按照县委、县政府“五个统筹”要求，牢牢把握全面、协调、可持续发展这一主题，建设生态昆铜，为全面加快现代化生态县建设贡献力量。坚持走新型城市化和新农村互促共进道路，创业创新，全力提升经济实力；通过《关于建设“中国美丽乡村”的决议》；继续坚持生态立县、突出工业强乡，增强信心、扎实推进昆铜乡的中国美丽乡村建设；努力保持经济社会平稳较快发展，全力推进“奋战五年·再造安吉”新跨越。坚持科学发展观为统领，大力推进经济转型升级。加快结构调整、强化城乡统筹、推进转型发展，坚持突出科学发展主题，紧扣转型升级主线，围绕县委、县政府建设“三个安吉”目标，继续夯实生态立县基础；加快工业强乡步伐，努力建成中国美丽乡村和现代化山区乡等。各届人民代表大会都选举产生乡人大主席、副主席，乡长、副乡长。

3. 乡人大代表选举

昆铜乡历届人民代表大会代表均通过选举产生。普选始于1953年。每次选举前，成立乡选举委员会。进行选民登记，并张红榜公布。代表候选人由各人民团体和选民联名推荐，经协商确定正式候选人。然后召开选民大会，实行无记名投票选举。第一届至第六届乡（公社）人民代表大会代表由选民直接等额选举。第七届开始，乡人大代表均由选民依法直接差额选举产生。

历届人民代表大会代表均具有广泛的代表性：大体为工人、农民占50%～60%，知识分子和党政干部占40%～50%；中共党员占80%～90%，非中共党员占10%～20%；妇女代表占10%～20%。第八、九届人民代表大会选举时，重视代表的文化知识和参政议政能力，知识分子比重有所增加。

4. 乡人大主席团

1990年3月开始设立乡人大主席团。主席团成员由乡人民代表大会在代表中选举产生，名额7～13人。乡人大主席团设常务主席，任期至下次会议召开之前。乡人大主席团每3个月召开一次例会，检查乡人民代表大会决议、决定的执行情况，评议政府工作。乡人大主席团常务主席在乡人民代表大会闭会期间，组织代表学习、宣传宪法和法律法规，联系乡人大代表和在本乡域内的上级人大代表，开展执法检查、视察、调查、执法评议、工作评议等活动，督促办理代表提出的议案、建议、意见，并列席乡人民政府办公会议；筹备召集本届人民代表大会下次例会。1996年2月，第十二届乡人大设立主席，任期与本届乡人民代表大会任期相同，负责乡人大日常工作，每年7月至8月间召开主席团会议，听乡人民政府半年工作报告。1999年1月，第十三届乡人民代表大会开始增设乡人大副主席。

1990.3—2012.5月昆铜乡人大领导一览表

表4-34

届别	职务	姓名	起止时限
第十届（1990.3 —1993.3）	主席团常务主席	洪家信	1990.3—1991.1
		董洪潮	1992.3—1993.3
第十一届（1993.3—1996.2）	主席团常务主席	董洪潮	1993.3—1995.1
		任大江	1995.1—1996.2

续表4-34

届别	职务	姓名	起止时限
第十二届(1996.2—1999.1)	主席	任大江	1996.2—1997.12
		钱根良	1997.12—1999.1
十三届(1999.1—2002.1)	主席	徐　勇	1999.1—2001.11
		黄　勇	2001.11—2002.1
	副主席	钱根良	1999.1—2002.1
		毛金明	2001.11—2002.1
第十四届(2002.1—2007.1)	主席	黄　勇	2002.1—2006.9
		毛如庆	2006.9—2007.1
	副主席	钱根良	2002.1—2002.12
		毛金明	2002.1—2007.1
第十五届(2007.1—2012.1)	主席	毛如庆	2007.1—2009.6
		徐　伟	2009.6—2010.10
		陈志文	2010.10—2012.1
	副主席	黄友花	2007.1—2012.1
第十六届(2012.1—2012.5)	主席	陈志文	2012.1—2012.5
	副主席	黄友花	2012.1—2012.5

5. 出席县级以上人民代表大会代表名录

出席浙江省人民代表大会代表

1959年浙江省青年建设社会主义积极分子代表会议代表:孙志明

1994年8月浙江省第八届人民代表大会代表:赵小荣(1991年度省优秀共产党员)

出席湖州市人民代表大会代表

1998年4月湖州市第四次人民代表大会代表:钱春富

2012年3月湖州市第七次人民代表大会代表:梁瑞荣

出席安吉县人民代表大会代表

1954年7月至1956年12月10日第一届人民代表大会代表:焦有甲、李成义、江瑞林、徐根生

1956年12月10日至1958年5月第二届人民代表大会代表:江瑞林、王建泉、焦有甲、沈正奎、蒋钰英、张有根、王静涛

1958年5月至1961年12月第三届人民代表大会代表:锺元贞、江祥云、焦有甲、江瑞林、郭明、王占泉、韩世瑞(县委书记)、皇甫瑞(副县长)

1961年12月至1963年12月(人民公社时期)第四届人民代表大会代表:江瑞林、汪金林、方桂珍、焦有甲、李明远、汤钧、刘先才(社长)

1963年12月至1966年5月第五届人民代表大会代表:(名单散轶)

1966年5月至1981年7月第六届人民代表大会代表:(名单散轶)

1981年7月县第七届人民代表大会代表:张春香、江祥云、沈阿生、童初平、梅金章、诸吉富

1984年8月县第八届人民代表大会代表：汤纯豪、江祥云、孙法林、孙志明、邹纪良、刘祥珍

1987年5月至1990年4月县第九届人民代表大会代表：杨根法、林崇逊、沈阿生、王开源、谢锦男、诸崇祥、朱双凤

1990年4月至1993年3月县第十届人民代表大会代表：汤纯豪、朱如枬、王开源、谢锦男、王法娥、朱明金

1993年3月至1998年3月县第十一届人民代表大会代表：董烘潮、张宝林、王开源、肖其成、钱早云、周重凯

1998年3月至2003年3月县第十二届人民代表大会代表：徐勇、钱根良、陈巧林、赵德明、韦永杰、王安心

2003年3月至2007年1月县第十三届人民代表大会代表：黄勇、毛金明、赵德明、刘军、江铭新、周重凯

2007年1月至2012年2月县第十四届人民代表大会代表：毛如庆、黄友花、陈法有、梁瑞荣、江铭新、周重凯、郑继学

2012年2月县第十五届人民代表大会代表：管永丰、黄友花、王显林、郑继学、汪庆意、周重凯

第三节　村民自治组织

一、村级组织沿革

1949年7月昆铜区人民政权建立后，域内设昆一村、昆二村、昆三村、铜四村、铜五村、铜六村、铜七村等7个行政村，各村随即建立农民协会，选出农会会长，“一切权力归农会”，开展反霸斗争，实施改租改息，着手土地改革培训。1950年年初，晓一村并入昆山乡。各村选出村长，参与土地改革工作。1952年，各村农户开始成立互助合作组、初级农业合作社。至1955年年底，两乡绝大部分农户都参加初级社。

1956年，昆山乡和铜山乡两乡合并建昆铜乡。同年，各初级社逐步合并，成立高级社，实行村社合一管理。到1957年年底，共有15个高级农业合作社，农户的田、地、山林和农具、耕畜全部入社。1958年成立人民公社，15个高级社改为15个生产队，生产队设队长。同年，昆山5个生产队曾一度合并为五联大队，大队长陈天俊；铜山7个生产队曾一度合并为四岭大队，大队长胡天仁。1961年，生产队改称生产大队，设生产大队管理委员会，负责人称大队长。1968—1971年，生产大队管理委员会改设生产大队革命领导小组。1984年恢复村建制，大队管委会改称村民委员会，简称村委会。

1986年，管城村分为管城、三山2个村。2002年5月，潘家上村并入梓坊村。2007年11月，姚良、大路口等2个村并入长林垓村；化家坞村并入钱坑桥村；梅坞、隐将、张家山等3个村合并建铜山村。2012年，全乡有行政村10个。

二、村级组织领导人名录

下面按照2007年的行政村名称列表，记录1949—2012年各村村委会主任（大队长）的任职概况。

独山头村村长（大队长）一览表

表4-35

姓名	职务	任职年份	村组织名称
夏正翔	村长	1949—1953	晓一村
梁元杰	高级社社长	1956—1958	五星高级社
梁元杰	大队长	1958—1968	昆铜公社（晓墅公社）五星大队
梁云芳	革领组长	1968—1971	
梁元杰	大队长	1971—1983	
刘金寿	村主任	1984—1989	昆铜乡独山头村
向安心	村主任	1990—1992	
向安心	村主任	1992—1994	
李志庭			
梁生虎	村主任	1994—1996	
陈顺林	村主任	1996—1998	
张良法	村主任	1998—2008	
王显林	村主任	2008—2012	

干溪桥村村长（大队长）一览表

表4-36

姓名	职务	任职年份	村组织名称
张小田	村　长	1949—1956	昆一村
陈文早	高级社社长	1956—1958	高葛高级社
郑公望	大队长	1958—1980	昆铜公社（晓墅公社）高葛大队
吕小友	大队长	1980—1984	
吕小友	村主任	1984—1987	昆铜乡干溪桥村
季爱和	村主任	1988—1992	
王雪平	村主任	1992—1995	
陈小平	村主任	1995—1998	
郑　平	村主任	1998—2012	

大路口村村长（大队长）一览表

表4-37

姓名	职务	任职年份	村组织名称
张小田	村　长	1949—1956	昆一村
孙和生	高级社社长	1956—1958	昆一高级社

续表4-37

姓名	职务	任职年份	村组织名称
孙荣春	大队长	1958—1961	昆铜公社(晓墅公社)昆一大队
孙荣春	大队长	1961—1968	
孙荣春	大队长	1969—1972	
孙荣春	大队长	1972—1976	
孙毓群	大队长	1976—1979	
孙毓群	大队长	1979—1982	
施安生	大队长	1982—1985	昆铜乡大路口村
施安生	村主任	1985—1987	
孙克元	村主任	1987—1990	
孙克元 孙平林	村主任	1990—1993	
孙平林	村主任	1993—1996	
孙寿芳	村主任	1996—2002	
孙寿芳	村主任	2002—2005	
孙寿芳	村主任	2005—2007	

姚良村村长(大队长)一览表

表4-38

姓名	职务	任职年份	村组织名称
陈国祥 唐小龙 赵金荣 张文荣	村长	1949—1956	昆二村
姚三宝 沈阿生	高级社长	1956—1958	姚良高级社
邓阿庭	大队长	1958—1961	昆铜公社(晓墅公社)姚良大队
谢正荣	大队长	1961—1964	
谢正荣	大队长	1964—1984	
李连寿	村主任	1984—1984	昆铜乡姚良村
李连寿	村主任	1985—1988	
陈自有	村主任	1989—1991	
姚国华	村主任	1992—1999	
姚国华	村主任	2000—	
姚国华	村主任	2001—2002	
陈立民	村主任	2002—2004	
夏红旗	村主任	2005—2006	
夏红旗	村主任	2007—	

长林村村长(大队长)一览表

表 4-39

姓名	职务	任职年份	村组织名称
陈国祥	村长	1949—1956	昆二村
唐小龙			
赵金荣			
张文荣			
樊德华	高级社社长	1956—1958	长林高级社
项炳龙	大队长	1958—1961	昆铜公社(晓墅公社)长林大队
项炳龙	大队长	1961—1968	
蒋安生	革领组长	1968—1971	
项炳龙	大队长	1971—1982	
刘际华	村主任	1983—1985	昆铜乡长林村
戴南青	村主任	1985—1987	
刘际华	村主任	1987—1989	
蒋炳雪	村主任	1989—1991	
蒋炳雪	村主任	1992—1995	
李建泉	村主任	1996—2001	
李方清	村主任	2001—2007	
夏红旗	村主任	2008—2010	
谢传超	村主任	2011—2012	

上舍村村长(大队长)一览表

表 4-40

姓名	职务	任职年份	村组织名称
吴连贵	村长	1949—1956	昆三村
马志英	高级社社长	1956—1958	上舍高级社
朱阿财	大队长	1958—1959	昆铜公社(晓墅公社)上舍大队
孙志明	大队长	1959—1962	
丁汉民	大队长	1962—1964	
沈法生	大队长	1964—1966	
沈法生	大队长	1966—1968	
杨百如	革领组长	1968—1971	
朱季生	大队长	1971—1981	
朱明武	大队长	1981—1983	
陈西龙	村主任	1983—1988	昆铜乡上舍村
朱明金	村主任	1989—1992	
许培春	村主任	1992—1995	
孙志明	村主任(代)	1995—1998	
朱正国	村主任(代)	1998—2000	

续表4-40

姓名	职务	任职年份	村组织名称
胡庆良	村主任	2000—2005	
杨国人	村主任	2005—2008	
朱永杰	村主任	2008—2012	

管城村村长(大队长)一览表

表4-41

姓名	职务	任职年份	村组织名称
陈国祥	村长	1949—1956	昆二村
唐小龙			
赵金荣			
张文荣			
郭金龙	高级社社长	1956—1958	三城高级社
李长清	大队长	1958—1964	昆铜公社(晓墅公社)三城大队
李长清	大队长	1965—1971	
李长清	大队长	1971—1982	
石金祥	大队长	1982—1984	
石金祥	村主任	1985—1988	昆铜乡管城村
盛有根	村主任	1988—1990	
郑继学	村主任	1990—1992	
万惠林	村主任	1992—2001	
万惠林	村主任	2001—2005	
胡学良	村主任	2005—2012	

三山村村长(大队长)一览表

表4-42

姓名	职务	任职年份	村组织名称
吴连贵	村长	1949—1956	昆三村
郭金龙	高级社社长	1956—1958	三城高级社
李长清	大队长	1958—1964	昆铜公社(晓墅公社)三城大队(管城大队)
李长清	大队长	1965—1971	
李长清	大队长	1971—1982	
石金祥	大队长	1982—1984	
赵德明	领导组长	1984—1985	
赵德明	村主任	1986—1989	昆铜乡三山村
赵德明	村主任	1989—1993	
赵德明	村主任	1993—1994	
赵德明	村主任	1994—1999	

续表 4-42

姓名	职务	任职年份	村组织名称
何福成	村主任	1999—2002	
沈志平	村主任	2002—2005	
沈根法	村主任	2005—2008	
沈根法	村主任	2008—2012	
沈根法	村主任	2012—2012	

路西村村长(大队长)一览表

表 4-43

姓名	职务	任职年份	村组织名称
叶其高	村长	1949—1956	铜七村
杨桂喜			
江瑞林	高级社社长	1956—1958	合力高级社
江瑞林	大队长	1958—1961	昆铜公社(晓墅公社)合力大队
江瑞林	大队长	1961—1964	
施金寿	大队长	1964—1966	
施金寿	大队长	1966—1968	
高根彩	革领组长	1968—1971	
施金寿	大队长	1971—1978	
叶永财	大队长	1978—1983	
江铭华	村主任	1984—1986	昆铜乡路西村
叶柏荣	村主任	1987—1992	
叶柏荣	村主任	1992—1994	
刘康荣	村主任	1995—1998	
陈志芳	村主任	1998—2000	
厉海萍	村主任	2000—2004	
厉海萍	村主任	2004—2008	
厉海萍	村主任	2008—2011	
凌金贵	村主任	2011—2012	

化家坞村村长(大队长)一览表

表 4-44

姓名	行政正职名称	任职年份	村组织名称
张福连	村长	1949—1956	铜六村
肖其云	高级社社长	1956—1958	三合高级社
肖其隆	大队长	1958—1964	昆铜公社(晓墅公社)三合大队
肖连顺	大队长	1964—1968	
肖连顺	大队长	1968—1971	
俞正云	大队长	1971—1983	

续表4-44

姓名	行政正职名称	任职年份	村组织名称
俞正云	村主任	1983—1985	昆铜乡化家坞村
肖彩娥	村主任	1985—1988	
赵祥林	村主任	1988—1990	
俞荣水	村主任	1990—1992	
赵毛山	村主任	1992—1994	
俞荣水	村主任	1994—1996	
肖金龙	村主任	1996—2003	
赵桂兴	村主任	2003—2005	
金连富	村主任	2005—2007	

钱坑桥村村长（大队长）一览表

表4-45

姓名	职务	任职年份	村组织名称
张福连	村长	1949—1956	铜六村
叶祥瑞	高级社社长	1956—1958	高一高级社
叶祥瑞	大队长	1958—1961	昆铜公社（晓墅公社）高一大队
方良荣	大队长	1961—1964	
韦永杰	大队长	1964—1971	
林根福	大队长	1971—1974	
叶祥瑞	大队长	1974—1977	
吴长生	大队长	1977—1983	
应火根	村主任	1983—1985	昆铜乡钱坑桥村
应火根	村主任	1985—1987	
李来根	村主任	1988—1990	
肖其成	村主任	1991—1997	
王月忠	村主任	1997—2000	
吴长生	村主任	2000—2003	
陈勇龙			
陈勇龙	村主任	2003—2007	
肖连明	村主任	2007—2011	
肖月华	村主任	2011—2012	

梅坞村村长（大队长）一览表

表4-46

任职年份	职务	姓名	村组织名称
姚阿胖	村长	1949—1956	铜四村
姚庆寿	高级社社长	1956—1958	新华高级社
章顺宝	大队长	1958—1961	昆铜公社（晓墅公社）新华大队
章顺宝	大队长	1961—1963	

续表 4-46

任职年份	职务	姓名	村组织名称
章顺宝	大队长	1963—1968	
郭聚荣	革领组长	1968—1971	
章顺宝	大队长	1971—1984	
章顺宝	村主任	1984—1986	昆铜乡 梅坞村
诸崇祥	村主任	1986—1988	
姚宏江	村主任	1988—1990	
诸崇祥	村主任	1990—1992	
王茂根	村主任	1992—1994	
诸桂堂	村主任	1995—1998	
周宁宁	村主任	1998—2000	
李小有			
诸爱华	村主任	2000—2007	

隐将村村长(大队长)一览表

表 4-47

姓名	职务	任职年份	村组织名称
姚阿胖	村长	1949—1956	铜四村
杨自有	高级社社长	1956—1958	勇将高级社
杨自有	大队长	1958—1960	昆铜公社(晓墅公社) 勇将大队
杨自有	大队长	1960—1961	
钱彩荣	大队长	1961—1963	
钱彩荣	大队长	1963—1972	
钱彩荣	大队长	19672—1980	
王兴法	大队长	1980—1982	
方盛财	村主任	1982—1986	昆铜乡 隐将村
方盛财	村主任	1986—1994	
高玉泉	村主任	1994—1996	
方敏华	村主任	1996—2005	
汪庆意	村主任	2005—2007	

张家山村村长(大队长)一览表

表 4-48

姓名	职务	任职年份	村组织名称
姚阿胖	村长	1950.1—1956	铜四村
郭明	高级社社长	1956—1958	四岭高级社
郭明	大队长	1958—1961	昆铜公社(晓墅公社) 四岭大队
方有根	大队长	1961—1964	

续表4-48

姓名	职务	任职年份	村组织名称
方有根	大队长	1964—1968	
陈根法	革领组长	1968—1971	
方炳法	大队长	1971—1982	
陈火根	大队长	1982—1984	
卢百福	村主任	1984—1986	昆铜乡张家山村
卢百福	村主任	1986—1988	
李春宝	村主任	1988—1990	
李春宝	村主任	1990—1992	
方玉堂	村主任	1992—1994	
方玉堂	村主任	1994—1996	
吴立勇	村主任	1996—2007	

梓坊村村长(大队长)一览表

表4-49

姓名	职务	任职年份	村组织名称
葛世义	村长	1950—1956	铜五村
汪金林	高级社社长	1956—1958	梓兴高级社
葛世正	大队长	1958—1961	昆铜公社(晓墅公社)梓兴大队
葛世正	大队长	1962—1964	
王宝林	大队长	1964—1980	
钱祥春	大队长	1980—1983	
钱生海	村主任	1984—1986	昆铜乡梓坊村
钱早云	村主任	1986—1990	
张菊龙	村主任	1991—1994	
王安心	村主任	1994—1998	
施明金	村主任	1999—2002	
黄荣坤	村主任	2002—2003	
施志伟	村主任	2003—2005	
方志龙	村主任	2005—2008	
钱茂森	村主任	2008—2011	
钱茂森	村主任	2011—2012	

潘家上村村长(大队长)一览表

表4-50

姓名	职务	任职年份	村组织名称
葛世义	村长	1950—1956	铜五村
方成福	高级社社长	1956—1958	永年高级社
潘宝成			

续表 4-50

姓名	职务	任职年份	村组织名称
潘宝成	大队长	1958—1961	昆铜公社(晓墅公社)永年大队
黄茂旭	大队长	1962—1967	
黄茂旭	大队长	1967—1980	
黄茂旭	大队长	1980—1983	
潘建民	村主任	1984—1986	昆铜乡潘家上村
方志龙	村主任	1987—1989	
李志财	村主任	1989—1992	
潘建民	村主任	1992—1995	
汤友法	村主任	1995—1998	
范德华	村主任	1999—2002	

铜山村村主任一览表

表 4-51

姓名	职务	任职年份	村组织名称
周重凯	村主任	2007—2010	昆铜乡铜山村
汪庆意	村主任	2010—2011	
王元林	村主任	2011—2012	

第四节　人民团体

中华人民共和国成立后，在中国共产党的领导下建立起的群众团体有农协会、共青团、妇联、工会、商会等。各团体按照法律和章程独立自主地开展工作，在各个特定历史阶段，配合党和政府开展剿匪反霸、土地革命、镇压反革命等工作，围绕社会主义革命和建设中心工作，发挥各社会团体各自的作用。农协会于1954年年底完成历史使命，共青团和妇联、工会、在社会主义建设事业中始终发挥着重要作用。

一、农民协会

1949年6月，中共安吉县委、区委和各乡人民政权建立，昆铜乡政府组织农民协会(简称“农会”)，一切权力归农会。1950年年初，昆铜分设昆山、铜山两个乡，两乡都成立以贫下中农为主体的农民协会。昆山乡农会主任为马志英(上舍人)，1953年由尤长林(独山头人)接任；铜山乡农会主任叶嘉珍(南楼坞人)。各村相继成立村农民协会。乡、村农协会在乡、村政权的领导下，团结广大贫农、中农开展“二五”减租和反霸斗争，开展土地改革、抗美援朝和恢复发展生产活动。在土地改革运动中，乡、村农协会积极配合土改工作队，对照政策逐户评定成分，将地主的土地、财产分配给贫雇农。土改结束后，乡、村农协会帮助建立互助组，开展农业生产互助合作，发展生产。1954年，各村的互助组相继组建农业合作社，昆铜两乡的农协会完成历史使命。

1966年“文化大革命”开始后，全公社各大队相继成立贫下中农协会，依靠贫下中农开展社会主义教育。1968年组织贫代会、贫管会，贫管会管理学校、管理商店、管理农村信用社、合作医疗等，贫下中农成为社会主义革命的主力军。1979年，全乡的各种贫管组织全部撤销。

1949—1956年各村农民协会会长一览表

表4-52

姓名	村组织名称	姓名	村组织名称
梁金龙	晓一村	诸福春	铜四村
梁元文		唐妙林	
施庆官	昆一村	方成福	铜五村
施庆官		凌连根	铜六村
李成义	昆二村	钱阿友	
朱云锦	昆三村	叶秀春	铜七村
朱云锦		江瑞林	

二、乡共青团委

组织　1952年，中国新民主主义青年团昆山乡委员会、铜山乡委员会相继成立。昆山乡团支部书记梁云芳，铜山乡团支部书记潘福美(兼)。1956年年初两乡合并，梁云芳任昆铜乡青年团总支委员会书记。1957年，中国新民主主义青年团更名为中国共产主义青年团(简称“共青团”)。1959年，团总支升格为团委。1962年，共青团昆铜公社团委召开团员代表大会，选举肖明喜为团委书记。1966年“文化大革命”开始后，公社成立造反派组织，共青团组织停止活动。1970年冬，公社团组织恢复活动。以后公社(乡)团委2～4年召开一次团员代表大会，选举下一届团委干部，提出新的工作任务。

活动　中华人民共和国成立初期，乡团支部在党支部领导下，发动团员和进步青年参加反霸、剿匪、土地改革、抗美援朝等工作；吸收青年积极分子加入青年团。各村相继成立团支部，组织青年秧歌队、腰鼓队，宣传《中华人民共和国婚姻法》，开展爱国爱乡、增产节约、拥军优属活动。当年，昆山乡有14个童养媳解除包办婚姻，铜山乡有7个童养媳解除包办婚姻。广大青年带头参与互助组和合作社，走社会主义集体化道路。接着宣传粮食统购统销政策和加入高级社的政策。

1971年，公社共青团委在第四次团员代表大会上，号召广大团员青年学雷锋、学政治、学文化、学科学。以后，广大团员青年在农业学大寨运动中，发扬“一不怕苦、二不怕死”的革命精神，与天斗、与地斗、与自然灾害斗，积极参加各村的农田水利建设，改田造地，种试验田，开展劳动竞赛。还参加老石坎水库、赋石水库、潘村水库的大坝合龙等应急抢险劳动。共青团员带头宣传和执行计划生育政策，一度成为青年们的主要任务。

20世纪80年代实行农业生产承包责任制后，共青团员开展多种经营，创办个体、民营企业，在改造山区、建设美丽乡村、助残帮困、应急抢险等工作中继续发挥作用。

共青团昆铜乡(公社)委员会主要领导人一览表

表4-53

组织名称	届次	姓名	职务	任职时间
乡团总支	第一届	梁云芳	书记	1956—1958
公社团委	第二届	方金才	书记	1959—1962
		肖民萱		1962—1964
	第三届	蒋福有	书记	1964—1968
	第四届	吴爱民	书记	1968—1973
		叶德宝		1973—1974
	第五届	孙菊林	书记	1975—1977
		刘建萍		1977—1979
	第六届	方连健	书记	1979—1980
		徐鑫堂		1980—1982
乡团委	第七届	徐鑫堂	书记	1982—1984
		殷志龙		1984—1986
	第八届	殷志龙	书记	1986—1990
	第九届	殷志龙	书记	1990—1992
		黄建伟		1992—1992
		顾学中		1992—1994
	第十届	顾学中	书记	1994—1995
		刘远庆		1995—1996
	第十一届	刘远庆	书记	1996—1998
	第十二届	马联国	书记	1998—2002
		李成峰	副书记	1998—2002
		丁　霞		
	第十三届	李成锋	书记	2002—2005
		付海飞	副书记	2002—2005
	第十四届	唐春燕	书记	2005—2009
		夏中金	副书记	2005—2009
	第十五届	郭　峰	书记	2009—2011
		夏中金	副书记	2009—2010
	第十六届	姜星星	书记	2011—2012

三、乡妇女联合会

中华人民共和国成立后,昆、铜两乡都配备专职妇女干部,铜山乡妇女主任为潘福美。妇女干部到各村帮助建立妇女会,宣传党和政府的政策,组织和动员妇女参加民主反霸斗争和土地改革运动;在抗美援朝运动中,动员青年参军,并开展拥军优属活动。1953年,宣传贯彻《中华人民共和国婚姻法》,解除童养媳,实行婚姻自主;动员妇女参加互助合作和爱国增产、爱国卫生运动。

1958年，成立人民公社后，农村的妇女被全部解放出来，参加农业生产，顶到了半边天作用。妇女在割稻、打稻、插秧、兴修水利、改田造地等集体生产劳动中，与男人比高低。山村姑娘们参加种试验田、抢险救灾、军事训练等更是多面手，涌现了不少先进事迹。上舍大队(村)的焦有甲、四岭大队(张家村)的方桂珍分别被评为省劳动模范和全国农业先进个人。

“文化大革命”期间，各村的妇代会基本停止活动。1970年冬，公社召开妇女代表大会，选举滕传英为公社妇女联合会主任。1980年，贯彻《中共中央关于控制我国人口增长问题致全体共产党员、共青团员的公开信》，提倡晚婚晚育和计划生育、少生优生，一对夫妇只生育一个孩子，全公社有上百户家庭领取独生子女证。改革开放后，全乡妇女开展争创“三八红旗手”，争创五好家庭活动；教育子女勤俭持家、移风易俗，尊老爱幼、家庭和睦，邻里团结互助，注重清洁卫生，树立文明礼貌的好风气。

1991年1月29日，昆铜乡妇女联合会第十二次代表大会召开，乡妇联主席张春香作工作报告，号召全乡妇女“团结一致、奋发自强，为振兴昆铜而奋斗”。1994年，昆铜乡妇联第十三次代表大会召开。1997年10月7日，昆铜乡第十四次妇联代表大会召开，乡妇联主席袁伟琴作工作报告，号召全乡妇女“团结奋进，求实创新，全面推进我乡妇女工作再上新台阶”。2000年10月26日，昆铜乡第十五次妇联代表大会召开，乡妇联主席袁伟琴作工作报告，号召全乡妇女“以党的十五届五中全会精神为动力，发挥妇女在我乡经济社会发展的半边天作用”。2003年10月18日，昆铜乡第十六次妇联代表大会召开，乡妇联主席余红梅作工作报告，号召全乡妇女“以‘三个代表’重要思想为动力，深入开展昆铜乡妇女争当三八红旗手”。2007年10月10日，昆铜乡第十七次妇联代表大会召开，乡妇联主席余红梅作工作报告，号召全乡妇女“团结协作，争创实效，为实现美丽昆铜做出新贡献”。2010年10月7日，昆铜乡第十八次妇联代表大会召开，乡妇联主席曹根迪作工作报告，号召全乡妇女“树立科学发展观，争创五好家庭、美丽家庭、文明家庭，为打造和谐昆铜而努力奋斗”。

各次妇代大会都选举产生下一届妇代会主席和副主席。

昆铜乡妇女联合会各届委员会主要领导人一览表

表4-54

组织名称	届别	姓名	职务	任职时间
乡妇女工作委员会	第一届	潘福美	主席	1956—1958
公社妇女联合会	第二届	孟金娥	主席	1958—1963
	第三届	郑金娥	主席	1964—1967
	第四届	郑金娥	主席	1967—1969
	第五届	滕传英	主席	1969—1974
	第六届	滕传英	主席	1974—1977
	第七届	汤学如	主席	1978—1980
	第八届	杨秀华	主席	1981—1983

续表4-54

组织名称	届别	姓名	职务	任职时间
乡妇女联合会	第九届	赵爱琴	主席	1983—1984
		陈巧玲		1984—1985
	第十届	罗绍鸿	主席	1986—1989
	第十一届	罗绍鸿	主席	1989—1989
	第十二届	张春香	主席	1989—1991
		厉海萍	副主席	1991—1994
	第十三届	张春香	主席	1994—1997
		白秀峰		
	第十四届	袁伟琴	主席	1997—2000
	第十五届	袁伟琴	主席	2000—2003
		程仪凤	副主席	2000—2003
	第十六届	余红梅	主席	2003—2007
		陈平平	副主席	2003—2007
	第十七届	余红梅	主席	2007—2010
		陈平平	副主席	2007—2010
	第十八届	曹根迪	主席	2010—2012

四、工会

组织　中华人民共和国成立初期，昆铜乡教育系统、供销社系统开始建立工会。1966年“文化大革命”开始，各系统工会停止活动。1978年前后，各系统恢复工会。20世纪90年代，乡办集体企业逐步转换为私营企业，年产值500万元以上规模的企业开始筹建工会。1998年10月，昆铜乡召开职工代表大会，成立昆铜乡第一届工会委员会，由孟建洲、贾永林等7人组成，选举孟建洲为工会主席，贾永林为工会副主席。尔后每三年召开一次代表会议。2011年，昆铜乡成立总工会，吴平任主席，曹根迪、徐焮为主任委员。昆铜乡总工会第一届经费审查委员会主任委员徐焮；昆铜乡总工会第一届女职工委员会主任委员曹根迪。

活动　昆铜乡工会围绕社会主义现代化建设为中心，维护职工的合法权益，建设“职工之家”，宣传《中华人民共和国工会法》《中华人民共和国劳动法》和《女职工劳动保护条例》，为乡、镇个体民办企业开展维权服务。要求各企业建立劳动关系，签订劳动合同、完善合同制度，规范劳动用工行为，关心职工生活；开展工资协商、集体合同和女职工专项协议，推行职工代表会制度。企业工会组织开展双增双节和操作技能竞赛，每逢过年过节或职工家中有困难时，开展送温暖活动。2008年，全乡竹制品行业的几家企业因故倒闭，职工工资尚未全部兑付，乡政府和工会启动应急机制，保证了职工工资100%兑付。各企业和系统工会均开展争创文明班组活动。

五、乡工商联合会

1996年6月，昆铜乡成立工商联合会（简称商会），第一届工商联会会长为钱根良。商会配合乡工办开展自我教育、自我管理、自我服务，加快乡办、村办企业经营机制转换；督促和指导全体工商企业成为在社会主义制度下的合法经营者、循章守纪的纳税者，为社会提供物质产品，为社会广开就业门路；开展敬业自爱，关爱弱势群体、关爱残疾人并送温暖活动，开展支援灾区奉献爱心活动。

2000年8月，昆铜乡工商联合会第二次会员代表大会召开，刘晓芒作题为“加快发展民营企业，促进个体企业转型升级，为振兴昆铜经济而努力”的工作报告。选举刘晓芒为乡工商联会长，钱富春为副会长。

2005年10月，昆铜乡工商联合会第三次会员代表大会召开，王培根作题为“发展规模型企业和特色工业，为创建昆铜工业强乡，使经济社会再上新台阶”的工作报告。选举王培根为乡工商联会长，施学显为副会长。

第五章　人口 婚姻 姓氏

宋朝以前的昆铜人口无从查考。每遇战乱、朝代更替或重大自然灾害之时，人口即减；每逢长久太平，则人口即增。明清时期，昆铜地区人口基本稳定。清咸丰同治年间的太平天国战争时期，境内乐平寺、陆家村、高磡村、铜山湾村、干溪桥村、银山溪、长林垓、管城等沿路村庄人口几近灭绝。全乡人口仅剩战前的十分之一上下，其中男性为女性的3倍，而每户有1～2人。同治中后期，清政府实行招徕政策，大量的湖北、河南、安徽和本省上八府等地的人口迁居至此，境内人口逐渐增加，但大多是来垦荒的劳力，故男女性别比239.10，而每户1～3人。直到民国年间，性别比才降到114.00，平均每户3人上下。解放后，人口快增，性别比和户型趋于正常，人均寿命日趋提高。

太平天国战争前，境内人口均为汉族，姓氏不多，各姓氏基本聚族而居。战后，大量移民迁来，姓氏随之增加。中华人民共和国成立后，特别是改革开放后，人口流动量增加，婚嫁距离加大，少数民族人口逐步迁入，民族种类随之增加。昆铜居民大多保留有各姓氏的宗谱，各宗谱顽强地传承着华夏文化。土著人的宗谱还记录了当地的历史名人、重大事件和历史地名等信息，为不可多得的地方文献。

第一节　人口规模

历史上的昆铜人口无文献记录，只能从安吉全县的人口数量考证一乡之大概。宋大中祥符年间(1008—1016)始有人口统计数据，安吉全县有22185户、71062人。至淳熙年间(1174—1189)，安吉全县有25298户、65860人。明成化十八年(1482)全县有14547户59731人。弘治初年(1488)划县南9乡立孝丰县，又划长兴的顺零、晏子、荆溪三乡入安吉，安吉全县有9615户31543人。人口分布一般为平原多于山区，如此推算，当时的昆铜乡不足千户，少于3000人。清乾隆年间(1736—1795)，继续实行“盛世滋生人口永不加赋”，境内人口快速增加。至清咸丰年间(1851—1861)，全县增至13万人。昆铜乡有近万人。同治三年(1864)，全县人口锐减至3500户6838人。昆铜虽为山区，避难人多，可能仍不足千人。以后，外地人逐步迁入，人口得以增加。至民国22年(1933)安吉全县人口增至81334人。以后经历抗日战争、解放战争，1949年年末昆铜乡人口有6900人。

中华人民共和国成立后，社会安定，人口增长较快。20世纪50年代初，国家允许公民自由迁徙和定居，有从上八府来做手艺的工匠，有外地来放牛、做生意、做长工而落脚定居的，还有外地的地主、反动组织人员逃亡滞留本地的，昆铜人口迅速增长。至1956年，全乡人口增加到2347户8751人。1957年国家禁止居民自由迁徙，1958—1960年的"大跃进"时期和1961—1963年的三年经济困难时期，昆铜人口增速缓慢。1965—1972年，人民生活水平提高，医疗卫生条件改善，经济增长速度加快，全乡出现第二个增长高峰期。1972年前后，政府推行计划生育政策，采取多种计划生育和节育措施，人口得到有效控制。

1955—1966年若干年份昆铜乡住户人口表

表5-1

年份	户数(户)	人口(人)	男性(人)	女性(人)
1955	2103	8573	4621	3952
1956	2347	8751	4726	4025
1957	2101	7981	4016	3965
1958	2129	8691	4664	4027
1961	2351	9022	4855	4167
1962	2411	9662	5223	4439
1963	2435	10071	5329	4742
1966	2472	11398	6011	5387

1978年全乡人口2975户13983人。1988年全乡人口达4134户15523人。1993—2008年十五年间，人口增长平稳，维持在1.62万～1.65万人。2009年达到顶峰，全乡户籍人口16544人。此后呈下降趋势，2011年降至16349人。

1978—2011年昆铜乡住户人口表

表5-2

年份	户数(户)	人口(人)	年份	户数(户)	人口(人)
1978	2975	13983	1990	4299	15892
1979	3084	14075	1991	4338	15995
1980	3054	14041	1992	4372	16089
1981	3239	14176	1993	4459	16172
1982	3325	14345	1994	4459	16261
1983	3384	14521	1995	4526	16395
1984	—	—	1996	4670	16462
1985	3550	14697	1997	4691	16434
1986	3610	15070	1998	4697	16483
1987	—	—	1999	4659	16456
1988	4134	15523	2000	4579	16484
1989	4232	15704	2001	4602	16399

续表5-2

年份	户数(户)	人口(人)	年份	户数(户)	人口(人)
2002	4615	16397	2007	4673	16496
2003	4649	16307	2008	4784	16523
2004	4672	16285	2009	4778	16544
2005	4685	16302	2010	4764	16373
2006	4733	16415	2011	4768	16349

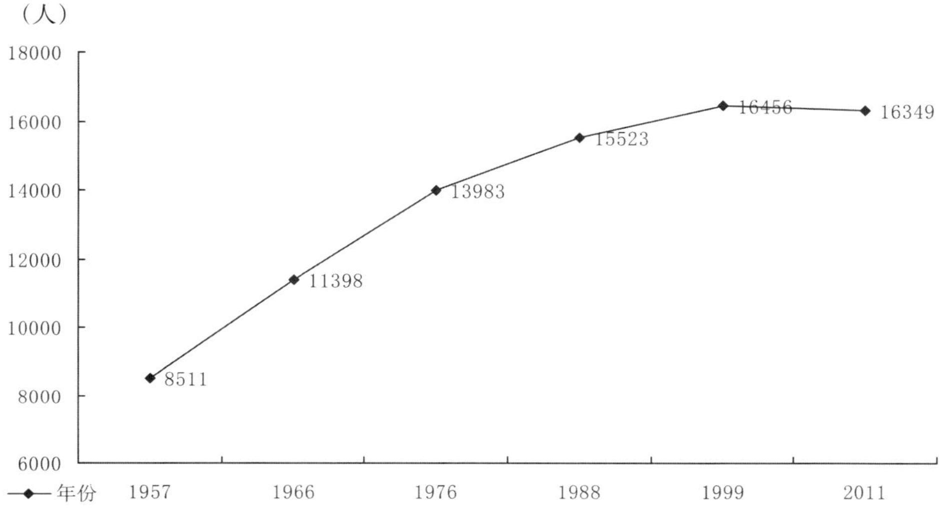

1957—2011年昆铜乡户籍人口增长示意图

第二节　人口构成

一、性别结构

清代后期昆铜乡的性别结构可以参照全县的数据。清同治三年(1864)太平天国战争结束后,全县6838人中,男性5149人,女性1689人,性别比为304.85,严重失调。同治十年(1871),外地人迁入,全县人口增至23513人,其中男性16579人,女性6934人,性别比为239.10,而本地人性别比为194.34,客家人性别比为293.10,仍然严重失调。直到民国21年(1932),昆铜属第三区,全区14728人,其中男性8791人、女性5937人,男女性别比降为148.07,还是严重失调。1955—1966年,昆铜男女性别比仍偏高,平均比值113.70。1978—1998年,性别比值逐步接近,差距趋向缩小,男女性别比属正常稍高,在102～109,平均为105.36。1999—2011年,男女性别比属正常偏低,在99～100,平均为98.59。最低为1999年,男女性别比值仅为88.56。

1978—2011年昆铜乡性别比例一览表

表5-3

年份	男性(人)	女性(人)	性别比	年份	男性(人)	女性(人)	性别比
1978	7308	6675	109.48	1995	8305	8090	102.66
1979	7317	6758	108.27	1996	8335	8127	102.56
1980	7319	6722	108.88	1997	8299	8135	102.02
1981	7391	6776	109.08	1998	8331	8152	102.20
1982	7435	6910	107.60	1999	7729	8727	88.56
1983	7491	7030	106.56	2000	8244	8240	100.05
1984	—	—	—	2001	8190	8209	99.77
1985	7570	7127	106.22	2002	8173	8224	99.38
1986	7741	7329	105.62	2003	8123	8184	99.25
1987	—	—	—	2004	8116	8169	99.35
1988	7962	7561	105.30	2005	8129	8173	99.46
1989	8059	7645	105.42	2006	8182	8233	99.38
1990	8131	7761	104.77	2007	8245	8251	99.93
1991	8149	7846	103.86	2008	8243	8280	99.55
1992	8203	7886	104.02	2009	8208	8336	98.46
1993	8226	7946	103.52	2010	8152	8221	99.16
1994	8285	7976	103.87	2011	8146	8203	99.31

说明：性别比，女=100

二、年龄结构

据人口普查统计：1982年，10～19岁的有4124人，占总人口的29.04%；70岁以上的有502人，占总人口的3.53%。2010年，10～19岁的有1228人，占总人口的9.67%，比1982年减少19个百分点；70岁以上的有1255人，占总人口的9.88%，是1982年的2.8倍。70岁以上1255人中，80岁以上的老人有341人，90岁以上的老人有32人，年龄最大的老人诸阿三101岁。

1982年、2010年昆铜乡人口年龄结构表

表5-4

年龄	1982年		2010年	
	人口数(人)	占比(%)	人口数(人)	占比(%)
不满1岁	239	1.68	93	0.73
1～4岁	585	4.12	355	2.79
5～9岁	1054	7.42	360	2.83
10～14岁	1981	13.95	676	5.32
15～19岁	2143	15.09	552	4.35
20～24岁	1209	8.51	717	5.64

续表5-4

年龄	1982年		2010年	
	人口数(人)	占比(%)	人口数(人)	占比(%)
25~29岁	1325	9.33	621	4.89
30~34岁	1085	7.64	481	3.79
35~39岁	701	4.94	1006	7.92
40~44岁	644	4.53	1580	12.44
45~49岁	805	5.67	1529	12.04
50~54岁	621	4.37	1020	8.03
55~59岁	544	3.83	1117	8.79
60~64岁	424	2.99	853	6.71
65~69岁	339	2.39	488	3.84
70~74岁	227	1.6	485	3.82
75~79岁	141	0.99	429	3.38
80~84岁	101	0.71	190	1.50
85~89岁	28	0.2	119	0.94
90~94岁	5	0.04	28	0.22
95~99岁	—	—	3	0.02
100~104岁	—	—	1	0.01
总计	14201	100	12703	100

说明:2010年为常住人口

三、家庭规模结构

清代后期昆铜乡的家庭人口规模仍可参照全县的数据。清同治三年(1864)全县有3500户6838人,平均每户1.95人,说明当年有好多独身户。同治十年(1871),全县有7863户23513人,平均每户2.99人,户型有所扩大。民国期间,每户平均人数继续增加。民国21年(1932),昆铜属第三区,全区3154户14908人,平均每户增加至4.73人。以后经过抗日战争和解放战争,每户平均人数有所减少。20世纪50年代和60年代初,昆铜乡平均每户4人左右。1964年开始户均人口不断增加,1978年达到顶峰,户均4.7人。1979年开始,户均人口逐年减少。至2011年,全乡户均人口仅有3.43人。

1978—2011年昆铜乡户均人口一览表

表5-5

年份	总户数(户)	户均人口(人)	年份	总户数(户)	户均人口(人)
1978	2975	4.70	1982	3325	4.31
1979	3084	4.56	1983	3384	4.29
1980	3054	4.60	1984		
1981	3239	4.38	1985	3550	4.14

续表5-5

年份	总户数(户)	户均人口(人)	年份	总户数(户)	户均人口(人)
1986	3610	4.17	1999	4659	3.53
1987			2000	4579	3.60
1988	4134	3.75	2001	4602	3.56
1989	4232	3.71	2002	4615	3.55
1990	4299	3.70	2003	4649	3.51
1991	4338	3.69	2004	4672	3.49
1992	4372	3.68	2005	4685	3.48
1993	4459	3.63	2006	4733	3.47
1994	4459	3.65	2007	4673	3.53
1995	4526	3.62	2008	4784	3.45
1996	4670	3.53	2009	4778	3.46
1997	4691	3.50	2010	4764	3.44
1998	4697	3.51	2011	4768	3.43

四、户型结构

据人口普查统计：2010年，1～4人户多于1982年，而6～7人户明显少于1982年。年轻人更希望与父母长辈分开居住。2010年，7～8人户多于1982年，原因是长寿成员增多。

1982年、2010年昆铜乡户型结构表

表5-6

户型	1982年		2010年	
	户数(户)	比重(%)	户数(户)	比重(%)
1人户	339	10.29	407	10.11
2人户	987	29.97	1274	31.65
3人户	889	27.00	1066	26.48
4人户	513	15.58	636	15.8
5人户	415	12.60	491	12.2
6人户	132	4.01	127	3.16
7人户	13	0.39	18	0.45
8人户	4	0.12	5	0.12
9人户	1	0.03	1	0.04
合计	3293	100	4025	100

五、文化结构

解放前，境内6岁以上接受过学校正规教育的常住人口非常少，其中90%以上的成年人均为文盲。中华人民共和国成立后，政府组织不识字的农民开展冬学运动、扫盲运动；逐步提高中小学校学生巩固率和实行九年制义务教育，全乡成人文化结构发生巨大变化。1982年，域内成年人文盲、半文盲率占24.42%，具有大中专学历的仅有5人。到2010年，全乡成年人文盲、半文盲率仅占4.9%，具有大中专学历的达152人。

1982年、2010年昆铜乡6岁以上常住人口受教育程度对比表

表5-7　　单位：人

年份	1982年		2010年	
6岁以上人数	13252	占总人口(%)	12172	占总人口(%)
文盲或识少量字	3236	24.42	596	4.90
小学	6526	49.25	4644	38.15
初中	2821	21.29	5836	47.95
高中	664	5.01	944	7.76
大学专科	4	0.03	117	0.96
大学本科	1	0.01	35	0.29

说明：1982年为户籍5岁以上人口，2010年为常住6岁以上人口

1982年全国第三次人口普查昆铜乡6岁以上常住人口分村受教育程度统计表

表5-8　　单位：人

村名	人数	文盲	小学	初中	高中	专科	本科
独山头大队	1427	477	648	254	48		
干溪桥大队	576	151	280	130	15		
大路口大队	799	170	413	170	46		
姚良大队	862	196	387	218	61		
长林大队	985	224	476	233	52		
上舍大队	1059	163	577	253	66		
三城大队	1107	240	614	202	51		
路西大队	1412	398	672	286	56		
化家坞大队	619	129	432	56	2		
钱坑桥大队	966	274	470	186	36		
潘家上大队	407	83	189	108	27		
梓坊大队	813	182	375	201	55		
梅坞大队	853	230	385	194	44		
隐将大队	678	137	328	178	35		
张家山大队	549	170	251	104	24		
集体户	140	12	29	48	46	4	1
总计	13252	3236	6526	2821	664	4	1

2010年全国第六次人口普查6岁以上常住人口分村受教育程度统计表

表5-9 单位:人

村名	总人数	文盲	小学	初中	高中	专科	本科
独山头村	1970	28	518	1211	172	29	12
干溪桥村	504	38	218	199	43	5	1
长林垓村	2453	156	922	1159	202	12	2
上舍村	874	26	426	331	68	20	3
管城村	373	39	150	157	23	3	1
三山村	550	29	276	222	20	3	0
路西村	1427	26	508	744	137	10	2
钱坑桥村	1627	154	651	716	90	13	3
铜山村	1513	69	684	614	123	17	6
梓坊村	881	31	291	483	66	5	5
合计	12172	596	4644	5836	944	117	35

六、民族结构

太平天国战争前,境内人口均为汉族。清末民初,国家实行招来政策,个别畲族人自浙南地区来到昆铜山区定居,主要以烧炭为生。“文化大革命”后期,又有少数民族人口婚嫁到昆铜。至1982年,境内少数民族人口共有47人,其中畲族38人,满族9人。满族人口全部居住在钱坑桥大队。38位畲族人口分布在4个大队,其中梅坞大队28人,梓坊大队5人,路西大队4人,钱坑桥大队1人。改革开放后,国内西南地区的少数民族婚嫁到昆铜的人数增多,主要有苗族、水族、布依族、壮族、彝族、土家族、侗族、黎族、回族等。至2010年,全乡少数民族增加到11个,少数民族人口增加到140人,分布在全乡9个村。

2010年全国第六次人口普查昆铜乡少数民族人口数表

表5-10 单位:人

村名	常住总人口数	其中少数民族人口数		
		合计	男性	女性
独山头村	2044	22	10	12
干溪桥村	530	8	1	7
长林垓村	2560	21	13	8
上舍村	908	22	12	10
管城村	387	0	0	0
三山村	577	14	1	13
路西村	1495	21	11	10
钱坑桥村	1710	12	7	5
铜山村	1582	18	9	9
梓垓村	910	2	1	1
总计	12703	140	65	75

第三节 人口变动

一、出生

1956年，昆铜乡出生325人，出生率为37.14‰，为历年最高。1958—1963年出生率下降。1982—1996年，全乡出生率保持较高水平，年均达到16.70‰。1997年开始，出生率下降明显。至2011年，年均出生率为6.78‰，其中2005年最低，只有2.70‰。

1980—2011年昆铜乡人口出生率一览表

表5-11

年份	出生人数(个)	出生率(‰)	年份	出生人数(个)	出生率(‰)
1980	135	9.61	1996	224	13.61
1981			1997	161	9.80
1982	270	18.82	1998	163	9.89
1983	246	16.94	1999	116	7.05
1984			2000	130	7.89
1985	288	19.60	2001	86	5.24
1986	412	27.34	2002	75	4.57
1987			2003	93	5.70
1988	298	19.20	2004	130	7.98
1989	279	17.77	2005	44	2.70
1990	287	18.06	2006	148	9.02
1991	195	12.19	2007	126	7.64
1992	217	13.49	2008	113	6.84
1993	225	13.91	2009	109	6.59
1994	221	13.59	2010	76	4.64
1995	206	12.56	2011	101	6.18

二、死亡

1980—2011年，全乡年均死亡率为5.70‰，其中2003年最高，死亡128人，死亡率为7.85‰；2005年最低，死亡31人，死亡率为1.90‰。

1980—2011年昆铜乡人口死亡率一览表

表5-12

年份	死亡人数(个)	死亡率(‰)	年份	死亡人数(个)	死亡率(‰)
1980	99	7.05	1996	111	6.74
1981	—	—	1997	109	6.63
1982	82	5.72	1998	104	6.31
1983	86	5.92	1999	117	7.11
1984	—	—	2000	98	5.95
1985	94	6.40	2001	85	5.18
1986	71	4.71	2002	40	2.44
1987	—	—	2003	128	7.85
1988	110	7.09	2004	105	6.45
1989	87	5.54	2005	31	1.90
1990	97	6.10	2006	41	2.50
1991	102	6.38	2007	48	2.91
1992	97	6.03	2008	123	7.44
1993	110	6.80	2009	93	5.62
1994	97	5.97	2010	88	5.37
1995	102	6.22	2011	82	5.02

三、自然增长

1956年,昆铜人口自然增长220人,增长率为25.14‰。1982—1990年,全乡人口自然增长率保持较高水平,年均增长13.75‰。1991—2011年,全乡人口增长率仅为3.06‰,其中1999年、2003年、2008年、2010年为负增长,2003年最低,自然增长率为-2.15‰。

1980—2011年昆铜乡人口自然增长率一览表

表5-13　　单位:‰

年份	出生率	死亡率	自然增长率	年份	出生率	死亡率	自然增长率
1980	9.61	7.05	2.56	1990	18.06	6.10	11.96
1981	—	—	—	1991	12.19	6.38	5.81
1982	18.82	5.72	13.11	1992	13.49	6.03	7.46
1983	16.94	5.92	11.02	1993	13.91	6.80	7.11
1984	—	—	—	1994	13.59	5.97	7.63
1985	19.60	6.40	13.20	1995	12.56	6.22	6.34
1986	27.34	4.71	22.63	1996	13.61	6.74	6.86
1987	—	—	—	1997	9.80	6.63	3.16
1988	19.20	7.09	12.11	1998	9.89	6.31	3.58
1989	17.77	5.54	12.23	1999	7.05	7.11	-0.06

续表5-13

年份	出生率	死亡率	自然增长率	年份	出生率	死亡率	自然增长率
2000	7.89	5.95	1.94	2006	9.02	2.50	6.52
2001	5.24	5.18	0.06	2007	7.64	2.91	4.73
2002	4.57	2.44	2.13	2008	6.84	7.44	−0.61
2003	5.70	7.85	−2.15	2009	6.59	5.62	0.97
2004	7.98	6.45	1.54	2010	4.64	5.37	−0.73
2005	2.70	1.90	0.80	2011	6.18	5.02	1.16

四、人口迁入

古代,北方人民为了避乱,曾有三次较大规模南迁。三国时期,北方人民南迁带来了先进的耕作技术,同山越族共同垦荒,发展农业生产,使江南地区得到开发;两晋南北朝时,胡人南下,大量汉族居民从黄河流域迁移到长江以南,带来先进的生产农具和技术,与当地人民共修水利,普遍使用牛耕,江南经济进一步发展;南宋时期,中原大批汉人随宋室南渡,南方水田增加,稻米、丝绸、棉花等农经作物空前发展。这三次大规模南迁定居在昆铜的北方人民,与土著人民融为一体,成为昆铜地区的先民。

明清时期,安徽南部和浙江中南部移民陆续迁入,昆铜人口不断增加。但清末太平天国战争后,当地人口十不剩一,人口锐减。清末民初,昆铜乐平自然村有河南移民迁入,隐将上村及垄水岭自然村有安庆移民迁入,路西、里江及梓坊苍蒲上一带有台州移民迁入,俞子岭、唐家坞有绍兴移民迁入,陆家村、新庄队、长林垓的大坞、石门一带有温州移民迁入,干溪桥、石门一带有处州府的移民迁入;抗日战争前后,江家边一带有萧山、富阳移民迁入,以造纸为生。抗战时期及解放前,姚良村、江家边一带有苏北移民迁入;下三府难民逃入昆铜山区定居,上八府人则到昆铜山区垦荒种植旱粮;同时做坑边纸,做裁缝、木工、泥工、铜匠等手工艺者落脚定居的不断增多。至1949年年底,全乡总人口达到6900人。

中华人民共和国成立初期,有来昆铜做各种手艺的,有做生意、做长工、放牛的,还有一些逃亡地主和反动组织成员来昆铜躲避而定居的,还有一些招亲入赘的,每年有百余人之多。例如:1956年迁入187人,其中男性142人、女性45人;1958年迁入132人,其中男性85人、女性47人。"文化大革命"期间,城镇知识青年上山下乡到昆铜落户的共有120余人,改革开放后陆续返城,最后因婚嫁10余人留在当地。此后,除了婚嫁,无外来人员在昆铜定居。

五、人口迁出

1956年,为解决边疆和少数民族地区在社会主义建设中劳动力不足的困难,根据县支宁委员会统一部署,昆铜地区分两批共有40余人支援宁夏而迁出。1962年后,由于气候及生活习惯等因素,大部分人员陆续返回。除此之外,每年有数十人入伍、高校就读、婚嫁或提干而迁出。

第四节　婚姻制度与计划生育

旧时遵循封建婚姻制度。订婚全凭媒妁之言,父母做主,讲究门当户对,"八字"相合。妇人持守贞节,从一而终,例如铜山乡倪家村范唯亨妻施氏,十八岁夫故,守节五十余年;安福乡独峰村李唯成妻韦氏,十九岁夫故,守节五十四年;铜山乡化角坞赵列三继室陆氏,年二十二夫故,守节五十一年;铜山乡张家村张天叶妻施氏,年十九夫故,守节六十三年;昆山乡赵家村赵继斌妻计氏,年十八夫故,守节五十余年;等等。富裕人家允许多妻多妾,例如民国期间昆山乡良村的谢某、铜山乡路西的叶某、吴某等。

中华人民共和国成立后,实施《中华人民共和国婚姻法》,反对封建婚姻,支持童养媳解除婚约;提倡恋爱自由,"废除男尊女卑,实行男女平等",提高妇女的政治地位,保护妇女的合法权益。通过婚姻法的宣传,"禁止包办、买卖婚姻和其他干涉婚姻自由的行为"深入民心,境内9对童养媳解除婚约7对;全面实行一夫一妻制;丧夫的再嫁,无子的招赘纳婿受到法律的保护。

1967年开始实施计划生育政策。同年,全公社提倡晚婚。自1971年开始,推行男女结扎避孕。同时提倡青年晚婚晚育,晚婚年龄为男25岁,女23岁。自1980年起,政府提倡一对夫妇只生育一个孩子,严格控制和审批二胎,杜绝多胎;农村如果第一胎生育是女孩,在一定的间隔时间内经申请审批同意可以生育第二胎;对计划外怀孕的及时上门做工作进行人工流产处理;经本人同意,对只生育一个孩子的夫妻发给独生子女光荣证。至1986年,全乡有157对夫妇领取独生子女光荣证。

1987年以后,独生子女家长享受的补助以保险形式固定发放,并制订二胎生育政策,对符合条件的育龄夫妇,本人有要求的可以生育第二胎。至2012年,有数十对只生育一个女孩的夫妇自愿不再生育。

1986年昆铜乡人口计划及领证情况表

表5-14　　单位:人

单位	计划出生人数	实际出生人数	当年结婚总数		其中符合晚婚人数		只生一孩夫妇(对)	领独生证夫妇(对)
			男性	女性	男性	女性		
独山头	20	19	12	12	6	7	62	26
路西	25	23	9	9	3	6	40	22
干溪桥	10	8	5	5	3	3	14	5
大路口	15	10	10	10	1	5	28	9
姚良	15	14	26	26	6	13	30	5
长林	20	16	14	14	8	3	39	5
上舍	20	15	34	34	12	17	48	5

续表5-14

单位	计划出生人数	实际出生人数	当年结婚总数		其中符合晚婚人数		只生一孩夫妇（对）	领独生证夫妇（对）
			男性	女性	男性	女性		
管城	20	15	21	21	11	13	33	9
钱坑桥	20	19	10	10	3	5	36	13
隐将	10	10	3	3	1	1	17	7
梅坞	20	20	4	4	1	1	38	9
梓坊	20	20	3	3	1		32	18
潘家上	10	10	2	2	1	1	27	11
张家山	10	10	5	5	2	1	16	2
化家坞	10	10	3	3	2	1	13	1
机关	5	5	2	2	2	1	5	10
合计	250	224	163	163	63	78	478	157

第五节 人口普查

一、普查时间

民国18年(1929)，奉省令发《部颁清查户口暂行办法》后，办理户口调查一次。20年(1931)4月，奉省颁《各县户口调查办法》对乡域内户口进行调查，同年8月调查结束。次年10月，奉省颁《二十一年度复查户口办法》，安吉各区以上年户口调查表为根据实行复查，至22年(1933)4月办竣。

中华人民共和国成立后，分别在1953年、1964年、1982年、1990年、2000年和2010年进行过六次全国人口普查。各次普查登记计算的标准时点分别为：1953年6月30日24时、1964年6月30日24时、1982年7月1日零时、1990年7月1日零时、2000年11月1日零时和2010年11月1日零时。

二、普查结果

中华人民共和国成立后，全国第一、第二次人口普查数据无从考证。第三次至第六次人口普查户籍人口数据显示：第三次共3293户14201人；第四次共4165户15552人，比第三次增加872户1351人；但是第五次共3886户13673人，比第四次减少279户1879人；第六次共4069户15939人，比第五次增加183户2266人。

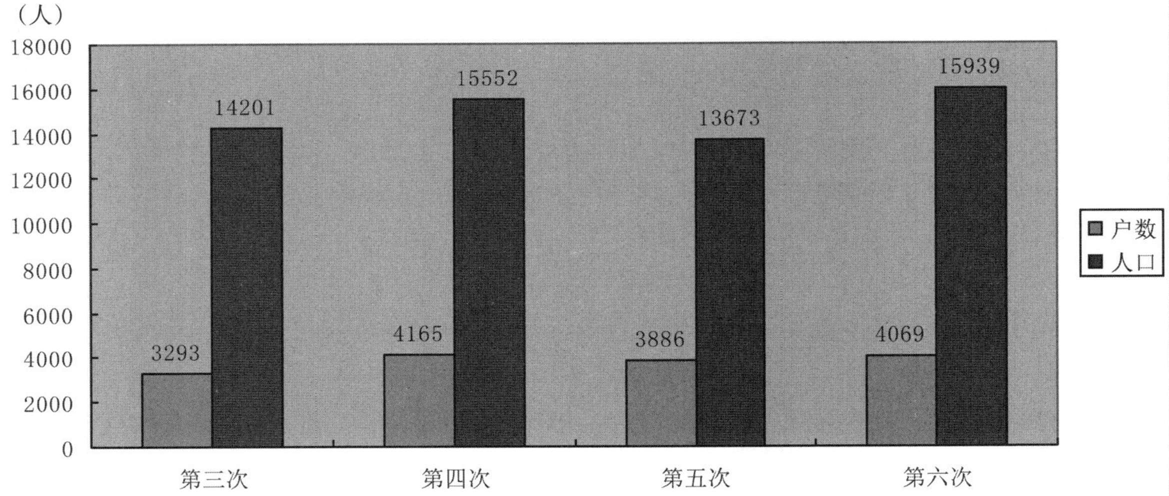

第三次至第六次户数人口示意图

1. **第三次人口普查**

第三次人口普查结果：全公社共3293户14201人，其中男性7357人，女性6844人。

1982年全国第三次人口普查昆铜公社户籍人口统计表

表5-15　　单位：人、户

村名	总户数	总人口			家庭户		集体户	
		合计	男性	女性	户数	人数	户数	人数
总计	3293	14201	7357	6844	3287	14131	6	70
独山头大队	369	1557	785	772	369	1557		
干溪桥大队	147	628	312	316	147	628		
大路口大队	200	840	432	408	200	840		
姚良大队	203	923	482	441	203	923		
长林大队	250	1041	542	499	250	1041		
上舍大队	289	1122	594	528	289	1122		
三城大队	277	1199	622	577	277	1199		
路西大队	356	1527	781	746	3.56	1527		
化家坞大队	146	671	349	322	146	671		
钱坑桥大队	251	1049	539	510	251	1049		
潘家上大队	95	435	210	225	95	435		
梓坊大队	190	853	448	405	190	853		
梅坞大队	192	899	491	408	192	899		
隐将大队	168	714	370	344	168	714		
张家山大队	130	599	307	292	130	599		
集体户	30	144	93	51	24	74	6	70

2. 第四次人口普查

第四次人口普查结果：全乡共4165户15552人，其中男性7951人，女性7601人。

1990年全国第四次人口普查昆铜乡户籍人口统计表

表5-16　　单位：人、户

村名	总户数	总人口			家庭户		集体户	
		合计	男性	女性	户数	人数	户数	人数
总计	4165	15552	7951	7601	4159	15520	6	32
独山头村	472	1800	925	875	468	1785	4	15
干溪桥村	163	675	346	329	163	675		
大路口村	248	968	487	481	248	968		
姚良村	278	1048	531	517	278	1048		
长林村	330	1185	608	577	329	1173	1	12
上舍村	358	1228	632	596	358	1228		
三山村	199	717	370	347	199	717		
管城村	149	556	277	279	149	556		
路西村	469	1700	858	842	469	1700		
化家坞村	182	697	362	335	182	697		
钱坑桥村	315	1156	595	561	314	1151	1	5
潘家上村	127	485	241	244	127	485		
梓坊村	239	952	481	471	239	952		
梅坞村	265	1001	531	470	265	1001		
隐将村	205	764	392	372	205	764		
张家山村	166	620	315	305	166	620		

3. 第五次人口普查

第五次人口普查结果：全乡共3886户13673人，其中男性6806人，女性6867人。

2000年全国第五次人口普查昆铜乡户籍人口统计表

表5-17　　单位：人、户

村名	总户数	总人口			家庭户		集体户	
		合计	男性	女性	户数	人数	户数	人数
总计	3886	13673	6806	6867	3862	13355	24	318
独山头村	451	1649	840	809	438	1515	13	134
干溪桥村	166	602	311	291	166	602		
大路口村	269	1024	471	553	269	1024		
姚良村	269	945	450	495	268	944	1	1
长林村	291	1008	521	487	284	839	7	169

续表5-17

村名	总户数	总人口			家庭户		集体户	
		合计	男性	女性	户数	人数	户数	人数
上舍村	336	1101	541	560	333	1087	3	14
三山村	178	675	336	339	178	675		
管城村	142	467	219	248	142	467		
路西村	406	1544	775	769	406	1544		
化家坞村	193	642	319	323	193	642		
钱坑桥村	286	981	501	480	286	981		
潘家上村	113	402	202	200	113	402		
梓坊村	219	714	361	353	219	714		
梅坞村	241	814	404	410	241	814		
隐将村	175	621	312	309	175	621		
张家山村	151	484	243	241	151	484		

4. 第六次人口普查

第六次人口普查结果：全乡共4069户15939人，其中男性7923人，女性8016人。

2010年全国第六次人口普查昆铜乡户籍人口统计表

表5-18

村名	总户数	户籍人口			常住人口			常年外出人口		
		合计	男性	女性	合计	男性	女性	合计	男性	女性
合计	4069	15939	7923	8016	12703	6366	6337	4201	2055	2146
独山头村	497	1729	843	886	2044	1030	1014	333	147	186
干溪桥村	175	695	337	358	530	256	274	185	96	89
长林垓村	866	3336	1635	1701	2560	1271	1289	868	424	444
上舍村	331	1313	652	661	908	449	459	423	212	211
管城村	142	533	240	293	387	179	208	156	71	85
三山村	196	757	380	377	577	289	288	194	99	95
路西村	428	1757	885	872	1495	773	722	349	147	202
钱坑桥村	526	1925	994	931	1710	878	832	299	151	148
铜山村	580	2498	1268	1230	1582	785	797	892	466	426
梓坊村	328	1396	689	707	910	456	454	504	242	262

说明：1. 户籍人口，指具有昆铜乡户籍的人口，包括实际在住的和常年居住在外地的人口。

2. 常住人口，指实际居住在昆铜乡区域内的人口，既包括有昆铜乡户籍的，也包括无昆铜乡户籍的“外来人口”。

3. 常年外出人口，指具有昆铜乡户籍，但常年居住在外地的人口

第六节　姓氏人口

一、姓氏

2012年公安系统户籍资料显示，全乡共有姓氏247个，其中百人以上的姓氏有42个，十人以上不足百人的有78个，不足十人的有127个。

2012年昆铜乡各姓氏人口数一览表

表5-19　　　　单位：人

王731	陈695	叶539	朱517	孙515	沈503	周471	张456	施438	姚430
杨410	徐348	方336	吴323	梁321	李308	赵307	肖291	凌284	何239
金234	江224	范219	谢208	胡204	林188	章187	俞183	刘181	诸181
汪171	蒋167	黄166	唐162	钱160	殷147	卢144	梅136	郑125	严123
盛122	潘101	夏90	戴87	高87	郭71	马67	韩65	石61	许57
姜55	雷55	董54	童52	韦51	余51	程49	孔47	万44	汤43
曹42	傅42	彭39	管37	贾37	吕35	蔡34	毛34	葛34	洪33
邓33	应33	熊33	陶31	楼31	袁31	莫29	樊29	尚28	苏27
倪27	陆26	廖26	邹26	包25	龚22	桂22	邵21	邱21	任21
罗20	蓝20	易20	宋19	顾18	项18	伍17	季17	厉17	钟17
操16	曾16	费15	齐15	尹15	白14	阮14	翁13	舒13	鲍13
缪13	孟12	冷11	裘11	鄂11	昌11	於10	秦10	欧9	柴9
查9	柳9	柯9	相9	冯8	裴8	涂8	耿8	龙8	藏7
吉7	魏7	黎7	尧7	田7	崔6	牟6	邬6	丰5	杜5
干5	阚5	寿5	闻5	胥5	尤5	庄5	钮4	单4	薛4
商4	鲁4	漏4	赖4	岑4	常4	谌4	卞4	储3	嵇3
宫3	颜3	屈3	温3	冉3	候3	晏3	祝3	巴2	柏2
薜2	卜2	芮2	贲2	成2	甘2	杭2	郝2	郎2	乐2
段2	虞2	祁2	钦2	帅2	谈2	沃2	邢2	辛2	羊2
麻2	游2	喻2	左2	申2	敖1	安1	毕1	代1	葑1
官1	关1	占1	卓1	计1	简1	姬1	芦1	路1	骆1
穆1	庞1	瞿1	翟1	戎1	饶1	佘1	慎1	詹1	莊1
谷1	智1	廖1	仲1	史1	侍1	隋1	司1	谭1	郜1
腾1	滕1	回1	隗1	卫1	贺1	武1	后1	覃1	聂1
阳1	营1	宇1	郁1	乔1					

说明：数据由梅溪派出所提供

二、主要姓氏人口分布

清代及以前，昆铜土著人大多聚族而居，比较典型的有梁家塘的梁氏、陈家塘的陈氏、坳磡一带的殷氏、高家坞一带的孙氏，姚良村的姚氏、谢氏、梁氏，上舍村的朱氏、杨氏、章氏，三山村的周氏、何氏，莫劳坞的杨氏，梅坞的姚氏，隐将、俞坞、化家坞的俞氏，石门、谢坞的周氏，中坞的方氏，梓坊的钱氏、梅氏，倪家边一带的范氏，潘家上一带的潘氏，江家边的江氏等。太平天国战争后，特别是解放前后数年间，大量外地人口迁入，分居在各个村庄，聚族而居现象淡化。

2012年昆铜乡各行政村人口前八位的姓氏及人口数一览表

表5-20　　单位：人

村名	一	二	三	四	五	六	七	八
独山头村	梁196	陈165	李162	王90	叶76	周64	孙41	张35
干溪桥村	陈82	王58	李32	张24	吴24	余24	殷23	高21
长林垓村	孙342	姚221	陈158	施124	徐116	谢116	殷107	林105
上舍村	朱239	杨207	章144	徐47	胡42	李38	孙32	陈31
管城村	沈58	李58	石46	郑40	陈25	徐25	万24	郭19
三山村	沈169	何120	周106	汪50	叶24	朱18	陈16	徐15
路西村	叶326	凌173	江137	张102	施91	陈68	杨63	王45
钱坑桥村	肖225	赵156	王136	方99	金92	李89	俞79	唐66
铜山村	王300	陈177	周150	姚142	李135	方135	诸118	吴65
梓坊村	王204	范147	梅119	钱80	张66	李65	施64	凌51

附：

部分姓氏流源

昆铜土著人多数是东晋以后的唐朝，以及靖康之变后的南宋时期迁入的，部分于元末明初迁入。这些早年迁入的人成为土著人的祖先，其中多为河南中原南迁安徽、江西、湖南、福建后，再辗转迁入昆铜的。根据相关史料及家谱、族谱记载，部分姓氏流源略述如下。

朱氏　上舍村朱姓始迁祖为朱寓（沛国人）第十九世孙，于明正德年间自外乡迁入，传承至今为四十世，其中在上舍繁衍二十代，有500余年历史。朱治之子朱才晚年归隐在境内隐将村，逝后葬于朱墓岭下。

施姓　路西村岳征坞施姓始迁祖为施延第五十八代孙施易子，于明洪武年间自湖州仪凤桥迁入。其四世孙一支分居到莫家上，其他后裔分居在大山坞口、张家山、梓坊三家村等处，有多支外迁到外乡五官圩、晓墅、松圩、钮塔、黄杜、鞍山、仙溪头及周边省县。

干溪桥施姓始迁祖为施任一，荡里施姓始迁祖为施任四（继福），卜家坞施姓始迁祖为施任三

(福山),于明初自长兴南宗迁入。

王姓 钱坑桥王姓始迁祖为王旦二十世孙,于明正德年间自孝丰缫舍迁入。其一子自钱坑桥迁入杨家坞。梓坊村王姓由赤芝村的赤山迁入,也是缫舍王氏后裔。

凌姓 路西村蒲芦坞凌姓始迁祖为凌时中之孙凌渐,于明洪武年间自南北庄迁入。

叶姓 路西村南楼坞叶姓始迁祖为尚书左丞叶梦得第十一代孙,于明永乐年间自荆溪迁入。叶家井叶姓为叶梦得第十八世孙。

江姓 路西村江家边江姓始迁祖为江文尉之三十三世孙江士祥,于明永乐年间自皖南迁入。

梅姓 梓坊村梅氏始迁祖为梅维新,于明万历年间自桐川(广德县)迁入。其第六代孙有一支迁凤亭乡庙前村。

赵姓 钱坑桥村化角坞赵氏为赵圭之(系宋朝宗室)第十五世孙赵以怒,于明永乐十二年(1414)自广德桐溪迁入,第十八世时有宗理、宗易兄弟俩迁居长兴空隐寺前。

李姓 独山头村李姓始迁祖为李珏第七世孙李学承,于元末自桐川(广德)迁入。

张姓 路西村岳征坞张姓始迁祖为宋太常少卿张泰实五世孙张庆后代,约于明代自顺零乡张芝塘迁入。

钱姓 钱坑桥村蛇角庙钱姓始迁祖为钱三秀五世孙钱恭、钱定、钱品三兄弟,于明代中前期自安吉东街太平坊迁入;梓坊村钱姓始迁祖为钱三秀十一世孙钱文,于清康熙初年自安吉东街迁入。

肖姓 钱坑桥村戚家边肖姓始迁祖为知谏院事肖索,于元朝元贞至大德年间(1295—1307)从古越(绍兴)迁入,其第九世志凤公于明崇祯年间(1630年前后)由戚家边迁居化角坞。

金姓 钱坑桥化角坞金姓始迁祖为太学生金家振,于南明弘光元年(1645)由绍兴迁入。

诸姓 良村、隐将、诸家边诸姓始迁祖为北宋尚书之子诸三六秀之后,于明洪武年间自孝丰迁入。

盛姓 长林垓村大路口(坳磡)盛姓始迁祖为宋御史盛俊祥第七十六世孙,于清末自黄杜村迁入。

石姓 管城村里阳坞石姓始迁祖为石昂,于唐乾符五年(878)自梅溪镇避“黄巢之难”至此定居。

第七节 户籍管理

一、户籍登记

历史上的户籍制度是与土地直接联系的,以家庭、家族、宗族为本位的人口管理方式。民国成立后,全乡改庄设村,当局实行户折的登记制度,由村长具体掌控。民国18年(1929),当局实行闾邻的户口管理制度。民国23年(1934),又改为保甲制。抗日战争胜利后,在户口总清查暨保甲编查的基础上，建立户籍人口统计制度，乡公所设户籍主任，由乡长兼任，配户籍干事，具体办理户籍登记事项，制定相应的奖惩办法推动户政工作的开展。

中华人民共和国成立后，境内的户籍管理归公安派出所设置的户籍机构，负责户籍登记和管理，各村配备兼职户籍工作人员，设置档案，协助办理相关事宜。

1953年第一次全国人口普查后，实行农村户口登记制度。

1958年1月开始，城乡居民分为“农业户口”和“非农业户口”两种不同户籍。

1997年6月，国务院批转公安部《小城镇户籍管理制度改革试点方案和关于完善农村户籍管理制度的意见》，规定：从农村到小城镇务工或者兴办第二、三产业的人员，小城镇的机关、团体、企业和事业单位聘用的管理人员、专业技术人员，在小城镇购买了商品房或者有合法自建房的居民，以及其共同居住的直系亲属，可以办理城镇常住户口。至1998年，全乡在县城和晓墅、梅溪镇办理城镇常住户口的有20余人。

二、居民身份证发放

境内居民身份证始于民国36年（1947），时称国民身份证，纸质。同年，县政府在户口总清查暨保甲编查的基础上，对年满18岁的居民制发国民身份证，每本收取工本费，但推行迟缓，办证工作困难。

1987年4月至1989年4月，根据《中华人民共和国身份证条例》，全乡各村分批发放居民身份证，此为中华人民共和国建立后发放的第一代居民身份证。登记项目有姓名、性别、民族、出生日期、住址和身份证号码，有效期分为10年、20年、长期三种。样式为聚酯薄膜封单页式，照片翻拍聚酯后塑封。1989年4月15日起，实施使用查验居民身份证制度。1999年11月至2000年8月，居民身份证号码从15位升至18位。

2006年开始，晓墅派出所根据《中华人民共和国身份证法》，在全乡换发第二代居民身份证，2008年年底结束。第二代身份证登记项目不变，采用多项防伪和数字加密技术，安全性大为提高。

三、新居民管理

20世纪末，外来务工人员越来越多。2000年开始，公安部门会同有关企业，为外来务工人员办理临时居住证（暂住证），实行流动人口暂住管理。2008年开始，为外来务工等常住人口建立新居民档案，构建新居民管理工作的组织网络，根据《省流动人口居住登记条例》，实行新居民信息采集和居住证发放的管理。同时，保障新居民子女入学、入园的权利；开办新居民劳动技能培训，提高新居民的就业能力；保障新居民在就业创业、购置住房、职称评定、社会保障、计生服务等方面，与当地居民享有同等的权益。

2012年，开办劳动技能培训班，为新居民子女就学提供便利；乡政府与派出所联手建立新居民事务站，配备专职人员，每季度进行抽查、考核，强化新居民的信息采集，促进外来务工人员与当地居民相融合。

第六章　乡村建设

清同治光绪年间，先迁入的移民捡到了遇难先民的砖墙瓦屋，后到的移民都在山坡空地上搭建茅棚栖身，文献称之为棚户，若干年后逐步盖起土墙草屋。村上无正规学校和医疗卫生设施，一直延续到民国期间，变化不大。解放初期，昆铜山区村庄房舍低矮破旧，道路泥泞狭窄。20世纪70年代前后，村民翻修新房，安装电灯，村庄开始变化。改革开放后，村庄建设加快，农户纷纷建造楼房，村内道路拓宽，文化教育、医疗卫生等事业进一步发展，公用事业、配套设施逐步完善。进入21世纪，通过村庄整治，文明村、美丽乡村建设，引入自来水，建造排污净化设施；行政村办公场所改建、公共设施日趋完善；各村建有文化礼堂、图书阅览室、娱乐健身设施、戏台亭阁、文化公园、社区卫生服务站等；各自然村面貌日新月异，村内道路硬化，村庄美化、亮化，一座座楼房庭院鳞次栉比，俨如一道道亮丽的风景线。

第一节　农户住宅

旧时境内的山区建房，按地理选择房基，要求背山面水。山村农户大多选稍平山坡上或山坞沿溪沟边而建。宗族聚居的旧传统讲究连基，请来风水先生察看门向也只能按照通风采光、山溪流向等地理条件、自然因素而定，故而建房朝向并不统一，房屋的大小、楼层的高低及用料等按家庭经济条件而定。宗族世居一般设有前厅后楼、偏屋辅房；贫困农民和外乡迁入户，一般都用毛竹搭架，四周用竹片隔屏，在毛竹屏上粉刷稻草黄泥，外面再粉涂石灰作墙体，上盖稻草；稍富裕一点的农户建房为砖木结构，或泥土墙，板门板窗泥地坪。

中华人民共和国成立初期，农户住房变化不大。20世纪60—70年代，农民陆续翻造新住房。墙体为泥土夯筑，屋顶盖土瓦片。多为三间平房，两侧用作卧室，另辟厢屋或偏屋作厨房；也有升高为二层的，楼板用毛竹片铺设，其他的猪、羊棚的辅房设在附近。70年代末，出现外加走廊的二层小楼，墙体用石块和砖头砌筑，楼板用水泥预制板，上盖水泥瓦或煤渣平瓦，但数量不多。80—90年代，住房更新加快。农户多数建造三层楼房，建筑材料由传统土窑烧制的青砖小瓦改为轮窑烧制的红砖红瓦，房屋结构由土木结构改为砖混结构。且档次逐年提高，外观新颖，阳台通风透亮，设有专用卫生间，注重装饰装潢。

进入21世纪，大多农户建造别墅式的新农宅，实心砖改为以矿渣、风化石（页岩）、粉煤灰、煤矸石等生产出的非黏土烧结砖、混凝土砌块、混凝土多孔砖。一般为三层，款式多样，有地下室和车库。部分院内建有假石山、水池景观，栽种花卉盆景，铺设草坪。至2012年，境内农户平均每年建房100余座，全乡人均居住面积40多平方米。

1970—2012年若干年昆铜乡村民建房式样逐渐更新表

表6-1　　单位：户

年份	老式瓦屋	泥墙瓦房	草棚	泥墙平房	泥墙楼房	砖墙走廊房	改进式别墅	高档别墅	徽派欧派别墅
1970	1070	1250	680	—	—	—	—	—	—
1975	—	—	380	350	—	—	—	—	—
1980	—	—	—	380	120	320	—	—	—
1985	—	—	—	—	460	140	25	—	—
1990	—	—	—	—	130	390	133	10	—
1995	—	—	—	—	—	140	140	160	140
2000	—	—	—	—	—	30	250	155	170
2005	—	—	—	—	—	—	470	190	160
2010	—	—	—	—	—	—	65	400	527
2012	—	—	—	—	—	—	810	430	53

第二节　公共设施

中华人民共和国成立前后，各保、行政村无公共设施，办公场所均利用旧庙、祠堂或老屋。20世纪50年代中后期，各生产队、大队开始进行公共设施建设。

一、乡政府(公社)办公场所

1956年昆铜二乡合并，乡政府迁址独山头自然村，初借用民房办公，1958年新辟小竹林地建造7间楼房，楼下作大会堂，楼上作干部宿舍，两侧面建有4间辅房作食堂、仓库等之用，正面左侧建有4间平房作乡政府办公室，共占地540平方米，建筑面积800平方米。

1979年拆除大会堂楼房建造办公楼，1982年扩建食堂、储藏室、邮电广播站、图书室。1994年改造部分辅房和内部设施，扩建停车场和传达室。到2012年撤并时，乡政府办公场所和活动场所共占地3130平方米，建筑面积3938平方米。

二、村(大队)公共设施

独山头村

中华人民共和国成立初期至1969年借用民房的大厅屋办公，小学设在闵头山梁家大祠堂。1970年建造千人大会堂9间，其中2间楼房，占地680平方米，建筑面积800平方米，楼上作为大队(村)办公场所。1967年建造五星小学8间二层，占地320平方米，建筑面积640平方米。1976年，昆铜乡中心小学设于此，五星小学并入中心小学。2009年建造村办公楼3.5间。2011年拆除原大会堂和数间辅房，2012年建造店面15间三层，民工之家（职工宿舍）10间5层，总占地面积1272平方米，建筑面积5057平方米。2010年之后创建美丽乡村，设有6个自然村的公共节点，建有文体广场、球场，配有健身器材等设施并进行绿化。

干溪桥村

1958年前后，村办公场所借用民房办公。1965年建造小学和大队办公室7间，占地198平方米。1967年建造大会堂8间，占地面积592平方米，1996年拍卖给企业。1996年建造村办公楼3间，占地面积112平方米，建筑面积224平方米。1998年建造完小5间二层，占地152平方米，建筑面积304平方米，学校撤并后，小学校舍改作村民和老年人活动中心。2010年创建美丽乡村，建设村中心文体广场、灯光球场和3个自然村的公共节点，建设小文体广场、绿化和配备健身器材等设施。

长林垓村

2007年合并前，大路口、姚良、长林三个村自解放初至1958年前后，均借用民房作为村级办公场所。

大路口　1967年建造小学和村办公房共7间，占地265平方米。1971年建造大会堂8间，占地面积304平方米。1976年建7间平房于公路边，作为理发、打铁、饮食等服务用房，占地面积175平方米，1992年拍卖给企业。1994年，在公路旁林地建造村办公楼和完小6间三层，占地面积228平方米，建筑面积456平方米，行政村和学校撤并后，用作村民活动中心。

姚良　1967年建造小学7间、村办公楼4间，占地面积350平方米，建筑面积470平方米。1969年建造大会堂8间，占地面积296平方米，建筑面积310平方米，并村后大礼堂作村文化大礼堂。1973年建造平房4间作为村办公场所，占地面积96平方米。1976年重建小学和村办公房7间二层，占地面积265平方米，建筑面积530平方米。1980年，小学撤并，校舍拆除。

长林　1961年建造学校和村办公场所15间，占地380平方米。1971年建造千人大会堂10间，占地面积356平方米，2005年改造成会所和村级红白喜事场地。2002年建造小学校舍10间楼房、2间平房，占地面积450平方米，建筑面积800平方米，投入使用后拆除原小学校。2004年建村办公楼5间，占地面积190平方米，建筑面积380平方米。

2007年三村合并为长林垓村后，办公地设在长林村办公楼。2011年重新建造新村部办公楼6间三层，占地面积228平方米，建筑面积684平方米。2010年创建美丽乡村时，全村各自然村建设文体小广场、公共绿化、球场等，并配有健身器材等设施。

上舍村

1958年前后，村办公借用民房。解放前，村内有圣堂庙和小学5间，中华人民共和国成立后辟为昆山乡小学。1966年建造大会堂9间，占地面积608平方米。同年拆除圣堂庙和小学，重建小学和村办公室等共8间，占地面积420平方米。1986年，迁建完小和村办公楼10间二层，占地面积374平方米，建筑面积748平方米，其中2间为村办公楼。1987年，小学和大会堂拍卖给企业。1990年重建村综合楼，其中村办公楼5间二层，占地面积160平方米，建筑面积320平方米。2009年，小学和大会堂旧址的企业搬走，村新建竹叶龙博物馆6间二层，占地面积350平方米，建筑面积550平方米。2009年至2011年增建村文化体育广场，占地面积3000平方米，设有灯光球场、舞龙场、乡村大舞台及健身器材等设施。

管城村

1986年以前，管城与三山为一个大队(村)，办公场所借用民房。1986年分设二个行政村后，共有的公共设施除留2间办公楼60平方米外其他拆除。1986年择地建造小学5间，占地156平方米。1993年建造大会堂6间，占地面积300平方米。2009年创建美丽乡村时，学校撤并，小学拆除。2011年在小学旧址建文体广场和乡村大舞台，占地面积1000余平方米，设有球场和观光长廊屋等设施。2012年新建村委办公楼3间，占地面积120平方米，建筑面积240平方米。各自然村设有小型文体广场，配有健身器材和绿化节点。

三山村

1986年，管城村分设为二个行政村后，所分的办公场所、大会堂、学校等拍卖。同年，在三山重建小学5间，占地160平方米。1987年建办公楼5间，占地面积156平方米，建筑面积312平方米。2006年重新建造办公楼4间，占地面积136平方米，建筑面积272平方米，原先的办公楼作为居家养老和村民活动室。2011年，第二幢办公楼作价转让。2012年再建办公楼4间，占地面积152平方米，建筑面积304平方米。同时在小学旧址建篮球场，租赁农房办文化大礼堂，在村口新建文体观光广场和景观水池等设施。4个自然村建有小型文体活动节点广场，配有健身器材等设施。

路西村

中华人民共和国成立初期土改时，没收地主的两幢二层两厢楼房，其中一幢用作农会开会及村办公场所，一幢用作学校。1966年建造大会堂7间，占地面积266平方米，1970年改作学校。1971年建造千人大会堂和文化演出化妆室，占地面积680平方米，其中1间楼房60平方米，作大队办公室。1973年新建学校8间，占地面积288平方米，建筑面积576平方米。1996年，原大会堂拍卖，同年扩建学校教育楼8间，占地面积304平方米，建筑面积608平方米。2004年重建十里亭。2008年新建村卫生室4间，占地面积122平方米。2010年，村委移址到十里亭自然村，新建办公楼5间，占地面积240平方米，建筑面积470平方米，并建古亭文化苑、篮球场和广场，占地面积1000平方米。2011年将千人大会堂改造为文化大礼堂和影剧院。江家边自然村建大型文体广场和社戏凉亭，占地面积700平方米；其他各自然村开辟小型文娱活动广场和美丽乡村节点，配备健身器材等设施。

钱坑桥村

中华人民共和国成立初期至1958年，村办公借用民房。1966年前后，化家坞与钱坑桥二个大队相继建造大会堂和办公室。1973年，钱坑桥村建造千人大会堂，占地面积700平方米；新建中街的办公楼5间，占地面积150平方米，建筑面积300平方米。1977年，化家坞建造小学和村办公室7间楼房，占地面积266平方米，建筑面积532平方米；1980年，大会堂迁址蛇角庙公路边重建，占地面积266平方米；1996年重新建造村办公房4间，占地面积150平方米。2007年二村合并。2010年新辟地基建造办公楼，占地面积204平方米，建筑面积470平方米；原钱坑桥村大会堂改造为村文化大礼堂和影剧院。2011年建村文体广场和球场。各自然村建有小型文体广场和健身场所，配有健身器材等。

铜山村

1958年前后，隐将村办公在太平寺外，其他二村均借用民房。

梅坞　1965年建造小学5间，占地面积150平方米。1967年建造大会堂和村办公室，占地260平方米。1976年建造千人大会堂，附设两间楼房作为办公室，占地面积560平方米，建筑面积700平方米。1980年将老大会堂和办公室拍卖。2003年重建完小6间、辅房3间，占地面积300平方米，建筑面积480平方米。

隐将　1967年建造村小学9间，占地面积300平方米。1996年太平寺被列为道教场所，村委办公场所迁下荡停车场旁，建造办公室3间，后增4间，合为7间，占地面积200余平方米。2007年三村合并后，村办公楼改设新村老年活动室；小学拆除，立隐将塑像，辟公共绿地。

张家山　1966年建造小学5间，1980年增建2间，占地面积228平方米。1967年建造大会堂和村办公室7间，1990年拆除，村委办公搬迁到学校。1996年学校扩建，村委迁址谢坞口，新建办公室3间，占地面积80余平方米。2007年三村合并后，村委办公室改作村民活动室。

2007年三村合并为铜山村后，村委办公设在原梅坞村委会办公处。2011年，铜山村新建办公楼7间，建筑面积560平方米。各自然村均设有文体小广场绿化节点，其中隐将文化广场有1000余平方米，各自然村节点都配有健身器材设施。

梓坊村

1958年前后，梓坊和潘家上二村均借用民房办公。1965年，梓坊建村小学5间，占地面积160余平方米。1966年建梓坊大会堂和村办公室10间，占地面积400平方米。1967年，潘家上建大会堂和村办公室，占地面积400平方米。1976年，梓坊另辟地基建造大会堂8间，附设2间楼房作村办公楼，占地面积380平方米，建筑面积480平方米；同年拆除老大会堂建造完小6间楼房，占地面积228平方米，建筑面积400余平方米。1978年，潘家上新建完小4间，占地面积120平方米。2002年，梓坊、潘家上两村合并。2005年，村委会办公场所搬迁到原潘家上完小，原梓坊小学改为村中心活动室、老年居家养老、医疗室等。2010年建梓坊茶博物馆4间，占地面积100平方米。2011年，原梓坊村大会堂改作村文化大礼堂。全村5个自然村在美丽乡村创建中建有文化体育广场，配有健身器材等设施，其中梓坊和十字路自然村建有球场。

2012年各村主要公共设施一览表

表6-2

行政村	村办公场所		文化礼堂（平方米）	活动室（平方米）	影院剧场（平方米）	文化广场（平方米）	球场（个）	公共厕所（座）
	占地面积（平方米）	建筑面积（平方米）						
独山头	125	250	—	160	—	800	—	2
路西村	220	440	196	80	400	1160	2	3
铜山村	150	390	300	200	—	1600	—	3
上舍村	250	500	350	200	—	1800	1	3
梓坊村	120	240	400	80	—	500	1	2
三山村	120	240	400	300	—	1800	1	3
管城村	120	240	450	80	450	1000	1	2
长林垓	228	684	310	350	356	1600	1	3
干溪桥	120	240	300	120	—	600	1	2
钱坑桥	220	400	300	90	450	1500	1	3
合计	1673	3624	3006	1660	1656	12360	10	26

第三节　美丽乡村建设

一、新村建设

20世纪70年代末，姚良大队萌发实施新农村建设的构想。1978年，大队党支部组织干部和群众骨干到吴兴县南埠乡楂树坞村参观取经，然后又组织姚坞、良村两个点的骨干到江苏江阴县华西大队参观取经。同年，大队在良村自然村进口处拆除数户农舍，投资建设一排整齐的二层连基楼房28间，楼房后面统一建小平屋用作辅房，当时被称为新农村的样板房。1979年至1980年，14户缺房困难户相继迁入新居。

90年代，随着农村工业经济兴起，个私工商户、养殖户和私营企业联合体建房增多。为防止无序滥建，县、乡设有乡村建房规划机构，统一规划，严格审批。进入21世纪，农户建房也实行严格审批制度，不得违建。2006年，昆铜乡被评为全县新农村建设主题教育活动先进单位。2007年，长林垓村成功创建全省新农村建设实验示范村，同年该村推进新农村建设的做法经验在湖州市主题教育总结会上进行交流。

2010年开始，路西村在村委旁规划建造新村，每户独立三间三层楼房，外观风格一致，水电进户，排污设施由村统一设置，至2012年共建造楼房8排36户。

二、村庄整治

2002年，全乡开始村庄环境整治，乡、村分别成立整治领导小组，制订整治规划，落实专项措施，治理山区村庄的脏、乱、差、散，改善村容村貌，提高昆铜乡的整体形象。率先进行村庄整治的有独山头村的梁家塘自然村，长林村的长林垓自然村，路西村的江家边、蒲芦坞自然村。通过一年的努力，全面清除违章建筑，拆除危房，粉刷外墙，治理污水，村庄面貌焕然一新，这四个自然村全部通过验收被评为县级一等奖。其后各自然村争相仿效。

至2010年，全乡70%的自然村实施了村庄整治，并通过验收。各自然村逐步拆除破旧房屋，建造钢筋水泥结构的楼房和别墅；卫生设施有了根本改观，家庭改用抽水马桶，农户露天粪坑改用三格式无害化处理池，污水排放进行无害化处理；饮用水改用水库净化自来水装置，用上清洁卫生的自来水；村内卫生有专人保洁清扫，家庭的垃圾投放指定的垃圾箱，建筑垃圾设固定倾倒点，有专人专车清理集中运走；村庄道路、公共场所，以及农户屋前屋后均实行绿化、亮化、美化。2011年，钱坑桥村结合生态文明村创建和省“千村示范、万村整治”农村土地综合整治、农村住房改造、农村社区服务中心建设等工程的实施，被县政府确认为“安吉县培育建设中心村”。

三、环境保护

昆铜生态环境优越，是理想的人居之处。20世纪80年代开始，随着山村工业的掀起，农业剧毒农药的使用，以及毁林种茶事件的频发，生态环境遭到不同程度的破坏。20世纪末，乡政府成立了环境保护机构，制定和实施环境保护规划，逐步进行污染源治理，生态环境明显改善。2010年以后，开展“美丽乡村”的实践创新基地建设，实施生态农业、生态工业和生态文化建设；进一步加大监管力度，境内的环境污染得到有效控制，环境质量不断改善。

1. 大气污染治理

昆铜山区向来没有排放氟化物的大型燃煤砖瓦厂、水泥厂等企业，20世纪80年代后，只有鱼竿厂和企事业食堂零星的燃煤排烟。20世纪末开始，为防止氟化对桑蚕的危害，政府禁止砖瓦厂、化纤厂、大厂食堂、塑料厂等燃煤企业在春蚕、夏蚕养殖季节排放煤烟，并逐步改以电或柴油代替燃煤。2005年开始，禁止野外焚烧油菜秆和其他植物秸秆，大气环境得以有效保护。

2. 农业污染治理

20世纪80年代，农田普遍使用无机化学农药，虫害严重的区域甚至还施用氧化乐果、甲基1605等剧毒农药，一度对人畜造成极大危害。2000年以后，大力推广高效低毒农药，提倡使用生物农药，减少化学物残留和对水体的污染；发展生态农业，调整种植结构，种植无公害的蔬菜、白茶和水果；治虫防病使用低毒高效的农药。2012年，实施肥药双控措施，农作物、白茶使用有机肥和有机农药；同时回收农药固体包装瓶（袋），回收率达90%。

3. 工业污染治理

改革开放后，民营企业发展较快，工业废水一度无序排放，污染严重。1990年以后，白竹加工生产企业快速发展，且多以家庭作坊生产，在露天砌筑烧煮蒸洗锅灶，放入纯碱、双氧水等进行蒸煮，废水任其排放，严重污染土壤和周边农作物，烧煮蒸洗锅灶烟囱排烟严重。2002年，环保部门与乡企局共同对境内2家石英粉企业进行整改，建立沉淀池，实行溶液净化排放，效果明显改善并达标。2008年，乡工业办公室会同环保部门排查境内10余家塑料制品企业，关闭2家塑料粒子加工厂，对影响周边农户和行人，以及废水排放不达标的企业责令限期整改，整改后有明显改善。

2010年，重点治理安吉康和石英粉厂干法生产产生的扬尘，通过技术改造，引用脉冲回收扬尘和净化引风机回收扬尘，使工人在生产全过程中封闭作业，不接触扬尘。通过省市验收，被评为职业病防治示范企业。全省相关企业不时派人前来参观取经。同年开始，对全乡200余家竹加工企业进行整治。至2012年，昆铜境内共关停167家，停产整治30余家，其中3家基本完成整治和提升。

4. 水污染治理

20世纪90年代前，域内水质监测均为Ⅰ级。2000年以后，昆铜地表水受少量塑料企业废水、白竹企业生产烧煮用碱和双氧水的废水污染。2002年开始，对工业废水无序排放进行整治，效果明显。

2008年，各村开始治理生活污水，引入大水库的净水，埋设通村通户水管，使每户都饮用清洁自来水。2010年建立生活污水处理池200余只；改造露天厕所，污水管网接入率85%。此后，各村加大资金投入力度，加快污水管网建设和污水泵站建设，境内所有污水集中收集后经污水泵站送入梅溪污水处理厂处理。至2012年，境内农户改厕90%以上，卫生厕所粪水接入三格式化粪池后再排入污水管网；在较大的自然村建立公厕，安排专人管理。

5. 垃圾污染治理

2002年开始，开展村庄整治，各村落实保洁员清扫村庄道路和公共场所，垃圾集中收集填埋。自2010年起，各村的垃圾由村收集运送到乡级的两个垃圾回收站，由县级清洁车转运到集中填埋场处理。2012年，每户设置垃圾箱，生活垃圾每日清理。专职保洁员每天回收各户的垃圾，由专职运输车辆转运到中转站进行无害化处理。村庄内的道路和公共场所每天清扫，沟边溪边路旁的垃圾每天清捡，路旁的绿化带、花坛分季节栽花除草，保持常年青绿美观。

四、基础设施建设

2008年开始，在创建文明村，实施村庄环境整治的基础上，结合各村实际，开展改水、改厕、改路、改房、改线和美化环境（简称“五改一化”）的美丽乡村建设。各村根据各自不同的地理环境，先后建有村标雕塑、文化体育广场、灯光球场、老年活动室、电影院、剧场、文化礼堂等公共设施。

至2012年，全乡建有上舍百叶龙、化龙灯博物馆，黄玉村的水上休闲人家，姚良文化礼堂和红色浪潮、农庄，莫蒡坞的星级酒店和休闲游览景观，铜山村诸家边的姑娘雕塑和隐将朱才雕塑，昆晓新线的“百竹长廊”、拦水坝景观，梁家塘、长林垓、上舍、福水岭等自然村的景观小亭，梁家塘、陈家塘自然村的亲水楼台，江家边的社戏凉亭舞台，路西村重建的十里凉亭、古亭文化苑等文化娱乐设施；各村统一埋设自来水管道，延伸至每家每户；建造净化池，埋设专用管道，标准化排放生活污水；乡村道路和进户道路统一实施硬化，并安装太阳能节能灯、路灯、景观灯等；改造旧房、危房，修缮破房，墙体白化；规范电杆、电线，有序进户；垃圾分类投箱，清除溪沟、路边的白色污染，并长效保洁；房前屋后和路边种花栽草，铺设草坪，各村环境进一步提升。

2009—2012年昆铜乡各行政村美丽乡村建设实绩表

表6-3

行政村	绿化美化（平方米）	道路硬化（平方米）	墙体白化（平方米）	村庄亮化（盏）	保洁员（个）	化粪池（个）	投资（万元）	自然村（个）
合　计	175740	230200	228700	2362	55	2594	4795	64
独山头	35640	57850	42100	177	7	200	300	5
路西村	5000	2500	6000	120	6	338	380	5
铜山村	15000	10000	50000	300	10	300	750	16
上舍村	5000	23250	20000	1200	6	22	450	5
梓坊村	10500	45000	12000	86	6	325	480	6
三山村	9600	12600	15600	46	3	147	280	6
管城村	3000	31000	15000	53	2	162	380	3
长林垓	13000	22000	15000	179	4	700	800	7
干溪桥	9000	21000	28000	71	3	120	395	6
钱坑桥	70000	5000	25000	130	8	280	580	5

五、美丽乡村精品村建设

2009年，在美丽乡村建设的同时，开展县级美丽乡村精品村创建。同年，全乡共成功创建4个精品村。2010年，其余6个村也创建成功。两年内，全乡10个村全部获得县级美丽乡村精品村称号。

昆铜乡美丽乡村精品村创建验收通过时间表

表6-4

村名	验收通过时间	村名	验收通过时间
独山头	2009年12月	三山	2010年12月
干溪桥	2009年12月	路西	2010年12月
长林垓	2009年12月	钱坑桥	2010年12月
上舍	2009年12月	铜山村	2010年12月
管城	2010年12月	梓坊	2010年12月

第四节　精神文明建设

一、文明户建设

1989年开始，全乡开展“评三户”（文明户、五好家庭户、爱国守法户）工作，根据县文明委制定的《“评三户”实施意见》和《评定“三户”的条件》，采取户主申报、群众互评、村民小组初审、村、乡（镇）、县三级审核、张榜公布、上门挂牌以及创建、复评、升级、降级、摘牌等形式有序开展创建活动。至2001年，全乡先后有近90%的农户被评为“三户”。其中，县级文明户30户，占全乡总户数的0.65%；五好家庭户358户，占全乡总户数的7.78%；爱国守法户2160户，占全乡总户数的46.94%；基本爱国守法户1089户，占全乡总户数的23.66%。

二、文明家庭建设

2006年开始，启动县级“文明家庭”创建活动。2007年，全乡评出县级文明家庭3户。2008年评出11户，2009年评出10户。全乡三年累计评出县级文明家庭24户。

三、美丽家庭建设

2009年，在创建文明家庭的基础上，启动“美丽家庭”创评活动，增设“家庭生活美、居室环境美、心灵健康美、公益慈善美、道德风尚美”5个条件，亦称五星。同年，全乡共推荐出县级美丽家庭推进户729户，其中独山头110户、干溪桥48户、长林垓241户、上舍村104户、管城村14户、三山村19户、路西村44户、钱坑桥49户、铜山村62户、梓坊村38户。

2010年，根据《安吉县美丽家庭创建标准》《关于安吉县深入开展创建美丽家庭实施意见》，民主评议县级美丽家庭推进户，共评选出星级（含五星级、四星级、三星级）美丽家庭48户。2011年评选出45户。同时，为93户县星级美丽家庭授牌。2012年共评出42户。2010—2012年，全乡共评选出135户县星级美丽家庭户。

2010—2012年昆铜乡获县级美丽家庭户名单一览表

表6-5

年份	户主									
2010	韩春娥	梁瑞荣	梁学生	李明子	何岳荣	吕连根	王雪萍	殷雪智	毛爱强	孔勤明
	王新江	沈学平	殷百顺	殷百伟	孙立芳	殷红华	殷山华	朱建成	朱永杰	杨仁人
	徐　胜	汪德云	沈国良	郭水林	石金祥	叶星连	陈志芳	杨正荣	江树成	金大富
	吴长生	金海清	肖文云	金文宝	唐爱明	韦永杰	陈旭中	孟茂法	沈月春	方敏华
	李春宝	王国兴	周新华	方志龙	范百能	王和生	凌百勇	范立安	（共48户）	

续表6-5

年份	户　主									
2011	吴文学	林三毛	陈月根	陈顺林	蔡志祥	楼忠义	陈显才	李建泉	施学贤	赵阿民
	施俊卿	张云青	孙泽民	殷森芳	姚国华	姚志强	赵小荣	肖卫新	唐圣华	赵根发
	金发林	卢尧富	郑继学	万宝林	汪德云	徐　胜	胡启中	杨立明	章　炜	胡庆华
	钱茂森	潘金荣	姚为强	王安心	汪庆意	洪新莲	诸卫权	方志荣	李茂华	周阿勇
	姚惠烽	江铭华	凌文跃	高乐生	郑九宝	（共45户）				
2012	王显林	李志祥	陈忠芳	朱小江	张文新	金连祥	姚佐礼	姚海山	陈自龙	沈阿生
	陈法荣	沈旭东	胡明初	施玉能	孙百新	金富林	沈爱琴	沈光明	盛有根	吴建荣
	江铭生	凌金贵	张志江	厉志恒	王金连	王海民	肖根生	王　勤	肖如高	陈春贵
	李桂荣	方小荣	周寸心	姚玉山	施凤祥	王发生	诸琴华	余连宝	潘明芳	梅荣贵
	叶　勇	殷小龙	（共42户）							

四、文明村创建

2002年，启动县级文明村创建工作。2003年，姚良村被评为2002—2003年度市级文明村。同年，独山头村、上舍村、长林垓村获2002—2003年度县级文明村。2004年，干溪桥村、路西村、化家坞村获县级文明村。2005年，张家山村、大路口村、隐将村被评为县级文明村。同年，各村制定村规民约。主要内容有：遵纪守法，崇尚科学，不赌博和传播黄毒；勤俭节约，喜事新办，丧事从俭，打破陈规旧俗，不乱建和扩建坟墓；尊老爱幼，不虐待老人和妇女，公共场合谦让老人和残疾人，并对老人和残疾人、困难户进行帮扶，维护公共秩序和社会公德，破除迷信，不做违法之事，反对邪教；不违规建房、违法用地、乱砍滥伐、破坏山林、偷盗冬笋、春笋和林业资源；遵守卫生保洁制度，不乱扔乱倒垃圾；提倡晚婚，不非法同居和计划外生育；不无理取闹，聚众闹事，行凶伤人，民事做到公平正义；保护环境，不用电瓶、毒药、网具捕鱼，保护野生动物和植物，并做成广告牌竖在各村路口。同年，独山头村被评为市级文明村。2007年，上舍村被评为市级文明村。到2012年，干溪桥、三山、管城、路西、铜山、梓坊等6个村先后被评为县级文明村，独山头、钱坑桥、上舍等3个村被评为市级文明村；长林垓村于2008年被授予省级文明村称号，2012年通过省级文明村复评。

五、文明单位创建

1996年，昆铜乡卫生院获县级文明单位称号。1998年，昆铜乡中心小学获县级文明单位称号。2001年，昆铜中学获市级文明单位称号。

第七章　农业经济体制

农业社会，土地是民众赖以生存的最基本的物质条件。然而，华夏几千年的封建社会，土地一直掌握在少数人手里，无土地的贫民沦为地主的租佣，生活极其贫困。直至中华人民共和国成立，实行彻底的土地革命，土地才属于全体人民，耕者有其田的梦想得以实现。

中华人民共和国成立以来，昆铜农业经济体制有三次较大调整。1950年，废除地主阶级封建剥削的土地所有制，实行农民土地所有制；1957年，通过建立互助组、初级社的农业社会主义改造，实现集体所有制；1982年，改革人民公社大集体体制，逐步实现家庭联产承包的社会主义公有制。以后实行二轮延包，实施土地开发、土地整理、园区建设及土地流转，土地权属发生一些较小的变动，但经济体制不变。2011年，全乡有山林面积114972亩、耕地6036亩。

第一节　土地个体私有制

一、封建土地制

解放以前，沿袭封建土地制度。除少量的学田、官地、社地、庙产外，一切土地均归私人所有，且基本上掌握在为数不多的大户手里。他们有买卖、典当、抵押、出租等自由处置土地的权利。绝大多数贫苦农民只能靠租田或打长短工谋生。

清咸丰同治年间发生太平天国战争，境内人口剧减，田地荒芜。朝廷及地方政府实行招徕政策，统一处置抛荒土地，先到的移民有地可种，后来者则无地可耕。清末至民国时期，又出现了买卖土地现象，地方政府规定，凡土地买卖，皆须用官制契纸立约，并凭地方机构验证，还需呈验缴纳契税。民国19年(1930)6月30日，国民政府公布“土地法”，对土地实行“地权限制”，凡公共交通道路，公共需用水资源，名胜古迹等10种土地不得为私有土地；附着于土地之矿产等资源，也不因所有权之取得而成为私有。民国期间战争不断，不仅农户之间常有田地山林买卖，困难的农户则低价变卖以求急济，民众贫富分化更加明显。

中华人民共和国成立时，农村的大量土地被地主阶级占有，广大贫雇农没有土地或只有很少的土地。据1950年初步统计，铜山乡地主富农户数占总户数的9.56%，但耕地却占总耕地的56.58%，人均占有5.04亩；而贫雇农户数占总户数的56.58%，耕地仅占总耕地的11.49%，人均只有0.56亩。昆山乡地主富农户数占总户数的9.84%，但耕地占总耕地的62.31%，人均占有5.02

亩;而贫雇农户数占总户数的59.73%,耕地仅占总耕地的10.26%,人均只有0.52亩。

地主富农占有大量土地,并利用土地对农民进行苛刻的盘剥,贫雇农靠帮佣租田谋生,这种封建土地制度,造成绝大多数农民生活日益贫困。

1950年土改前铜山乡各阶级户籍人口占地情况表

表7-1

阶级成分	地主	半地主	富农	中农	贫农	雇农	小土地出租	其他
户数(户)	41	20	24	282	346	157	13	6
占总户数(%)	4.61	2.25	2.70	31.72	38.92	17.66	1.46	0.67
人数(口)	226	100	125	1182	1328	334	32	15
占总人口(%)	6.76	2.99	3.74	35.37	39.74	9.99	0.96	0.45
占有土地(亩)	1258.51	569.81	446.29	2380.83	916.64	14.13	192.29	299.86
户均占地(亩)	30.70	28.49	18.60	8.44	2.65	0.09	14.79	49.98
人均占地(亩)	5.57	5.70	3.57	2.01	0.69	0.04	6.01	19.99

1950年土改前昆山乡各阶级户籍人口占地情况表

表7-2

阶级成分	地主	富农	中农	贫农	雇农	小土地出租	其他
户数(户)	42	54	209	407	176	28	59
占总户数(%)	4.31	5.54	21.44	41.74	18.05	2.87	6.05
人数(口)	199	336	985	1521	271	82	125
占总人口(%)	5.66	9.55	27.99	43.22	7.70	2.33	3.55
占有土地(亩)	1462.28	1224.71	1884.38	926.86	2.90	477.92	2.30
户均占地(亩)	34.82	22.68	9.02	2.28	0.02	17.07	0.04
人均占地(亩)	7.35	3.64	1.91	0.61	0.01	5.83	0.02

二、土地改革

1949年5月初解放后,人民政府实行减租、减息和反霸斗争,1950年6月28日,中央人民政府委员会第8次会议通过《中华人民共和国土地改革法》。7月初,安吉县根据省委、省政府及临安专区的指示精神,制定《关于对土地改革的意见》,成立土改工作领导小组,组建若干土改工作队,分别下到各区、乡指导工作;区委区公所统一协调各乡、工作组深入山区的各个村、领导和组织土地改革调查工作,废除封建土地制度,实行土地改革,建立新的土地制度。废除封建土地制度成为新民主主义革命的基本任务,成为中华人民共和国成立后的第一件大事,奠定了社会主义制度基础。

1. 土改实施

由于土地改革的重要性和迫切性,准备工作在剿匪反霸尚未结束的时候就开始了。1949年10月13日,县委在全县劳动农民代表会上传达了中共浙江省第一次党代会精神,开展调查研究,训练干部,开展典型试验,实行减租、废除高利贷,为土地改革做准备。建立农会,着手摸清农户对土地和生产资料的拥有量，对照政策，逐一对号入座，划分为地主、半地主式富农、富农、中农、贫农、雇农、小土地出租等成分。地主的土地、房屋、耕畜、农具及家庭财产除保留维持其基本生活的部分外，其余没收，由农会分配给贫雇农。富农的土地、山林维持原状。

1950年11月下旬，境内土改试点工作完成后，传达中共华东局《关于提前完成土地改革的指示》，将土地改革的方针由“小心谨慎，稳步前进”调整为“放手发动群众，大胆发展运动”。从而使土改运动随即轰轰烈烈地全面展开。工作队还组织群众学习有关土地改革政策，发动群众控诉地主的剥削罪行，批斗罪大恶极的地主，激起广大农民的阶级仇恨，更加拥护共产党，拥护土改政策。1951年3月，土改工作基本结束。6月，县人民政府为分得土地的农民颁发“土地房产所有证”。

1951年铜山乡土改土地分配状况表

表7-3

阶级成分	雇农	贫农	中农	地主
总户数(户)	157	346	282	41
总人口(口)	334	1328	1182	226
分得土地户数(户)	157	307	19	41
分得土地人口(口)	334	1206	95	226
分得土地亩数(亩)	429.98	992.71	71.62	329.91

说明：土改时，全乡共没收征收土地1871.68亩，除保留47.46亩外，其余1824.22亩全部分配给贫雇农和少数中农。地主全部重新分配土地

1951年昆山乡土改土地分配状况表

表7-4

阶级成分	雇农	贫农	中农	地主	其他
总户数(户)	176	407	209	42	59
总人口(口)	271	1521	980	199	125
分得土地户数(户)	159	388	24	42	21
分得土地人口(口)	244	1462	286	199	49
分得土地亩数(亩)	413.95	1644.5	153.96	285.18	81.53

说明：土改时，全乡共没收征收土地2636.21亩，除保留57.09亩外，其余2579.12亩全部分配给贫雇农和少数中农。地主全部重新分配土地

1951年土改没收地主富农主要财产数量表

表7-5

财产种类	房屋(间)	牛马驴(头)	犁耙耖(只)	水车(部)	手车(部)	风车(部)	稻桶(只)	石臼(只)	家具等(件)
铜山乡	119	32	50	3	33	7	12	21	531
昆山乡	180	35	38	5	—	9	10	12	436
合计	299	67	88	8	33	16	22	33	967

2. 土改复查

为了进一步完善土改工作，地委和县委分别派出检查组，分赴各地对土改工作进行全面检查。通过检查，发现各地普遍存在着宁“左”毋右思想，如对地主搞体罚，拔高阶级成分，过多没收地主生活资料，干部包办代替行为等，针对这些情况，县委召开土改工作队长会议，进一步学习华东局有关指示和省委提出的检查土改结束的五条标准，通报了土改中存在的问题，如既有漏划成分的，也有错划的，还有少数干部对胜利果实分配徇私舞弊。要求各级干部要坚决纠正一切违反土地改革政策的行为。

1951年4月中旬，严格对照省委提出的五条标准，对各地的土改进行复查，经过近一个月的检查，将土改的乡村分为三类：一类即乡村群众基本发动的占57.4%；二类即群众发动不够充分的占32%；三类即乡村群众基本没有发动的占10.6%。针对检查中发现的问题，上级提出：一类乡村做好巩固提高工作；二类乡村补课，缺什么补什么；三类乡村加派力量，进一步发动群众，把存在的问题解决好，组建土改复查队伍，再次全面复查。10月，土改复查工作全部结束。经查，土改中提升成分和降低成分全部予以纠正。并根据工作调整各村的正副村长，调整农会长和农会会员、妇女会员、儿童团员、民兵、青年团等骨干。至此土改复查工作全部结束。

土地是农民的命根子，拥有一块属于自己的土地是农民祖祖辈辈的渴望，经过土地改革，农民有了自己的土地，劳动者真正成为土地的主人，极大地激发了生产热情和劳动干劲，促进了农业生产的发展。

三、农业劳动互助组

土改工作结束后，农民都拥有自己的土地。但是，由于劳力、耕牛、农具等缺乏，造成大部分农民耕作困难。农民为了解决农业生产中各自的劳动力、畜力、农具不足的困难，在自愿互利的基础上建立劳动互助组织。互助组织有临时互助组、常年互助组两种形式。临时互助组，一般由几户或十几户农民在农忙季节临时组织起来，进行换工互助，农忙过后，即行解散，是互助组的初级形式；常年互助组，规模较临时互助组大，组员比较稳定，除全年在主要农事活动上进行劳动互助外，还进行其他农副业的互助结合，并且在组员之间有初步的劳动分工，有的还积累了少量的公共财产，成为互助组的高级形式。

1952年开始，境内出现自发的以工换工形式的“帮工组”，亦称“调工组”“临时互助组”。同年年底，在临时互助组的基础上，晓一村梁家塘自然村的梁应墀成立了昆山乡第一个常年互助组。该组共有30户93人，其中男性46人、女性47人。全组有水田126亩、熟地23亩、小竹漾94亩、毛竹林18亩、柴山274亩、小水塘11口1.2亩；有水车2部、手摇水车3部、水牛3头、稻桶3只、犁5只、耙耖各3只、风车3部；还有铁耙、木耥、谷垫、蚕匾等农用家具。该互助组实行自愿结合、等价交换、民主管理，极大地提高了劳动生产力，同时也促进了其他村民组织常年互助组的积极性。到1953年年底，昆山、铜山两乡共建有常年互助组76个，占总农户的52%；帮工组、调工组等各种临时互助组占总农户的26%。

四、初级农业生产合作社

1953年12月16日，中共中央《关于发展农业生产合作社的决定》下达后，县委、县政府作出试办初级农业生产合作社（简称初级社）的规划部署。1954年1月，区、乡公所的领导下乡深入各村了解情况，开始在互助组运作比较好的村建立初级社，土地等生产资料统一作价作为股份入社，收益按劳和股份分配，粮食按人口分配。2月，铜六村（钱坑桥村）成立铜山乡第一个初级农业生产合作社——同心农业生产合作社；3月，铜七村（路西村）成立铜山乡第二个初级农业生产合作社——合力农业生产合作社。至1954年年底，昆铜两乡成立了38个初级社，占总农户数的63%。1955年春又成立了8个初级社。同年4月至5月，贯彻浙江省委“全力巩固、坚决收缩”的方针，对各初级社进行整顿收缩，个别差的初级社转回互助组。

第二节　土地集体所有制

一、高级农业生产合作社

1956年年初，开始发动宣传组建高级农业生产合作社。最早成立的有上舍、三城、五星等高级农业生产合作社。1956年2月昆山乡与铜山乡合并后，在调整各村的区域，改变原村的建制基础上，加大宣传合作化的优越性，大力扩社建社，初级社一律过渡到高级社，其中不少单干户或互助组直接加入高级社。到1957年年底，全乡相继成立五星、高葛、昆一、姚良、长林、上舍、三城、合力、三合、高一、勇将、四岭、新华、梓兴、永年等15个高级农业生产合作社，入社农户占98.5%。

入社的农户，其田地、山林、农具、耕畜统一作价入社，作价的金额由高级社按比例逐年返还。粮食按需分配，收益分配实行按劳取酬，多劳多得。同时允许社员房前屋后或离村较近的旱地作为自留地，种植蔬菜和饲养牲畜，每人大约8厘地。高级社实行统一经营，对个别劳力弱、吃口重，生活有一定困难的农户给予适当照顾；对鳏寡孤独的社员实行保吃、保穿、保医、保住、保葬（孤儿为保教）的“五保”政策。

二、人民公社

1958年8月，根据中共中央《关于农村建立人民公社问题的决议》，县委、县府派出工作组，在晓墅镇进行人民公社办社试点。9月上旬，昆铜和板桥、溪龙、晓墅等3乡1镇联合起来，组建安吉县第一个人民公社晓墅人民公社。公社化以“一大二公”为特点，原来各高级社的土地、农具、粮食、物资和公共积累，全部无偿归人民公社所有，由公社统一调配使用。同时打破高级社的田地权属界限，将原高级社的插花田和在外乡的插花田均被分片划定，插花田则无偿划给属地的公社、生产队耕种，作为永久设定。插花山和竹林则归原户主的生产队管理，形成田地永久无“插花”，山林永久有“插花”的现象。

公社成立后，各高级社改称生产队，下设操作组，实行营、连、排、班等军事化编制，保持高度集中；组织军事化、生产战斗化、生活集体化，将一些过小的自然村农户搬迁到大村庄，部分大村庄分设二个连，部分生产队分设农业与林业专属队（称连、排）；收益分配以公社为核算单位，粮食实行供给制，办大食堂，“吃饭不要钱”。

1958年秋、冬开始，掀起大办钢铁运动，在晓墅上街建立小高炉，收集农户的废铁，甚至打碎铁锅投入小高炉炼钢铁，昆铜地区各生产队都派青壮年参加。同时，各生产队打窑烧炭，大批古树被砍伐烧成炭后送晓墅的小高炉炼钢铁。

由于人民公社“一大二公”的体制不适应中国农村经济、社会发展的客观需要，同时也由于在指导思想和具体工作中脱离实际，计划高指标，生产瞎指挥，分配“共产风”，严重挫伤了干部群众的积极性，造成人力、物力的严重浪费，农业生产和农民生活水平均出现下降，但在当时还作为“典型”，在《浙江日报》给予报道与推广。

1959年3月，根据中央有关整顿人民公社所有制，纠正“共产风”和省委六级干部会议精神，县委决定，公社下设管理区，设立昆铜管理，管理原昆铜乡生产队。同时大规模整顿人民公社有关制度，改公社所有制为生产队所有制，生产小队作为承包单位，推行“三包一奖”合同制等。

1961年8月，根据中共中央制定的《农村人民公社工作条例（修正案）》（简称60条），调整社队规模。撤销昆铜管理区，成立昆铜人民公社，下设生产队和生产小队，实行三级所有、队为基础。确定以生产队为基本核算单位，由生产小队直接组织生产。生产队对生产小队实行“三包一奖四固定”，即包工、包产、包成本，超产奖励，劳力、土地、农具、耕牛划归生产小队支配。同时，解散大食堂，公社对平调的财务进行算账退赔，给社员划给少量的自留地，允许社员经营少量家庭副业。

1962年2月，中共中央发出《关于改变农村人民公社基本核算单位问题的指示》，中共八届十中全会通过《关于进一步巩固人民公社集体经济，发展农业生产的决定》。10月，贯彻中央指示，境内的社队规模再次调整和变更，原来的生产队改为生产大队，原生产小队改称为生产队。同时，基本核算单位下放到生产队，生产队实行独立经营，自负盈亏，收入除上缴国家税金，大队提取一定比例的积累和管理费外，其余全部由生产队进行分配，即实行大包干和按劳分配加照顾的分配政策。

1966年，“文化大革命”开始，农村大张旗鼓开展“两条道路的斗争”，割“资本主义尾巴”。同年冬掀起破“四旧”、立“四新”，横扫一切牛鬼蛇神运动。各村的庙宇和古老房屋的雕刻被认为是“封、资、修”的产物，一律砸碎或烧毁；宗氏家谱被搜查出来，连同古典书籍统被烧毁；各大队都成立造反派组织，开始开展批判当权派。

1967年，限制社员搞家庭副业，开展农业学大寨，实行大寨式评工记分，采用自报公议的评分方法，搞政治挂帅。1977年，取消大寨式评工记分制度，实行定额包工、多劳多得的记工办法。

1983年年底，实行政社分开，建立乡政府，实行了26年的人民公社体制退出历史舞台，恢复昆铜乡建制，建立昆铜乡人民政府。1984年年初，各大队改为行政村，各村建立村民委员会，村级成立经济联合体的“经济合作社”，生产队改作村民小组。

三、家庭联产承包责任制

1980年5月，邓小平发表《关于农村政策问题》的谈话，指出“农村政策放宽以后，一些适宜搞包产到户的地方搞了包产到户，效果很好，变化很快”。9月27日中共中央下发《关于进一步加强和完善农业生产责任制的几个问题》的文件，指出“在生产队领导下实行包产到户是依存于社会主义经济，而不会脱离社会主义轨道的，没有什么复辟资本主义的危险”。中共中央的文件和邓小平的谈话，为农村推行家庭联产承包责任制定下了基调。

1. 第一轮承包

农田承包　1981年秋、冬，全公社各大队根据上级的指示，试行将部分生产队划分为若干个小组，实行任务到组，责任到人的劳动管理模式。个别小组干脆将小组的田地承包到户。1982年8月，县委召开三级干部大会，9月又召开三级干部会，对前期责任到组的部分生产队将田地承包到户的情况给予了肯定，并要求全面推行家庭联产责任制。同年冬，各生产队陆续开始将田地按人口分配到各户，有口粮田、责任田、饲料田。到1983年春，全公社除姚良大队外，其余大队农田承包全部完成，签订责任制合同，发放“农村集体土地承包证”。承包期为15年，承包期内农民对承包的土地只有使用权，不能转让、买卖与典当。1986年，姚良村在上级组织的指导下也顺利地实行了田地、山林家庭联产承包责任制。

山林承包　1983年冬，按照县农业责任制的方法，全公社各生产队的林地同样实行划片承包到户。由于林地比耕地复杂，各村在保护好山林时，逐步承包到户，至1984年年底，基本完成山林承包工作。山林承包到户时，尚在执行计划经济，小竹、毛竹仍实行按计划指标砍伐投售。

实行家庭联产承包责任制后，生产与经济效益直接挂钩。农民以户核算，自负盈亏，一年收益在完成上缴国家任务和集体提留后，其余收入由自己支配。农民有了生产自主权，积极性有了很大提高。

1990年起实行大稳定、小调整。上级要求对人口变化较大的组实行“动钱不动山”的经济找补调节办法，由于各村组的意见不一致，无法实现平衡，2000年前后经济找补调节办法被搁置。

2. 第二轮延包

田地延包　1997年秋，一轮承包15年即将到期，全乡开始按照县委县府的指示，实行田地第二轮延包试点。由于一轮承包以来，人口变化很大，但承包的田地亩数还是按照15年前的，实行微调又没有统一政策，所以二轮延包一直到2002年冬才完成。二轮土地延包期为30年，自1999年至2030年。

山林延包　2001年，一轮山林承包已经到期或将陆续到期，为进一步稳定和完善山林承包经营责任制，昆铜乡开始进行山林延包工作，重新核对第一轮承包的经营权属，签订第二轮山林延包合同，并以此为基础重新登记造册。2006年，开展稳定山林承包责任制和发放林权证工作，至2007年5月林权证全部发放到户。二轮山林延包期为30年，自2006年至2035年。

四、土地流转

土地流转是在土地承包者自愿的基础上经营权依法实行转包、出租、互换、转让的行为。土地流转多数由村经济合作社主持，明确土地流出户与流入户双方的权利与义务，签订土地流转合同，或者由土地承包户以书面形式委托村集体组织统一办理转包手续，规范有序地建立流转机制。由于部分劳动力转移、外出、丧失等原因，在第一轮承包期内就有部分土地开始流转。1996年起有逐步上升趋势，有人开始租田种植百合，有人租用荒山缓坡栽种青梅树等。

2010年前后，境内的土地流转加快，个体承包的田地以流转的形式向大户集中，如上舍村的工业长廊、长林村的蔬菜基地、三山村马鞍岭脚的绿野生态园、干溪桥村乌田垓的易兴三农中药材果蔬种植精品园、路西村塘田垓田畈和里江田畈的黄茶基地、钱坑桥和化家坞村俞之岭山坞的白茶园地等。同年，全乡承包30亩以上的种粮大户有5户，共流转承包689亩。2011年，全乡种粮大户增加到6户，共流转承包754亩。

第三节　土地开发与整理

一、土地开发

境内山冲的梯田、梯地、坡地、大田畈和沿溪两岸的竹林地，均为前人开垦，仍留有地垄、石埂、石道遗痕。太平天国后，人口凋零，造成大部分田地抛荒。清末民初，外地移民迁入，人户逐步增加，田地开始垦复，但至解放前仍有不少可开垦的土地抛荒。

1956年至1957年，从初级社进入高级社，形成集体生产后，逐步开垦尚未利用的荒地、滩地，并将旱地改良成水田。开垦改造的田地有黄春垓、塘田垓、乌田垓、长林垓及上舍、三山以下和铜山钱坑桥沙田畈等处。1959年“大跃进”时期，发动社员在春节期间挖坟堆，清乱石，改造田地。20世纪60年代，各生产队都开垦荒地，开发较大的有陈家塘的后山林场，毛徐、大路口的荡里林场，路西的里江林场，化家坞的稻场坞等。70年代农业学大寨运动期间，改造的有梁家塘后山、陈家塘中心区域、干溪桥的毛徐、姚良村的周坞坑至姚坞地段、路西村黄家滩的荒刺滩，还有化家坞、钱坑桥等村的溪边荒滩和坡地。开发的大部分属于小园田化的田畈。另外各队均开辟小林场，种植油茶、板栗、茶叶、水果等。

进入21世纪，境内开发造地多为种植白茶。至2012年，仅独山头、路西、化家坞三村就开发1101亩，其中独山头村630亩、路西村334亩、化家坞137亩。其他各村由于山高林密，可开发的土地较少。

二、土地整理

1. 园区建设

境内的农田高高低低，形状各异，属梯田性质，不适应农业机械化操作。在农业学大寨的20世纪70年代，各生产队开始改造田地，多数改造成1.5～2亩的方田块，当时称生产方。改造后，田块一头为机耕路，并附灌水渠道，另一头为排放水渠，以达到每丘都便于机耕、灌溉及其他作业。姚良村开辟的周坞坑新园田、黄家滩的数十亩新改田均采用这种方式。

20世纪90年代开始，进行农业园区建设。昆铜山区大块农田少，且土层深浅不一，园区建设投工大，收效甚微，所以建设不多，只有黄春垓、塘田垓的田畈各建200余亩。长林垓以上的少量土地和里江林场的旱地、坡地，也同样以此种标准实施园区建设。

2. 土地保护与整理

1987年安吉县矿产资源监督管理办公室成立后，对昆铜港的砂石采集进行监督管理，禁止毁田取砂石，同时关停境内原有的小山矿，复土还耕。1995年，关停乡内烧砖瓦的小土窑，复土还耕。2000年，陈家塘石矿最后关停，并进行复土。2003年陆续对境内所有耕地进行修复、改造和整理，对个别原有的砖瓦厂、拆迁后的房屋基地进行复耕。至2012年，全乡共整理田地5000余亩，占所有耕地的88%。

三、农田保护区建设

昆铜山区耕地少，后备资源有限。1992年，乡政府对各村基本农田保护区做第一次划定。1995年，贯彻省《基本农田保护条例》，以及《湖州市基本农田保护区规划调整的实施意见》，对各类建设用地实行规划，统筹安排，在农田保护区与建设留用地之间划定界线，绘制图纸，埋设界桩，强化对基本农田的特殊保护，优化基本农田保护区布局和环境，发挥基本农田的功效，确保国家粮食安全。2012年，昆铜乡重新调整基本农田，调整后全乡农田保护面积为9276.9亩。

2012年昆铜乡基本农田调整表

表7-6　　　　单位：亩

行政村名称	调整前保护面积	调入基本农田			调出基本农田			调整后保护面积
		面积	比例(%)	质量等级	面积	比例(%)	质量等级	
独山头村	1102.35	230.25	20.89	十级	291.9	26.48	十级	1040.7
干溪桥村	621.6	133.95	21.55	十级	123.9	19.93	十一级	631.65
管城村	332.4	148.2	44.58	十级	78	23.47	十级	402.6
路西村	1605.45	277.35	17.28	十级	371.85	23.15	十级	1510.95
钱坑桥村	1027.65	261.45	25.44	十级	173.7	16.9	十级	1115.4
三山村	588.9	90.15	15.31	十一级	195.3	33.16	十二级	483.75
上舍村	502.35	127.65	25.41	十一级	144.9	28.84	十二级	485.1

续表7-6

行政村名称	调整前保护面积	调入基本农田			调出基本农田			调整后保护面积
		面积	比例(%)	质量等级	面积	比例(%)	质量等级	
铜山村	1173.45	189.75	16.17	十一级	438.3	37.35	十二级	924.9
长林垓村	2104.05	483.9	23	十一级	420.9	20	十级	2167.05
梓坊村	528.9	107.25	20.28	十一级	121.35	22.94	十一级	514.8
合计	9587.1	2049.9	21.38		2360.1	24.62		9276.9

第八章　农　业

昆铜传统粮油作物有水稻、油菜、麦类、番薯等。由于是山区乡，田地少，土质差，加上山冲冷水田光照不足，粮油作物种植面积少，产量低。解放后，特别是20世纪60—70年代的改田造地，使全公社耕地增加千余亩。1974年开始修筑机耕路，兴修水利，实行农田园田化、进行机械化生产，既解放了劳动力，又提高了粮食产量。传统经济作物有蚕桑、茶叶、蔬菜、瓜果等。养殖业以猪、鸡、鸭等家禽家畜为主。20世纪80年代后，对传统的农作物种植进行调整，产业结构和经营模式发生变化，粮食种植比重下降，茶叶、水果、苗木增多。进入21世纪，实行土地整理、土壤改良和科学管理，农作物产量不断提高。同时，实行农业税种减免和多项农业补贴政策，促使农业生产进一步发展。

第一节　农业结构

昆铜的大农业一向以林业为主，种植业和养殖业为辅。解放后以粮为纲，大力发展种植业和养殖业，至20世纪80年代逐渐与林业持平。90年代开始，农业产业结构调整，粮油种植面积缩小，茶叶等经济作物种植面积扩大，同时利用竹资源发展竹加工产业，林业产值大幅度增加。

1985—2011年昆铜乡农业产值分类一览表

表8-1　　单位：万元

年份	总产值	种植业	林业	牧业	渔业	服务业(副业)
1985	500	167	197	61	1	74
1986	743	165	471	63	1	43
1987	438	158	152	86	2	40
1988	501	166	117	104	3	111
1989	415	175	183	11	2	44
1990	583	142	326	96	1	18
1991	1283	322	690	225	3	43
1992	2338	326	1603	313	4	92
1993	2027	362	1127	292	5	241
1994	2806	317	1413	448	10	618
1995	2328	351	1452	258	5	262

续表8-1

年份	总产值	种植业	林业	牧业	渔业	服务业(副业)
1996	3239	362	1533	709	14	621
1997	1615	543	95	198	81	698
1998	2849	765	1599	473	12	
1999	1943	945	687	298	13	
2000	2854	1249	1308	283	14	
2001	4348	1208	2757	364	19	
2002	6243	952	4950	329	12	
2003	6275	1500	4427	331	17	
2004	7207	1729	4515	860	23	80
2005	12387	1070	10678	572	17	50
2006	10042	1261	8483	220	23	55
2007	11103	1292	9318	419	24	50
2008	11589	2206	9229	95	19	40
2009	14135	2466	11502	120	27	20
2010	17847	3065	14371	305	31	75
2011	19890	4459	15132	229	53	17

说明1. 1985—1990年的产值为1980年不变价；1991—2000年的产值为1990年不变价；2001—2011年的产值为现价。

2. 1985—1997年服务业一栏中的产值为副业产值。

3. 林业产值含竹加工业

第二节　种植业

境内的粮食作物主要为水稻和大小麦，其中秋粮作物主要是玉米、番薯、荞麦之类。油料作物有油菜、黄豆、芝麻、花生等。经济作物解放前后有蚕桑、茶叶、瓜果、蔬菜等。20世纪末，农业结构不断调整，粮食作物生产有所减少，经济作物全面发展。经济作物除雷竹早园笋、大棚蔬菜、百合、水栀子、蚕桑、苗木以外，全乡普遍种植白茶、黄茶，成为全乡经济新的增长点。

一、粮食作物

1. 水稻

中华人民共和国成立前后，昆铜地区均种植单季稻。粳稻品种有香粳晚、红壳晚；籼稻品种有二伐早、洋籼稻。有农谚说："种田种到老，还是洋籼二伐早。"另外还有小广籼、大广籼、温州籼、胡子糯等品种。

1956年开始推广普及一年二熟水稻，俗称双季稻。其中早稻品种有503、连塘早、红脚早。1958年，长秆稻受台风和洪水影响容易倒伏，逐渐将长秆稻改为矮脚稻。20世纪70年代，早稻品种为矮脚南特号、红梅早、原丰早、珍圭51、广陆矮四号、圭陆矮、二九青等。1976年开始流行杂交水稻，在黄春垓、塘田垓、长林垓等田块实施杂交水稻繁育制种，但技术掌握不好，以后各队都购买杂交稻种子种植，杂交晚稻品种有嘉绍3号、祥湖13、祥湖601等。20世纪80—90年代，早稻品种有金早47、是早22；晚稻品种有香粳晚、农垦58、丙664、秀水09、嘉兴1号、秀水110、秀水63等。

自2000年前后开始，全乡二熟水稻改为一熟制，部分农户种植杂交水稻，品种有汕优10号、协优46、丰两优1号、中浙优8号、中浙优1号等。2010年后的新晚粳品种有嘉湖218、嘉58等；糯稻品种有西洋糯、双糯4号、乌嘴糯、红壳糯等。

1985—2011年昆铜乡水稻播种面积、产量一览表

表8-2

年份	早稻		中晚稻		产量合计（吨）
	播种面积（亩）	产量（吨）	播种面积（亩）	产量（吨）	
1985	4179	1511	4926	1782	3293
1986	4201	1569	4895	1709	3278
1987	4675	1405	4786	3364	4769
1988	4079	1243	4617	1975	3218
1989	3851	1308	4479	1972	3280
1990	4029	1396	4039	1614	3010
1991	4088	1157	4794	2013	3170
1992	4262	1413	4473	1803	3216
1993	3450	1195	4130	2039	3234
1994	2110	675	2197	2065	2740
1995	3050	976	3400	2256	3232
1996	2810	874	3234	2271	3145
1997	2600	815	2828	2144	2959
1998	1100	329	1140	2244	2573
1999	—	—	5330	2454	2454
2000	—	—	5460	1912	1912
2001	—	—	5000	2375	2375
2002	—	—	4800	2300	2300
2003	—	—	4700	2350	2350
2004	—	—	5310	2600	2600
2005	—	—	5500	2775	2775
2006	—	—	5500	2775	2775
2007	—	—	5500	2860	2860
2008	—	—	5500	2775	2775
2009	—	—	5500	2756	2756
2010	—	—	5500	2775	2775
2011	—	—	5500	2761	2761

说明 1.1999年开始，早稻逐渐停止播种。

2.1985—1998年中晚稻播种面积为连作晚稻播种面积

2. 大小麦

中华人民共和国成立前后，昆铜仅种小麦，以旱地种植为主。原始的种植方式是条播，麦地生长杂草用草锄铲除，产量不高。1958年以后逐步改用撒播。20世纪70年代，逐步利用水田种植稻板麦。早年小麦的品种有洛阳青、矮粒多。1990年以后改扬麦1号、浙麦2号等品种。

山区大麦种植不多，少数农户需做麦芽糖而少量种植。1958年开始，生产队种些大麦以喂养畜牧场的母猪。大麦的品种有浙矮209，1970年改为无芒六棱。20世纪80年代后，大麦种植更为少见，品种有早熟3号。

1984—2011年昆铜乡小麦播种面积、产量一览表

表8-3

年份	小麦		年份	小麦	
	面积(亩)	产量(吨)		面积(亩)	产量(吨)
1984	1876	336	1998	847	78
1985	1467	224	1999	2210	321
1986	1214	191	2000	340	73
1987	1178	189	2001	300	54
1988	1110	181	2002	200	36
1989	922	156	2003	200	36
1990	591	100	2004	200	36
1991	625	98	2005	200	40
1992	750	121	2006	300	60
1993	681	115	2007	300	70
1994	525	81	2008	290	82
1995	805	145	2009	205	60
1996	900	145	2010	224	67
1997	840	174	2011	268	60

3. 番薯

中华人民共和国成立前后番薯种植不多。当地人不会育种，一般到晓墅三社、梅溪陆家村等地温州人家购入藤苗栽种。1970年前后，各生产队开垦荒地，种植面积扩大。多数生产队窖藏薯种，到次年惊蛰将薯种取出排种育苗。1975年前后，独山头、路西、干溪桥、大路口、钱坑桥、化家坞等生产队种植量相当大，农户每年可分得上万斤。粮食紧张时，番薯刨成丝晒干后掺入大米烧番薯干饭，也可切成块烧番薯稀饭。也有到平原地区，用番薯调换稻谷的。粮食开放后，家家制作淀粉蒸熟做粉丝用于做菜汤，多数用于自家喂猪。20世纪末，养猪农户数减少，番薯种植面积也相应减少。21世纪初，番薯种植面积有所回升，产量高低不等。

2001—2011年昆铜乡薯类种植面积、产量一览表

表8-4

年份	面积(亩)	产量(吨)	年份	面积(亩)	产量(吨)	年份	面积(亩)	产量(吨)
2001	400	80	2005	1320	264	2009	2117	502
2002	500	78	2006	1320	264	2010	1966	485
2003	600	90	2007	2000	500	2011	1787	441
2004	1480	222	2008	2121	508			

二、油料作物

1. 油菜

中华人民共和国成立前后，昆铜山区种植白菜型油菜，为土油菜，俗称黄油菜。白菜型油菜为榨油、蔬菜两用作物。但其分蘖多，杆细，易感菌核病，产量低。1956年后改种甘蓝型胜利油菜，产量有所提高。

土油菜都种在蔬菜地、桑树地，套种溪沟滩地，产量不高，一般产籽35公斤/亩。甘蓝型胜利油菜一般产籽42.5公斤/亩以上。1976年开始，在稻板田种植油菜。1986年调换品种为“秦油2号”。

1986—2011年昆铜乡油菜种植面积、产量一览表

表8-5

年份	面积(亩)	产量(吨)	年份	面积(亩)	产量(吨)	年份	面积(亩)	产量(吨)
1986	978	69	1995	1994	179	2004	900	108
1987	1084	88	1996	1928	180	2005	900	90
1988	1200	83	1997	1802	187	2006	500	64
1989	1201	133	1998	1800	83	2007	500	70
1990	1459	149	1999	1600	161	2008	477	71
1991	1557	136	2000	2160	216	2009	509	73
1992	1600	155	2001	2000	200	2010	918	110
1993	1651	182	2002	1600	176	2011	918	110
1994	1260	129	2003	1500	180			

2. 黄豆

黄豆即大豆，主要用于制作豆制品，也可直接炒熟、煮熟当菜吃，或者炒熟磨成粉作粽子、包子馅。昆铜年种植面积500亩上下，产量100吨左右。

2001—2011年昆铜乡豆类种植面积、产量一览表

表8-6

年份	面积(亩)	产量(吨)	年份	面积(亩)	产量(吨)	年份	面积(亩)	产量(吨)
2001	640	79	2005	470	58	2009	522	104
2002	423	42	2006	530	102	2010	544	139
2003	420	42	2007	540	109	2011	539	140
2004	300	39	2008	535	107			

3. 花生、芝麻

芝麻、花生在本地有少量种植，农户种植花生主要是为了自己享用，嫩的可煮熟吃，老的可炒花生米，还可以制作食品糕点，很少用于榨油。

三、经济作物

1. 茶叶

（1）传统茶叶

民国19年《浙江省杭湖两区茶业概况》载：安吉东乡土地疏松，颇宜于茶。昆铜地处北亚热带季风气候，温暖湿润，四季分明，气候宜人，最适合茶叶种植。

昆铜产茶历史悠久，历代山里人将茶叶生产作为一大产业，男人开垦茶园栽种培育，每逢春夏姑娘妇人上山入园采茶，全家老少采茶炒制茶通宵达旦，春夏忙碌茶事，尤为春茶是当年为最。

齐梁时的陶弘景，唐代高人陆龟蒙隐居隐将四面山下，访茶品茶。唐代茶圣陆羽访茶问茶至安吉武康一带，发现昆铜山间出产毛峰细芽，其在《茶经八·之出》中作注：茶"浙西：以湖州上……生安吉武康二县山谷"。宋至清，昆铜年产茶叶达数千斤。

抗日战争期间，多数茶园荒芜，解放后昆铜茶叶逐步得到发展。初以四面山、孟家山、俞家舍山产茶为多，20世纪70年代各大队林场开辟茶场，各生产队也纷纷开垦荒坡种植茶叶。品种有鸠坑原种、群体种、龙井43、迎霜等；采用传统的炒制工艺生产绿茶，产品多为毛尖、雀舌、旗枪。为增加集体经济收入做出了巨大贡献。

70年代后期，各茶场逐步购置茶叶揉捻机，实行半机械化生产。产量逐渐增加。为完成上级下达的交售任务，还采摘加工夏秋茶。交售给供销社后由县供销社精制茶厂加工成精制珠茶。1987年，全乡茶园面积达到1875亩，产干茶38吨。1990年增至48吨，达到顶峰。

昆铜茶叶中，梓坊茶的质量以其独特的地理环境、气候条件和土壤性质而堪称一流。梓坊茶种植于铜山深谷中的苍蒲山麓，周围竹海茫茫，四季云雾缭绕。土壤腐殖质丰厚，夜潮香灰土质，环境无污染，春茶芽叶粗壮厚实，制成茶叶毫显色翠，形似雀舌，冲泡后香味隽永，回味甘甜，南宋时期，梓坊茶一度被朝廷钦点为贡茶。

中华人民共和国成立初期，梓坊茶园仅有400亩，年产干茶15000余公斤，1976年，梓坊村（大队）将苍蒲山分散的农户搬迁到梓坊自然村，将原村民屋基地开垦成茶园，使梓坊茶园达到1500余亩，年产量增至1万余公斤。国内外客商纷纷慕名前来订购。

1989年，梓坊苍蒲山上的"梓坊雀舌"参加省斗茶会评比，被评为省级优良名茶，梓坊村民更增加了开发梓坊茶的积极性。但受地理区域所限，茶园面积和干茶产量增加缓慢，故而梓坊茶价格一路飙升，销售价格比其他绿茶的价格高出一倍多。但是，安吉白茶兴起，其品质和价格优势不可抗拒。20世纪末，梓坊茶园也部分改造为安吉白茶园。传统绿茶尚有400余亩。

（2）白茶

1978年县农林工作者在天荒坪横坑坞桂家场发现一丛春季嫩叶呈乳白色的百年老茶树，称为“白茶祖”。茶树和干茶的外观、性状与宋徽宗《大观茶论》记载的“白茶”相吻合，被誉为“中国历史名茶中的奇葩”。20世纪80年代初，县农业局科技人员剪取“白茶祖”的枝条进行无性繁殖，取得成功，其品质高于一般茶树品种。茶苗后定名为“白叶一号”。

1990—1995年，“白叶一号”在溪龙乡推广种植。昆铜乡路西村里江自然村与溪龙乡黄杜村大山坞接壤，村民率先引种“白叶一号”。接着，路西、独山头、钱坑桥等村村民陆续引种。1993年，县名茶公司承包了昆铜独山头村200亩茶场种植“白叶一号”。1995年前后，铜山、梓坊、干溪桥、长林垓、上舍、三山、管城等村村民纷纷开垦荒山缓坡种植。以“白叶一号”春季的嫩叶炒制的干茶称安吉白茶，市场销售价每市斤突破1000元，比传统绿茶的价格高出三四倍。所以，村民们种植“白叶一号”的积极性极其高涨。平时，人们将“白叶一号”茶树和用其嫩叶炒制的干茶统称为安吉白茶。安吉白茶横空出世，成为一枝独秀，传统的当地茶叶品种快速淘汰。

到2000年，昆铜全乡种植“白叶一号”2830亩。同年，安吉县被农业部、中国特产之乡推荐暨宣传活动组委会授予“中国白茶之乡”称号。

2001年，“安吉白茶”获国家商标局核准为“安吉白茶原产地保护证明商标”。在县农业局牵头下，“安吉白茶”注册为原产地证明和安吉白茶地理标志证明“母商标”，昆铜境内的茶叶企业注册了“梓坊”“张家山”“奇峰”“百竹源”“玉尔”“香千载”等“子商标”，母商标和子商标联合使用方为有效。由此，昆铜生产的品牌茶叶在市场上得到了有效的原产地域产品保护。昆铜乡有数家茶叶企业被选为安吉白茶协会理事单位。

安吉白茶从苗圃选择与整理、剪穗扦插、起苗移栽、覆盖防旱、修剪除草、松土施肥、病虫防治、防霜防冻等种植培育过程到采摘运输、鲜叶处理，杀青理条、烘焙干燥等加工过程都严格按照安吉白茶协会统一制定的质量标准，确保产品质量。安吉白茶发展初期，都是用手工炒制。规模扩大以后，逐步使用机械化炒制。

每年的春茶采摘期从3月20日前后到4月20日。届时，当地劳力奇缺，各农户提前从安徽、河南、湖南、河北、江苏、山东、陕西等地请来采茶女工帮助采茶，来去接送，管吃管住，与当地采茶工同工同酬。

随着白茶的发展，各制茶企业引进精细加工的制茶机械。进入21世纪，独山头、钱坑桥、路西等茶场引进新型的名茶机械，既提高了茶叶质量，还降低了加工成本。

2006年开始，由于乡内土地有限，有部分村民逐步到本省毗邻县和安徽、江西、贵州等地承包山地种植白茶。

到2011年，昆铜全乡境内种植“白叶一号”增至19350亩，年产白茶258吨，全产业链从业人员8000人。“白叶一号”的种植面积和安吉白茶干茶产量都超过全县其他乡镇。同时，村民在县外承包土地种植“白叶一号”达万亩。

同年，昆铜白茶产业示范园被列为省级主导产业示范区创建点。安吉白茶生产成为昆铜的经济支柱产业，昆铜乡成为安吉白茶生产大乡。

1986—2011年昆铜乡茶叶生产一览表

表8-7 面积单位:亩

年份	老品种面积	白茶面积	干茶产量	年份	老品种面积	白茶面积	干茶产量
1986	1883	—	46	1999	415	2300	71
1987	1875	—	48	2000	230	2380	74
1988	1848	—	46	2001	110	2470	76
1989	1848	—	47	2002	60	3580	80
1990	1848	—	48	2003	20	4690	88
1991	1734	83	47	2004	—	4800	98
1992	1747	102	50	2005	—	5860	125
1993	1774	186	51	2006	—	6080	138
1994	1774	325	53	2007	—	8841	186
1995	1320	640	56	2008	—	12688	188
1996	1120	895	56	2009	—	15865	213
1997	1080	1340	57	2010	—	16475	232
1998	780	2080	60	2011	—	19350	258

2. 蚕桑

境内栽桑养蚕历史悠久。有资料显示,早在4000年前,先民们就掌握栽桑、养蚕、缫丝、织绸等技术。南宋至清末,昆铜人遵循"种桑栽桐,子孙不穷"的谚语,大力栽桑养蚕。生产的蚕茧大部分销售给缫丝大户,小部分由农户剥茧脱丝,制作丝棉被和丝棉袄、裤自用。民国期间养蚕量减少。解放后的集体化时期,坚持"以粮为纲",蚕桑进一步减少。20世纪80年代实行承包责任制后,种桑养蚕逐步恢复,但桑园面积和蚕茧产量有限。

3. 瓜果

昆铜山区历来有在房前屋后栽种桃子、梨头、李子、杏梅、板栗等木本果树,但面积不大。古代,铜山所产的板栗最为有名,明代曾作为贡品进贡。西瓜、香瓜等草本瓜果也有少量种植。所产瓜果多为自家享用,少量外卖。

1965年,独山头村集体在陈家塘后山坡开辟果园,种植桃子、李子、梨头等,面积有100余亩。1967年,路西村江家边生产队在西坞口坡地种植桃子、梨头等果树50余亩。1970年,上舍村在村东北的山坡上种植板栗60余亩;路西村在里江北山坡种植、嫁接板栗120余亩。1973年,大路口村在荡里后山坡林场种植水果20余亩。1975年,里江生产队在北山脚坡种植嘉兴红心李20余亩。1995年起,路西村的江家边、里江、路西、蒲芦坞、东坞等自然村在塘田垓、黄家滩及各山坞坡地种植各种桃子、梨头、李子400余亩,并成立铜山果业专业合作社。2000年,铜山果业专业合作社与浙江大学农学院良渚果园场取得联系,请来专家技术人员,开展水果种植培训,提高村民水果种植和培育的技术水平,并带动邻村种植户也赶来参加培训、咨询。水果上市时节集中采摘，组织专人销往上海、无锡、苏州、嘉兴等大城市，提高果农的经济收入，在全县红火一时，安吉电视台连续五年跟踪报道。

西瓜、香瓜等藤类瓜果各村均有少数农户择地轮作种植，按批量大小收获出售和自家食用。2010年以后，有少数农户引种葡萄，也有家庭房前屋后种一两株，以搭架遮阴、观赏和食用。

2001—2011年昆铜乡瓜果种植面积、产量一览表

表8-8

年份	瓜类		水果类		年份	瓜类		水果类	
	面积（亩）	产量（吨）	面积（亩）	产量（吨）		面积（亩）	产量（吨）	面积（亩）	产量（吨）
2001	25	25	241	165	2007	12	6	250	292
2002	60	120	241	330	2008	115	58	525	576
2003	80	200	1520	1810	2009	115	48	500	895
2004	100	250	1320	2070	2010	14	6	500	904
2005	25	7	690	717	2011	13	6	455	558
2006	10	5	173	655					

4. 蔬菜

境内蔬菜种类颇多，房前屋后及菜园地都有栽种或套种，多为自家食用。古代，境内常见蔬菜有菘、芥、葱、韭、蒜、荠、芹、苋、蒿、生菜、甜菜、苦买菜、莴苣、芦菔、波蓤、葫芦、冬瓜、莃瓜、茭白、茄、笋、胡萝卜等。20世纪，境内大宗蔬菜有叶菜类、根菜类、白菜类、甘蓝类、芥菜类、葱蒜类、茄果类、瓜类、豆类、薯芋类、水生蔬菜类、多年生蔬菜类、野生蔬菜类和食用菌类等14类50余种，有名的蔬菜为榨菜、芥菜、萝卜、短蒲头青菜、豇豆等。21世纪，以白菜、芋艿、榨菜、瘤芥菜、慈姑、萝卜等为大宗。其中较为有名的有蕨菜（郎萁）、鞭笋等。

20世纪80年代，境内开始搭建竹子大棚种植蔬菜。大棚内种植蔬菜可减少病虫害的危害，保持恒温，提早成熟，并可反季节种植，以满足市场需求，提高经济效益。90年代，境内出现专业蔬菜种植基地，并开始利用钢管大棚种植，产量逐年提高。2003年达到2400吨。以后有所回落，至2011年，每年产量保持在1000～1500吨。

2001—2011年昆铜乡蔬菜种植面积、产量一览表

表8-9

年份	面积（亩）	产量（吨）	年份	面积（亩）	产量（吨）	年份	面积（亩）	产量（吨）
2001	1740	2080	2005	1000	500	2009	2140	1027
2002	1904	2095	2006	1500	750	2010	2308	1039
2003	2000	2400	2007	1520	760	2011	2370	1090
2004	2000	2140	2008	1319	726			

5. 棉花

历史上，昆铜地区很少有人种植棉花。1959年棉布和被胎凭票限量供应后，部分农户利用自留地开始种植，但面积很少，基本上为自家所用。1974年后，很少有人种植。

6. 烟叶

计划经济时期香烟凭票供应，中老烟民在房前屋后、零星散地上种植烟草自用。1970年前后有上门加工烟叶的工匠，将烟叶刨成丝以便储存。也有烟民做个简单的卷烟木架，买来卷烟纸，将烟丝做成卷烟的。1982年实行承包责任制后停种。

7. 苎麻

昆铜山区向有农户在房前屋后散地种植苎麻的习惯。苎麻每年可收两季或三季，多数用于搓捻小绳，做上山用的刀夹绳、井桶绳、篾席边绳，手拉车扎车绳等。妇女用定制土瓦片放在腿上搓捻成苎麻线，经开水加炉灰煮后再清洗晒干，用黄蜡勒过，用于砌（纳）鞋底、缝山袜，韧性好，耐久用。20世纪70年代后，苎麻绳线以尼龙线取而代之，苎麻种植逐年减少，2012年已难得一见。

四、田间管理

1. 肥料

（1）土杂肥

农业学大寨运动中，公社、大队号召社员大积肥料，鼓励多养牲畜，多积栏肥。男、女劳力在放工之后挑畚箕到田边、沟边、路旁割草、削草、垫猪栏。学生放学后也参与割草、削草积肥。其他土杂肥还有焦泥灰，地脚泥，塘河泥等。农户积肥习惯一直保持到20世纪80年代中期。

（2）绿肥

集体化时，农田除种春花等三熟水稻外，余下的水田均播种紫云英，春耕时将紫云英翻耕埋入土中腐烂作底肥。农闲时，社员到山边溪沟割嫩柴头堆放田边，用猪栏肥覆盖上面，再在上面糊上烂泥使其不漏气，制成沤肥作底肥或追肥。20世纪70年代，昆铜地区曾一度推广田菁绿肥，在水稻种植的同时种植田菁，待水稻收割后劈倒田菁，并翻耕埋入土中作晚稻的基肥。因工繁，不久停种。

（3）化肥

1960年开始，昆铜地区使用“肥田粉”，后逐步使用氮磷钾各种化肥。1973年开始使用磷酸二氢钾（叶面肥）和氨水。1974年开始使用碳酸氢氨、过磷酸钙。1975年开始使用尿素。1982年开始使用复合肥。20世纪90年代以后，普遍使用氮、磷、钾化肥。

2. 作物栽培与病虫防治

（1）水稻栽培管理

催芽育秧　催芽前晒种、选种、药剂浸种，再温室催芽，谷芽破口露白二天后下秧田。下种后秧田采用薄膜覆盖，晴天温高开口通风，掌握适宜生长温度，防止烂秧。2000年以后，水稻二熟改为一熟，播种育苗改用大田撒播。方法是，水田翻耕平整后，将浸过的谷种直接均匀撒播在田间，省去催芽育秧程序。

栽种除草 秧苗长到5寸以上时拔秧移栽，早晚稻的秧丛保持每亩2.8万～3.8万丛，行距在5×6或6×6之间。返青后一遍耘耥除草固苗，二遍耘耥除草促稻发棵，四十五天分蘖后完成第三遍耘耥，除草护秆促使拔节孕穗。20世纪70年代，曾一度流行小苗带土移栽：秧苗长到2寸以上时，用铁锹将秧苗连同根基部泥土一起撬起，挑到大田用脸盆装到水田分块移栽，每块5～7根秧苗，浅插入水田中，秧苗可提早在大田成活生长。

施肥 施足基肥，早追苗肥，水田平整时施好耙面肥，水稻成熟前，肥力较差的田块适当喷施磷酸二氢钾，增加千粒重，称巧施穗肥。

病虫害防治 早中稻易发稻瘟病、纹枯病，扬花授粉前做好喷药。晚稻的病虫比早稻多，分蘖后易发纹枯病、稻瘟病等，虫害有蓟马、稻飞虱、二化螟、三化螟等，注意虫口基数和孵化期，适时进行施药。成熟期调查稻纵卷叶螟危害，早晚适时用药防治褐稻虱。

（2）**大小麦栽培与管理**

原始的大小麦种植是条播，麦地的杂草用草锄铲除，用工大，产量低。1958年后逐步改用撒播，旱地翻耕平整后即撒播麦种，施好猪栏肥，再撬麦垄沟，并用撬出来的泥土覆盖在麦种和猪栏肥上。1975年后，水田大小麦种植推广稻板麦。为防止麦苗冬季徒长，春节前将覆盖在麦种上的泥块敲碎，使麦叶受损，让麦苗根系深扎。麦类的虫害主要是蚜虫，病害有麦锈病、赤霉病，根据不同的天气采用不同的药物喷施防治。

（3）**油菜栽培与管理**

油菜种植一般为栽种。解放前种植黄油菜，采用穴种。1956年起，改种胜利油菜，采用横条种。1976年后改进稻板油菜，省掉一道翻耕，用铁锹将板垄沟泥土撬起，放在板垄上敲碎平整，再均匀挖掘株距行距相当的潭穴进行栽种。油菜的病害主要是菌核病、虫害有蚜虫和潜叶蝇，均用药水喷洒防治。

第三节　养殖业

昆铜乡农家历史上除饲养耕畜外，还有猪、羊、兔、鸡、鸭、鹅等。公社化初期，大队林场和生产队都办有畜牧场，后因饲料不足而停办。“文化大革命”期间，农户养家禽一度当作资本主义进行批判。“文化大革命”结束后，养殖业才有所发展。20世纪80年代实行承包责任制后，养殖业曾一度发展迅速，村民饲养鸡、鸭、猪、羊等家禽家畜盛行，可谓“家家满棚，户户存栏”。1989年，有数十户农户租用场地、农田、鱼塘，办起专业养殖场，其他小规模圈养、散放养的也有几十户。以养猪、养羊居多。

随着产业结构调整，饲料成本增高和影响环境卫生，农户饲养逐步减少，到2012年规模饲养的只有几户。

一、牛

昆铜乡以饲养水牛为多，基本用于耕地。大路口、三山、管城及梅坞、梓坊等地曾饲养少量黄牛。中华人民共和国成立后，每个生产队集体养牛5头左右。1974年以后，各生产队购置手扶拖拉机耕地，耕牛数量逐渐减少。20世纪80年代实行农业承包责任制后，种植业逐步调整，农田耕作实现机械化，耕牛数量锐减，2011年基本绝迹。

二、猪

中华人民共和国成立前后，每户饲养1～2头生猪，一为土地提供栏肥，二为自食。公社化初期批判资本主义，社员家庭不准养猪，由各大队畜牧场饲养。20世纪60年代初期开始，社员家庭恢复养猪。1964年，全公社派购生猪668头，1972年增加到上千头。20世纪70年代至80年代初，家家户户饲养生猪，有的农户达4～5头。1984年实行家庭联产承包责任制后，农户养猪逐年减少，而养猪专业户逐年增多。进入21世纪，因美丽乡村建设，环境污染治理，农户养猪急剧减少，而养猪专业户增加到18家。2011年，全乡仅有十多户农户养猪，仅供过年时自食；生猪饲养场消失。

1964—1983年昆铜公社生猪派购数表

表8-10　　单位：头

年份	数量	年份	数量	年份	数量
1964	668	1971	985	1978	1385
1965	687	1972	1065	1979	1290
1966	787	1973	1058	1980	1400
1967	881	1974	1134	1981	1422
1968	830	1975	1337	1982	1425
1969	676	1976	1228	1983	1431
1970	805	1977	1170		

三、羊

昆铜地区历来有部分农户饲养山羊，饲养湖羊的极少。较大村庄的住户相对集中，一般为圈养；村旁、山边的单家独户一般为放养。改革开放后，山羊饲养较为普遍。1990年左右，部分农户每户饲养山羊30多只，小规模的更多。2002年以后，圈养的农户因没有足够的时间牵出放草，饲养量逐渐减少。实施新农村建设和美丽乡村创建后，各自然村只有少数农户饲养。2011年年底，全乡仅剩数户零星饲养。

四、家禽

历来家家户户都有养鸡、鸭、鹅的习惯，少则几只，多则几十只。“大跃进”年代曾一度减少，而后又较快恢复，村旁、山边、有水沟水潭的农户养鸭、鹅的更多。实行承包责任制后，各农户家庭都养鸡、鸭，长年在山塘边搭棚饲养水陆两栖家禽的饲养户有十多家。随着实施新农村创建和美丽乡村建设，家禽饲养量大幅度减少，只有少部分农户实行圈养。2011年，全乡只剩数户专业户在饲养场养殖。

五、兔

解放前有部分村民养兔，集体化时把养兔作为一种产业进行推广。兔的品种一般为长毛兔，也有菜肉兔。一般都是笼养。20世纪中后期，部分小学也安排养兔，兔种和兔笼由大队林场供给，待兔长大后送回林场，林场给予学校一定报酬，用于购买簿子、铅笔奖励学生。进入21世纪，养兔仅作为少数人的爱好或作为宠物饲养。

六、鱼

解放前，昆铜部分较大的山塘有鱼放养，但产量不高。中华人民共和国成立后，随着水库修筑，山塘塘坝增高，养鱼水域面积扩大，产量增多。石坞岭小(1)型和其他各村小(2)型水库建成后均由村集体养鱼。1984年，部分小(2)型水库承包给村民养鱼。1990年后，因养鱼投放的饲料、青草、肥料等污染水源，影响下游村民饮用水而被停止养鱼。其他小水库和山塘因山坡种植白茶，喷洒的农药随雨水冲刷流入山塘，鱼产量大为减少。但铜水、昆水弯角小潭里的野虾小鱼、野生石蟹仍有不少。

第四节 农 具

自古“戽水有车、芟草有耨、筑场有轴、割稻有镰、击稻有床、翻谷有耙、脱谷有砻、去秕有筛、扇粟有车、去屑有枷”。旧式农业生产工具数千年几乎不变。中华人民共和国成立后，政府重视农业，不断改良农具，旧式农具逐渐被新式农具、半机械化农具、机械化农具所代替。

一、旧式和传统农具

1.耕地农具

(1)畜力农具

犁 犁头、犁壁为铁制，犁辕、犁底及操作手柄为木制。用于耕翻土壤。20世纪70年代末后，逐步由拖拉机取代。山冲小田仍有使用。

耙 宽约0.6米、长约1.2米的木框底面沿长度方向装两排刀片。耙田时人站在耙上，可增加耙土深度。具有碎土和初步平田的作用。20世纪70年代末后，逐步由拖拉机取代。

耖 呈“而”字状，由上下横梁支架和耖齿组成，上横梁为操纵把手，下横梁装有一列耖齿。是水田摊平的专用工具。20世纪70年代末由拖拉机取代。

(2)整地工具

铁耙 装有竹柄或木柄,有扁齿、尖齿之分,一般有四齿。用于水田、旱地的挖掘、贴埂、整地,清理猪牛羊栏肥等。

锄头 有垦荒锄、板锄、挖笋锄、削草锄等种类,以竹木做柄。用于削草、培土、开荒、挖笋等。

铁锹 有两种,一种叫"千步"。口宽铁板面平,适用于田间劳作。一种叫锹,装柄处上面凸起,背面凹进,为开沟,铲掘砂石泥土和拌锹水泥砂浆等劳作工具。

2. 灌溉农具

戽斗 由木桶和绳组成,木桶略似斗,两边有绳,使用时两人对站,手中各执一绳,同时拉绳将水戽入田间。20世纪70年代起由抽水机取代。

龙骨水车 也称人力水车,由车骨、车辐板、车厢、木转轮等组成。车骨是一节一节的联结件,车辐板中间有方孔,可套装在车骨上,车骨与车骨活络地连在一起,沿着车厢槽底和顶板绕一圈,套进车厢两端的木转轮上。使用时,车厢尾端用支架托放在水面下,前端置于岸上。用人力连续驱动木转轮,带动车骨与车辐板沿车厢槽底移动,车辐板不断地将水刮入车厢内,提升到岸上流入田内。木转轮的驱动有手摇、脚踏两种。手摇水车在木转轮两端各装一个对称的曲拐摇手柄,通过双手推拉转动水车,亦可两人各执一手柄驱动。脚踏水车则是将木转轮的中心轴长度增加到适合2人或3人、5人劳作的距离,并以支架固定;轴上安装数副各成90度的踏脚圆木;中心轴的前上方有一根扶手,人在踩踏圆木时,双手可抓住扶手,保持稳定。20世纪70年代起由抽水机取代。

3. 收获农具

镰刀、掼稻桶、箩筐、板箩、畚斗、汰谷筛、朗匾、圈条、竹垫席、谷耙、风车、连枷等。20世纪70年代起,部分由收割机取代。

4. 粮食加工工具

有石臼、石捣砧、手推石磨、木砻、米筛、糠筛等。

石臼 用于人力打米,也称捣米。将稻谷放入石臼里,人力举起砧杵舂捣,稻谷脱壳后用糠筛汰过,用风车风去砻糠壳,反复两次,即成净白米。20世纪60年代逐步由碾米机取代。

石磨 磨米、麦、玉米、荞麦、豌豆、黄豆等用。由上下两块凿有齿槽的圆形石磨片,下片固定在磨架上;上片近中心有一添加待磨食物的圆孔,一侧有孔,装有木柄,柄上也有圆孔,丁字形手推架顶端的轴插入柄孔中,人工推动手推架,使上片磨盘转动,食物即被磨碎。磨盘架下面放大木桶或竹匾接装面粉。20世纪60年代由轧粉机取代。

木砻 将稻谷加工成大米的工具。用橡木等硬木锯成25厘米长的段,拼凑成两个直径1米左右的大圆盘,用竹篾或铁丝箍紧,两块木盘重叠的面凿有齿槽,构造与石磨相似。上盘中间留有空洞以添加稻谷,转动上盘,稻谷即分成稻壳和白米。20世纪60年代由碾米机取代。

5. 养蚕用具

蚕匾、蚕架、蚕网、蚕蔟、地蚕凳、桑梯、桑剪等。

6. 其他劳作工具

扁担、垛柱、畚箕、粪桶、粪勺、果树剪、柴刀、钩梢刀、无头刀、大弯刀、篾工刀、劈刀、山袜、草鞋耙、钉耥、耘刀、秧凳、秧绳、丈斧等。

二、现代农业机械

耕作机械 1973年开始使用手扶拖拉机，20世纪80年代开始出现大中型拖拉机，以及开沟机、小型翻土粉碎机等。

播种除虫机械 1980年前后推广插秧机、盖麦种机和手动压缩喷雾器、喷粉机等播种、除虫机械。21世纪前后，出现机动喷雾机、高压喷雾器。

收割机械 1957年出现脚踏打稻机，1975年开始使用电动打稻机，20世纪80年代开始出现麦类脱粒机、稻麦收割机。进入21世纪出现大型联合收割机，打稻机逐渐被淘汰。

碾米机 1958年开始使用柴油机碾米机，1975年开始使用电动碾米机，柴油机碾米机逐渐淘汰。

抽水机 1970年前后出现柴油机抽水泵，1975年开始使用普通电动水泵，20世纪80年代开始以电动高压水泵代替普通电动水泵。

第五节 农业税费

一、历史税种

农业税亦称田赋。据史料记载，农业税始于春秋时期鲁国的“初税亩”，到汉朝形成制度。宋代分夏税与秋税：夏税主要有丝、绵，秋税主要是大米。明代设“赋役黄册”“鱼鳞图册”作为征收赋役的依据，除宋代税种外，夏税增加小麦、豆类。明代后期实行“一条鞭法”税制，将夏税、秋粮、力役、杂税等项统统折成银两，合并为一个总数，一概按田亩摊派。清初，夏税每亩征银四分六厘七毫，征米一升九合七勺。清末每亩征银五分九厘二毫二丝，征米四升六合二勺。除此之外还有人丁税、农桑税、马草税、渔课税、当税、牙税、牛税、契税、徭役等名目繁多的课钞银。其中人丁税：市民，清初每口征银六分五厘，雍正六年每丁征银五分八厘五毫；乡民，清初每口征银八分九厘，雍正六年每口征银八分一毫。民国时期，苛捐杂税名目更加繁多。除沿袭清代的田赋税和其他税费外还有保安捐、乡镇自治附捐、屠户捐、屠宰附税、置产捐、人力车照捐、教育捐等。

二、解放后税费

中华人民共和国成立初期，国家除征收农业正税外，按一定比例征收农业税地方附加。不久，取消一切附加税，把乡村干部的津贴、乡村干部的办公费及教师工资统由国家财政包下来，不再以任何形式向农民摊派。1962年，当地税务所对各村队应交的总量农业税，按生产队在1961年体制下放时分摊到队的田亩，依据土质、田块高低的差距确定应交的代金（农业税），按年度下达到各队，由各队如数上交到大队或村会计处，统一上交税务所。

1983年农业实行承包责任制后，农民除缴纳农业税、农业特产税等税赋以外，还承担村提留费、乡统筹费和农村义务工、劳动积累工以及其他数十种不规范收费，负担颇重。各生产队依据应上交的农业税分摊到户，由生产队长挨户上门收取上交。

1993年，实施国务院《农民承担费用和劳务管理条例》，县政府成立农民负担监督管理领导小组，对乱收费项目进行清理，不规范收费现象得到遏制。1998年起，农民直接承担的村提留和乡统筹费按照1996年农民人均纯收入的5%上缴；农村劳动力每人每年承担5～10个义务工和10～20个劳动积累工。

2002年，规范农村中小学生就学、农村用电、计划生育、建房用地、婚姻登记等五个重点领域的收费，从1月起，取消农村教育费集资；7月起，取消屠宰税；10月，停征农林特产税。2003年取消乡统筹费。

2004年起，取消劳动积累工和义务工。同时取消农民建房图纸费、定点放样费，以及木材运输证工本费、木材采伐许可证工本费、流动人口婚育证明工本费、三轮汽车公路客货运输附加费、公路运输管理费、从事田间作业和非营业运输的三轮汽车养路费、拖拉机年度资格检验签证费、农机服务费等10个收费项目。2005年起，免征农业税，沿袭两千年之久的“皇粮”税从此终结。2006年，全面取消村提留，村级兴办集体公益事业需要村民出资出劳的，实行“一事一议”筹资筹劳制度。同年秋，全县义务教育阶段学校学生免缴学杂费。全县农民人均直接负担从2001年的124.20元降至4.35元。2008年春季起，减免学生课本费和作业本费，对困难家庭的学生提供免费午餐，对接受职业教育的农村子女每人每年提供1500元的助学金；同年起，先后取消公路收费；全面停止征收育林基金、更新改造基金，农民负担再次减轻。2009年开始，规范“村内户外”公益事业建设项目一事一议制度，建立“财政适当补助、农民积极参与、社会力量支持”的村级公益事业建设多元投入新机制，农民直接负担近乎为零。

第六节　农业补助与扶持

2004年起，对全年种植水稻和油菜作物累计20亩以上的种植大户，按实际种植面积给予每亩10元的直接补贴。2006年，补贴对象扩大到粮食生产专业合作社社员和杂交水稻制种农户。2008年开始，补贴对象除种粮大户外，直接补贴到粮油种植的个体农户。2008—2010年，全乡4196户个体农户每年获得粮油种植直接补贴102418.35元。2011年，直接补贴提高到每亩20元。2012年，水稻种植直接补贴提高到每亩30元；同时对种植油菜5亩以上的农户，每亩直接补贴20元。2011—2012年，全乡个体农户每年获得粮油种植直接补贴270432.90元。另外，全乡5户种粮大户2010年获得补助23664元；2011年6户种粮大户共获得补助42360元。

除粮油种植直接补贴外，国家还先后实施稻谷收购补贴、良种补贴、农业保险补贴、禽畜养殖补贴、农机具置换补贴等惠农政策和现代农业园区、农业标准化、农业基础设施、农业产业化等各项建设给予政策扶持或奖励。由于昆铜山区田少，禽畜养殖量不大，此类补贴不多。

第九章　林　业

昆铜乡属山区。天目山东支山脉在昆铜乡境东南分叉，向西北延伸，形成了两条十余千米的大山坞。山坞中蕴藏着丰富的林业资源。昆山片上游毛竹林茂密，铜山片上游竹木杂生，昆水、铜水和梓坊溪沿岸遍生小杂竹。自古以来，上游各村以林业为主，农业为辅；下游各村半林半农。

宋代，晓墅、梅溪已成为安吉的竹材集散地。山农积累了丰富的竹子培育管理经验，竹林面积逐渐扩大，竹子产量日益增多，木材、柴、炭、茶、果等也有一定发展，山林为村民赖以生存的主要经济来源，竹子成为昆铜乡经济的重要支柱。

解放前，山林属于地主大户，只向山林索取，而培育简单粗放，林木长期处于自然生长状态，荒山随处可见。中华人民共和国成立后，广大农民分得山林，激发了发展林业的积极性，荒山普遍绿化成林。

昆铜的林业资源尤以竹类为著，解放前以卖竹材为主。解放后逐步开始竹加工生产。1975年开始，竹资源开发利用的速度加快，竹子产值占林业总产值的70%。20世纪90年代，利用毛竹和小竹生产各种农业生产工具、生活用具和竹工艺品，销往国内外，全乡各类竹加工企业达200余家。1999年，昆铜被省林业厅命名为百竹之乡。进入21世纪，竹加工产品出口创汇超亿美元。

第一节　林业资源

中华人民共和国成立初期，全乡有毛竹林40420亩、小竹林26830亩、乔木林和薪炭林30000余亩。2007年，县林业部门的调查显示，昆铜乡有林地103500亩，其中竹林72000亩，乔木林和薪炭林31500亩，另有四旁和散生树木26800株。森林覆盖率87.9%。2012年，全乡有林地总面积未变，各林种面积变化也不大。

昆铜林业资源以竹为主。2011年，全乡山林中，竹林占2/3，其中毛竹林52800亩（占全县毛竹林面积的6.36%）、小竹林19200亩。

一、竹林

竹子是昆铜乡的林业主要产品，曾是全乡村民经济收入的主要来源，各村的山坡上都生长毛竹、小杂竹。昆铜两水中下游滩地多有小杂竹林，品种有石竹、红竹、淡竹、篌竹（厘竹）、黄枯竹等，还有少量的刚竹、水竹、木竹、苦竹、石皮淡、毛金竹、五月竹等，各山坞的毛竹林中也杂生各种小竹。各山坞中还有箬叶竹，村民房前屋后栽有各种哺鸡竹、早竹、雷竹、金镶玉竹、观音竹、龟甲竹、茶杆竹、油苦竹等。20世纪90年代末，昆铜乡被省林业厅命名“百竹之乡”。

然而2000年以后，农村宅基地普遍扩展，溪滩改田，山坡种植白茶。小竹林渐减。加之江苏阳澄河捕捞河虾不再使用篌竹，平原地区的传统农具用竹锐减，杂竹林逐步被损毁淘汰，全乡小竹积蓄量急剧减少。2010年后，县政府出台“昆铜竹林湿地公园规划”，划定范围，圈桩保护，制止毁林。

1. 毛竹林

毛竹为刚竹属，为材、笋两用的优良竹种，杆型高大，用途广泛。毛竹梢杆长、尖削度小，竹肉厚、韧度强，可用于搭脚手架、工棚、简易房屋，可加工各种日用品和工艺品。毛竹的变种、变形有黄槽毛竹、花毛竹、龟甲竹、佛肚竹等，是珍贵的景观竹。毛竹林四季产笋，笋味鲜美。特别是冬笋和鞭笋被誉为山珍。

中华人民共和国成立初期，全乡有毛竹林约4万亩。以后，随着交通条件的改善，毛竹的经济价值提高，毛竹林抚育加强，面积有所扩大，毛竹围径增大，蓄积量增加。1989年林业普查，全乡有毛竹林40700亩。实行土地承包责任制后，村民注重发展白茶，缓坡毛竹林地有所损毁，幸得及时制止。通过多年的人工抚育改造，大多形成集中成片的毛竹纯林，部分毛竹林中伴生有枫、松、杉、檫、栎等树木，林下有白栎、胡枝子等灌木。

2000年前后，安吉的竹胶板、竹凉席生产兴旺，毛竹需求量快速增加，价格一度上扬到每百斤40元，极大地提高了农户培育毛竹林的积极性。2011年，全乡毛竹林增至52800亩。

2. 小竹林

明·董斯张《竹漾》诗序：“梅溪路多种竹，翳荟十余里，几不可睹天，里人名曰竹漾。”（梅溪，即昆水和铜水及两水汇合后的昆铜港，而非指梅溪镇或梅溪街。）小竹林有片生和散生之分。昆山溪和铜山溪两岸滩地上成片生长的小竹，为人工抚育改造而成，俗称竹漾。各片竹漾的品种单一，有篌竹漾、淡竹漾、石竹漾、红竹漾等，林分高度郁闭，林下只有少量杂草。全乡山坞坡地和村民房前屋后普遍生长各种小竹，呈分散自然生长状态，散生小竹总量略少于滩地小竹量。1989年，全乡有小竹林22900亩。以后，由于小竹加工产品减少，扩种经济作物和建设占地等因素，面积逐步减少。2011年，全乡小竹林减至19200亩。小竹品种甚多，昆铜乡主要有淡竹、红竹、石竹、黄枯竹、篌竹等。

淡竹 昆铜乡各村均有分布，以梅坞村为最多。淡竹竹竿高而大，有白皮和花皮之分，是材笋两用竹，用途广泛。淡竹韧性好，可制作农具和铁耙柄；杭州西湖伞厂的工艺绸伞用淡竹做伞骨，1970年前后，昆铜淡竹为西湖伞厂的定点采购竹；湖州、嘉兴等地绸厂以淡竹作凉丝杆材料。鲜淡竹竹竿可提取竹沥入药，用于降火祛痰，故又名甘竹。1989年全乡有淡竹林10397亩。2011年减至2923亩。

红竹 生长在房前屋后、山坞山坡及溪旁零星散地，对土壤适应性较强，全乡各村均有分布。红竹笋味鲜美，可制作笋干；竹材可制作锄头、铁耙柄，搭棚架、简易屋架。1990年开始，各竹加工厂用红竹制作作寿丝卷、竹热垫等工艺竹编产品，红竹需要量增加，农户毁去篌竹漾，换种红竹。1989年全乡有红竹林1248亩。2011年增至2850亩。

石竹 以竹竿空心极小而得名，是材、笋两用竹。竹材挺拔，可作毛竹勾梢刀柄杆、测量用的标杆、砖瓦厂盖砖瓦用的草扇夹竹、蔬菜和水果大棚的棚架、夹篱笆等诸多用处。石竹笋味道鲜美，常制作笋干。昆铜下游的村旁溪边均有蓄养。1989年全乡有石竹林5618亩。2011年减至950亩。

黄枯竹 为小杂竹中的上品材竹，可破很薄很细的篾，用作缚柴草、夹篱笆、搭建棚架的材料，制作篮子、凉席等日常生活用品。改革开放后，为出口工艺品的重要原材料。竹竿光滑、竹节平，制作的旅行鱼竿，受到国内外顾客普遍欢迎，同时生产出口篱竹，用量很大。其竹笋味也极其鲜美。1989年全乡有黄枯竹林2048亩。2011年减至380亩。

篌竹 篌竹的生命力较强，溪滩地和山坡上都有生长，独山头、路西、干溪桥、大路口村一带湿地肥沃，原盛产篌竹，直径约3厘米。篌竹向来销往苏州阳澄湖、陆墓一带，用于制作虾笼，篌竹篾制作的虾笼在水下会发亮，有利于诱捕河虾，故也称笼竹。1980年后，篌竹常受虫害，竹梢多数被虫蛀断，产量减少。1990年后，渔民改用老茶树枝诱捕河虾，篌竹逐步被淘汰。部分篌竹林更新为淡竹、红竹等品种，部分林地被征用建设厂房、住房，成片篌竹消失，只有零星散生篌竹。因其笋味鲜美，主要用作新鲜蔬菜和制作笋干。1989年全乡有篌竹林2441亩。2011年仅剩30亩。

刚竹 又称江竹、光竹、台竹，是材、笋两用竹，有黄皮刚竹、青皮刚竹，也有青黄相间的，种以色别，青色贵而黄色贱。刚竹适应性强，沙质滩地和石质山坡均可生长。带蒲头的刚竹竿适宜作锄头柄。梓坊村高山上的刚竹非常茂盛，社员们将刚竹破篾，销给杭州火柴厂用于火柴打包。1980年后，打火机逐步普及，火柴产量锐减，刚竹用途减少，刚竹林随之逐步减少。刚竹出笋较迟，此时其他竹笋已罢市，故刚竹笋接着用作食用。1989年全乡有刚竹林629亩。2011年仅剩20亩。

早竹 笋味鲜美，为优良笋用竹，越人以燕来时出笋，故称燕竹；也因竹笋在惊蛰前后闻雷声而出土，称雷竹。一般生长在农家房前屋后，笋期在3月上旬至4月上旬。成片种植的，在秋后用谷壳或毛料叶铺盖在笋园土上，促其笋芽提前在冬天出土以提高产值。1990年前后，昆铜乡部分村有少量引种，未形成规模。进入21世纪，早竹园大多改种白茶。2011年，全乡有零星的早竹林约20亩。

苦竹 以竹笋味苦而得名。苦竹的生命力极强，在山坡、溪旁到处都有生长。昆铜乡内苦竹的种类有石苦、油苦、画眉苦等，20世纪80年代新引进茶杆苦竹。苦竹主要用于制作毛笔杆、箫管、笛子、帐竿等。改革开放后做钓鱼竿、蔬菜大棚架等。进入21世纪，苦竹产品减少。2011年，全乡只有散生苦竹，无人工培育的成片苦竹林。

其他竹种 乡内其他竹类品种有金竹、哺鸡竹、胖竹、水竹、木竹、斑竹、五月竹、箬杆竹等，分布于路旁溪边、峡谷山坡，混生于毛竹林边沿和灌木丛中，面较广，总量较大。2011年，全乡有其他散生的杂竹林5000余亩。

二、木材林

2011年,全乡有乔木林和薪炭林31500亩,另有四旁和散生树木26800株。用材林树种主要有:松树、杉树、檫树、檀树、榆树、香樟树、香椿树、橡树、苦栋树、金钩子、朴树、枫杨(水花树)、花梢树、青冈树、山株树等,珍稀树种有金钱松、梓树、红豆杉等。木材林中,人工造林面积较大,有纯人工营造林和经抚育改造而成的天然林。

针叶林 有松树林和杉树林两种。1.松树林,一为人工营造的马尾松、湿地松、火炬松纯林;一为通过封山育林更新的天然马尾松林。人工营造的松树林纯度高,密度大,郁闭后林下只有少量杂草;天然马尾松林内混生有栎类、杜鹃、茅栗、乌饭等阔叶灌木。部分毛竹林中也伴生有松树,上舍村一带竹林间混生有金钱松。2.杉木林,自然生长的杉木一般都混生在毛竹林、薪炭林中,部分通过培育更新后,林分渐纯。1975年后,人工营造了一大批杉木林,大多形成杉木纯林。1978年,村民引进水杉、池杉,大多种在房前屋后,也有少量成片种植的,10余年即成材。

阔叶林 长林、姚良村以下及铜山片区的山坡上生长有青冈栎、白梗栎、苦槠、冬青、野杨梅、榉木、柃木、茅栗、乌饭、麻栗、山苍子、杜鹃等阔叶林和灌木,部分毛竹林中伴生有枫、檫、橡、栎等类树木。近年来,修复白茶园生态,逐步种植了朴树、红枫、杨梅、香樟等。灌木林基本为阔叶树种,有白栎(栎柴)、杜鹃、茅栗、山苍子、榉戚等

全乡的灌木薪炭林(柴山)分布不匀,主要在昆山下游的几个村和铜山片全部村。农户烧饭、取暖、都是砍伐灌木,还挖掘柴蒲头烧火、烧炭;解放后出现小砖瓦窑,也消耗了大量的灌木柴草。但薪炭林自然修复较快。

三、经济林

集体化时期,坚持以粮为纲,山坡、旱地都种植杂粮,经济林木很少。20世纪70年代,各生产队曾广泛种植油茶、油桐。实行土地承包责任制后,油茶被淘汰,板栗和苗木有所发展。农户分散种植的多为桃、李、梨等果树。

油茶 1968年开始,全乡有低山灌木林的生产队都开垦种植油茶、油桐。1977年再次扩大种植,全乡油茶、油桐面积约有200亩。1983年实行土地承包责任制后,油茶、油桐逐步荒废,最后改种白茶。

板栗 旧时,各自然村山坡和房前屋后有不多的板栗树,都是野生板栗树经嫁接的。20世纪70年代,林业局提供板栗苗木,独山头、干溪桥、大路口、上舍、路西、化家坞、钱坑桥、梅坞等村林场相继种植板栗。总面积约500亩。其中路西村里江林场有120亩,上舍村北山坡有80亩。20世纪80—90年代承包给个人经营,不久后多数被砍伐种植白茶。

苗木 20世纪70年代开始,各村开展绿化造林,在山坡上、公路旁、房前屋后栽种用材林和风景林,绿化苗木需求量增加,促进了苗木发展。是时,各大队林场开始建立苗圃,繁育果木、杉

树、泡桐等苗木。改革开放后,个体苗木专业户得到发展,某些花卉苗木爱好者挖掘野外的花木回家种植,制作盆景。苗木专业户还到上海、苏州等大城市推销盆景、苗木,带动了周边农户发展苗木。2012年,全乡培育的绿化苗木有数百亩。

四、竹副产品

毛料 冬季利用钩梢产生的嫩竹枝加工而成,品级有精枝、二黄两种。当年嫩竹枝做的称精枝,上年没做完次年再做的称二黄。传统的毛料生产是先将竹枝扎成把,经火烘后用脚搓脱叶即成。20世纪70年代后期,改为火坑烘烤,用毛料机脱叶。毛料主要销往北方农村,扎制扫帚用于打场。老枝,即砍伐毛竹时削下的老竹丫枝,待自然脱叶后用于扎制扫帚或夹菜园篱笆,以往供销社收购的老枝也销往北方农村。1982年后,用老枝扎制大扫帚出口日本国。全乡每度产毛料、老枝共3万余吨。

竹壳 是竹笋成竹时脱下的老笋壳,俗称箬壳。解放前后,农户用毛竹箬壳和石竹箬壳打草鞋,村民在平地干活一般都赤脚穿草鞋,上山干活都穿山袜草鞋。冬天用箬壳包布鞋再套上草鞋。刚竹箬壳和红竹箬壳做卖豆腐的包装材料。解放后,各种箬壳用作造纸原料,作沙发、席梦思的填料,红竹箬壳用作笠帽夹衬,酒坛、酱坛的封口材料。20世纪以前,全乡每度毛竹产箬壳1万余吨。由于箬壳价值不高,改革开放后,随着人民生活水平提高,村民不再捡箬壳出售,任其烂在山上作为毛竹的肥料。

青竹梢 是当年做毛料钩下的新竹梢,削去竹枝后,梢杆称青竹梢,可用作扫帚柄,蔬菜大棚架、藤本作物架等。全乡每度毛竹产青竹梢10万余根。

箬叶 是箬竹的叶子,全乡各村山上均有,但产量不大。向来用于裹粽子;20世纪以前还用于笋干篓子的衬垫和编制笠帽时作夹衬。

竹根 挖掘竹蒲头削下的竹根,锤去外皮,扎制洗帚,为厨房和其他场所的清洁用具。因用量小,较费工,故利用得不多。

第二节 资源保护

一、森林保护

山林管护 解放前,山林属私有,山主自家看管,山林大户常年雇用管山人员。尤其是大年春季和上年冬季,一旦发现偷窃冬笋、春笋,和牲畜糟蹋及砍竹伐木行为,就请头面人物处理,重大事件报森林警察(巡官)处理。

中华人民共和国成立后,贫苦农民分得山林,农户的护林积极性极高,各村成立护林组织,制订护林公约。合作化后,集体普遍设管山员巡山护林。高级社后,形成常年的护林队伍,订立乡规民约,一般发生破坏山林、山界纠纷等情况,按乡规民约处理,情节严重的交司法部门处理。合力、三合等大队曾有过几起盗伐偷运林木出境事件，责任人被拘留、逮捕、判刑4人。毗邻地区都建立相应的护林联防组织，各村对历史遗留的插花山林开展联防。

1984年，晓墅森林派出所成立，配备干警，负责昆铜一带的森林保护工作。承包责任制后，山林所有权已承包到户，并进行了定权发证，为防止乱砍滥伐和偷盗行为，森林公安和林政主管部门制定了各种措施，乡、村成立护林组织，制订护林公约，对盗伐和毁林破坏将按森林法处理，对山界纠纷在不破坏现状的情况下由双方邀请主管领导协调处理或由司法部门处理，对蓄意盗伐毁林和毁林开垦种茶的行为则由森林公安进行拘留、逮捕、判刑。

进入21世纪，乱开乱垦种植白茶事件频发，森林公安和林政部门加大巡查处置力度，对毁林开垦种上白茶的山坡进行拔苗还林，不断组织专职队伍上山巡查，持之以恒，常抓不懈，对重点毁林责任人进行依法判刑，加大威慑力。毁林种茶态势得以有效控制。

森林防火 旧时，昆铜境内因烧山垦地种苞谷、上山劳动时抽烟、烧田埂、祭祖烧纸等原因，多次发生山林火灾，几乎年年都有野火烧山事件。解放后，贯彻“预防为主，积极扑灭”方针，政府多次发布通告，严禁山上用火，烧山垦荒必须报乡政府批准。全乡划分护林责任区，乡、村(社、队)负责包干，发现火灾立即组织力量扑灭，造成山林损失的追究领导者责任。1987年之后，乡林业站架设防火专用电话线，配置无线电讯设备和灭火器材等，开展山林灭火培训，加强宣传教育和乡村联防。2005年开始，全乡各村开展防火灭火联防，一旦发现山林火灾，毗邻村的领导和防火应急小队分立即参与施救，成效显著。随着持续地封山育林，上山劳动人员减少，山林火灾显著减少，损失显著降低。

改灶节柴 20世纪80年代，政府推广节柴灶；1990年前后，逐渐改用煤气灶，村民烧饭用柴大量减少。

制止乱砍滥伐 20世纪60—70年代开始，社员生活改善，草房换瓦房、置办家具，对木材需要量增加。政府实行审批定量砍伐制度，制止乱砍滥伐林木。

关停窑厂 1980年后，砖瓦窑和石灰窑改用煤炭烧制，用柴作燃料的砖瓦窑、石灰窑关停，薪炭林逐渐得到恢复。

制止毁林种茶 进入21世纪，政府禁止毁林种白茶，林业主管部门采取宣传教育和严厉打击相结合的办法，遏制毁林现象。2011年4月，县政府在昆铜乡召开全县“制止毁林开垦现场会”，加大禁止毁林种茶力度，毁林种茶现象得到有效控制。

生态修复 2008年开始，政府发动村民在白茶园内套种乔木，实施生态修复。2010年政府免费提供香榧、杨梅、朴树、桂花、红枫、香樟等多种树种。许多农户还利用缓地、田种植梨子、桃子、美国黑李和樱桃等。至2012年，套种各种树木的茶园近万亩。

生态林保护 2001年开始，实施《安吉县生态公益林建设规划》，逐步将成片的竹林、树林、薪炭林和公路两边的山林划定为生态公益林，实行小班管理，落实管护责任。竹林按度砍伐，树木禁止砍伐；对毁林开垦25度以上的坡地，逐年还林。同时对生态公益林每年每亩补助1.5元。以后，补助标准逐年提高。2003年3月，不少外地民工在昆铜乡大肆砍伐生态公益林中的柴木，出售到德清、余杭等地。森林公安及时发现并对为首者进行严肃处理，毁林行为得到有效制止。2012年，生态公益林都生长茂盛，林木高度密闭。全乡生态公益林保护面积：2004—2007年26700亩，占全县生态公益林的5.5%；2008—2009年24300亩，占全县生态公益林的6.75%；2010—2012年65250亩，占全县生态公益林的11%。

集体林场造林 1970年前后，全公社以大队为单位，征用生产队的荒山缓坡建立林场，聘请县乡林业技术员现场指导，分片规划造林。种植板栗、外国松、杉树、泡桐等林木。各大队按照上级要求，落实封山区域和植树育林的具体措施，抓好培育管理。独山头突来山和陈家塘后山林场发展外国松、杉树基地，干溪桥毛徐林场发展杉树基地，大路口荡里林场发展杉树基地，姚良村畜牧场后山发展杉树基地，上舍村东林场发展板栗基地，路西里江林场发展板栗和杉树基地，化家坞方坞林场发展杉树基地，钱坑桥道场坞林场发展杉树、板栗基地，隐将四面山林场发展杉树基地，张家山俞家舍林场发展杉树基地。有的大队林场还发展泡桐、杜仲、油茶、檫树，以及水果、茶叶等基地。各生产队（小队）也开展小区域集体造林。

实行山林责任制承包后，大多林场解体，林地承包给村民个人经营，林种逐步改为经济林木。进入21世纪，大多林地改种苗木和白茶。2011年，尚存干溪桥林场、张家山林场的杉树基地和上舍林场的板栗基地。

绿化造林 解放后，党和政府重视造林工作，每年开展群众性植树造林运动，由于苗木匮乏，一度提倡挖野生苗造林，造林质量差，成活率低。1954年以后，依靠山区互助组、合作社集体力量，开展较大面积的造林，以营造马尾松等用材林为主，也有麻栎、檫树等阔叶树，质量较好。公社化早期造林只求数量，造林成活率低。1963年以后，以营造经济林为主，独山头、干溪桥、大路口、路西、化家坞、钱坑桥等大队种植油茶、油桐等。成林后，油茶籽的销售和加工未跟上，造成油茶、油桐林荒废。1970年起，公社号召各村、队在缓坡山地植树造林，随后几年连续造林，松树、杉树苗由公社（乡）统一向县林科所苗圃基地采购，公社农技站人员现场示范，造林成果显著。社员还在房前屋后路边种植泡桐、枫香、水杉等，十余年后都能成林。

1972年后，县林科所赴外地采集杉木籽育苗，开展杉木林基地建设，1974—1975年全乡种植杉木1500多亩。1979年，国家将每年的3月12日定为植树节，以后绿化造林成为常规。植树节前后，各行各业人员都开展植树活动。村庄绿化主要栽种银杏、杨梅、红枫、朴树、香樟、石楠等树种。

1975—1983年，乡（公社）将造林指标分年度分配到各大队，杉木林面积落实到各生产队，湿地松林面积落实到各大队林场。规划9年造杉木林736亩、湿地松林254亩。至1983年，实际种植杉木1500余亩。苗木由乡政府统一采购，各大队领苗种植。1984年后，种植银杏、香樟、桂花等观赏树种。1990年，响应县委、县政府提出的“五年消灭荒山”号召，全乡广泛种植红枫、红豆杉等树种。至1994年，提前一年通过验收。2005年，独山头村通过省绿化委员会和省林业厅考核验收，被命名为“第二批省级绿化示范村”。2007年11月，长林垓村被浙江省绿化委员会、省林业厅命名为“浙江省绿化示范村”。

1975—1983年昆铜公社绿化造林规划面积表

表9-1

大队名称	分配面积(亩)	造林地点
独山头(五星)	120	重点落实在大柴坞、朱尖坞、水冻坞的生产队及林场
干溪桥(高葛)	100	重点落实在直坞、干溪桥及大队林场毛徐等区域
大路口(昆一)	80	重点落实在西岩坞、荡里各队及林场
姚良	30	重点落实在大会堂左边及阴家坞等地
长林	30	重点落实在大坞、阴坑等地山坡
上舍	20	利用零散地
三城	20	利用零散地
路西(合力)	150	重点落实祠山庙后山南楼坞水库外侧,黄泥山等队及林场
化家坞(三合)	90	重点落实在道场坞、方坞等队及林场
钱坑桥(高一)	70	重点落实在俞芝岭的两个队及林场
梅坞(新华)	30	落实在林场及水库上游山坡
隐将(勇将)	10	利用零散地
张家山(四岭)	220	重点落实在俞家舍林场(有少数柳杉)
梓坊(梓兴)	10	重点落实昌蒲山和各队零散地
潘家上(永年)	10	利用零散地
合计	990	2012年,成片的人造林尚存于干溪桥毛徐林场和张家山俞家舍林场

(摘自县林业志)

附:

近现代的森林损毁

旧时,由于交通不便,山货出售困难,山林长期处于自然生长状态。近山毛竹按度砍伐,远山和高山毛竹往往不能砍完。昆铜遍山都是自然林木,路边、房前屋后和山坡上都是树蓬。自然损毁不多,主要为人为损毁。

战争　抗日战争期间,日本兵常到昆铜沿途的几个村庄砍伐风景树木修筑工事。解放战争期间,国民党部队砍伐树木设置围栏障碍,村庄和路边大批乔木再次遭毁。但上游深山林木和古树名木仍然较多,自然生长。

烧炭　1958年大炼钢铁时,全公社各生产队都打炭窑,砍树烧炭,附近山坡、路边和房前屋后的树木遭受损毁。

烧砖瓦　公社化时,公社在江家边自然村开办窑厂烧砖瓦,最多时有三座鸡笼窑。20世纪60—70年代,社员生活好转,逐渐将草屋翻盖成瓦屋,窑厂逐步增多,独山头有陆家村窑厂,干溪桥有费家塘窑厂,大路口有荡里窑厂,长林垓有后村窑厂,路西大队有里江窑厂,化家坞有蛇角庙窑厂，钱坑桥有沙田畈窑厂，管城有砖瓦窑厂；平原圩区的晓六、板桥、杨店、荆湾等大队也相继开办砖瓦窑，窑厂所需的柴草燃料多数到昆铜采购。消耗了低山丘陵大量的柴草灌木，造成薪炭林来不及恢复而变成荒山。

开荒种粮 1961年，国家三年经济困难后期，社员普遍开荒种粮，低山植被遭受破坏，部分林木被砍。

烧石灰 1974年，路西大队江家边、蒲芦坞两个生产队开办的石灰窑、柴火用量较大。全公社的薪炭林损毁严重。

毁林种茶 1984年实行土地承包责任制时，多数村的林木基地被分割成小块分到农户。1995年以后，安吉白茶兴起，出现了毁林种白茶的现象，薪炭林再次遭受严重的损毁。2008年，各村20%较低山林的阳面山坡被开垦，而阴面山坡被开垦殆尽。

二、林政管理

林业管理机构 1958年，昆铜人民公社成立以后，公社分派一名副社长分管林业。1972年起，县林业局在昆铜公社聘请1名林业技术员，业务受林业局领导，行政受公社领导。林技员立足本乡，情况熟悉，为公社指导林业生产的助手和参谋。1987年建立乡林业工作站，为县林业局的基层机构。站长由分管林业的副乡长兼任，成员有乡林技员、林政员、护林联防队负责人等。

竹木砍伐审批 集体生产期间，集体砍伐林木出售，须经公社批准，按采伐指标砍伐。农户个人需要树木须向大队申请，砍伐竹子须向生产队申请，按批准的数量砍伐并作价付款。1982年实行山林承包责任制后，林木砍伐继续实行审批制度，毛竹砍伐由林业站逐级发放毛竹投售票，农户按投售票数量砍伐和销售。

1964年昆铜公社各大队竹木采伐计划表

表9-2

生产大队	毛竹(万支)	毛巾(万支)	杂竹(万担)	小竹(万支)	杂柴(万担)
五星(独山头)	1.5	0.2	1.5	1.2	0.3
高葛(干溪桥)	2	0.4	0.5	0.5	0.4
合力(路西)	5	1	0.5	2	0.7
昆一(大路口)	3	0.5	0.3	0.8	0.5
长林	3	0.6	0.2	0.2	
姚良	4.5	0.8	0.4		
三城	4	0.8	0.2		
上舍	4.5	0.8	0.7		
高一(钱坑桥)	3	0.6	0.2	0.2	0.4
勇将(隐将)	3	0.7	0.3	1	
新华(梅坞)	1	0.4	1.2	3	0.5
永年(潘家上)	2	0.5	0.2	0.3	

续表9-2

生产大队	毛竹(万支)	毛巾(万支)	杂竹(万担)	小竹(万支)	杂柴(万担)
梓兴(梓坊)	2.5	0.7	1	0.4	
四岑(张家山)	4	1.5	0.1		
三合(化家坞)	2	0.5	0.3	0.4	0.3
合计	45	10	7.6	10	3.1

说明:①毛巾指5寸及以下的小毛竹。

②1担=50公斤

1985年昆铜乡森林采伐限额安排表

表9-3

行政村	限额采伐数(立方米)	其中	
		规格材	非规格材
独山头	40	30	10
路西	45	30	15
干溪桥	13	8	5
化家坞	12	7	5
钱坑桥	35	25	10
潘家上	20	15	5
梓坊	35	25	10
张家山	12	2	10
梅坞	30	25	5
隐将	10	5	5
姚良	70	50	20
大路口	35	25	10
管城	20	15	5
上舍	8	3	5
长林	20	15	5
合计	405	280	125

说明:规格材为原木小头直径14厘米以上×2厘米长以上;原条中央直径8厘米以上×5厘米长以上。达不到上述规格都属非规格材

出运管理　木材出乡须到乡林业站开具出运证,各出境路口设置检查站,验证放行。不过,昆铜历史上很少销售木材,1991年5月实行殡葬改革后,免用棺木,林木外运更少。乡检查站检查的重点为竹材、竹木制品、半成品和苗木的出运证和检疫证。

林权发证　实行山林承包责任制后,林业管理机构对农户承包经营的山林和林地发给林权证,生产队的山林形成单家独户的块状管理。农户对承包经营的林地有自主经营权,但不可移作非林业用地。

三、古树名木保护

抗日战争以前，昆铜各村庄、庙宇周围古树甚多，抗战和解放战争期间，日本侵略者和国民党军修筑工事，道路沿线的古树遭砍伐。解放后，1958年大炼钢铁时，上级下达任务，各生产队砍伐乔木烧木炭支援炼铁，部分古树名木又遭砍伐。1970年，县林业部门普查全公社各村的古树名木，共有84株实行挂牌保护。2012年普查时增加13株，全乡共有97株古树名木。其中，钱坑桥化角坞一株古银杏树是“全国十大最美银杏”“浙江十大最美古树”，树龄1100年，树高32米，一株5丛，树冠22.5米，主干最大胸围达10.3米；姚良上堂子一株朴树，树龄210年，胸围342厘米，冠幅12米；铜山村俞家舍一株古银杏树树龄810年，胸围660厘米，树高25米，平均冠幅17米。树干粗壮，树形优美，3株古银杏成众，姿态优美；管城村里阳坞一株柏树，树龄310年，胸围286厘米，树干高16米，冠幅5.5米，树干倾斜，就地用钢管支撑保护。

2012年昆铜乡挂牌保护的古树名木一览表

表9-4

1970年牌号	树名	生长地	2012年编号
0523300261	构骨	独山头陈家塘	052330500158
0523300262	榔榆	独山头林场旁	052330500159
无	榔榆	独山头自然村	052330500160
0523300260	胡颓子	干溪桥直坞里	052330500119
0523300259	三角槭	干溪桥自然村	052330500117
0523300258	三角槭	干溪桥自然村	052330500118
0523300271	圆柏	大路口里高家坞	052330500116
0523300257	枫香	姚良上堂子	052330500102
0523300254	枫香	姚良上堂子	052330500111
0523300255	枫香	姚良上堂子	052330500112
0523300265	枫香	姚良文自然村	052330500114
0523300266	枫香	姚良自然村	052330500115
0523300252	榔榆	姚良上堂子	052330500106
0523300253	朴树	姚良上堂子	052330500105
0523300256	朴树	姚良上堂子	052330500113
0523300019	青冈栎	姚良上堂子	052330500103
0523300018	青冈栎	姚良上堂子	052330500104
0523300267	银杏	姚良上堂子	052330500107
0523300268	银杏	姚良上堂子	052330500108
0523300270	银杏	姚良上堂子	052330500109
0523300269	银杏	姚良良村	052330500110
0523400003	枫香	上舍村树坝	052330500099
0523400003	枫香	上舍村树坝	052330500096

续表9-4

1970年牌号	树名	生长地	2012年编号
0523400003	枫香	上舍村树坝	052330500097
0523400003	枫香	上舍村树坝	052330500098
0523400003	枫香	上舍村树坝	052330500100
0523400003	枫香	上舍村树坝	052330500101
0523300263	榉树	上舍村上朱家	052330500089
0523300250	榔榆	上舍村中心	052330500087
0523300251	榔榆	上舍村上朱家	052330500088
052340003	榔榆	上舍村树坝	052330500093
0523400003	榔榆	上舍村树坝	052330500095
0523400003	朴树	上舍村树坝	052330500094
0523400249	银杏	上舍村朱家桥边	052330500090
0523400248	银杏	上舍村朱家桥边	052330500091
0523400264	银杏	上舍村中心	052330500092
0523200017	柏木	管城村里阳坞	052330500081
0523200243	榔榆	管城自然村	052330500085
0523200244	榔榆	管城自然村	052330500086
0523200245	银杏	管城黄玉自然村	052330500082
0523200246	银杏	管城黄玉自然村	052330500083
0523200247	银杏	西管城自然村	052330500084
0523200239	柏木	三山村秀峰寺内	052330500078
0523200240	枫香	三山村周家里	052330500077
0523200237	柿	三山村卢岭脚	052330500079
0523200238	柿	三山村卢岭脚	052330500080
0523200241	银杏	三山村何家边	052330500075
0523200242	银杏	三山村何家边	052330500076
0523300273	榔榆	路西村江家边村	052330500157
0523300276	皂荚	路西村南楼坞	052330500156
0523100005	银杏	化家坞	052310500161
0523300288	枫杨	梅坞村诸家边	052330500141
0523300282	枫杨	梅坞村诸家边	052330500142
0523300287	枫杨	梅坞村诸家边	052330500143
0523300283	枫杨	梅坞村诸家边	052330500144
0523300284	枫杨	梅坞村诸家边	052330500145
0523300281	枫杨	梅坞村诸家边	052330500146
0523300279	枫杨	梅坞村诸家边	052330500147
0523300286	枫杨	梅坞村诸家边	052330500148
0523300280	枫杨	梅坞村诸家边	052330500149
0523300285	枫杨	梅坞村诸家边	052330500150

续表9-4

1970年牌号	树名	生长地	2012年编号
0523300290	枫杨	梅坞村诸家边	052330500151
无	苦槠	梅坞村诸家边	052330500164
无	苦槠	梅坞村诸家边	052330500165
无	榔榆	梅坞自然村	052330500153
无	榔榆	梅坞自然村	052330500154
0523300291	银杏	梅坞村石门	052330500152
无	银杏	梅坞村石家岭	052330500155
无	银杏	梅坞石家岭	052330500172
0523300294	皂荚	张家山村俞家舍	052330500123
0523300293	皂荚	张家山村谢坞口	052330500125
0523400005	柳杉	张家山村谢坞	052330500127
0523400005	柳杉	张家山村谢坞	052330500128
0523400005	柳杉	张家山村谢坞	052330500129
0523400005	柳杉	张家山村谢坞	052330500130
0523400005	柳杉	张家山村谢坞	052330500131
0523400005	柳杉	张家山村谢坞	052330500132
0523400004	柳杉	张家山村俞家舍	052330500133
0523400004	柳杉	张家山村俞家舍	052330500134
0523400004	柳杉	张家山村俞家舍	052330500135
0523400004	柳杉	张家山村俞家舍	052330500136
0523400004	柳杉	张家山村俞家舍	052330500137
0523400004	柳杉	张家山村俞家舍	052330500138
0523400004	柳杉	张家山村俞家舍	052330500139
0523400007	银杏	张家山村俞家舍	052330500120
0523400009	银杏	张家山村俞家舍	052330500121
0523400008	银杏	张家山村俞家舍	052330500122
0523400292	银杏	张家山村谢坞口	052330500124
0523400020	银杏	张家山自然村	052330500126
无	枫香	潘家上村倪家边	052330500166
无	杭州榆	潘家上村倪家边	052330500171
无	黄檀	潘家上村倪家边	052330500168
无	黄檀	潘家上村倪家边	052330500169
无	榉树	潘家上村倪家边	052330500167
无	南京椴	潘家上村倪家边	052330500170
0523300278	青冈栎	潘家上村自然村	052330500162
0523100006	银杏	潘家上村倪家边	052330500140

第三节　竹林培育

一、毛竹培育

护笋养竹　昆铜乡的毛竹生产采用大、小年作业。春天养笋冬天砍竹的年份称毛竹大年，次年春不养笋冬不砍竹称小年，砍伐一次称一度。昆铜乡大多数毛竹林以单数年份为大年，双数年份为小年；只有张家山、梓坊、路西、独山头等村的少部分毛竹林以双年为大年。大年禁止挖掘前期的春笋。到立夏前后挖去虫笋、病笋、瘦弱笋和过密的笋，称打退笋，保留健壮笋养大成竹。20世纪70年代曾提倡留养小年春笋，经多年实践证明，管理有难度，收效也不大。实行山林承包责任制以后，没能继续施行。

钹山　白露节以后，用长柄柴刀砍去竹林中的柴草。解放前，竹材滞销，70%以上的远山竹林处于荒芜状态。解放后，依靠集体力量，较大规模地钹山，以避免柴草争肥，也便于毛竹林间劳作，砍伐的柴草也成为毛竹的肥料。

捏黝　将煤粉与菜油拌匀，用布包成团，手捏着煤粉团在竹竿齐眉高处写字，表明竹龄和权属，称捏黝。毛竹捏黝后，便于按竹龄砍伐和防人偷砍；若在水运时被大水冲散，也便于寻找。解放前一般写三个字，用“上、大、人”或“甲、丙、戊、庚、壬”表示竹龄，用主人的姓或名表明权属，最后写一吉祥字。集体化后以生产队名称表权属。1980年开始改用固体松烟油笔书写。1984年以后改用公元纪年表示竹龄，恢复个人姓名表示权属。

钩梢　大年立冬以后至翌年春分以前，用长柄钩梢刀钩去竹冠长度三分之一的竹梢，以防雪压，并使竹材挺拔。钩下的竹梢还可制作毛料、青竹梢出售。钩梢工具为缚在长5米左右的石竹竿上的钩刀，钩梢人站在上山方向，双手举长柄钩刀钩住竹梢，将竹梢向下拉成弓形，然后将钩刀快速向上举起，又快速拉下，借用竹梢反弹的力量快速削断竹梢。

砍伐　毛竹的砍伐季节为大年的霜降至次年清明以前。只砍六年以上的老竹，保留四年以下的新竹，称“砍六留四”。少量错过季节未砍的老毛竹，须等到夏季再砍，称“砍杨梅红”。20世纪70年代曾提倡砍八年竹留六年竹，经多年实践证明，“砍八留六”只适宜立竹量少的竹林。实行山林承包责任制以后，没能继续施行。

砍毛竹有专用的毛竹刀。人站在毛竹的左下方，从竹蒲头的下方开刀，向右边一刀一刀地砍向上山方向，人也围着毛竹从下山转向上山。砍完一圈，将毛竹向山上方向扳倒。以便用刀背敲去丫枝并使丫枝集中一处，也便于竹竿顺利滑向山脚。

附录：

1995年昆铜乡毛竹林培育管理制度

第一条：护笋是提高毛竹产量和质量的关键。有笋才能有竹，毛竹、小竹林的产区必须高度重视，各级组织必须订立护笋制度，采取有力的护笋措施，把护笋工作做好、做落实。

第二条：以培育用材林为目的的毛竹林、小竹林、护笋工作有以下内容：1.禁挖鞭笋；2.一般不挖冬笋；3.保护春笋；4.留养小年笋。

第三条：每年3月下旬至5月上旬，是护笋工作关键时期。各行政村和生产队要增派季节性的管笋员，同专职的常年管山员密切配合，分片包干，巡山护笋，尽量减少人畜损害。

第四条：材用毛竹山春笋期间只挖退笋，不挖好笋。打退笋要以老手带新手，建立责任制，严格鉴别，防止误挖成竹笋。

第五条：留养小年毛竹是增加毛竹产量和立竹密度的重要措施，特别是衰败竹林，要做好留养，保证安全成竹。

第六条：合理砍伐，培育毛竹林的合理林分结构。各产竹村队要切实做到砍八留六，留养三度座底竹，保持立竹150~180支/亩。

第七条：砍伐毛竹，要求在大年的秋后至小年的清明前，力求将应砍的毛竹一次性砍完，严禁砍"冷刀"；非特殊需要，不砍"杨梅红"竹；绝对不砍"上浆竹""孕笋竹"。砍竹时必须砍到乌节处，竹蒲头砍得低。

第八条：实行一般经营与集约经营相结合的毛竹培育方式。一般经营的方式为铍山抚育，在小年的黄梅至白露期完成，要求度度铍山。集约经营的方式是挖山、松土和施肥。要选择坡度较平、土质好、土层厚的竹林挖松土，不能盲目乱挖。第一次要求深垦五寸左右挖到心土，除净柴根；以后每隔一度至两度复垦一次，逐步挖去竹蒲头，保持熟山经营。空堂竹和竹林边缘要诱导鞭根延伸。

第九条：挖山松土的毛竹林，每度要施畜肥和嫩草或化肥。小年的夏秋季，在林间开水平沟，将肥料施入沟内然后覆土。有条件的山坡可开发笋竹两用山，以提高经济效益。

第十条：毛竹钩梢要适度，钩梢一般不得超过竹冠的三分之一。应根据毛竹围径大小和枝下高度确定留枝档数，眉围六寸以下的毛竹一般不钩梢，眉围七寸至十寸的毛竹应留枝二十档左右；眉围十寸以上的毛竹，竹竿较高，钩梢竿有限，不得少于十五档；特大毛竹可以不钩梢。强钩梢会造成毛竹价值降低而得不偿失。

第十一条：钩梢季节一般在大年立冬以后至小年春分以前进行，有条件的地方，应力争在冬季钩完梢，做好毛料。

第十二条：农业责任制到户后，各村、各队要订立护林公约，插花山要服从当地村、队的护林制度，如有违反，当地村队有权干涉和处理。各村之间要加强护林联防，互助支持配合。要选拔办事公道、敢于斗争的优秀村民担任管山员，每年要定期评比、表扬奖励优秀管理人员。

第十三条：毛竹捏油提倡捏年号，以便按年号砍伐。不准无限制随砍随用，乱砍浪费。

第十四条：不准改变毛竹林用度，更不允许开垦毛竹林种植白茶。

第十五条：要综合利用毛竹林，毛竹和毛料、老枝丝、退笋、青竹梢等副产品要统一经营，提高毛竹山的经济效益。

第十六条：要加强病虫害防治，发现竹螟、竹象虫、枯梢病等危害性较大的病虫害时，要立即报告县森保站，及时组织力量防治。

二、小竹培育

除毛竹以外的竹子，因竿径都较小故统称小竹。昆铜的材用小竹一般成片生长在河流两岸的滩地上，称竹漾。扩展小竹林主要靠砍除竹林中的柴草，挖松周边土壤，诱导鞭根延伸，花工少见效快。移栽母竹的办法出产周期较长，少有应用。

三、有害生物防治

毛竹和小竹的主要害虫为竹螟。防治方法：1. 采用灯光诱杀成虫；2. 当竹螟进入二令幼虫期，嫩竹叶卷成筒形时，在竹林燃放甲胺磷烟雾熏杀剂，效果显著。春笋出土季节，夜晚在竹林边烧火堆、放爆竹、敲锣等方法驱赶野猪等野兽。

四、竹子开花复壮措施

毛竹、红竹、水竹、木竹、淡竹、苦竹等竹子常有少量开花现象。竹子开花后，植株一般都要枯死。据前人和林科人员认可的经验，发现毛竹少量开花，即行砍去开花竹子，保留离土1尺左右高度的竹竿，打通竹节，灌入粪水或尿素溶液，用黄泥封口，或复垦施肥即可复壮。如成片开花，即行皆伐，开垦林地，去除霉烂竹鞭，保留健壮竹鞭，每亩施尿素30～50公斤，封园数年，可以恢复。不过，竹子成片开花现象极其少见。

第四节　竹木加工

一、传统手工加工

中华人民共和国成立前后，村民的农具和生活用具除铁锅、刀具外，其余非木制即竹制。竹木加工匠人大多是上八府人。户主先准备好木材或竹材，然后请匠人上门加工。集体化以后，昆铜公社成立竹器厂，组织篾匠手工生产竹席、谷圈、畚箕，蚕匾、保温瓶外壳等产品，后来增加生产竹制工艺品，都由供销社收购和销售，或交县外贸公司出口。

木加工　生活用品有眠床、椅、凳、桌子、茶几、梳妆台、洗脸盆架、菜碗橱、镬盖、书橱、礼盘、礼盘架、揉粉桶、米桶、脸盆、浴盆、脚盆、水桶、粪桶、马桶、蜜蜂桶、敲衣榧等。生产用具有犁、耙、耖、掼稻桶、车架、龙骨水车、风车、木耥耙、秧凳等。

竹加工 生活用品有竹凉床、竹椅、竹菜橱、竹筷、竹油筒、竹茶筒、竹尿筒、竹篾席、竹夫人、竹灯笼、竹饭箩、竹饭筒、竹淘箩、竹篮、笔杆、掸尘帚、扫帚等。生产用具有箩筐、畚箕、畚斗、圈条、晒谷垫、竹耙、扁担、锄柄、笠帽、蚕匾等。

二、现代机械加工

1974年，昆铜公社通电后，竹木加工逐步实现机械化。

木加工 部分大队办起电动锯板厂，为社员来料加工木板，并利用各队疏伐的松树锯板，制作啤酒箱、包装盒等粗放产品。以后逐步扩大生产木花盆、杉木桩、沙发木架和木椅、餐桌等工艺产品。电力使竹加工工具逐步改进，昆铜大路口、长林、独山头、路西、钱坑桥等大队办起车木厂，利用杂树加工圆木产品。

竹加工 公社逐步办起鱼竿厂、工艺竹编厂等社办企业，生产的竹工艺品销往县外，部分通过县外贸公司出口。1990年开始，大型现代化竹木加工机械逐步出现，各村个体竹木加工厂应运而生，采用现代机械加工，或机械结合手工精加工。至21世纪初期，全乡的私营竹器厂达100多家，产品有竹凉席、竹地板、竹钓鱼竿、篱笆、屏风、书架、草耙、竹标杆、吧台、丝竿、白竹竿、青竹竿、竹编火炬、蒙古包、亭子、餐厨具、包装容器、篮子和其他竹工艺品、装饰品等。大部分产品出口。2011年，全乡有竹木加工企业80家。产品年销售额近2亿元。

第五节 竹木销售

中华人民共和国成立前，竹木由私人山货行和林主们组织的林业合作社经营。中华人民共和国成立初期，由山货行、供销社、煤业建筑器材公司、公私合营商业经营。1953年开始，木材统一由县森工站、木材公司收购。1957年开始，竹材统一由供销社收购。1985年起，竹木取消派购、统购任务，除树木规格材仍由县木材公司统一收购外，非规格木材和毛竹、小竹全部放开，个体行商和竹木加工厂都参与收购。

一、收购销售单位

1. 山货行

中华人民共和国成立前，昆铜的竹木历来销往晓墅、梅溪山货行。梅溪山货行以经营水放毛竹为主，称“水货行”；晓墅山货行以经营附近山农肩扛或骡驮的竹材为主，称“肩货行”。民国35年(1946)，梅溪有山货行23家，从业人员150余人。吉记行、安兴行、泰昌行、德大行、永成行等山货行每家有80万～150万元法币资本，全年收购竹材均在万帖以上(每帖1000市斤左右)，销给苏、申客商。晓墅山货行有37家，每家资本在2万～10万元之间。清代至民国初年，梅溪山货行建立行会组织，称“竹商公所”；民国20年(1931)后，成立山货业同业公会，隶属镇商会，同业公会设有理、监事会，订有《买卖规则》。梅溪山货行曾发行期票(也称梅票)，收购毛竹，付一部分现款，一部分期票，比例有三七、四六、对开等。期票期限1~3个月，月息2分。到期的期票可以到梅溪、晓墅、递铺、孝丰四镇较大的米、布、百货、食品商店代替现金购货，未到期的贴息使用。1952年在城乡物资交流大会中，山货行踊跃参加，努力多收竹材。1955—1956年，国家对私营商业进行社会主义改造，山货行全部入股到各镇供销合作社，业主和从业人员全部转为供销社职工。

2. 供销合作社收购站

1950年1月，安吉县供销合作总社成立，接着成立梅溪门市部和晓墅供销站，供应米、油、盐，收购土产。1951年8月，昆山乡供销合作社和铜山乡供销合作社同时成立。政府号召农民入股，每股15000元人民币（旧币，1955年1万元兑换1元新币），入股的社员享受平价物资供应，摆脱私营商店的高价盘剥，还可参加股东分红。刚翻身解放的农民纷纷入股，没有现金的就用木炭、木柴、皮张、中药材等土产作价入股。供销社把供应生产、生活资料和收购土产作为主要任务。

1957年起，毛竹小竹、竹副产品、柴、炭等由供销社统一经营。供销社逐步在各村增设收购站，方便农民投售；稳定价格，促进竹材、竹副产品发展。以后，陆续扶助各大队开发山区交通，供销社投入资金数万元，帮助兴修双轮车道、拖拉机道，清除河道障碍，砌筑滚坝；并投入数万元资金建设渔用毛竹和小竹基地等，帮助发展林业生产。20世纪末，个体行商和竹木加工厂收购竹木，供销社收购站完成历史使命。

3. 新湖土产公司梅溪分公司

1951年3月，安吉县人民政府邀请梅溪山货行和上海、苏州、常熟等地商行业主参加土产购销会议，建议由县政府投资500万元（旧人民币），各家私营商行集股1亿余元，筹建公私合营的新湖土产公司梅溪分公司。7月20日，新湖土产公司梅溪分公司开业，主要经营水放毛竹。同年7—12月，公司销货总额10.8亿元。以后还发放生产贷款2500万元，毛竹购销量逐年上升。

1955年改造私营商业，新湖土产公司梅溪分公司并入供销合作社，部分外地股份撤走。

4. 木材公司

1951年，中国煤业建筑器材有限公司湖州分销处在孝丰县收购木材，在梅溪设立木材转运组，兼收安吉县的木材。1952年，嘉兴木材公司湖州分公司成立，接收煤建公司在安吉、孝丰的业务。1956年，安吉县成立木材公司，统一收购木材。1958年冬，孝丰县并入安吉县，成立县森工站；1984年改称县木材公司，公司下设梅溪、报福、递铺、杭垓四个组，分片收购木材。

5. 个体运销户和竹制品厂

1980年开始，竹材、竹副产品逐步实行多渠道经营，逐步有村民参与收购运销毛竹、小竹和竹副产品。公社、大队也组建经理部经营农副产品。1985年，全乡个体运销户增至百余户。20世纪末开始，昆铜乡各私营竹制品厂都直接向农户收购竹材。

6. 林业专业合作社

2009年1月，长林垓村成立长丰股份制毛竹专业合作社，总面积2500.05亩。2010年1月，上舍村成立竹龙股份制毛竹专业合作社，总面积1699.95亩。实行统一经营、统一管理，开展森林培育、林产品销售和森林旅游开发。

二、竹材销售

民国25年(1936),原安吉县销售毛竹7万帖、小竹30万件,其中昆铜乡的毛竹占原安吉县的三分之一强,小竹占一半多。抗日战争爆发,销路受阻,至民国28年(1939)逐步恢复。民国29年(1940),原安吉销毛竹3万帖、小竹10万件。民国35年(1946),抗战期间积压的老竹大量下山,原安吉销毛竹5万帖、小竹28万件。解放战争期间,竹材滞销。

解放后,党和政府动员山货行、供销合作社和公私合营企业收购竹材,并多次组织城乡物资交流大会,邀请外地山货行老板订货,竹材逐步畅销。1949—1956年,昆铜全乡共投售毛竹200多万支(包括毛竹、毛篙、等外竹)、小竹3000万多公斤。平均每年投售毛竹近30万支、小竹375万公斤。

1957年3月,浙江省人委规定毛竹为二类物资,委托供销社统一收购统一调拨。合作化期间,县委县政府推广双一大队毛竹丰产经验,全乡毛竹经营水平逐步提高,毛竹采伐量增加。1969年度毛竹采伐量达69万支。1976—1979年共销售毛竹242.85万支,平均每年销售60万支;销售小竹20725050万公斤,平均每年销售小竹518万公斤。

1980年开始,省核定安吉县每年上调毛竹540万支、毛篙30万支。投售任务逐级分配到各大队,各队完成任务后,方可自行销售。1985年开始取消毛竹投售任务,实行供销社、林工商、乡村经理部、个体运销户等多渠道购销。1983—1990年,昆铜全乡共采伐投售毛竹计划561.1万支,大小年明显,平均每年70万支;1991—2000年共采伐投售毛竹计划937万支,大小年明显,平均每年93.7万支;2001—2011共采伐投售毛竹计划972万支,平均每年97.2万支,由于毛竹价格明化明显,毛竹砍伐量大小年相对差距变小。据县林业局统计,历年毛竹及其制品出县运输总量占采伐投售计划的88.9%。小竹由原来大小年相对不太显著变为大小非常明显,但每两年一度产量变化不大,维持在500万公斤左右。

1986—2011年昆铜乡毛竹、杂竹采伐销售计划表

表9-5

年份	毛竹(万支)	小竹(公斤)	年份	毛竹(万支)	小竹(担)
1982		310	1992	155	
1983	25.1	207	1993	20	
1984	74	346.5	1994	155	
1985	30		1995	20	
1986	110		1996	180	
1987	9		1997	25	
1988	138	1030	1998	175	
1989	20		1999	27	
1990	155	1030	2000	160	
1991	20		2001	26	

续表9-5

年份	毛竹(万支)	小竹(公斤)	年份	毛竹(万支)	小竹(担)
2002	150		2007	103	
2003	18		2008	170	
2004	160		2009	35	
2005	20		2010	180	
2006	110		2011	30	

说明:1982年毛竹采伐量缺;2005年开始,毛竹不再列入限额采伐

三、木材销售

中华人民共和国成立前,山林属于私有,交通不便,木材多为附近平原地区提供建房、做棺材和家具用,很少外运销售。

中华人民共和国成立后,山里人大多砍伐不成材的树木烧炭出售。1953年11月,浙江省颁布《木材管理办法》,木材由嘉兴木材公司湖州分公司安吉站(组)经营,冻结清理私商收购的木材。1955年,木材全部由供销社收购。1956年开始,由县森工部门按计划收购,向县内需材单位供应,并完成上调任务。昆铜乡每年有240立方米的木材派购任务,由县森工站(木材公司)收购。大炼钢铁时期砍伐树木烧炭炼铁,20世纪60年代平原地区和本地村民普遍建瓦房、做棺材,各村建学校、大会堂等,使昆铜的林木过度砍伐,县森工部门的木材派购任务逐步减少。到1974年基本无木材可投售。21世纪初,县政府实施"生态立县"战略,除人工林抚育采伐和天然林卫生采伐外,山区实行严格的封山育林,昆铜已不再审批其他采伐。

1982—2004年昆铜乡木材采伐材积量表

表9-6　　单位:立方米

年份	木材	其中自用	年份	木材	其中自用
1982	377		1994		
1983	327	297	1995	150	
1984			1996	150	
1985	405		1997	150	
1986	500	40	1998		
1987	450	5	1999	120	
1988	350		2000		
1989	240		2001		
1990	250		2002	399	
1991	220		2003	200	
1992			2004	187	
1993	200				

说明:空白处数据缺

第十章 水利 电力

昆铜先民们为求生存，在山间、溪边开垦田地，修筑山塘、沟渠和塘坝，工程时兴时废，旱涝之患从未根治。中华人民共和国成立后，政府重视水利建设。集体化时，各村普遍修建山塘、小水库、拦水坝以及灌溉渠道等水利设施。20世纪末，各村对水库、山塘除险加固，疏浚河溪，驳筑挡墙、拦水筑坝及渠道，以确保旱涝保收。1970年前后，各大队开始利用小型水库发电。1973年后，各自然村陆续接通国家电网，使得山区的村民在日常生活、生产上用上了电力照明和各种电力设施，促进了乡村工业、各项事业的发展。

第一节 蓄水工程

一、山塘

清康熙《安吉州志》载：明洪武二十八年(1395)，在铜山乡之中扇开挖一山塘蓄水，名“小山塘”，水灌牌门圩田。此为有史料记载昆铜最早开凿的山塘。清乾隆《安吉州志》记载：渠塘山在州东铜山乡，有南北二渠。清代和民国时期，昆山与铜山两乡也陆续开挖了一些山塘，但坝埂不高，蓄水量不大。

中华人民共和国成立后，初级社过渡到高级社时期，各高级社依靠集体的力量开始维修山塘水坝，改善水利设施。1958年冬，借着大跃进的干劲，开始掀起热火朝天的兴修水利高潮。境内各大队千方百计寻找水源，勘察有利地形，组织青年突击队和民兵夜以继日修复加高旧山塘堤坝，扩大库容量；同时大力开挖新山塘，扩大农田灌溉面积。至1961年告一段落，全公社有大小百余座山塘。20世纪70年代前后，加固、加高山塘堤坝数十座。2011年，全乡共有山塘138座，库容量31.31万立方米。其中，独山头村23座，库容量5.41万立方米；干溪桥村7座，1.68万立方米；长林干村23座，4.90万立方米；上舍村9座，2.36万立方米；管城村10座，2.21万立方米；三山村4座，1.40万立方米；路西村10座，1.90万立方米；钱坑桥村22座，4.77万立方米；铜山村18座，4.72万立方米；梓坊村12座，1.96万立方米。

2011年昆铜乡山塘一览表

表10-1　　　　　　　　　　　　　　　　　单位：面积，平方千米；库容，万立方米

序号	山塘名称	集雨面积	库容量	所在村名	序号	山塘名称	集雨面积	库容量	所在村名
1	山庄前山塘	0.05	0.2	独山头	37	大马场下山塘	0.3	0.25	长林
2	新庄大塘	0.06	0.4	独山头	38	项家塘		0.18	长林
3	汪家塘		0.3	独山头	39	南山冲大塘	0.1	0.3	长林
4	三角塘		0.1	独山头	40	后村新屋大塘	0.06	0.6	长林
5	稻田口塘	0.1	0.1	独山头	41	南山冲小塘	0.1	0.1	长林
6	九曲田边塘	0.1	0.2	独山头	42	石荡水库	0.7	0.15	长林
7	陈子坞塘	0.1	0.1	独山头	43	后村小塘	0.06	0.13	长林
8	大石塘	0.25	0.6	独山头	44	阴坑山塘	0.6	0.15	长林
9	刘家冲水库	0.1	0.25	独山头	45	阴坑水库	0.3	0.3	长林
10	乱田坞口塘	0.1	0.7	独山头	46	洪家岭山塘	0.3	0.15	长林
11	突大水库	0.2	0.22	独山头	47	寺岭脚山塘	0.03	0.15	长林
12	突新水库	0.2	0.18	独山头	48	大潭口中山塘	0.6	0.3	长林
13	金荣山冲塘	0.1	0.25	独山头	49	上泥山塘	0.2	0.15	长林
14	利树塘		0.03	独山头	50	东坞山塘	0.1	0.3	长林
15	六亩塘		0.1	独山头	51	屋溪塔山塘	0.2	0.15	长林
16	大荒塘		0.25	独山头	52	堂子山山塘	0.2	0.2	长林
17	三亩塘		0.2	独山头	53	诸家岭山塘	0.3	0.2	长林
18	永才山冲塘		0.2	独山头	54	马鞍上山塘	0.2	0.2	上舍
19	棉花庄山塘		0.4	独山头	55	汪同里山塘	0.03	0.3	上舍
20	洪家水库	0.15	0.15	独山头	56	罗岭山塘	0.1	0.8	上舍
21	洪瑶山塘	0.1	0.1	独山头	57	山冲山塘	0.1	0.4	上舍
22	水晶坞水库	0.15	0.28	独山头	58	石叶坞山塘	0.2	0.25	上舍
23	帽岭塘山塘	0.3	0.1	独山头	59	三亩头山塘		0.04	上舍
24	义家坞山塘	0.1	0.1	干溪桥	60	高家村山塘	0.1	0.3	上舍
25	西坞山塘	0.1	0.2	干溪桥	61	西洋坞山塘		0.05	上舍
26	直坞山塘	0.1	0.2	干溪桥	62	后家坞山塘		0.018	上舍
27	松鼠堪路边塘	0.1	0.08	干溪桥	63	四角塘		0.2	管城
28	望长山冲塘	0.2	0.5	干溪桥	64	施家潭塘		0.1	管城
29	洪太冲里塘	0.1	0.2	干溪桥	65	水坞里山塘	0.2	0.3	管城
30	洪太冲外塘	0.1	0.4	干溪桥	66	汪家坞山塘	0.1	0.2	管城
31	汤家坞山塘	0.1	0.3	长林	67	里洋坞山塘	0.3	0.6	管城
32	田畈坞塘		0.06	长林	68	马孝塘		0.15	管城
33	东雁坞水塘	0.1	0.3	长林	69	前山坞塘		0.3	管城
34	西雁坞水塘	0.25	0.1	长林	70	桃树山塘	0.3	0.2	管城
35	雁头坞上山塘	0.2	0.3	长林	71	汪家塘		0.1	管城
36	雁头坞下山塘	0.2	0.08	长林	72	西管城塘		0.06	管城

续表10-1

序号	山塘名称	集雨面积	库容量	所在村名	序号	山塘名称	集雨面积	库容量	所在村名
73	庙角岭塘	0.7	0.5	三山	106	姚边坞		0.1	钱坑桥
74	里西坞塘	0.3	0.3	三山	107	二亩田塘		0.03	钱坑桥
75	外西坞塘	0.1	0.2	三山	108	鸭洪路边塘		0.03	钱坑桥
76	畚箕坞塘	0.2	0.4	三山	109	义坑里山塘	0.3	0.7	铜山
77	燕窝库水库	0.01	0.3	路西	110	后坞山塘	0.4	0.16	铜山
78	道场坞山塘	0.3	0.3	路西	111	凌家坞山塘	0.2	0.2	铜山
79	塘坞里山塘	0.1	0.12	路西	112	诸字岭山塘	0.2	0.15	铜山
80	路边塘		0.01	路西	113	南山坞山塘	0.1	0.35	铜山
81	毛竹坞山塘	0.1	0.1	路西	114	青龙山脚山塘		0.05	铜山
82	岳征坞仓库塘	0.5	0.12	路西	115	东山上山塘		0.07	铜山
83	分水岭脚塘	0.2	0.3	路西	116	山桃坞山塘		0.16	铜山
84	中坝塘	0.2	0.15	路西	117	张家坞山塘	0.3	0.2	铜山
85	塘埂上山塘	0.2	0.2	路西	118	里俞坞山塘	0.6	0.3	铜山
86	烂塘	0.2	0.3	路西	119	茧家坞山塘	0.2	0.1	铜山
87	小虎坞山塘	0.3	0.5	钱坑桥	120	窑头上山塘	0.1	0.13	铜山
88	堂子坞山塘	0.02	0.08	钱坑桥	121	长坑里山塘	0.1	0.3	铜山
89	畚箕斗山塘	0.1	0.22	钱坑桥	122	小许家坞山塘	0.1	0.6	铜山
90	方坞里山塘	0.1	0.4	钱坑桥	123	田坞塘山塘	0.5	0.1	铜山
91	道场坞山塘	0.15	0.8	钱坑桥	124	羊毛坞山塘	0.3	0.5	铜山
92	唐家坞水库	0.2	0.12	钱坑桥	125	俞家舍山塘	0.05	0.15	铜山
93	唐家坞山塘	0.2	0.2	钱坑桥	126	张家山山塘	0.1	0.5	铜山
94	诸家山山塘		0.06	钱坑桥	127	花鲍坞山塘	0.2	0.2	梓坊
95	瓦窑厂山塘		0.06	钱坑桥	128	庙思岭山塘	0.1	0.2	梓坊
96	东坞里山塘	0.5	0.35	钱坑桥	129	高坞山塘		0.3	梓坊
97	洪家坞口山塘	0.2	0.02	钱坑桥	130	别家坞山塘		0.1	梓坊
98	油车头山塘		0.1	钱坑桥	131	溪坞山塘	0.1	0.25	梓坊
99	黄泥塘		0.4	钱坑桥	132	水竹坞山塘	0.1	0.15	梓坊
100	高堂坞山塘	0.2	0.4	钱坑桥	133	塘坞里山塘	0.5	0.12	梓坊
101	木竹坞山塘		0.2	钱坑桥	134	燕坞窝山塘	0.2	0.15	梓坊
102	姚钱坞山塘		0.08	钱坑桥	135	窑头上山塘		0.3	梓坊
103	水坞里山塘		0.07	钱坑桥	136	窑头下山塘		0.08	梓坊
104	陈坞里山塘	0.04	0.15	钱坑桥	137	俞子岭山塘		0.08	梓坊
105	昌浦塘		0.4	钱坑桥	138	菜青坞山塘		0.03	梓坊

二、水库

三年困难时期后，人们普遍意识到，要解决温饱首先要发展农业，多种粮食。水利是农业的命脉，但1958—1961年所修建的百余座山塘蓄水有限，满足不了区域内的农田灌溉。

1963年,各村开始普遍规划建造小型水库。同年,上舍西洋坞水库建成,坝长156米,坝高6米,库容量5.5万立方米。境域内水库建造一直持续到20世纪80年代中期。2011年,全乡共有水库32座,总库容量428.75万立方米。

小(1)型水库　2011年,全乡有小(1)型水库1座,为石坞岭水库。石坞岭水库位于铜山村梅坞自然村。大坝筑于铜水上游石坞岭,为石砌水泥混凝土实心大坝,坝高33米,坝顶长151米,集雨面积4.9平方千米,库容量252万立方米,正常库容197.5万立方米,灌溉面积4000.05亩,以灌溉为主,结合发电。1970年元旦动工兴建,物资由县水利局下拨,劳力由受益的5个大队摊派,库内的培头上、杨家坞两自然村部分移民也由五个大队分摊接受。1983年竣工,防洪设计标准50年一遇,校核标准500年一遇。

小(2)型水库　2011年,全乡有小(2)型水库8座,总集雨面积9.81平方千米,总库容量100.25万立方米。其中,干溪桥村1座,库容量14.6万立方米;长林垓村3座,34万立方米;钱坑桥村3座,41.19万立方米;张家山村1座,10.46万立方米。

2011年昆铜乡小(2)型水库一览表

表10-2　　　　单位:面积,平方千米;库容,万立方米

序号	水库名称	集雨面积	库容量	行政村名	序号	水库名称	集雨面积	库容量	行政村名
1	董家塘水库	1.2	14.6	干溪桥	5	南楼坞水库	1.43	18	路西
2	桃园水库	1.5	11	长林垓	6	小岭头水库	1.17	11.2	钱坑桥
3	莫劳坞水库	1.62	11	长林垓	7	施家庄水库	0.74	11.99	钱坑桥
4	姚坞水库	0.91	12	长林垓	8	潺水岭水库	1.23	10.46	铜山

小(3)型水库　2011年,全乡有小(3)型水库23座,总集雨面积9.32平方千米,总库容量73.5万立方米。其中,独山头村1座,库容量1.2万立方米;长林垓村5座,12.6万立方米;上舍村3座,16.2万立方米;管城村1座,7万立方米;三山村4座,11.2万立方米;路西村1座,1万立方米;钱坑桥村2座,2.2万立方米;张家山村5座,16.1万立方米;梓坊村1座,6万立方米。

2011年昆铜乡小(3)型水库一览表

表10-3　　　　单位:面积,平方千米;库容,万立方米

序号	水库名称	集雨面积	库容量	行政村名	序号	水库名称	集雨面积	库容量	行政村名
1	俞家坞水库	0.2	1.2	独山头	7	西洋坞水库	0.12	5.5	上舍
2	高家坞水库	0.6	1.6	长林垓	8	黄山头水库	0.06	1.2	上舍
3	荡里水库	0.6	1.5	长林垓	9	洪家园水库	0.83	9.5	上舍
4	里莫家坞水库	0.4	1	长林垓	10	黄泥墩水库	0.6	7	管城
5	潺坞水库	0.15	4.5	长林垓	11	马鞍岭水库	0.26	8	三山
6	茅家地水库	0.7	4	长林垓	12	坟头坞水库	0.7	1.2	三山

续表10-3

序号	水库名称	集雨面积	库容量	行政村名	序号	水库名称	集雨面积	库容量	行政村名
13	羊坑坞水库	0.1	1	三山	19	小俞坞水库	0.4	1.5	铜山
14	罗岭头水库	0.02	1	三山	20	潭家坞水库	0.2	1.5	铜山
15	三亩塘水库	0.04	1	路西	21	杨家坞水库	0.35	1.6	铜山
16	化家坞水库	0.7	1	钱坑桥	22	荡里水库	0.74	8.5	铜山
17	鸭洪里水库	0.4	1.2	钱坑桥	23	征坞水库	0.85	6	梓坊
18	马鞍子水库	0.3	3	铜山					

第二节　灌溉设施

一、堰坝

古代，山里人多用竹、木、柴草、砂石筑坝，拦蓄河水，灌溉农田。清同治《安吉县志》载："坝所以潴水，水自高而下处，直泻易涸，故先下木椿，再以柴草叠积而成。盖横溪而筑，至田事毕后，始于中间开缺通流者也。"坝的另一用处就是蓄水后便于竹木放运。宋代至民国，昆水、铜水皆有坝，且石坝较多。最为久远的有铜山坝、乌臼坝等。铜山坝位于铜山桥下游500米处，修建于明代。坝高1.5米，坝宽4.5米，坝长16米。坝基用较大的石块叠驳，坝体两侧驳筑石块挡墙，坝芯用黄泥夯筑，坝顶用不规则的石块铺面，坝侧有古水渠遗存，水渠通向弯田头，可灌溉40余亩水田。

中华人民共和国成立初期，大力开挖山塘水库的同时，在大小河道中普遍修筑石砌堰坝，以增大储水量，提高灌溉能力，便利毛竹水放外运。20世纪60年代后，随着公路交通的发展，水放毛竹不断减少，坝的主要作用为农田灌溉。20世纪80年代末，全乡尚有大小堰坝73座，灌溉面积5422亩。此后，随着电力灌溉的发展，堰坝逐年减少。

2011年，全境仅剩灌溉作用的堰坝16座。其中，路西村4座，分别为铜山坝、横溪坝、十里亭坝、蒲芦坞口坝；独山头村3座，分别为石皮潭坝、石埠头坝、螺蛳坝；梓坊村6座，分别为中段桥下坝和不具坝名的圳坝5座；干溪桥村、铜山村、梅坞村各1座，分别为雷家坝、下三湾坝、分登桥坝。

二、沟渠

明代，境内先民为灌溉农田，先后开凿大泉和蒋村两沟。清康熙《安吉州志》记载："大泉沟长一百十五丈，来自钱坑桥，注梅溪乡灌溉；蒋村沟长九十七丈，灌田一十二顷五亩七分。"清初新增铜山沟。"铜山沟水由长潭入，灌溪东圩郎村田，至双石桥止。"清末民初，境内凿有不少沟渠，因洪水和战乱的原因，至解放时多有损坏而废弃。

1958年秋冬，全乡各村掀起兴修水利高潮。在修筑拦溪水坝的同时，大力开挖水渠。1959年，合力、五星、高葛三村联合开挖的铜山坝至塘田垓沿山水渠，可灌溉250亩水田。20世纪70年代，在修筑农田机耕路的同时，修筑灌溉水渠，姚良周坞坑新园田水渠、黄家滩数十亩新改田水渠等，均为这一时期修筑的。80年代初，根据山区的特点和田畈大小不一的状况，从山间尽头的出水处，到田畈的水渠广泛铺设U形槽，少数地方砌筑三面光的水泥板水槽，以防途中渗水漏水，提高灌溉能力。

1984年实行承包责任制后，农业产业结构发生变化，水渠逐渐废弃。2011年，境内水渠所剩无几，且因年久失修，而不再发挥灌溉作用。

三、机埠泵站

自古以来，地势较高的山田灌溉均靠人力水车提水。20世纪60年代出现用柴油机带动水泵提水，1970年出现机埠，用电力驱动水泵提水；20世纪80年代后普遍使用电动潜水泵提水。

柴油机机埠　以柴油机或木炭机作动力驱动水泵，提水灌溉农田。1958年，部分大队在抗旱中曾外租柴油机提水，进行机械灌溉。1960—1973年，部分大队建立柴油机机埠，为提水和碾米两用。其间，塘田垓溪边曾建有加工厂和抽水机埠，蒲庐坞队在囤姑坞口也曾建造机埠，以灌溉农田和加工粮食。20世纪70年代后期，改用电力灌溉。

电灌站　以电动机为动力驱动水泵，提水引入水渠灌溉农田。20世纪70年代开始建造电灌站，使用电力灌溉，但数量不多，只有几个队建立。据1994年版《安吉县志》载：1988年，全乡有灌溉机埠7座，装机容量7台33.1千瓦，农田受益面积835亩。进入21世纪，灌溉机埠全部废弃，改用潜水泵提水灌溉。

潜水泵站　昆铜山区，成片水田较少，山间零星梯田不适宜应用水渠或机灌。1974年昆铜通电后，乡村田畈和山塘、水潭间广竖电线杆，接通电源，各生产队开始使用潜水泵提水灌溉。二十世纪八九十年代开始，山区农户以潜水泵提水灌溉为主。

第三节　水库和河道治理

一、水库除险加固

从20世纪末开始，县水利部门与乡、村级干部对各辖区的水库、山塘进行逐年巡查，对病危水库、山塘普遍采取各种防治的有效措施，对全乡所有小(2)型以上水库大坝逐步实施除险加固、千库保安工程，实行石砌迎水面，花岗石铺设背水面，坝顶护栏，溢洪道用混凝土重新浇筑加固，使各水库达到50年一遇洪水保障，以保各水库的饮用水和农业农田灌溉用水。全乡各村的水库项目投资由上级政府补助部分，各村筹集部分，各工程顺利完成。

20世纪90年代，对独山头村陆家村的水晶坞小水库，采取防渗灌浆和白蚁的毒耳包诱杀处理。2000年后对上舍村的西洋坞水库进行防渗灌浆和防白蚁毒耳包诱杀。

10多年来，各水库大坝进行冲抓钻防渗处理的水库有董家塘水库、桃园里水库、荡里水库、施家庄水库、塘家坞水坞小水库。重点对这些病危水库给予重挖心墙回填的冲抓钻夯实处理，还对各村的水库山塘全面检查进行治险加固，预防蓄水和洪水来临做到万无一失。至2011年，经县水利部门验收均达到合格标准，有效防御洪涝灾害。

二、河道治理

昆铜两条主流水系发源于四面山，昆水和铜水于陈家塘汇合后成昆铜港，每年春季、夏季、秋季，雨水集中时段就会泛滥，山水来势凶猛，上游坡陡流急，洪水暴涨，谷地狭小，河床比降大，溪水涨落快，年内洪枯变化大，沿岸的竹林、树木、田地遭受损毁，乡间出行小道常常被洪水阻断，过溪桥板被水淌走，山里人出行绕道翻山而行。

中华人民共和国成立后，集体化时期，对昆铜溪曾多次在各水道转弯处迎水溪岸打桩，筑拦水箭头墩，用阔毛竹片编在木桩墩上，中间灌卵石形成箭头墩，以防冲毁河岸。1972年前后，大路口、长林、管城、上舍、姚良、路西、化家坞、钱坑桥、梅坞、梓坊、潘家上等大队都进行溪坑疏浚乱石和弯道改直工作，但没两年，大部分又被冲毁。

1975年左右，姚良、上舍、长林、路西、钱坑桥等大队再次采取河道段改直，溪道驳挡墙砌石坎埂，开辟粮田。在晓于线、独长线公路沿溪路段被洪水损毁时，公路管理部门进行抢修砌挡墙，近几年来部分路段被洪水毁损，交通部门都及时抢修。

2008年，全乡掀起创建美丽乡村，实施五水共治，政府与各村对接协调制订治理昆铜港规划。2012年昆铜并入梅溪镇后，镇政府加大对昆铜港的治理力度，分段分批招标实施，疏浚昆山、铜山两条主流及交会后的昆铜港，各村小流域山溪河床两岸砌筑石埂挡墙，独山头、路西等村拦水筑坝多座，使溪流形成景观。

第四节　防洪抗旱

一、组织领导

昆铜境内的洪旱灾害频繁。解放前，防洪防旱基本依靠民间自发行动，一旦发生洪灾，域内的乡邻们团结抗洪，互帮抢险救灾，山区洪水过后修补被毁道路、村舍。

中华人民共和国成立后，党和政府把防洪抢险、抗旱救灾列为重要工作，乡政府(公社管委会)坚持“以防为主，防重于抢，有备无患”和“安全第一，常备不懈，以防为主，全力抢险”的工作方针。实行防汛抗旱工作行政首长负责制，统一指挥防洪抗旱工作。

乡镇领导在预报险情前、中、后下村队，会同村干部发动群众，动员村民团结一致战胜洪涝或抗旱。

共青团员、青年民兵，在应急时刻由组织统一调度指挥。乡(镇)主要领导为第一责任人，党政领导成员和机关干部分工下村蹲点的联系乡干部，协同村级组织一道配合防洪抢险、抗旱救灾的组织落实。村党组织书记、村主任为第一责任人，村班子成员、团支部、民兵连统一组织，建立应急突击队，随时待命处置险情。洪水台风来临，日夜巡查；乡村干部分片落实五保户安置及危房户转移。重点部位和区域布置专人守护、监视，发生险情，乡村联动紧急处置。抗旱救灾时，乡、村干部深入重点区域现场，解决一些村民需要的实际问题，采取何种办法解决缺水引水的意向，并调处在抗旱中出现的矛盾和纠纷，解决一些实际问题。全乡小(2)型水库8座和不足小(2)型的水库也纳入山塘水库管理，村主任为水库安全的第一责任人，村设专人定期巡查所属水库，发现问题向第一责任人报告，由村委组织处理，安全度汛。

二、灾情处置

中华人民共和国成立后，境内发生数十次的洪灾和旱灾。据记载：发生特别严重洪灾的年份有1956年、1961年、1963年、1983年、1990年、1996年、2008年；发生特别严重旱灾的年份有1953年、1958年、1978年、1990年、1997年。台风洪水造成沿溪两岸的农作物、竹林、道路、桥梁和部分农舍毁坏。干旱造成农作物歉收、绝收，毛竹林的嫩竹干枯，山体植被特别是裸岩山体的树木枯死，山区的村民饮水发生困难等。

灾情就是命令，抗灾救灾是各级政府和人民群众的中心工作。"文化大革命"前，由于交通不便，通讯不灵，公社领导带头骑自行车下队走访调查，帮助社员解决实际问题。1958年干旱，全公社奋战8天8夜，打井3663眼，引水抢种和保苗1274亩。"文化大革命"后，境内环境逐步改善，党委政府采取分片分工带领机关干部参与各自联系村防洪抢险和抗旱救灾，县领导也赶赴本乡，会同乡领导一起深入防洪抢险的重点村重点区域，指导汛情预报，预测洪水险情，所需物资到位，特别是洪水灾害任务重的村队，乡领导和机关工作人员到位对水库泄洪、大坝安全，危房加固，五保户安置，自然灾害点的农户强制搬离。洪水过后，乡党委政府发动各村及时组织力量对受灾户进行帮扶，解决生活所需。组织力量对农作物受损后采取补救措施，及时修复水毁道路、山塘、水坝。

旱灾在域内时有发生，连续晴热高温数天就会出现干旱。每当旱情来临，乡村组织领导深入基层，发动群众寻找水源，筑渠引水，日夜坚守田头抗旱保苗。1978年的抗旱中，部分生产队用竹搭架，采用竹篱子、门板搭设成水渠，引入溪中水潭提水几百米到稻田，把灾害损失降到最低限度。白茶种植耐不住持续干旱高温，各村村民每遇旱灾，都不分昼夜引水上山浇灌茶园。

第五节　电源与电网建设

旧时，昆铜山里人夜晚外出，多用火篾、油松枝照明，火光时亮时灭，极不方便。农户家里晚间则用油盏灯、煤油灯，灯光较暗。民国后期，较富裕的人家开始使用美孚灯，狩猎人开始使用桅灯。中华人民共和国成立后，婚丧喜事、大型活动或建设工地之处，夜晚使用充气的汽油灯照明。

1970年前后，在农业学大寨运动的推动下，开山筑渠，引山间小水库的水发电。到1976年，全公社建有小水电站10余座。但是因水量少，只在夜间发电供照明，电量小，供电范围小。1974

年，铜山接通国家电网。1976年，昆山各队也自筹资金接通了国家电网，昆铜从此结束没有电的历史。

一、水力发电

20世纪70年代前后，县内城镇、城镇附近农村及南部山区先后自建小水电站，或接通国家电网。昆铜的社员们也迫切期望能早日用上电。于是，各大队纷纷请水利水电专家来勘测，设计建造小型水力发电站。昆铜地区的水电站多为引水式，白天发电供粮食加工和饲料加工，夜间发电供农户照明。由于水源不足，规定晚上10时后停止发电。1974年，梓坊电站建成，装机容量40千瓦。1976年后，部分水电站与国电联网。

80年代，境内建有水电站的村有干溪桥村、大路口村、姚良村、长林村、上舍村、三山村、路西村、隐将村、张家山村、梓坊村等。1993年，梓坊电站停止运行。2000年前后，各村的小水电站逐步停止发电。

二、电网供电

1974年，因石坞岭水库工程需要，铜山接通国家电网。1976年，昆山各队也接通了国家电网。昆山、铜山两条供电主干高压线10千伏，均为二相线，由晓墅大塘口变电所输入。除石坞岭水库是县水利局和乡政府承担用电设施设备外，各村需要自筹资金，购置电杆、电线、变压器及配变设备。梅溪供电所根据各村所需逐步分片埋设电杆，架设导线到村和各田畈，从此农业生产和村民日常生活都用上了电，逐步出现了电灯、电视机、空调、电脑，电动打稻机、抽水泵、潜水泵、毛料脱叶机、碾米机、饲料粉碎机、年糕加工机、炒茶揉捻机、鼓风机等，农业大面积灌溉、抗旱。乡政府成立农电管理站，负责全乡的电力配送运行、收费，同时按照梅溪供电所的统一调度管理。

1986—1987年，根据上级供电部门要求，各农户每人出资20元，将两条10千伏二相高压线改为三相高压线路，工业、农业、村民生活用电更加稳定，更加安全。

1990年后，全乡的个体私营和民营业企业快速发展，民营企业的增加，供电矛盾日益突出，乡农电站根据乡政府的要求，整改各村的户外电杆、电线分片分年度改造，电网逐步规范化，村集体和农户配合村委完成统一调配整改。1995年前后，境内民营业企业发展到一定数量，使用动力较大的单位都先后由企业申请架设专用变压器，减轻了公共变压器的压力。

第六节　用　电

1998年，全乡村庄户外的电力设施和农田灌溉、收割用电设施，都年久失修，各村的综合变压器和农用专用变电压器严重超负荷运行。

农村实施承包责任后，基本都是单家独户生产经营，各村集体经济实力越来越薄弱。供电部门与各行政村协商，全乡农户的户外供电设施、设备全部收归供电部门，规范设计农村供电的整体网络，根据区域人口、工副业的发展，安装配套的变电器数量与功率，由国家总体投入，农户重新安装进户电表，各村一致同意将电力资产全部移交供电管理部门，由供电部门负责维护、管理、检修、改造，各村配合供电部门做好政策处理，电费催缴，安全运行工作。

一、综合用电

1998年起，各村所有户外电力设备、设施的产权划归供电部门后，减轻了各村的维修保养、改造设备的资金压力。此后，国家供电部门逐步更新改造各村的电网，改善和规范用电环境。2005年后，随着全乡白茶产业的快速发展，供电部门将高压线路延伸到各山坞自然村，变压器数量和容量不断增加，保证了农户炒茶用电。到2011年，昆铜地区综合变压器达209台，总容量69615千伏安；农业设施项目及茶叶加工专用变压器12台．各村综合变压器141台，容量58935千伏安。

2011年昆铜地区各村综合用电变压器容量表

表10-4　　单位：千伏安

村名	自然村配变	容量	合计	村名	自然村配变	容量	合计
独山头	杨梅岭界变	400	8280	上舍	下朱家变	160	985
	新庄队变	100			上舍老配变	400	
	小菜园变	315			上舍公用变	100	
	独山头公用变	400			上舍#2变	200	
	独山头乡变	630			上舍#3变	125	
	海头桥变	250		路西	江家边变	400	9570
	独山头村变	200			江家边#2变	200	
	独山头#2变	630			江家边#3变	400	
	独山头队变	160			江家边#4变	400	
	叶家井变	400			江家边#5变	400	
	松树下变	200			里江变	630	
	梁家塘#3变	400			里江#2变	400	
	梁家塘变	400			里江上变	630	
	梁家塘#1变	160			里江新#2变	400	
	梁家塘#2变	630			十里亭变	400	
	陈家塘变	400			王家滩变	250	
	王家塘变	630			王家滩#2变	400	
	陈家塘#2变	630			莫家上变	630	
	陆家村#2变	630			南楼坞变	400	
	陆家村#3变	315			路西队变	630	
	陆家村变	400			横溪桥变	400	
干溪桥	费家塘变	400	4910		路西凤凰桥变	400	
	费家塘#2变	400			岳征坞变	400	
	倪家坞变	630			岳征坞里变	200	

续表10-4

村名	自然村配变	容量	合计	村名	自然村配变	容量	合计
干溪桥	倪家坞#2变	630	4910	路西	蒲芦坞老变	400	9570
	毛徐变	200			蒲芦坞#2变	400	
	干溪桥变	160			蒲芦坞#3变	400	
	直坞变	630			蒲芦坞新变	400	
	直坞#2变	200		化家坞	小岭头公变	250	3170
	直坞#3变	400			蛇角庙变	630	
	望长岭变	630			蛇角庙#2变	630	
	望长岭#2变	630			化家坞变	630	
大路口	大路口变	400	4720		化家坞#2变	400	
	大路口#2变	400			化家坞#3变	630	
	高家坞变	400		钱坑桥	钱坑桥村变	630	4490
	高家坞#2变	400			钱坑桥#2变	200	
	高家坞#2变	630			上街公变	400	
	高家坞#3变	400			上街公#2变	630	
	里高家坞变	630			中街公变	400	
	荡里配变	630			下街变	400	
	荡里新变	630			俞子岭变	400	
	银山溪变	200			塘家坞变	630	
姚良	周坞坑变	315	4725		塘家坞#2变	400	
	姚坞变	630			横家上变	400	
	姚坞#2变	630		隐将	上隐将公变	400	2190
	姚良老配变	630			中村公变	160	
	良村变	630			三湾里变	630	
	良村#2变	630			俞坞里变	400	
	良村#3变	63			俞坞里#2变	400	
	良村里变	630			潺水岭变	200	
长林垓	青山脚变	200	5540	梅坞	诸家边变	160	2145
	寺岭脚变	630			石门变	400	
	长林村变	630			梅坞变	630	
	后村老变	630			梅坞里变	630	
	后村里变	630			石家岭变	20	
	大坞里变	160			杨家坞变	125	
	长林街变	400		张家山	张家山变	200	2920
	莫劳坞老变	400			张家山#2变	200	
	莫劳坞下变	400			谢坞口变	630	
	东头变	630			谢坞口#2变	630	
	南山变	630			中坞变	630	
	南山#1变	200			俞家舍变	630	

续表10-4

村名	自然村配变	容量	合计	村名	自然村配变	容量	合计
三山	三山老配变	200	1985	梓坊	梓坊公用变	400	1800
	三山里头坞变	630			梓坊公用#2变	400	
	墙门里变	400			梓坊配变	400	
	何家边变	125			王家上变	400	
	汪家边变	630			王家上#2变	200	
管城	黄玉村配变	125	880	潘家上	倪家边变	200	625
	里阳坞变	630			庙思岭变	100	
	管城村变	125			潘家上变	125	
					十家路变	200	

二、工业用电

1974年，昆铜开始创办乡办企业，但用电量不大。1984年后，各村的个体、私营企业蓬勃发展。到1992年，制造业、加工业企业日夜运行，昆铜的农村电网良性循环，有序用电，安全用电，避峰、错峰用电，促使企业效益的增长，到2011年全乡民营企业工业专用变压器有56台，总容量9350千伏安。

2011年昆铜地区工业企业用电专用变压器数量及容量表

表10-5　　单位：千伏安

企业名称	业主	数量	容量	企业名称	业主	数量	容量
华盛化纤厂	盛明昌	1	80	申安羊毛厂	徐学良	1	50
安吉胜达竹木制品有限公司	姚仲民	1	250	三丰竹木制品厂	陈发荣	1	315
安吉健丰金属制品有限公司	陈小健	1	400	张家毅化纤	张家毅	1	30
安吉祥丰金属制品有限公司	王如松	1	400	宏红铁链厂	杨立明	1	250
浙江威龙泵业	孙家煌	1	400	安吉康和石英粉厂	江康	1	400
安吉华之源家具有限公司	赵建琴	1	400	安吉华明石英粉厂	江铭华	1	20
安吉峰晖竹艺有限公司	梁瑞荣	1	250	安吉伟丰塑料制品厂	林伟伟	1	200
盛源竹制工艺厂	李玉龙	1	80	安吉香涞五金塑料制品厂	曹金来	1	80
湖州志平矿山机械铸造厂	陈志平	4	1690	安吉梅溪振达塑料制品厂	王传法	1	80
安吉梅溪晨雨竹木制品厂	盛园康	1	80	安吉帆顺钢塑制品厂	江乐茂	1	80
万竹依水泉水饮品厂	赵月芳	1	30	安吉兴阳五金塑料厂	钟柏林	1	80
昆铜乐平竹木工艺厂	施志林	1	50	安吉月星五金厂	叶星芳	1	80
易庆家具厂	丁庆行	1	30	安吉正兴联麻纺织有限公司	叶根山	1	400
天佑成套设备厂	余懿华	1	80	安吉博俨椅业有限公司	江朝宗	2	630
陈彦竹木制品厂	陈彦	1	80	安吉明瑞五金塑料制品厂	施明华	2	280
安吉怡成工艺品厂	朱玉成	1	80	安吉乐生塑料制品厂	高乐生	1	200
安吉翠林竹木工艺品厂	朱玉忠	1	50	陈志芳塑料制品厂	陈志芳	1	80

续表10-5

企业名称	业主	数量	容量	企业名称	业主	数量	容量
安吉海盛竹木工艺厂	马汉军	1	80	凌超塑料制品厂	凌超	1	50
安吉森美塑料制品厂	王米金	3	240	安吉竞达五金塑料制品厂	叶德宝	1	80
安吉春欣塑料配件厂	叶志龙	3	200	紫梅竹木工艺品厂	李永国	1	80
王雪永制塑厂	王雪勇	1	250	安吉三美竹木制品有限公司	肖其成	1	80
安吉吕氏渔具有限公司	吕连根	1	80	强强塑料厂	陈旭忠	1	50
安吉正兴丙纶厂	徐惠明	1	80	安吉兴华五金塑料厂	姚惠峰	1	80
安吉超发丙纶厂	徐惠明	1	315	合计		56	9350

三、用电管理

1. 管理机构

1974年，境内建立公社农电站（电管站）。1976年全公社通电后，15个大队共配备大队电工20名，同时建立由公社领导、大队干部和电工参加的电力管理组。20世纪90年代后，乡农电站受乡政府和县区农电总站的双重领导，贯彻执行上级有关农电管理的方针政策和规程制度，编制全乡低压电网的发展计划，组织实施低压线路的整修改造；对村级电工进行技术业务指导和考核，组织开展安全用电大检查，落实各项安全用电措施；负责管辖范围内低压线路运行维护、电能计量表的安装调换、抄表、收费，合理安排用户用电时间和负荷；推广节约用电措施，按照有关规定查处违章用电，协助上级主管部门做好事故调查和处理，每年年初与县农电总站签订《安全经济承包合同》按月考核、年终结算。1992年，规范整顿村一级电工，村电工纳入农电总站统一管理，统一报酬。2004年，乡农电站并入梅溪供电营业所，由梅溪供电营业所管辖昆铜的农电工作。

2. 管理服务

1991年起，推行优质服务目标管理，每年制定优质服务的目标、措施；实行用电量、电价、收费金额三公开。2001年11月起，城乡居民生活用电实现同网同价。乡农电站根据用电营业厅的要求，加强和完善用电营销管理，开展"五统一"（统一电价、统一抄表、统一发票、统一核算、统一考核）和"三公开"（电量公开、电价公开、电费公开），加强营业窗口建设，推行规范化服务。对工业营业性用电则按营业电价执行，企业专用变压器的电价则按国家供电部分的分级管理办法，分为峰电、谷电和尖峰电三档的电价，计量表自动设置。

境内的工业用电、村民生活用电遵循电力需求管理和有序用电的工作方针，电费提前存入县农商银行，每月月底由农商行协助供电部门自行扣除电费。

2002年，建成营销客户信息系统，开通"95598"呼叫系统，提供故障报修、业扩受理、信息查询、投诉举报、客户回访和信息订阅六大服务。2005年，开设"5039111"农村电力客户电话预约上门服务项目。2006年，配置客户经理，为重大建设项目、重点企业，提供全天候个性化服务。2011年，开展"优质服务无投诉"和"无低电压停运"竞赛活动，贯彻国网公司优质服务新"三个十条"，实现全年零投诉的优质服务目标。

3. 安全用电

20世纪70年代初，境内用电处于初级阶段，农村用电尚不规范，随意拉线、拉腰线和地爬线，断线、触电事故时有发生。为此，境内各级领导开展安全用电宣传教育，落实相应安全措施，张贴安全用电图解宣传画，通过广播、放电影前插播等方式，普及安全用电常识，提高群众安全用电的意识。每年农村用电高峰季节，公社农电站与各大队电工一起，深入田头巡回检查。

2000年以后，乡农电站坚持日常安全用电检查，检查配电设备、农网线路和用电设施，指导安全用电，及时处理用电设备的故障，台风来临做好应急准备，排除事故隐患；白茶无性繁苗扦插灌溉用电不规范，存在安全隐患，各村电工巡回检查，以防触电事故发生。

第七节　电气化建设

1991年，供电部门配合各村开展用电“标准村”“合格村”创建工作，按照省、市标准，对电管组织、村级电工、用电管理、低压线路、配电装置、用电设备及保安措施等进行整顿改造。

1992年，境内各行政村确定一个自然村开展用电标准村建设试点，采取村级出一点，群众集一点等办法，多方筹集资金，改造村级低压线路、用电设施。至1995年，总投资260万元，建配电房19个，改造低压线路110余千米，整改农户户内线3000余米，安装安全型落火箱1200余只，建成用电标准化自然村14个、用电小康村2个。

1998年农村电网体制改革后，乡农电站加大投入，首期改造全乡行政村农村电网。至2000年，全乡16个行政村首期农村电网改造全部通过省电力工业局验收。2002年，开始第二期农村电网规模化改造。到2008年，全乡16个行政村全部通过用电标准化村的检查验收，其中5个行政村达到用电小康村建设标准。

2010年，国家电网公司部署开展新农村电气化建设试点。县供电部门与乡、村签订“电网建设工作责任书”。同年年底，全乡各村均通过市县新农村电气化考评验收，实现境内村村电气化。

附：

浙北特高压变电站

境内有1所名为1000千伏交流特高压浙北变电站，是全国第一条同塔双回1000千伏输变电工程，也是浙江境内首个特高压电网承接点和“皖电东送”核心枢纽站。变电站位于路西村江家边自然村村东，占地总面积283亩，其中路西村近200亩、千溪桥村50余亩、三山村近30亩。

浙北变电站由浙江省电力公司出资，静态总投资27.65亿元。由东北电力设计院、浙江省电力设计院共同设计，中国水利水电第十二工程局有限公司、上海送变电工程公司施工建设，浙江省电力公司检修分公司担负运行维护。

2008年，浙北变电站项目经国家发改委审核批准，2010年年底到2011年年初征地工作完成。2011年10月1日，开工建设。2012年9月，开始安装电气设备，变备用电源引自220千伏昌硕变35千伏间隔，配套架设35千伏昌浙3562线一回，全长8.69千米，杆塔28基。12月5日，开始吊装500千伏构架。12月25日，开始吊装1000千伏构架。2013年3月20日，国内容量最大，重达397吨的变压器从沈阳“落户”特高压浙北站。7月3日，500千伏气体绝缘封闭组合电器(GIS)安装完成。7月4—11日通过验收。9月25日上午10时，经过168个小时的试运行，1000千伏特高压安吉站皖电东送上海工程正式投运。2014年12月26日，浙北—福州1000千伏特高压交流输变电工程正式投运。

首期工程建1000千伏进出线四回和500千伏出线四回(至仁和变电所、妙西变电所各两回)，安装300万千伏安主变压器2组，气体绝缘金属封闭开关设备(GIS)断路器10台，变压器110千伏侧为单母线接线，安装24万千伏电抗器1组，21万千伏电容器2组。电源由1000千伏准上线引入。远期建设规模为1000千伏出线八回和500千伏出线十回(其中六回对浙江供电)高抗器6组，300万千伏安主变压器4组。“皖电东送”工程每年向浙江全省送电300亿千瓦时。

浙北变电站的建设给全乡，特别是给路西村带来一定的经济利益：因建筑材料和设备运输的需要，改道、拓宽晓于公路，并新建三座跨溪大桥；因工程建设需要，进驻工程队租用民宅，招用民工，工程完工后招用食堂工作人员，站基清理、卫生、保安等民工多名，并安排了部分人员就业；通过征地，使部分村民享受到了失地农民养老保险等政策。

第十一章　交　通

解放前，昆铜山区没有公路，两条主干道和通往各村的道路均是卵石铺设的古道或羊肠小道。竹木柴炭用肩挑背驮出山，再用骡马驮载或水运到晓墅出售。行人脚踏滑石、烂泥、过溪涉水，遇到洪涝须翻山越岭。1947年2—5月，国民党乡公所发动乡民自筹资金，义务修筑晓墅至钱坑桥、独山头至长林部分路段，过了不到半年又是面目全非。中华人民共和国成立后，逐步加宽山间道路，独轮车、双轮车广泛得到使用。20世纪60年代，修建晓钱线、独长线砂质公路，汽车开进大山深处。70年代，修筑山村、田间机耕路，手扶拖拉机爬上了山间梯田。80年代，修筑通村公路并进行硬化。90年代，公路不断拓宽，林道不断开筑，山货出运更加便利。2000年后，车路通至各村各户。代步工具和运输工具发生巨大变化，从70年代的自行车，80年代的摩托车，90年代的三轮车、四轮车到21世纪的电瓶车、小轿车；货物运输从肩挑背扛，独轮车、双轮车、拖拉机到载重货车。昆铜交通日新月异。

第一节　道　路

一、古道

旧时，昆铜山高林密，通往晓墅、和平、埭溪、武康、递铺、安城各城镇及乡内各村的道路都由溪石铺设，大多崎岖狭小，坎坷不平。沿途越溪多走独木板桥，且常被洪水冲走，行人常涉水而过。

唐宋时期，徽湖商道穿境而过。元明时期，徽湖商道变成府县官道，安吉至武康干道穿过铜山乡。清代，除上述干道外，安吉至府城支道走昆山乡童村、青山庙、乐平桥，经小市、长兴沙埠、和平至湖州；梅溪至武康大道从境内穿过。另有上舍到上方和范家坞、江家边到黄杜、十字路到鲁家、梓坊到赤山、张家山到福水、俞家舍到大造坞、隐将到横岭等支道。乡内各村之间往来的小道山径遍布昆铜二乡，总长150余千米。

1. 唐宋古道

唐宋时期，徽湖商道贯穿昆山乡。徽湖商道起自安徽徽州，借徽杭古道经宁国至梅林分路，由铁岭关（又称董岭关）入安吉境，过昆山金竹关走陆路至湖州，是徽州与湖州、苏州等地商贸往来的重要通道。同时，安吉至湖州段也是府县之官道。

昆山段由县城东过苕溪后入境，经青山庙、乐平寺、独山头、梁家塘、干溪桥、管城、三山，至金竹关出境，全长约20千米。南宋建都临安后，湖州府“铺路西南，出清源门，走梅溪至安吉”说的就是这条道路。

2. 元明古道

元至明代中期，安吉至湖州路（府）干道走的就是唐宋时期的徽湖商道。明初《吴兴续志》记载：安吉“东北至县界金竹关四十五里。自界首至府城八十里，共一百二十里”。明代中期后，此条古道渐废，改走梅溪，至臧湾（今章湾）出境。嘉靖三十四年（1555）江一麟《安吉州志》记载：安吉州“东北至长兴县界前赵村四十三里。自界首至归安县七十七里，共一百二十里”。

3. 清代古道

清代，安吉至湖州府干道又改走独山头、钱坑桥，由湛水关出境。清乾隆十五年（1750）刘蓟植《安吉州志》和同治十三年（1874）汪荣《安吉县志》记载：安吉至归安县城干道，“出安吉北门至陈村渡十里，至青山庙五里，至梅市十里，至独峰山五里，至钱坑桥十里，至石门村归安县界十里，共五十里。自界至归安县城四十里，全长九十里。”其中昆铜境内全长30里。

另有一条安吉至武康干道途经昆铜地区。清乾隆《安吉州志》记载：“东至武康县界三十里，以铜岘山为界。”同治《安吉县志》记载：“州城五里至牛头山，又五里长绥岭，又五里鲁家溪，又五里妙思岭，又十里铜岘山武康县界。自界至武康县城五十里。”其中昆铜境内全长25里。

4. 古道遗存

昆铜尚有古道遗存13段，残长12.57千米。其中6段被列入县级文物保护点（见《名胜古迹》章）。

西子岭古道　位于上舍村田垓里自然村西南的西子岭上，东北距田垓里约400米，南接德清县，两侧为山脉。古道修建于清代，为南北走向，残存1356米，宽1.8米；其中北端至小桥处为完整段，长956米，小桥至西子岭段约长400米路段已被山水冲毁。路面系块石铺设，中间一块相对较大，两侧相对较小，沿西子岭山势，平缓时平铺，陡峭处则设台阶。整条古道与山溪交叉而行，交叉处有座石桥，长4.3米，宽1.5米。据当地老者介绍，该古道原为上舍村通往德清县莫干山的道路，现仅作生产林道使用，行人较少。

上舍大岭古道　位于上舍村大岭脚自然村东南的大岭脚，自上舍村大岭脚自然村越大岭顶至吴兴区梅峰乡上方村。古道修建于清代，为东西走向，残存1500米，路面宽0.8～1.8米不等，其中村口至拱桥处路段已遭破坏，始于拱桥处的完整段约1000米。古道为卵石与块石铺筑，沿着大岭山势，平缓时平铺，陡峭处设台阶，最大坡度45°。沿山势还有石砌墙护坎。古道途中有一座单孔石拱桥，为石块砌筑，桥长4.5米，宽1.5米，通高2.7米，拱跨1.9米。

关孝岭古道　位于管城村里阳坞自然村，越关孝岭（古代称纯孝岭）至长林村大坞里。古道修建于明代，为东西走向。用山石铺筑，平缓时平铺，斜坡处设台阶，宽约1米。由于长年遭到山林劳作破坏及未加修缮管理，古道保存状态较差，现完整段仅有200米左右。

罗岭头古道　位于三山村境内，自三山村墙门里自然村至上舍村下半里自然村罗岭头山体上。古道修建于清代，为东西走向，尚有1280米保存较好。

马鞍岭古道　位于三山村境内，三山村何家边自然村西南至吴兴梅峰关上自然村的马鞍岭山体上，为安吉至金竹关古道中的一段。古道修建于宋代，为东西走向，尚存530米。

三山古道　位于三山村境内，自三山村何家边自然村至三山头的山体上。古道修建于清代。尚有2000米基本保存完整。

铜山坝古道　位于路西村铜山坝至十里亭溪边，为梅溪至武康古道中的一段，修建于清代，路面由卵石铺筑，残长400米，路宽1.5～2米，现损毁严重。

2012年昆铜乡尚存主要古道一览表

表11-1

序号	名称	位置（地名以今名称谓）	尚存（米）	历史线路	修筑年代
1	罗岭头古道	三山村罗岭头	1280	三山至上舍	明清
2	马鞍岭古道	三山村马鞍岭	530	安吉至湖州	宋
3	西子岭古道	上舍村西子岭	1356	上舍至莫干山	明清
4	上舍大岭古道	上舍村大岭脚	1000	上舍至湖州	明清
5	诸岭古道	姚良村诸岭	800	隐将至良村	明清
6	昆山路	大路口村大路口	1000	良村至乐平亭	明清
7	俞家舍古道	张家山村直坞坑	1500	张家山至俞家舍	明清
8	庙思岭古道	钱坑桥村庙思岭	600	庙思岭至潘家上	明清
9	苍蒲上古道	梓枋村苍蒲上	1700	梓枋村至德清	明清
10	麒峰寺古道	路西村地堂山	1200	南楼坞至麒峰寺	明清
11	三山古道	三山村三山头	1000	何家边至三山头	明清
12	关孝岭古道	管城村里阳坞关孝岭	200	长林至里阳坞	明
13	铜山坝古道	路西村十里亭	400	铜山坝至十里亭	清

二、清末民初道路

1. 县干道

清末民初，境内有县干道1条，起自安城，经钱坑桥至武康县界，全长30.7里。具体线路及里程为：出东门（迎春门）东偏南行过迎春桥至马家渡1里，过渡东南行至马家渎0.8里，东南行至上古桥4.1里，东行至猫儿桥2.6里，东行至青砚桥1.6里，东南行至新桥1.5里，北偏东行至长思岭北2.7里，北偏西行至溪桥2.3里，北偏东行至彭家边2.9里，东北折而东南行至石家桥5.2里，东北行至庙施岭西2.1里，东行至钱坑桥1.4里（北通分水岭入吴兴县界），东南行至大山岭2.5里，又北折而东行到杨濠岭，与武康县分界。

2. 县支道

晓长路　起自晓墅镇，终于昆山长林垓，全长11千米，宽5米。民国36年（1947），发动昆铜乡民义务修筑，资金自筹，同年5月完成。

晓钱路 起自晓墅镇，终于铜山钱坑桥，全长9千米，宽5米。民国36年(1947)2月，发动昆铜乡民义务修筑，资金自筹，同年5月完成。

附：

手车道

1953—1954年，部分农户整修小路，引进硬皮独轮车和硬皮双轮车。1955—1956年开始，各合作社、互助组以集体的力量大力修筑双轮车路，车胎改用充气橡胶软胎。1958年，主干道部分地段裁弯取直，拓宽并铺设砂石，手车道质量提升，里程增长。

据1960年统计：全公社共有手车道11条53千米，其中晓墅至独山头2千米，独山头至钱坑桥7.5千米，钱坑桥至永年4千米，十字路至庙思岭3千米，钱坑桥至隐将2千米，十字路至梓坊5千米，钱坑桥至石门5千米，梅坞至石家岭4千米，独山头至上舍9.5千米，长林至三山、管城3千米，银山溪至姚良3千米。

三、公路

境内通车公路始筑于1963年。首段为晓墅至钱坑桥，1965年贯通，为昆铜第一条公路。此后不断修筑。至2012年，全乡共有公路40条94.50千米，其中县道2条29.27千米、乡道4条19.49千米、村道34条45.74千米。

1. 县道

共2条，全长29.27千米，为二级至四级公路。

X304**晓于线安吉段** 起自梅溪镇晓墅村，由独山头入境，途经路西、钱坑桥，于铜山村出境，终于德清县于村(庾村)。境内长17.2千米。该线晓墅至钱坑桥段于1964年8月开工，次年7月30日竣工，全长10.2千米；钱坑桥至石门段于1974年10月通车；石门至张家山于1982年开工，1986年竣工；1988年，打通张家山至德清县福水村公路，晓于线全线贯通。安吉段共投资59.09万元，其中国家投资37.69万元，乡村集资和民工建勤21.4万元；路基宽5～7米，面宽3.5～5米，泥结碎石路面，有桥梁5座89.5米，属4级公路。由县交通局接养。1991年，改造10K+500～12K处路基1.5千米。1995年，改善4K + 300～7K + 800弯道2处，修复挡土墙二处，道路拓宽2千米。1996年，硬化晓墅至钱坑桥10.2千米。1999年，硬化钱坑桥至福水段7千米。2002年，晓墅至昆铜独山头段改线2千米，道路宽24米。2011年，改建晓于线独山头至铜山段约8.5千米，按二级公路标准设计，项目投资1.1亿元。于2011年上半年开工，2012年12月竣工。改造后，面宽7～10.5米，属二级公路。

X305**独三线** 起自独山头村，经干溪桥、长林垓、管城，终于三山村，全长12.07千米。其中独山头至长林垓段于1963年采用民工建勤的方式修筑路基，1968年正式动工兴建，1970年竣工通车，全长7.63千米，基宽6米，面宽5米；有桥梁5座76.3米。1978年，按照三级公路标准改造独山头至长林垓段，改造后路基拓宽至8.5米，路面宽7米。1991年，铺筑长林垓至管城路面2千米，铺筑管城至三山机耕路简易路面。1992年，独山头至昆铜中学段浇灌柏油，长林垓段铺筑混凝土路面。1998年，硬化7.5千米路面。2004年，完成长林垓至三山3.5千米砂改油工程。2007年，修筑长林垓至吴兴关上公路，全长5千米。2010年，改造长林垓至三山段4.45千米，改造后基宽6米，面宽5米，达到四级公路标准。

2. 乡道

全乡共有乡道4条19.49千米，为四级公路。

Y001 **银山至姚良公路**　1975年建成，全长1.662千米，为砂石公路。1980年硬化，基宽5.5米，面宽3.7米，为四级公路。

Y002 **钱坑桥至梓坊公路**　1990年建成，全长9.07千米，为砂石公路。2004年硬化，基宽5.5米，面宽4.3米，为四级公路。

Y138 **路西江家边至钱坑桥公路**　1964年建成，全长6.17千米，为砂石公路。1996年硬化，基宽6.5米，面宽4.5米，为四级公路。2002—2012年江家边至钱坑桥段改线后，老县道降为乡道，其中1.68千米与X304新晓于线重合，实际长度为4.49千米。

Y119 **长林垓至上舍公路**　1986年建成，2004年硬化，全长2.59千米，路基宽8米，路面宽5.5米。北连独三线，为四级公路。

3. 村道

20世纪70年代开始，各大队采用民工建勤的方式修筑通村简易公路。至2000年，全乡建有简易通村公路27条，35.22千米。实现行政村村村通公路。2003年，启动乡村“康庄工程”建设。2004年，全年投入资金450万元，完成16.8千米的道路硬化工程：其中梅坞至隐将2.5千米混凝土路面浇筑工程，钱坑桥至梓坊9.3千米砂改油工程，长林垓至三山3.5千米砂改油工程，长林垓至上舍1.5千米砂改油工程。全乡康庄工程在全县率先完成。2007年开始农村联网公路建设。其间，在不断新建通自然村公路的同时，加宽、硬化老公路。

至2012年，全乡共有村道34条，45.74千米，基宽4～8米，面宽3.5～7米，全为沥青混凝土或水泥混凝土路面。

2012年昆铜乡村道一览表

表11-2

序号	路线代码	起点	终点	长度（公里）	基宽（米）	面宽（米）	路面类型	修建年份	硬化年份
1	CM65	陈家塘	茗峰园	0.913	5	4	沥青混凝土	2012	2012
2	CM66	茗峰园	茶山	1.328	5	4	沥青混凝土	2012	2012
3	CM67	费家塘	东坞里	1.221	5	4	水泥混凝土	2002	2012
4	CM68	干溪桥	直坞里	0.896	5	4	水泥混凝土	1990	2012

续表11-2

序号	路线代码	起点	终点	长度（公里）	基宽（米）	面宽（米）	路面类型	修建年份	硬化年份
5	CM69	大路口	荡里	1.043	5	4	沥青混凝土	1988	2002
6	CM70	大路口	里高家坞	1.365	5	3.5	沥青混凝土	1988	2002
7	CM71	姚良村部	长林垓	4.897	5	4	沥青混凝土	1980	2002
8	CM72	姚良村部	良村	0.558	5	4	水泥混凝土	1980	2002
9	CM73	长林垓	大坞	1.545	5	4	水泥混凝土	1985	2012
10	CM74	管城	长兴方家庄	1.531	5	4	沥青混凝土	2005	2010
11	管城	长三线	西管城	0.48	4	4	沥青混凝土	1988	2007
12	管城	黄玉	里阳坞	0.45	4	4	沥青混凝土	1988	2007
13	三山	长三线	里头坞	0.4	4	4	沥青混凝土	1988	2008
14	三山	长三线	罗岭脚	0.55	4	4	沥青混凝土	1990	2008
15	三山	长三线	西坞里	0.6	4	4	沥青混凝土	1990	2008
16	长林垓	长三线	南山冲	0.35	4	4	沥青混凝土	2000	2010
17	长林垓	长三线	新房子	0.45	4	4	沥青混凝土	2002	2010
18	CM75	长三线	独长线	0.476	7	6	水泥混凝土	1980	2010
19	CM76	长林垓	寺岭	0.714	5	4	水泥混凝土	1985	2008
20	CM77	江家边	革新桥	0.569	8	7	沥青混凝土	1980	2010
21	路西	江家边	里江分水岭	1.65	6	5	沥青混凝土	1996	2013
22	CM78	横溪桥	南楼坞	2.283	5.5	4.5	水泥混凝土	1976	2013
23	CM79	路西	蒲萝坞	1.606	5	4	水泥混凝土	1976	2012
24	CM80	路西	岳征坞	2.546	5	4	水泥混凝土	2004	2008
25	CM81	化家坞	蛇角庙	1.417	4.5	3.5	水泥混凝土	1976	2005
26	CM82	钱梓线	俞芝岭	1.606	5	4	水泥混凝土	1988	2009
27	梅坞	诸家边	隐将	2.2	7	6	水泥混凝土	1976	2006
28	CM83	隐将	俞坞里	0.754	5	4	水泥混凝土	1978	2008
29	CM84	安吉隐将	德清横岭	2.533	5	4	水泥混凝土	2005	2014
30	CM85	山里湾	钱坑桥	1.065	5	4	水泥混凝土	1976	2012
31	CM86	梅坞里	杨家坞	3.405	5	4	水泥混凝土	1976	2012
32	CM90	张家山	谢坞	0.736	5.5	4.5	水泥混凝土	1981	2010
33	CM92	福水岭	喻家舍	3.1	5.5	4.5	水泥混凝土	1998	2005
34	梓坊	十字路	二庄	0.5	5	4	水泥混凝土	1992	2014

四、林道

1974年开始，境内各大队陆续修筑、改造山区林间道路，便于大型拖拉机运载山货。至1980年，共修筑10条20.45千米。1996年开始，各村、各小组采取联合自筹资金、政府补助的政策征用林道土地，投劳修筑林道。进入2000年后，各村的林道建设加快，由村级派挖机开挖平整，林道延伸到各山坞，其中2005年建设林区作业道路9.5千米。2010年后，部分村对林道进行硬化。

2012年，全乡有林道88条117.15千米。其中独山头村9条16.9千米，干溪桥村5条4.5千米，长林垓村17条27.45千米，上舍村3条12千米，管城村2条3.1千米，三山村4条4.6千米，路西村15条13.65千米，钱坑桥村12条12.45千米，张家山村12条16.1千米，梓坊村6条6.4千米。

2012年昆铜乡各村林道一览表

表11-3　　单位：米

村名	林道名称	林道起止地	长度	宽度	路面
独山头	大柴坞林道	梁家塘自然村至大柴坞	2500	4	硬化
	朱尖坞林道	陈家塘自然村至朱尖坞	3000	4	硬化
	大坞林道	林场至大坞	2000	4.5	硬化
	毛徐林道	黄家塘口至毛徐底	2000	6	未硬化
	严家坞林道	梁家塘自然村至严家坞	1600	3.5	未硬化
	突来山林道	突来山至高速路旁	1100	4	未硬化
	闽头山林道	闽头山至梁家塘自然村	2500	7	未硬化
	水晶坞林道	晓于线至水晶坞	1000	4	硬化
	陈子坞林道	梁家塘自然村至沈家坞	1200	9	未硬化
干溪桥	直坞林道	直坞自然村至山坞底	1000	4	未硬化
	东坞林道	严家坞自然村至东坞	1000	4	未硬化
	西坞林道	严家坞自然村至西坞	500	4	未硬化
	毛徐林道	干溪桥公路至毛徐山坞	1000	4	未硬化
	漏家塘林道	干溪桥公路至漏家塘老村	1000	4	未硬化
长林垓	溪坑里林道	里高家坞至溪坑里	300	4.5	未硬化
	长坑坞林道	独长线至长坑坞	400	4	未硬化
	屋坎上林道	屋坎至高山上	300	4	未硬化
	画眉坞林道	独长线至画眉坞	200	4	未硬化
	雁潭坞林道	独长线至雁潭坞	3000	3	未硬化
	西岩坞林道	坳磡至西岩坞	800	4	未硬化
	棺船坑林道	周坞坑至棺船坑	3000	4	未硬化
	施家坞林道	荡里至施家坞	500	2.5	未硬化
	黄石头林道	汤里至黄石头	500	2.5	未硬化
	大柴坞林道	荡里至大柴坞	300	2.5	未硬化
	水冲坞林道	莫劳坞至水冲坞	700	2.5	未硬化
	宝胜寺林道	寺岭村至宝胜寺	350	3	未硬化
	新房子林道	新房子自然村至山脚	300	3.5	未硬化
	大坞里林道	大坞里至山脚	300	3	未硬化
	直坞底林道	姚坞水库至直坞底	2000	5	未硬化
	阴家坞林道	姚坞水库至阴家坞	2000	4	未硬化
	石坞山林道	姚坞水库至石坞山	1500	5	未硬化
	良村林道	良村环绕至水库	3000	5	未硬化
	诸字岭林道	良村至隐将诸家岭	5000	5	未硬化
	灵公堂林道	良村村道至灵公堂庙	3000	4	未硬化

续表11-3

村名	林道名称	林道起止地	长度	宽度	路面
上舍	村东环村林道	洪家园到工业园	3500	4	未硬化
	洪家园林道	龙舞广场至洪家园	2500	4.5	未硬化
	县联网公路	上舍村至德清范家坞	6000	5.5	硬化
管城	毛堂里林道	三山田畈至毛堂里	1600	4.5	硬化
	方家庄过境道	管城村至方家庄	1500	4.5	硬化
三山	西坞里林道	外西坞里至西坞里	1600	4.5	部分硬化
	东湾里林道	西坞至东湾里	800	4.5	部分硬化
	周家里林道	周家里至杨坑里	1000	4.5	部分硬化
	何家边林道	何家边至马鞍岭	1200	4.5	部分硬化
路西	义家坞林道	特高压站至义家坞底	1300	4.5	未硬化
	西坞里林道	里江通村公路至西坞底	1300	4	未硬化
	前山坞林道	晓于线至前山坞	650	5	未硬化
	占子山林道	南楼坞自然村至占子山	650	4	硬化
	麒堂山林道	南楼坞至麒堂山山脚	400	4	硬化
	盘头坞林道	晓于线至盘头坞底	600	5	未硬化
	囤姑坞林道	晓于线至囤姑坞底	1000	4.5	未硬化
	大头坞林道	岳征坞自然村至大头坞	500	4.5	未硬化
	沈家坞林道	岳征坞公路至沈家坞	400	4.5	未硬化
	阳山岭林道	东坞自然村至阳山岭	450	4	未硬化
	道场坞林道	道场坞接化家坞山至山底	500	4	未硬化
	施家庄林道	俞芝岭至施家庄各山坞	3500	4.5	未硬化
	蒲芦坞林道	蒲芦坞自然村至山坞底	1000	4.5	未硬化
	金州坞林道	张家弯公墓至金州坞	600	4.5	未硬化
	道场坞林道	里江自然村至道场坞底	800	4.5	未硬化
钱坑桥	西坞林道	钱坑桥上街至西坞	2500	4	未硬化
	卢家坞林道	长生桥至卜家上卢家坞	2000	4	未硬化
	庙思岭林道	钱坑桥上街至庙思岭	1500	4	未硬化
	陈坞里林道	晓于线公路至陈坞	1000	4	未硬化
	方坞里林道	晓于线公路至方坞里	950	3	硬化
	施家庄林道	俞芝岭至施家庄水库脚	1000	4	未硬化
	道场坞林道	钱梓公路至道场坞	1500	3.5	未硬化
	九曲岭林道	堂子头至九曲岭	400	3	未硬化
	小花坞林道	赵忠祥门口至山坞	300	3.5	未硬化
	牛头化家坞林道	梅均坞至过山	400	3.5	未硬化
	双鸡坞林道	俞坞自然村至双鸡坞	400	3	未硬化
	阴家坞林道	梅均坞口至阴家坞	500	3.5	未硬化
张家山	小俞坞林道	中村至小俞坞	2000	4.5	未硬化
	张家坞林道	隐将公路至张家坞	1200	4.5	未硬化
	铜山门林道	隐将上村至铜山门	1400	4.5	未硬化

续表11-3

村名	林道名称	林道起止地	长度	宽度	路面
	诸字岭林道	隐将上村至诸家岭	900	4.5	未硬化
	杨毛坞林道	隐将公路至杨毛坞	1500	5	未硬化
	许家坞林道	晓于线公路至许家坞	1000	4	未硬化
	吴家坞林道	石门自然村至吴家坞	1500	4	未硬化
	老坞口林道	晓于线公路至老坞口	800	4	未硬化
	东坞林道	晓于线公路至东坞	2000	4	未硬化
	塘里林道	塘里水库至张家山村	1000	4.5	未硬化
	俞家舍林道	俞家舍至苍蒲上	2000	4	未硬化
	汤盘坞林道	谢坞自然村至汤盘坞	800	4.5	未硬化
梓坊	大坑林道	征岳水库至方山大坑	1000	3.5	未硬化
	坟塘头林道	窑头上至孟家山	1800	3.5	未硬化
	梓坊岭林道	梓坊岭头至培头上	1500	4	硬化
	羊毛坞林道	培头上至羊毛坞	700	3.5	部分硬化
	花宝坞林道	钱梓公路至花宝坞	800	4	部分硬化
	高坞林道	钱梓公路至高坞底	600	4	未硬化

第二节　桥　梁

一、古代桥梁

据志书记载：明嘉靖丁巳年（1557），昆山乡有太平桥；明万历年间，铜山乡有吴桥、钱坑桥、横溪桥；清代，昆山乡有太平桥、横杜桥、仙家桥、乾溪桥，铜山乡有吴桥、钱坑桥、横溪桥、芝村桥等。以上桥梁均为明清时期主干道上永久性石桥，支道上的永久性桥梁有数十座。解放后，部分古桥被加宽，桥面改浇水泥或柏油而变为公路桥；部分古桥随着古道的废弃而弃用，成为古建筑遗存。

至2011年，全乡尚有明清时期所建古桥26座，其中下朱家一号桥和翁家桥2座石拱桥于2010年被列为县级文物保护单位。

2011年昆铜乡古桥一览表

表11-4　　单位：米

桥名	长	宽	通高	桥址	现状
王家园古石板桥	2.8	1.64	2.2	独山头村	保存完好
石埠头石板桥	3	3	1.2	独山头村	水泥涵管拓宽
毛徐石拱桥	6.5	2.1	2.5	干溪桥村	保存完好
良村石拱桥	4	1.9	2.3	姚良村	保存完好
下朱家一号石拱桥	10.5	5	3.5	上舍村	县级文保单位

续表11-4

桥名	长	宽	通高	桥址	现状
下朱家二号石拱桥	14.5	3.6	3.5	上舍村	桥面改水泥浇筑
汤家桥石拱桥	10.5	3.8	4.0	上舍村	桥面改水泥浇筑
章家溪石拱桥	20	3.4	5.6	上舍村	保存完好
上朱家石拱桥	10.4	3.2	4.3	上舍村	桥面水泥浇筑
翁家桥(石拱桥)	30	3.8	2.5	管城村	县级文保单位
三山古一号石桥	2.5	1.8		三山村	桥面改水泥浇筑
三山古二号石桥	2.5	1.8		三山村	桥面改水泥浇筑
三山古三号石桥	2.5	1.8		三山村	桥面改水泥浇筑
莫家上桥	7.8	3	3.4	路西村	已破损,被封
南楼坞烧火拱桥	10	4.9	2.6	路西村	桥面改水泥浇筑
坝下桥	4.2	3	2.1	路西村	桥面改水泥浇筑
横溪桥	5.3	2.7	2.5	路西村	桥面改水泥浇筑
蒲芦坞高坎头桥	6.5	2.5	3.1	路西村	桥面改水泥浇筑
潺水岭石拱桥	6	1.8	3.4	隐将村	保存完好
隐将石拱桥	13	2.76	4.0	隐将村	保存完好
俞坞锁龙桥	4.3	2.8	1.6	隐将村	保存完好
锁龙桥下平石桥	9.4	2.8	3.2	隐将村	保存完好
谢坞口拱桥	9.5	2.8	3.5	张家山村	保存完好
塘里小溪拱桥	3.5	1.8	2.2	张家山村	保存完好
石门村石拱桥	8.5	2.3	2.2	梅坞村	保存完好
钱家石拱桥	6.2	3.5	3.7	梓坊村	保存完好

王家园古石板桥　位于独山头村梁家塘通往闽头山古道上,横跨小溪,溪水东西流向,单孔石平桥,长2.8米,宽1.64米,通高2.2米,桥面由3块条石并列铺筑,中间条石有一圆形莲花图案,两侧桥墩为块石砌筑。清代建造。

石埠头石板桥　位于独山头通往新庄村道上,横跨闽头山通往下游的小溪,由3块条石板拼铺而成,两孔平桥长3米,宽3米,孔高1.2米,两侧桥墩为块石砌筑。21世纪初用水泥涵管加宽。

毛徐石拱桥　位于干溪桥村毛徐自然村北,东侧紧邻漏家塘山脚,横跨于一东西流向的无名小溪。为单孔石拱桥,拱圈由块石筑成,长6.5米,宽2.1米,通高2.5米,拱跨2.4米;两侧金刚墙为块石砌筑,桥面原为块石铺筑,现用水泥抹面。建于清代。

良村石拱桥　位于姚良村良村自然村东南,西南距诸字岭古道约50米,该桥横跨一南北流向的无名小溪,为单孔石拱桥,拱圈为块石筑成。桥长4米,宽1.9米,通高2.3米,拱跨2.5米。桥面为块石铺筑,两侧金刚墙为块石砌筑,桥下河道为块石铺筑。清代建造。

下朱家一号石拱桥　位于上舍村下朱家,西紧邻昆山至上舍公路,横跨村内山溪,为单孔石拱桥。拱圈为不规则块石砌筑,桥长10.5米,宽5米,通高3.5米,拱跨4.7米,矢高3.6米。桥面原为块石铺筑，现用水泥浇筑，两侧金刚墙为块石砌筑，桥下河道用石块铺筑，桥西侧金刚墙被藤蔓覆盖。清代建造。2010年6月被列为县级文保单位。

下朱家二号石拱桥　位于上舍村下朱家自然村，西侧距上舍村公路20米。该桥横跨章家溪，溪流东西走向，为双孔石平桥，桥墩为块石垒砌，桥长14.5米，宽3.6米，通高3.5米，孔跨分别为3.2米、3.0米。原桥面为条石，现用水泥板代替。清代建造。

汤家桥石拱桥　位于上舍村田垓自然村至西子岭的道路上。横跨章家溪，溪水南北流向，为单孔石拱桥，桥长10.5米，宽3.8米，通高4.0米，矢高2.38米，拱跨3.39米。拱圈及两侧金刚墙为块石叠筑，桥东西两端均有引桥连接路面。2005年用水泥将桥面加宽。清代建造。

章家溪石拱桥　位于上舍村章家溪自然村东，距西山脚50米，横跨章家溪，溪水南北流向。该桥为单孔石拱桥，拱圈为块石砌筑，桥面后加水泥浇筑，桥长20米，宽3.4米，通高5.6米，拱跨5.7米，矢高5.03米。两侧金刚墙为块石砌筑，桥东西端各有引桥连接路面。清代建造。

上朱家石拱桥　位于上舍村朱家自然村，西距公路50米，横跨章家溪，溪水南北流向。该桥为单孔石拱桥，拱圈为块石砌筑。桥长10.4米，宽3.2米，通高4.3米，拱跨3.80米，矢高3.70米。两侧金刚墙为块石砌筑，河道为块石铺筑，桥东西两端各有引桥连接路面。桥面后来改用水泥浇筑，上有水泥栏杆。清代建造。

翁家桥石拱桥　位于管城村管翁家桥自然村南，横跨翁家桥小溪，溪水为西北向东南流向。为单孔石拱桥，拱圈为块石砌筑。桥长30米，宽3.8米，通高2.5米，矢高2.00米，拱跨3.39米。桥面由不规则的块石铺筑，两侧金刚墙为块石叠砌，桥两侧各有引桥连接路面。现已废弃不用。清代建造。2010年6月被列为县级文保单位。

三山村古桥　共有三座，皆为石拱桥，分别位于三山村周家里、何家边、墙门里。桥面现用水泥浇筑。因架设于无名小溪上，故皆无名。

莫家上桥　位于路西村莫家上自然村1号房前，横跨山溪，溪水由西北流向东南。该桥为单孔石拱桥，拱圈为块石砌筑，桥长7.8米，宽3米，通高3.4米，矢高3.8米，拱跨3.80米。桥面现为水泥浇筑，两侧金刚墙均为块石砌筑。清代建造。

南楼坞烧火拱桥　位于路西村南楼坞自然村，横跨山溪，溪水北南流向。该桥为单孔石拱桥，拱圈为块石砌筑。桥长10米，宽4.9米，通高2.6米，拱跨3.2米，矢高2米。两侧金刚墙均为块石砌筑，桥面现用水泥加宽。清代建造。

横溪桥　位于路西村横溪桥村口，横跨南楼坞山溪上，距离铜山公路200米。该桥为单孔石拱桥，拱圈为石块砌筑，桥长5.3米，宽2.7米，通高2.5米，矢高2.3米，拱跨3.2米。两侧金刚墙均为块石砌筑。桥面现用水泥加宽。始建于明代，明万历《湖州府志》有记载。

蒲芦坞高坎头桥　位于路西村蒲芦坞自然村，俗称蒲芦坞高坎头桥，为单孔石拱桥，拱圈为块石砌筑。桥长6.5米，宽2.5米，通高3.1米，拱跨2.80米，矢高2.50米。两侧金刚墙均为块石砌筑，桥面现用水泥加宽。清代建造。

潺水岭石拱桥　位于隐将湛水岭脚下，东紧邻四面山，北接湛水岭。该桥横跨湛水岭山溪，溪水西东流向，为单孔石拱桥，拱圈为块石砌筑。桥长6米，宽1.8米，通高3.4米，拱跨2.8米，矢高2.8米。桥面及两侧金刚墙为块石砌筑。南北两端各有引桥连接湛水关古道，现已无人行走。为清代重建。

隐将石拱桥 位于隐将自然村，北侧20米为诸字岭脚，东南30米为四面山脚，西北500米为将台山，横跨山溪，溪水东西流向。为单孔石拱桥，拱圈为块石砌筑，桥长13米，宽2.76米，通高4.0米，拱跨3.20米，矢高3.5米。桥面用水泥抹面，两侧金刚墙为块石砌筑，桥南北各有引桥连接路面。清代建造。

俞坞锁龙桥 位于隐将村俞坞里自然村北，横跨山溪，桥西东走向，西邻龙头山，东90米为罐头山，北接双尖山。该桥为单孔石拱桥，拱圈为块石砌筑，桥长4.3米，宽2.8米，通高1.6米，拱跨3.50米，矢高2.6米，两侧金刚墙为块石砌筑，东西两端各有引桥连接路面。桥面现用水泥抹面。该桥南侧10米处有一小单孔石拱桥，桥长4.3米，宽2.00米，通高1.60米，拱跨1.20米，两侧金刚墙及拱圈为块石砌筑。二桥均为清代建造。

谢坞口石拱桥 位于张家山自然村东谢坞出口，北距张家山至莫干山公路20米，横跨山溪，溪流西东流向。为单孔石拱桥，拱圈为块石砌筑，桥长9.5米，宽2.8米，通高3.5米，拱跨4.30米，矢高2.0米。桥面为块石铺筑，两侧金刚墙为块石砌筑。桥南北两端有引桥连接路面，现已无人行走。清代建造。

石门石拱桥 位于梅坞村石门自然村西北，距梅坞至张家山公路100米，南距石门自然村300米，横跨山溪，溪水南北流向。为单孔石拱桥，拱圈为块石纵联砌筑。桥长8.5米，宽2.3米，通高2.2米，拱跨3.4米，矢高1.6米。桥面为块石铺筑，两侧金刚墙为块石砌筑。桥东西两端各有引桥连接路面。该桥位于梅坞自然村至福水关的古道上，因古道被破坏，现已无人行走。清代建造。

钱家石拱桥 位于梓坊村上村，三面环山，东、南为光家山，西为赤渔岭，北接村庄。横跨山溪，溪水南北流向，桥方位60°。为单孔石拱桥，拱圈为块石纵联砌筑。桥长6.2米，宽3.5米，通高3.7米，拱跨3.30米，矢高3.10米。桥面原为块石铺筑，现用水泥加宽，两侧金刚墙为块石砌筑。为苍蒲上古道桥。清代建造。

钱坑桥 位于钱坑桥小集镇上街，横跨庙思岭水，溪水西东流向。桥长1.5米，宽1.6米，桥面由三块青石板铺设，两边辅以木板，总宽6米。建于明代，明万历《湖州府志》有载。1965年建造小钱公路时，此桥被拆除，改用水泥钢筋浇筑，长2米，宽6.5米，通高1.5米。

干溪桥 位于干溪桥村委旁。横跨直坞水，溪水南北流向。为单孔石拱桥，宽2.5米，桥基和拱圈均为块石砌筑。原名乾溪桥，建于清初，乾隆《安吉州志》有记载。1955年重修。1970年建独长线公路时，拆除重建，桥长10米，宽8米，通高5米，矢高2.8米，拱跨3.8米。

二、近现代民间桥梁

清末民初，昆铜二乡有三家桥、芝村桥、六安桥、石家桥、渠塘桥、吴桥、钱坑桥、横溪桥、长安桥、普济桥、乾溪桥、圣堂桥、细溪桥等。抗战前，上舍村建有下朱家二号石拱桥，长13.5米，宽3.6米，通高3.5米，拱跨3.2米。抗日战争期间，昆山坳磡至干溪桥的竹漾过溪中建有一座水泥钢筋的“洋桥”，长8米，宽3米，现尚存一头，成为断头路桥。

20世纪50年代，昆水与铜水两条大溪中下游均架有木桥。多数木桥为独木桥，采用50厘米以上直径的柳杉原木，锯成两半，平面向上，可以行人、挑担、抬轿。桥板的一头凿有小洞，用铁链穿着，铁链的另一头固定在溪岸边的大树上，以防洪水冲走。也有用篾索固定的，但不耐久，水大时，桥板如被冲到下游，须用人力拖回原址。

20世纪60年代，独木桥逐步改为木架桥，桥墩为开字形木架，木架上方架四根桥梁，桥梁上横铺1.6米长的杉木条，用铁钉固定，可以行人，也可以拉双轮车。但如遇特大洪水，时被冲毁。70年代后，木架桥逐步被拆除，由大石拱桥和水泥桥代替。至1990年，全乡共有10米以上的民间桥梁8座。

1990年昆铜乡10米以上民间桥梁一览表

表11-5

桥名	桥址	桥型	孔数	桥长	桥宽	修建时间
江家边桥	路西村	版梁桥	3	13.7	3	1974
长胜桥	钱坑桥村	版梁桥	3	14.6	5	1981
姚公桥	隐将村	版梁桥	2	10.3	4.8	1984
梅坞桥	姚坞村	版梁桥	2	10.4	4.5	1979
下朱桥	上舍村	石拱桥	1	10	4.5	1981
下朱家二号桥	上舍村	石拱桥	1	13.5	3.6	抗战前
中坞口桥	张家山村	石拱桥	1	10	4	1979
长林干桥	长林干村	版梁桥	3	12.5	5.4	1982

三、公路桥梁

1965年修筑晓墅至钱坑桥公路时，在钱坑桥处建造第一座公路桥梁。当时铜水称四公溪，故称四公桥。之后，随着公路的建设，公路桥梁不断增加。至2012年，全乡有公路桥梁30座562米，其中中型桥梁9座324米，小型桥梁21座238米。

1. 中型桥梁

按照2003年交通部重新颁发的“多孔跨径总长30米以上100米以下或单孔跨径20米以上40米以下的桥梁为中桥”的统计标准，全乡共有中型桥梁9座324米。其中，四公桥为境内第一座公路桥。

2012年昆铜乡中型公路桥梁一览表

表11-6

单位：米

序号	桥名	公路名称	所在地点	长度	宽度	建造年份
1	向阳桥	晓于线	独山头村	44	12	2012
2	江家边大桥	晓于线	路西村	45	12	2012
3	铜山坝桥	晓于线	路西村	36	9	2012
4	铜山桥	晓于线	路西村	36	9	2012
5	四公桥	晓于线	钱坑桥村	36	8	1965
6	新四公桥	晓于线	钱坑桥村	36	12	2010
7	革新桥	独长线	独山头	43	9	2010
8	安乃桥	独长线	大路口	22	8	1970
9	长生桥	CM85村道	钱坑桥村	26	6	2000

2. 小型桥梁

1965年建造第一座小型公路桥梁——晓钱线乐平桥，另有向阳桥、铜山桥。至2012年，全乡共有小型公路桥梁21座，总长238米。

2012年昆铜乡小型公路桥梁一览表

表11-7

序号	桥名	公路名称	村名	长度	宽度	建造年份
1	凤凰桥	晓于线	路西村	7	8	2000
2	囤姑坞口桥	晓于线	路西村	7	8	2000
3	丰登桥	晓于线	梅坞村	9	8	2006
4	青山桥	独长线	大路口	18	8	1970
5	青山脚桥	独长线	长林村	10	8	1970
6	三山桥	长关线	三山村	10	8	2005
7	二号桥	长关线	三山村	8	8	2005
8	银山溪桥	银姚线	大路口	14	8	2000
9	潘家上桥	钱垀线	潘家上村	12	8	2000
10	庙思岭桥	钱垀线	潘家上村	11	8	2000
11	乐平桥	晓于老线	独山头村	15	8	1965
12	隐将一号桥	诸隐线	隐将村	16	8	2006
13	隐将二号桥	诸隐线	隐将村	16	8	2006
14	隐将三号桥	诸隐线	隐将村	12	8	2006
15	长林大坞一号桥	长大线	长林村	15	8	2005
16	汤家桥	上舍—横岭线	上舍村	8	6	2010
17	中坞口桥	晓于线—中坞	张家山村	11	7	1998
18	谢坞口桥	晓于线—谢坞	张家山村	8	6	1998

续表11-7

序号	桥名	公路名称	村名	长度	宽度	建造年份
19	坞坎桥	晓于线—岳征坞	路西村	16	7	2004
20	土地庙边桥	路西—蒲芦坞	路西村	9	6	2004
21	毛徐口桥	干溪桥—毛徐	干溪桥	8	6	2006

第三节　道路改造与养护

一、道路改造提升

中华人民共和国成立初期，乡间的道路遇到大雨或洪水后常被砂石掩埋，姚阿胖、胡培来等慈善老人都会自发组织人员去清除砂石，铺平道路。20世纪60年代初期，各生产队时常派社员维修。60年代中期公路建成后，公路由交通部门的公路段负责养护。改革开放后，三轮车、四轮车、货车、拖拉机过往较多，砂质路基的质量又差，晴天遇风灰尘四起，稍有积水污泥四溅，且行车颠簸不稳，驾驶员和行人非常不便。90年代后期，由各村村民集资、政府补助将公路砂石路面改造成沥青路面。至2006年，全乡公路全部实现硬化。

2010—2012年，为满足浙北特高压变电站建设和创建美丽乡村需要，独山头至江家边特高压入口路段新建三孔大桥4座，全面避弯取直加宽，路面宽达12米；铜山公路也随之加宽升级，昆山公路在美丽乡村建设中加宽，重铺沥青；开通塘田圾昆山与铜山的网络公路0.6千米，昆山至钱坑桥距离缩短5千米。

昆铜主干道的提升，改善了村民出行条件，提高了运输能力和速度，推动了公路沿线的商业餐饮和休闲旅游业的发展，促进了昆铜工业的快速发展。

二、公路养护

1965年，境内晓墅至钱坑桥的晓钱线公路修筑完成。1970年，独山头至长林圾的独长线公路修筑完成。两条境内主干道均为砂石路，由县公路段负责养护。养护人员每天来回清扫，或在路旁溪滩筛运细砂石铺设路面。

1975年，境内公路逐步延伸，公路的养护由公路段下放到公社，改作社队养护，款项由公路段下拨。昆铜公社建立养路队，从开始的3人逐年按公路延伸的里程增加到7人，养路队的队部设在费家塘，建有仓库、食堂、休息室。

1996年，随着铜山公路和昆山公路先后由砂质公路铺设成沥青路面，砂质养路队的责任完成，随后养路队被撤销。昆铜的沥青公路由县公路局管理，负责养护与清理路旁沟渠和日常巡查。

第四节　道路运输

一、运输工具

旧时，山货运输靠肩挑、背驮或是骡马驮载。婚姻嫁娶迎送依赖轿子或骡马。雨雪天古道两旁竹梢搭在路面上，行人无法行走，山货更是难于运出。冬季大雪封冻，得需半个月解冻后才能通行。每年冬天来临之前，需备足生产物资和生活物资。合作化后，交通工具逐步从独轮车、双轮车、自行车、手扶拖拉机、摩托车、四轮车，发展到汽车、电瓶车。

1. 牲畜

旧时山区的路窄，山货出运除水道运输外，靠肩挑背驮。部分农户饲养驴、骡、马驮载山货，每次可载200公斤左右。村人嫁娶，老人及小脚妇人（旧时女人裹小脚）行走不便，常以牲畜代步；有钱人家正月走亲戚或访友办事和通信多使用牲畜。1957年普遍使用双轮车后，驴、马、骡逐渐消失。2000年后，境内通信发展，在山冈上搭建各种信号塔，工程队租用外地骡马驮运铁塔散件和水泥、沙泥上山。

2. 轿子

中华人民共和国成立前，有简易的小轿和豪华的花轿，有两人抬和四人抬的，款式甚多。地方绅士、财主出行一般坐轿。山里人家的嫁娶或小脚女人回娘家，也有租用轿子的。穷人遇到急病就医，临时用两根竹竿扎上靠背椅权当轿子，也称滑竿。中华人民共和国成立后轿子逐渐消失。

3. 独轮车、双轮车

1954年前后，有人从外地引进独轮车，俗称羊角车。车身、车轮用木料制成，车身一般长约180厘米，宽约65厘米，高约100厘米，载重50～75公斤，制作简单，轻便灵活，适用田间小道。政府发动村民修缮昆山、铜山的出行道，外乡的绍兴籍人率先使用独轮车运输山货柴炭。不久，包铁木轮改为冲汽胶胎轮。因为独轮车过溪越水很艰难，所以当地的山里人很少使用。

1956年起流行双轮车，开始使用的是硬橡胶轮双轮车。1958年前后改用充气橡胶内胎。1965年通公路后，双轮车成为农户必备的运输工具，车轴安装钢珠轴承，推车更省力，速度快。型号先有400磅的，后改为500磅，1975年后有普大磅和特大磅的双轮车；载重量从原先200公斤左右，逐步发展到可载重1000公斤的双轮车。双轮人力车车架为木结构，结构简便，轻巧灵活，在机耕路、公路、农村小路等都方便使用。1975年后，双轮车逐渐被拖拉机、三卡、小四轮、载重货车代替。2012年，仍有部分农户使用双轮车近距离运送小件物品和农用肥料等。

4. 自行车

1967年，江家边出现全公社第一辆自行车，随后发展很快。到1980年，全公社共有自行车2400余辆。1982年增加到4280辆。从此，自行车成为人们日常生活不可缺少的代步工具，也成为农民运输小宗农副产品的工具。20世纪90年代，摩托车数量增加；21世纪初，电瓶车流行，自行车保有量开始下降。至2010年，全乡减至813辆。

5. 摩托车和小四轮

1984年前后，市场上出现了摩托车，境内的青年争相购置，逐渐成为农村大众化的代步工具。随着农业生产责任制到户，安吉“天目山”牌柴油三轮车和载货又载客的小四轮开始出现。20世纪90年代末全乡三轮车和小四轮拥有量达180余辆。2000年开始，交通管理部门对此类机动车限制载客，采用强制报废，各种款式的摩托车迅速发展，到同年年底，全乡有摩托车624辆。2010年达到943辆。随后，由于电瓶车数量的增加，摩托车数量逐步减少。

6. 电瓶车

亦称电动车，能量源为电池，动力源由电动机提供。2005年前后，电瓶车在全乡流行，不久中老年人和妇女均使用电瓶车，各种款式的二轮电瓶车、三轮电瓶车既可代步又可载物，深受老百姓欢迎。2010年，全乡有二轮电瓶车1403辆，三轮电瓶车159辆。以后逐步普及。

7. 拖拉机

1965年通公路后，手扶拖拉机出现。12马力的手扶拖拉机可翻耕、耙田，也可在公路上跑运输，先是风冷式，后改为水冷式。1980年后，四轮大型拖拉机出现，载重量明显增加，出现拖拉机跑长途运输的专业户。至20世纪90年代，全乡有手扶拖拉机100余辆。进入21世纪，货物运输主要靠汽车，农田耕作也很少用手扶拖拉机。2012年，全乡手扶拖拉机仅剩20余辆，大型拖拉机不到30辆。

8. 轿车

1982年，全公社只有3辆小汽车。20世纪90年代，村民开始购买小型汽车、面包车。随着工业经济的掀起，许多企业购置微型小车。2000年，全乡有小型汽车61辆。此后出现购车热，至2010年，全乡已达1056辆。

9. 载货汽车

大型载货汽车出现在20世纪80年代末，车主为乡工业办公室。不久个体运输户购买载货汽车。至2000年，全乡有17辆。2012年，全乡年保有量35辆。

二、公路客运

1965年年底，梅溪至钱坑桥客运班线开通，为境内第一条客运班线。钱坑桥设汽车站和站房，窗口售票，每天往返6班次，路西、江家边、独山头等处设停靠站。1970年，梅溪至长林垓客运班线开通，每天往返6班次，独山头、干溪桥、银山溪等处设停靠站。1988年，梅溪至德清于村客运班线开通，梅溪至钱坑桥班线延伸至张家村，班次相应增加。20世纪90年代初，钱坑桥至梓坊客运班线开通，县客运公司在梓坊村设立终点站，并每天有过夜班车。90年代中期，梅溪至长林垓班线延伸至姚良、上舍、三山，梅溪至钱坑桥班线延伸至隐将。至此，全乡村村通公交。

1992年，客运市场放开，境内“天目山”牌三轮车、四轮车允许载客承运，沿途“招手即停，上车买票”,原有固定的客运班线停靠站被废弃,沿途的大宗货物上下车在不影响车上客人的情况下,也可搭载。2005年,车辆主管部门对此类机动车采取强制报废,限制载客。2006年,长林垓客运站竣工,为湖州市第一座农村准四级客运站。2008年,实行城乡公交一体化运行,采取无人售票措施,大大方便了农户出行。2011年,县城驿站广场至梓坊城郊公交开通,梓坊村民进县城可一站到底,无须从晓墅转车。

三、货运

中华人民共和国成立前后,毛竹主要靠水放,山货主要靠肩挑和手车运输。20世纪60年代,山民将毛竹人工拖运到各自然村后用双轮车出运。70—80年代,毛竹、毛笋、毛料等山货主要靠农用车和拖拉机运输。80年代开始,林间简易公路(称林道)修到大山坞中,毛竹全用汽车装运。90年代开始,毛竹、山货出运和企业货物运输主要靠大型载货汽车。2010年后,竹类滞销,外运量减少。但是境内企业生产的竹制品、麻织制品、工艺品和转椅配件出口量增加,除大型载货汽车运输外,集装箱运输、零担班车和快件车运输逐年增多。

四、交通管理

昆铜乡的交通主管部门为晓墅交警中队。进入21世纪,随着交通事业的发展、运输工具的增多,交通堵塞和安全事故时有发生。晓墅交警中队和乡政府相关部门常年对村民加强交通安全教育,自觉遵守交通秩序和法律法规,同时在境内各村头路口安装摄像头监控设备,以保障村民的生命安全和交通畅通。并采取以下安全保障措施:对独山头、长林垓、钱坑桥三个小集市占道经营进行专项治理;对中小学学生实行校车接送;对景观点、白茶采摘时期的青叶市场和各大交易点实行临时交通维持;经常组织乡村干部和交警、城管人员进行巡查和劝导等;加大对酒驾等各种违规行为处罚力度,境内交通秩序大为改观。

第五节　水路运输

旧时昆水、铜水是上游山民向外运输山货的主要水道。溪流落差大,村民首先在溪中筑坝。村民事先在溪滩旁将毛竹、小竹捆扎成一帖一帖的小排,放入溪中连接起来,连接的几十帖,然后倒坝竹排顺水而下。水运到晓墅河码头,由山货行人员上排踩帖验收、估价和数量出售。水道运输一直持续到1956年。公社化时,各生产队集体曾有过水放排,但时间很短。20世纪60—70年代修通公路后,昆铜供销社开始在各村各自然村设农副产品收购站,收购的竹木开始用改用双轮车、拖拉机、汽车陆路运输。

一、拖毛竹

放到山脚的毛竹,根据大小和长短搭配捆扎成件,每件重量按山路到溪边的坡度、远近而定,一般90公斤至125公斤一件。扎件时，将竹蒲头理齐，拉出一根长约二市尺作拖杠，然后在竹蒲头处间隔二市尺捆扎两道篾，竹梢任其自然长短和分散。由人工拖到溪边堆放。拖竹的工具有：用破衣或麻袋制成一块长40厘米、宽20厘米的垫肩，搭在肩上；配上一个用破布或糯稻草编成的拖头，拖头套在拖杠上；连接拖头的麻绳一头带一个竹梢勾，勾在捆篾上。拖毛竹时，将拖头置于肩膀前方，使拖杠不会滑脱。为防滑倒，拖竹人须手杵一根柁柱，也便于歇脚时撑住拖杠。较平的山路上横放一些竹竿，以减小竹梢与地面的摩擦力。集体化以后，山区道路逐步修通，采用双轮车装运毛竹。

二、撬帖

毛竹拖到溪边后，根据大小用竹篾撬成帖，一帖分别为20根、30根、40根，最小的称为毛篙和毛筋竹，60根一帖。每帖500公斤左右。

三、筑坝

山区小河河水不足时，须在河上筑坝蓄水。视河床宽度，先在河床中打树桩，用竹爿编成一排2～4个1～2米直径的圆筒围栏，内部填满石块，称坝墩。然后在两头的两个坝墩之间横置竹木，并竖着密集斜插竹木签。再在竹木签上方盖一层柴草，柴草上覆盖一二尺厚的泥土，直至填到河岸边。中间两个围栏之间留作坝门，如上方法封闭坝门，即可蓄水。坝门上方的横杠系临时用竹篾固定，待蓄满水后砍断竹篾，坝门倒下，竹簰即乘水而下。

四、放簰

撬成帖的竹簰，在河水中一帖一帖地连接起来，撑簰人分别站在簰头、簰中，用竹篙撑动竹簰。撑簰头的人用竹篙左右撑动，掌握方向。后隔几帖站一人，遇到急弯时将竹簰撑向河湾外方，以免搁滩。必要时，后簰人须迅速将篾索拴在溪边树桩上以免竹簰被水冲散乱套。

第十二章　邮电 广电

旧时，乡内没有通信设施，百姓传递信息靠步行传口信，或托他人顺路带口信。抗战前，晓墅设有邮局代办所，远方通信通过邮局投递书信。抗战时期，乡公所与县政府有时敷设临时电话线，因日寇入侵常被破坏，通信十分不畅。中华人民共和国成立后，乡间邮政、电信发展很快，从“摇把子”电话、程控电话、移动电话、互联网发展，办公自动化、文件无纸化到社会信息化；从有线广播、调频广播、闭路电视到数字电视，逐步实现电话自动化、交换程控化、传输数字化、线路光纤化、网络全覆盖。

第一节　邮　政

一、邮政机构

抗战前，晓墅设有代办所，抗日战争爆发后，梅溪、晓墅沦陷，晓墅代办所被迫停止营运。日本侵略者投降后，代办所恢复营业，但只有三四个邮差，主要职能是递送乡机关部门的公文、情报、报纸及少量私人信件。

中华人民共和国成立后，人民政府接管邮电机构，县邮电局委托乡供销社在长林垓、钱坑桥村的商店附设邮政代办点，出售邮票，接收信件；邮递员又将送来的信件转交给收信人。代办员按出售邮票收入比例计算酬金。

1966年，晓墅邮电局在昆铜境内设立独山头、长林垓、钱杭桥三个代办点，供销社在各大队的商店设置邮箱，代售邮票。晓墅邮电局派邮递员用自行车每天送邮件到各商店、机关单位、学校和生产大队，并取走邮箱里的信件。1986年，乡境内的邮政线路分为昆山和铜山片区，递送信件改用摩托车，除重大节日和新闻急送件外，基本上做到隔天送达收件人手中。

1998年8月起，邮政与电信分设，晓墅邮政支局与电信支局分别成立。晓墅邮政支局负责昆铜两片区的邮政业务。2000年起，邮政支局改为每天投递一次，但由于民营物流机构迅猛发展，邮政业务逐年减少。

二、邮政业务

信邮　从中华人民共和国成立初期开始，寄一封平信须贴一张8分钱的邮票，挂号信贴2角钱的邮票。20世纪80年代初期,寄平信贴2角钱的邮票;挂号信按地域远近另加邮票,邮局出具挂号凭证,以备查询。21世纪初,寄平信贴8角钱的邮票;2010年前后寄平信贴1.20元的邮票。1988年开始,信件投寄使用标准信封,书写邮政编码,昆铜乡的邮政编码为313307。1992年起,邮政局开办贺年卡明信片(有奖)业务,一度成为机关团体、企事业单位和个人之间新年致贺的礼仪佳品,信邮量一度大增。1996年开始逐步普及程控电话,寄信量逐步减少。进入21世纪普及移动电话,除必须以纸质文字为依据的信件外,寄信方式基本被淘汰。2001年8月1日起,邮政增加国内快递包裹业务。

2. **电报**　乡邮电所在开通电话的同时也代办电报业务。邮电代办所没有电报机,报务员将电报内容翻译成数字(四个数字代表一个汉字),用电话报给县邮电局,由县邮电局拍发。对方邮电局接收后,翻译成文字,装入信封交邮递员送交收报人。拍电报代替寄信,速度快,可作重要信息的证据,但电报按字数计费,所以要词语简洁。进入21世纪,随着移动电话的出现,电报业务逐渐被淘汰。2005年12月1日起,邮政局正式停办电报业务。

报刊发行　中华人民共和国成立初期,县邮电局仅委托昆铜乡的邮电代办点发行《浙江日报》一种报纸,当天的报纸往往要过两三天才能收到。农业集体化以后,公路逐步修通,晓墅邮电所委托供销社在各村的商店转送报刊,读者逐步能收到当天的报纸。报刊种类逐步增加《安吉报》《红旗》等。改革开放后,报刊种类和发行量增多,交通发达,交通工具增加,投递加快,供销社在各村的邮政代办点完成历史使命。由于信息传递工具增多,传递速度加快,20世纪末,报刊发行种类和数量有所减少。进入21世纪,互联网日益发达,但报刊仍保持着广泛的覆盖面,从中央到地方的各级党报党刊均订阅到各个行政村和企业,好多专业杂志、广告刊物也通过邮政投递。

邮政储蓄　县邮电局从中华人民共和国成立初期即办理人民币小额汇兑业务,以便亲友间的经济往来和商品购销业务的货款汇兑。20世纪90年代起,昆铜乡邮电所归属晓墅邮政支局,邮政支局开办邮政储蓄业务。1998年,邮政储蓄网点实行县内、市内通存通汇兑。2008年12月,晓墅储蓄所改为邮政储蓄银行。2001年12月,晓墅邮政局开通邮政电子汇兑业务,实现现金—现金24小时(隔日)到达,改变了传统的邮政汇兑业务邮路传递和资金结算方式,缩短了汇兑时限。2004年起,开通4小时和实时到达的加急、特急邮政电子业务,为乡民提供了更多便利。2010年设ATM机(自动取款机),昆铜地区的林业生态补助款和农业农田种植粮食补助款都能通过邮政银行支付,村民也都乐意去邮政银行办理储蓄业务。

第二节　电　信

一、固定电话

中华人民共和国成立以前,昆铜没有电话机。人民公社化开始,公社所在地才有手动的"摇把子"电话。20世纪90年代改为程控电话。

“摇把子”电话 1958年，县邮电局在昆铜公社境内埋设杉木桩，架设单根铁丝线，公社管委会（独山头）设置一部“摇把子”电话机。接着设置总机，在长林垓、钱坑桥大队各开通一部“摇把子”电话。境外来电话要通过晓墅邮电所接通昆铜公社总机，再接转到长林垓或钱坑桥大队的电话机，大队值班人员接听对方电话内容后，再转告应接电话人。事情紧急的需要跑路转告，或传叫接电话人亲自来接。电话机不能占线太久，接电话人往往要重新打过去。于是先接通公社总机，转到晓墅邮电所，再转到县邮电局，再逐级转到对方打电话的人。如果线路里有人在打电话，其他人就得等，打个电话往往要花费半天一天工夫，还要长话短说，节约话费。20世纪60年代初，长林垓、钱坑桥设置分总机，昆铜公社每个大队都安装一部电话机。当年，独山头总机接转员为徐兆梅，长林分总机接转员为徐金青，钱坑桥分总机接转员为何阿娥。虽然转接电话又多了一道手续，但等电话的时间短了许多。1985年后，增加总机和分总机的容量，乡办企业、学校等单位都装上电话机。当时，电话线与广播线为同一根铁丝线，早中晚广播时段无法打电话。遇有重要情况时，还靠电报传送。这种通讯方式一直延续到20世纪80年代末。

程控电话 1994年起，实施电话村建设工程，进行电信管道、线路扩容改造，基本实现境内农话中继传输光缆化。1995年开始，全乡接入自动电话网络，安装程控电话，境内的电信架空明线逐步改作电缆，境内的电信线路长达90多千米。各机关、企业、学校等的电话还是通过总机接转。

1998年，电信与邮政分设，逐步在昆铜区块增设程控交换模块。此后晓墅电信大楼建成，晓墅区域扩容工程完成。境内程控电话装机量快速增加，并开通全国长途直拨，全乡农户电话装机率达48%。由于程控电话不可随身带，于是寻呼机应运而生并快速普及，公共场所又出现“电话吧”，寻呼机用户听到呼叫后，即可立即到附近的电话吧打电话。寻呼机成为固定电话向移动电话过渡的工具。21世纪初，昆铜乡有固定电话4600部。此后，移动电话增多，固定电话减少。2011年，全乡拥有固定电话3680门，农户的电话装机量达80%。

二、移动通信

20世纪90年代，境内出现“大哥大”和寻呼机。2003年，移动、联通在昆铜境内建有大小基站23处（包括TO直方站），拥有手机用户15000余户。2005年9月，电信支局在昆铜开通无线市话网，三千米范围内的居民开始使用小灵通。接着，昆铜乡开通移动电话，寻呼机失去作用，寻呼机基站关闭，寻呼机成为使用时间最短的通信工具。2006年4月，中国移动安吉分公司昆铜营业厅开始营业。2007年，移动和联通公司在境内建立铁塔基站数十座，信号基本达到全覆盖。移动电话快速普及，小灵通被逐步淘汰。

2010年起，晓墅电信营业部委托昆铜乡各村委会、商店开展充值交费业务，并在各行政村设置电信代理点，办理手机入网业务。2012年，中国电信、移动、联通三家通讯公司的信号全覆盖，昆铜乡有移动电话（手机）2万余部。昆铜山区进入网络信息时代。

三、互联网

2008年，安吉电信分公司开通昆铜乡的宽带网络，行政机关、企事业单位率先使用计算机（电脑）办公。2010年，开展“网络连乡村，信息进万家”农村信息化建设，移动、联通、广电等公司相继开通昆铜的宽带网络，实现村村通宽带。村委会及所属的各服务站使用电脑办公，企业管理者和开始用电脑与外界联系业务和管理企业，村民用电脑学习技术知识、辅导孩子做课外作业。2012年，昆铜乡有互联网宽带用户2300余户。

第三节　广　播

1958年冬，昆铜公社通电话后，利用电话线安装了第一只广播喇叭，每天早中晚接通县广播站的广播信号，转播县广播一小时。因为与电话同一条线，所以广播期间停止打电话。不久，分设昆山和铜山线路，各大队埋设杉木电杆，广播线架设到各大队办公室、食堂和村口，并安装喇叭。1963年开始，在独山头（公社机关）和长林垓、钱坑桥大队部各设置扩音机，每天早中晚转播县广播站节目，广播一小时。广播内容有中央和地方的新闻，宣传三面红旗和社会主义政策，报道各地的先进人物、先进经验，介绍农业技术以及报告气象；插播《社会主义好》等红色歌曲。

1969年，公社设置小型发电机，聘用播音员兼撰稿人1名、线路维修员1名，建立昆铜公社广播站。除转播县广播站节目外，自办一段节目，内容有昆铜好人好事、领导通知，农事安排、寻人启事等，广播时间逐步延长。发生紧急情况，还临时开机播送通知。1974年，昆铜境内通电，增加1名播音员。有线广播喇叭安装到各村农户家中，公社领导人经常在广播站发表讲话，布置各项工作；农技干部利用广播讲解农业生产技术和病虫害防治技术。社员还将广播当作时钟，根据广播时间约定出工收工时间。

1984年开始，改造广播喇叭音箱，全乡有广播喇叭2800余只，入户率90%，部分村还安装了高音喇叭。1990年，广播站的电子管扩音机改为250瓦晶体管扩音机。1994年，广播站增加电视传输有线接转业务，广播站改称为昆铜乡广播电视站。1996年，整顿有线广播网络，恢复全乡各村有线广播网，村村通广播，通户率80%以上。此后，随着电视机的普及和手机功能的日益增多，广播在人们的生活中逐渐淡化。村民房屋改建后，已不再安装广播喇叭，乡广播电视站也逐渐停播广播节目。2005年，安装调频广播18个，各行政村文化广场安装有调频广播喇叭。

第四节　电　视

1978年，昆铜公社境内始有电视信号，公社办公室门口放有一台黑白电视机，用竹竿竖起高高的接收天线。因信号弱，电视屏幕影像常常跳动和出现雪花点。尽管如此，每晚仍有很多男女老少聚集观看，不少人从几里外的山村赶来看新奇。次年，江家边生产队购入一台18英寸彩色电视机，安装在会议室里，本队和邻村的村民都来观看。

1981年前后，村民们陆续购置黑白电视机，竖立竹木天线杆，转动方向接收电视信号。至同年年底，全乡有黑白电视机70余台。1984年达200余台。此后，彩色电视机在市场上畅销，彩色电视机拥有量逐年增加。

1994年，有线电视（也称闭路电视）在境内开通，电视画面开始清晰稳定。同年，全乡有电视机2600余台，黑白电视机逐渐被淘汰。1997年7月，境内建立光缆联网站，光缆接通到独山头；1998年起，光缆接通到昆山、铜山片各村，总长度达90余千米。1999年，境内所有村民均开通有线电视，并成为全省唯一一个山区有线电视“村村通”示范点。2000年开始，昆铜山区村民随着生活水平的快速提高，纷纷购置壁挂式大屏幕液晶电视机。同年，全乡彩电拥有量增加到3400余台，其中挂壁式彩电占50%。2005年，全乡有线电视入户率达95%。2009年，有线电视升级为数字电视，2800余户设有电视机机顶盒终端。同年，昆铜广电站并入梅溪广电站，规模扩大人员增多，内设电视营业大厅，有交费、咨询、维修等窗口。

2010年，开展“网络连乡村，信息进万家”的农村信息化建设，境内实现村村通宽带。全乡4069户，户户安装彩电，总数量达到5860余台，其中挂壁式彩电3900余台。

2012年，各村村委会办公室均置有电视投影设备，在村会议室里就可以实时参加乡、县政府部门召开的电视会议，看到会议实况。党员、干部还通过电视接受远程教育。

第十三章　工业 财贸

中华人民共和国成立前，昆铜仅有几座砖瓦窑，另有剥茧制丝棉、缫土丝、织土布、做豆腐、打草鞋、榨油、酿酒、饴糖以及剃头店、箍桶、铁器、木器、竹器、农具等手工作坊。江家边、银山溪村有富阳人开的土纸厂，生产粗糙的坑边纸。走村串户为村民服务的有修锁配匙、打制小家具、染布、钉秤、补锅、做黄烟、磨剪刀的手工业者，但都是外地人。

中华人民共和国成立后，社会稳定，党和人民政府扶持手工业和家庭工业发展，引导手工业者联合起来，走合作化道路。1956年，手工业者参加乡手工业联合社，开设竹器厂、木器社、农具厂等；大村庄开设理发店、水作社、饴糖作坊、制鞋铺、柴油机碾米厂等。1958年，实行人民公社化，昆铜公社在江家边开办砖瓦厂。1962年，贯彻落实中央“调整、巩固、充实、提高”的八字方针，城镇工业向机械、半机械化过渡，手工业纳入二轻工业系统。公社在全县率先办起竹器厂。1968年创办公社农具厂。1974年，昆铜公社通电，逐步办起锯板、鱼竿厂、石粉厂、粮食和饲料加工厂。党的十一届三中全会后，各大队办的企业相继增加，规模逐步扩大。

1984年，公社、大队改为乡、村建制，全乡实行土地承包责任制，大量劳动力从土地上解放出来，个体、私营二户一体的工副企业蓬勃发展。1990年，昆铜乡涌现了一大批社办企业领军人物，集体工业走在了全县前列。1993年起，乡办、村办集体企业改制为股份合作制企业，后又采取资产转让、拍卖重组、改制为有限责任公司或私营企业等多种形式，乡镇、村公有资本退出，个体私营企业占了主要地位。1998年，全乡共有私营企业203家，有职工5338人，固定资产5188万元，其中竹制品类64家、轻纺类88家、其他类51家，年产值3.66亿元。

进入21世纪，乡政府坚持“生态立乡、工业强乡、产业兴乡”发展战略。2001年，全乡竹业产值3.2亿元，约占全乡工业总产值的46%。到2010年，引进健丰搪瓷五金、山芽芽食品、祥丰等企业6家，中外合资企业5家，注册内资2720万元人民币；协议利用外资300万美元，实到外资105万美元，昆铜乡的工业经济快速增长。2012年，全乡有工业企业150家，按产品性质可分为9大类，其中年产值2000万元以上规模企业11家；全乡工业总产值18.2亿元，缴纳税金3140万元。

第一节　工业管理机构

1956年，晓墅成立手工业联社。1961年开始，晓墅手工业联社部分昆铜籍人员返回到昆铜公社办的竹器厂，公社设立企业管理办公室。1974年以后全公社接通电力，公社的粮食加工厂、农具厂、石粉厂、竹器厂、工艺竹编厂、锯板厂、鱼竿厂相继创办，昆铜公社成立工业办公室，公社党委分管工业的书记任工业办公室主任，负责全公社的社队工副业管理。1984年，公社工业办公室改为乡工业管理办公室。1991年后，乡镇企业逐步实行转制改革，集体资本从企业中退出，全部成为民营企业，乡政府工业管理办公室改为乡工业企业管理服务中心，负责对民营企业的规划、指导、监督、协调和服务。

第二节　集体企业

一、手工业联合社

中华人民共和国成立前和中华人民共和国成立初期，江家边、银山溪的原籍富阳人利用昆铜的稻草资源办起一两爿手工造纸作坊，制作坑边纸和黄表纸。钱坑桥、银山溪有家铁匠铺，钱坑桥集市上有箍桶、木器、裁缝和制鞋店铺；部分农户有纺织土布、缫丝、剥茧制丝绵等家庭手工业。

1956年开始，乡政府将手工业者组织起来，创办竹器社、木器社、农具厂等，成立乡手工业联合社，走合作化道路。昆铜乡以钱坑桥、长林垓为中心，联合开设理发店、饴糖作坊、制鞋铺、柴油机碾米厂等；不久又办起建筑社、白铁社等，努力为当地村民的生产生活服务。20世纪60年代，各村办起土窑，烧制砖瓦，促进了农户的草房换盖瓦房。

二、队(村)办企业

20世纪70年代开始，各大队相继创办集体企业，合力(路西)、高葛(干溪桥)、五星(独山头)、昆一(大路口)、姚良、长林、三城(管城)、三合(化家坞)、高一(钱坑桥)、新华(梅坞)等大队，陆续办起砖瓦厂、竹器厂。合力(路西)开办生产队和大队的石灰窑。1974年开始，多数大队开办粮食加工厂、饲料加工厂、锯板厂(加工木质啤酒箱、锁匣箱等)、农机修理厂、茶叶加工厂，老枝扫把厂；独山头、路西等大队开办水泥预制场，姚良大队开办竹器厂、沙发厂，上舍大队开办竹器厂，长林大队创办绣花厂和针织厂，长林大队与县地产公司联办安吉合成纤维厂，梅坞大队开办新华综合厂，大路口大队开办羊毛衫厂，路西大队与公社联办安吉第一麻纺织厂等。党的十一届三中全会后，各大队办企业相继发展，持续到20世纪90年代，一直为昆铜乡的工业主体。

三、社(乡)办企业

1958年，实行人民公社化，公社在江家边开办砖瓦厂，建造两座鸡笼窑，招来外地匠工烧制土瓦土砖。1961年转给合力大队办。1962年，贯彻落实中央“调整、巩固、充实、提高”的八字方针，城镇工业向机械、半机械化过渡。昆铜公社在上舍大队办起竹器厂，1964年搬到路西大队，1965年迁到张家山，1967年再迁至闽头山，主要生产晒谷垫、箩筐、蚕匾、千条、畚箕、扁担等农用产品。1968年创办公社农具厂，主要生产打稻机、犁、耙、耖、锄头、砍刀等。1974年，因石坞岭水库工程需要，铜山片接通电网，昆铜公社逐步办起锯板厂、鱼竿厂、石粉厂、粮食和饲料加工厂。随后的几年里，公社又办起工艺竹编厂、饮料厂、食品厂、工艺鱼竿厂、民政塑料厂、工艺竹编二厂、农机修理厂、骨胶厂、麻织厂、古棉加工厂和建筑队、运输队、地方产品供销经营部等企业。1976年，经安吉县社队企业局协调，昆铜、磻溪、缫舍3个公社联办安吉工艺竹编总厂，厂址设在昆铜。1978年，社办企业采取横向联营，与广东省佛冈县联办佛岗石英粉厂，昆铜派出30多人赴广东务工，为社办企业寻求新的增长点，解决昆铜的富余劳动力出路，昆铜企业经济走在全县前列。同年年末，联办企业和公社的企业共有职工315人，年创利润80万元。1980年，全公社工业企业年总产值720万元（包括队办企业）。该时段的社办企业领军人物有马诗义、尤长林、梁云芳、孙和生、徐长寿、郭金虎、钱春富、江铭新、李顺民、赵孝泉、沈根法等人。他们为昆铜的企业发展，寻求新的增长点壮大集体经济做出了贡献。

1984年，昆铜乡办起建筑队。农村实行土地承包责任制以后，个体、私营二户一体工副企业蓬勃发展，民营经济发展加快。个私企业的发展带动了全乡工业薄弱村和周边乡村企业的发展，县政府经常组织全县各乡镇干部到昆铜参观，乡政府和企业代表作经验介绍。昆铜乡工业实绩名列1984年度全县乡镇第三名，并被评为1984年度省级乡镇企业先进集体。

20世纪90年代，由于个私民营经济充分发挥经营管理上的灵活性，发展势头强劲，乡、村的集体企业逐渐失去了竞争力。乡村企业逐步通过改组、兼并、拍卖、租赁、承包经营和股份合作等多种形式转为私营企业。到2001年，全乡所有的乡办企业、村办企业，包括县土产公司与村协作联办的“安吉合成纤维厂”、乡办企业昆铜工艺鱼竿厂和乡与村联办的“安吉第一麻纺织厂”共200多家企业全部转为民营。乡村集体企业完成历史使命。

1990—1999年昆铜乡工业经济效益表

表13-1　　　　单位：万元

项目年份	产值			税金	利润
	总额	集体企业	个私企业		
1990	2108.7	1960	148.7	112.6	112.9
1991	2484.2	2332.7	151.5	110.6	118.9
1992	2761.9	2596	165.9	151.8	82
1993	5497.6	3869.7	1627.9	302.7	165
1994	11194	4194	7000	503	230
1995	19568	5578	13990	791	499
1996	27066	7644	19422	847	710
1997	36244	8497	27747	1448	1085
1998	43898	7438	36460	1975	1318
1999	52000	8500	43500	2345	1560

第三节　民营企业

一、个体企业和私营企业崛起

中共十一届三中全会后，昆铜的个体企业和私营企业开始发展。1983年春，孙法林牵头创办私营合伙企业江家边鱼竿厂，生产、销售形势一路看好。随后赵孝泉创办铜山硅粉厂。1984年开始出现一批联户办企业、个体企业和私营企业，有江家边硅粉厂、上舍长虹锚链厂、志平矿山机械厂、申安羊毛衫厂和大路口村众多的羊毛衫加工厂、路西麻织厂、独山头联合石粉厂、江家边绸厂等。两年之后，陆续开办有一定规模的企业有昆安化纤厂、大路口渔具厂、佳源竹木制品厂、三美竹木厂、兴华综合厂等私营企业。此时，乡办企业、村办企业与个体企业和私营企业同时存在，相互竞争。

1988年前后，工商、税务、信用社、乡企工办等有关领导和县乡政府领导经常到昆铜工业企业考察探讨发展思路和政策。1990年，全乡有个体企业和私营企业220多家，年产值6700多万元，创税利600余万元。到1991年，以联户和私企为主的企业发展到300余家，从业人数2000余人，年产值(销售收入)8000余万元，创税利624万元。个体企业和私营企业很快成为昆铜工业的主流。

1991年后，乡办企业和村办企业大部分转为私营企业。不久，股份合作制企业也逐步转为民营独资企业。

1999年年底，乡党委、政府提出建设“竹业大乡”“工业强乡”的口号，较有生命力的科技型企业逐步取代原先的小企业。部分纺织行业、竹制鱼竿行业的小企业和个体企业关停50多家。羊毛衫行业还勉强生存。全乡16个行政村有工业企业203家，其中股份制6家，私营企业36家，个体企业163家，总固定资产5188万元，就业职工5338人。按产品结构分为三类：

1. **竹木制品**　共有企业64家，固定资产1960万元，占工业企业的37.8%；1999年上半年工业产值12066万元，占全乡工业产值的45%。

2. **轻纺企业**　共有企业88家，固定资产2280万元，占工业企业的43.9%；1999年上半年工业产值9538万元，占全乡工业产值的36.1%。

3. **其他企业**　共有企业51家，有锚链、石英粉、纸箱、塑料、五金机械等；1999年上半年工业产值4685万元，占全乡工业产值的18.3%。

1998年和1999年昆铜乡各村工业企业分类及经济效益表

表13-2　　单位：万元

村名	行业分类(家)				1998年		1999年1—7月		
	轻纺业	竹制品业	其他	合计	产值	税利	固定资产原值	职工人数	产值
独山头	9	14	11	34	7600	680	1497	1345	4159

续表13-2

村名	行业分类(家)				1998年		1999年1—7月		
	轻纺业	竹制品业	其他	合计	产值	税利	固定资产原值	职工人数	产值
干溪桥		3		3	710	65	84	120	746
大路口	23	2	3	28	5080	440	331	520	2871
姚　良	10	1	1	12	2380	212	163	291	2794
长林垓	11	1	3	15	6975	631	647	658	3736
上　舍	4	9	6	19	4195	378	443	588	4043
管　城	4		2	6	915	82	106	100	915
三　山	1		1	2	316	28	88	64	517
路　西	21	8	16	45	8195	738	949	853	4177
化家坞		8		8	950	86	92	186	607
钱坑桥	4	5	2	11	2705	243	321	288	284
隐　将		1		1	95	8	8	12	145
梅　坞	1	2	2	5	910	83	83	124	954
张家山		1	3	4	740	68	302	76	740
潘家上		7		7	1440	130	92	139	908
梓　坊	1	2		3	690	64	42	54	442
合计	88	64	51	203	43896	3930	5248	5418	28038

二、企业分布

2000年，工业企业重点分布在独山头、路西、大路口、长林、上舍五个行政村。独山头村主产竹木制品、化纤、石英粉、五金机械；路西村主产竹制品、麻纺织；大路口村主产羊毛衫；长林村主产羊毛衫、化纤产品；上舍村主产锚链、竹木制品。年产值5000万元以上的工业村有独山头、路西、长林、上舍、大路口、钱坑桥6个行政村。

三、转型升级

2000年起，个体工商户转型升级向民营企业过渡。民营企业进入晓墅工业园区，培育新产品，做大做强，向规范化和公司化方向发展。

2002年，全乡305家民营工业企业总产值7.8亿元，同比增长16.4%；工业增加值1.9亿元，同比增长6.7%；外贸交货值1.9亿元，同比增长7.3%(其中春晖竹木业有限公司创汇300万美元)；实现税利1800万元，同比增长12.7%；完成技改企业27家，技改投入1980万元。政府建立晓墅园中园，入园企业五家；规划建立七个村级工业集中区，建立羊毛衫特色工业园，一村一品特色新格局加快形成。

2011年，全乡有民营企业185家，职工3112人，年总产值10亿多元。其中，年产值2000万元以上的规模企业11家。

1985—1999年昆铜乡个私、联户、民营工业企业一览表

表13-3

业主及法人代表	企业名称	业主及法人代表	企业名称
李百成	百成服装厂	徐小强	安吉韦成包装箱厂
尤长林	华安羊毛衫厂	朱永泽	安吉永泽竹制品厂
殷京华	华盛羊毛衫厂	李红菊	安吉盛源竹木工艺厂
殷华英	华英羊毛衫厂	康莲丽	安吉顶森羊毛衫厂
梁元杰	欢乐鱼竿厂	施志林	安吉乐平竹木工艺厂
叶树南	树南鱼竿厂	魏一鸣	安吉中鸣丝织厂
严根才	根才鱼竿厂	徐彩莲	湖州竹安羊毛衫厂
张伟光	伟光竹制品厂	蔡忠连	忠连塑料制品厂
汪雪明	安吉盛明竹制品有限公司	姚佩强	安吉四季盛化纤厂
梁瑞华	安吉祥峰竹木工艺品厂	曹渭金	安吉恒嘉电力设备有限公司
梁瑞民	安吉瑞民竹制品厂	吴西勇	安吉梅溪嘉盛绷带厂
卢　健	湖州圣皇木业有限公司	吴　燕	安吉梅溪燕合布艺厂
陈巧林	昆铜石粉实业公司	费志平	安吉志平白竹加工厂
叶树良	昆铜独山头联合石粉厂	周阿忠	安吉吉恒竹木制品厂
钱克年	陆家石英粉厂	王根法	安吉佳良白竹加工厂
李百荣	安吉明远竹木制品有限公司	高明伟	安吉闪亮竹木制品厂
梁琳华	安吉思华竹木制品厂	王雪平	安吉雪平竹制品厂
梁　也	安吉梅溪原也纸箱厂	汪根林	安吉根林白竹厂
周海林	安吉梅溪墅源木制品厂	李　伟	安吉李伟白竹厂
盛鸣昌	安吉明扬化纤厂	徐惠明	惠明羊毛衫加工点
沈宏宾	安吉恒利化纤厂	孙金似	金似羊毛衫厂
陈少华	安吉九渡殡仪用品厂	华为民	为民羊毛衫厂
陈宪才	安吉嘉豪五金制造有限公司	姚勇华	勇华羊毛衫厂
宋一峰	安吉佳诺纺织品厂	徐百荣	百荣羊毛衫厂
殷山华	山华羊毛衫厂	孙祖林	祖林羊毛衫厂
殷丽平	丽平羊毛衫厂	殷学智	学智羊毛衫厂
盛秋勤	秋勤羊毛衫厂	宋剑雄	剑雄羊毛衫厂
殷志仁	志仁羊毛衫厂	姚玉林	玉林竹拉丝厂
孙亚红	亚红羊毛衫厂	李银清	银清竹制品厂
盛乐平	乐平羊毛衫厂	项金嘉	金嘉竹制品厂
赵咏梅	咏梅加弹厂	姚群强	兴林竹制品厂
陈桂珍	桂珍羊毛衫厂	姚坤新	坤新羊毛衫厂
殷霞飞	霞飞羊毛衫厂	姚群义	群义羊毛衫厂
殷百顺	百顺羊毛衫厂	殷学强	学强羊毛衫厂
施云斌	云斌羊毛衫厂	宋剑云	剑云羊毛衫厂
施云飞	云飞羊毛衫厂	宋剑峰	剑峰羊毛衫厂

续表13-3

业主及法人代表	企业名称	业主及法人代表	企业名称
殷真臻	真臻羊毛衫厂	姚月忠	月忠羊毛衫厂
姚建华	建华羊毛衫厂	邓玉龙	玉龙羊毛衫厂
孙勤伟	勤伟羊毛衫厂	殷学成	学成化工厂
孙华庭	华庭羊毛衫厂	陈自海	自海弹力丝厂
孙学庭	学庭羊毛衫厂	姚仲民	安吉佳源竹木制品厂
孙美红	美红羊毛衫厂	赵建强	安昆化纤厂
殷寂挺	寂挺羊毛衫厂	刘小宝	长林制衣厂
孙立明	立明羊毛衫厂	徐春旭	春旭羊毛衫厂
沈学士	学士羊毛衫厂	徐彩莲	申安羊毛衫厂
盛月庆	月庆羊毛衫厂	赵万忠	万天竹制品厂
徐林根	林根羊毛衫厂	丁联芳	长林化纤二厂
谢立元	立元羊毛衫厂	陈法荣	长林化纤三厂
姚　钲	姚钲羊毛衫厂	张立生	立生竹制品厂
周方敏	方敏羊毛衫厂	贾爱华	金汇竹制品厂
夏红旗	红旗羊毛衫厂	陶有兴	有兴化纤厂
孔寿勤	全顺羊毛衫厂	江金富	金富鱼竿厂
杨树尧	强力制链厂	钟树梅	树梅鱼竿厂
杨立明	安吉宏虹锚链厂	钟柏林	柏林鱼竿厂
朱兆谦	安吉兆丰竹制品厂	江跃生	跃生鱼竿厂
沈金柳	安吉宏升竹制品厂	江利勇	利勇鱼竿厂
章树义	安吉树义竹制品厂	沈茂南	茂南竹制品厂
杨忠伟	忠伟羊毛衫厂	沈茂新	茂新扫巴厂
杨正芳	正芳羊毛衫厂	江铭新等	(合伙)江家边绸厂
胡海霞	海霞羊毛衫厂	江金水	金水丝织厂
朱文华	文化化纤厂	江大海	大海丝织厂
郑继学	继学化纤厂	江金满	金满丝织厂
万渭连	安吉昆铜昌林转椅配件厂	孔福明	福明丝织厂
沈志方	安吉昆铜云龙竹制品厂	孔法明	法明丝织厂
万建庆	建庆渔具厂	杨志勇	志勇丝织厂
易礼星	管城纸箱厂	凌春宝	春宝麻织厂
张火生	火生羊毛衫厂	叶柏荣	柏荣麻织厂
沈勤有	勤有竹制品厂	叶阿荣	阿荣麻织厂
沈伟新	伟新羊毛衫厂	杨正荣	正荣麻织厂
沈乾坤	乾坤竹制品厂	何金岳	金岳麻织厂
孙法林等	(合伙)江家边玻璃灯具厂	凌金贵	金贵麻织厂
江铭新等	(合伙)江家边硅粉厂	叶明新	明新羊毛衫厂
江树宏	树宏鱼竿厂	叶正芳	正芳羊毛衫厂

续表13-3

业主及法人代表	企业名称	业主及法人代表	企业名称
孙法林	江家边鱼竿厂	叶孟宝	孟宝麻织厂
孔法明	法明鱼竿厂	叶毛宝	毛宝麻织厂
江学明	学明鱼竿厂	叶连宝	连宝麻织厂
江金泉	金泉鱼竿厂	叶根山	根山麻织厂
江金泉	金泉麻织厂	叶彩法	彩法羊毛衫厂
王柏胜	柏胜麻织厂	叶明发	明发羊毛衫厂
孔宝明	宝明麻织厂	叶顺荣	顺荣羊毛衫厂
孙乐文	乐文麻织厂	朱康明	康明羊毛衫厂
梁　静	安吉雪绒羊毛衫厂	厉海萍	竹制工艺厂
江金虎	金虎羊毛衫厂	叶建才	建材竹木制品厂
锺树梅	树梅塑料造粒厂	叶美顺	美顺竹制品厂
江　健	江健塑料制品厂	凌　斌	凌斌丝织厂
金海宝	海宝塑料造粒厂	张　勇	张勇丝织厂
江跃生	跃生翻砂厂	叶彩伟	彩伟丝织厂
丁国生	国生五金厂	董全法	全法丝织厂
江学顺	学顺鱼竿厂	杨秋林	秋林丝织厂
江宏伟	宏伟竹制品厂	叶根芳	根芳塑料制品厂
黄茂顺	茂顺水作坊	凌水明	水明塑料制品厂
凌宝荣	宝荣玻纤厂	何金岳	金岳领带厂
叶根芳	根芳玻纤厂	江金富	金富麻织厂
张普堂	普堂玻纤厂	肖学平	学平竹制品厂
叶根芳	根芳轮胎翻修厂	赵顺元	顺元竹制品厂
叶美顺	美顺水泥制品厂	王维仁	维仁鱼竿渔具厂
凌　政	凌政竹木制品厂	肖连明	连明竹制品厂
谢建忠	建忠麻织厂	肖新峰	新峰竹制品厂
杨百华	百华麻织厂	金玉华	玉华竹制品厂
叶忠伟	忠伟羊毛衫厂	赵双喜	双喜竹制品厂
叶建刚	建刚羊毛衫厂	金法云	法云竹制品厂
殷连顺	连顺羊毛衫厂	肖水龙	竹壳丝厂
杨正荣	正荣羊毛衫厂	金文林	文林胶带厂
叶　明	叶明羊毛衫厂	俞树学	树学羊毛衫厂
盛勤华	勤华羊毛衫厂	俞树峰	树峰羊毛衫厂
肖立伟	立伟羊毛衫厂	诸爱华	爱华竹制品厂
俞文平	文明羊毛衫厂	姚利胜	利胜竹制品厂
肖　刚	肖刚羊毛衫厂	陈旭龙	旭龙塑料制品厂
肖泽忠	泽忠竹制品厂	王观华	观华竹制品厂
凌雪娥	雪娥羊毛衫厂	方玉新	玉新凉席拉丝厂

续表 13-3

业主及法人代表	企业名称	业主及法人代表	企业名称
王伟冰	伟冰羊毛衫厂	徐小芳	小芳凉席拉丝厂
吴　平	吴平竹凉席厂	方土苗	土苗凉席拉丝厂
韦永杰	永杰竹木制品厂	方志平	志平凉席拉丝厂
沈志红	志红竹制品厂	钱茂森	茂森鱼竿厂
尹火根	火根竹制品厂	倪玉熙	玉熙鱼竿厂
吴长林	长林羊毛衫厂	王安心	安心竹凉席拉丝厂
蔡根友	根友刚玉砂厂	王安心	安心竹制品厂
蔡根友	根友灯泡厂	施志强	志强工艺品厂
金　忠	金忠竹制品厂	梅先华	先华清汁笋罐头食品厂
杨吉能	吉能竹制品厂	凌宏斌	宏斌竹麻将席厂
杨吉成	吉成竹制品厂	周满芳	满芳竹制品厂
俞友年	友年凉席拉丝厂	方水明	水明竹麻将席厂
汪庆意	椅业压板厂	李建春	建春竹麻将席厂
方志堃	云堃医用绷带厂	姚建忠	建忠竹麻将席厂
李桂荣	桂荣竹制品厂	范百能	百能竹麻将席厂
周根林	老枝扫巴厂	王来福	来福竹凉席拉丝厂
诸桂芳	桂芳竹筷厂	裴银华	银华渔具厂
卢巧生	巧生竹制品厂	李诗虎	诗虎彩瓦厂
王元林	元林竹制品厂		

2000—2012年昆铜乡民营企业一览表

表 13-4

业主及法人代表	企业名称	业主及法人代表	企业名称
梁和龙	安吉龙升竹木制品厂	向　峰	安吉昆铜诺马干燥剂包装厂
梁瑞林	安吉瑞旺竹制品厂	赵继琴	安吉华之源家具有限公司
尤一群	安吉青云麻纺织厂	叶志龙	安吉春欣塑料制品有限公司
梁立时	安吉盛超竹木工艺厂	马汉军	安吉海盛竹木工艺厂
朱永忠	安吉盛忠竹木工艺厂	黄米君	安吉昆铜森美塑料制品厂
梁树林	安吉新创竹制品厂	诸永明	安吉昆铜永学竹制品厂
朱玉成	安吉怡成竹木工艺厂	郑学民	学民竹木制品厂
孙汉武	安吉振业竹木工艺厂	殷海强	安吉佳洁竹木制品厂
施志强	安吉志强工艺品厂	尚意华	安吉华杰竹木制品厂
马益飞	安吉竹福工艺品有限公司	谢建国	安吉昆铜安洪丝织厂
陈志平	湖州志平矿山机械制造厂	杨建国	安吉顺吉竹木制品厂
王如松	祥丰浙江金属制品公司	吕连根	安吉吕氏渔具有限公司

续表13-4

业主及法人代表	企业名称	业主及法人代表	企业名称
陈小健	浙江安吉健丰金属制品公司	殷红华	红华羊毛衫厂
余懿华	安吉天佑成套设备厂	施俊卿	佳运竹木制品厂
陈　彦	安吉陈彦竹木制品厂	孙金平	大路口金平竹木制品厂
梁胜华	安吉昆铜东瑞竹木制品厂	刘卫民	安吉卫民竹木制品厂
钱惠琴	安吉惠晖竹木制品厂	殷森芳	安吉森芳竹木制品厂
梁胜林	安吉胜林竹木制品厂	黄　伟	安吉黄伟竹木制品厂
徐海芳	安吉富海竹木工艺制品厂	程金良	安吉长林化纤厂
朱玉忠	安吉翠林竹木工艺制品厂	朱　伦	安吉朱伦麻纺织厂
姚仲民	安吉胜达竹木制品有限公司	朱永升	兴瑞竹制品厂
梁瑞林	安吉瑞旺包装有限公司	杨立信	安吉长虹制链有限公司
欧阳喜	安吉欧阳干燥剂厂	杨乐秋	乐秋锚链厂
王雪永	安吉明锦五金塑料厂	周建云	建云竹制品厂
黄　健	安吉梅溪多鑫家具厂	杨益明	丰源竹制品厂
盛园康	安吉梅溪晨明竹木制品厂	朱永杰	杰安竹木制品厂
丁庆行	安吉梅溪易庆家具厂	朱永权	安吉海华竹木制品厂
朱永忠	盛忠竹木制品厂	钟柏林	安吉兴阳五金塑料厂
杨建康	安吉鑫顺竹木工艺厂	叶星芳	安吉月星五金厂
杨建国	安吉盛吉竹木制品厂	叶根山	安吉振兴联麻纺织公司
杨建勇	安吉盛康竹木制品厂	江朝宗	安吉博俨椅业有限公司
孙亚伟	安吉嘉禾竹木制品厂	苏树伟	安吉凯裕工艺厂
杨仁人	安吉腾越纺织厂	江利勇	安吉浦盛五金制品厂
刘有元	刘氏竹制品厂	陈红富	安吉红富家具厂
丁群海	安吉群丰竹制品厂	刘小华	小华五金塑料制品厂
朱广勤	昆铜勤业竹制品厂	金海荣	安吉金江江竹制品厂
朱树林	昆铜树林竹制品厂	金海宝	安吉海宝竹制品有限公司
孙其峰	安吉申力五金配件厂	江海华	安吉海华塑料藤片厂
沈建斌	安吉昆铜信宜竹制品厂	施明华	安吉明瑞五金塑料制品厂
周德云	安吉德信竹木制品厂	高乐生	安吉乐生塑料制品厂
郭水林	安吉昆铜管城食品厂	陈志芳	安吉志芳塑料制品厂
李振华	安吉振华纸箱包装厂	凌　超	安吉凌超塑料制品厂
盛鸣昌	安吉明扬化纤厂	叶德宝	安吉竞达五金塑料制品厂
沈新明	安吉新明竹制品厂	凌小斌	安吉小斌塑料制品厂
方桂祥	安吉桂祥竹制品厂	施东东	安吉久力家具厂
沈国良	安吉国良竹制品厂	苏宝水	安吉昆铜兴新麻织厂
周新星	安吉新星竹制品厂	叶勤根	安吉佳和麻织厂
江　康	安吉康晖五金制品厂	童志伟	安吉志伟麻纺织厂
江　康	安吉康和石英粉厂	吕生明	安吉宏江塑料附件厂

续表13-4

业主及法人代表	企业名称	业主及法人代表	企业名称
江铭华	安吉华明石英粉厂	凌　春	凌春木制品厂
林伟伟	安吉伟丰塑料制品厂	凌　云	凌云塑料制品厂
曹金来	安吉香涞五金塑料制品厂	余卫平	卫平水泥制品厂
王传法	安吉梅溪振达塑料制品厂	赵桂明	桂明竹渔具厂
江乐茂	安吉帆顺钢塑制品厂	赵桂兴	桂兴竹制品厂
金小良	小良白竹制品厂	姚韩勇	韩勇竹制品厂
金应良	应良白竹制品厂	方小荣	递铺印刷厂
俞　峰	俞峰竹制品厂	卢福潮	递铺竹凉席厂
肖荣法	荣法竹制品厂	凌晨煜	晨煜木制品厂
肖泽卫	泽卫白竹制品厂	凌晨炬	晨炬木制品厂
肖荣贵	荣贵白竹制品厂	凌谷亮	谷亮木制品厂
肖立伟	立伟渔具制品厂	范闰树	闰树塑料制品厂
赵文华	文华渔具制品厂	张　磊	张磊纸箱厂
肖海平	海平白竹制品厂	卢美萍	安吉沪锦斋食品厂
卜荣华	安吉荣建竹木工艺厂	范建国	安吉鑫和制丁厂
李永国	安吉紫梅竹木工艺品有限公司	范立安	安吉华泰斯彩瓦厂
肖其成	浙江安吉三美竹木制品有限公司	李诗军	安吉飞翔彩瓦厂
周宁芳	宁芳竹制品厂	方水明	安吉坦博旺家具厂
王茂生	乔溪方山竹制品厂	范荣锤	荣锤塑料造粒制品厂
诸明芳	明芳竹制品厂	欧阳根喜	沙发木架厂
陈旭忠	旭忠塑料制品厂	陈水根	水根竹木制品厂
李茂华	茂华塑料制品厂	孟茂法	茂法竹木制品厂
齐爱华	爱华吹膜厂	陈　勇	安元纸箱厂
姚国鑫	国鑫孝衣制品厂	陈志敏	志敏木材厂
王安林	新新竹制品厂	姚泉江	泉江竹制品厂
姚惠峰	安吉兴华综合厂	陈志龙	志龙棉制品厂

第四节　招商引资

一、平台建设

2001年，创造外商投资环境，乡政府在晓墅工业园区内首期征地92亩，投入资金250万元，启动晓墅工业园区昆铜区（简称园中园）建设。2002年，晓墅园中园征用土地84亩，引进大华锌业有限公司、泰顺服饰有限公司、鑫盛竹木有限公司、长虹锚链有限公司、山芽芽食品有限公司等5家企业，总投资2600万元。2003年，晓墅园中园入园企业达6家，完成总投资3600万元。2007

年，调整乡工业功能区二期工业用地370亩，发展空间进一步拓展。同年，乡工业功能区6家新入园企业中5家建成投产，园区产值达1亿元。2008年，全乡完成工业平台基础设施投资970万元，新增工业用地400亩。其中，乡工业功能区新增用地200亩，园区品位得到提升，绿化、硬化、亮化和管网建设得以顺利实施。

2002年，独山头昆铜羊毛衫特色工业园开发项目启动，规划总面积1800亩，首期开发500亩，基础设施建设总投资450万元；其中，湖州珍贝集团征用土地110亩，总投资3000万元，到位资金1000万元，并着手基础设施建设。2003年，特色工业园基础设施建设投入800万元，完成通路、通电、通水及排污工程四项主体工程，引进企业2家入园，总投资4500万元，羊毛衫特色园建设初见雏形。

与此同时，独山头，长林垓，钱坑桥，化家坞，上舍等7个村级工业集中区于2002年完成规划、审批等工作，2003年入园企业11家，完成村级投入1423万元。2007年，村级工业集中区中有3家企业建成投产；路西工业集中区规划调整。至2011年，村级工业集中区建设初具规模，其中路西、长林垓、上舍进展尤为明显，集聚能力进一步增强。

二、招商业绩

昆铜乡对外招商起始于20世纪90年代初。1995年，钱坑桥村引进第一家日资独资企业安吉三美竹木制品有限公司。同年，由杨建康荐引的外资独资企业安吉鑫顺竹木制品有限公司在晓墅工业园区昆铜园成立，厂区占地20余亩，总投资额538万元。

进入21世纪，乡政府坚持“生态立乡、工业强乡、产业兴乡”发展战略，引进内资企业6家、中外合资企业5家，昆铜乡的工业经济快速增长。

2005年，调整招商策略，充分调动企业招商主体积极性，“产业招商”“企业招商”“以商引商”成效明显，先后引进羊毛衫后道工序生产企业2家；中日合资企业峰晖公司在独山头落户；同年，合同利用外资、实际利用外资分别完成县下达计划的322%和235%；昆铜乡被评为安吉县2005年度招商引资工作先进集体。

2007年，实行专业招商、挂职招商、以企引商，招商引资策略，全年实到内资5700万元，完成县下达任务的190%；协议外资191万美元，完成县下达任务的127%；实到外资150.5万美元，完成县下达任务的150%。

2009年，再次调整招商策略，完善招商引资奖励办法；抽调乡干部参与招商，发挥招商顾问、招商中介、在外创业人士等连带作用。同年，独山头工业园区引进中外合资企业浙江祥丰金属制品有限公司，注册资金360万美元。全年合同外资、实到外资、实到内资分别达到360万美元、101万美元、1560万元；招商引资单项考核列全县第三。

2011—2012年，独山头工业园区先后引进浙江安吉健丰金属制品、浙江威龙泵业等有限公司，昆铜再创招商引资新业绩。

2001—2011年昆铜乡内资、外资引进实绩一览表

表13-5

年份	协议外资（万美元）	实到外资（万美元）	实到内资（万元）
2001		68	1200
2002	300		2600
2003	300		4065
2004	215	52	3300
2005	322	118	4200
2006	310	192	4600
2007	191	151	5700
2008	433	85	6900
2009	360	101	1560
2010	300	105	2720
2011		106	3001

说明：空白处为资料佚失

第五节　工业门类

20世纪80年代以前，昆铜的社队企业数量少，大多是利用当地原料生产粗加工产品，技术含量不高。1984年开始，个私企业迅速发展，产品品种增加，产品的技术含量不断提高。到20世纪末，全乡工业企业增至200余家，产品品种增至数千种。进入21世纪，昆铜乡工业企业分为九类。

一、纺织

昆铜在历史上有养蚕缫土丝的家庭手工业，但都为小规模作坊。富人有剥茧绷丝绵制棉衣、棉裤、丝棉被的习俗，多余的茧和丝卖到外地，也有商人上门收购，远销外地。中华人民共和国成立初期，政府注重粮食生产，缫丝一度绝迹。农业集体化以后，种桑养蚕和种棉花逐渐恢复，但大多是为了出售。改革开放后，昆铜乡逐渐兴起纺织业。

2000年前后，全乡形成创办纺织企业热，真丝织品、化纤织品企业发展到数百家，但是大多势单力薄，科技含量低。喷水织机等新设备崛起后，多数企业歇业。只有十多家麻纺织企业通过更新设备，开发化纤、弹力丝加工等产品，使企业得以发展。

2012年，全乡有纺织厂（包括麻纺织）6家，有职工227人，年产值12180万元；有化纤厂4家，职工30人，年产值2400万元。

蚕丝、化纤纺织厂　1992年，江铭新、吕连根合伙创办江家边绸厂，总投资额200余万元，置有经车2台、捻丝车16台、织机20余台、摇纡车2台，有职工35人；向安吉丝厂购进白厂丝，织造丝绸围巾，年产值300余万元，创税利30余万元。1995年，全乡有个体和民营化纤纺织企业60余

家，共有织机260余台，少数企业拥有纺织的前道车间设备。同年，白厂丝价格上涨，大多改为生产乔其纱和化纤布。1998年，乡村纺织行业逐步失去竞争力，蚕丝、化纤纺织厂逐步歇业。

化学纤维厂 1984年长林村王开源发起，由村集体与县乡镇企业局合资创办安吉合成纤维厂，总投资额近300万元。1994年有职工50余人，年生产丙纶长丝200吨，产值3800万元，创税利400万元。1998年由于人员变动和管理体制等因素，企业亏损，资产抵押给农行，农行拍卖给程锦良、徐惠明等人，成为民营企业。一年后，又新办一家化纤厂，二厂合并，取名为锦程化纤厂。2010年有职工15人，年产值1000余万元，创税利70余万元。

1999年，管城村郑继学等人合伙创办一家化纤厂，有职工7人，年产值300余万元。2006年，盛鸣昌等人在独山头村创办化纤丝厂，有职工6人，年产值300万元。2012年，年产值400余万元，创税利30余万元。

麻纺织厂 1985年，凌春宝、叶柏荣、叶尚楠等人合伙创办麻纺织厂，不久散伙分办。由于大型企业浙江麻纺织厂在改革开放中倒闭，小麻织企业应运而生。产品有毛纺、装饰布、屏风布、箱包布等。1992年，昆铜乡政府与路西村联办安吉第一麻纺织厂。但由于管理体制不顺，于1996年倒闭，2000年拍卖。由于销售市场一度看好，麻织企业一哄而上，结果大部分企业停产。到2005年，全乡20家麻织厂只存6家。至2010年，安吉青云麻纺织厂和振兴联麻纺织公司进行产品更新换代，生产黄麻布、麻袋、黄麻凹凸布、黄麻色织布、黄麻卷、网、片、袋、腹膜麻布、黄麻细密布、食品袋、环保专用布等30多个品种，在国际市场上占领了一席之地。2012年，两厂年产值均在2000万～3000万元之间，均创税利300万元左右。

无纺布与纺麻布厂 2010年，上舍村杨仁人创办腾越纺织厂，拥有织机16台及配套设施，有职工50余人。生产丙纶长丝、空变纱系列和转椅面料、沙发布、纺麻布、丙纶麻布、箱包面料、装饰系列用布、屏风用布等。还生产6股、12股、8股、16股和各种帐篷用绳、手拎袋绳、窗帘拉绳和纺麻布。2012年，产量3000吨，产值2000余万元，创税利200余万元。

弹力丝加工厂 1998年，长林村张家勇创办弹力丝加工厂，有职工5人。生产化学纤维弹力丝，年产值200余万元。2012年有职工7人，年产值300万元。

2010年，长林村洪彩莲与路西村李荣美在费家塘合办一家加弹厂，2012年有职工8人，年产值300余万元。

二、服装加工

绣花、针织厂 1980年，在长林大队插队落户的上海知青王开源牵头创办大队绣花厂，1981年又创办长林针织厂，并任厂长。改革开放后，长林村、大路口村的村民都千方百计地筹资购买针织横机，到桐乡濮院等地拓展加工业务。1987年，长林村徐彩莲购置4台横机起家，1994年与上海17羊毛衫厂合作，成立申安羊毛衫厂，有100多台横机。1998年，又与湖州织里珍贝集团合作；2003年又与织里珍贝联营，创立昆铜珍贝羊毛衫园，引进内资500万元，拥有横机300多台，招收家庭妇女300多名。21世纪初，全乡有各类羊毛衫厂100多家，有3000多名农村妇女就业。规模较大的有雪绒制衣厂等。由于小羊毛衫厂科技含量低，无力竞争，2008年全乡羊毛衫厂减至50余家，妇女就业2000余人。2010年前后纷纷歇业。

服装厂　1992年，独山头村李百成等人建办服装厂，购进布料加工成衣，由于经验不足，两年后歇业。

2003年前后，乡政府引进顶森服饰厂，厂区占地50余亩，有职工380人，生产男女服装，年产值5000万元，创税利400万元。2012年有职工近600人，年产值6500万元，创税利450万元。

三、造纸、纸箱加工

坑边纸作坊　抗日战争时期，有富阳人合伙在江家边、银山溪建办造纸小作坊，用稻草打浆，手工制作坑边纸。后来，有5户富阳人定居在江家边。1956—1957年，定居的富阳人又开办造纸作坊，直到公社化时歇业。

纸箱加工厂　2000年前后，独山头村徐小强建办纸箱加工厂。随后，管城村李振华创办包装材料厂。2012年，潘家上村张磊在路西村委会旁开办纸箱厂，以县内瓦楞纸厂的纸板为原料，根据用户要求进行压折枪钉而成纸箱产品。2012年，两家纸箱厂共有工人10人，年产值近200万元。

四、食品加工

2012年，全乡有大型茶厂和食品加工厂共87家，有职工1208人，上年产值38916万元。

制茶厂　昆铜的制茶历史悠久，尤其是梓坊茶在本县和华东地区负有盛名。集体化时，各大队办起茶厂，采用铁锅炒，机械揉、慢火烘干。1995年后，昆铜的安吉白茶形成产业。2010年，全乡建起100多家茶叶加工厂。2012年，有茶叶加工厂80家左右，规模逐步扩大。

粮油加工厂　中华人民共和国成立初期及以前，都用水碓、脚碓加工稻谷，用木榨车榨油，用手推石磨磨粉，少有水磨。1958年，长林、江家边、钱坑桥大队办起碾米厂，用柴油机带动碾米机加工粮食。1974年，全乡通电，全部采用电动碾米机和饲料粉碎机加工。用电动钢磨磨黄豆做豆腐。原15个大队和较大的生产队都建起粮食、饲料、年糕加工厂，加工费记账，生产队在年终分红时按户扣除。生产队集体收获的菜籽到粮食部门调换食油。土地承包后，陈小荣开设菜籽榨油厂，有工人4人。全乡还有4部小榨油机，巡回到各村加工菜籽。

饮料厂　1980年，公社办起一家汽酒厂，生产汽酒和汽水。开办之初，门庭若市，随着民营经济的发展，2000年前后转为民营。不久，因产品单一而歇业。

食品厂　中华人民共和国成立初期及以前，钱坑桥有糕点糖果小作坊。1980年，公社工办创建糖果糕点厂，生产饴糖、奶糕、雪饼、麻饼、酥糖、麻片、寸金糖、光豆酥、绿豆糕、月饼、牛皮糖等传统茶食产品，冷饮品有棒冰、雪糕等。1990年后，管城村郭水林、潘家上村卢美萍各开办一家食品加工作坊，生产传统的茶食糕点和时令食品，开发一些软包装新产品。1995年，卢美萍的食品厂搬迁到递铺。2012年，郭水林的食品厂有职工5人，年产值200余万元，创利税20万元。

五、竹木加工

2012年，全乡有竹、木制品厂共98家，职工2200人，上年产值18000万元。

公社(乡)办竹制品厂 1962年，公社开办竹器厂，制作竹梯、竹柄、扁担、凉丝竿等传统农具。1976年，政府号召开发当地的竹资源，公社工办组织人员到杭州市郊的余杭县、余杭镇参观竹制鱼竿厂。当年，公社工办筹建鱼竿厂，有职工60人，年产值50万元，利税5.5万元。

1977年，昆铜公社工办创办工艺竹编厂，有职工70余人，吸收东阳县的工艺竹编技术，生产各种工艺竹编产品。产品在广交会上深受外商喜爱，工艺竹编厂发展顺利。年产值150万元，税利15万元。1978年，经县社队企业局协调，昆铜、磻溪、双舍等三个公社联办安吉县工艺竹编总厂，厂址设在昆铜乡，有各公社的管理人员和职工100人，年产值260万元，创利税25万元。

1982年，公社创办工艺鱼竿厂，有职工40人，年产值35万元，利税3.8万元。1983年，开办昆铜乡工艺竹编二厂，厂址设在梁家塘，有职工40人，年产值120万元，创税利12万元。1990年有职工100余人，产值800余万元，创利税80余万元。1990年冬转制为民营，成立春晖竹木有限公司。1991年，昆铜、磻溪、双舍三个公社联办的安吉县工艺竹编总厂转给昆铜乡，有职工120人，年产值1000余万元，创税利100万元。1995年，个私企业迅速发展，竹编厂管理人员各自外出创业，乡工艺竹编厂歇业。

民营竹制品厂 1983年后，民营企业发展较快。1990年冬，乡工艺竹编二厂转制为民营，成立春晖竹木有限公司。到1995年，全乡民营鱼竿厂发展到30多家。1998年，春晖竹木有限公司产值6270万元，创利税600余万元，并获得自营出口权，获评湖州市农业龙头企业。同年，昆铜鱼竿厂转给个人经营，后来搬迁到干溪桥村，成立吕氏渔具公司。2000年，全乡村办、民办竹制品厂有160多家，产品有竹制鱼竿、鱼竿网、鱼围栏、竹工艺品、竹餐具、竹篾丝凉席、竹麻将席、竹蒙古包、竹火炬、凉丝竿、白竹竿、青竹竿、竹篱笆、竹吧台等。2005年，市场上出现了玻璃钢鱼竿、碳塑鱼竿，竹制鱼竿因技术含量和价值较低而多被淘汰。2010年，全乡竹制品企业产值达2亿元，职工近2000人。以后，昆铜较大规模的竹制品企业有峰晖竹艺服饰公司、三美竹木公司、胜达竹木制品公司、兴华综合厂、翠林竹木工艺厂、吕氏渔具公司、大路口工艺鱼竿厂、陈彦竹木制品厂等。2012年各厂产值都在1000万元以上，产品出口量逐年增加。其中，峰晖竹艺服饰公司有职工300余人，产值7000余万元，创利税500余万元；吕氏渔具公司有职工30余人，产值1200万元，创利税100万元。

木制品厂 1974年，全公社通电，公社办起锯板厂，生产脚踏打稻机、电动打稻机、秧凳、木耥耙、啤酒箱、锁厂用的锁匣等。部分村办起园木加工厂，部分村建起锯板厂。改革开放后，昆铜有春晖竹木公司和海盛竹木工艺厂，生产杉木木桩，产品出口海外。2008年后，因木材控制严格，木桩停产。2000年后，昆铜有欧阳根喜的木架厂、施东东的久力家具厂、盛园康的晨明木制品厂，三家厂均为大转椅厂和沙发厂生产配件，每家厂有职工8～10人，年产值200万～300万元不等。诸家边有陈志敏的木材厂，生产火炬瓶盖，根据需求量而定制。1995年，梓坊村凌晨煜、凌晨炬、凌谷亮分别创办木制品厂，厂址设在溪龙乡，三厂共有职工25人，生产沙发、转椅的木制构件。2012年，各厂都有职工10余人，产值都在500万元左右。

六、建材

砖瓦窑　中华人民共和国成立前后，多数村建有鳖壳窑，烧窑工匠大多是台州、温州人。1958年，公社集体在江家边建鸡笼窑，称为砖瓦厂，建起职工宿舍，招收匠人职工18人。手工制作砖瓦丕，烧熟后用烂泥封顶，灌水闷灭，成为青砖瓦，耐冰冻不分化，年产值3.5万元。1961年，体制下放，砖瓦窑转给合力大队，部分温州匠人也同时转到合力大队。此后，各村均建窑烧砖瓦。1981年开始，村民建房改用煤烧平瓦或琉璃瓦，砖头改用轮窑烧制的红砖。各村的小窑厂逐步停办。

石灰窑　1972年，江家边生产队建起一座石灰窑。从长兴韦山村采购石灰石烧制石灰。1976年，蒲芦坞生产队也开设石灰窑，利用当地薪柴烧制石灰，每窑产值2000元，获利300元。1977年，两座石灰窑被当作资本主义批判，收归合力大队经营。1981年，外地的石灰窑改用烧煤，烧柴的石灰窑无力竞争而停办。

水泥制品场　1978年，安吉水泥厂投产，合力大队建办十里亭水泥预制场，主要制作五孔水泥楼板，适应了社员建造土洋房的需求。随后，五星大队也建预制场。由于水泥楼板的质量要求较高，社员们钟爱石子、粗砂水泥板而到外乡购买，当地的预制场相继停办。20世纪80年代后期，掀起建房热，各种水泥制品需要量增加，各村相继建起大小不同的水泥制品场，产品有水泥空斗砖、小水泥砖，水泥蜂窝砖，水泥天盘、房屋檐口封檐薄板等，各制作场用人较少，生产数量各有不同，无法统计。

2010年前后，潘家上村的十字路建有两家彩瓦厂，各有职工10人，年产值200多万元。2012年产值都达到300万元以上。

石料矿　1965年，建造晓钱公路的向阳桥、铜山桥、四公桥时，需用大量石块，施工队就在江家边后山、蒲芦坞庙边、四公桥旁的山体开采块石。1969年，建造独长线公路的革新桥、青山桥、安潭桥时，又在安潭桥边开矿取石。1970年，建石坞岭水库大坝时，在石门弄口开矿取石。各矿点在工程完工后即封闭，禁止继续开采。

1990年左右，陈家塘的王宝根等人经有关部门审核同意，在革新桥上游的青台坎边小山开采石块和加工石子出售。有职工10余人，置有各种钻眼、爆破、挖掘、装载和加工石子的设备。年开采量2万吨，加工各档石子0.8万吨，年产值400万元，创税利40万元。2012年后，因环保等因素而关闭，废弃的矿坑采取废渣土回填，矿区周边进行生态修复。

非金属矿产厂　1974年，公社集体创办昆铜石粉厂，生产石英砂、粉，年生产能力近万吨，有职工70人，年产值300余万元，创利税30万元。1985年前后，江铭新等人创办江家边硅粉厂、独山头联合石粉厂、化家坞石英粉厂。1994年，公社集体办的昆铜石粉厂转为民营企业。2000年前后有3家歇业，仅剩江家边硅粉厂1家。2003年，江康创办康和石英粉厂，有职工7人，年产值

400余万元，创利税40万元。2010年，江家边硅粉厂改名为华明石英粉厂。2012年，昆铜乡尚有华明与康和两家石英粉厂。其中，华明石英粉厂年产值200余万元，创利税20余万元；康和石英粉厂年产值500余万元，创利税50余万元。

七、机械冶炼五金

机械厂　1974年，昆铜通电后，公社农具厂增设小型车床2台、钻床1台和其他辅助设备，扩大农机维修项目，聘请人员修理手扶拖拉机，四轮机动车和汽车等。当时，姚良大队有3辆大型拖拉机、1辆手扶拖拉机和其他各种加工机械，聘请专职维修人员维修保养，称农机维修站。以后，各大队也相继办起农机维修站。土地承包到户后，公社农机厂和各大队的农机维修站相继转给个人。1984年，陈志平创办志平矿山机械制造厂，有刨床、车床、铣床、钻床等精加工设备和辅助设备，制造矿石破碎机，矿山机械部件。上舍杨立明创办宏虹锚链厂，孙其峰创办五金机械配件修理厂，均接收机械修理、配件加工业务。2011年，乡政府引进浙江威龙泵业有限公司，于2012年投产，有职工80人，其中技术人员12人，主要生产水泵、离心泵、柱塞泵、滑片泵、转子泵、齿轮泵、滑片式空气压缩机及环境设备，年产值4500万元，创利税400万元。2012年，志平矿山机械制造厂有职工30余人，产值2000万～3000万元，创利税300余万元。

冶炼厂　1985年，陈志平创办张家山铸钢厂，1996年改名志平矿山机械铸造厂，置有250公斤、半吨、1吨中频电炉，有多条铸造生产线。利用废钢，生产铸钢产品。有职工10余人，年生产铸钢件600余吨。1993年，路西村江跃生创办生铁翻砂厂，职工6人，有冲天炉1台，年产值70万元，创利税7万元。2003年停产歇业。2012年，志平矿山机械铸造厂年产值3600余万元，创利税500余万元。

五金加工厂　1984年，杨立信兄弟五人创办上舍长虹锚链厂，生产长虹牌锚链。1998年产值3000万元。同年，搬入晓墅工业区，有职工100余人，2002年产值增至6000余万元。2007年搬迁到天子湖工业区，生产上规模。2012年，有职工200余人，产品远销国内各省和国外多个国家，年产值2亿余元，上缴税金1000余万元。

1990年，杨立明创办上舍宏虹锚链厂，有职工20人，生产锚链，2012年产值600余万元，创利税50余万元，由于多种原因于同年歇业。2000年，路西村江利勇创办浦盛五金制品厂，生产万向轮的金属横销等。2012年有职工10人，年产值500万元，创利税50万元。1995年，叶星芳创办月星五金塑料制品厂，生产万向轮横销等。2012年有职工10人，年产值350万元，创利税35万元。2012年，江康创办康珲五金制品厂，生产各种转椅金属脚，有职工42人，年产值1500万元。

金属制品厂　1990年前后，李永国建办的安吉紫梅竹木工艺品厂，有1个塑料胶质电线车间。2012年有职工5人，年产值150余万元，创利税15万元。厂址在钱坑桥村，创办较早，但发展缓慢。

2009年，梅溪镇独山头工业区引进浙江祥丰金属制品有限公司，有职工200人，生产搪瓷产品，年产值8000余万元，创利税800万～1000万元。2011年，梅溪镇独山头工业区引进浙江安吉健丰金属制品有限公司，2012年有职工150余人，生产搪瓷产品，年产值7000余万元，创利税510万元。

八、家具及塑料制品

家具厂 2006年，姚仲民创办胜达竹木家具公司，厂址在独山头，有职工103人，2012年产值3000万元，创利税400万元。丁庆行的易庆家具厂，厂址在独山头，有职工30人，2012年产值1000余万元，创利税100余万元。赵继琴的华之源家具有限公司在闽头山，有职工30人，2012年产值1000万元，创利税100万元。2010年，陈红富在苏州的家具厂搬回安吉，有职工10人，2012年产值300万元，创利税30万元。

塑料制品厂 1990年前后，路西村凌云、陈志芳创办塑料制品厂。后有凌小斌、凌超、吕生明、王传法、曹金来、江乐茂、林伟伟、叶德宝、施明华、刘小华、江朝宗等户，独山头的叶志龙、叶丹、黄米金，梅坞村的李茂华等户相继办起塑料制品厂，生产转椅五星脚、套、万向轮、扶手等配件。2011年，全乡有塑料制品厂21家，职工219人，产值13200万元。其中，年产值2000万元以上的厂家有江朝宗、施明华、叶志龙、黄米金等户。除江海华塑藤片厂年产值100余万元外，其余均在500万～1000万元之间。

塑料造粒厂 2003年和2005年，路西村的钟柏林和独山头村的王雪勇先后创建塑料造粒厂。利用外地城乡接合部废旧物资回收站点拆解粉碎的废旧塑料，通过高温加热拉丝晾干后切成粒子，供给各塑料配件厂作为注塑配件的原料。2012年，两厂各有职工7～10人，年产值500万～600万元，利税50万～60万元。

九、医用器材

1996年，三山村李文虎创办安吉吉祥医疗用品公司；2007年创办安吉鑫潘公司，生产一次性医用塑料的医用绷带，有职工100余人，年产值1亿余元，创利税1000余万元。

第六节 规模以上企业

一、规上企业

1. **年销售收入500万元以上规模企业** 2007年，全乡年销售收入500万元以上规模企业共有25家。

2007年昆铜乡年销售收入500万元以上规模企业一览表

表13-6

企业名称	厂址	企业户主
安吉中鸣丝织厂	独山头工业区	魏一鸣
湖州竹安羊毛绒制品有限公司	独山头工业区	徐彩莲
浙江安吉峰晖竹艺服饰有限公司	独山头工业区	梁瑞荣

续表13-6

企业名称	厂址	企业户主
安吉翠林竹木工艺制品厂	独山头村	朱玉忠
安吉华瑞木艺厂	独山头村	赵继琴
安吉春欣塑料制品有限公司	独山头村陆家村	叶志龙
湖州市志平矿山机械制造厂	独山头村工业区	陈志平
安吉怡成竹木工艺品厂	独山头村梁家塘	朱玉成
安吉盛源竹木工艺制品厂	独山头村	李红菊
安吉陈彦竹木制品厂	独山头村	陈　彦
安吉海盛竹木工艺厂	独山头村	马汉军
安吉吕氏渔具有限公司	干溪桥村	吕连根
安吉县正兴联麻纺织有限公司	路西村	叶根山
安吉宏虹锚链厂	上舍村	杨立明
安吉杰安竹木制品工艺厂	上舍村	朱永杰
安吉群丰竹木工艺品厂	上舍村	丁群海
安吉立安竹木工艺品厂	梓坊潘家上	范立安
安吉兴瑞竹木制品有限公司	长林村	朱永升
安吉金良竹制品厂	长林村	沈金良
安吉安昆化纤厂	长林村	杨仁人
安吉长林化纤厂	长林村	徐惠明
安吉佳源竹木制品有限公司	姚良村	姚仲民
安吉新建竹木制品厂	梅坞	王安林
安吉兴华综合厂	梅坞	姚惠峰
安吉紫梅竹木工艺品厂	钱坑桥	李永国

2. **年销售收入1000万元以上规模企业**　2010年，全乡年销售收入1000万元以上规模企业共有29家。

2010年昆铜乡年销售收入1000万元以上规模企业一览表

表13-7

企业名称	厂址	企业户主
安吉长虹制链有限公司	晓墅工业区	杨立信
安吉鑫顺竹木制品有限公司	晓墅工业区	杨建康
浙江顶森针织服饰有限公司	独山头工业区	丁普杰
安吉中鸣丝织厂	独山头工业区	魏一鸣
安吉正兴联麻纺织有限公司	路西村	叶根山
安吉陈彦竹木制品厂	独山头村	陈　彦
安吉怡成竹木工艺品厂	独山头村	朱玉成
安吉盛源竹木工艺制品厂	独山头村	李红菊

续表13-7

企业名称	厂址	企业户主
安吉海盛竹木工艺厂	独山头村	马汉军
安吉杰安竹木制品工艺厂	梓坊潘家上	朱永杰
安吉县兴华综合厂	梅坞村	姚国权
安吉腾越纺织厂	上舍村	杨仁人
安吉长林化纤厂	长林村	徐惠明
安吉胜达竹木制品有限公司	独山头村工业区	姚仲民
安吉华瑞木艺厂	独山头村工业区	赵继琴
安吉帆顺钢塑制品厂	路西村江家边	江乐茂
浙江博俨椅业有限公司	路西村江家边	江朝宗
安吉香涞五金塑料制品厂	路西村江家边	曹金来
安吉宏虹锚链厂	上舍村	杨立民
浙江安吉峰晖竹艺服饰有限公司	独山头工业区	梁瑞荣
安吉县翠林竹木工艺品厂	独山头村	朱玉忠
安吉三丰竹木制品有限公司	长林村	陈法荣
安吉奥来福竹木工艺品厂	铜山村	何国海
浙江安吉三美竹木制品有限公司	钱坑桥村	肖其成
安吉春欣塑料制品有限公司	独山头村陆家村	叶志龙
安吉明瑞五金塑料制品厂	路西村	施明华
安吉竞达塑料制品厂	路西村	叶德宝
安吉吕氏渔具公司	干溪桥村	吕连根
湖州志平矿山机械制造厂	独山头工业区	陈志平

3. **年销售收入2000万元以上规模企业** 2011年，全乡年销售收入2000万元以上规模企业共有11家。

2011年昆铜乡年销售收入2000万元以上规模企业一览表

表13-8

企业名称	厂址	企业户主
安吉长虹制链有限公司	天子湖工业园	杨立信
浙江安吉峰晖竹艺服饰有限公司	独山头工业区	梁瑞荣
湖州志平矿山机械制造厂	独山头工业区	陈志平
浙江安吉三美竹木制品有限公司	钱坑桥村	肖其成
安吉胜达竹木制品有限公司	独山头村工业区	姚仲民
安吉兴华综合厂	梅坞村	姚惠峰
安吉吕氏渔具公司	干溪桥村	吕连根
安吉腾越纺织厂	上舍村	杨仁人
安吉长林化纤厂	长林村	徐惠明
安吉正兴联麻纺织有限公司	路西村	叶根山
浙江祥丰金属制品有限公司	独山头村	王如松

二、重点企业选介

浙江祥丰金属制品有限公司 为乡政府2009年引进的中外合资企业，法人代表王如松。公司坐落在独山头工业园区，占地32500平方米，其中厂房占地16000平方米，总投资60万美元，注册资金360万美元，有职工200人，其中一线工人170人，管理层30人；聘有外国优秀工程师，注重新产品开发，拥有18项专利，生产各类中高档搪瓷器皿。主要产品：咖啡壶、叫壶、单（双）手锅、大小米桶、密封罐、冰碗、口杯等。2012年产值8500万元，创利税1000万元。

浙江安吉健丰金属制品有限公司 为乡政府2011年引进的内资企业，法人代表陈小健。公司坐落在独山头工业园区，厂区占地27000平方米，其中厂房占地15000平方米，注册资金3000万元；有职工150人，其中研发人员17人。专业生产野营餐具系列，茶水壶系列和家用厨具系列搪瓷产品。产品销往美国、日本、韩国、欧洲、加拿大等30多个国家和地区。公司获"国家高新技术企业"等称号。2012年产值8000万元，创利税510万元。

浙江威龙泵业有限公司 为乡政府2012年引进的内资企业，法人代表孙家煌。坐落于独山头工业园区，厂区占地30667平方米，其中厂房占地11000平方米；注册资金3000万元。有在职员工80人，其中技术人员12人，其中高级职称人员2人。生产水泵、离心泵、柱塞泵、滑片泵、转子泵、齿轮泵、滑片式空气压缩机及环境保护设备。产品销往全国各地，2012年产值4500万元，创利税400万元。

志平矿山机械制造厂 前身为创建于1985年的安吉张家山铸钢厂，原址在晓墅上街，后迁到独山头村昆铜石粉厂旁。2007年，厂区占地26600平方米，厂房占地23000平方米，有职工40人，其中技术人员4人。拥有多项发明专利，是集研发、设计、生产制造、销售为一体的高新技术企业。2012年销售额3000多万元，创利税500万元。

安吉长虹锚链制造有限公司 前身为创办于1984年的安吉长虹锚链厂。1999年改现名，公司资产14600万元，有员工260多人，其中工程师2人，中高级技术人员10多人。采用自动化设备，国际先进的焊接技术，专业生产国际标准园环链条。1991年注册"长虹牌"商标。1998年，企业从昆铜乡上舍村搬迁至晓墅。2007年迁至安吉天子湖现代工业园，占地160亩。2012年销售收入2.6亿元，上缴税860万元。被评为市县科技创新企业、省级高新技术企业。

浙江峰晖竹艺服饰有限公司 前身为创办于1990年的安吉春晖竹木业有限公司，公司利用当地竹类资源，开发竹木产品和工艺制品，产品远销东南亚及世界各地。1998年总产值6270万元，1999年外贸交货值2000多万元，实现利润300万元，创税收310万元。进入21世纪，获得外贸自行出口权，年出口创汇100万美元。

2005年迁到独山头，更名为峰晖公司，为中日合资企业。有标准厂房6000多平方米，有职工200多人，其中技术人员27人，管理人员33人；有市级新产品研发部1个，产品有家庭日用品、竹编制品、竹木餐厨用具、庭院制品、竹纤维制品、竹木建材和竹炭制品等八大类数千个品种，全为绿色天然环保产品，2012年产值6000万元，创利税450万元。获评省、市农业科技企业，市重点农业龙头企业。

安吉三美竹木制品有限公司　位于钱坑桥村，创办于1995年，为日资独资企业。公司厂区占地20余亩，有10000多平方米的标准厂房；有职工100余人，其中专业研发人员5人。年生产绿色天然环保产品——竹火炬700多万支，远销美国、加拿大、德国、英国、澳大利亚等国家。为国内最大的竹火炬出口商之一。2012年产值4500万元，创利税600万元。

安吉胜达竹木制品有限公司　位于姚良村，前身为成立于1994年的安吉县佳源竹木制品有限公司。2006年由外商注入资金，成立胜达公司。占地面积20000平方米，有职工103人，其中研发人员15人；为集设计、生产、销售、服务一体的综合性家具公司.有数十台先进的加工机床，生产各种竹木家具、花园制品、室内家具、餐椅、转椅和其他休闲家具用品。产品远销南美、中非、澳大利亚、美国、意大利等国家，2006年获得自营出口权。2012年产值3600万元，创利税600万元。

安吉县兴华综合厂　创办于1992年，厂区占地4000平方米，有职工40人，其中技术工人15人。生产青竹、白竹、火炬、竹篮等竹制品。2000年引进国外的先进注塑机，生产各种规格的中高档转椅配件。2012年产值2500万元，创利税300万元。

安吉正兴联麻纺织有限公司　位于路西村，前身为安吉第一麻纺织厂。2000年成立公司，厂区占地9800平方米，厂房6000平方米，注册资金100万元。有职工42人，生产各类装饰布料、粗麻布、黄麻胚布、布卷、麻绳、麻袋、黄麻短纤、土壤袋、烟包布、礼品袋、咖啡袋等。2012年产值2200万元，创利税250万元。

安吉青云麻纺织厂　位于昆铜独山头村。创办于1998年，2012年有职工80余人，其中有新产品研发技术人员4人，以先进的生产设备和工艺，生产黄麻布、黄麻袋、黄麻凹凸布、黄麻色织布、黄麻卷、网、片、袋、粗麻布、腹膜麻布、黄麻细密布、食品包装袋、环保板材专用布、染色细密布、染色贴胶烧毛黄麻布等30余个品种。产品出口欧美数十个国家，年产值3000万元，创利税270万元。2013年搬迁到晓墅工业园，厂区占地8800平方米，总投资4000余万元。

安吉申安羊毛衫厂　创办于1987年，原属个体，以4台针织横机起家。1990年与上海17羊毛衫厂合作，成立申安羊毛衫厂，有100余台横机。1998年与湖州珍贝集团合作。2003年与珍贝集团联营，成立珍贝竹安羊绒制品有限公司。同时投资500万元，创办昆铜羊毛衫工业园，占地50亩，引进内资企业入驻，有针织横机300余台，挡车工300余人，带动了乡内众多羊毛衫企业和家庭加工户。2008年，被县个民协会、工商联列为农村劳动力转移示范单位。2012年产值800万元，创利税100万元。

安吉鑫顺竹木制品有限公司　坐落于晓墅工业园区昆铜园。创办于1995年，为杨建康荐引的外资独资企业。总投资额538万元。厂区占地20余亩，其中厂房占地9000余平方米。有职工70余名，其中技术人员20名，另有外加工人员150余名。公司有新型发明、外观等专利100多项；产品有竹家具、竹工艺品、竹旅游产品等数十个品种。产品销往日本、美国、欧洲、澳大利亚等国家和中国台湾地区。2012年产值1500万元，创利税150万元。

安吉翠林竹木工艺厂　坐落在独山头村。创办于1994年，总投资600万元。厂区占地20

亩，其中厂房占地8619平方米；有职工100余人，其中技术人员20人，主要生产出口的竹木工艺玩具、竹编工艺品、园艺木制品等。2012年，产值1000万元，创利税100余万元。

吕氏渔具有限公司 前身为1974年创办的昆铜公社鱼竿厂。1998年转制重组，迁至干溪桥村，总投资250万元，厂区占地10亩，其中厂房占地2800平方米。有职工近百人，其中技术人员15人。主要生产竹制休闲旅游用品、沙滩围栏和各种工艺制品。2012年，产值1000余万元，创利税100余万元。

安吉锦程化纤厂 前身为安吉合成纤维厂，2000年前后歇业，后经拍卖成立锦程化纤厂，属股份制企业。厂区占地4亩多，厂房2000余平方米，有职工10余人，其中技术人员3人；主要产品为丙纶化纤丝等，2012年产值1000余万元，创利税70余万元。

安吉腾越纺织厂 位于独山头村闽头山工业区。前身为杨仁人等人合资于1999年在长林垓村创办的安昆纤维厂。2005年迁址上舍村工业长廊。厂区占地12亩，厂房5000平方米，总投资600余万元；有职工50人，其中技术人员6人，生产纺化纤丝、织化纤布、无纺布；产品销往绍兴、慈溪等地的轻纺市场。2012年产值2000余万元，创利税200余万元。

浙江安吉博俨椅业有限公司 2008年招商引资落户路西村江家边的企业。总投资580万元，厂区占地17亩，厂房占地4000平方米，有职工30余人，拥有6项专利。主要生产椅业塑料配件及五金配件，产品远销东南亚、欧美等多个国家，2012年产值3000余万元，创利税300万元。

安吉明瑞五金塑料制品厂 坐落于路西村，创办于2000年。总投资500余万元，厂区占地15亩，厂房占地5000余平方米，有职工30余人，主要为转椅企业生产塑料配件和小五金产品。2012年产值2500余万元，创利税200万元。

第七节 财 税

一、财税管理

民国时期，晓墅设财税所，负责征收田赋、山林资源赋、房捐，农业税按照田亩面积缴纳稻谷，俗称“完粮”。中华人民共和国成立初期，昆铜区域的税收由晓墅财税所（曾先后改称晓墅财政所、办事处、财政税务所）管辖、征收；房捐取消，特产税按销售金额比率缴纳，农业税称缴公粮，手工业者、私商核定基数，按月缴纳。1958年建立人民公社，撤销乡财政，公社收支由县财政预算管理。县财税局在昆铜公社设税务专管组，农业税由集体缴纳；山货都出售给供销社，特产税由供销社代扣代缴；手工业社、社办企业按会计报表中的“应纳税金”数据缴纳。

1983年，实行农田承包责任制，仍按田亩基数缴公粮。昆铜人多田少，历来是缺粮区，公粮以稻谷换算成金额缴纳现金。1986年，县财政对乡财政实行超收分成制度。1997年，国税、地税分设，分别由梅溪国税所、晓墅地税分局管辖征收。随着私营工商业的逐步发展，税收管理制度逐步建立和完善。

二、财税来源

民国初期主要税源为田赋，田赋分为地丁和抵补金两种。民国12年（1923），每亩水田交税0.634元；每亩旱地交税0.614元。同时，带征建设特捐、建设附捐、水利经费、特捐、教育附捐、救济院经费、治虫经费、征收公费、农民飞机捐等近十种附捐，每元田赋税下共增加1.991元。民国24年（1935），再增加保卫团亩捐0.10元、区公所经费亩捐0.04元、公路建设亩捐0.10元、教育亩捐0.40元。另外还有营业税、屠宰税、牙行营业税等。

中华人民共和国成立初期，主要为农业税、农林特产税、手工业税、商业营业税。

1958年成立人民公社以后，社队企业产品税逐步增加。20世纪70年代，昆铜的财税收入仍以农业税、特产税为主，年财政收入不到40万元，多年变化不大。

20世纪80年代以后，商业营业税和企业产品税、增值税、所得税逐步增加。1996年开始，国家减免部分农业税。2002年取消农、林特产税，2005年取消农业税。20世纪90年代，昆铜乡民营经济发展，昆铜乡年财政收入800万元左右。2000年增至1100万元。2011年达到3657万元。

1983—2011年昆铜乡工农业总产值、财政总收入一览表

表13-9　　单位：万元

年度	工农业总产值			乡财政总收入
	合计	工业	农业	
1983	915	124	791	
1984	890	203	687	
1985	992			44.4
1986	1300	544	756	71.5
1987	1786	1291	495	85.7
1988	2553	1837	716	143.7
1989	2456	1663	793	183.2
1990	3255			169.6
1991	4104			
1992	5327			161
1993	7524	5497	2027	211
1994				
1995	22321	20000	2321	287
1996				
1997				
1998	46682	44000	2682	488.4
1999	55730	52880	2850	550
2000				
2001	68185	65000	3185	889.5

续表13-9

年度	工农业总产值			乡财政总收入
	合计	工业	农业	
2002	78600			864.3
2003	96430	93130	3300	895.4
2004	113430	109800	3630	539.5
2005	134000			1300
2006	134000			1340
2007	166000	158600	7400	1700
2008	180930	173000	7930	2220
2009	174000			2426
2010	182000			3140
2011	184000			3657

说明:表中空白处为资料佚失

第八节　集体与私营商业

一、供销合作社

1. 沿革

铜山供销社于1951年2月成立,商店设在晓墅镇上街,有社干6人,主任为梅如福。昆山供销社于1951年7月成立,设在晓墅下街,有社干3人,主任为施阿堂。1951年8月,为摆脱资本家对农民的剥削,吸收农户入股,每股15000元人民币(旧币,1955年10000元兑换1元新币),入股即为社员。供销合作社设有粮油站、生活资料店、生产资料店、农副产品收购站,挑选当地识字的人员参加管理,挑选思想好的农民任购销员。入股社员可以优先购买国家平价物资,摆脱私营商店的高价盘剥,并按股金每年得到分红。国家很快控制了人民生活必需品的分配权、定价权,供销社的商品比私营商店多得多,所以农户都积极入股,并乐意到供销社商店购物,私营商店逐渐被冷落。供销合作社还开设信用部,社员可存钱、可贷款。两乡供销社很快占领全乡的商业阵地。此时,供销社的体制为集体所有制。1953年8月,昆山、铜山两供销社合并为昆铜供销社,主任为林清喜。

1954年,信用部从供销社分出。1955年1月,昆铜供销社与晓东供销社合并。同年,国家对资本家进行社会主义改造,实行公私合营政策,昆铜两乡的私营商店组成合作商店,自主经营,委托乡供销社领导。供销社在各行政村都设有代购代销店,方便山区社员。商店的商品全部明码标价,平价供应,老少无欺,购货人无须还价,放心购买,久之成为习惯,一直延续到20世纪末。

1956年,昆山、铜山两乡合并,成立昆铜乡供销合作社,办公室设在晓墅,采购商店设在晓墅码头附近，各村增设集市网点；同年，粮油站从供销社分出，另建昆铜乡粮油购销站，接着又改名昆铜乡粮管所，由县粮食局管辖。

1961年成立昆铜人民公社，原昆铜乡供销社改称昆铜公社供销部，体制改为全民所有制，方宝成任主任。社会主义改造中成立的合作商店并入供销部，财产作价入股，原来的职员转为供销部职工，大多分配到各行政村和大自然村开设代购代销店。以后，供销部人员逐步增加，各村增设供应和收购网点。供销部以“发展经济、保障供给”为宗旨，供应农村人民生产和生活所需的一切商品，收购品种有农副产品、禽畜产品、中药材、旧铜废铁，以及废纸、碎玻璃等废品。供销部也承担起全乡商业的管理任务。以后田士斌、罗行易等先后任主任。

2. 采购与销售

1960年，中国遭遇前所未有的经济困难，社会商品紧缺，为保证人民日常生活必需品的供应，香烟、酒、糖、肥皂、火柴、棉布、食盐、食用油等商品由政府部门按人定量发给票证，供销部凭票供应，以避免不法商人囤积涨价，保证生活必需品的价格稳定。手表、缝纫机、自行车等高档紧缺工业品、照顾困难户的棉花胎等特需商品和紧俏商品，统一分配到大队、生产队，由集体分配到户，凭票供应。独山头、长林垓、钱坑桥三个供销商店供应棉布、手表、缝纫机、自行车、化肥、农药等大宗商品兼小商品，各村代销店只供应日用小商品。各种票证一直延续使用到20世纪80年代，粮票使用到1992年年底。

1961年，贯彻中共中央“调整、巩固、充实、提高”的经济方针，公社供销部恢复集体所有制体制，复称供销社，继续承担全公社商业的管理任务。供销社按县、公社下达的计划收购毛竹、毛料、木材、生猪等大宗农副产品，并按收购额奖售一定数量的紧俏商品。老石坎纸厂建立后，还大量收购稻麦草、茅草秆、芦竹竿等造纸原料，增加了集体和社员个人收入。同时收购中药材、废旧物资和畜禽产品，为农村半劳力开拓了生产门路。是时，境内毛竹全靠昆山溪和铜山溪水放到晓墅出售，供销社支援部分资金帮助炸去溪中的岩石，疏通河道；支援修筑深山坞的双轮车路，节约出运毛竹的劳动力。

“文化大革命”期间，一度派驻“贫宣队”进供销社，实行贫下中农管理商店，一两年后即撤销。昆铜公社有独山头、钱坑桥、长林垓三个综合商店，设有棉布、百货、日用杂品、五金、农业生产资料、副食品门市部；钱坑桥设有水作坊（豆制品），各大队和较大的自然村共设有17个代销店。晓墅设有毛竹、小竹、毛料栈坊。供销社农业生产资料商店设立庄稼医院，各行政村设配药站。生产资料商店还按分配任务储存一定数量的抗洪物资，以备急需。20世纪80年代初，昆铜供销社共有职工和代销员70多人。1988年销售额470多万元，为供销合作社的鼎盛时期。

3. 改制

改革开放后，社会商品逐渐丰富，各种定量商品票证逐步取消。政府允许私人办商店作为国营商业和集体商业的补充。因为个体商业户不受财务制度约束，无须承担服务任务，所以利润丰厚而快速发展，供销社各商店的收购量和销售量逐渐萎缩。

1983年1月，供销合作社为增强实力，增金扩股，每股4元，供销社职工必须入股。同时建立晓墅经济区供销社，设昆铜、溪龙两个分社，但以分社独立核算。以后实行经营承包责任制，但仍无力与个体商业户竞争。同时，村民增加了就业门路，不再生产零星农副产品，供销社首先失去农副产品收购阵地，接着失去工业品销售阵地。1996年12月，两个分社撤销，合并到晓墅供销社，力图振兴供销合作社，但继续连年亏损。2000年，供销合作社实行转制，退还社员股金，职工买断工龄，自谋职业，各村的商店都转为私营。原有资产由部分成员入股组建股份制商业，成为商业企业的一员，名称仍冠以供销二字，但已无农民合作成分。

二、社办集体商业

1978年，中共十一届三中全会后，商品流通领域实施"计划为主，市场调节为辅"的方针，允许发展个体商业。1979年夏秋，昆铜公社工办率先向工商部门注册登记成立"地方产品供销经理部"，开办集体商店，组织班子联合上海市郊区县、苏南地区、浙北平原地区推销山货，在乡境设收购站，并在梅溪河滩设置堆场及销货点。长三角地区的基层供销社及乡村工业部门客户纷至沓来，采购生产、生活用品及工业企业必需的原材料。不久，毛蒿、柄竹、毛料等大宗农副产品也实行开放，乡经理部业务大增。改革开放后，集体商店逐步转为私营商店。

三、个体商业户

个体商业 随着山货开放，农村富余劳动力与集镇待业人员相继开办零售商业、饮食服务业。20世纪80年代中后期，乡境内出现了全民经商的热潮。20世纪90年代初，乡境内个体商业户发展到100余家，各村均有经营化肥、农药、粮食的经销店。90年代末，供销社商店转为私营商店。职工也下岗开办个体商店。私营商业占领全乡市场。进入21世纪，有数百人进入上海、杭州及周边大城市经商，经营各类五金交电及配件、日用百货、山货、茶叶、旅游产品及服务业、餐饮业等。昆铜人在上海市郊开设的丧葬用品店有上百家，成为一大特色。2006年开始，域内各商店推出开架销售的新模式，方便村民选购商品，称为小超市。长林坑、钱坑桥、独山头三个村的私营商业发展特快，粮油、医药、工业品、蔬菜、水产品、肉类、土特产等商品应有尽有。

个体行商 20世纪80年代初，昆铜各村的个体户迅速发展。在乡经理部的带动下，各农户也合伙办起多家贸易货栈，与供销社争购农副产品。继之，个体或合伙在苏南、苏北、浙北、上海市郊等地开设山货行。80年代末，全乡村民进城经商形成趋势，晓墅、梅溪及该县各乡镇经商人员达数百人，个体行商和竹加工企业都参与购销毛竹、小竹、毛料等大宗农产品。

流动商贩 商业开放初期，常有外地人背着背包穿村走巷贩卖鞋袜、衣服、纽扣、肥猪药等商品，一直持续到当地私营商业发展以后。2000年后，走村串巷卖小商品的商贩已经消失，但用摩托车、三轮车载货销售肉禽、水产、蔬菜的流动商贩大量发展。2011年，各村仍有流动叫卖水果、蔬菜、干果、食品、水产、生石灰、金属制品、竹木制品的四轮小货车。

第九节 对外贸易

20世纪70年代以前，境内无外贸工业产品。冬笋、茶叶、药材、皮毛等土特产由供销社收购，调给上级外贸公司出口。

1973年开始，昆铜公社竹制工艺品厂的产品提供给安吉县外贸公司出口。1978年，改革开放，提供外贸出口的产品迅速增加。1990年，春晖公司成立，并取得外贸自营出口权。出口产品为工艺竹制品、竹编产品、木桩等。1994年，昆铜乡工业产品参加广交会，竹木工艺品、渔具、麻纺织制品和其他转椅配件受到世界各地客户的青睐，提供外贸出口的产品大量增加。

2005年，工艺竹编厂、峰晖公司和昆铜渔具公司等单位生产的竹制花瓶、长颈瓶、金贝、琥珀球、竹鸡、菠萝瓶等工艺品，日本等外国餐用的寿丝卷、竹垫等，渔具、渔网、渔篮、竹巴台、竹书橱、蒙古堡、竹凉亭、屏风、竹沙滩围栏、竹火炬、白竹竿、青竹竿、凉丝竿、竹制精仿椅、躺椅、竹筐、竹盒、竹盘等产品获得广交会的外贸订单。

2006年，胜达竹木制品公司生产的竹木家具、花园制品、室内家具餐具、转椅等系列产品销往南美、中非、澳大利亚、美国等国家。青云麻纺织厂与正兴联麻纺织厂用黄麻生产的麻布、卷、绳、麻纤维、环保袋、装饰袋、礼品袋、咖啡袋等产品销往东亚、西亚、欧美等国家。

2006年，祥丰(浙江)金属制品有限公司，生产金属搪瓷产品系列，年出口额在7000万元以上。2012年，全乡外贸产品交货值增至2000余万美元。

第十节 信用合作社

1954年，昆铜两乡供销社信用部脱离供销社系统，另建乡信用合作社，由县农业银行管辖。乡政府动员农户入股，一元钱一股，股数不限，增强信用合作社资金实力。入股社员可以在信用社储蓄和借贷，抵制高利贷剥削，帮助因病、因灾的贫困户解决生活困难和生产急需，帮助发展农业生产，还每年分红一次。农户都积极参加。1956年两乡合并，成立昆铜乡信用合作社，刘水根为主任。实行人民公社化以后，公社设立信用社，大队设立信用站。1965年，梁应春任昆铜公社信用社主任。同年，大力宣传信用社是自己的银行，进行扩股。改革开放后，信用社根据各企业产品产销情况放贷，使企业稳定发展。1998年12月，昆铜信用社并入晓墅信用社，昆铜为分社。2003年，信用社增资重组，退还了全乡社员原有的小本股金，集资大股东，昆铜乡有多人投股。2008年3月，晓墅信用社昆铜分社成立。2009年又扩面增资，信用社改名农村商业银行，昆铜信用分社成为县农村商业银行梅溪支行的营业网点。

附：

一、旧时商贸与交流会

古代，铜山乡的钱坑桥一直是安吉、武康、埭溪之间的商贸通道。清代，钱坑桥成为县东的贸易小集镇。

抗战前，钱坑桥有120多户人家，有小型商铺数家。抗日战争时期，日本侵略者侵占县城，道路遭阻，山里人靠肩挑，骡马驮载竹、木、柴炭、竹笋、茶叶、蚕茧之类山货，到县外换回工业品，在这里转卖出去，成为县内东南战时的商品集散地。当时，食盐极为紧缺，少数村民冒险到德清洛舍贩运食盐到钱坑桥，然后转运到安城、梅溪、晓墅等地出售。

抗战胜利后，昆铜农村少有商店，吆喝鸡毛换糖的义乌人货郎担走村串户较频繁，庙会成为民间商品交流的平台。影响较大的有每年三月十三日的三泰庙会和九月初九的隐将庙会。三泰庙会一般持续三天，隐将重阳节庙会只是初八的下午到初九的上午。庙会期间，昆铜境内的各个村庄路上，香客、游人以及摊贩及流动艺人连接到晓墅中街，有的打鼓吆喝，有的沿路叫卖；也有搭置棚户设摊设点的，土特产、工艺品随处可见。

中华人民共和国成立初期，县政府组织梅溪、晓墅镇上的私商举办物资交流会，并邀请县外客商参加订货。打破了自抗战以来土特产滞销的局面。在工商业社会主义改造以后，县工商部门牵头，组织国营商业和供销社举办物资交流会，取代传统的庙会。物资交流会一般设在晓墅镇区，钱坑桥、长林垓也有小规模举办。晓墅、昆铜的商品物资交流会一般设于冬季和春季，每次3～4天。交流会带动了农副产品和土特产品销售。改革开放后，日用工业品日渐丰富，私营商业经常联合举办工业品推销会。2000年前后，还经常有家电商品巡回展销会等。进入21世纪，商业网点遍布，市场商品充裕，流通顺畅，物资交流会渐少。

二、流通货币

1．硬币

银币　即银圆，俗称银洋、白洋钿，清代开始使用。民国时期流通的银圆，有袁世凯洋（俗称大头银洋、袁大头）、孙中山洋、清代的龙洋等三种最多，墨西哥的鹰洋时有见到，英国的捌棒洋少见；民国后期，蒋介石洋（俗称船洋）占最大比例。各种银圆重量多在7～7.2钱之间，不论重量，以块计值，统称为圆。银币的辅币有：银角子、铜币、镍角子等；银角子也称小洋，面额多种，村中通用最多是双角（2角）与单角（俗称独角头）。抗战前后，12角顶1圆。

铜板　光绪年间始铸铜板，到民国，每24～25枚顶一角银币，300枚铜板可兑一块银圆。民国时全部禁止流通。

2．纸币

俗称钞票，民国时期的法定名称为法币，与银圆通用。抗日战争初期，法币与银圆等值。发行初期，法币面额最大数是10元，市面上流通的有中国银行、中央银行、交通银行、农民银行、垦业银行、实业银行等钞票。战争年代，物价飞涨，钞票面值不断增大。其间，还有国民政府发行的关金券，每1元顶法币20元，至抗战后期禁止流通。民国37年(1948)，法币贬值，又发行金圆券，300元法币换1元金圆券，2元金圆券换1元银圆，但很快贬值。至民国后期，跌价达数千倍，故有“手捏金圆券，双脚踏地蹿(蹿：即脚在地下蹬、踩，意即心急、发慌、发怒、生气。)，上街逃下街(逃：形容走得快，怕‘金圆券’捏在手里，立刻会贬值)，东西没一半”的民谣。1949年6月，金圆券全面禁止流通。

1949年夏，人民解放军进驻安吉时，人民币开始流通，1955年春发行新人民币，新人民币与旧人民币比值是1:10000。

三、民间借贷

中华人民共和国成立前的借贷形式：

平会　亦称义会，系互助性纠会。由会首邀亲朋好友十人为会友，进行集资，称会款。金额根据会首要求与会友商定，利息定得较低。一般半年聚会一次，会首归还会款，会友再交会款，收会次序由各会友自认，平会一般转满十一会为止。

合会借贷　亲朋好友纠会，也称来会，参加合会的属中产阶级人家，带有集资性质，属互助性质，一般低息或无息。合会在民国时期盛行，一直延续到中华人民共和国成立初。

通息借贷　中华人民共和国成立前后都有，分短期和长期，短期借款以10个月为期较多，利息稍高一些，在一分五厘左右，借期超过10个月称作长期，利息8厘~1分。款额较大要立字据，请人担保，或必须以土地、房屋作抵押。

高利贷款　中华人民共和国成立前曾广泛流行，形式有多种：一种是青苗债，一般只有一个月，利息10%，这是为了不误农时或是青黄不接济，急需用款才无奈借贷，月息三分以上的高利借款，乡中亦常见。另一种是以日计息，借9还10的高利贷，大多见于赌博场中。今日借明日还，名为借10元，实际当场就扣除1元利息，只付9元。也要立字据，或以土地、房屋作抵押，借款不能如期还款，以致本利相加，利上滚利，不需几多时日，抵押高利实物被抵押没收。此种高利常常造成借款人家破人亡。

抵押贷款　借款者以田、房产作抵押，债主现场察看，把抵押价压得很低，还要取保立契，借期三到五年不等，年利息二分以上，到期无力归还，抵押的田产、房屋即归债主。

典当　是以物资抵押借款的形式，典当借款的地方称当铺。旧社会，急用钱的人大多以土地、房屋等价值较高的不动产作抵押，金银首饰当价稍高，也有用丝绸衣服之类抵押的，但当价较低。借款数低于抵押物的价值，不付息，一般为五年，到期付本赎取。有的契据注明随时可赎取，但土地的赎取时间以不误农时为准。过期不赎，称作没当。社会不稳定时，流通的钞币可能泛值，则按米折币换算。旧时，昆铜高磡村曾设有当铺。清同治年间，太平军与清军、民团混战，高磡村和铜山弯村绝灭，当铺消失，民国后期还留有当店墙门。

中华人民共和国成立后，仍允许民间借贷，政府用救济等办法帮助贫困户解决生活困难。建立乡信用合作社后，群众治病，购买种苗困难，可向信用合作社借贷，私人高利贷逐步减少。昆铜境内民间借贷一般为亲朋之间互帮互助，亲朋借款，解决暂时困难，一般不计息，此种民间借款普遍流行，并一直延续。

第十四章　民间文化

昆铜地区民间文化底蕴丰厚，中华人民共和国成立前有龙灯、戏文、庙会、抛叉、舞蹈等传统节目演出。中华人民共和国成立后，社会稳定，村民生活水平提高，文化需求更加迫切。改革开放后，乡镇文化中心（文化站）、图书室、乡村大舞台、村级文化设施等公共文化服务体系建设日臻完善，文化惠民措施进一步落实。群众文化活动多元化、大型化、常态化。上舍龙舞文化、梓坊茶文化等展示馆相继建成，民间娱乐、民间故事不断发掘；传统文化得到传承，村民精神文明不断提高。

第一节　文艺宣传

一、文艺舞台

中华人民共和国成立前后，昆铜境内寺庙中有戏台4处，分别为三山秀峰寺戏台、路西村东坞土地庙戏台、钱坑桥村关帝庙戏台，隐将太平寺戏台。寺庙中的戏台多为砖木结构，面向大殿，雕梁画栋，飞檐翘角，雄伟壮观。其中东坞土地庙戏台前设有看台，戏台楼角顶层设有回音圈，起着扩音效果，“文化大革命”时倒塌。

除寺庙中的戏台外，每年秋后至次年开春前，乡间热心人士为祈求社会平安和风调雨顺，在村内广场搭建临时戏台，请外来戏班演戏，临时戏台台面由旧楼板或门板铺设，戏台顶棚则用晒谷垫覆盖。

“文化大革命”时期，各村都建有大会堂，能容纳千人。大会堂前部设有主席台，表演时主席台充当戏台或者舞台。20世纪80年代中期，各村大会堂改作他用或拆除，演出时只能在广场临时搭建戏台或舞台。

进入21世纪，各村先后建设乡村大舞台。舞台以露天为主，一般建在行政村的中心村，面积数百平方米至数千平方米不等。除供当地群众自编自演文艺节目外，兼用于各种集会。

二、文艺演出

民国期间，寺庙中的戏台和临时戏台多数演出京剧、黄梅戏、滩黄戏。抗战胜利后增加越剧等戏种。中华人民共和国成立初期，有几个村的越剧爱好者自筹资金，购置道具、戏装、乐器等设备，组织小剧团巡回演出。独山头梁家塘自然村小剧团由梁有贵、梁小才等人发起组成，演出越剧《碧玉簪》《秦相莲》等；昆一村小剧团由盛剑秋发起组织，演员有吴焕煜、张仁杰、施正泉、漏根娣、陈志安、费月华等人，演出越剧《打严嵩》《梁红玉》与《韩世忠》等；昆二村小剧团由良村的汤阿连、长林的王品成、管城的张菊林等发起组织；昆三村小剧团由上舍的章雪梅、徐云青、章月良、朱克朝等越剧爱好者发起组织。演员还有包玉香、章小丽、章文怡、朱建英、杨培英、胡文娇等。这些小剧团除在本地巡回演出外，还到长兴和平、吴兴梅峰一带义演。

"文化大革命"期间，古装戏禁演。"文化大革命"后期，部分宣传队演出《红灯记》《智取威虎山》等现代京剧片段。改革开放后，各类戏曲恢复演出。由企业主和经济宽裕的农户共同出资，邀请嵊县、富阳等地的越剧团到乡间巡演。20世纪90年代后，随着电视的普及，戏曲演出活动渐少，但文艺表演渐多。

三、宣传演出

中华人民共和国成立初期，各村组织腰鼓队和秧歌队，庆祝中华人民共和国成立和土改完成。1950—1953年，上舍、长林、三山、路西、钱坑桥、梓坊等村的腰鼓队、秧歌队，沿路串村敲腰鼓、扭秧歌，鼓励青年踊跃参加志愿军。

1965年前后，各大队共青团支部均组织宣传队，自编自演一些歌颂社会主义、歌颂毛泽东思想的说唱弹拉和舞蹈节目，在召开社员大会前演出，上舍村、钱坑桥村的宣传队尤为突出。

"文化大革命"期间，宣传队改称毛泽东思想文艺宣传队，主要宣传毛泽东思想、"文化大革命"、破四旧立四新、农业学大寨、艰苦奋斗、奋发图强等内容，表演形式有独唱、大合唱、音乐独奏、三句半、快板等。各宣传队之间经常相互交流，县、乡也经常组织汇报演出。钱坑桥村的文艺宣传队阵容较大，在肖其成的带领下曾数次代表昆铜参加县级会演和赴外地演出。上舍村的文艺宣传队学习小靳庄，宣传"一个鸡蛋看思想，一根稻草看方向"的哲学辩证法，在当地非常有名，《浙江日报》曾刊登报道。改革开放后，乡村文化演出活动多以县文化下乡活动代替。进入21世纪，群众自编自演的歌舞节目、非物质文化展示等宣传活动日益丰富。

第二节　图书室与文化展示馆

1990年前后，乡政府文化站建有图书室，藏书数百册，内设成人阅览室和少儿阅览室，乡政府配备专业人员进行管理。进入21世纪后，设有电子阅览。1999年开始创建浙江省东海文化明珠工程，经过几年努力，于2004年通过省文化厅验收，并于2009年获得省先进乡(镇)称号。

2010年前后，各村利用文化礼堂设置图书室。70%的行政村还建有农家书屋，为农村青少年提供农业科技书籍和科普资料。许多农户将书本上的专业技术运用到实践中。

2009年，上舍村创建龙舞文化展示馆，主要展示竹叶龙等各种龙舞道具，介绍舞龙艺术。2010年，上舍村推出抗日战争纪念馆，介绍抗战时期嘉兴、湖州五个县政府迁驻该村，并创办《吴兴日报》、"吴安联中"等情况；梓坊村创建茶文化展示馆，主要展示茶之情、茶之秀、茶之音，弘扬当地的梓坊茶和安吉白茶。还有蚕桑文化展示馆展示种桑、养蚕、采茧、缫丝、纺织全过程。2011年，路西村创建文史资料、农耕实物陈列室，介绍当地古代人文遗存和革命烈士以及革命斗争故事。2012年，钱坑桥、管城村都建有文化礼堂，展示本村的村史村情、各姓氏家谱、家风家训家规、学子业绩，创业者的经历成就，当地的风俗，民间故事和村干部任职情况等。

第三节　民间艺术

一、上舍化龙灯

起源于清嘉庆年间，一位姓朱的老艺人融龙灯和花灯为一体，制作出一种以"化"为特色的龙灯，取名"化龙灯"。清末，上舍村艺人杨九龄对传统花龙灯进行改进。龙灯用竹片竹篾扎制而成，外糊纸。平时是十一盏花灯，其中一盏聚宝盆灯、九盏荷花灯、一盏蝙蝠灯和一盏寿桃灯。聚宝盆灯绘成龙头状，蝙蝠灯绘成龙尾状，荷花灯的花瓣绘成龙鳞状。每盏灯都中空，可插蜡烛。表演时可分可合，分散时是十二盏花灯，集合时就连接成一条龙，聚宝盆灯为龙头，蝙蝠灯为龙尾，九盏荷花灯为龙身；寿桃灯则为引领龙舞的明珠。以可合可分而取名化龙灯。1957年，上舍化龙灯参加"浙江省第二届民间音乐舞蹈观摩大会"表演。后来，化龙灯被长兴县林城一带模仿改编为"百叶龙"。"文化大革命"期间，化龙灯演出中断。1991年，湖州市举行"丝绸文化节"时，上舍化龙灯复出，并走出国门参加世界青年联欢节演出。2007年6月，上舍化龙灯被浙江省人民政府列入第二批省级非物质文化遗产名录。2008年1月，上舍化龙灯传承人杨森芳被评为第一批省级"非遗"项目传承人。

二、上舍竹叶龙

清光绪年间，上舍人杨柳春在"化龙灯"的基础上进行改进，用布代替纸。九盏荷花灯改为九节竹笋灯，覆以箬叶作龙鳞；聚宝盆灯龙头和蝙蝠灯龙尾绘成青色。表演形式仍同化龙灯，分时是九盏竹笋灯、一盏龙头灯、一盏龙尾灯，以走阵势为主，有双圈阵、四角阵、篱笆阵、剪刀阵等阵势；合时，连接成一条以竹叶为龙鳞的青色竹叶龙。舞动时有翠竹交映、山姑献笋、笋灯绕竹、竹海成龙、龙拜四方等阵势和滚竹龙、慢身龙、跳龙珠、罗汉龙、跪地龙、跳竹节、躺地龙等形态。在挨户表演时有"进门笋灯，出门龙灯"的精彩变化。至此，化龙灯以竹叶龙的面貌展现。竹叶龙技艺通过家族式的传承方式代代相传，到杨榴芳这一代打破"不传外姓人"的规矩，传给了胡启华、朱承高。2008年，"竹叶龙"参加中央电视台4套《同乐五洲》栏目表演，并参加江浙沪舞龙大赛，获优胜奖。同年，北京奥运会开幕前，"竹叶龙"参加北京城市文化广场演出。2009年6月22日，"上舍竹叶龙"被浙江省人民政府列入第三批省级非物质文化遗产名录；7月7—23日，应邀赴法国参加第三十七届和平艺术节展演；11月，上舍竹叶龙传承人胡启华被评为第三批省级"非遗"项目传承人。

三、梁家塘羊龙与花灯

梁家塘羊龙与花灯一般在正月初一开始出灯，走村挨户表演，也参加集会和庙会表演，直到二月初二停止。

梁家塘羊龙与花灯在元代传入，至今有700多年的历史。羊龙的龙骨用毛竹片、竹篾扎制而成。龙身为17~19节横着的圆筒形灯笼，尾像鱼尾，龙头威武，角呈羊角状，故称羊龙；各节灯笼按一米左右的距离排列，用黄布或红绿布连接成龙身，并画以龙鳞。另有圆球形灯一个为龙珠。龙身的每节灯笼可插蜡烛，夜间舞龙前点燃蜡烛。每节灯笼有一根约两米长的木柄，舞龙人手持木柄舞动龙身。

明朝中期由苏北移民传入，至今已有400余年，清代盛行，后逐渐冷落，中华人民共和国成立初期曾有表演，公社化后消失。花灯内骨用篾丝扎成，外面糊纸、绘花，内可插蜡烛，二十盏灯为一组。表演时由分成两排的四盏盒子灯开路，其余十六盏花灯穿插流动，四个马夫牵扯四匹马灯随后，十六个男人各背一个5～6岁的儿童嬉戏。

进入21世纪，梁家塘羊龙与花灯被列为昆铜乡非物质文化遗产项目。传承人为梁家塘自然村的梁阿宝传给梁子文、梁元贵、梁世文，再传至梁应义、梁昶昌、梁昶朝、梁昶进。

四、俞芝岭黄龙灯

俞芝岭自然村的黄龙灯已有200余年历史，盛行于清末至民国年间，中华人民共和国成立后继续传承，“文化大革命”期间中断，1978年恢复。

传说有一年，钱坑桥一带山区干旱严重，农历六月的一天，村民扎制一条黄龙，前往俞芝岭后山的深潭边，烧香点烛，敲锣打鼓，舞黄龙祈求龙王降雨。下午，果然天空乌云四起，降下了倾盆大雨。以后，当地村民每年正月都要舞黄龙祈求风调雨顺。

俞芝岭黄龙灯共15节，每节长1.5米左右，扎制方法与梁家塘羊龙与花灯基本相同，只是龙头各异。15位身穿黄衣服、扎红头巾、系红腰带的壮汉各举一节，随着锣鼓声的轻重快慢，运用翻、伸、跳、跑、滚等技巧表演黄龙入阵、参拜四访、黄龙盘颈、黄龙盘柱、黄龙翻身、黄龙戏珠、黄龙戏水、黄龙搔痒、龙盘谷仓等动作，以显示其灵性。

传承人为：范阿胖传至唐黄桂，唐黄桂传至范志荣；李太成传至方兵。21世纪初，因经费和舞龙人员缺乏等原因停舞。

五、长大人

为竹篾丝和竹片扎成高一丈左右的人物形状灯，外面糊红、黑、黄色纸或布料，中空，可点燃蜡烛。演出时，六个脸色不相同的长大人组成一队：第一个黄衣服黄脸的开路先锋称黄财神，第二个称白财神，第三个称黑财神，第四个称红财神，第五个称金财神，第六个称阴阳财神。表演者手举道具底部的杉木撑，走动表演各种行为动作。“长大人”一般在庙会期间表演，中华人民共和国成立后逐渐消失。

六、抛响叉

由古代兵器三叉戟演变而来，有大叉和小叉，配以锣鼓乐器表演。大叉为木柄两头各装一把铁钯状的叉，表演者穿盔甲扮成古代将士，14人为一队，各人手舞铁叉从头部绕到背后，快速抛向空中达六七米高，落下接住，再抛，循环舞动抛接表演。小叉为装在一根小杉木柄上的铁三叉，接头处用红麻须、杨梅球作装饰。另有一个直径约40厘米竹制的套圈，圈外有一个半圆形的手握柄。由20人以上同时表演。表演者将铁叉放在套圈内，用一只手摇动旋转，然后将旋转的叉抛向空中，待叉落下时，迅速用套圈接住，再旋再抛，循环往复表演。中华人民共和国成立前，梁家塘的小叉最为出名，化家坞的大叉闻名县内外，中华人民共和国成立后逐渐消失。

第四节　民间故事

很久以来，昆铜流传着“梓坊茶叶石门炭，诸家边的姑娘不用看，戚家边紫蒲头石竹场上掼”的民谣，而且传遍了安吉县乃至县外。这是千百年来人们口口相传形成的顺口溜，是昆铜的一张名片，也是地域文化。还有很多昆铜的人文故事在一代代人传说中被加工润色，变得生动而天真，成为人们饭后茶余的谈资。编者于兹录其大概。

一、梓坊茶叶

梓坊原名纸坊，相传数百年前范姓人家在此以竹笋箬壳造纸而得名，现留有晒纸山，淘纸潭遗迹。后来造纸消退，茶叶名振，村名雅化为梓坊。梓坊位于铜山乡最深的山谷中，孟家山与马头山之间，其东南有较平坦的山冈，谓之苍蒲山，山峰海拔570余米。此处竹海茫茫，流水潺潺，四季云雾缭绕。梓坊的茶园分布于茂林修竹之中，土壤腐殖质丰厚，夜潮香灰土质，环境无污染。春茶芽叶嫩壮厚实，一叶一芽时采摘，人工炒制，成品茶毫显色翠，形似雀舌，冲泡后香味隽永，回味甘甜，为茶中珍品。

唐朝陆羽所著《茶经》称天目茶叶为上佳。昆铜山脉属天目山北麓，苍蒲山出产的梓坊雀舌当为《茶经》所指。南朝梁时陶弘景隐居隐将数十年，称梓坊茶为茶中精品，情有独钟，长期饮用，年逾八十而面有壮容。陆龟蒙嗜好品茶，精辟医道，隐居铜山，品茶著书，后世称茶神。南宋开始，宫廷钦定梓坊雀舌为御饮贡品，梓坊茶名声大振。中华人民共和国成立后，特别是改革开放后梓坊茶品质提高，产量大增，多次在全国和省级茶叶评比中获奖，并获茶博会金奖。

如今的梓坊茶园，为保护环境原生态，迁移苍蒲山村庄几十户人家，腾地造园，提高土壤有机质，科学种植管理，改进炒制工艺，1000余亩茶园，年产梓坊茶20余吨。国内外客商纷纷慕名前来订购。

二、石门炭的传说

传说古时候有位白胡子老公公用麻秆挑着两块大石块，被放牛娃点破玄妙，麻秆折断，从此两块大石块遗落在羊山冈，矗立在那里，像两扇大石门；那散落到周围的麻秆碎末落地生苗，长成了一片树林。自此，这里的村子就叫石门村。村周边山坞山冈长满了青钢栎等阔叶树，薪柴茂密，林木阴郁。

且说明朝初期，朱元璋做了皇帝，就派军师刘伯温到大江南北巡访。刘伯温扮成一民间道士，经过石门时，看到山冈像一条龙身，山头像龙头，左右两口小池塘是龙眼。惊叹道：好一块风水宝地呀！看到山头有座坟正好葬在了龙口上。心想，这座坟的后代肯定要出一位真命天子，明朝江山将根基不保。于是就想办法破这条龙脉。

刘军师一派仙风道骨，向村中走去，一面打听当地的生活习惯，一面打听这座坟的后代，得知这坟为姚家的先祖。

刘军师对村中老者说：你们这山冈上的栎树太多，又运不出去，何不烧炭卖呢？老者回答不懂烧炭技术。军师就诚恳指点，如何建窑，如何装柴，如何点火，如何出炭；窑建哪里，水放哪里。

不久，百姓们便在姚家坟所在的山冈上一溜建起七七四十九座炭窑，每座炭窑边埋一口七石大缸，装满水。点火那天，山冈上青烟缭绕，山冈下妇孺齐观，好不热闹。半个月后，木炭就出现在晓墅、梅溪、桃城街上，达官贵人纷纷购买。这石门村的山主们得到了丰厚的利润，长工短工们也是第一次看到铜钱当工钱，真是皆大欢喜。这年冬天，炭不够卖，更激起了山主们烧炭的热情。

第三年，刘军师派人到该地察看，见山下的溪水变成了红色，知道姚家坟的“龙”地被破掉了。后来，姚家只出了一个大面（演戏的花脸），很出名。但山主们逐步建起了新房子，当地百姓也因帮工烧炭而手中有了零用钱。后来。窑工们又将乌炭重复烧制一遍，成为白炭。白炭敲打如钢声，火势旺，无烟而灰少，更受买主欢迎。石门白炭名声大振。传到京城，受到王宫贵族的喜爱，明清时期，曾为朝廷“贡品”，“石门炭”名气更大，价格又大增。

久而久之，烧炭行业形成了分工链条：山主团体袖着手，斫柴樵夫一年四季在山头，装窑出炭背驼勾着头，包头推销的街上游。两极分化，苦乐不匀。有民谣为证：“烧炭乌龟担炭狗，王八儿子编炭篓，做包头的街上走，做客商（推销）的跑码头。”烧炭的人最辛苦！

中华人民共和国成立初期，尚有部分人烧制白炭。近几十年，封山育林，保护生态环境，无人再烧炭。当地白炭的烧制技术已失传，石门炭已成为历史。

三、“诸家边的姑娘不用看”的由来

诸家边村以姓氏而命名。旧时，几十户人家只有一个诸姓，封建宗族观念不让外姓人住进该村。村庄背靠大张坞山，面朝东南，溪水长流，古道蜿蜒，村落位置优越；历来耕读传家，多有书香门第，虽不见进士、大官，但不乏举人、秀才，地方绅士、头面人物比比皆是。诸姓人家占有当地方圆十余里的田地，拥有大片滩地淡竹园；还请工烧木炭、销竹木，家庭殷实富足。讨的媳妇个个漂亮出众，所生子女也多漂亮俊俏。女儿们养尊处优，足不出户，穿金戴银、披红挂绿，还有丫鬟佣人侍候着，个个长得雪白粉嫩，亭亭玉立，青春绽放。外村有钱人家的公子们争着想娶诸家边的姑娘。久而久之，诸家边的姑娘就成了金字招牌，连看也不用看了。

诸氏家财万贯，姑娘的嫁妆很多，还要陪嫁田地、山林等。如果穷小子能娶上诸家边的丑姑娘，陪嫁的财产会更多，也就一生衣食无忧了，而且足够儿辈们享用。你说诸家边的姑娘还用看吗？

然而，也有吃不到葡萄就说酸的。据说，外地有个刁滑的老财主想娶诸家边的姑娘做妾，诸家边的姑娘原本不愁嫁，她们怎么会嫁给一个比父亲还老的财主呢？于是，那个老财主等了三年也没有排上队，心里很恼火，就到处散谣言说："诸家边的姑娘都是好吃懒做的，不可娶。你若要娶回一个姑娘，那不是娘子，而是一个老妈，你侍候得了她吗？诸家边的姑娘足不出户，个个长得肥胖，走路要人扶，所以他们从来不敢给人看。"头一年老财主这么叫嚷着，第二年就有一个诸家边的姑娘嫁到了老财主的村上，大家一看，这姑娘美如天仙，老财主的谎话不攻自破，再也不敢说诸家边的姑娘丑了。从此，诸家边的姑娘的名气就更大了。

四、"戚家边紫蒲头石竹场上掼"的由来

戚家边的紫蒲头石竹林仅两亩有余，但其竹子有两个特点：一是竹竿下半部一米以下呈紫色，以上为绿色，且身段修长，竹质坚韧，适合搭棚和加工工艺品；二是生长区域独特，除了戚家边，不论您在何地都无法培植成活和遗传竹种，因而其身价也就高了。每到砍伐季节，这里的石竹运到市场上，往场地上一掼，马上销售一空，成为抢手货，为此就有"戚家边紫蒲头石竹场上掼"之说。还流传着一个美丽的传说。

很久很久以前，有一户人家，姓戚，从河南逃荒来到钱坑桥西北边的山脚住下，向财主租种几亩水田和门前的两亩小竹园，赖以养家。经过几年的辛勤劳作，瘦瘠的农田和竹园慢慢地肥沃起来，生产的粮食除交田租外能勉强糊口度日；小竹一年比一年长得粗壮，油盐酱醋也不用愁了，戚家人盘算着，再努力几年，就可以建造属于自己的房子了。

可是，人算不如天算，就在他们的日子有所转变的时候，一场无情的大火将这片竹林烧得竿焦叶枯，几乎灭绝，财主知道后大发雷霆，要他赔偿损失，还其竹园。可想而知，放牛娃怎么赔得起大牯牛？一家人急得呼天喊地，真有一死了之的念头。

正当他们全家处在水深火热的时候，一天，八仙曹国舅在云端被一阵悲切声差点冲撞跌倒，知道下界有人发生了灭顶之灾，便按下云头，化作道人模样，走进戚家门，见家中人哭成一团，顿生怜悯之心。他到现场仔细观察后，对戚家人说："这片竹林还有救，只是竹子下半段被大火熏黑了，只要马上用水浇灌就能起死回生，你们赶快抢救吧。"戚家人心想："竹子的下半段被烧焦了，哪能回生呢？怕是这位道士在说宽心话吧！何况竹林边水不多呀！"可是，道人说得十分认真，不像是说笑话，只能死马当作活马医，试一试也无妨。他们全家拿起桶、罐、盆，慌慌张张地赶到竹林边，道士用手指了指小水沟，让他们在那里取水浇灌，全家人奋力浇灌，不一会儿将整个竹林浇

遍了水。他们都感到奇怪,平常这条小水沟里水并不多,今天怎么水会越来越多,用不完呢?他们抬头一看,奇迹发生了,竹竿上都萌发出了新的竹叶,被烧焦的竹子下半段由黑变红,又慢慢变紫了。全家人看到这般情景,高兴得蹦起来了,连忙去感谢这位再生父母,可是已不见道士踪影。这下,他们全都明白了,这是神仙在帮助我们全家啊。他们朝天叩拜作揖……

从此以后,这片小竹成为下紫上绿的特殊竹种,坚韧耐用,质量上乘。这下紫上绿的石竹一到竹行的场地上就被抢购一空。曹国舅拯救戚家人的消息很快就传开了,他们的东家也不敢小看他们了。后来东家将这片竹林卖给了戚家,通过几代人的努力,戚家也发达成这里的富户,一个小村坊在这里逐步扩大。因为这里的人都是戚家的后代,所以大家都将这里称作戚家边,那颜色特殊的小竹就叫戚家边紫蒲头石竹。

五、"小小安吉县　大大姚先生"的传说

铜山张家山姚家在"文化大革命"期间被毁掉一块牌匾,牌匾是宋朝皇帝恩赐的,上书"民间神医姚先生"。

宋朝,张家山有一个中草药医生姓姚,大家都叫他姚先生。某年,当朝皇帝的母亲得了一种慢性病,御医们都没有办法医治,文武大臣束手无策,大臣们向皇上提议:"只有向民间寻医求药",于是就四处张贴皇榜,承诺谁能医好太后的病,要官赐官,要钱给钱。某日,姚先生到镇上为人看病,见到皇榜,对太后的病情略知一二,心想有些把握,就当众揭了皇榜。当时就有差人把姚先生拿住,请姚先生进京为皇太后治病。

到了京城,进了皇宫。御医们详细介绍了病情,姚先生提出了治疗方案,经御医和大臣的同意,治疗一段时间,太后的病情果然被控制住了。又过了一段时间,身体完全康复。皇上问姚先生是要留下来当官还是要钱,姚先生说:"小民官也不要,钱也不要,只求派卫兵护送小民返家。"皇帝照准。

行前,皇帝叫大臣做了一块金边牌匾,皇帝亲自题字"民间神医姚先生"。派卫队用八人抬的大轿护送姚先生到张家山家中。皇帝下诏封他"凡见地方官大一级",在他家大门前檐口增加十八根出檐椽子,如果家族人犯了国法,报官后可锯掉一根椽子以替罪,还在张家山的路边置"上马石"一块、"下马石"一块,凡是文武百官到张家山来,在下马石的地方下马,走到姚先生家中;返回时,要到上马石上马回去。后来,那十八根椽子一根也没被锯过。从此,民间就有了"小小安吉县,大大姚先生"的赞扬。

六、祠山菩萨的传说

祠山菩萨,历来被称作祠山大帝,其影响在太湖流域(即古吴越)一带,特别是吴兴区、南浔区、德清县、安吉县以及安徽省的广德县一带,都建有祠山王庙,而且"香火繁盛,祀事绵绵"。昆铜江家边村下的七里亭旁原有二进祠山王庙,供有祠山王神像等数尊,原庙内有道士,最后一位道士老杜在公社化期间病故。祠山庙被改作仓库,"文化大革命"中拆除,现只存遗址。现隐将太

平观内设有祠山阁,供奉着祠山大帝。

祠山大帝何许人也? 说来话长。

西汉至神爵二年(公元前六十年),武陵龙阳有位治水专家叫张秉,一天在山泽间遇一仙女,仙女表白要嫁给他,并说“上帝以君家有功于吴,当世世血食于吴楚之地”。成亲后,张秉根据仙女建议,带领一家老小,跋山涉水,来到吴兴郡乌程县(吴兴)与长兴县交界的白鹤山白鹤岭定居,翌年二月初八,妻子生了一个男孩,张秉为孩子取名渤,字祠山。张渤幼年聪颖过人,读书过目不忘,十来岁就跟随父亲疏导太湖流域河渎,并熟读了《禹贡》《老子》和《春秋》等书籍,对大禹治水经验做了深入研究,立志以大禹治水为榜样,以治理水患为己任。

张渤二十岁,先后娶白鹤山柳氏和赵氏为妻。不久父母去世,他带着妻儿到水患频发的东西苕溪流域实地考察,治理水患。张渤治水的第一站是治理东苕溪水患,第二站是疏浚太湖沿岸的一百零八条溇渎湖港和松江、吴淞江,直接将洪水导入大海。张渤治理蠡湖的决心,感动了上苍。上苍让他变成一头“猪婆龙”。他一口吞掉了在蠡湖兴风作浪、形状似狗的水怪,浑身上下顿时有了神力,便用嘴巴拱开了“犊山门”,疏通了“浦岭门”,使蠡湖和太湖流水畅通。

张渤得知安徽广德“一条长岗横山口,三天无雨水如油”,人民常受干旱之苦,他决定治水的第三站是在广德东亭乡开挖一个二百亩水面的人工储水湖,以备干旱时人畜饮用。又开凿一条从安吉梅溪,经高禹到广德东亭的人工河,引西苕溪水到储水湖。经过八年的奋战,成功开凿了中国历史上第一条人工河,人称圣渎河。

圣渎河通水那天,百姓欢呼雀跃,地方官召开万人大会,拥张渤为广德王。但张渤看到圣渎河上下游落差太小,干旱时仍会断流,决定再开一条从广德无量溪到长兴荆溪的运河。但是,张渤年事已高,西汉朝廷又发生了王莽篡位之乱,全国狼烟四起,民工们四处逃难,运河工程被迫搁置。张渤长叹:“我有何颜面再见广德的黎民百姓?”于是将夫人安置在广德东门外二里的地方,头缠黑巾,身穿黑袍,带着病体,隐居横山修道,最后带着遗憾驾鹤西去。

百姓追思其治水功绩,在横山建张公祠。唐天宝中,横山改名为祠山,尊张渤为祠山大帝;并为其夫人立娘娘庙,与祠山庙遥相呼应,长相厮守。此后,历代官府递加封号褒扬。南宋时又追封为“正顺忠祐灵济昭烈王”等。湖州和太湖流域的地方志史书籍,都有二月初八是祠山大帝生日的记载:“初八日,俗传祠山大帝生日,前后必有风雨,谓之请客风、送客雨,东南风为上山风,西北风为下山风。谚语:‘瘦牛瘦马难过二月初八,以是日必寒也。初八日以风占水旱:东南风,水;西北风,旱’。”

某年,山洪暴发,安吉梅溪施明侯庙里的施王神像被冲到了德清砂村祠山王庙附近。当地百姓将施王神像也请进了祠山王庙里,改称祠山王庙为二王庙,百姓祈祷更灵验了。至今,二王庙里还刻有“风餐露宿为民治水害,披星戴月立志造人福”的楹联。

昆铜历来传有“二月初八吃冻狗肉”的习俗,也称之为请客风,送客雨;二月初八祠山生日必寒,当地人称为祠山暴。

七、古木孵金鸡的传说

化家坞的辉煌历史可从村上那株粗壮的古树身上寻找答案。传说古时候这里是一片原始森林，树木遍山，遮天蔽日，人烟稀少。大炼钢铁时期，山坞中最后几株大古树被砍伐烧炭。其中一株树龄在千年以上的大栎树横倒在地上，人站在树两边都互相看不见，直径足有两米有余。当时，专门打造一把一丈六尺长的铁锯(5.3米)，用六个人拉锯，花三天时间才锯断。

20世纪80年代，该地还有两株古银杏树像一对兄弟一样屹立在村中，见证着这山村的古老和兴旺。可惜其中一株后来也老死了，只留下那株被考证为汉代的银杏王。该株树越古老，派生出来的神话故事就越多：什么白胡子老翁从树中走出来，什么古树中有人谈天，等等。这些都无根据，不足为信。但古树孵金鸡的故事，村里人没人不相信。

几百年前的一天，村中有一位行善积德的老人从这株汉代老银杏树下经过，听见树中有叽叽喳喳的小鸡叫声，他停住脚步在树周围仔细听，总是找不到叫声发出的地方。正当他疑惑之际，一群金黄色的小鸡从古树中走了出来，在老人的脚边嬉戏。老人纳闷：谁家的小鸡钻进树里？他好奇地伸手抓起一只一看，分明是一只金元宝，他不相信，用牙咬一咬，才相信是金子。当他下意识地再去抓另外的小鸡时，那群小鸡早已没有踪影了。他心里明白：自己只有这份福分。

老人回到家中，并没有将在树下得金的事情告诉大家，只是带领全家人开始建造一座三间两厢，气派宏大的房屋。村里人都不知道他从哪里发了大财。直到老人临终前，才将此事告诉老伴，人们才知道原来是老人一生积德，苍天派古树赐金。

八、消失的高坎村和铜山湾村

清同治年间，太平军与清军激战于高坎村和铜山湾村，两个村的房屋都被烧毁，村民都死于战乱，这两个村就消失了。传说高坎村在毁灭前有十八扇黑墙门。

老人们都说，前山坞出口处的山坎上在清代有个高坎村，坐南朝北一字排列着多进的老住宅。一条石铺小道穿过村前，延伸到前山坞口。当时高坎村做生意的人很多，出了好多殷实富户，村上有客栈、当铺、作坊、水井和私塾等。好几户人家共一扇围墙门出入，围墙门都漆成黑色，是当地首屈一指的名村落。人们都将信将疑，可是故事继续传说着。直到20世纪70年代，村民在遗址挖掘到石柱墩、石板、墙转角石等遗物时，人们实地察看，证明与传说的十八扇黑墙门基本吻合，大家才相信高坎村确实存在过。如今，那里除石铺小路尚存部分外，遗址已被小竹林覆盖。

铜山坝下河流转弯的西北侧原有一个铜山湾村，村民房屋都坐西北朝东南，与高坎村距离500余米，隔溪相望。铜山溪大转弯上段叫作张家湾，而铜山湾村消失后已无人烟，有人将这里叫作下张家湾。民国后期，有一户王姓人家在此地搭草棚居住，这王姓两兄弟均无子女，中华人民共和国成立后领养了一个儿子为继，老人故世后，后人也迁至另村。公社化期间，有年春节，发动社员把原铜山湾村旁的坟墓全部迁走，发现村落遗址错落有几十间屋基。因为铜山湾村遗址地势稍低而平坦，1974年开展农业学大寨运动时，生产队将原屋基改造成水田，铜山湾村遗址也永远消失了。

九、三太庙的传说

梅墅街头有一座三太庙，庙里供着一尊三德菩萨。这三德菩萨是何来历呢？

话说战国时期某年的三月十三，铜山溪上游一个山村人家生了个儿子，取名叫三德。三德从小很孝敬父母，熟读兵书，长大后转战沙场，多次荣立战功，接连提拔，国皇封他为曹潇湘侯。

多年以后的一天，曹潇湘侯离开皇宫前往家乡探望老母亲，离开京城不久还没到家，听说宫廷发生政变，皇上被人暗杀了。他悔恨万分，却看到一大户门口的石头狮子在开口大笑，火上心来，便拔出佩剑，一剑砍下了石狮子的头。这狮子头滚了几十步，变成了一个山头，后人称独山头；狮子的躯体变成了狮子山，也称闵头山。当他赶到家时，老母亲已离世。曹潇湘侯既不能忠于皇上，又不能孝敬老母，痛不欲生，就在一棵大梅树上自缢，到黄泉之下孝老母、忠皇上去了。不久，上游暴发了特大洪水，眼看村庄将要被淹没。这棵大梅树突然迎着洪水慢慢地往上游，把洪水冲散，使村上百姓避免了一场大灾难。为了纪念曹潇湘侯，人们就把这个村叫作隐将村，把这棵大梅树雕刻成菩萨，百姓们叫他三德菩萨。并在梅墅街头建造一座庙，叫三太庙。隐将下游的百姓们每逢三月十三都来参加庙会，每次庙会都持续三天。庙会很热闹，有长神会（长大人）、太平会、武闯会、抛坛会、铜镜会、狮子会、板龙会、洋龙会、拜香会、臂香会、吹打会、三十六行会、马灯、十八仙姑、耍戏、台阁、高跷会、贩私盐会、夜羹饭会等三十几个会都来施展才艺，最有名的是长神会。这种庙会一直持续到1952年。

十、灵公堂的传说

灵公堂是姚良村村口东北的一个小山坡半山腰中一座坐南朝北的古庙，没人能讲得清它建于哪个朝代。庙宇前后两进，每进三间，骑梁枋木刻有雕花，左右原有二排辅房，后进神橱中供奉着徐、杨两尊佛像，佛像手捧朝板、头戴官帽，既像官员又像医生。两厢神坛上塑有两排一丈多高的威武卫士。当地老百姓有病就去庙中抽签求方，到药房抓药。

“文化大革命”中，前进房屋被拆，后进破损，佛像被毁。改革开放后，当地信徒捐资修缮了后进的庙宇及右边的辅房，重塑了徐、杨的佛像和观音、土地神佛像。每逢初一、十五有信众烧香，七月初七开庙会。

旧时每逢二月初二和七月初七都有赶集庙会，同时还要搭台邀请戏班演戏。据传，有一年戏班子忙不过来，没有答应。可是到七月初七的前一天，另有一家戏班子赶来，并说是有一位白胡子老人在前几天去邀请他们到这里来的。当时他们也没有空，不料舞台幕布一下子着火了，他们感到这位老人不是凡人，便立刻答应。此时，幕布的火突然就灭了，众人看幕布并没有火烧的痕迹，就知菩萨有灵。当地百姓都说这位白须老人就是这两尊神像中的一位神。

十一、铜山藏宝的传说

铜山是四面山脉末端，西面是悬崖峭壁，石壁长百余米，壁高近50米，屹立在溪水边，像是一堵照墙，石壁上有一块二丈见方的平面峭壁，色如黄铜，传说是铜山的大门。人在百米之外对着石壁说话就会传来回声，夜静走路时的脚步声、谈话声、鸡叫声、喧闹声都会从石壁传来回音。所以，村里人路过时都要叫喊几声，欢心不已。自古以来，当地就流传着铜山大门内有奇珍异宝，只因这扇门难以打开，来往百姓只能望山兴叹！不过，也有人曾经打开过铜山门，却因为行为不端，致使分文未得而名裂身残。

传说古时候有两个徽州生意人回家，从归安经福水路过铜山，过溪时看到铜山壁和潭水中的山崖倒影，感到灵气附身，为之一震。两人原路返回100多米外，对着铜山议论起来。两人议论声被对方山壁返回清澈的回音。两人都暗暗认识到这座铜山非同一般，一定藏有宝贝，但都没言明。他俩越过铜山溪到十里亭稍作小憩后，就返回了徽州老家。

两位徽州人在家查阅了许多书籍，判定地理位置，再次来到铜山脚下，经过仔细观察，其中的长者颇为兴奋，回到旅店休息。当晚，他梦见一仙翁对他说："铜山门的钥匙在十里亭不远的溪滩地里，地里种有西瓜，今年因干旱长势不太好，其中有一株西瓜藤特别茂盛，结的是长形的马铃瓜，比其他西瓜大三倍，铜山门钥匙就在西瓜里，你只要出高一点价钱买来这个马铃瓜，到铜山脚破开西瓜，拿出钥匙就可打开铜山门。铜山门下的石壁高三丈六尺，铜山门有数丈见方，中间有条缝，是门锁眼。洞中有一条金牛，用钥匙开门前要到溪坑边拔一把青草拿在手中，开了门，金牛会走出来吃你手中的青草，你要及时抓住牛鼻绳，把它牵出。洞里有许多奇珍异宝，但你不要太贪心，一手牵出金牛，一手拿到一样珍宝就够了。"

他一觉醒来，将仙翁托的梦告诉了与他同去的朋友，然而没有告诉拔青草引金牛的事。同去的朋友虽说年轻一些，却也精明过人。两人第二天来到铜山石壁前搭台、筑路，傍晚到十里亭西瓜地里看到西瓜还在，就等明天开门取宝。两人对酒数巡，醉意朦胧，长者倒床便进入梦乡。年轻者却另有心计。他午夜起来，赶到十里亭已是东方放白，到地里买了最大的西瓜，抱到铜山脚下竹林里打碎，取出钥匙，爬到架台上将钥匙插入石缝中，山门徐徐打开。一条金牛慢慢走来，鼻绳拖在地上，他往里一看，尽是闪光发亮的奇珍异宝，他马上往里走，突然看见一条大蟒蛇。这年轻人惊吓过度，退了几步摔下架台，不省人事。原来，金牛未见到青草，就将头高高翘起，鼻孔冲出雾气，使鼻绳变成了大蟒蛇，金牛回头往里走，铜山门随即关上。等长者赶到十里亭，见大西瓜已被摘走，穿过竹林到铜山架台下，见年轻人已变成了傻子，长者长叹一声，就返回了徽州。后来，这个傻子到处流浪乞讨，不知去向。

十二、董家塘与董家坟的传说

境内干溪桥村直坞与严家坞两自然村之间有一条山冲，三面环山，植被丰茂。山冲出口处自古就有一口山塘。

明朝年间，湖州南浔董家出了一位董天官。董天官公正清廉，因此得罪奸臣，惨遭陷害，皇上偏听谗言，在未查清事实之前，将董天官治罪斩首。奸臣得意专横不可一世。在朝的大臣们愤怒不平，经过查证后，发现这确实是一桩冤案，于是联名奏本皇上，皇上得知冤案实情后大怒，下令将奸臣斩首，同时下诏为董天官平反昭雪，赏赐董天官金头陪葬，将遗体封棺护送至江南老家择地厚葬。南浔董家派出风水先生，由湖州至安吉沿途寻访墓葬之地，行至铜山乡路西村时，看中了南楼坞麒堂山的一块风水宝地。可是，当董家前来昆铜征地时，发现这块风水宝地已被菩萨占据了。

原来，当时溪龙黄杜村大山坞自然村南背山的南麒堂山上有座小庙，当住庙和尚得知由山脉龙岗相隔的北麒堂山要成为董天官的墓地后，迅速将庙里的观音菩萨背到南楼坞北麒堂山，将菩萨放在板凳上，随后在平坦处搭起一个草棚。

董家只得派人再另寻墓地。当风水先生行至干溪桥村后，发现直坞与严家坞之间的山冲是一块风水宝地，经实地踏看后，就确定其墓葬方位，向当地农户征用山地和水塘，并将原山冲内的小水塘适当开挖以增加蓄水。

董天官墓穴挖掘好后，南浔董家将天官灵柩一路水运至晓墅，再由八人抬到山上下葬，一路护扶灵柩的有董天官的儿女家眷、朝廷及地方官员。董天官有个尚未出嫁的女儿也一路扶棺前往，因带病加上悲伤过度，尚未到墓地，即气绝身亡，年仅21岁，董家和地方官员会商后，决定在董天官的坟墓旁择地将其安葬。故此，董天官墓旁多了一座董小姐坟，原来的山塘就叫作董家塘。

1956—1958年，高葛农业高级社兴修水利，将董家塘挖大，筑了蓄水大坝，成为水库；此后该塘又被叫作董家塘水库。董天官墓前的二十四尊十二生肖石像及石条石板，在造水库时有的被推倒打碎，有的被移走；其中两尊沉睡在水库中的生肖石像，几年后在清淤泥时被发现，经县文物部门考证，一尊为老虎石像，一尊为马石像，每尊重达500多公斤。

如今，董家塘水库仍在，一旁的董天官墓被水淹没，只存残缺遗址；董小姐坟早已被毁。据说当年毁损董小姐墓地时，有人拾到铜钱，也有人拾到玉簪。董小姐坟前原有石碑石刻等文字记载，后被运往乡政府文化站保存。

十三、俞坞真龙地与锁龙桥的传说

俞坞自然村位于隐将村北，坐北朝南，背靠青龙山，东为罐头山，西有西山，可谓左青龙，右白虎，高山流水，竹海涛声，历来被视为风水宝地。

很久以前，俞坞就一直流传着“俞坞出真龙”的故事。村后青龙山，环抱在众山之中，细看像一条青龙从双箭山向外游来。相传明朝初年，军师刘伯温扮成一民间道士云游至此，看见青龙山，眼睛一亮，掐指一算，这里原为一“青龙”地，此地不出百年，必出“真龙天子”，今不破掉“青龙”地，明朝江山的劫难不过百年。军师心生一计，找到村里最年长最有威望的老族长，对他说，贵府后山为蟒蛇地，正堂正处在蟒蛇口中，此地不出三年必有劫难，府内人丁不兴，亡者七七四十九口。族长听后很着急，求道士（军师）设法破解。过了数日，刘伯温择日设坛开祭，要求老族长做好三件事：在后山脊挖掘深壕一条，深三尺，长七七四十九丈；村前深挖池塘一口，长七丈，宽三丈;村外小溪上架两座桥,里拱桥,外平桥,里拱桥上要雕刻石锁一把镇锁蟒蛇,名曰:锁蛇桥。做好此三件事后,村中男女老少方可太平。老族长立即动员全族出钱出力,用了三个月时间,很快把这三件事办成。时隔三年,又一道士路过此地,惊叹道:好一块风水宝地,怎么让人给破了?村中一壮年听见后,赶紧跑回村中向老族长报告,老族长大惊,立即起身前往村口迎接老道士到府中歇歇,沏上上等好茶——梓坊野山茶,杀鸡宰羊盛情招待,请道士指教。道士被族长的诚心感动,告诉说:贵府后山原是一条青龙,贵府正坐落在青龙头上;两侧大山左青龙,右白虎,是一把"天子"椅的扶手,如不是高手云游至此把风水给破了,百年内,贵府将有"真龙天子"出世。老族长听了道士的解说,方知上当,感叹道:"谁说浙江无大帝,小小俞坞出真龙。"

且看刘伯温是如何破掉"青龙"的:在青龙山脊开挖深壕,意在抽掉龙筋;府前挖池塘一口,其意是把抬起的龙头摁入池中,使之永无抬头之日;在青龙山东溪与西溪交合处架上两座小桥,里面一座为石拱桥,桥上雕刻石锁一把,外桥为石板平桥,象征着一把钥匙,实为"锁龙桥"。府中人进出,必须绕上桥呈U形而过,意在把这条"青龙"永远锁在青龙山上。军师还是放心不下以上破地法术,走出俞坞,又在钱坑桥掘深井一十八口,让老百姓饮用井水,意为抽干"龙血"。

第五节　部分地名的由来与传说

一、关孝岭与纯孝岭

长林垓大坞里与管城里阳坞之间有座山冈,现称关孝岭。其实原来一直称纯孝岭。

唐乾符五年(878)八月,黄巢起义大军由广德、泗安经安吉分多路攻杭州,其中一路自泗安经梅溪,过昆山筋竹关、武康跃武关趋杭州。当时梅溪有位家庭非常贫寒,但非常有孝心的人,名叫石昂。起义大军快至梅溪时,他误信官府和富户人家的谗言,背起家中老母,携妻带子随逃命人流奔向昆山乡深处。一家人跑到长林垓正欲歇息,起义军尾随而至。石昂一家只得避开大道,折北进入大坞里,然后爬上东侧山岭,藏母于岭岗石岩之中。"日浚泉,采果实以奉母。"数日后,奄奄一息的石家被里阳坞一村民救起。从此,石家就在里阳坞定居,成为里阳坞石姓之祖。后人为纪念石昂纯孝之性,便将那道岭称为纯孝岭。

石昂负母避难山中一事,宋嘉泰《吴兴志》《大明一统志》《吴兴掌故集》《浙江通志》,以及《安吉州(县)志》等志籍均有记载。其中,宋嘉泰《吴兴志》曰:"纯孝岭在安吉县梅溪。唐末黄巢之乱,邑人石昂藏母于此。昂性纯孝,因以得名。"《大明一统志》卷四十载:"纯孝岭在安吉县东北三十里。唐末黄巢之乱,邑人石昂藏母于此。昂性纯孝,因以名岭。"《吴兴掌故》同样载道:"纯孝岭在州东北三十里。黄巢之乱,民石昂负母避此。"

二、北夫岭与背夫岭

从管城到长兴县的方家庄村,要翻过一座北夫岭。其实这山岭过去叫背夫岭,这里有一段心酸的故事。

从前，方家庄有一户人家，家境贫困，但夫妻恩爱，男主外，女主内，家庭和睦，其乐融融。但天有不测风云，丈夫长年劳累，积劳成疾，病来如山倒，一下子卧床不起。妻子性格坚强，悉心照料丈夫，带着他到处寻医求药。

一日，太阳西下，劳累了一天的妻子正准备做晚饭，却听到丈夫在床上呻吟，她连忙放下手中的活走进房间，见丈夫脸色苍白，额头冒着虚汗，不由分说立即背起丈夫，爬山越岭，到距离10里远的管城去看郎中。妻子救夫心切，与死神赛跑，背上山冈，翻过山岭，跨过小溪，终于到了管城。郎中号脉诊治，一番急救后，病情稳定下来。郎中说，回去服完七帖草药，注意休息，慢慢地就会好的。妻子心里的一块石头终于放下了。

天已经黑了，背着丈夫回家的路上，妻子的双腿像灌了铜一样，越走越累，到了岭顶上，一下子就瘫倒了。丈夫万般心疼妻子，可他又无力帮她，两人倒在岭上互相安慰了许久许久！

吁嘘！“可怜农家坚贞女，月下岭上背夫情”，无奈而美丽的传说感动了岭两边的老百姓，当地人称此岭为背夫岭。

三、管城

据传管城原名“官城”。古时村内一户人家，3个儿子在外都做了大官，回到老家选择3处地方分别建造了高楼和花厅。村民们为沾官人喜气，纷纷围绕花厅建造房屋，逐渐形成了三个如城市一样密集的大村落，遂被称为“官城”。由于三个村落的位置分别处于上、中、下，故而又被称为上官城、中官城和下官城。历史上，管城村以沈、郑、石三大姓氏为主；太平天国战争后，各地移民迁徙于此，形成了如今多姓氏、多族群和谐相处的村落。

四、岳征坞

靖康之变后，南宋建都临安（杭州），抗金名将岳飞为抗金保朝，而转战于苏、浙、皖交界处。传说在境内的铜关、福水关、湛水关、金竹关多次拦截金兵。当时，岳家军曾经在昆铜乡的一个自然村里安营扎寨，休整操练，招募兵将，纪律严明，安抚百姓，为民除恶，留下美名。此后，为纪念岳家军，当地百姓便将其驻地叫作岳征坞。

五、囤姑坞

相传南宋年间（1127—1279），铜山乡路西村一个山坞里新建了一座寺庙，里面住着五个武功高强的和尚，香客渐渐多了起来。过了不久，附近的村妇、姑娘前去烧香拜佛时，常被庙里的和尚抓去，囚禁在事先挖好的洞穴中，几天后才放回。此洞穴外人看不出来，所以家人询问这些女子时，她们总是无法回答。这种情况屡屡发生，使庙里的和尚臭名远扬，于是香客越来越少。一天，在安吉境内镇守关隘的岳家军官兵路过石龙口，几个胆大的百姓拦住队伍，控诉庙中和尚胡作非为，官兵即向岳飞禀报。岳飞当即派了几个士兵扮作农夫，从山坳侧面悬崖峭壁处，对庙宇地形进行查看，在一个月黑风高的夜晚，岳家军偷偷围住庙宇，将五个坏和尚全部剿灭，解救了关在洞穴里的妇女，老百姓对岳飞千恩万谢。为纪念岳飞为民除害的功绩，当地百姓就将此山坞叫作囤姑坞。如今，寺庙基地和庙旁地牢洞穴遗址尚在。

六、张家山

张家山村以境内南面的张家山而得名，为昆铜乡的一个行政村。然而，纵观全村170多户人家，却没有一个姓张的，这是何故呢？相传，200多年前，当时的安吉县和吴兴县（山脉南侧为吴兴县管辖）为山界的划分起了纠纷，双方都认为对方占据了自己的地盘，直至闹出了人命事件。于是，当地人便将此山叫作“争界山”。后来，经两县县衙协商，将此地划归安吉县管辖。事后，交界处的两地百姓都为争界闹出人命一事感到后悔，为纪念那位在冲突中死去的百姓，双方一致同意将其归葬在发生械斗的山界上。中华人民共和国成立后，政府对该区域重新划界，对地名重新命名。为不改变已传承多年的历史地名，就将当地方言中同音的“争”改为“张”，“界”改为“家”。从此以后，“争界山”变成了“张家山”，“争界山村”也变成了“张家山村”，虽只二字之差，但意思完全不同。

七、隐将

隐将，原名隐坞（中华人民共和国成立后曾一度称作勇将），位于境内东南，东邻德清县；从四面山与双箭山蜿蜒而下的山水汇合于此，然后向西缓缓而流。这里三面环山，空气清新，气候宜人，自古以来就是一处世外桃源。相传历史上的齐梁宰相陶弘景、唐末茶神陆龟蒙等名人曾隐居于此；唐代茶圣陆羽、诗僧皎然和明朝宰相刘伯温都到过该地，留下了俞坞真龙地、锁龙桥、青龙山等史话。

“隐将”之名来源于三国时代东吴名将朱治的次子朱才曾隐居此地。朱才的曾祖父朱寓为沛国人（今安徽濉溪为中心的皖、豫、苏三省交界处），为东汉著名的八俊之一，恒帝时任司隶校尉（掌管纠察京师百官及所辖附近各郡，相当于刺史）。延熹九年（166），因遭党锢之祸（宦官与世家豪族争权夺利引发的事件），带其子孙从沛国奔于丹阳故鄣，因此朱寓被尊为安吉朱氏始迁祖。

朱才少年随父、兄多次出征，练得一身骑射之功，青年时代征战疆场，屡建功绩，被孙权册封为“武骑校尉领兵”；中年被册封“镇东将军”；花甲之后，解甲归故里，即安吉三官。

在当地，流传着这样一个故事，一日，朱才到离此相近的官山上（现为德清县所辖）探亲，经过隐将村，见此地三面环山，竹林茂密，环境优美，远离尘嚣，顿生喜爱之情，回想自己一生征战沙场，时时身处刀光剑影之中，无有片刻安宁与休息。虽然名声在外显赫，生活奢华，但终究不是自己追求的理想人生境界。再则如果解甲回归故里后，每日应酬不休，疲于接待地方各类官员和乡绅名士，弄得寝食难安，完全违背了回故里安度晚年的初衷……何不抛弃功名利禄，隐居于此呢！

于是，他将马匹抛放于四面山，盔甲藏在巨石下，宝剑插入沉剑潭，从此过上清静安逸的隐居生活，安度晚年。“隐将”之名即由此而来。据传，朱才死后归葬于此地北面的朱墓岭脚下山坡（现称诸士岭）。

据《朱氏家谱》记载，“朱琬，字环桥，朱才之子，袭爵拜征西将军，居吴环桥，而人因所居称之耳。”据当地老百姓相传，谱中记载的吴环桥就是此地中村的环桥，据此可以推断，自朱才隐居这里后，朱氏家族一支就在此繁衍生息。

八、宝圣寺

宝胜寺又名宝圣寺。据传清雍正末年，该寺院面积很大，有大殿三进，僧房数十间，佛像200余尊，水田几十亩，山林几百亩，僧人百余名。当时，衙门大量粮草和兵器无处安放，县官与方丈商议，将粮草兵器暂存于藏经阁内。由于地方派系和党羽明争暗斗，不多日被“眼线”发现，遂向朝廷举报，说县太爷勾结庙宇和尚储备粮草兵器欲造反，雍正皇帝知道后勃然大怒，朝廷派官员清剿寺庙，闹得人心惶惶。不久雍正驾崩，乾隆登基。一次乾隆皇帝下江南途经该地，前来庙里烧香的香客向皇帝申冤。乾隆感到非常震惊，下令彻查此事，待查明此案确是一桩冤案后，下诏为县官和方丈平反，亲赐寺名为“宝圣寺”，并拨款重修。可是人们写成了宝胜寺，这可能是“胜”与“圣”同音之故。乾隆皇帝赐名以后，宝胜寺的香火又开始旺盛起来。

九、秀峰寺

传说明朝初期，明太祖朱元璋为保皇权永久传袭，派谋臣刘伯温到浙江下三府查看地理风水。刘伯温行至三山村时，发现山脚下左右二条小溪汇合，像双龙抱珠，阳气十足，认定日后此地必定出天子，为破一方风水，以阴克阳，就在二溪汇合处上端建造三众庵，因此地山峰叠起，故取名为秀峰庵，尔后逐步演变为秀峰寺。

十、四公桥

坐落在钱坑桥下街横跨大溪的大桥原叫四公桥，但是后人写成了四拱桥。《王氏家谱》记述了这座桥的来历。1440年前后，钱坑桥村王姓有四位兄弟，子孙满堂。平时乐善好施，修桥铺路，深得乡邻称赞。钱坑桥下街的大溪流经常有洪水，阻拦了铜山的百姓出入晓墅、梅溪的道路，行人山货，骡驮人挑，诸多不便。王姓四位老兄弟经过商议，决定共同出资，率全族人造桥，数月之间建桥完工。铜山乡百姓从此再无涉水之虞。为了纪念四兄弟的厚德，尊称此桥为四公桥。清代至民国，四公桥下的溪流（此前称梅溪）改称为四公溪。四公者，即钱坑桥王氏先祖明二公、明三公、明四公、明五公也（明是派行，二、三、四、五是名字，公是后人对前辈的尊称）。由于年代久远，世事变迁，四公桥被后世人写成四拱桥。既有家谱为证，当予正本清源，还其四公之名，不没先人功绩。

十一、石门

很久以前，浙江下三府的一个小国度里，经过连年战争，终于战胜其他各诸侯国，国度疆域不断扩大，需重建宫殿。一天晚上，铜山乡石门村有位老人做了一个梦，梦见仙人告诉他，下三府的金銮殿就建在康家坩门附近。但仙人并没有说明康家坩门是在何县何乡何村。次日，老人将梦境告诉了村里人。

一天，石门村后山的羊山冈上有位白胡子老人用麻秆作扁担，挑起两块大石头，沿山冈跑得飞快；一个放牛娃笑着大喊："哈哈，大家来看喽，这个瘦老头用麻秆当扁担挑起两块大石门。"不料，笑声没歇，"啪"的一声，麻秆断了。老人看了放牛娃一眼，没有说话，而是揩了一把鼻涕往麻秆断处一抹，用手捏住，拿在手里试了一试，呀！真怪，断掉的麻秆接牢了，白胡子老人又挑起两块大石头快步向前走。走了一段路后，那个放牛娃又大喊大叫起来："哈哈，鼻涕还能接麻秆。"话音未落，又是"啪"的一声，麻秆又断了。老公公很生气，随后将麻杆折了无数段，放在手中搓了又搓，用嘴将搓碎的麻秆用力吹向四方，顿时四周山冈上迅速长满了各种树木，将村子四周包围起来，白胡子老人掸掉身上的灰尘，拂袖随风而去。从此，这两块大石头就耸立在羊山冈上，像是两块大石门，再也没有人移走，羊山冈下这个村庄也被人们叫做石门村。后辈们都流传着这位白胡子老公公又到别处寻找造金銮殿的材料去了，但康家坩门到底在什么地方呢？只能说在下三府，其他就没人知道了。

十二、化家坞蛇角庙

很早很早以前，铜山乡境内人烟稀少，在化家坞、钱坑桥一带的几十里山坞、平地，都是森林，高大粗壮的树木密密麻麻、遮天盖地。林中野兽猛蛇自由出没，追逐捕食。化家坞山口有一条巨蛇，不知活了多少年，受日月之精华，得雨露之润育，修炼成了长生不老的躯体。它身长数丈，身披鳞甲，头上长角，以地方龙自居，横行方圆几十里，飞禽走兽见了都避而远之，巨蛇成了这片森林的霸主。久而久之，巨蛇常于夜间窜入村庄吞食牲畜，事隔数日总有农户丢失家禽家畜。后来，山村中又时有小孩失踪，弄得人心惶惶，村民只有烧香拜佛，乞求菩萨保佑。

这件事惊动了上天，玉皇大帝命雷公、电母为百姓消除祸害，将这条不守山规的孽障就地正法。雷公、电母下界观察恶蛇动静，还没见这条地头蛇的踪迹，就感到妖气冲天，料知难于对付。正当为难之时，见一农夫背着弓箭在路上行走，于是计上心来。

原来这位是化家坞山冲对面戚家边村的猎户，姓戚。他常年骑马射弓箭，百发百中，方圆几十里的豺狼虎豹见了都要远避。这天夜里，他喝了几两烧酒，倒头就睡，恍惚中见一老翁微笑着对他说："明天我们要替天行道，想请你帮助除掉附近的一条恶蛇。你明天到村旁的大树林等待，如遇见恶蛇出洞上树时，你就用带毒药的箭头射中它的要害，我们协助你将它杀死。"说完老翁就不见了。猎人醒来感到奇怪，决定次日上山看个究竟。

第二天，猎手备带弓箭游荡森林中，用木棒磕磕各处的树干，敲敲有石头的土堆，寻找空壳洞穴，并未见到蛇的踪影。不知不觉地走到乡道旁，碰到一位熟人，见路边横着一条粗大的枯木，两人便坐在枯木上面，取出随带的烟袋、火镰，按上烟叶，点着火，边吸烟边聊家常，不时地将烟灰磕在枯树干上。原来这条巨蛇吞食了一位喝醉酒的汉子，醉倒在大路旁，头尾隐藏在草丛中，身子却暴露在光天化日之下，像一段枯木横放在大路边。谁知猎手与朋友磕下的烟灰继续在枯树干上燃烧，慢慢地烧痛了醉蛇，身体动了起来，猎手与朋友朝枯树干左右一看，原来是一条头长角、身披鳞甲的巨蛇。

巨蛇“噌”的一声腾空而起，缠绕在大树上，张开血盆大口，伸出鲜红的长舌，吓得农夫浑身颤抖，面色紫红，到底是猎手见过世面，又有昨晚梦中神人的指点，胆子大一些，他端弓搭箭，对准蛇头的七寸，哕的一声，毒箭出弦，可是箭头射中了蛇角，射断的巨角从树上落了下来，掉在草丛中。

巨蛇威力大减，急忙朝九曲岭奔游，在半空中等待的雷公、电母立即举起法器，一声霹雳，将巨蛇击毙，巨蛇化为血浆，渗透在土壤之中。从此山区安宁下来，老百姓互相转告猎手为当地除了一大祸害！

玉皇大帝为表彰这位戚姓猎手为民除害的功绩，册封他为当地的土地菩萨。猎手死后，当地百姓在蛇角掉落下的地方建造一座庙宇，名为蛇角庙，供奉这位上帝赐封的土地菩萨。后来又把观世音菩萨也请了进来，世代香火不断。人们将巨蛇逃往的山坞叫化角坞，随着时间的推移，方言的角与家的音相近，慢慢地演变成了化家坞。

第六节　谚　语

一、处事类

一年之计在于春，一日之计在于晨。

一家之计在于和，一生之计在于勤。

一朝被蛇咬，十年怕井绳。

一道香，二道臭，三道四道脸皮厚。

一种萝卜一种菜，各人所种各人爱。

一失足成千古恨，再回头是百年身。

一手抲不牢两条鱼，一眼看不清二行书。

一树之果有酸甜，一母之子有愚贤。

一句好话三冬暖，半句恶话六月寒。

一个篱笆三个桩，一个好汉三个帮。

人往高处走，水往低处流。

人比人气煞人，命比命气成病。

人外有人，天外有天。

人待我一尺，我敬人一丈。

人不可貌相，海水不可斗量。

人怕伤心，树怕伤根。

人不要脸，百事可为。
人怕老来苦，树怕老来枯。
人逢喜事精神爽，闷在心头瞌睡多。
人靠人，鬼靠鬼，苍蝇靠烂腿。
人在人情在，人死二分开。
人笨世上磨，刀钝石上磨。
人无千日好，花无百日红。
人生不读书，活着不如猪。
人无伤虎意，虎有吃人心。
人争一口气，佛争一炷香。
人嘴两层皮，风吹两面倒。
人非草木，岂能无情？
人善被人欺，马善被人骑。
人心不足蛇吞象，海水不可用斗量。
三个臭皮匠抵个诸葛亮。
三兄四弟一条心，门前泥土变成金。
山中无老虎，猴子称大王。
八仙过海，各显神通。
千军易得，一将难求。
不懂装懂，永世饭桶。
不管白猫黑猫，会捉老鼠是好猫。
不听老人言，吃苦在眼前。
不到黄河心不死，不见棺材不掉泪。
少年夫妻老来伴，一日不见问三遍。
火车不是推的，牛皮不是吹的。
心急等不得人，性急钓不得鱼。
牛角越长越弯，财主越大越贪。
牛眼看人高，狗眼看人低。
公鸡打架头对头，夫妻吵架不记仇。
玉不琢不成器，人不学不知礼。
老鼠生子打地洞，麻雀生儿钻瓦缝。
只有千里人情，没有千里威风。
宁可明枪交战，不可暗箭伤人。
宁可人家负我，不可我负人家。

宁可信其有，不可信其无。

宁穿朋友衣，不戏朋友妻。

百病从口入，百祸从口出。

圣人门前卖字，鲁班门前弄斧。

有恩不报非君子，忘恩负义是小人。

有生不把父母敬，死后何必哭灵魂。

在家靠父母，出外靠朋友。

老子英雄儿好汉，强将手下无弱兵。

当家方知盐米贵，经事方知世事艰。

花花轿子抬熬人，花花言语哄死人。

良药苦口利于病，忠言逆耳利于行。

但用功夫深，铁杵磨成针。

君子爱财取之有道，小人爱财抓到就要。

君子喻于义，小人喻于利。

妻贤夫祸少，子孝父心宽。

明地里教子，暗地里教妻。

虎走千里吃肉，狗走万里吃屎。

饱肚皮不知饿肚皮饥，还讲饥饿的无力气。

穷在街头无人问，富在深山有远亲。

朋友面前莫说假，夫妻面前要说真。

会得做人两头满，不会做人两边传。

害人之心不可有，防人之心不可无。

酒逢知己千杯少，话不投机半句多。

拳头打出外，肩膀朝里弯。

大水冲到龙王庙，自家不认得自家人。

懒人自有懒福，泥菩萨住瓦屋。

车到山边自有路，船到桥头自会直。

生死由命，富贵在天。

人无外财不富，马无夜草不肥。

前世不修，今世受苦。

善有善报，恶有恶报。不是不报，时辰未到。

张家长，李家短，人家的闲事莫去管。

冤家宜解不宜结。

多个朋友多条路，多个冤家多堵墙。

人在屋檐下，不得不低头。

量小非君子，无毒不丈夫。

大人不计小人过，宰相肚里好撑船。

二、气象类

立春：立春晴一日，耕田不费力。

雨水：雨水落雨三大碗，大河小河都要满。

惊蛰：过了惊蛰节，春耕不停歇。

春分：春分刮大风，晴到四月中；春分阴雨天，一春雨绵绵。

清明：清明感觉冷，今年好收成；清明要明，谷雨要淋。

谷雨：棉花种在谷雨前，苗儿长得快又齐。

立夏：立夏天晴，必有旱情；立夏不落雨，犁耙高挂起。

小满：小满勿满，芒种勿管；小满一满，芒种十满。

芒种：芒种火烧天，夏至水满田；芒种雨连连，夏至晒干田。

夏至：夏至落大雨，八月有洪水；夏至不打雷，大水连天起。

小暑：小暑落几滴，大暑漫河堤；小暑不见日头，大暑干裂石头。

大暑：大暑数天阴，遍地出黄金；大暑展秋风，秋后出高温。

立秋：立秋六月是早秋，立秋七月是晚秋；早晨立了秋，下午凉悠悠。

处暑：处暑不落雨，干到白露底；雷唱歌，阴雨多。

白露：过了白露节，夜寒日里热；白露早，寒露迟，秋风种麦正当时。

秋分：一场秋雨一场寒，秋分大晴必久旱。

寒露：寒露雨三朝，水漫要架桥。

霜降：霜降无霜，碓头无糠；霜降无霜，来年饥荒。

立冬：立冬之日起大雾，秋冬田里点萝卜；立冬北风冰雪多，立冬南风少雨雪。

小雪：小雪雪满天，来年好收成；小雪不见雪，来年长工歇。

大雪：大雪有雪明年雨水顺。寒风迎大雪，三九暖呼呼。

冬至：冬至西北风，来年干一春；冬至不打霜，夏至干得慌。

小寒：小寒暖，立夏雷；小寒天气热，大寒冷刺骨。

大寒：大寒不寒，春分不暖；大寒不冻，冷到芒种。

春东风，雨太公；夏东风，燥蓬蓬。

春雷不过午，风到暴雨淋。

二月清明满山青，三月清明山不青。

三月三天晴，春花好年成；三月三下雨，春花减收成。

春霜不露白，露白要赤脚；一连三日白，晴到掼大麦。

春风勿上树，上树要赤脚。

小满种田一二家，芒种种田遍天下。

黄梅寒，水漫潭；黄梅冷，水翻埂。

开门雨，被好晒；关门雨，落一夜。

吃了端午粽，还要冻三冻。

五月南风发大水，六月南风皎皎晴。

晨霞红似血，午昼落不歇。

夏至杨梅满山红，小暑杨梅要出虫。

小暑一个雷，三十二日到黄梅。

虹高日头低，大路改作溪。

六月初三一个阵，上昼耘田午昼困。

雷打秋头，晒煞鳝头。

蚂蚁搬家洪水临，老鼠搬家火烛近。

白露白不齐，秋分稻出齐；寒露无青稻，霜降不齐倒。

阴阴阳阳九月重阳。九月九蚊子叮石臼。

春雾雨，夏雾热，秋雾凉风冬雾雪。

第七节　方　言

一、方言变迁

昆铜地区古属吴越国，本地话属吴语，但与梅溪、递铺、孝丰等地的本地话略有不同；由于上昆山与长兴、吴兴相邻，上铜山与德清交界，故上昆山人与上铜山人的语调也稍有区别。太平天国战争和瘟疫期间，平原、圩区和城镇、交通要道的山区村庄人口死亡达90%，昆铜地处深山，幸存者略多。战后清政府招徕移民垦荒，直至中华人民共和国成立以后，实行户籍管理，外地人迁入逐渐减少。其中本省上八府人占多数，语言也属吴语，而且与昆铜本地话很接近，在长期的交流中互相融合成昆铜特有的本地话。说官话的中原人较少，经过长期的融合，也逐步被本地话同化。而土著人的本地话也逐步融入各种外来语的词汇、发音和语法，使土著方言与民国以前大有区别。特别随着村民文化水平的普遍提高、普通话的普及，本地话吸纳了普通话中大量的词汇、读音和语法，使本地话难以保持纯真。

改革开放后，工商业发展，人口流动频繁，外地人都用普通话交流，在校学生回到家中也多用普通话与家人交流；村民在公共场所也大多讲普通话，只在与当地人交流时讲本地话，使本地话产生逐步退化的趋势。

介绍方言是巨大的工程，其类别划分、发音、语法等特点和方言专用字、标音，非方言专业学者不能为，也非乡志所能尽载。本节只对本地话与普通话的语音和语法差异举例介绍。

二、本地话与普通话语音差异

本地话中有好多词没有专用字，有字的读音也与普通话不同，要做到标准发音必须使用国际音标，而乡志编者难于做到，且大多村民也难于使用。故编者分类选择本地话词语与普通话比照时，采用本地话和普通话基本同音的字为本地话注音；有些本地话特有的音，在普通话中找不到适当的字，就用两个字连读注音，类似古人“反切”注音法。

人际称呼一览表

表 14-1

本地话	普通话	本地话	普通话	本地话	普通话
阿爸、阿嗲	爸爸	老龙头	老丈人	泽囡	侄女
呣妈	妈妈	亲爸、亲妈	干爹干妈	泽嗯子	侄儿
阿公、雅呀	祖父、爷爷	亲嘎翁	亲家公	苏呣娘	产妇
娘呣、阿部	祖母、阿婆	亲嘎蒲	亲家婆	女宁嘎	女人家
(嗯啊)公	外公	嗯子	儿子	荡客	堂客、妻子
(嗯啊)补	外婆	囡嗯	女儿	小把戏	小孩
掰掰	伯父	新娘子	媳妇	细昂儿	小孩们
杜掰	大伯父	杜阿姨	大姨妈	(嗯欧)	我
小掰	叔父	小阿姨	小姨妈	(嗯啊)	我们
娘究	娘舅	娘姨	姨妈	磊、嗯	你
呣妈	伯母	姨府	姨父	呐、啦	你们
阿婶、婶娘	叔母	掰呣	妯娌	几	他
孃孃、阿孃	姑姑、姑母	究佬	舅兄	家、伊呐	他们

时间称谓一览表

表 14-2

本地话	普通话	本地话	普通话	本地话	普通话
跟早、今朝	今天	雅夸比	傍晚	尼节比	年脚边
门早	明天	雅里向	夜里、晚上	袖嘎	就、马上
诶聂	后日	聂聂	日日、每天	这嘎	这样、老是
杜诶聂	大后天	队卯	头前、起先	奥燥	快点、赶紧
裳最把	半上午	载方	刚才	末笃	最后
聂中心里	午后、下午	队西	头先	歇歇	过一会儿
聂里垓	日里、白天	聂节	日子		

人体称谓一览表

表 14-3

本地话	普通话	本地话	普通话	本地话	普通话
队掰帼	头骨	诶咙	喉咙	节蒲队	脚后跟
歇钵队	膝盖	队颈	头颈	杜姆子队	大拇指
米部桩	尾骨	腰里	腰间	颗脑队	人头
谜孔	面、脸	颚钵队	下巴	杜胖	大腿
神虽	右手	心哦队	心窝	节底掰	脚底板
继虽	左手	屁股队	身后	腰帼	腰骨、腰杆

用具称谓一览表

表 14-4

本地话	普通话	本地话	普通话	本地话	普通话
嘎呼、嘎商	家什、用具	兹刀、翠刀	厨刀、菜刀	似队	锄头
郭巴凳	方凳	灶比队	灶头边、厨房	剔部	铁耙
掰扩委	白碗	料作	材料	队仁	头绳、毛线
谜奔	面盆	雕最	笤帚	衣壤	衣裳
抢刀、喔枪	锅铲	茅抗	茅坑、厕所	洋弟宁子	洋钱、钱财

食品称谓一览表

表 14-5

本地话	普通话	本地话	普通话	本地话	普通话
达咪	大米	嘎菜	芥菜	队子	团子
导郭	稻谷	王缩	黄粟、小米	掰咪(非哎)	白米饭
王队	黄豆	谜包	面包	作	粥
洛队	绿豆	谜雕	面条		

动物名称一览表

表 14-6

本地话	普通话	本地话	普通话	本地话	普通话
喔猕	猢狲、猴子	嗯(鼻音)	鱼	节志亮帽	蜘蛛网
老棕	老鼠	默	马	哦嗨	蚯蚓
闹鹰	老鹰	鸽莽	蚱蜢、蝗虫	啊	鸭子
递鸡	田鸡、青蛙	阳师塔	蝉、知了	资	猪
磨吊	麻鸟、麻雀	王虽	黄鳝		

形容词一览表

表 14-7

本地话	普通话	本地话	普通话	本地话	普通话
唏整	齐整、漂亮	飞嗡刮辣	菲红	来煞	能干、可以
骂相	卖相、外表	策赛	出山、出师	佛来煞	不行、办不到
确相	吃相	宰	崭、好	吃倒督	被批评
结滚	健壮、有能力	掰胎	慢慢来	翠绷	穿帮、戳穿
推掰	不行、差	闹莽	热闹	呣今队	没劲头、无聊
老驹	老练	有该	有、在	呣导怎	不牢靠
糟蹋	浪费	呣该	没有、不在	佛色调	不入调、滑头
哎待	安耽	几糟	麻烦、烦躁	拉倒	算了
钝	倒霉	嘎吴子	假惺惺	佛斯意	不适意、不舒服
吴仁	舒服、满意	辈吊子	半吊子、不聪明	策唬队	耍花样
泽地	疼爱	吧塌呼	败家子货	递涩队	伤风败俗
旺阔比大	横宽边大、宽阔	翻烧	翻本报复	搭僧掰	顺意附和
飞滚发烫	沸滚发烫	捺谋比	赖痞	也搭刮子	总共、一起

形容词一览表

表 14-8

本地话	普通话	本地话	普通话	本地话	普通话
哇梯倒地	高声哭叫	宰笃斯稀	整齐	迈格楞登	蛮手蛮脚
莫知莫郭	不知道、无反应	乌盂彻喝	乌蒙漆黑	莫格楞登	木手木脚
喔特喔翔	活脱活像	些桑斯掰	极白	呣队吭脑	没头没脑
嫡方嫡正	方方正正	碧清斯爽	清洁	雅队雅脑	野头野脑
瓦里挖帼	善于想方设法	哎毛淋淋	恐怖	资队资脑	猪头猪脑
喔里喔笃	犹豫不决	策队凉将	骗人	哈且搭剥	乱说
老驹色匹	老成失算	焦垓些哨	非常干燥	资嗯色洛	愚蠢
冰铁斯阴	冰冷	舌币脏里	不严肃	塌尼和度	透软糊涂
鳖列斯直	笔直	阴凉掰胎	不着急、慢吞吞	策喝摸洞	漆黑摸洞
梆铁斯昂	如铁坚硬	贴节掰倒	急急忙忙	扩策鸣啦	哭出呜啦
滚轮斯以	滚轮斯园	极策污拉	匆匆忙忙	辈掰凉疆	半途而废

行为动词一览表

表 14-9

本地话	普通话	本地话	普通话	本地话	普通话
割导	割伴、结伴	唱座	祭拜	寻吼势	找麻烦
做导	做伴、一道	跽	跪	搞导西	开玩笑
割导	割稻	挡烊	打烊、关店门	挡宁、拷宁	打人
刚弟	耕田、耕地	故宁	过人、传染人	讨乡磨	相骂、吵架

续表 14-9

本地话	普通话	本地话	普通话	本地话	普通话
翠衣壤	穿衣裳	挡掰故洞	捉迷藏	困告	睡觉
哒谜	洗脸	抵张	抵当	且香以	吸烟
哒节	洗脚	镶比	沾边	且酒	喝酒
哒虽	洗手	罚尼	发誓	讨老埠	讨老婆
郎衣壤	晾衣裳	弄队颈	捉弄、欺负	挡以场	打圆场、解围
搭嘎	搭界、有关系	弄松宁	作弄人	钓嗯	钓鱼

疑问词一览表

表 14-10

本地话	普通话	本地话	普通话
苏西、苏事体?	什么、啥东西、啥事儿?	苏神光?	啥时候?
苏宁? 帼领?	啥人、何人、谁?	几底钟?	几点钟?
捺哈?	怎么样?	做苏?	做啥?
帼里?	哪里?	有嘎事?	有这种事?

语法差异举例一览表

表 14-11

<table>
<tr><th colspan="2">普通话</th><th colspan="2">本地话(音)</th></tr>
<tr><td colspan="2">儿、耳、五、屎、渔
(例)儿子、耳朵、五个、拉屎、渔网</td><td colspan="2">嗯(鼻音)
(例)嗯子、嗯都、嗯格、喳嗯、嗯莽</td></tr>
<tr><td colspan="2">我</td><td colspan="2">嗯哦</td></tr>
<tr><td colspan="2">我们</td><td colspan="2">嗯啊(嗯后加啊)</td></tr>
<tr><td colspan="2">你</td><td colspan="2">呐(无啊音)</td></tr>
<tr><td colspan="2">你们</td><td colspan="2">呐啊(磊后加啊)</td></tr>
<tr><td colspan="2">他</td><td colspan="2">儿</td></tr>
<tr><td colspan="2">他们</td><td colspan="2">家(儿后加啊)</td></tr>
<tr><td colspan="2">和、与、同、搭、跟</td><td colspan="2">嗗</td></tr>
<tr><td colspan="2">把、给、为、帮、被(例:狗把人咬了,人被狗咬了。弟弟把车开走了,车被弟弟开走了)</td><td colspan="2">博(“狗博人咬了”与“人博狗咬了”意思一样;“ 阿弟博车开走了”与“车博阿弟开走了”意思一样)</td></tr>
<tr><td rowspan="2">下</td><td>下面、下庄、底下、山下、床下、楼下、下一个</td><td>哦</td><td>(作方位词)
哦头、哦庄、底哦、山哦、床哦、雷哦、哦一个</td></tr>
<tr><td>下雨、下水、下村、下坡、下车</td><td>落</td><td>(作动词)
落雨、落水、落村、落坡、落岭、落车</td></tr>
<tr><td rowspan="2">上</td><td>上头、上岭、上课、上调、上山</td><td>裳</td><td>(用在词首)
裳对、裳岭、裳叩、裳调、裳赛</td></tr>
<tr><td>天上、地上、床上、桌上、船上</td><td>郎</td><td>(用在词尾)
梯郎、地郎、裳郎、桌郎、随郎</td></tr>
</table>

第十五章 教 育

据各宗谱记载，旧时境内村人都尊师重教，各族宗谱的家规家训中均有“务学业”一条。过去殷实富户自家设私塾，而穷人难以入学，文盲多。明代，昆山与铜山各有乡学一所。清初，铜山乡有乡学4所，昆山乡有乡学2所。清末至民国流行学堂，接受教育者多为富家子弟，穷人无力接受教育。中华人民共和国成立后，通过新学和扫盲运动，多数青壮年农民脱盲；同时逐步开办初级小学、高级小学和初级中学。改革开放后，教育事业发展迅猛。1986年开始，实施九年义务制教育，适龄学生应学尽学。进入21世纪，成功创建省级教育强乡(镇)；初中毕业的学生90%以上进入高级中学，高中毕业生考入大学人数逐年增多，或出国留学，成为国家栋梁之材。

中华人民共和国成立后，乡境内的邮路开通，供销社各商店代办寄信和信件转交业务，邮电事业开始发展。1958年，乡政府(独山头)开通第一架“摇把子”电话。接着，利用电话线安装第一只广播喇叭，每天早中晚各开通广播一个半小时，广播期间停止打电话。20世纪60年代初，乡政府(独山头)设电话总机，长林垓、钱坑桥设分总机，昆铜公社每个大队都安装一部电话机和一只广播喇叭。以后每家每户都安装广播。80年代初，村民逐步购置黑白电视机。1996年，“摇把子”电话改为程控电话，电话机开始进入村民家庭，黑白电视机换为彩色电视机，并快速普及。2005年开通移动电话，至2010年前后，互联网宽带进村入户，实现邮电通信现代化。

第一节 塾 馆

清末至民国中期，境内有私塾数家。县志记载：有官绅富户自力设馆，延聘塾师教育自家子弟兼亲友子弟。有一族一村联合办学，延聘塾师教其子弟的；有私塾在家或借用祠堂、庙宇设馆聚童教授的。入学年龄在十四五岁以下，人数多寡不一，无固定的学习年限，同堂学童，采用个别教育方式。崇尚师道尊严，盛行体罚。教材一般有二类：一是以启蒙为主的识字课本；二是“四书”“五经”之类。民国4年(1915)，县政府制定私塾改良办法，规定：凡在小学附近一里半以内的塾馆一律停闭；对准予续办的私塾，提倡设置国语、算术、体操(游戏)课程，分年级教育。抗战胜利后私塾被淘汰。

据境内老人回忆：清朝后期，叶名久、姚雪青(姚坞)、施南初等秀才颇有名望，其中施南初为县试贡生，民国期间曾被选为村长，因禁鸦片有功而受到省长颁发的奖状。这些秀才利用祠堂、庙宇、财主人家的厅堂开设私塾馆，为地方教育出过力。

第二节　学堂与学校

清光绪中后期始，公办中小学教育机构一律称学堂，民国元年(1912)改称学校。民国24年(1935)，各乡设有中心学校和保校，同年保校改称“保国民学校”，但村民仍简称为“保校”。中华人民共和国成立前夕，各村均开设初级小学，校址多数设在财主人家的厅屋或是祠堂、寺庙，少数设在大自然村内。独峰村(独山头村)的四维小学设在闽头山梁家祠堂内，校长名叶尉，后为李永源。大路口村小学设在坳磡大厅内，校长为殷小连等。高家坞的私塾改为学堂、小学，校址设在孙来庆家厅屋。姚良村的姚良小学，设在灵谷塘的庙里，校长为谢长寿。长林垓曾在莫劳坞设私塾，后改为学校。上舍村旧时就设有私塾，由朱三元自办，设在杨家；后改为学堂和学校，校长杨万春，抗战时由章墨林任校长，后由朱百元负责。

铜山的路西村曾设有一所小学，校址位于蒲芦坞塽上的土地庙里，后搬入横溪桥叶氏大厅屋，校长先后为施南初、施正庭、叶其高等。钱坑桥化家坞一带的小孩在石家湾的小学求学，校长为诸静庄，教师以莫干山人和安城人较多，抗战期间曾一度停办。隐将村小学设在隐将庙里，曾叫大同小学，校长范瑞庚。梅坞村小学设在诸家边村下的观音庙中，校长为诸净庄，梅坞以上各自然村的孩子都到诸家边、隐将来读书。张家山村的学堂后改称学校，设在谢坞周家大厅屋，校长有周志瑞等。梓坊村小学设在梓坊的中村大厅屋，校长为范立家，后为梅洪江，潘家上以上的小孩都到梓坊来求学。

抗日战争期间，多数学校停办，只剩下上舍村等少数小学在继续上课。日本侵略者占领梅溪、晓墅时，梅溪、晓墅的小学迁入境内上舍村，叫紫梅小学，郎玉麟(湖州杨家埠潘店村人，1911年生，中共党员；抗日战争时期，曾担任游击大队大队长，常年在安吉一带开展抗日活动)的长子及附近三山、管城的小孩都曾到上舍求学。旧时一般是小学毕业后就返家劳动，少数学生继续就读安吉简易师范学校(安吉简师)。

抗战胜利后，昆铜乡设中心学校2所，保校6所。1947年上半年，全乡共有教师16人，学生490人。

民国35年(1946)第二学期昆铜乡各学校情况一览表

表15-1

学校名称	校长	校址	学级	学生数			教师数
				男(个)	女(个)	合计(个)	
昆铜第一中心	朱刚	上舍	4	105	27	132	5
昆铜第二中心	顾慰丙	钱坑桥	2	57	21	78	2
第一保校	许郎然	干溪桥	2	52	19	71	2
第二保校	梁应斌	梁村	1	29	14	43	1
第三、四保校	郑济康	管城	1	30	5	35	1

续表 15-1

学校名称	校长	校址	学级	学生数			教师数
				男(个)	女(个)	合计(个)	
第七保校	周志瑞	谢坞	1	18	7	25	2
第九保校	王守唐	梓坊	2	48	29	77	2
第十二、十三保校	施政庭	路西	1	5	24	29	1

说明：第一保校在大路口设有分校

第三节　幼儿教育

1957年高级农业合作社时期，上舍、路西等村为解决妇女参加集体劳动与家庭有小孩牵挂的矛盾，聘请有初步文化知识的女性，带4～7岁的幼儿，教唱歌、识字、做游戏，几户联带，逐渐增多，形成了幼托班。

1958年秋，公社在梁家塘新建一个幼儿园，将五星（独山头村）、合力（路西村）、高葛（干溪桥村）三个大队4～7岁的幼儿全部集中于此，派人教育管理，吃住全托，以解放妇女劳动力。同时，昆山片大路口、姚良、长林、三城、上舍几个生产队的幼儿集中托养在莫劳坞；铜山片化家坞、钱坑桥、隐将、梅坞、张家山、梓坊、潘家上几个生产队的幼儿托养在诸家边。由于设施条件跟不上，导致传染病频发，加之三年经济困难时期，发生粮食和资金困难，1961年夏秋，随着大食堂解散，幼儿园也停办。

1990年后，各村小学均开设幼儿班，招收4～7岁的幼儿，分小班、中班、大班，幼儿教育纳入学校统一管理和学前教育课程。2006年，进行资源整合，各村幼儿班分别撤并到乡中心幼儿园和长林垓、上舍、钱坑桥等几个幼儿园。

2011年第二学期，昆铜幼儿园共有8个教学班，229个学生；有教职工18人。

第四节　小学教育

1949年10月，昆铜区在域内设置7所小学。分别为路西的横溪小学，福水岭的石门小学，管城的管城小学，灵公塘的良姚小学，钱坑桥的钱坑桥小学，梓坊的梓坊小学，上舍的上舍小学。

1950年5月，昆铜两乡陆续建立初级小学，各村根据生源情况和居住远近，设1～2所学校，教师采用地方选派和向外地聘请，校舍一般设在祠堂、庙宇和村中较大的厅屋内。学校设1～4年级，均为复式班，部分较大的村庄设二个复式班。

1954年，昆山和铜山二乡每个乡各建立一所高级小学，昆山乡校设在上舍村，铜山乡校设在钱坑桥，均招收5～6年级学生，采用寄宿制。1956年，两乡合并，但这两所学校仍继续存在。同年，合作化运动开始，各村全日制小学都改为公立，但学生年龄不统一，1～4年级中，小者7岁，大者15岁。

1958年，境内有昆铜中心（位于闽头山）、上舍和钱坑桥3所完全小学，按年龄段分为寄宿和通校。时值人民公社化运动开始，吃大食堂，故儿童入学率较高。除正常教学外，学校还开展勤工俭学、创小秋收等活动，给学生以适当的物质奖励。1960年，对学生的学龄有所限制：5～6年级学生中，超出正常学龄3岁的劝其退学。

1962年，完小的学生数大增，其中5～6年级人数达300多人。因此，各村小先后开设5～6年级课程，成为完小，不久学校转为各大队办。1968年，公办教师户籍划归大队，并落实到生产队，教师工资改为记工分，参加生产队的分配。1968年，实行贫下中农管理学校，各村成立贫管会，进课堂讲课，参与学校管理事务。1969年，因人口增长较快，推行耕读小学，做到读小学不出队，全乡先后增加了陈家塘、梁家塘、一步岭、高家坞、三山、南楼坞、岳征坞、蒲芦坞、俞子岭、杨家坞、石门、俞家舍、中坞、苍蒲上等多所小学。部分村借用生产队会议室做校舍，平整操场，划给劳动课基地；任课教师都属民办和代课性质。由于盲目发展，造成师资不足，经费缺乏，农民负担增加，教育质量下降。

1974年，适龄学生增长，境内三所中学招生饱和，为贯彻上级“中学不出村”的要求，独山头和张家山两村率先办起完小附设初中班。1975年，为便于农民子弟就近上学，各大队完小都开设“戴帽子初中班”。1976年秋，戴帽子初中班全部并入乡级中学。当时，梓坊完小增设苍蒲初小，教师朱双凤在海拔500余米的高山上坚持任教4年多，赢得村民称赞，1987年被评为全国劳动模范。

1978年，贫管会撤销，恢复校长负责制。

1979年，各村完小的学生数量逐步恢复，与1968年基本持平。政府和各村都加大对教育的投入，新建、改建教育楼，不断完善基础设施，统一达标验收，全乡的教育质量大幅提高。

2000年，根据人口增长回落，适龄学生数有所下降的实际，撤销江家边、石门等小学；部分村设有两所小学的，保留完小，其余撤销。2000年，意大利驻美大使馆官员朱利奥捐款18万元，建造昆铜乡中心小学。2004年，昆铜中心小学新教育楼投入使用后，多数村级完小先后撤并到乡中心。2007年，昆铜中心小学学生宿舍楼建成，各村完小全部撤并到昆铜中心小学，学生寄宿，少量通校，通校生采用专车接送。2010年起，学生上学全部用校车接送。2011年第二学期，昆铜中心小学共有教学班12个，在校生470人，其中住校生253人。同年毕业110人。

“文化大革命”期间各村完小负责人一览表

表15-2

村完小名	负责人	村完小名	负责人
独山头村	张培勤	路 西 村	唐顺宝
干溪桥村	吉德全	化家坞村	丁祖培
大路口村	施其学	钱坑桥村	陈文祥
长林垓村	杨正义	梅 坞 村	诸小连

续表 15-2

村完小名	负责人	村完小名	负责人
上舍村	朱学贤	隐将村	吴福庆
三山管城村	吴明权	潘家上村	朱双凤
姚良村	李玉英	梓坊村	施夫义

1. 昆铜小学及中心学校历任校长(负责人)名录:

蒋菊英　胡吉生　沈正海　陆增堃　李觉时　陈庭瑶　吴书法　徐云瑞　施　彪　朱如枏
吴芳芳　陈乃坤　沈爱民　江　峰　方东山　彭洪星

2. 昆铜中心小学及各村校历任公办教师名录:

梁世杰　金云祥　孙文林　韩世芬　周树璋　董炳生　周厚忠　章　群　朱　萍　刘麦林
张国芳　李视远　周文生　胡全根　上管福英　胡金宝　陈桂珍　范裕鹏　方根法　方丽芳
范子鸿　叶水佳　徐云青　陈渭宾　陈士义　单海峰　施夫义　潘福荣　姚祖馨　沈永瑞
沈秋根　孙文庆　毕如英　陈天晓　汪文进　魏　铭　张德林　肖其川　沈孰常　王爱萍
梅连凤　何金生　赵万生　吉德全　凌泽洪　孙海民　诸吉富　张志诚　张吉囡　王志昌
王德富　梁彩琴　郭武熊　方茂林　邵建中　蒋菊英　方敬乐　汪自其　李玉英　姚振球
蒋显明　沈建兴　姚文英　徐　诚　王曼茹　李永祥　李银娥　张玉平　陈小连　徐　敏
严碧群　方宝贵　叶树红　刘祥珍　张培勤　陈有娣　姚玉英　陈凤祥　朱双凤　沈学海
应宏章　吴月珍　姚木兰　王志昌　何明权　孙学耕　程万里　陈桂凤　王晓华　李　伟
沃颜　张　达　刘　彦　李根生　王云德　施凤祥　洪丛杰　孟凡华　范洁琼　胡　宾
诸小连　姜天安　赵含嫣　姜　欢　吴　敏　戴宏伟　马旭玉　雷群斌　宋承家　马　玲
徐林芳　陈志贤　吴雪芳　涂丛秀　叶　剑　江兰芳　叶瑞丽　徐亚琴　梁爱凤　刘丝苔
谢亚玲　张吉娜　张红霞　钱照来　王　旭　刘志耀　李家华　游　勇　刘华德　刘　晟
谢郁莲　肖根华　方庆余　周志琴　管　斌　朱康康　方荣明　徐立巧　王　芳　赵爱华
赵建学　朱彬鑫　孙水红　金华丽　李学友　李　华　何伟富

第五节　中学教育

抗日战争时期,先后有过三所中等教育学校:一是抗战初期创办,地点在钱坑桥石家湾,校长为诸静庄等,教师大多从安城等外乡过来的,1943年停办。二是民国29年(1940)夏秋,吴兴县初中文化补习班从吴兴梅峰乡迁到境内上舍村,经两县商定更名为"吴兴安吉两县联立中学补习学校",简称"吴安联中",1943年10月因日本侵略者侵占梅溪而被迫停办。三是民国31年(1942)安吉县创办的三社农校,校长潘伯络,后因日本侵略者侵扰,于民国33年(1944)迁至昆铜的莫劳坞,不久停办。

1968年7月，昆山中学开办，地点设在长林垓，招生范围为干溪桥、大路口、姚良、长林、上舍、三山、管城等大队。同年，在钱坑桥设立铜山中学，施教范围为钱坑桥、路西、化家坞、潘家上、梓坊、梅坞、张家山、隐将等大队。开办头一年，两校均借用小学校舍，各招一个班。1969年春，两校新校舍一期工程完工，建校所需资金由各大队摊派。以后校舍又多次扩建。至1978年，昆山中学有平屋32间；铜山中学有五间二层楼房2幢，加上平房11间，共31间。当时正处"文化大革命"期间，学生以学为主，兼学别样，不但学文，也要学工、学农、学军。课程以机电、农业、丈量土地等实用知识为主，方式是请进来、走出去，实行开门办学。管理上，成立革命领导小组和"贫管会"，称贫下中农管理学校，配备教育专职干部负责全乡教育工作。

1974年，张家山，独山头村首先开办完小附设初中班。1975年，根据上级部门提出的"初中不出大队，高中不出公社"，让农民子女就近上学的要求，各大队完小都附设初中班，昆山中学和铜山中学则增设高中班，初中、高中均为二年制。

1978年，为合理布局，提高教育质量，撤除各村附设的"戴帽子初中班"，分别并入昆山中学和铜山中学，不久又新办独山头中学，施教范围为独山头、干溪桥、路西等大队，形成了三足鼎立的初中布局。同年，初中学制由两年改为三年。

1983年10月，撤销独山头中学，将学生分别分流至晓墅中学、昆山中学、铜山中学，校总部设在铜山中学。

1987年秋，创办昆铜初级中学，有新教学大楼1幢；昆山中学、铜山中学同时迁入（两校各留有1个班）。1990年，昆铜中学教工宿舍楼完工，昆山中学、铜山中学学生全部迁入昆铜中学；1996年第二幢教学楼完工；同年被评为省体育达标先进学校。1998年，综合实验楼落成。全乡各界人士捐资助学、无私奉献，参与了昆铜中学的创办。昆铜中学创立后，教育质量逐年提高，许多外地学子都要求转入求学，曾先后获省级体育达标单位、湖州市文明学校、安吉县第一所电化教育学校等称号。2000年，获市级文明单位、国家物理实验学校称号。2001年，成为市、县两级综合实践活动课程实验学校。

1987—2012年昆铜中学师生数一览表

表15-3

年份	合计		初一		初二		初三		教职工数（人）
	班级数（个）	学生数（人）	班级数（个）	学生数（人）	班级数（个）	学生数（人）	班级数（个）	学生数（人）	
1987	11	607		175		220		212	42
1988	8	455		115		168		172	33
1989	7	344		78		105		161	33
1990	7	320		143		72		105	36
1991	7	314		127		128		59	28
1992									

续表 15-3

年份	合计		初一		初二		初三		教职工数（人）
	班级数（个）	学生数（人）	班级数（个）	学生数（人）	班级数（个）	学生数（人）	班级数（个）	学生数（人）	
1993	7	375		122		148		105	29
1994	9	471		210		117		144	33
1995	11	572		263		209		100	36
1996	13	672		215		260		197	41
1997	13	684		226		210		248	48
1998	14	721		305		221		195	49
1999	17	871		372		298		201	58
2000	19	968		334		359		275	66
2001	17	945		287		323		335	59
2002	16	831		253		277		301	55
2003	15	802	5	261	5	262	5	279	52
2004	13	677	3	151	5	266	5	260	49
2005	12	598	4	185	3	152	5	261	48
2006	11	545	4	204	4	187	3	154	43
2007	12	577	4	182	4	206	4	189	39
2008	12	589	4	199	4	188	4	202	44
2009	12	570	4	181	4	199	4	190	41
2010	12	541	4	152	4	187	4	202	41
2011	12	480	4	142	4	155	4	183	41
2012	11	415	3	117	4	143	4	155	41

昆铜中学历任校长一览表

表 15-4

姓名	职务	起讫时间	备注
李视远	负责人（铜中）	1968.9—1970.1	
		1972.1—1978.7	
吴书法	负责人（铜中）	1970.2—1972.1	负责中小学
徐云瑞	学校专职干部		负责中小学
施 滮	负责人（铜中）	1972.1—1978.9	负责中小学
赵万生	负责人（铜中）	1978.9—1979.1	
		1981.11—1982.7	
方宝贵	负责人（铜中）	1979.9—1981.10	
潘福荣	负责人（铜中）	1982.9—1983.7	
邹纪良	负责人（铜中）	1983.9—1984.7	
何金生	负责人（昆中）	1968.9—1970.1	

续表15-4

姓名	职务	起讫时间	备注
		1979.2—1987.7	
朱如枬	负责人(昆中)	1970.2—1979.1	分管中心
	校长(中心学校)	1979.2—1984.7	
赵万生	负责人(昆中)	1979.8—1984.7	中、小学分设
邹纪良	副校长	1984.8—1986.7	
周敖清	校长	1986.8—1990.7	
何金生	副校长	1987.8—1993.7	
李视远	副校长(全面负责)	1990.8—1991.7	
	校长	1991.8—1995.7	
	书记	1995.8	
邓孰凤	校长	1995.8—2001	
刘　军	校长	2002—2004	
倪建良	校长	2004—2008	
谢昱圣	校长	2009—2011	
吴贤忠	校长	2012—	

昆铜中学历任教导主任一览表

表15-5

姓名	任职时间	姓名	任职时间
诸吉富	1984—1987	蒋文明	1999—2003
李视远	1987—1990	张文海	2003—2007
诸吉富	1990—1995	周　冰	2007—2012
何金生	1995—1999		

1. 1998年之前昆铜中学历任教师名录：

何金生　李视远　阮小平　朱如枬　李永祥　陈晓连　赵万生　钱秀英　郭武熊　沈学海
周文栋　陈克文　凌泽洪　张玉平　潘福荣　杨宗秀　王德富　杨锦樵　诸吉富　沈文松
吴立人　何月芳　沈我新　胡玉明　潘金萍　沈涵芳　伍德美　诸新民　朱新国　陈有娣
吕美珍　邵建中　孙学耕　王志昌　刘铭禄　姚玉美　赵　斌　施正跃　尉雪贵　邹纪良
施　滮　沈球发　方宝贵　何　俊　徐云青　周敖清　王贵良　阮锦秀　潘金龙　潘凤玲
邓启斌　张红霞　高为民　孙海民　方伟民　姚德芳　周庆芬　葛颖凤　李根生　方庆元
朱明金　徐亚琴　姚建中　徐　敏　丁祖培　唐雪梅　盛乐平　诸连中　胡静如　王伟民
孙亚萍　卢美萍　唐汉民　方美林　殷志龙　唐连根　朱　珏　孙乐平　赵德富　孙金华
许跃平　范贤德

2. 1998年之前昆铜中学代课教师名录：

薛　莉　张海平　叶　丹　朱照英　何芮如　张美华　孙小云　朱　萍　周利兴　孙红莉

黄菊明　赵德琴　范义珍　姜清香　朱连生　张蓉艳　范德华　白秋月　林美娟　王柏羽
施忠萍　郭吉成　金月珍　刘爱民　陈国琴　姚月华　钱义萍　胡　明　邵为彬　叶萍美
王　芸　杨建中　李仲龙　李建良　周红霞　汪　勇

3. 1998—2012年昆铜中学历任教师名录

邓孰凤　李视远　何金生　相春江　赵万生　李宋贵　万宝林　李永祥　金祥富　张文海
张玉平　吴爱军　吴太平　杨　品　孙海民　陈小连　吉德全　王德富　臧惠琴　何月芳
程　瑜　林文娟　姜　茗　谢仁华　蒋明文　金玉蓉　沈文松　郭武熊　韦粉红　蒋菊英
梁雪琴　陈显美　杨建美　陈　敏　张玉丽　白雪琴　倪秀萍　诸吉富　凌泽洪　周文栋
艾凤鸣　池昌益　潘福荣　钱　群　方伟民　沈剑儿　李　洁　胡晓杰　王　霞　朱　韵
王银琪　林妙蒿　周　冰　王家兴　储照兵　傅志英　吴海青　陈　斌　黄继刚　储德荣
陈　娜　王　贤　任大全　叶健康　张志勇　胡彩宏　程国彬　王来珍　陈家荣　张晓琳
卢志琼　李晓红　刘　军　盛宝强　唐小莲　袁宝美　江　丽　刘雅谨　陈志勇　戴　健
易　战　尹小龙　钱　锋　向广美　于　晶　倪建良　周光辉　黄双双　华忠琴　孙　毅
徐　芸　何孙珏　孔文欢　周　芬　毛珏敏　陈　丽　熊明健　姚池泉　傅玉兰　田妮妮
谢昱圣　王建丽　干成赟　殷菊雯　黄　菲　吴贤忠　袁　辉　许　垚　张金芳

4. 1998—2012年昆铜中学代课教师名录：

李金英　王　琴　卡贤军　徐志铭　王云霞　孙志贤　梁世萍　裴国宏　梁应义　汤玉斌
齐文彦　诸小丽　陈彩连　李加文　华名扬

第六节　成人教育

一、扫盲

20世纪50年代初，农村亟须文化人才，以扫除文盲为主的农民、干部业余教育蓬勃发展，境内各村都开设辅导学校。1952年秋冬开始，各村开设1～2所夜校，当时称作“速成识字班”，组织青中年农民学习文化，聘请各村有文化的人员任教。学员们白天劳动，晚上点燃蜡烛或煤油灯上课。其中部分学员较为积极，进步很快，不仅能看书看报，还能写信、算账，成为农村工作的骨干，在以后的合作化运动中发挥了作用。由于经费及学习与生产的矛盾未能妥善解决，两年后夜校停办。

1958—1962年前后，根据服务生产、闲时多学、忙时少学、力争不停的原则，曾开办过扫盲班，“见物识字”“送字上门”。“文化大革命”后期也曾开设夜校，重点是扫除文盲。

二、冬学

1950年12月，昆山乡和铜山乡纷纷开办夜校，当时称“冬学、冬校”。昆山乡有干溪桥、大路口、高家坞、毛徐、良村、上舍等夜校；铜山乡有化家坞、俞子岭等15个夜校学习点（见表15-6）。

每个夜校分4个组学习：少年组每天一小时，主要学习文化；青壮组和老年组分别为每天一小时和两天一小时，主要进行形势教育、思想教育；地富组两天一小时，主要进行思想改造。当时参加冬学的学员很多，例如上舍夜校共有232人，其中少年组85人、青壮组92人、老年组36人、地富组19人。另外铜山乡还办有钱坑桥、梓坊、庙思岭、石龙、隐将、梅坞、路西等民校学习点，主要是学习文化。

1950年12月铜山乡冬校各学习点师生数一览表

表15-6

校名	校址	学员数			教师数
		男（个）	女（个）	合计（个）	（个）
铜六村冬校	化家坞	36	8	44	2
	俞子岭	28	8	36	2
	钱坑桥	14	13	27	2
铜七村冬校	江家边	16	16	32	1
	南楼坞	20	17	37	1
	路西	45	10	55	2
	岳征坞	20	21	41	1
	蒲萝坞	17	14	31	1
铜五村冬校	梓坊	25	26	51	2
	庙思岭	7	2	9	1
	石龙	10	9	19	2
铜四村冬校	隐将	27	16	43	2
	梅坞	14	0	14	1
	石门	17	4	21	1
	福水岭	49	13	62	1
合　计		345	177	522	22

三、培训

1968年开始，昆铜公社（乡）创办成人教育学校，配备专职分管干部，指导技术培训和青壮年的扫盲，特别是对企业职工进行文化教育培训。成校负责人走访各大队（村），根据需求，按时节设点开办成人教育培训班，先后开设大队（村）干部学历教育提升班、企业主经营交往业务培训班、中青年文化水平提升班及妇女就业讲座等。

1998年后，根据实际先后开设羊毛衫上岗前操作技术培训、竹类生产技术培训及竹笋两用山技术培训、家禽家畜饲养繁殖技术培训、白茶培育采摘炒制技术培训、水果栽培培训、农机维修保养培训等课程，邀请浙农大良渚果木艺园的专家到现场上课指导，有效地指导青年农民就业创业，提升素质。2000年，昆铜乡成人教育学校并入昆铜乡中学，实行“一副班子、两块牌子、合署办公”，实现普成教资源共享、优势互补，促进了成人教育规范化管理，办学水平和效益都有了较大提高。

历任成校校长名录：方宝贵、姚柳法、林妙嵩、艾凤鸣。

第十六章　卫生　体育

旧时，山里人体力劳动强度大，生活艰苦，吃生食冷食，得胃病多；牲畜栏、厕所与住房较近，卫生状况差，疟疾多，肺痨多，经常发生传染病。国家没有医疗机构，民间只有中医郎中，缺医少药，医术落后。穷人得病能拖则拖，盲、聋、肢残、毁容、弱智等残疾人甚多，活到60岁已是幸运，长寿者稀少。中华人民共和国成立后，政府重视医疗卫生，开展爱国卫生运动，乡镇办起卫生院，村里办起合作医疗站，村民的健康水平逐步提高。1968年开始，实施消灭天花、麻疹、结核病、血吸虫病、地甲病计划，儿童接种牛痘等疫苗，小孩全面服用免疫糖丸，预防各种流行性疾病。20世纪90年代后，全面实行大病统筹、医疗保险，村民的平均寿命随之提高。1996年，昆铜卫生院被评为安吉县文明单位。2005年，昆铜乡成功创建市级卫生乡(镇)，2007年成功创建省级卫生乡(镇)。同时，独山头村被授予市级卫生村，长林垓村被授予省级卫生村。2008年，昆铜乡成功创建省级体育强乡(镇)。2009年，大路口、路西和钱坑桥卫生服务站成功创建成为湖州市“三星”级卫生服务站。2012年，昆铜卫生院被评为省级规范化卫生院。同年，省级体育强乡通过复评。

第一节　卫生医疗机构

中华人民共和国成立前及中华人民共和国成立初期，境内无医疗机构。所有药店均为私人开设；医务人员全为民间医生，当地人称郎中。

1956年，昆铜联合诊所成立，医务人员由晓墅镇联合诊所派出。不久又组建长林垓联合诊所，总部设在钱坑桥，两个联合诊所改为分所，共有医护人员9人，实行中西医结合治疗。

1958年下半年，昆铜卫生所建立。卫生所位于独山头，下设钱坑桥、长林垓两个分所。卫生所成立后，响应政府号召，开展爱国卫生运动，接种各种疫苗，采用中西医结合治疗的方法，对患者进行救治。在1959年春的传染病麻疹防治工作中，发挥了重要作用。

1962年，昆铜卫生所改称昆铜卫生院，内设病床10余张。聘请秦瑛、叶守能、徐百安等医师坐诊，其中秦瑛原为国民党部队军医，有较高的医疗技术。与此同时，两个分所分别改称长林垓分院和钱坑桥分院，均有中药铺，各村山农可以就近问医抓药。

1970年，为改善医疗条件，移址突来山方向的路口新建卫生院，医药用房屋用泥土夯筑。1976年，险遭洪水侵袭，又在铜山方向公路旁征用竹林4亩，再建新昆铜卫生院，内设病床12张，有医务人员20余人，其中有杭立人等中医师。同时在独山头、长林垓、钱坑桥各开设中药房，共有中医师和药剂师10余人。

2000年前后，境内有村卫生室5家，有医务人员39人、社区责任医生14人，负责辖区内居民的基本医疗、预防保健、康复教育、计划生育技术指导等公共卫生服务。

2005年，投资50余万元，新建昆铜卫生院门诊大楼，建筑面积460平方米。院内设有全科门诊、外科门诊、中医骨伤科、孕产妇保健门诊、儿童保健门诊、口腔门诊、预防接种门诊，配有心电图、B超、血液及生化室和西药房、收费室及计算机房、注射及输液室等科室。

2006—2008年，全乡相继建立长林垓、大路口、路西、钱坑桥、梓坊等5所村（社区）卫生服务站，担负医疗、预防、保健、康复、健康教育、计划生育、技术指导等多种职能；每个站设有诊疗室、治疗室、输液室、药房，备有简易诊疗器械、常备药品等；实行统一药品管理、统一财务管理、统一劳务分配、统一养老保障与退出机制、统一管理制度的"五统一"一体化管理模式。每半年定期为村民免费体检一次，建立家庭档案，对重点对象适时回访关注。各站年诊疗达10万人次，小病进社区比例达93%。

2011年实行医疗体制改革，为减轻村民的看病负担，将所有西药实行零利润销售，乡卫生院增设中医科和中药房，并购置煎药炉等设备，为病员代煎中药。

1962—2012年昆铜卫生院历任院长一览表

表16-1

起讫年份	姓名	起讫年份	姓名
1962—1967	陈炜源	1991—1992	林明镜
1967—1972	杜国庆	1993—2010	陈炜源
1972—1989	陈炜源	2010—2012	朱德祥
1989—1991	祝叶法		

第二节　药店与民间医生

一、药店

明清至中华人民共和国成立初期，境内钱坑桥和长林垓（一说在银山溪），是安吉东片山乡的商业重镇，分别设有中药铺，经营中药材百余种，自制药丸、散、膏、丹等中成药数十种。中药店铺历来是祖传私营，每个店只有2～3个朝奉（营业员）。

1956年实行公私合营，两家中药铺被并入晓墅国药合作商店，成为晓墅国药合作商店钱坑桥和长林垓分店。1972年，中药店由商业系统划入卫生系统，归卫生院管理。1977年，乡卫生院开设中医门诊，建立了中药房。2010年，钱坑桥、长林垓中药店被撤销，并入乡卫生院，中药店人员也转入卫生院。2012年，独山头卫生分院开设代煎中药业务。

二、民间医生

中华人民共和国成立前，境内中医居多，民间称其为“郎中”。部分能著书立说，精于切脉。中医技术多传于子孙，为世业，多数不设诊所。

中华人民共和国成立初期，中医杨小山、章永顺、朱云春、许郎然、叶名久、施南初、叶守能等人经常巡诊行医。1956年，境内成立联合诊所，以中医为主，后扩大为中西医结合，诊所设在钱坑桥，部分民间中医加入。不久，长林垓联合诊所成立，钱坑桥、长林垓两个联合诊所改为分所，1958年后纳入县、乡卫生系统统一管理。改革开放后，民间医生必须具备行医资质方可行医。

第三节　合作医疗

一、农村合作医疗

1970年，境内各大队（村）按照上级要求，实行合作医疗，各大队都建立保健站。农户按人头交纳5元作为合作医疗基金，由大队统一管理。县级卫生组织和公社每年分1季或2季开办“亦农亦医培训班”，各大队选派2名较有发展前途的青年参加培训，为期3～6个月，学习内容有内外科、妇产科、针灸科、护理、注射以及防病治疗一般操作技术，并随卫生院医师实习两个月，然后在保健站上岗。这些学员上岗后被称为“赤脚医生”。赤脚医生的报酬由大队开工分票到生产队记工，大队年终对所有用工平衡后实行队与队找补。保健站按规定到梅溪医药公司进货，发票交大队结算。农户到保健站看病，开处方单的医疗费由大队报销50%，个人承担50%，用赤脚医生采集的中草药和针灸免费。各自然村有老年人得病，可通知保健站医生上门服务。夏收夏种的双抢大忙季节，赤脚医生要到田头巡诊，有时施行一些小手术包扎等。合作医疗保健站一直延续到1983年冬。

1983年后，农村实行联产承包责任制，提倡各种形式办医。部分赤脚医生承包村卫生室，实行自负盈亏、独立核算。规定药品必须向卫生院进货，药价统一，由乡卫生院监督管理。平时进行巡查，实行谁看病谁付钱。多数卫生室搬到交通方便的公路旁，方便村民就医。农村初级卫生保健和防治任务仍由各卫生室负责，收取规定的费用。

1991年3月起，村卫生室一律改由村集体办，并建立村合作医疗制度，乡村医生纳入合作医疗管理。

二、新型农村合作医疗

2000年，实行初级卫生保健（亦称大病统筹）制度，村民每人每年交大病统筹费6元，村、乡、县三级补助6元。患者扣除自负部分后，2000元以上的部分报销60%。因部分干部和村民认识不统一，当年参加率仅为60%；次年，有85%的村民交了大病统筹金。

2004年起，实施新型农村合作医疗和新型城乡合作医疗制度，村民每人每年交大病统筹费15元，乡镇、县、省三级财政共补助15元。报销比例由2000元起付调整为住院费0起付，最高报销2万元。2007年，村民每人每年交大病统筹费25元，乡镇、县、省和中央财政共补助52元。之后，个人交费和各级政府补助大幅度提高。2012年，个人交150元，各级政府共补助330元，住院费最高报销额提高到10万元。同年，在全面推行儿童两病（先天性心脏病、白血病）保障的基础上，将乳腺癌、宫颈癌、肺癌、急性心肌梗死、脑梗等20种疾病纳入重大疾病医疗保障范围，报销比例在原有基础上提高5个百分点。同年，全乡共有15782人参加大病统筹医疗保险，参保率达96%。

2000—2012年农村合作医疗筹资一览表

表16-2

年份	资金来源(人均:元)						
	个人交费	乡村统筹	乡财政	县财政	省财政	中央财政	合计
2000	6	4	1	1	0	0	12
2001	6	4	1	1	0	0	12
2002	8	4	2	2	0	0	16
2003	12	0	2	2	5	0	21
2004	15	0	2	3	10	0	30
2005	15	0	2	5	10	0	32
2006	15	0	2	5	10	2	34
2007	25	0	5	25	20	2	77
2008	40	0	5	35	40	4	124
2009	50	0	5	45	56	4	160
2010	80	0	20	80	56	4	240
2011	100	0	30	150	86	14	380
2012	150	0	50	160	106	14	480

第四节　卫生防疫与妇幼保健

旧时，台风、洪水过后，常引发瘟疫，加上季节流行性疾病，给境内带来灾难性的后果。春夏时节有天花、麻疹、霍乱、小儿麻痹症、脑膜炎；秋冬时节有疟疾、瘟病等烈性传染病，多数人传染致死。中华人民共和国成立后，政府大力开展爱国卫生运动，整治环境，改善饮用水条件，统一部署疫苗接种等，有效防止各种疫病的发生，保障了居民的身体健康。

一、传染病防治

中华人民共和国成立后，按照“预防为主，防治结合”的卫生工作方针，昆铜境内开展了一系列的传染病防治工作。从1951年开始，开展有针对性的预防接种工作，到1953年年底，共注射霍乱菌苗7000余人次、牛痘苗3600余人次，接种人数达80%以上；注射卡介苗2000余人次、白喉苗1000余人次、流脑菌苗1800余人次，约占应接种人数的70%。经过各种疫苗（菌）的预防接种，消灭了天花鼠疫，其他传染病的发病率亦明显下降。

天花　据有关记录，1946年，境内曾天花流行，死亡十多人，数十人留下后遗症。1952年起接种牛痘疫苗，从此天花绝迹。

霍乱　1861—1862年，由于太平天国战争和饥荒，大量的兵丁和百姓死亡后无人掩埋，境内发生过一次最大的瘟疫流行。得病后上吐下泻，不两天即亡。最后，境内只有15%左右的当地居民逃进深山，与世隔绝，饮用清洁水才得以幸存，而平原地区的人口则几乎不存，造成十室九空，田地荒芜。此次瘟疫实为霍乱，《朱氏家谱》中称野猪瘟。据老人回忆，民国31年（1942），霍乱传入梅溪、晓墅一带，昆铜境内也有发生，死亡人数无具体数据。中华人民共和国成立后，政府一直大力宣传和加强防控，以后再没有发生过。

麻疹　1958年秋冬，境内麻疹流行，有20余位小孩夭折，其中独山头、干溪桥、路西三个村合建的梁家塘幼儿园10余个幼儿病死。

疟疾　旧时叫做“打摆子”或称发寒热，境内各村均有流行，严重影响村民的身体健康和生产劳动。1963—1965年，昆铜境内疟疾大暴发，由于隐将羊毛坞开挖铀矿，大批已感染疟疾的外地工人与当地村民交往所致。省卫生厅专门派专家到昆铜指导防治。境内每个大队抽调2名年轻有文化的社员，在公社卫生院指导下，对所有疟疾患者和易感人群进行预防治疗，对发病率高的村庄、农户进行药物灭蚊。1965年之后，疫情逐步得到控制。至2010年，境内疟疾病已绝迹。

流行性脑膜炎　1964年，境内有数人患此症，公社卫生院及钱坑桥、长林垓二个分院采取措施防治，病者全部治愈。而后，采取预接种疫苗等综合防治措施，使“脑膜炎”发病例大幅下降，20世纪80年代起再无发病病例。

小儿麻痹症　1960—1964年，境内出现数十例小儿麻痹症患者，部分留下了后遗症，其中重度致残7人，轻度致残19人。20世纪60年代中期起，卫生防疫部门实施儿童服用免疫糖丸措施，使发病率大为降低。20世纪90年代，又进行几轮小儿麻痹症疫苗的强化接种，使疫情得到控制，此后再未发现该病。

钩虫病　旧时境内曾为钩虫病的高发区。部分农户在夏天雷雨过后下地劳作，由于赤脚，地下热气冲上来，钩虫便侵入脚趾丫，瓣痒难耐，随后出现溃烂、发热，无力干活，久而久之变成“黄胖病”。20世纪60年代后，无此病情发生。

其他传染病　旧时境内曾发生过破伤风、白喉、流脑、伤寒、流感、猩红热、肺痨等传染病。中华人民共和国成立后，随着综合防治措施的实施，多数病例得到有效控制，已无新增病例发生。同时，经过宣传，村民的防范意识不断提高，大人或小孩一旦被狗、猫等动物咬伤，村民们都会自觉到县疾控中心或是医院及时注射狂犬病疫苗。

二、地方病防治

丝虫病 亦称吸丝虫病、“大脚疯”，开始发病时被称作“发流火”“红丝筋”。中华人民共和国成立前因环境卫生差，丝虫病流行。1970年前后，合作医疗站开展排查病情，免费治疗和防治工作。到2000年，境内基本达到消灭丝虫病的标准。

地方性甲状腺肿 简称地甲病、甲亢病，当地人又称“气喉咙”“粗头颈”，因缺碘引发。1970年，卫生院和村合作医疗站开始宣传防治办法，鼓励村民多吃海带一类含碘较高的食物。1985年后，国家采取供应碘盐，卫生部门加强防控措施，对重症患者采取甲状腺切除处理，多措并举，有效控制了地甲病的流行。

地方性氟中毒 20世纪中后期，境内部分厂矿企业、窑厂、食堂烧煤，烟尘产生氟污染，导致少量中毒。为此，公社（乡政府）采取广播宣传、开会通知，在窑厂、厂矿、学校禁止烧煤，消除氟中毒。

其他地方病 旧时，境内还有疥疮、乙型肝炎、百日咳及小孩头癣等地方病，这些和日常卫生习惯有较大关系。中华人民共和国成立后，随着医疗条件的改善、环境治理，逐步绝迹。

三、卫生防疫制度建设

中华人民共和国成立后，国家重视卫生防疫，公社（乡）卫生院制定卫生防疫制度。主要内容有：国家法定传染病疫情报告制度，即各基层一旦发现地方性、区域性疫情，须在第一时间向县疾控中心报告，然后逐地逐级排查；传染病疫点处理制度，即根据疫情发生，一方面向上级报告，另一方面根据防疫部门要求对传染病疫点的隔离、消毒、随访。

1983年前，预防接种仅为季度进行，无冷链设备，疫苗接种率低，传染病仍时有发生和流行。1984年后进行防保改革，乡卫生院防保科负责境内的计划免疫工作，规范免疫程序，按月定点接种，同时配备冰箱、冷包等冷链系统，运用卡介苗预防结核病、脊髓灰质炎糖丸预防小儿麻痹症、百白破疫苗预防百日咳、白喉、破伤风，麻疹疫苗预防麻疹，充分保证了接种数量和质量。

2003年，为防止由SARS冠状病毒所引起的急性呼吸道传染性疾病（非典）输入，按照上级部署，境内禁止活禽交易，对发热病人采取定点隔离等措施。每年手足口病易发季节，对中小学校和幼儿园加强防治，对社会上的幼儿一并排查防治，以防扩大交叉感染。同时及时向上级卫生疾控防疫部门报告。此后，境内卫生防疫工作基本做到制度化，常态化，在传染病防治工作中起到关键作用。

2012年，以上年为基数，建立规范化健康档案，建档率、使用率均为100%。同年，全乡60岁以上老人共有3208人，其中患有高血压1398人、糖尿病293人、中风28人、结核病3人、精神病58人、冠心病22人，对以上病人专门建立慢性疾病健康档案，实行动态管理。

四、妇幼保健

旧时山区妇女，由于社会地位和家庭条件等限制，一旦患上妇女病便羞于求医，一般常见病也是能拖则拖。

1951—1956年，培训民间接生婆，推行新法接生。1960年，昆铜卫生所建立接生专科，但由于多年习惯，90%以上乡民都请老接生婆到家接生，这种状况一直持续到1975年左右。此后，推行计划生育，村民生育意识得到加强，去医院或妇保院分娩的孕妇逐年增加。1990年后，各级医院实施母婴保健保育制，母婴平安得到保障。2001—2012年，不定期开展妇女病普查，共查出患病妇女100多名，95%以上得到有效治疗。同时，乡卫生院建立档案，定期对儿童注射牛痘苗、卡介苗、流行性脑脊髓炎疫苗、流行性乙型脑炎疫苗、麻疹疫苗等疫苗及服用糖丸，使儿童免疫率大大提高。对儿童的入托、入幼管理进一步规范，对入园儿童全部进行体检。

第五节　乡村卫生

旧时，多数农家条件差，住房拥挤，水缸灶台连眠床，鸡窝粪坑就在旁，牲畜草棚连屋近，池塘溪水是饮用水，苍蝇蚊子满屋穿。中华人民共和国成立后，政府重视农村卫生工作，大力开展爱国卫生运动，改善环境卫生，村民健康得到保障。

一、饮水卫生

境内村庄分布在山坞或溪流沿岸，村民自古饮用井水和溪水，少量饮用河塘水。山区的地下水含有多种矿物质，部分井水含有汞和砷等有害物质，长期饮用会影响健康。

2000年后，全乡开展村庄环境整治和美丽乡村建设，启动改水工作。各村建立蓄水池，引入水库清洁水源，净化处理达标后接入各家各户。其中，大路口、干溪桥、姚良、长林、上舍、管城、三山、隐将、张家山、梓坊等村利用当地水库安装自来水；梅坞、钱坑桥、化家坞、路西等村统一改用石坞岭水库的水源，埋设管道接通各村，使村民用上清洁、卫生的放心水。2005年，独山头村各自然村接通乐平水厂的自来水。2008年，昆铜乡实施农饮水工程，2010年1月通过验收。此后，乡政府每年投入一定财力，改造各村饮用水设施；同时对接晓墅水厂，扩大境内自来水供给，使山区人民喝上干净水。

二、改造厕所

20世纪90年代前，乡民多使用露天粪缸、粪桶，环境污染严重。90年代后，新建住房均设有卫生间，地下建有三格式化粪池。21世纪初，通过村庄整治和美丽乡村建设，境内露天粪坑彻底淘汰，各户产生的粪水通过管道接入化粪池，达到无害化标准排放。

三、公共卫生

垃圾分类管理　2002年开始，开展村庄整治活动。各村根据自然村大小分设几个点，先设置垃圾房，后改为垃圾箱，由专人定时清运村民所投放的垃圾。不久又向各家发放垃圾箱，提倡垃圾分类。各村指派专职卫生人员分段包干，每天清扫责任路段，清捡路旁、沟旁、溪边的白色污染等垃圾；政府派专职干部每月、每季度进行巡查、监督，发现死角和不合格地段，扣发专职卫生人员的奖金，并追责各村专职干部。

污水处理 2000年前后创办的竹制品厂等企业，使用双氧水烧煮白竹、竹丝等，所产生的工业废水，直接排放于地表，随雨水流入溪沟河道，污染环境。2005年开始，政府和环保部门对排放污水的工矿企业实施整改，关闭不达标的企业，禁止直接排放未经处理的污水。2010年后，推行生活污水净化排放和粪便无害化处理排放，各村按照居所地形设置处理池，定期清理。有废水排放的竹制品企业限期撤并，做到达标升级。

空气污染治理 长期以来，境内农户习惯烧焦泥灰，焚烧麦秆、油菜秆及油菜籽壳，产生的烟尘污染大气层。2002年开始，政府对烧煤企业的排放采取限期整治，对蚕桑重点区域的企业限时烧煤或停产；禁止农户焚烧秸秆和垃圾，不准烧山种白茶，有效地减少二氧化碳的排放，净化了空气。

第六节 体育事业

一、学校体育

1956年，各完小开设体育课，在体育老师指导下开展各项体育活动。学校的体育活动有跳高、跳远、铅球、跳绳、拔河、打羽毛球、篮球等；课余有跳皮筋、踢毽子、打乒乓球等运动。20世纪80年代开始，执行《全日制十年制中小学体育教学大纲》，全乡中小学均配齐体育教师，保障“二课二操一活动”（每周两节体育课，每天做广播体操和眼保健操，每周一次体育活动）；实施《国家体育锻炼标准》，每学期进行学生达标测试，每年举办达标运动会，学生达标率逐年上升。平时各校全面开展课余训练，每年定期举办运动会，成绩优秀者参与县中小学每年举行的春季、冬季田径运动会，及其他项目的体育比赛。1992—2011年，除2006—2008年三年外，每年进行中考体育加分考试。考试分值占五分之三，平时成绩占五分之二，按满分30分折合记入中考总成绩。

二、老年体育

进入21世纪后，境内掀起老年健身热。每个自然村都有健身团队，这些团队无专人组织，属于自发性质，闲暇之余，三五成群，打拳舞剑、打牌下棋踢毽子、跳广场舞；或是饭后一块散步，晨起一齐跑步。每年重阳节，乡、村都组织老年人开展一些有趣的文体活动，组织部分老年人参加县级老年运动会等。2008年，昆铜乡成功创建为第二批“浙江省小康型老年体育乡镇”。

三、青年体育

1968年开始，各村都组织体育活动，特别是上舍、姚良、长林、路西、钱坑桥、梓坊等村组成多支篮球队，经常互邀开展各种友谊赛，还挑选精干队员参加乡、县级联赛，为球队和村争得荣誉。上舍村的青年舞龙队，多次参加本地和县、市、省的舞龙比赛，2008年参加北京天安门广场的舞龙表演，2009年参加法国第37届国际和平艺术节表演，2010年参加上海世博会表演，先后获得多个大奖。平时，各村团支部、民兵连经常组织青年参与各种文体活动。

四、妇女体育

2008年开始，各村先后组建排舞队，本着自我发展、自我管理、自我服务原则，以健康靓丽、青春而又充满活力的身姿展示在人们眼前。2012年，境内的几支排舞队在首届“临港杯”排舞赛中获得三等奖，在梅溪镇全民健身月暨荆湾村体育舞蹈比赛中获得一等奖、二等奖，并参加省排舞湖州赛区安吉站的排舞赛。

五、竞技获奖

数十年来，全公社（乡）有多人获得市县级各类体育竞赛奖项。昆铜大路口村的殷昕怡成绩最为突出，2006年被县体校招收为皮划艇训练员，2007年进入省皮划艇训练队。2010年8月，殷昕怡参加省运会，获女子乙组500米单人皮划艇金牌和女子乙组6000米单人皮划艇金牌。同年参加全国锦标赛，获女子皮划艇个人组第二名。2011年6月，参加全国第七届城市运动会，获皮划艇女子单人皮艇500米第一名；同月，参加全国青年皮划艇锦标赛，获2000米单人皮划艇女子A组第一名。2012年4月，参加全国皮划艇春季冠军赛，获女子单人皮划艇200米组亚军。2012年10月被国家体育总局授予国家级运动健将，曾多次受到国家体育总局的表彰。

六、体育设施

1987年秋，撤销昆山中学、铜山中学，成立昆铜中学。昆铜中学设有标准田径运动场，各种体育运动器材完善。2004年，各村完小全部并入昆铜乡中心小学，乡中心小学按照要求，建立标准运动场，增添器材，完善设施，原各完小的体育器材移交给各村委会，供村民体育锻炼使用。乡幼儿园根据需要也增添符合幼儿活动的体育设施。

通过多年的“中国美丽乡村”建设，农村的体育设施不断完善。至2012年年底，村村建有活动中心场所，内设健身房、乒乓球室。多数村建有排舞场、老年棋牌室。其中上舍、姚良、长林、路西、钱坑桥、干溪桥、三山、梓坊、江家边等村建有篮球场。部分体育设施，如篮球架等由县体育局赠送。除中心村外，各自然村也建有各种运动点，健身设施均按县体育局要求设置。独山头村陈家塘、江家边等自然村，建有文化活动中心，内设排舞场、社戏凉亭等。部分家庭在家中也添置单边篮球架、台球桌、乒乓球桌，供家人和亲朋好友娱乐。

第十七章　军事 治安

昆铜乡位于安吉县东部，与长兴、吴兴、德清等县交界。古代，昆山与铜山为皖南至湖州，长兴西部地区至杭州，以及安吉东北部地区至武康的交通要道。南宋建都临安（杭州）后，在境内建有4处关隘，近现代在境内也发生许多战事。因此，昆铜历来被称为军事战略要地。中华人民共和国成立后，年轻人踊跃报名参军，保卫国家；青壮年积极参加民兵，为经济建设和抢险救灾发挥突击队作用。

第一节　战　事

一、太平天国战争时期

清咸丰十一年十一月二十日（1861年12月13日），为配合忠王李秀成夺取战略重地湖州府，数十万太平军由广德进至安吉，各处民团俱溃，最后太平军将剩余民团全歼于铜七庄泥母村（今为递铺镇南北庄村宜茂自然村）。至同治三年七月二十八日（1864年8月29日），太平军部队或驻扎或穿梭于昆铜地区，境内的乐平寺、独山头、江家边、高磡、铜山湾、钱坑桥，以及费家塘、干溪桥、长林垓、管城沿线，房舍几乎被烧尽毁绝。由于战乱、饥饿和瘟疫，乐平寺、高磡、铜山湾、干溪桥、银山溪、长林垓、管城等村，大多十室九空，村民基本灭绝，其中高磡、铜山湾两村从此消失。20世纪60年代末“农业学大寨”开荒造田时期，管城自然村上下两块竹林荒地的地下曾发现成堆尸骨，尸骨凌乱但头骨口腔牙齿齐整，显然死者当时年纪都较年轻。

二、抗日战争时期

1937年12月20日，日本侵略者第101师团自湖州出发，中午抵达菁山遭国军阻击，傍晚改道抵达长兴和平。21日中午至安吉晓墅，下午经独山头、江家边、路西、钱坑桥，再过武康福水，于深夜至莫干山。沿途烧杀抢掠无恶不作。江家边一小店遭抢后被烧毁，路西自然村杨阿财家等20余间楼房、平房被烧毁，钱坑桥集市多户被抢掠，村民纷纷躲进深山。

1938年1月27日，国民党第98师郑旅自临安经独松关至递铺，28日推进至昆铜地区。29日，郑旅某团在安吉游击第五大队大队长郑梦兰的配合下，星夜破坏日本侵略者控制的京杭（南京至杭州）国道，炸毁埭溪公路大桥。郑梦兰是昆铜管城村人，抗日战争前为地方训练壮丁，抗战爆发后招募闲汉散兵百余人组成游击大队，自任第五大队大队长，后被编为安吉县大队下属中队，任中队长。

1938年2月17日，日本侵略者窜至隐将，进入纯阳宫庙，欲烧毁庙宇，正在庙内持剑作法的汪道士，被日本侵略者残酷杀害。

1938年2月20日上午8时，驻湖州日本侵略者第12师团1000余敌自长兴和平欲窜安吉，在佛川寺遭国军59师伏击，双方激战竟日。黄昏时，国军不支，经晓墅退向昆铜、溪龙黄杜山区，日本侵略者午夜抵达晓墅。2月21日，武康日本侵略者敌天戢联队1000余人经福水偷袭钱坑桥，国民党第59师与第98师郑旅合兵迎击，敌援继至。同日晚，国民党第59师主力不得已由钱坑桥转移至西亩市郭吴村，第98师郑旅退至铜岭、关岭一带部署阻击。2月22日，武康敌与湖州敌合占安吉县城。

1938年3月17日，武康1000余名日本侵略者和余杭2000余名日本侵略者分途偷袭安吉。当日，武康日本侵略者经张家山进占钱坑桥，余杭日本侵略者主力经独松关进占递铺。3月18日，钱坑桥日本侵略者与递铺日本侵略者合占安吉县城。

1938年5月17日，长兴天平桥据点日本侵略者经畎桥、章湾入侵梅溪，其中一股东渡西苕溪进占晓墅。5月18日，日本侵略者尽焚镇上房屋，向昆山乡进发，经长林、管城、三山村前往方家庄。当日本侵略者进入三山村时，周家里自然村有一村民躲在竹园里，用土枪朝日本侵略者开了一枪，未击中。日本侵略者被这突如其来的枪声吓了一跳，随即跑到村中进行搜索，未发现人影，便朝一农房投掷硫黄弹，正房三间两厢和小屋及偏屋共7间全被烧毁。日本侵略者随后又返回长林，村民们以为日本侵略者去方家庄了，便陆续从山坞里赶回家，正好碰到日本侵略者，3名苏州到该地避难的难民在通往莫劳坞的路口被当场杀害，两名当地妇女被强奸。然后日本侵略者又撤回梅溪。

1938年秋，国民党政府的一支区分队由县城到昆山乡高家坞至坳磡一带活动，该事被汉奸和驻守在梅溪的日本侵略者获知，日本侵略者迅速前往围剿。由于找不到区分队的行踪，日本侵略者恼羞成怒，将坳磡村孙松勤、殷金生、殷金文等农户十余间房屋连同牲畜家禽全部烧毁烧死。

1939年8月27日，武康日本侵略者侵入钱坑桥，28日向安吉县城进发时，安吉国抗第三大队郑大队长率众作为向导，带领国民党第59师某部给予敌迎头痛击，敌退回武康。

1939年夏秋，日本鬼子封锁浙东和浙西各县的通道，境内的日用品和食盐极为紧缺，部分村民时常冒着生命危险到德清县的水运码头——洛舍，挑贩食盐和小件日用品到钱坑桥、梅溪、晓墅、安城一带出售。一天，境内干溪桥青年漏文斌(小名“化子”)也随贩运人群一起去了洛舍。他们一行共有9人。中午时分，当他们购好货物刚担行上路时，突然闯来一队日本侵略者。当地村民四散逃生，他们因身边有货无法脱身。日本侵略者用刺刀逼着他们排好队跪在路边田埂上，依次用大刀向商贩们的头颈砍去，一连砍杀了8人。有的被砍去头颅，有的被砍去半个脑壳，躺在路边当场死去。第9个是漏文斌，当日本侵略者大刀砍下时，他猛地低下头，日本侵略者大刀削去其颈项皮肉和后脑勺的部分骨头和发皮，鲜血直流。他顺势倒下，滚到田埂下蜷缩一团，晕死了。日本侵略者以为他的头颈已被砍断，就没有再去砍他。鬼子走后，漏文斌苏醒过来，感觉自己未死，爬起来摸摸自己的头颈、后脑，血肉模糊。他爬起来东躲西藏，总算逃回家中，由于没有砍到致命处而幸存下来。

1940年2月，浙西行署在递铺吉庆桥设立第二区经济封锁线封锁处，在长林垓设封锁站，主要任务是宣传战时经济法令，组训战区运输人员，强化商民民族意识，建立经济情报网，打击私运贩运资敌等。同年11月裁并。与此同时，浙西行署还在长林垓设立递步哨，称14小哨，哨长胥洪生，主要任务是负责行署与各县之间的公文传递，总哨设在天目山。

1940年9月，浙西行署在钱坑桥设立军民合作站，下设问事组、征催组、贩卖组、向导组、救护组、茶水组等6组，为过境国民党官兵、伤病员和难民提供系列帮助。

1940年10月8日上午，武康敌2000余人随上柏敌进至后坞，两军会合后于下午分三路出窜，其中一路经瑶坞侵占大造坞后，经木竹坞犯安吉张家山之俞家舍。9日上午，武康瑶坞敌由尺五进占递铺，下午由递铺转进钱坑桥，与从武康大造坞宿俞家舍犯钱坑桥之敌会合。10日上午，经路西、江家边，由独山头出境侵占晓墅。

1941年8月，国民党部队第28军62师驻扎在铜山乡诸家边自然村，师长陶柳，是个跛子，颇具军事指挥才能。其第184团驻守在昆铜进口的江家边一带，团部设在江氏大厅；第185团驻守在南北庄一带；第186团驻守在梓坊村一带，团部设在梅洪江家中。9月1日，长兴敌七八百人经畎桥，沿龙山南侧进占梅溪；吴兴敌约800人经小溪口至长兴和平镇。9月2日早晨，梅溪敌西犯不逞，南渡西苕溪，经华光桥窜向晓墅，与从和平犯晓墅之敌会合。上午8时，敌在昆铜独山头兵分二路，一路经江家边正面进扑诸家边，一路绕道溪龙黄杜，过东西曲岭欲扑诸家边之侧背。国军第184团处在最前哨，在江家边后山顶设有一个排的岗哨，一位新任的年轻军官登上山顶（当地百姓传说，前三天在团部摆了三桌迁升酒）用望远镜观察，见独山头至陆家村有日本侵略者向山里移动，随即报告团部；然而日本侵略者也用望远镜发现了山顶的哨兵，立即用小钢炮向山顶射击，这位年轻的军官当即阵亡。上午9时，守备外黄杜的第184团三营八连和守备江家边的三营主力同时与敌发生激战。当日下午，钱坑桥外围之国军与日本侵略者酣战至傍晚不敌，第184团、第185团及师部先后撤离阵地，经钱坑桥、俞芝岭和庙思岭撤向泥母村，日本侵略者在飞机的援助下占领钱坑桥。下午6时30分，外黄杜一路敌军已进出于庙思岭，直窜梓坊村；驻守梓坊的第186团也由王家上翻越赤山岭而撤离。3日清晨，第62师督促各路向窜钱坑桥之敌合击，第185团三营马静波连向诸家边截击时，适敌在操坪集合，骤予袭击，敌死伤甚大。当日激战至午夜4时将敌击溃，敌主力经梓坊溃退至武康大造坞，其一部经武康福水溃窜至上官。三天后，江家边的江品良、江汉武等村民爬上后山冈察看，将阵亡的国军军官的遗体掩埋在山冈上。

1941年9月，日机到昆铜上空侦察，先在钱坑桥周围的几个村盘旋一番，然后越过隐将村飞向姚良、上舍、三山等村上空，未发现什么目标，就向上舍村的聚居点投掷了几枚炸弹，在上舍村探亲的莫劳坞赵墨生的母亲姚氏当场被炸身亡。

1943年10月，日本侵略者侵占梅溪、晓墅后，经常跑到境内的梁家塘、费家塘、坳磡、江家边、路西等村，大肆砍伐树木，部分运到梅溪、晓墅等地修筑工事，大部分经梅溪水运至上海或日本国内。其间，时有小股国军由黄杜方向赶来，与日本侵略者发生小规模交火。其中，国军第108团团部设在江家边一民房大厅，战士在费家塘至江家边一带挖壕沟筑暗堡，将路边小竹砍损，倒向一边连成一片，以阻挡日本侵略者骑兵的进攻。

1945年2月，新四军苏浙军区第一纵队进入昆铜一带，晓墅据点日本侵略者被迫提前撤离，龟缩在梅溪镇，不敢再到昆铜骚扰。

1945年6月1日，为了配合国民党顽军消灭新四军，安吉县城日本侵略者趁新四军主力与顽军在富阳新登作战，其余新四军部队集聚孝丰之时，窜入钱坑桥。6月2日，新四军苏浙军区游击队赶到，敌将钱坑桥大部房屋烧毁后退回安吉县城。

附：

抗日时期的上舍村

上舍村群山环抱，只有一条狭小山道通向外界。抗日战争期间，日寇一直不敢闯入。1937年11月，日本侵略者进占湖州，嘉兴、湖州地区数县机关与学校先后撤至安吉、孝丰避难。其中吴兴县政府、吴兴县抗日大队、英士中学等先后迁入上舍。1939年秋，浙江省政工三队队部移至上舍。同年，浙江省第一区行政督察专员汪浩到上舍检查抗日工作。1943年10月，国民党安吉县政府迁至上舍。1944年9月，国民党安吉县参议会在上舍成立。1945年2月底，中共安吉县委成立筹备会在上舍召开，上舍成为浙北抗日战争名副其实的前沿根据地和指挥中心。

吴兴县政府临时迁址上舍村

1937年11月，湖州将要沦陷。11月16日，吴兴县县长王崇熙率领县政府部分人员，开始向安吉梅溪、递铺、孝丰一带撤退。11月24日，湖州沦陷，县政府处于停顿、解散状态。1938年4月，浙江省政府主席黄绍竑提出“政治进攻”“收复杭嘉湖”等口号，在浙西沦陷区重建政权，吴兴县行动委员会奉命成立，行使县政府职权。办公室设在安吉县昆铜乡上舍村，任命国军第176师游击司令杨哲夫为主任委员，国民党吴兴县党部书记温兰馨为副主任委员，委员有郎玉麟、温延龄、潘炯时、赵仲时（前政府秘书，不久病死）、顾本（前县党支部负责人，未到职）共5人。其中杨哲夫是安吉县梅溪人，原孝丰护林队队长，抗战开始后任国民党部队第176师安孝游击司令。同年7月，省政府撤销吴兴县行动委员会，恢复吴兴县政府，办公室仍设在上舍村。新设县长一人，仍由杨哲夫担任，下设总务、政治、军事三组（不久改为科），总务组组长先后由章庆善、唐继文等担任；秘书兼政治组组长为凌以安；军事组组长兼吴兴县抗日自卫中队（后改编为大队）队长为郎玉麟（郎常驻昆铜与妙西区，将儿子带到昆铜上舍读书）。县政府设妙西办事处作为派出机构，主任先后由徐润章、陈学明等担任。县政治工作队队长先后由温延龄（温永之）、姜兆瑞等担任。1939年1月，为便于开展工作和躲避日寇窜扰，吴兴县政府由上舍村迁至仅一岭之隔的吴兴县梅峰乡上方村。抗战期间,除吴兴县政府外,浙北的桐乡、崇福等五个国民党县政府均曾临时迁址上舍村。

《吴兴日报》创办于上舍村

《吴兴日报》即今《湖州日报》的前身。1929年,湖州籍国民党政府要员陈果夫倡议家乡创办《湖报》,社址设于湖州公园韵海楼。1929年5月18日《湖报》创刊,是当时规模较大的日报。1937年11月24日湖州沦陷后,湖报报社一切设备全被日本侵略者所毁,报纸停刊。1938年7月,国民党吴兴县政府在上舍村恢复成立。1939年4月,吴兴县抗日自卫委员会决定,在双林恢复战前的《湖报》,然而还不到一年,报社又遭日本侵略者破坏,印刷所也被焚毁。1942年春,国民党吴兴县政府抽调人员,拨出经费,购办设备,在安吉县昆铜上舍村创办《吴兴日报》。社长葛绍亮,江苏沭阳人,原为县政府秘书;编辑有周一泓等三四人。四开报纸,用土纸印刷,因山区交通困难,日发行量约300份,主要内容为县政府无线电台收录的有关抗战消息。1943年9月,日本侵略者进犯梅溪,上舍村受到威胁,该报即停办,两台印刷机存放在上舍村,至今尚在,为抗日战争的文物见证。抗日战争胜利后,《湖报》于1945年10月10日复刊,社址设于湖州钦古巷。

"吴安联中"创办于上舍村

抗日战争开始后,湖州沦陷区青年不愿受奴化教育,纷纷向山区流亡。民国28年(1939)春,吴兴县政府在埭溪区梅峰乡理云山"竹林禅寺"内创办县立英士初级中学,校长凌汝霖(雨苍)。同年秋,英士中学校长凌雨苍来上舍村筹建中学,安吉县政府提出两县联办,获天目山浙江省政府浙西行署批准。联办学校除原英士中学学生外,还招收安吉籍学生,取名为"吴兴、安吉二县联立初中学生补习学校",简称"吴安联中"。民国29年(1940)春,英士中学因迭日本侵略者骚扰迁址安吉县上舍村,共有1个班,校长丁篪荪,原浙西行署视察、省政工队地下党人。同年夏,省政工队地下党虞路文(即王子达)等在菱湖镇创办吴兴县初中学生补习学校,不久也迁至上舍村,并入"吴安联中",同年秋招生3个班,全校共有4个班级,学生100余人。1942年,"吴安联中"改由南浔人、浙西行署视察张国桢继任校长。民国32年(1943)10月,日本侵略者进占梅溪镇,学校常受日寇窜扰,被迫停办。后吴兴县政府另择南路乡(现德清县)郎家村无相寺设立"吴兴县战时初中补习学校",后改称吴兴县立初级中学。

1940年,浙江省教育厅浙西游击教育督导员办事处设在上舍村,时任督导员的凌以安为吴安联中写了校歌,凌以安曾在《湖州日报·统战》专版《炮火声中弦歌不辍——记抗战时期安吉上舍两所学校》,一文中说:"抗日战役时期,安吉县上舍村有两所'浙西最前线的学校'——吴安联中和上舍小学"。他写的校歌歌词为:"上舍村里,山高林密水又清,我们是浙西最前线的学生。在炮火中学习,在苦难中长成;哥哥妹妹年纪轻,读书不忘打日本。上舍村里,山高林密水又清,我们要做大时代的好国民。"

"吴安联中"等五所中学迁办安吉,对促进后来安吉教育的发展产生很大影响。

根据朱新良《抗日战争时期的上舍村》一文整理

三、新四军反顽战役时期

1945年2月，新四军苏浙军区第一纵队进入昆铜地区。2月下旬，顾玉良、康英(女)、胡杰、谷秋龙等中共地下党员在上舍召开筹建安吉县委事宜后，随即在铜山乡杨家坞成立梅溪区署。区委书记许靖，区长董金生(3—7月)、王卓(8—10月)，副区长姜立品。紧接着，铜山、昆山两乡抗日民主政权建立。铜山乡乡长范绍赓、郭明，指导员吴某某；昆山乡乡长施公先(10月随军北撤)，副乡长李敏、李成义、徐有林，党支部书记赵以斌。

3月，梅溪区建立区大队，副大队长由副区长姜立品兼任(3—8月)，8—10月由叶林大担任。同时，各乡和多数村相继建立了农民抗日救国协会(简称农抗会或农救会)。农抗会是具有广泛群众性的组织，当时影响很大，在农村基本上“一切权力归农会”，原来的保、甲已失去其职能。农抗会在三次反顽期间对于发动群众，教育群众，提高群众的斗争觉悟，组织群众开展根据地建设，大力进行征粮、扩军，动员民工支援前线等工作都起到了重大作用。2—9月，境内就有数十人报名参加了新四军。10月1日新四军北撤时，昆铜籍地下党员被编入部队随军北上。行至宜兴时，部分中共地下党员奉命编入浙西留守处，或返回原籍潜伏留守。当时潜回的地下党员中有路西村蒲芦坞的凌其安等人。不久，凌其安被国民党安吉东区区分部书记施正庭发觉，被捕后惨遭杀害。多数渡过长江，参与了淮海战役及黄桥、孟良崮、莱芜、泰安、济南和渡江等战役，部分牺牲，有的立功，有的走上领导岗位。

第二节 中华人民共和国成立初期剿匪

1949年4月30日，安吉解放。在中国人民解放军抵达安吉之前，国民党安吉县政权已处于崩溃状态。县班子人员和恶霸地主、土匪等，有的隐蔽起来，有的乔扮伪装，有的弃家逃离。国民党杨伯臻任国民党苏浙皖边第五团团长兼安吉县县长，带领部分军警和政府工作人员逃入昆铜山区充当土匪。6月，过境的解放大军都已离去。土匪看到当地人民武装力量减弱，再次开始反攻。

7月10日深夜，一股匪徒包围了晓墅镇公所，他们以原国民党晓墅工商自卫队员王敬民、卢炳章等14人为内应，在里应外合下，抓走山东南下干部、镇长杨兴友和指导员马士敬，以及地方干部苏康时等。杨镇长和地方干部苏康时被押解到溪龙凉亭岗残酷杀害，指导员马士敬被押送到上舍村。在押送途中，马士敬挣脱绳索，向管城方向急奔，欲向山冈东边驻守长兴琛碛的解放军部队求救。由于饥饿、疲劳和虚弱身体，跑没多远便躺在管城村山冈上的草丛中。不久有个长胡子老头拿着火把经过，他以为是个善良人而向他求救。实际上这个老头是个地主，是伪乡长的弟弟，名叫郑华生。郑华生将他带到一户人家，向一个老婆婆交代了几句就走了。不久，郑华生带了郑福星等一帮地痞土匪，再次将马指导员抓获，押解到上舍村，枪杀在上舍洪家园。

8月，中国人民解放军第二十五军第七十五师第二二五团进驻安吉，加大了剿匪力度。8月18日，安吉剿匪部队在昆铜上舍围歼匪“苏浙皖边第五团”，捣毁匪部，击毙伪匪团长兼安吉县县长杨伯臻，活捉匪首陈迪化，俘匪25人，缴获60炮1门、步枪3支、汤姆1支、驳壳枪1支。

晓墅反动政府伪镇长廖金学、卢大年等一伙感到末日来临，匿藏在境内路西村蒲芦坞自然村的亲戚家中，通过关系每日探听民兵剿匪肃反情况。民兵队多次开展围捕，均因他们事先得知信息而从后门逃脱。1950年年初，剿匪部队和民兵队掌握了这伙人的具体行踪，成功将他们抓获并镇压。

1950—1951年，以昆铜路西村路西自然村杨美全为首的一伙人在当地成立"东南青年反共救国团"。该组织受上线指派，重点在安吉与长兴交界的方家庄、周坞山一带活动。除在境内各村发展团员外，还发展到吴兴与安吉交界的南路乡、乔溪乡。他们组织地方武装敲诈勒索，进行反革命宣传煽动，发展下线，拉拢地方上的一些地主、贫苦农民和村干部，按照反共组织纲领伺机活动，与地方人民政权对抗。不久，在当地民兵队和自卫队配合下，该反动组织被安吉县公安局抓获，匪首杨美全在凉亭岗被镇压。

1955年夏，国内反革命残余势力的活动还很猖獗，县公安机关在县委、县政府领导下，开展打击破坏社会主义建设和社会主义改造的暗藏的反革命分子活动。同年6月，县公安机关侦察发现昆铜乡上舍村有一支"青联反共团"反革命组织，其成员共有9名，均系亲属被杀、被判、被批斗的反革命家属及地主子弟。该组织以杨立儒、杨立凡兄弟俩为首，他们以"青年联合篮球队"为掩护，多次召开秘密会议，议定杀害乡干部，抢夺枪支弹药，进行武装暴动，劫出劳改农场犯人；并以上舍村为据点，准备扩大队伍，拟定推翻共产党的领导和颠覆人民民主政权的反革命计划。经公安侦察部门严密侦察后，于1958年11月依法将两杨等9名组织成员逮捕归案。1959年4月，两人分别被判处有期徒刑。（均摘自《安吉县公安志》）

第三节　兵　役

一、民国兵役

民国22年（1933），国民政府颁布"兵役法"，推行征兵制。按照此法，每年10月，境内18～45岁的男子进行抽签，以确定常备兵役现役征集顺序，俗称"抽壮丁"。战时抽丁次数不定，随要随征。规定"三丁抽一，五丁抽二，独子不征"。同时实行担保连坐制，即壮丁逃跑，担保人要受惩处。家中有男丁，到了壮丁年龄，或故意破相自残或外出潜逃以躲避抽签者，称逃壮丁；有的被抓去部队不久即设法逃回，有的返家后又被抓走，实际上是抓壮丁。一些富户子弟中签，常出钱雇人顶替。还有一些保长为完成征兵任务，利用个别兵痞反复数次冒名顶替壮丁。

二、志愿兵

1950—1954年，中华人民共和国实行志愿兵役制。其间，境内涌现了许多送子、送郎、送兄弟参军的事例，有百名以上青年积极报名参军。其中，有的参加剿匪和地方治安，有的参加解放沿海岛屿战斗，有的参加志愿军抗美援朝。

三、义务兵

1955年，国家将志愿兵役制改为义务兵役制。1984年，颁布新的兵役法，实行义务兵役制为主体的义务兵役与志愿兵相结合、民兵与预备役相结合的兵役制度。昆铜是山区和半山区，历来出兵率较高。每年下半年征兵一次，适龄青年实行严格的体检和政审，高学历者进入空军、海军等技术兵种。据不完全统计，1949—2012年共有600名左右青年入伍。

四、拥军优属

1952年2月，昆铜区以“互助组为单位实行固定代耕”方式，帮助军烈属生产。铜山乡每个劳动力出2个工给抗美援朝军属代耕，使军属的农田生产有了保证。乡政府每年在“八一”建军节、春节期间开展拥军优属慰问。

抚恤 中华人民共和国成立后，国家对革命烈士、因公牺牲或病故军人家属、革命伤残军人实行抚恤及生活补助，对烈士家属、牺牲或病故军人家属，实行一次性抚恤。1950—1952年，一次性发给抚恤粮；1953年开始一次性发给抚恤金。土地改革后，烈士家属分得的土地因无力经营的，各互助组、初级社发动村民帮扶生产经营，国家民政部门逐年发放抚恤金，逐年提高抚恤金标准。老弱病残烈军属及复员退伍军人，由村级和村民给予优待；生活尚有困难的，政府根据具体的家庭情况给予补助。

1961年起，对生活困难的烈军属实行定期定量补助，同时给予军烈属和复员军人治病、修屋和生活困难补助费。1963年后定期定量补助的对象扩大到年老体弱、有病、生活困难的复员退伍军人，补助标准每人每月3～5元，每户最高不超过10元。1983年起，孤老烈属、孤老复员军人补助标准提高到每人每月10～15元，以后随着国家经济发展，照顾补助也逐年增加，包括在部队带病回乡的退伍军人。

1985年起，对革命烈士、病故军人直系亲属实行终身抚恤制度，按月发放抚恤金；对革命伤残军人实行终身抚恤，根据伤残轻重，划分残疾等级，按月发放不同数量的伤残抚恤金。随着经济的发展，抚恤金标准曾多次调高。

2011年起，病故军人家属一人的每月补贴1800元，两人的补贴3400元，按月汇入银行卡。2012年，在职伤残革命军人每人发给年保健金10575元，发放月抚恤金1300元。

优待 中华人民共和国成立后，人民政府对缺乏劳动力的农村烈军属、伤残军人和带病回乡复员军人实施优待和国家补助相结合的方针，在生产、生活上给予照顾，使他们在生活上不低于当地一般农民的实际生活水平。

互助组，初级社时期，对缺乏劳动力的烈军属的耕地，实行代耕制度。代耕义务由16～55周岁的正半劳力共同负担。1955年全乡有烈军属36户110人，代耕田地50余亩。

建立高级社后，对缺乏劳动力的烈军属实行优待劳动日制度，所在农业社每年补助给烈军属一定的工分。

1982年后，改优待劳动力为优待现金，由乡镇统筹统支，优待标准逐年提高。1985年，乡内现役军人每人每年补助320元，1986年提高到480元，1988年提高到540元，1995年提高到1800元，2001年提高到3600元，2012年提高到13850元。

2001年起，中华人民共和国成立前参加抗日战争和解放战争的老兵，每月享受一定数额的政府救济金。2012年，参战退役士兵享受政府补助11560元。

安置 中华人民共和国成立后，当地政府根据具体政策对复员、退伍军人进行安置，返回本乡农村的退伍军人从事农业生产劳动的，乡、村重点帮助解决住房、土地和生产的必需品。集体化后，对患有疾病的退伍军人由政府与各村级组织协调，帮助解决一些具体困难。1958年后，退伍军人的安置根据国务院“从哪里来，回哪里去”的规定，乡政府和村级组织按照退伍军人的特长，充实到村级领导班子作为骨干；根据乡级企业需要，安排到乡企业或是部门机关工作；对入伍的军人，村级给予工分照顾，参加生产队分配。承包责任制后，退伍复员的军人由本人联系政府机关、公安机关、国家行政事业单位等，需要招工的，一般给予优先安排，也有部分被安排进民营企业等。历年来，昆铜的退伍军人的安置和进入各部门机关的占退伍军人总数的65%。

第四节　民　兵

一、管理机构

1949年4月底安吉解放，6月建立昆铜区委，随即配备专人负责人民武装工作。1957年，建立乡人民武装部。1958年成立人民公社武装部，吴爱民任部长，受公社党委和县人武部双重领导。1966年“文化大革命”期间组织瘫痪，1968年恢复，受公社革命委员会领导。1983年恢复乡政府建制，公社人武部改为乡人武部，至2012年并入梅溪镇。乡（公社）人武部在各个时期围绕党和政府的中心工作任务，加强基层民兵建设，进行全民国防教育，做好民兵军事训练和征兵工作，协助各有关部门做好复员、退伍军人的教育、安置以及维护地方治安、公共应急救援工作。

1961—2012年昆铜乡（公社）人武部部长一览表

表17-1　　单位：年

姓名	任职时间	姓名	任职时间	姓名	任职时间
吴爱民	1961—1980	徐永安	1990—1994	阮红权	2001—2004
孙菊林	1980—1987	高岳林	1994—1997	周方平	2004—2012
孔世民	1987—1990	蒋立兴	1997—2001		

二、自卫队组织

组织 1949年6月，昆铜乡民主政府建立后，随即成立乡自卫队。1950年，昆山乡、铜山乡先后成立自卫队，昆山乡自卫队长陆有根，铜山乡自卫队队长肖其隆、陈长法。两乡共有自卫队员

1000余人。1956年，昆、铜两乡合并，自卫队长为梁云芳。1957年，建立乡人民武装部，乡自卫队完成历史使命而撤销。

活动　乡自卫队成立后，立即与各村民兵配合县、区公安部队开展剿匪、征粮、减租减息和反霸斗争，防止地主恶霸的反攻倒算，保卫新生政权。1949年8月18日，乡自卫队和民兵配合县剿匪部队在上舍一举捣毁敌匪部，击毙匪团长杨伯臻，活捉匪首陈迪化。1952年，配合公安机关清剿隐藏在路西村的"东南青年反共救国团"，捕获匪首杨美全，并捣毁其在长兴周坞山、德清乔溪南路一带的下线组织。以后，乡自卫队和各村民兵队配合政府工作，随时支援抢险救灾和经济建设。

三、民兵组织

1949年冬，昆铜乡8个村都组建一个民兵队，共有民兵326人。1954年秋实行普遍民兵制，凡18～45周岁，政治、身体素质较好的男性公民全部参加民兵组织，接受军事训练、政治教育，作为国防后备力量。其中，18～25周岁的编为基干民兵，其余编为普通民兵。乡成立民兵队，设队长1人、副队长2人、正副指导员各1人、文书1人，均为兼职；各村根据人数多少编为中队、分队或小队，设正副队长各1人。1956年，乡民兵队改为民兵连。

1958年9月，中共中央号召"大办民兵师"，实行全民皆兵。16～50虚岁凡身体好、政治纯洁、出身成分好的男女青壮年都要参加民兵。公社（管理区）建立民兵营，生产大队建立民兵连，生产小队建立民兵排。

1999年以后，适当压缩基干民兵规模，突出建设民兵应急小分队和专业技术分队。民兵人数减少。

四、军事训练

中华人民共和国成立初期，区、乡的专职武装人员对各村的民兵队、自卫队的队长以上的干部，每年组织冬季训练3～4天。训练的主要内容为提高政治思想觉悟，加强领导和组织能力，进行武器使用、保管和实弹射击等。

1955年实行预备役制后，每年保证训练时间7～8天，内容为武器常识、战术训练、实弹射击、手榴弹投掷等。

1963年，县人武部采取训练教员的办法，训练限于连、排干部、民兵教员、预备役军官。

1965年，民兵受训的次数和人数有所增加。主要是落实"三防"（防空降、防偷渡、防暴乱）的训练。

1970年，基干武装民兵和骨干进行集训，主要训练列队、刺杀、拳击和实弹射击，以提高招之即来，来之能战，战之能胜的能力和提高救灾抢险等的应对能力。

1975年冬开始，进行武装民兵和基干民兵的骨干、专业技术人员集训，时间5～8天。训练的内容主要是夜间行军拉练。

1980年后，每3年对骨干进行一次集训。1984年后，重点训练骨干民兵，加强骨干民兵的国防教育，使民兵亦农亦武。各村先后建立民兵突击队和民兵应急小分队，在防洪救灾和突发事件中发挥作用。进入21世纪后，每年对连排骨干和专业技术分队、应急分队进行优化集训，提高军事素质和专业技术知识。通过训练，建设一支规模适应，布局合理，重点突出，可管可用的基干民兵队伍，以应对急、难、险、重各种突发的应急处置能力。

五、民兵活动

历年来，在经济建设和抗灾救灾中，民兵组织都发挥了重要作用。中华人民共和国成立初期，乡民兵队、自卫队积极参加土改运动、反霸剿匪、减租减息、反霸斗争。同时，各村民兵还参与邻近县、乡的大联防，监管地主恶霸，日夜巡查，为追逃反革命要犯，日夜蹲守在山间要道，为保一方平安发挥了积极作用。

1954年5—7月，境内连续降雨83天，西苕溪水位高涨，内涝严重，百余名民兵赶赴荆湾乡抗洪排涝，日夜车水，历时50余天，将一米多深的内涝水排出堤外，有2名青年民兵溺水殉职。

1958—1976年，境内掀起兴修水利、农业学大寨热潮，先后建成小(1)型和小(2)型水库10余座，小(2)型以下水库数十座，基干民兵成为水库建设的生力军和突击队。建造石坞岭水库、南楼水库时，承担挖大坝心墙和回填任务，基干民兵昼夜轮流劳动，一连几个通宵，寒冷的冬天，但衣服全湿透。化家坞、姚良、路西等大队发生山林火灾时，公社人武部迅速调动各大队民兵上山灭火，保护了山林和村民房屋。

1968—1970年，数十名民兵被派往长兴8383国防工程和杭州704国防工程工地，参加国防工程建设。1971年春夏之交，昆铜100余名民兵接到县独立团紧急通知，挑上铺盖、工具，急行军赶往山河乡(今天荒坪镇)潘村水库抢险工地，奋战近20天，赶在汛期之前排除险情，受到县民兵独立团的嘉奖。

1994年8月6日，长兴县和平镇发生一起山林大火。大火向安吉逼近，严重威胁境内森林。为制止大火蔓延至境内，县人武部紧急调集昆铜乡、晓墅镇300名民兵奋战三天三夜，在两县交界处开辟一条3千米长50米宽的防火隔离带，避免了一次重大损失。

1976年冬、1985年冬、2008年冬，大雪封堵公路，各村民兵接乡人武部紧接通知，迅速赶赴公路干道撬雪，清除路障，保障畅通。2006年，上舍村民兵连被评为安吉县先进民兵连。2011年，梅溪片区发生洪灾，乡民兵抗洪抢险应急分队迅速集合，赶赴第一线，直到抗洪任务胜利完成。

第五节　社会治安

一、治安组织

民国时期，晓墅镇警察所管辖昆铜二乡的社会治安事务。接到地方偷盗、民间纠纷、刑事等报案时，警察所便派出巡官去案发地调查取证，进行处理。所内设巡长一人、巡官若干人。1949年中华人民共和国成立时撤销。

1949年6月，县公安局成立，在晓墅镇设立派出所，管辖昆铜等辖区的社会治安事务。还一度设立公安科。派出所有特派员和公安警察，其中的警察由县公安局下派或在当地招聘。1958年，晓墅镇派出所并入梅溪镇派出所。

1959年，昆铜公社设专职公安员。1965年5月，晓墅派出所恢复，境内的社会治安划归晓墅派出所管理。1969年"文化大革命"期间名存实亡。1971年9月恢复正常工作。1981年，昆铜公社配备一名公安助理员，1984年取消。1988年，昆铜乡设立民警值班室，配有4位民警。1995年，乡设立公安派出所，1999年撤销，并入晓墅派出所，境内的社会治安事务由晓墅派出所承担。

二、社会治安

中华人民共和国成立初期，境内各村分别组建民兵队和自卫队，配合公安机关，打击各种旧社会遗留势力，维护社会治安。1956年起，自卫队改为治保组织，在政府和公安机关领导下，主要开展守法和防匪、防特、防盗、防火教育，发动群众积极向政府和公安机关检举揭发反革命分子和其他刑事犯罪分子的犯罪活动，贯彻执行禁赌和破除迷信任务，制止械斗闹事、盗窃财物等违法行为。1958年，公社和各大队都建立治保组织。各大队治保组织与民兵连有机结合，监督地、富、反、坏、右和劳改释放分子的思想动态、言论，管教他们劳动改造。打击破坏农村社会安定的各种犯罪活动，维护社会稳定。

1961年，全乡有治保组织15个，治保委员60余人。1967年，乡村两级治保组织处于瘫痪状态，犯罪案件大幅上升。改革开放后，乡村治保组织配合公安部门打击严重刑事犯罪和揭露社会上的各种丑恶现象和不良倾向，严惩黑社会性质的恶势力、事件，促进新农村建设，社会治安明显好转。1985年，成立乡治安联防队，在乡政府领导下，组织有关单位在辖区内实行警民联防，协助公安机关维护社会治安。1991年，乡政府成立社会治安综合治理委员会；乡、村和各企业分别成立治保委员会，一般由3～5人组成，协助派出所维护社会治安。2000年始，社会治安实行网格化管理，公开巡逻与秘密监控相结合，及时化解各类矛盾纠纷；查处各类涉黄、涉毒、涉赌等案件，各类案件明显下降，社会风清气正。2007年，独山头村、干溪桥村、长林垓村、上舍村、管城村、三山村、路西村、钱坑桥村、梓坊村、铜山村获安吉县平安村。

附录：

"8·31"供销社抢劫案侦破记

1957年8月31日午夜○时许，四五个头包毛巾、带着电筒、枪支，操台州口音的人，撬门后踢倒排门冲进钱坑桥供销社综合商店，打伤营业员，抢走现金2657元，布匹520余尺及电筒、毛衣、香烟等商品一批。

钱坑桥地处安吉、武康、吴兴三县交界的山区结合部，外来人多，台州、温州两地来此烧炭民工居无定所，治安情况尤为复杂。安吉县公安局接警后立即开展侦查，歹徒向东北方向的隐将、福水山区逃跑，仅在三叉路边发现旧草席一条。此案重大，公安部向全国通报了“安吉钱坑桥发生武装土匪抢劫案”。根据省、地区党政领导指示，9月6日，嘉兴军分区刘副政委在武康主持召开安吉、德清、吴兴、孝丰四县公安干部会议，建立“8·31”抢劫案侦破领导小组，公安处副处长伊殿春任组长，安吉县副县长皇甫瑞任副组长，各县公安局分别成立侦破小组。10月初，获悉在安吉烧炭的乐清人金某曾在晓墅镇上与居民韩某谈及抢劫案，说是吴兴后洪一个推小车的人与长兴赵家边炭窑里一伙人干的。经查，距钱坑桥30华里山路的赵家边炭窑里确有周方岩、柯三梅等7个乐清人，案发后已分散去宁波、慈溪、乐清、宁国等地。当地群众反映烧炭人曾出卖过十几丈好布。公安人员拘询吴兴后洪推小车的王启平，得知初步案情，又从赵家边炭窑的王小良、柯三梅口中获得进一步案情，迅即分头奔赴宁波、乐清及安徽宁国等地追捕主犯周方岩、王小林、石榜红等，缴获部分赃物，取出掩埋的枪支，案件告破。

犯罪人均系乐清县人，中华人民共和国成立前当过土匪。1956年流窜到长兴和平与安吉交界的山区烧炭谋生，经常赌博输钱。1957年春，周方岩萌生抢劫恶念，搞来枪支，到吴兴妙西，安吉晓墅、钱坑桥等地刺探银行、商店情况，选定钱坑桥商店为抢劫目标。8月31日，纠集歹徒在赵家边炭窑提早吃晚饭，留1人守窑，其余9人分成3组，分走山路到钱坑桥，王小良将步枪卷在草席内背着，晚12时到钱坑桥村头大树下集中，分工后开始行动。作案后分散绕道逃回赵家边炭窑，掩埋枪支，分掉款物。柯三梅潜伏当地，以观风声，其余歹徒分头逃窜。录于《安吉公安志》，略作删减。

三、司法调解

20世纪50年代，乡人民政府设成立民事调解委员会，由7～11人组成，乡长和司法助理员为当然委员，其余有妇联、共青团、工会等人民团体推荐代表及村负责人。1958年，公社和各大队都建立调解委员会。在大队党支部、管理委员会的统一领导下，调解委员会的主要任务是排解邻里纠纷，减少矛盾和社会不安定因素。“文化大革命”期间，调解委员会处于瘫痪状态。1973年恢复调解委员会。1984年，乡政府设立司法办公室，安排一名司法助理员。改革开放后，乡村调解组织继续做好各种矛盾的转化工作，减少社会不安定因素。1998年，乡司法所成立，受理境内的各种矛盾纠纷，“事事有答复，件件有着落”，调处成功率达99%以上。

2005年，开展“平安昆铜”建设，推进社会治安综合治理，依靠村级治保调解组织，健全“小事不出组、大事不出村、急事不过夜、难事不出乡”的矛盾调处工作机制，全年共调处各类矛盾纠纷129起，没有发生一例因调处不当或不及时引发的民转刑案件。全年共接待上访群众45人次，没有发生一例越级上访。长林垓村调委会被评为2005年度县人民调解工作先进集体。2007年年底，乡司法所所长余五四在乡村调解员的配合下，成功化解一宗积蓄了44年的山林纠纷矛盾。同年，乡人民调解委员会被授予省级“优秀人民调解委员会”荣誉称号。

附：

余五四调解山林纠纷案

境内管城村里阳坞有一块山，位于管城与三山两村之间，早先两村有一个不成文的约定：毛竹山归管城，柴山归三山村。由于无具体界桩(界石)，两地村民之间产生的矛盾逐步增大，20多年前曾发生一起严重纠纷，导致一村民意外死亡。多部门进行过无数次调解都没有解决。随着时间的流逝，两村的积怨越来越深，矛盾不断恶化。

2007年年底，乡政府派出由司法所所长余五四等6名干部组成的工作组进驻两村。出发之前，余五四等立下了“问题不解决，干部不撤回”的“军令状”。工作组进驻后，先后召开18次协调会，双方气氛逐步缓解。春节前两天，余五四结婚，可工作实在太忙，他当天未能赶回家参加婚礼入“洞房”。当晚，新娘子久久不见新郎官的身影，便连夜赶到三山村会场，给大家分发喜糖。新娘子的这一举动深深感动了满屋子的村民，事情迅速有了转机，余五四等趁机苦口婆心，终于做通双方的思想工作，两地村民一致愿意各退一步，协助工作组解决好山林纠纷。大年三十，在两村百姓的见证下，乡林业站站长赵卫星在山林界址打下标准界桩，至此，两村纠缠了44年的恩怨终于尘埃落定。因成功调处管城村与三山村这宗山林纠纷，使44年无边界的山林第一次有了界桩。余五四受到省信访局的表扬，2011年被司法部授予全国模范司法所所长称号。

第十八章　村民生活

村民生活与社会制度和社会的动荡与安定密切相关。中华人民共和国成立前，历朝历代的政权都实行土地私有制、分封制，维护的是地主资产阶级的利益。穷人即使有一点土地，遇到天灾人祸，富人就趁机设法将穷人的土地买去；久之，富者愈富，穷者越穷。虽有黄巢、闯王之辈试图改变封建制度，惜未成功。然则刘邦带领穷人造反成功，却仍走封建老路，富人终为少数，穷人永为多数，几千年来没有变化。

旧时，昆铜平原几个村的田地稍多，但绝大多数属于地主的，多数家庭难于温饱。深山区绝大多数山林也是地主的，无田无山的农户只能靠给地主打工勉强养活家小，或砍柴烧炭，肩挑或用骡马驮运到晓墅出售，换些粮食掺些杂粮度日；少田少山的农户遇到天旱水涝就只能野菜充饥，或向地主家借贷，从此再受高利盘剥。不敢借贷的只有远走他乡乞讨度荒。

20世纪中叶，中国共产党领导中国人民推翻了几千年的封建社会，建立起社会主义社会，土地收归国有，分配给全体劳动人民。自从中华人民共和国成立，昆铜乡村民逐步摆脱贫困，衣食住行一换旧貌，并逐步走向富裕。特别是改革开放以后，村民们的生活质量持续改善与提升，村庄面貌日新月异。

第一节　粮　食

一、中华人民共和国成立前后

中华人民共和国成立前，中等以上的家庭，饮食以米饭为主食，忙时吃干，闲时吃稀。多数农户只有很少的大米，经常要用玉米、番薯、南瓜、芋头等杂粮瓜果代粮。一般农户数月不见荤腥，挨到过年时节才杀年猪和鸡鸭，除过年节时食用一部分外，一般都腌制起来，待来年农忙时补身体。无田无山者能有粮食过年已属万幸。

中华人民共和国成立初期，经过土地改革，农户有了土地，大部分农户基本解决了粮食问题。以后，组织互助组，逐步建立初级社，经过3～4年的过渡，建立高级社，依靠集体力量，兴修水利，发展农业生产，粮食产量逐步稳定，村民口粮随之增加。国家还实行粮食统购统销政策，对山区缺粮社队农户供应口粮。

二、集体化时期

集体化的计划经济时代，粮食按人口的年龄段“依人定量”，分配的稻谷、豆麦等粮食作价纳入经济核算。昆铜山区各村社的田地少，产粮不能自给，不能自给的部分由粮食部门发放粮票向粮管所供应站购买。

1958年9月初，全乡各高级社合并成立人民公社，实行公社、生产队［1961年后改称生产大队，下辖生产（小）队］的二级核算管理。各生产队开设大食堂，社员都到食堂用餐。由于“五风”横行，粮食歉收，1959年下半年起，大食堂开始烧稀饭，开始时两干一稀，逐步变成三餐都稀。1960年，稀饭越来越稀，持续到1961年上半年，稀饭也烧不出来了，食堂解散。村民们上山挖狼蕨根、葛藤根打粉，采摘一切可吃的野菜、树叶代粮，甚至挖金刚刺根打碎充饥。是时，各生产队根据上级指示将零星旱地分给社员作自留地，社员还自由开垦山边沟边和缓坡荒地，种植南瓜、玉米、黄粟、荞麦、番薯、豆、麦等杂粮，度过饥荒。其间，少数社员得了浮肿病，公社发给少量带鱼、黄豆粉，取得很好的消肿效果。1961年下半年，各大队将田、地、山林、农具按人口、劳力落实到生产队，称“四固定”。1962年，实行以生产队为基本核算单位，各生产队接受了饥荒的教训，大力开垦缓坡、溪滩，种植粮食。到20世纪70年代，全昆铜先后改田造地近2000亩，而国家返销粮数量不变，社员粮食基本满足。

1956—1982年昆铜地区粮食依人定量标准表

表18-1

年龄段	全年定量大米（斤）	年龄段	全年定量大米（斤）
1～3岁	140	4～6岁	240
7～9岁	340	10～13岁	390
14～17岁	490	18～55岁	620
56岁以上	490	55岁以下单身汉	710
56岁以上单身汉	660		

说明：1. 每百斤稻谷折算72斤大米。大、小麦、玉米等同稻谷，番薯5斤折算为1斤稻谷。

2. 生产队集体生产的油菜籽、黄豆、芝麻等油料按人头平均分配。

1964—1983年合力大队粮食分配表

表18-2

年份	户数	人口（人）	土地面积(亩)			自产粮食	国家定销	人均分粮
			水田	旱地	合计			
1964	269	1063	415	45	460			
1965	272	1128	418	46.3	464.3	436458	137420	509
1966	277	1171	436	28.2	464.2	444412	196600	547
1967	281	1208	436	28.2	464.2	409280	196600	502
1968	282	1250	436	28.2	464.2	567851	196600	612

续表18-2

年份	户数	人口(人)	土地面积(亩)			自产粮食	国家定销	人均分粮
			水田	旱地	合计			
1969	294	1306	598	46.5	644.5	581655	196600	596
1970	305	1357	688	46.5	734.5	619427	176300	586
1971	314	1380	688	46.5	734.5	666616	166400	604
1972	317	1389	688	46.5	734.5	770022	167500	675
1973	317	1412	688	46.5	734.5	797681	167500	684
1974	326	1438	688	46.5	734.5	772862	163200	651
1975	331	1468	688	66.1	734.5	765173	168060	636
1976	331	1489	703	66.5	769.5	868259	169783	697
1977	343	1497	703	66.5	769.5	854153	171016	685
1978	353	1500	733	66.5	799.5	817745	172700	660
1979	359	1519	733	66.5	799.5	818735	172700	653
1980	364	1531	733	66.5	799.5	814970	172700	645
1981	374	1568	735	64.5	799.5	823250	171000	634
1982	390	1589	737	62.5	799.5	819790	169000	622
1983	392	1598	737	71	808	841630	169000	632

说明：其他各村的原集体化时期粮食分配方案无法查到，路西村（原合力大队）的分配方案具有代表性

三、改革开放以后

1983年，全乡实行农业联产承包责任制，田、地、山林承包到户，山区农户自产粮逐步增加，平原地区增产的粮食逐步进入市场，自由买卖。山区缺粮农户减少了对国家供应粮的依赖，国家发放的定销粮票逐步失去作用。1993年，国家取消粮票。山区农户不再以种粮为主，单一的农业生产结构发生变化，逐步办起工业企业、经商或进厂做工，村民大多到市场购买粮食，市场上粮食充足，品种繁多。

第二节　经　济

一、中华人民共和国成立前后

旧时，山里人的经济来源主要在山林。昆铜山区地主富户数量不多，却占了昆铜的大部分田和山。多数农户只有少量的田地、山林，多余时间就帮富人打短工。部分农户没有土地，靠种租田或给地主帮工，收入低微，多数人手中无银圆、无钞票，平时可以勉强度日，遇到疾病、灾荒、战事，就苦不堪言。

中华人民共和国成立初期，贫雇农分到土地和山林，劳动热情高涨。政府组织私商和供销合作社开通商路，收购农副产品，山林资源得到充分利用，农户手中开始有了零钱。1954年开始组织互助组、初级社、农户相互“盘工”，提高了农副业生产的速度和质量，农户经济收入开始增加。

二、集体化时期

1956年成立高级农业生产合作社，田地、山林全部入社。社员种完田，就按季节捡竹箬壳，砍窑柴，砍毛竹、小竹，做毛料，取得经济收入。1958年建立人民公社，经济体制为“一大二公”，除了三年困难期间以外，从1963年起，各生产队的经济总收入逐年提高，到1973年，经济收入增长了一倍多；到1983年，又比1973年增长了50%。但是，当时水利、交通、教育、医疗等基础设施百废待兴，一齐上马，加之大队、小队干部开会学习，民兵训练，民办教师、赤脚医生等工资，所有的投入都由生产队承担，还要分摊公社和全县性的基本建设工；造成支出大于收入，社员肩负沉重的负担，20年中社员每个劳动日的分红值一直在一元左右。收入较高的合力大队最高年份也只有1.30元，而长林大队仅0.70元左右。但是，20年间因人口增长率下降，人均收入还是增长了一倍。是时，农户平时的生活开支由生产队每月按劳动工分比例统一预支，遇到困难和急事提出申请预支，在年中决算中抵扣。

当年集体的各种收益分配方案都已遗失，仅有路西村会计保留了合力大队1964—1983年的经济分配表。合力大队的经济收入和人均收入向为全公社的中等水平，该大队的江家边、蒲芦坞二个生产队略高于其他队。故合力大队的分配表具有一定的代表性，兹列于下。

1964—1983年合力大队经济分配表

表18-3　　单位：元

年份	户数	人口(人)	劳动总工分	经济总收入	支出				每工分红值	人均年收入
					开支	积累	税金	储备金		
1964	269	1063		146265			3298		1.2	111
1965	272	1128	120168	147605	15692	7393	3805		1.06	100.95
1966	277	1171	135209	189720	20482	10849	3538		1.14	132
1967	281	1208	127668	195006	18080	11059	3405		1.22	134.48
1968	282	1250	139396	238216	23981	33780	3466	5156	1.3	145.46
1969	294	1306	136279	221505	24771	22091	4273		1.25	130
1970	305	1357	156237	197098	24823	9906	3385	1176	1.01	114.13
1971	314	1380	171552	213018	30066	8900	3385	1211	0.98	123.51
1972	317	1389	188100	254569	36411	12158	3594	1200	1.07	145.2
1973	317	1412	210019	276555	40972	15035	3551	3061	1.01	152
1974	326	1438	211479	258981	40531	19310	3525	2082	0.91	134.57
1975	331	1468	223177	298910	44089	28748	3900	2312	0.98	149.75
1976	331	1489	250513	302074	39981	29998	3405	1227	0.9	152.58
1977	343	1497	245429	310053	39824	30916	3740	1117	0.95	156
1978	353	1500	275274	336414	45666	23098	3667	—	1.18	175
1979	359	1519	275644	335619	46321	23425	6700	—	0.94	154
1980	364	1531	281461	341263	39857	22734	6317	—	0.95	149
1981	374	1568	283724	378792	39476	24195	6637	—	1.09	172

续表18-3

年份	户数	人口(人)	劳动总工分	经济总收入	支出				每工分红值	人均年收入
					开支	积累	税金	储备金		
1982	390	1589	264729	414114	44186	23984	3748	—	1.28	213
1983	392	1598	271743	448765	45397	24207	6841	—	1.38	233

说明：

1. 1956—1958年的农业高级社，基础建设仅限于本社的山塘水坝维修，干部也只有社长、副社长、会计、出纳，故误工较少

2. 1958年10月至1961年8月，实行大食堂吃饭不要钱、基本工资带奖励的公社、大队二级所有制核算，当时男劳力月工资在3元左右，上山、下地劳动每天奖励0.2元左右。各大队不尽相同。1962年开始以生产队为基本单位实行核算

参加集体经济分配的非生产性的工分称误工，误工有以下几种：

一、生产队误工

1. 农户的畜栏肥，过秤计算折合工分：人粪、羊粪、鸡粪每100斤折8分工，猪栏肥100斤折5分工

2. 生产队干部参加大队、公社学习，男工记12分/天，女工记8分/天

二、大队分摊的误工

1. 大队干部工作、学习、开会

2. 民办教师、代课教师的报酬

3. 赤脚医生培训、值班

4. 军烈属、现役军人、五保户的照顾补助

5. 民兵训练、抢险

6. 建造大会堂、学校、道路、桥梁、小水库、疏浚河道、砌石坎和改田造地等基础设施建设等

三、公社分摊的误工

1. 建造石坞岭水库

2. 公社分摊的全县性建设工程劳动工：青山庙水库、安城水库、天子岗水库、老石坎水库、赋石水库、胜天水库、潘村水库、老石坎二节电站、甲子村和上市乡石煤会战挖煤工程等

3. 国家分派的建设八三国防工程、杭州704国防工程的民兵劳动工等

大队和公社分摊的误工，由会计开出工分票，误工人员到各自生产队记工分，生产队在年终凭工分票到大队统一结算，平衡分摊

三、改革开放后

1982年冬，按照安徽省凤阳县小岗村的联产承包到户经验，全乡除姚良村外，都开始实行联产承包责任制，生产队的山林、田地分配到户实行责任制承包。农户开始调整产业结构，发展畜牧业和家禽养殖业，开发山塘水库的水面养殖，发展水果、花卉、苗木和大棚蔬菜种植。经济收入快速增加。1984年公社改作乡，大队改作村，各种非生产性的务工由村集体资金开支，不再分摊到生产队。姚良村也于1986年实行责任制承包。

1990年开始，开发缓坡山地种植毛竹、白茶，实行多种经营全面发展。全乡的个私商业、民营企业迅速发展，工业比重上升，村民的经济收入增加更快。1983年全乡人均收入233元，到2012年人均收入达到18300元，超过1983年的80倍。2012年各村集体收入平均近20万元。

1983—2012年昆铜乡村民人均经济收入表

表18-4　　单位：人、元

年份	总户数	总人口	人均收入	年份	总户数	总人口	人均收入
1983	392	1598	233	1998	480	1810	2915
1984	403	1594	198	1999	482	1790	3150
1985	404	1603	219	2000	484	1805	3360
1986	415	1617	274	2001	484	1801	3595
1987	418	1638	413	2002	484	1801	4031
1988	424	1649	545	2003	484	1760	4517
1989	438	1693	710	2004	484	1752	4968
1990	462	1724	908	2005	484	1745	6676
1991	466	1732	1176	2006	468	1720	7477
1992	469	1741	1415	2007	468	1720	8099
1993	469	1749	1685	2008	448	1720	8657
1994	471	1756	1925	2009	448	1720	11000
1995	474	1758	2170	2010	448	1732	13025
1996	476	1783	2410	2011	448	1732	14457
1997	476	1806	2660	2012	471	1763	16012

说明：1983年实行土地承包责任制后，村里所有非农业生产用工（误工）均用集体资金支付工资，不再分摊到自然村（生产队）

第三节　衣　着

一、中华人民共和国成立前后

民国以前，乡境内富有人家和绅士时行长衫马褂，穿布鞋、油帮钉底鞋。富家女人时行旗袍。一般人家都穿黑白灰色土布、粗布衣裤，裤带用破布条或细麻绳，衣服补丁叠补丁，冬天少有棉衣。外出穿草鞋戴笠帽，在家穿布鞋。

中华人民共和国成立前后，男子穿手工缝制的汉式圆领对襟短衣，双层高领对襟外套短衣，也有部分大襟长衫外套，有对襟秋袄、对襟棉袄。女子穿大襟短衣、大襟秋袄、大襟棉袄，家境好一点的妇人和姑娘们有穿绸缎秋袄、绸缎棉袄。衣扣都用手工缝制布带打结而成。男女裤子都是折叠裤腰、大裤脚，男子上山劳动都系围裙，昆铜人称作裙，有两片和三片两种，便于站、坐劳作。作裙可撩起擦汗，解下搭在肩上可垫在背上拖竹背柴（20世纪60年代后期，作裙只有篾匠继续使用，以后逐步消失）。

上山做活都穿山袜，山袜用多层白老布以苎麻线缝制，针脚较密耐磨，可防荆棘刺腿，袜底套穿草鞋。草鞋用毛竹和石竹箬壳撕成条编织，也有用糯稻草锤软，掺破布条编织，上山不易打滑而耐穿。上衣外套使用耐磨的布料，山农不讲究补丁衣裤，男人肩背穿骑肩套（只有上半背与肩和袖），缝制厚实。

上山、下地劳作时都头戴斗笠，遮阳挡雨，掀下可当扇子。雨雪天都穿蓑衣，蓑衣用棕榈树的棕毛串制而成，有整件蓑衣和披肩蓑衣两种，雨雪天穿着用毛竹箬壳包裹山袜的草鞋，以防渗水；老年人冬天戴三折棉毡帽。

二、集体化时期

20世纪50年代中后期，手工缝制逐步改用缝纫机缝制。开始流行列宁装、中山装和西式裤子。布条裤带改用帆布宽裤带，布纽扣改用扁圆胶木扣。

20世纪50年代末，全国三年困难时期，棉布紧张，国家每年按人分年龄档次定量发给布票，避免抢购，每人每年可做一件新衣。当年流行的口号是"新三年，旧三年，缝缝补补再三年"，直到60年代后期出现人造棉、化纤布后，棉布才逐步宽松；同时混纺毛线、尼龙袜相继出现。社员风行中山装，绿军装、少数老年人仍穿传统衣服，衣服上补丁逐步减少。一度风行棉军帽，晴天戴草帽；行路、作客常穿橡胶底的绿帮球鞋（称解放鞋），并逐步代替草鞋。70年代，夏天穿单背心、汗衫、的确良衬衫，冬季风行以毛线衣裤代替棉衣裤。

三、改革开放以后

乡民们的衣着更是日新月异，男人穿各式西装、便装、皮装、夹克衫、花衬衫、牛仔裤，女子穿短裙、长裙、连裙衫、紧身衣裤，款式层出不穷，花样时时翻新。妇女儿童服装千变万化，无法列举；佩戴的首饰有金、银、玉的项链和戒指、耳环、手镯，比旧时地主富豪的穿戴有过之而无不及。

第四节　住　房

中华人民共和国成立前，昆铜各村的宗族大户人家，住宅是三间两厢或是五间两厢楼房，几代人住在一起。旧时认为要发家，须聚族而居，建房必须连基，形成大户大宅。一般人家多为平房，木架泥墙，很多人家搭草棚、泥巴糊墙栖身。富人与穷人的住房差别极大。

中华人民共和国成立后，富户的大宅分出一部分给了多户穷人。农业集体化初期，仍有村民用竹子搭架，四周编毛竹片，在毛竹片板上粉稻草黄泥为墙，稻草盖顶的草屋。20世纪60年代，有条件的社员申请砍伐木材，夯筑泥墙，请人帮工建造平房，土瓦片盖顶。70年代，消灭草屋，全为土墙木架瓦屋，大多加有一层木板楼。

20世纪80年代开始，各村出现三间二层水泥预制板楼房，外加走廊，墙体用石块和砖头砌筑，或用石灰、砂土拌和（称三合土）打墙。

进入2000年以后，村民开始建造钢筋水泥结构的楼房、独立式的别墅，外加围墙，卫生设施齐全。2010年后，房屋款式创新，有徽派、欧派或中西结合，装饰华丽，家具高档，水电炊具俱全。

第五节　出　行

一、道路

中华人民共和国成立前，乡境内无公路，昆山、铜山的两条主干道也只有一米多宽。石砌古道时断时续，乱石堆积，阵雨过后道路变溪滩，路两旁小竹遮阴，遇雨雪天，竹梢搭在路面。走路尚且困难，抬轿、挑担更加难行。

中华人民共和国成立后，依靠集体力量逐步修筑独轮车路、双轮车路。1965年开始，铜山与昆山修筑沙土公路，70年代逐步修筑各行政村公路，以后逐步修筑较大自然村的公路。进入21世纪，村村通公路，路路被硬化，村内硬化道路通各家。

二、交通工具

中华人民共和国成立前，村民出行都靠步行，地主富户坐轿子、滑竿或骑马骑驴，部分村民结婚时也努力让新娘子坐一次轿子。村民有很少几架独轮车，除拉货外也用独轮车载小脚女人或病人出行。没有其他交通工具。

中华人民共和国成立初期，乡政府有一辆自行车。1965年开通长林垓、钱坑桥至晓墅梅溪的公交班车。20世纪60年代中期，村民快速普及双轮车，除拉货外也用双轮车载老年人、儿童出行，送病人去医院；并逐步有了自行车。70年代初期开始，有时可以搭载手扶拖拉机出行。70年代中期普及自行车。80年代开始有三轮机动车、摩托车。90年代逐步开通县政府所在地到各行政村的主干公路，梓坊到钱坑桥的公路开通，客运班车到梓坊过夜。进入21世纪开始有二轮电动车和三轮电动车。2005年，开始有小汽车。2012年基本普及小汽车，多数家庭有摩托车、电动车和小汽车等多种交通工具。

第六节　物　用

中华人民共和国成立前，村民的桌椅床柜等家具都为竹木制作，其中竹制用具有扁担、箩筐、晒谷席、凉席、竹凉床、竹碗橱、蚕匾、谷圈、竹饭筒、菜筒、茶筒、油筒、菜篮、针线篮等。陶土器物有水缸、昙、罐、粗碗等。铁器仅有饭锅，锅铲、菜刀、柴刀、犁尖犁铧、耙齿、耖齿、锄头、锹。水瓢用老葫芦锯开挖去瓤而成，也用老葫芦掏出内瓤装酒、药材、种子，称酒葫芦、药葫芦等。照明用竹篾和菜油。

中华人民共和国成立初期，变化较慢。20世纪60年代，村上嫁女必备木制马桶、脚盆、箱子“老三套”，条件好的人家置办梳妆台、橱、柜等，男方需置办眠床、蚊帐等。照明用煤油灯，机关单位开始用套有玻璃罩的煤油灯，称美孚灯。70年代开始有塑料制品，铁器逐步增多；照明用电灯。80年代，婚嫁女方要求手表、自行车、缝纫机“三大件”，有的外加收音机(也称三转一响)。90年代，村民家庭逐步有了电视机、洗衣机、电冰箱“三大件”，以后又陆续增添电饭锅、微波炉、取暖器、热水器、淋浴器、脱排油烟机、空调、烘干机、空气净化器、电脑等。

第七节　生活保障

一、五保户照顾

中华人民共和国成立后，政府对残疾人、孤寡老人和因天灾人祸造成的困难户给予多方照顾，各生产队提留一定的公益金资助解决。1970年开始，对无劳动能力、无生活来源的少数孤寡老人、残疾人给予保吃、保住、保穿、保医、保葬的“五保”照顾。1984年，乡政府办起敬老院，开始接收部分五保户。1989年，将符合条件的五保户全部接到敬老院统一照顾。开始时，生产队(五保户的承包山、田归生产队的或由代管的)承担一部分照顾费用，以后逐步改由政府承担。敬老院定期为老人体检，如遇大病送往医院医治，乡镇领导和社会各界逢年过节前往慰问。2011年，全乡有五保老人10人。

二、社会救济

中华人民共和国成立后集体化时期，村民遇天灾人祸、重大疾病等造成家庭经济困难时，生产队通过集体讨论同意，在公益金中开支部分给困难户，以解燃眉之急。公社民政部门也根据实际情况发放一定数量的救助金。1983年实行承包责任制后，村民遇到特大困难，村干部发动村民捐款救济，上级政府民政部门也给予一定的救助金。

三、最低生活保障

自1997年起，全乡实行农村最低生活保障救助制度，政府对符合条件的困难户按月发放最低生活保障金，对低保户家庭的学生减免各种杂费，并增加助学金。2006年，全乡被列为最低生活保障对象的有250多户500余人，根据户型标准，每人每月发放低保救助金50~60元不等。2011年，全乡有低保对象140余户200余人，每人每月最低补助金提高到100元。

四、慈善资助

乡境内各村的中小企业较多，企业主对遭遇重大困难的村民，都会慷慨解囊，捐款资助。2012年，部分村委会发起成立爱心救助的倡议，许多企业主都积极响应。如路西村，企业主捐资和村委会出资部分专存于融资办，将每年的利息资助特困户，企业主在每年春节前夕都会上门慰问特困户。

第八节　保　险

一、养老保险

1992年11月8日，县政府制定《企业职工养老保险暂行办法》，实行全民、集体、三资、个体私营等各种所有制、各种用工形式为一体的基本养老保险基金统筹。在乡政府动员和组织下，境内企业及个人逐步开始参加职工养老保险。企业职工参保的，企业负担缴费职工工资总额的20%，职工自负缴费8%；个体参保的，由个人按人体户交纳标准缴费。进入21世纪，部分村民、职工在缴费一定年限和到达退休年龄的已开始领取养老金。至2011年年底，全乡企业职工参加养老保险的有1425人，个人参加社会养老保险的有378人。

退伍的志愿兵、义务兵，除年老享受国家定期补助的外，参加养老保险的，其服役年限抵作工作年限。境内新开公路、特高压工程、昆铜港治理等工程项目中被征用土地的农民，均按征地基数给予一定名额，参加失地农民养老保险。至2011年，全乡参加失地农民养老保险的有850人。

2011年年底，全乡参加养老保险的共2653人，已有1535人领取养老金。

二、商业保险

1984年开始，部分乡办企业办理企业财产保险，企业因台风洪灾造成损失的，保险公司给予理赔。

1990年前后，全乡个私企业蓬勃发展，各村的鱼竿厂、工艺竹编厂、竹木制品厂、化纤厂、麻纺织厂、羊毛衫厂等火灾高危行业发生火灾后，保险公司均及时给予理赔，提高了企业购买商业保险的积极性。部分企业为避免台风、洪水、用电等遭受损失而购买财产保险，运输专业户都购买交通运输和货物保险，畜牧家禽饲养场、鱼塘承包等个体户也都开始购买财产保险。

1995年后，各种人身意外伤害保险、企业工伤保险、学校师生平安保险等相继进入昆铜乡，购买者逐年增加。2000年后，全乡村民参加人寿、财产等各种商业保险多达几十种，商业保险已普遍被乡民接受。2012年，全乡参保率达30%左右。山区白茶采摘季节，参加意外伤害保险的农户达95%。

三、居民保险

2009年11月25日，县政府印发《安吉县城乡居民社会养老保险实施办法》。按照“保基本、广覆盖、有弹性、可持续”的基本原则，凡有本县户籍，年满16周岁（全日制学校在校学生除外），非国家机关、事业单位、社会团体工作人员，未参加职工基本养老保险的城乡居民，均可自愿参加城乡居民社会养老保险。2010年1月起，已年满60周岁未享受国家机关、事业单位、社会团体离退休、退职待遇和职工基本养老保险待遇的老人，不用缴费每月就可领取基础养老金，每人每月60元。截至2011年，全乡参加城乡居民社会养老保险的有2653人，领取60元基础养老金的有1800人。

第十九章　风俗 宗教

太平天国战争时期，昆铜部分乡民依托山区地形条件得以逃脱战乱和瘟疫，乡境内幸存的部分本地人顽强地保留和继承了当地千百年形成的乡风民俗。清朝末年和民国期间，昆铜乡接纳了来自浙东南和豫鄂皖苏的大量移民，他们也带来了各地的风俗，经过百余年的共同生活、互相融合，形成了以本地人习俗为主要特色的昆铜乡特有的乡风民俗。乡民历来有忠孝节义、行善积德、尊老爱幼、耕读传家等家风家训；有新春舞狮、舞龙，三月十三日庙会、社戏，清明节做青团子，端午节包粽子，过年打年糕等岁时习俗；有嫁娶礼仪、生辰寿庆、邻里互帮等风俗习惯；有开秧门、做神府、护笋养竹等生产规矩。中华人民共和国成立后，随着村民文化水平和生活水平的提高，某些习俗淡化或演变，有的消失；同时，新风尚在各领域不断产生和发展。改革开放后，随着村民的生活、生产方式改变，习俗继续演变，更显“十里不同风，廿里不同俗”的多元特点。

第一节　风　尚

昆铜乡民勤劳善良，吃苦耐劳，省吃俭用，传承了祖辈的淳朴民风。历朝以来崇尚儒教，耕读传家，稍有条件的人家都教子督孙读书习文，博取功名或服务于乡村；无条件者男人致力于耕作土地与山林，妇女养蚕纺织经营家庭。鲜有游手好闲之辈，更少鸡鸣狗盗之徒。俗朴仪重，俭而知礼，冠婚丧祭遵循典章。社会发展，世事变迁，昆铜民风随之变化。然乡民仍以勤劳、淳朴、好客、行善、尚礼、重商为著，人情民风不逊于昔。

一、勤劳

山乡人民素以勤劳为美德，以游手好闲为可耻，即使小康人家亦讲究黎明即起，勤劳持家。乡民历代勤于农耕和山间劳作，栽桑育蚕饲养畜禽。山民靠山养山，抚育采伐兼顾。日出而作，日落而息，家无闲人，野无荒地。妇女辅佐丈夫担当家务，抚育子女，虽辛劳而无怨言。中华人民共和国成立后，冬闲兴修水利，开辟交通道路，改善居住条件；集体化时改田造地，兴办农业基础设施；改革开放后大办工业企业，进入21世纪努力治理生态环境。

二、淳朴

饮食以素食为主，间以荤素搭配，普遍制酱腌菜，以备青黄不接。服装不尚容饰，虽富裕之家亦不例外，孩子长大，穿过的衣裤留给弟妹们再穿；姑娘从小跟随母亲和奶奶学做针线。

邻里和睦相处，以和为贵，和睦相处，一家有难，众邻相助。每逢红白喜事或是农忙季节缺人手，邻里有求，乐意帮忙，不计报酬。60—70年代，在建房一事上的互助精神发挥到了极致，那时无论哪家建房（土墙木架瓦房），村人都会主动上门帮工，有的还支援蔬菜。此风到改建水泥楼房时淡化。

三、好客

昆铜山里人对己简俭，而待客大方，向以来客众多为荣。有登门者，必泡茶递烟热情接待；对专程探亲访友的客人，以酒招待。客人临行，主人送出门，相互话别。请匠人做工，除烟茶外，每餐必备荤素；逢年过节亲友来访，更倾其所有殷勤接待。

四、行善

乡人历来乐善好施，遇修桥、铺路、造凉亭等公益事业，热心解囊相助。遇夫妻吵架、邻里纠纷等，众人都设法调解，大事化小，小事化了。中华人民共和国成立后义务修桥铺路、捐资助医、扶贫济困之风更加发扬光大。鳏寡孤独者安享晚年，贫困学生得以复学。改革开放后，民营企业主发起成立慈善组织，捐献爱心善款，救助生活困难者，社会正气进一步弘扬。

五、尚礼

乡人遇亲友邻里结婚、新屋落成，必贺礼上门祝贺；遇有老人逝世等丧事，必备奠礼前往吊唁，主家必备酒席招待。贺礼、奠礼统称份子礼。收礼方记入礼账簿，遇对方办事时必还礼，有“人情大于债，顶着镬子卖”之说。中华人民共和国成立后，随着经济条件提升，村民酒席排场渐大，礼金金额不断提高。进入21世纪，国家公务员受到纪律约束，酒席排场收敛。

六、重商

昆铜人历来重商，中华人民共和国成立前肩挑背驮和水放将山货运出大山，使山货成为财源。中华人民共和国成立后一度实行计划经济，商业由国家经营，个人经商被称作投机倒把而受批判。改革开放后，昆铜山里人敢为人先，行商遍布杭嘉湖平原和长江南北，推销昆铜等地的毛竹、小竹和竹制品。昆铜人在上海等大城市的丧葬花圈等祭奠用品和殡仪服务业一度占据很大份额，被称为昆铜帮。21世纪初，昆铜的竹制鱼竿等产品销往国内各大城市，转椅配件、塑料制品、五金制品、纺布制品走出了国门。

第二节 岁时习俗

一、拜年

20世纪70年代以前，正月初一早晨，山村人们起得较迟。家庭主妇不烧火，不下厨，不拿笤帚，不拿刀，不做针线……，养蚕农户称“睡蚕花”，男人们也都休息。小孩先起床，穿上等待很久的新衣、新袜、新鞋、新帽，放鞭炮，到长辈床前拜年；并烧开水泡糖水送到长辈床前，称“一年甜到头”。早饭一般为前一晚做好的团子、汤圆。饭后，小孩给邻居拜年，邻居都会热情接待，向小孩衣服口袋装些花生、瓜子和自做的糖食糕点。小孩衣服口袋装满后，回家倒出，继续挨家挨户拜年。

村人见面都点头拱手相互问候，说些“恭喜发财”之类的拜年吉言。小孩如说了不吉利的话，大人不计较，用草纸在小孩嘴上擦一下，说声“童言无忌，当作放屁”，一笑了之。信佛者，起早到附近的庙宇抢烧头香，祈福、许愿。如有亲戚在上年逝世，户主要清早赶往墓地放炮烧纸燃香，称为烧新香。

初二开始给岳父母、师父母和其他长辈亲戚拜年，拜年带礼品以糖、糕、荔枝干、红枣等食品为主。都用粗糙的稻草纸包装成斧头形，正面贴一红纸条，用纸捻成的细绳捆扎，称为斧头包。初五凌晨陈列供品，燃香烛、烧纸、放爆竹接财神；私企老板有用三牲作供品的。

20世纪70年代以后，旧俗大多延续。物质条件逐渐丰富，小孩穿新衣、挨户拜年不再感兴趣。大人和孩子带着礼品到亲戚家拜年，礼品逐渐高档贵重，亲戚都给孩子们红包，金额视经济条件逐年提高。改革开放后，大多数人初七要上班，拜年都在初六以前完成。20世纪末，程控电话和移动电话相继普及，一般亲友都通过电话拜年。随着私营工商业快速发展，初五接财神之风渐盛。21世纪初，初五凌晨开始，烟花爆竹一直放到中午，接着开张营业或开工生产。

二、正月闹元宵

中华人民共和国成立前和中华人民共和国成立之初，昆铜乡正月有舞狮、舞龙灯的习俗，称调花灯；初八开始，十五达到高潮，称闹元宵。调花灯时，村上锣鼓喧天，家家户户点亮煤油灯和蜡烛，开大门迎接狮子、旱船、龙灯等花灯。灯具、锣鼓和夜餐由村民分摊出资，调灯人则无工钱，届时每家准备一些蜡烛、香烟、果品招待调灯人。有的数村合办，挨户舞灯，持续数天走遍每家各户。

祖籍河南人正月十五晚餐吃糯米粉做的“元宵”，夜晚到祖坟前地上插四根小棒，围上红纸，中间点燃一支蜡烛，谓之送灯；进入21世纪，改用小电池灯笼。正月十六的中餐或晚餐祭祖，称过大年。

调花灯最迟于二月初二停止，时值惊蛰，称龙抬头，开始备耕生产。公社化以后，改天换地，生产繁忙，无暇调灯；“文化大革命”期间，调灯作为“四旧”破除。进入21世纪，调灯艺术成为非物质文化遗产，只在重要场合展示。

三、清明祭祖

俗称寒食节。前后各三天到祖坟上祭奠，插纸钱串，为祖坟添土增高，称上坟。中餐或晚餐前供祖宗牌位、点香烛、烧纸钱、敬酒跪拜，气氛肃穆，谓之作清明飨。旧社会，大户人家族长在祠堂置酒席，族人聚餐，族长公布祠堂田产收支账目和来年打算，堂产结余按男丁分丁钱，家无男丁或招婿的无份额。清明节当天不烧火，吃前一天做的青团子、粽子。

四、立夏秤人

昆铜人有立夏日称体重的习俗，谓之秤人。同时，蚕豆尝新，农家烧蚕豆糯米饭吃；小竹笋盛出，有吃整株小笋的习俗，谓之吃全节笋，本地方言“全节”与“健脚”音相似，意为祈望腿脚健壮有力。随着人们生活水平的提高，此俗逐渐淡化。

五、吃乌米饭

四月初八是母亲看望出嫁女儿的日子。娘将乌米饭树叶捣汁浸泡糯米一晚后烧成饭，挑两盘去看望出嫁女儿。中华人民共和国成立后，虽不再用乌米饭送女儿，但家家吃乌米饭的习俗延续。

传说：有个叫目莲的出嫁女，常梦见孤魂野鬼欺负她死去的母亲。目莲每次作飨，总被恶鬼抢吃。她就试着用乌米饭树叶水煮成黑饭作飨，恶鬼见是黑饭就不再抢了。于是，她每年都用乌米饭祭娘，村人都仿效。后演变为母亲做乌米饭看望出嫁女儿。

六、端午节驱邪

五月初五，家家户户插挂艾叶、菖蒲以驱邪。吃粽子、绿豆糕，中餐酒菜有黄鳝、黄鱼、黄瓜、咸鸭蛋、雄黄酒，称五黄。用雄黄酒在小孩额上写“王”字。小夫妻带绿豆糕等礼品到岳父母家过节，岳父母为女婿买衬衫、扇子、阳伞之类的物品。亲友互赠荷包、香袋等，幼儿穿虎头鞋，晚辈给长辈送绿豆糕。中华人民共和国成立后，医疗条件提高，不再喝雄黄酒，其他习俗延续，礼品档次提高。

七、七月半祭祖

七月十五，俗称中元节、鬼节，家家供酒菜，点香烛，作飨祭祖。傍晚，到大门口叫自家列祖列宗回家吃羹饭，祈求祖宗保佑家人平安；酒饭完毕，烧纸钱元宝，叩拜，送祖宗回；有很多人到大门外烧纸，意为送给无后人的孤魂野鬼。此习一直延续，本地人和客家人都重视。

八、中秋节团圆

八月十五，外出的人都回家团聚。女婿给岳父母送月饼等礼品。夜晚，有的人家摆放月饼、水果，赏月。此习俗延续不衰。

旧时，中秋夜晚穷苦人到富裕人家地里摘少量冬瓜、玉米、甘薯、芋头等食物，称摸秋。有“摸秋不算偷”之说。中华人民共和国成立后此习俗消失。

九、重阳节敬老

每年九月初九，铜山隐将村太平观里热闹非常，全乡各村村民都去烧香，从初八晚上直到初九凌晨。1989年以来，安吉县政府将重阳节定为老人节，乡村各单位都举办老年运动会等活动，慰问老年人，关爱老年人。

十、冬至祭祖

称鬼节，昆铜本地人有冬至大如年之说。当日傍晚，备羹饭、上香烛、烧纸钱元宝，全家人跪拜祖宗，敬酒，仪式肃穆。夜晚吃溜沙团子。该日，为祖坟添土加高，开工建墓或修墓；厝柩多年的遗骸清理下葬，称理黄金，谓之入土为安。冬至后开始陆续杀年猪，腌猪肉。此习俗一直延续，本地人较客家人更重视。

十一、腊八施粥

腊月初八，村民吃用大米和多种食料煮成的粥，称腊八粥；南楼坞麒堂山寺庙每年此日都要向香客和游人布施腊八粥。此习俗延续至今。

十二、腊月二十三送灶神

傍晚，在厨房供上香烛、纸马，跪拜灶神，送灶神菩萨上天，祷告灶神菩萨上天多说人间的好话，并请他在除夕日按时回来，保民安康。中华人民共和国成立后此习俗逐渐消失。

十三、腊月二十四掸尘

打扫厨房和居室，掸尘，清洗橱柜和生活用具。改革开放后，村民房屋质量提高，此习俗淡化。

十四、腊月二十五办年货

旧时此日，富人家结清长工和牧童的工钱，长工们回家过年。此后，家家户户杀鸡杀鸭，淘洗糯米、磨粉、打年糕、做豆腐，采办糕点和三牲供品等。选择某地，焚香烛祭上苍，求保家人平安和来年好运，称请利市。也有人将供品挑到土地庙或其他庙宇供奉祭拜，请山神、棚头菩萨等各路神仙、菩萨过大年。

十五、除夕过大年

贴门神、春联、福字，挂灯笼；为畜栏、农具、果树贴红纸条。中餐或晚餐前作飨祭祖敬神，燃放爆竹，点香燃烛、烧纸钱，三跪三拜，仪式肃穆；祈求各路神仙保佑家人平安健康、来年五谷丰登、万事如意。年饭菜肴丰盛，须有鱼和剩饭，寓意年年有余。吃完年夜饭，当家人总结一年来的收支，布置来年生产计划；长辈给小辈发红包，名曰压岁钱，也称封岁。夜晚，屋内各室点燃蜡烛，称满堂红。将新的灶神像贴在灶头神位上，接灶神菩萨回家。当晚，避债在外的穷人大胆回家，直至正月十五，债主不再讨债。

夜晚，全家人围着火堆烤火，听大人们讲故事；随时添补堂前供桌上的香、烛，不使熄灭，谓之守岁；到子时放炮接天迎新年，称开门炮。中华人民共和国成立后，供香烛之俗渐渐淡化，守岁继续。20世纪90年代电视机普及后，除夕夜全家人围着电视机观看中央电视台春节联欢晚会。

第三节　生活习俗

一、饮食

昆铜村民一日三餐，以大米饭为主食。山区人劳动强度大，农忙季节多为三餐干饭，下午加以麦食为主的点心，常辅以甘薯、南瓜等；农闲季节一般为二干一稀。旧时，中等以上农户讲究饮食调匀，贫苦人家只以甘薯、玉米之类作主粮，不论干稀，只求吃饱。季节不同，饮食有所变化，冬至后烧稀饭时常掺以年糕。平时难得有荤腥，过节时才改善饮食。春节，每家都杀猪、羊和鸡鸭。除贫困户外，都将肉腌制晒干，以备冬季大雪封山。中华人民共和国成立后，逐步消灭贫困，粮食计划分配，农户自留地种菜，自养家禽家畜，饮食逐步改善。改革开放后，社会物质丰富，农户饮食随之发生变化，山里人一日三餐大米饭或面条、年糕、米粥，副食有面包、蛋糕、酥饼、糖果之类，菜肴有肉食、禽类、水产、海产、菇类、笋类，讲究荤素搭配、营养丰富。

二、饮茶

昆铜人一般饮绿茶。夏天干活流汗多，大多用“六月霜”泡茶凉着喝，也有饮青爽头的。客来一杯茶，为待客的首要礼节，茶水八分满，用双手捧茶碗（杯）敬客人。中华人民共和国成立前无保温瓶，客人来，主人临时生火，用铁锅或铜壶烧开水，用小碗泡茶。有的人家还用熟青豆、朴籽、茶叶合在一起泡茶招待贵客。中华人民共和国成立后，此习俗延续，茶叶、茶具质量不断提高。

三、饮酒

昆铜村民有饮酒的习惯，以中老年男性居多。中华人民共和国成立前，普通村民平时很少喝酒，一般都在逢年过节、亲朋相聚时才喝酒，多饮用黄酒。饮白酒者每年请酿酒师傅来家中酿土烧酒，称吊酒。少数村民自酿红曲酒、甜白酒。中华人民共和国成立后，以到商店买酒为主。改革开放后，除饮白酒、啤酒外，用红酒招待客人的也渐多。

四、吸烟

中华人民共和国成立前，村民吸烟者较普遍，除少数条件好的人家从商店购买香烟外，老年人和条件差的人家均吸自制的黄烟。黄烟为自家种的烟叶经晒干、切丝而成，用烟斗、竹烟管或水烟壶吸。少数人自卷土香烟。

竹烟管为山里人自制,将带蒲头的小竹锯成两尺长左右,打通竹节,在蒲头一头挖个小窝,讲究的用铜皮包裹烟管两头。吸烟时,将烟丝嵌入烟窝,吹燃带火星的纸捻,点燃烟丝,嘴吸烟管的上口。中华人民共和国成立后逐步流行卷烟,也称香烟。改革开放后,过滤嘴香烟和打火机开始广泛使用,纸捻和烟管被淘汰。吸烟者大多为壮年人,老年人逐渐戒烟,青年人吸烟者较少。2012年,车站、医院、学校等公共场所禁止吸烟。

五、穿戴

衣着 (见第十八章第三节)

鞋袜 中华人民共和国成立前都穿自制的布鞋,雨天用竹箬壳包布鞋或穿竹板底鞋。有条件的人家穿桐油布鞋,鞋底有钉,称油布钉鞋;少有线袜,多为布袜。天热穿自制木板拖鞋,很多人打赤脚,旱地劳动或长距离行走都穿草鞋;上山劳作穿山袜,外套草鞋。中华人民共和国成立后,逐渐有胶底力士鞋,50年代中期出现雨鞋,称套鞋。20世纪60年代盛行绿帮胶底鞋,称解放鞋。70年代开始有塑料凉鞋,开始穿尼龙袜、锦纶袜。80年代后期,村民逐步穿起皮鞋、旅游鞋。

帽子 中华人民共和国成立前流行瓜皮帽,多数在休闲时戴用,绒毡帽极少。乡间绅士戴铜盆帽、礼帽等。农民自制棉套简便帽,露天劳作时戴笠帽、草帽。中华人民共和国成立后戴鸭舌帽、青年帽,老年人戴三折呢绒帽。20世纪60年代流行解放军棉帽,后来称作雷锋帽。露天劳作时仍戴笠帽、草帽。90年代以后,青壮年讲究发型,少有戴帽;儿童帽和老年帽品种多样。

首饰 中华人民共和国成立前,富裕家庭小孩戴银项圈、寿锁、脚镯、手镯,意为避邪、好养。少数妇女戴金银戒指,戴玉手镯;大多老年妇女都插银发簪。中华人民共和国成立后,首饰仍较少。20世纪70年代开始,少数村民戴手表;90年代开始戴金戒指、金项链;进入21世纪,戴金、银、玉、玛瑙、翡翠等首饰渐成普遍,质量档次根据社会地位和经济实力而定。20世纪末,随着电子产品的增加和移动电话的逐步普及,低档手表逐步消失。

六、分家

子女结婚分家时由家长主持,请来娘舅叔伯参考和见证,主要为分配家产,分摊好父母的晚年供养、住宿。俗为“长子得灶,小儿子得窖(粪坑)”,长子多得一小份地产,称长子产,山里人家的长子产一般为竹林。家产多的人家都写分家书。

第四节　生产习俗

一、开秧门

合作化以前,农户全部种植单季稻,谷雨做秧田、播稻种、育秧,小满时节逐步开始插秧,芒种插秧正忙。第一天请亲友邻居劳动力拔秧插秧，称开秧门。户主立香案，叩拜土地神保佑，用好酒好菜招待插秧师傅，并裹粽子带到田头分发，以求风调雨顺，稻谷丰收。合作化以后为集体插秧，此习俗消失。

二、摆(拜)神府酒

土地改革以前，砍伐小竹、毛竹季节，大户人家都要请刀工。开工第一天，户主摆神府酒，菜肴丰盛，请刀工们聚餐。餐前，立香案，供猪头酒肉敬山神，刀工们跪拜，祈望山神、土地神保佑生产安全。如果超过半个月没砍完，须摆二次神府酒，请刀工二次聚餐。

三、上山禁忌

土地改革以前，帮大户人家砍竹、捏油、铍山等山间劳动时，不得讲“死”“伤”“杀”之类不吉利的话。人员分散在高山、陡坡、深山坞劳作时，不可高声喊叫打扰山神。招呼休息、中餐、收工，以敲击刀鞘三下为信号，或叫三声“哦呼”作通知，不可叫喊名字。否则，遭到大家训斥。合作化以后，集体上山，人多气壮，此忌消失。

四、砍竹规矩

毛竹生产两年为一度，分为大年和小年。当年春季养笋、冬季砍伐毛竹的年份为大年；次年不养笋也不砍竹，称小年。昆铜乡的毛竹生产，逢单年为大年，逢双年为小年。大年立冬节以后开始砍伐六年以上的老竹，直到次年清明节“停刀”。平时禁止砍“冷刀”。

第五节 礼仪习俗

一、嫁娶礼仪

中华人民共和国成立前，婚嫁讲究门当户对，婚姻以“父母之命，媒妁之言”为准。男十七八岁、女十四五岁即可结婚，没有自由恋爱过程，也无法律保障。有钱人结婚礼仪烦琐，穷人根据条件简化仪式。中华人民共和国成立后，实行《中华人民共和国婚姻法》，结婚年龄推迟到男二十二岁、女二十岁，自由恋爱后结婚渐多。20世纪60年代开始提倡晚婚，结婚年龄进一步推迟。改革开放后，恋爱中先同居后结婚的渐多，双方结婚年龄逐渐推迟到接近三十岁。结婚的前期仪式趋简，而结婚典礼仪式趋繁。

提亲 经他人介绍或自由恋爱，男方请媒人向女方父母提亲。女方初步同意后，由女方长辈数人到男家相亲(相门户)，如满意，女方将生辰“八字”告知男方，称送年甲。男方请算命先生对双方的“八字”进行匹配判断，相合则可成婚，相冲则退回八字，此过程称合婚。合婚相合，由媒人转告女方，择日订婚。

订婚 也称求红。订婚之日，男方置筵席招待双方长辈，给女方聘礼。订婚后，男女双方开始走动。每逢端午、中秋、春节等节日，男方都要带礼品看望女方父母，礼品一般是鱼、肉、糖果、烟酒等。双方开始做嫁娶准备。

送日期（通信） 男方一般提前一个月选好结婚日期，并告知女方。同日，女方设午宴，男方设晚宴招待客人。上午，男方将香烟、糖果、"三牲福礼"和大红被面包着的《日子帖》由媒人陪亲友用盘担挑到女方家。女方的娘舅姑父等长辈在午宴后清点彩礼物品，宣读《日子帖》；将结婚日女方需要的礼品用红纸列出清单交媒人。下午，男方娘舅姑父等长辈参加晚宴，媒人展示女方的礼品单，男方按礼品单作准备。此日仪式称送日期，也称通信；双方的宴席称日子酒。

迎亲 旧俗，中等以上的富裕家庭，男方前一天准备好名目繁多的红包和开面盘，由亲友陪媒人送到女方，并根据女方嫁妆数量安排抬花轿、抬嫁妆、吹鼓手等人员。

新娘出嫁前一日晚沐浴，同日早上，请福气好的女人"上头"，戴上男方送来的"七如意"，并剪下几根头发用红纸包好；用棉纱线绞去待嫁女脸上的汗毛，称革面；此后称新娘。男方迎亲队伍在中餐前到达女方家。新娘与父母兄弟姐妹同桌饮茶话别后，进闺房更衣打扮。

男方迎亲队伍到达女方门口，女方亲友故意紧闭大门，男方递上红包，称开门包。女方至亲长辈接待迎亲的客人。午宴后，放爆竹示意新娘准备上轿，迎亲人员扎好嫁妆，称亮行嫁。第三遍爆竹响，新娘向父母、兄嫂、长辈行跪礼，母女以号哭表达离别之情。新娘以母亲生产时曾肚痛过而不忍出门，迎亲的长辈递上红包，称肚痛包；新娘接收肚痛包后，由兄长或娘舅背上轿，伴娘将一把筷子向后抛去，寓意快（筷）快生子，又为新娘盖上红头巾。新娘故意不上轿，迎亲的长辈又递上红包，称上轿包；新娘上轿，伴娘将新铜脚缸置于新娘脚下。奏乐鸣炮，起轿。迎亲队伍在前，嫁妆轿子居中，其中箱子跟着轿子，称压轿箱；伴娘、媒人、送亲人员随后。花轿前方放一面镜子以辟邪，后面放一只筛子寓多子多孙。娘家兄弟姐妹将两根系有红丝棉和万年青的椽子交给迎亲的长辈，本地话"椽、才"同音，寓意嫁才子、财主。新娘到夫家门口不下轿，讨红包，称赖轿包；新郎父母送上红包，喜娘扶新娘下轿，新娘向四周撒一把铜钱，称撒罗汉。此时，地上铺着数只首尾相接的麻袋，新娘走过，有人将后面的麻袋再铺到前面，如此循环铺垫到大门口，寓意代（袋）代相传。男方请福气好的女性长辈为新娘换鞋洗脸，然后扶进厅堂，喜娘、女眷迎接就座于摆满喜庆糖果的席位。穷苦村民嫁娶仪式相应简单。

中华人民共和国成立后，婚事从简，男女双方到乡政府机关办理结婚登记手续便为合法夫妻。结婚日，新郎由介绍人陪同去迎接新娘，午宴后，新娘由两位姑娘陪同与新郎、介绍人一起步行到男家。嫁妆简单。20世纪70—80年代，男方用自行车、拖拉机迎接新娘和嫁妆。2000年后，用轿车迎接新娘。以后，彩礼、贺礼金额不断增加，嫁妆现代化，并已提前安装到新房；迎亲的轿车队伍逐渐加长。上轿包、肚痛包、赖轿包等习俗延续。

拜堂 新郎新娘立于中堂，跟着司仪的口令行拜天地、父母和对拜礼。拜毕，司仪将装有新娘头发的红包交给新郎放在帽子里，以示结发夫妻。旧习，司仪将扎有彩球的红绸带一头交新郎，一头交新娘，新郎在前牵着新娘入新房。中华人民共和国成立之初，结婚仪式简单：客人喝糖茶、清茶，吃花生、糖果，新郎新娘向毛主席像行三鞠躬礼，随后向父母行鞠躬礼，婚礼即成。改革开放后，村民日趋富裕，婚礼趋向烦琐，部分人开始到豪华酒店举行婚礼。进入21世纪，到酒店举行婚礼渐多，根据礼仪公司制订的程序简繁有别。

祭祖　中华人民共和国成立前，大户人家子弟结婚拜堂后，长者引领新郎新娘到宗祠祭祖，吹鼓手跟随奏乐。祠堂供桌上点烛燃香，摆放酒饭、菜肴，新郎新娘按长者口令向祖宗画像和灵牌跪拜、敬酒，祈求祖宗保佑；宣告新娘为家族新成员，接受家法家规。此习俗后消失。

见面礼　中华人民共和国成立前，婚宴后，新郎新娘与伯、叔、舅、姑、姨父母等长者见面，分别呼叫并跪拜，长者应答，并给新郎新娘见面红包。此习俗后逐步消失。

闹房　旧习，昆铜山里人有"闹新房三天无大小"之说，长辈小辈、帮忙人员均可向新郎新娘讨要喜糖喜烟。新郎新娘由伴娘陪同，向长者递烟敬茶，给小孩糖果糕饼之类。亲友邻居在新房内纵情搞笑至深夜。20世纪80年代后，多为年龄相仿的同事、同学、朋友、表兄弟等，作出各种搞笑行为调动喜庆气氛。进入新世纪后逐渐淡化。

回门　旧习，婚后第十天，娘家女性长辈数人到女婿家，接出嫁女回娘家住九天，称回门。第十天，新女婿登门接回。因新娘在婆家和娘家都住九天，故称"住九"。中华人民共和国成立后，"住九"之俗消失，回门之俗延续，但逐步改为婚后第三天回门，有的在第二天就接出嫁女回门，而且新女婿当天即接新娘回婆家。也有新郎新娘在婚后第三天一起回娘家的，当天返回夫家。去时，新娘在前，新郎在后；返回时，新郎在前，新娘在后。此后，新娘可随时回娘家，婚后一个月以后才可在娘家过夜。

满月　结婚满一月，娘家的姑姨们挑着"礼盘"来婆家探望出嫁女，称"送满月茶"。满月后，新娘恢复"自由身"，方可出户串门。中华人民共和国成立后，"回门"和"满月"逐步合并为一次，娘家人接新娘"回门"，同时为之"满月"，免了"送满月茶"一礼。

二、生育礼仪

催生　女儿预产期前一个月，女方父母送营养品和婴儿衣服到女儿家，称"催生"。中华人民共和国成立前和中华人民共和国成立之初，营养品为红糖、挂面、鸡蛋、老母鸡等。此俗延续，营养品除老母鸡外，其他逐渐换新。

报生　婴儿出生后，女婿向岳父母家报喜，称报生。携带公鸡、团子表示生男，携带母鸡、饼表示生女。中华人民共和国成立后此俗淡化。20世纪80年代后，在医院分娩，都用电话通报。

送汤　岳父母接到报生后，带着红糖、鸡蛋、鸡等营养品和小孩衣服探望女儿和外孙，亲朋好友送红糖、鸡蛋、油条、挂面祝贺，称送汤或望汤。中华人民共和国成立后此风延续，礼物渐丰。进入21世纪，亲朋好友大多送现金。

三朝　婴儿出生第三天，接生婆用艾叶煮水为婴儿洗澡，称洗三；置酒席招待接生婆和娘家、夫家的长辈，称三朝酒。20世纪80年代开始，孕妇在医院分娩，一星期后出院，摆三朝酒习俗逐渐消失。

满月 还汤 婴儿出生满一月，剃满月头；祖父母、外祖父母送摇篮、衣物、玩具，富裕的祖辈送银百锁、银项圈、银手镯、银脚镯。主人置酒席答谢“送汤”的亲友，称满月酒；回赠亲朋好友12个大饼或大青团子，称为还汤。满月后，母子方可去亲邻家串门，亲邻家给婴儿颈项框一绞棉线，称长命线。改革开放后，摆满月酒渐少，还汤礼品也改成精美食品，在送汤返回时即还礼。

三、生辰礼仪

周岁生日 外婆家女眷和亲朋好友一道恭贺，孩子父母设宴招待，外婆家送红鸡蛋、粽子或团子等讨彩头，给外孙戴长命锁。午宴后，将孩子放在桌上或蚕匾里，周围放书、笔、算盘、秤、玩具、水果等物，任孩子抓取，根据孩子所抓之物测其日后的志向，称抓周。此习俗延续至今。

16岁生日 旧时称为斋星官。外婆家送新衣鞋帽，亲朋好友送礼祝贺，小时候佩戴的项圈、锁链等饰物于同日摘除，标志成人，可以参加社会活动。此习俗延续至今。

36岁生日 旧时认为是男子的一道关口，中原移民有“三十六，结巴头”之说。岳父母为女婿、女儿各做一套新衣服，亲朋好友赴宴，为主人消灾。改革开放后，设宴招待亲朋好友之习延续，但意义改为庆贺生日。

66岁生日 子女买块猪肉，切成六十六小块，加长生果一道煮熟，送给生日老人。该俗延续。也有人加六个鹅卵石同煮，只看不吃，寓意身体健朗。

寿庆 50岁以后，每隔10年的生日摆酒庆贺一次，称做寿。同日，女儿女婿用盘担挑礼品向岳父母祝贺，至亲、儿女孙辈共同庆贺。宴席必有长寿面，儿孙小辈行跪拜礼。昆铜人习俗“男做九，女做十”，即男人提前在59岁生日时做60岁寿，女的到60岁生日做寿。50岁生日排场较小，60岁生日最为隆重，旧有“六十稀，七十奇，八十古，九十怪”之说。男人少有做80岁生日的。改革开放后，大多子女为父母买好各种保险，保障父母晚年生活。做寿习俗淡化，仪式简化，小辈跪拜礼消失。

四、丧葬习俗

昆铜人有丧事大于婚事之说，时间长，环节多，规矩重。一般有送终、转床、报丧、吊孝、落材封材、出丧安葬、摆豆腐饭等环节。

送终 转床 病危临终前，亲人小辈守在床前，大声呼喊，守着病者逝去，称送终。既逝世，由帮忙人员用热水洗揩遗体，穿衣整冠，穿衣裤的件数成单数，多为蓝白二色，然后将遗体抬到堂屋停放，称转床。旧时，大户人家临时搭建灵堂，遗体安放到灵堂正中，逝者嘴含白银，手抱股香。一般人家都在堂前用布设一屏障，挂逝者遗像；屏前置方桌，摆放香炉、蜡台、水果等供品，香火不断，供亲友吊丧。无特殊情况须停放到第三天。

报丧 既逝世，立即派人到亲友家报丧。旧时，报丧人的雨伞柄朝上放大门外再进屋报告；亲友得信后，妇人到后门口号哭数声，然后烧糖滚蛋给报丧人作点心，不留住宿。报丧人出门后，主人将报丧人用过的碗筷抛出后门外；穷苦人家碗金贵，只将报丧人喝过的残茶迅速泼出。报丧人当天赶回。2000年后都以电话报丧。

戴孝　吊丧　逝者的直系亲属全戴孝。旧时大户人家披麻戴孝，规矩甚多，中华人民共和国成立后形式简化。儿辈身披白纱，帽、鞋缀白布；孙辈袖、帽、鞋缀圆形红布；曾孙缀圆形黄或绿布。请人帮忙和亲邻好友前来吊唁时，晚辈行跪礼，对长辈双腿跪，对平辈单腿跪。晚辈轮流在灵堂日夜守灵，亲邻友好行吊唁礼（鞠躬或跪拜）时，晚辈陪跪；儿媳、女儿在堂前号哭致哀。旧时，守灵期间，请道士拜忏、做道场超度亡灵。吊唁者都送香、烛、表心纸。20世纪70年代开始兴起送花圈。改革开放后，迷信行为革除，渐行乐队奏乐致哀，吊唁者渐行送鲜花，并送现金记入礼簿，俗称纸头份子。逝者或其晚辈为基督教徒的，按教规聚会祈祷逝者灵魂升天。

入殓　出丧前一天晚上或当天早晨，将逝者遗体装入棺材，称入殓，俗称入棺、入材。长子捧逝者头，小儿子捧脚，众子婿帮助移进棺材，逝者生前喜爱之物一起入棺，女儿送的棉被及亲友送的小棉被（盖尸被）从胸口到腿部叠次盖在遗体上。随后，众人绕棺材一圈向遗体告别。帮忙人员盖上棺盖，并用元宝栓固定，称封棺。

出殡　俗称出丧。四人抬棺材，前有人鸣锣开道，放炮仗，举旗幡，撒纸钱；儿子女婿扶棺，子女持哭丧棒，女辈号哭，送葬人群随后。途中遇过桥烧纸钱，称付买路钱。抬棺人歇脚时，子女均跪地。到达墓地，棺材下墓穴，子女向帮忙人员行跪谢礼，绕墓穴三圈告别。返回途中有值事妇人分送糖果或分喝糖水。当晚，逝者的亲属同到坟地看望，称封墓，子女供奉三碗饭菜和酒，祈祷邻近的老坟亡灵们照应，请山神、土地神关照。送丧归来开答谢宴，豆腐为主菜，意为白事，称豆腐饭。

祭奠　按逝者逝世日算起，每隔七天祭奠一次，称做七。头七用一碗菜，二七用两碗菜，依次递增。做五七最隆重，至亲全到，逝者的儿女备酒菜答谢丧期帮忙人员。焚烧纸糊的箱、柜、房及纸钱、元宝和逝者所有的衣物。七七为断七，有祠堂的将牌位送到祠堂供奉，一百天作飨祭祀，称做百日。以后只依节气祭奠。逝者逝世一周年，称做周年；有的连做三周年，也称忌日飨。中华人民共和国成立后，丧事中的道士拜忏、儿女穿麻守孝等迷信成分逐渐减少。戴孝逐步改用黑臂章，吊唁改为送花圈、送花篮等。20世纪90年代后期实行遗体火化，骨灰盒进公墓安葬，出丧仪式逐渐简化。2000年前后开始请乐队送葬，放爆竹改用电子炮，送丧改用轿车，送礼改用现金；豆腐饭质量日趋高档，除必有豆腐外，其他菜肴与喜宴基本相同。做七简化到五七为止。

五、建房礼仪

中华人民共和国成立前，富人建房大多是砖木结构，规矩礼仪颇多。穷人建土木结构草屋或搭草棚，规矩不多。

破土　大户人家建房，首先请风水先生选择地基、定门向，大门不对山尖、山谷、大路、水路、邻家山头墙、烟囱等，择日破土动工。开工日，户主备酒菜香烛到土地庙或五圣庙敬土地诸神。泥水匠放样，户主沿房基四周挖浅沟，撒石灰，按风水先生指定的开工时辰开挖墙基，称破土。

上梁　旧习，选定黄道吉日上梁，亲朋好友前来祝贺和帮忙。同日，户主的岳家送来梁木，抬来猪头、尾巴、四只脚（表示全猪）、鸡、鱼、炮仗、红蜡烛、馒头、粽子、米糕等供品和喜庆用品。梁木放在三脚木马上，木匠做好两头的隼头，钉上红绿绸布，两端挂松柏、万年青、筷子，各挂着一只内装馒头、粽子、香烟、糖果、钱币、圆钉、小木榔头等物品的篮子；割开一只雄鸡鸡冠，溅血于栋柱上。亲友们帮助串好屋架，风水先生选定吉时，说些吉祥话，鞭炮齐鸣，屋架上两根栋柱上的木匠将梁木徐徐拉上顶端，套进隼槽；然后将篮子里的物品向四周撒下，任众人哄抢取乐；边抛边呼吉利词语，称喊彩。其中将钉子、钱币抛向主人张开的被单里，寓意丁财兴旺。当晚盖好瓦后，设宴招待匠人和亲朋好友，称上梁酒。中华人民共和国成立后，仪式简化。改革开放后，都在阴历本中自选吉日，鸡血溅栋柱习俗消失。

乔迁 旧时，新屋装修后，选定吉日进新屋，通知亲友喝乔迁酒。同日天不亮，点仙人火把（扎有红纸的火篾），放炮仗，带着帐子、扫帚、簸箕等物品从旧屋向新屋走进，也有邻舍亲友陪行的。大门两边放竖整株带叶竹子，称节节高。上午，亲朋好友送礼祝贺，中午或晚上，主人设宴招待，俗称吃进新屋酒。中华人民共和国成立后，渐与上梁酒合为一次。

六、拜师礼仪

中华人民共和国成立前，青少年学手艺须拜师。家长备一桌酒菜，请师父坐上座，徒弟跪地叩拜。学艺一般为三年满师，第一年徒弟无分文工钱，第二年师父付些剃头钱，第三年给做一套衣服。空时，徒弟帮师父家做杂活，吃饭时为师父盛饭，节日给师父送礼物。三年满师，师父送一套工具给徒弟。各种学艺满师，规矩不尽相同。

七、劣风陋习

赌博 昆铜地区的赌博工具有单双骰子、麻将、扑克等。长期以来，农闲时或遇村民有婚丧寿庆、建房等酒席人多时，就会聚集搓麻将、牌九，玩诈机、扑克等打发时间，并以现金赌输赢，且输赢金额逐步加大。致使输者生活陷入困境，重者家庭破裂，妻离子散，也有人逃赌债于外地，有家难回。

中华人民共和国成立后，政府严禁赌博。集体化以后劳动紧张，赌博之风渐消。“文化大革命”期间，麻将、牌九作为“四旧”而破除。改革开放后，经济条件大幅度改善，麻将、牌九、扑克复活，赌博之风随之加剧。进入21世纪，政府加大对公务员的纪律约束力度，普通民众以麻将小赌取乐为普遍。

迷信 中华人民共和国成立前，昆铜的迷信行为主要是将迷信与佛教相混淆，家人出事就烧香求佛，算命、卜卦、扶乩、求签以求解脱。穷苦村民生病就请巫婆、马脚驱鬼，富人生急病也求神拜鬼。中华人民共和国成立后，随着科学普及、医疗发展，迷信行为虽逐步减少，但部分村民受前辈影响，迷信思想根深蒂固，仍有少数相信巫婆、马脚，算命、求神拜鬼现象。

第六节　宗教信仰

昆铜乡民信奉佛教的较多，特别是信奉观世音菩萨。改革开放后，基督教传入，信徒渐多，仅次于佛教。最后是道教，隐将太平观为湖州地区较大的道观，钱坑桥也新建关帝庙。

一、佛教

场所　旧时，昆铜较大的寺庙有独山头村的乐平寺、长林村的宝胜寺、钱坑桥的观音庙、三山村的秀峰寺、路西村的麒峰禅院，潘家上的慧门寺，蒲芦坞的三仙庙，化家坞的蛇角庙等。各村还有大小不一的土地庙，较大的寺庙都有僧人居住主持，庙宇内设泥塑或木雕菩萨。小庙只设神台、墙壁画菩萨。村道旁多有五圣庙，都仅有十平方米大小，设神台和壁画菩萨，村民称为堂子庙、土地庙。

中华人民共和国成立后，各村小土地庙全部毁坏不存，部分庙宇被改作学校、集体仓库，或分给贫民作住宅，只保留了几座较大的寺庙。改革开放后，政通人和，实施民族宗教政策，保留下来的寺庙都进行了修缮和扩大，各村善男信女筹集善款添置菩萨、设施。2012年，昆铜乡的佛教活动场所有宝胜寺、秀峰寺、麒峰寺、蛇角庙等。

活动　民国及以前，各庙宇佛事较为频繁。晓墅上街每年三月十三日有三泰菩萨生日庆祝活动，各寺庙每逢菩萨生辰，或菩萨开光、庙宇扩大、新殿落成时都要做佛事，僧人分送请柬到各村居士、善男信女。村民前往朝拜烧香，许愿、还愿、请利时，祈求菩萨保佑降瑞赐福。平时，村民家中发生变故等也前往烧香祷告，祈求保佑平安。抗日战争爆发后，多数庙宇停止活动。

中华人民共和国成立后佛事淡化，僧人还俗参加劳动生产。保留的寺庙只在菩萨生日时才做佛事，信徒也较少。改革开放后，部分庙宇请来僧人驻庙传教，各种名目的佛事活动相继恢复，有的临时请来外地僧人参与做佛事，信徒逐渐增加。较为盛大的佛事活动有每月初一、十五、菩萨生辰、菩萨开光、庙宇扩大、新殿落成等。

二、道教

场所　昆铜境内道教有隐将太平观，太平观坐落于隐将中村，原名隐坞村。太平观始建于明代初期，至今已有600多年的历史，原名隐龙庵。清朝改称太平庵、隐将庙。民国时期有数十间庙屋，曾设韦驮、普贤、观音、纯阳四殿，还有禅房、斋堂、圣纸庵、财神阁、祠山阁、土地庙等，有道士或和尚护持寺庙，并重修纯阳殿，改称纯阳宫。抗日战争时期，日本侵略者闯进隐将村，欲将寺庙烧毁，正值汪道士持剑作法，被日本侵略者残酷杀害。中华人民共和国成立后称太平寺，寺内设三清尊神，香火甚旺。中华人民共和国成立之初还有道士或和尚主持。合作化后，道士、和尚全部还俗，参加劳动生产。“文化大革命”中神像全毁，以后仍常有人到寺庙烧香拜佛。1996年重建，2007年改名太平观。

钱坑桥下街原有一座关帝庙（清前为观音庙）塑有关羽像，属道教，2010年被民宗局批准为宗教活动场所，朝拜的居士甚多，每逢初一、十五甚为热闹。江家边村下的原七里亭旁原有一座较大的祠山庙，有几进，属道观，供奉祠山菩萨张渤，中华人民共和国成立后改作集体仓库，后拆除。

活动　1996年，县人民政府批准太平寺为合法道观，成立管委会，施法坤为法人代表，有以务农为主的居家道士。每逢初一、十五做道场、拜忏，列位菩萨诞生日、得道日和各季节祈福日、寺庙扩建、新殿堂落成、菩萨开光等，都进行拜忏活动。进入21世纪，寺庙扩建，2009年，举行三清殿落成庆典，上海、杭州、湖州和县内外道教界人士1000余人参加庆典活动。以后，每逢庆典活动，都请各方居士和社会爱心人士聚会做道场，各方人士时常捐资赞助。部分村民遇丧事或无名病痛，也邀请道士作丧祭道场超度亡灵，或画符念咒捉妖驱邪。

三、天主教

系基督教"天主圣母马利亚"之旧教，于清朝光绪年间传入安吉，1901年在梅溪设天主教堂，进行传教活动。民国时期在晓墅设天主教分堂，有外国神甫（父）驻堂传教，做礼拜、撞钟、诵圣经、唱赞美诗，满堂点白蜡烛，教徒跪在案前，手捧圣经，表情严肃，不像耶稣教徒自由轻松。当时，昆铜二乡有极少数青年去梅溪、晓墅的天主教堂参加礼拜活动。抗日战争爆发后，外国神甫（父）离去，教堂停止活动。抗日战争胜利后，有外地牧师到梅溪、晓墅传教，昆铜有信徒参加活动。1950年，外地牧师离开后，昆铜信徒在昆铜设立聚会点，"文化大革命"期间停止活动。此后，昆铜再无天主教信徒。

四、基督教

场所 昆铜的耶稣教在改革开放后传入。1986年，昆山片在长林垓设立教堂；铜山片的教堂开始时设在钱坑桥，1998年迁至路西村蒲芦坞口的空厂房内。两个教堂的信徒大多是中老年妇女，男性较少。昆铜境内的基督教是演化后的新教，即耶稣教。2011年，长林垓和路西教堂尚存。

活动 教会遵循"三自"（自治、自养、自传）、爱国的基本原则，以做礼拜传教，牧师于每星期日在教堂布道，以《旧约》和《新约》为内容，信徒们一起做祷告、唱赞美诗、诵圣经等。圣诞节为最隆重的节日。遇耶稣信徒逝世，教会聚集信徒们为逝者做祷告、唱赞礼，祈祷逝者灵魂进天堂。信徒们不烧纸钱，不在丧家吃丧饭。

附：

三月十三庙会

民国时期，晓墅镇的庙会十分隆重，每年的三月十三是三泰菩萨的生日，昆铜、溪龙、梅溪、晓墅、板桥等地有头面的人物和爱好者都要组织娱乐活动，庆祝三泰菩萨生日，称庙会。娱乐项目有龙灯、马灯、长大人、响叉等，队伍长达数里。其中，昆铜乡莫家上、南楼坞、江家边村演长大人；路西、岳征坞、蒲萝坞、梁家塘村演抛响钗。外地的马戏团、杂耍戏、耍猴、唱小热昏的也闻讯赶来凑热闹。十里八乡的看客云集而来，佛教信徒们沿途烧香敬神，施舍糕点、团子、粽子等食品。白天，地摊叫卖、拆字算命、弈棋赌博、三教九流应有尽有；夜晚，汽油灯、烛灯笼沿街通明，小吃摊、茶酒店主人忙碌，喝酒划拳吆喝声此起彼伏，往往热闹三天才结束。

第二十章　人　物

春秋战国至东晋以来，昆铜境内名流人物尚多，服务于朝廷，治国安邦、勤政理国者不计其数，奈年代久远，文献难觅，致许多精英姓名湮没。近代和现代，昆铜更是人才辈出，在各种岗位上为国家做出贡献。兹尽力所能及收集到的有文献记载的人物予以记录。一般按时代、时序或村籍排列。

《人物传记》收录昆铜籍或在昆铜有贡献和有社会影响的历史人物，不能确定是否在今昆铜境内的以"附录"记述。《人物选介》收录近代昆铜籍享受国务院特殊津贴的人员、功勋人物、县级以上劳动模范、副处级以上干部、知名人物、企业界领军人物。《人物名录》收录革命烈士、参战战士、科级干部、优秀学子。人大代表、党代表等其他人物收录于相关章节。

第一节　人物传记

朱才(约182—250)

字君业，朱治次子，朱然弟，丹阳故鄣(今安吉)人。朱才少年时就随父兄多次出征，以父任为武卫校尉。黄武三年(224年)，朱治逝世后，朱才承袭父爵为毗陵(今江苏常州)侯，升偏安将军。为人精敏，善骑射，受孙权宠爱，常侍从游戏。朱才随从征伐，屡建战功，毗陵郡的官员议论说，朱才年少而荣贵，可惜没有在郡中留下美名。朱才叹曰："我初为将，谓跨马蹈敌，当身履锋，足以扬名，不知乡党复追迹其举措乎！"于是折节为恭，留意于宾客，轻财尚义，施不望报。又学兵法，名声始闻远近。青年时代被孙权封为"武骑尉领兵"，中年被封为"镇东将军"。花甲之年回故鄣，路过铜山的四面山麓，下马小憩，见三面环山，竹林茂密，环境优美，顿生喜爱之情，功名利禄之心全消，于是决定在此隐居，安度晚年。遂将马匹放于山间，盔甲藏于石下，宝剑沉于深潭，择山间平坦处建起茅舍。从此，朱才隐居这里，其子孙在此繁衍生息。久而久之，人口集居，成一村庄，人称隐将村。朱才放马之山称四面山，沉剑之潭称沉剑潭。朱才死后葬在村北面山岭下，人称此岭为朱墓岭，后来误写成诸家岭。

朱才有子朱琬(？—270)，字环桥，袭父爵封毗陵侯，拜镇西将军，居吴环桥。吴环桥这个村名是人们根据朱琬的字号而取的。传说，此地中村的环桥就是吴环桥。

吴均(469—520)

字叔庠，故鄣(今安吉)人。生于南北朝泰始五年(469)，出身寒微，性耿直，聪颖，有奇才。通文史，善诗赋。文体清拔，时称“吴均体”。梁天监元年，柳恽任吴兴郡太守召吴均为郡主簿，常共赋诗咏唱。天监六年(507)，建安郡王萧伟驻扬州(今南京)，任吴均为王府记室，负责文翰书札。萧伟迁督江州后，任吴均为国侍郎、兼府城局。临川王萧宏将他推荐给武帝，很受欣赏。不久，升任奉朝请(一种闲职文官)。吴均欲撰《齐书》，向梁武帝求借《齐起居注》及《群臣行状》，武帝不许。于是私撰《齐春秋》，成稿30卷，对齐梁间事不避忌讳，梁武帝以“其书不实”为由，下令焚毁，并免其职。不久，又召见吴均，命撰写上起三皇，下讫南齐的《通史》。吴均只撰成其中的“本纪”“世家”，未及成书于普通元年(520)去世。时年52岁。

吴均著作颇多，著有《注后汉书》90卷、《庙记》10卷、《十二州记》16卷、《钱唐先贤传》5卷、《续文释》5卷、《南史》72卷、《文集》20卷，惜不存世。明人辑有《吴朝请集》，另有志怪小说《续齐谐记》1卷传世。鲁迅《中国小说史略》称：“其为小说，亦卓然可观，唐宋文人多引为典据，《阳羡鹅笼》之记，尤其奇诡者也”。

吴均《与顾章书》说：“仆去月谢病，还觅薜萝。梅溪之西有石门山者，森壁争霞，孤峰限日；幽岫含云，深溪蓄翠；蝉吟鹤唳，水响猿啼，英英相杂，绵绵成韵。既素重幽居，遂葺宇其上。幸富菊花，偏饶竹实。山谷所资，于斯已办。仁智之乐，岂徒语哉！”据今人袁成民《沧海桑田话梅溪》一文考证：书中所说的梅溪，即指梅溪水，而非今梅溪集镇。石门位于梅溪水源头的西边，故吴均曰“梅溪之西有石门山者”。

叶元武(1735—1809)

字云凡，路西村南楼坞自然村人，拳教师。童年聪慧大胆，讨人喜欢。10岁时常上麒堂山庙中玩耍，寺庙中有位年过半百的得道高僧，见叶云凡天资聪颖，就收其为徒，传授武道、拳法。十五年后，叶云凡练就了轻、软、硬三样功夫，轻能飞身行刺，软能点穴使人僵硬，硬能手提数百斤货物。

叶云凡武艺高超，为人仗义，爱打抱不平，见穷苦村民被欺，总是出头评理，流传的故事很多。还留传有治伤药方。

附：南楼坞叶云凡治伤秘方：净红花3克、全当归3克、生于术6克、白茯苓6克、广陈皮6克、广三七9克、真肉桂9克，研细末陈酒吞服。

施南初(1867—1945)

字开周，谱名本鳌，路西村莫家上自然村人。清光绪丙戌年(1886)乡试中秀才，后选为贡生。1915年任安吉县东区禁烟(鸦片)调查员。1917年任昆铜第三国民小学校长，兼任国债劝募员，获省长授予的八等荣誉奖状。1918年任安吉东区选举参议和众议院调查员，兼任投票管理员。1920年任安吉东区省议员调查员。1921年任东区编查户口调查员。1923年任安吉东区初选议员调查员。1928年任安吉东区国民代表会议议员调查员、安吉东区选举监察委员。1944年任安吉东区大同小学校长。

先后于光绪二十二年(1896)和民国23年(1934)两次主修《施氏宗谱》共26册。

杨植之(1900—1962)

名成桂,字祖栽,画名植之、渡头、梅墅山人。昆铜乡大路口村人。自幼好习画,弱冠拜吴昌硕为师,颇得吴氏艺术旨趣。工画花卉,尤擅写梅,时人有“植之梅花刚劲有,院中苍梅逊三分”之誉。中华人民共和国成立前,曾任梅墅(晓墅)小学校长。其时,学校经费拮据,植之常以书画馈赠湖、苏、沪商界人士,并多次在彼处开画展,筹款办学,为桑梓称道。植之小节不拘,荣利不慕。嗜酒,邻以酒相邀,邀必饮,饮必泼墨作画相酬。晚年,作品常不署名。

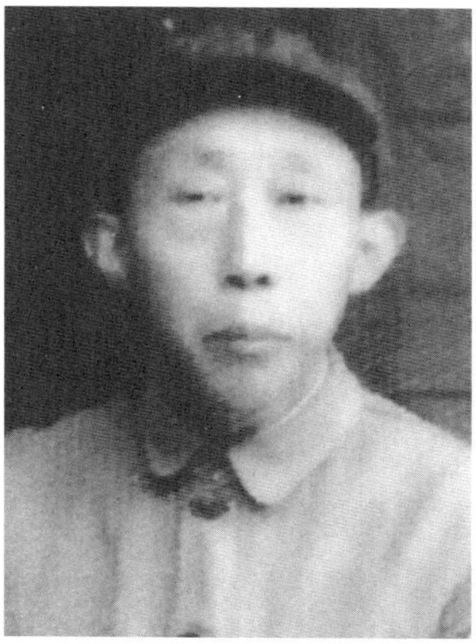

范绍赓(1910—1967)

昆铜乡隐将村人,高等师范毕业。学成后回乡任教书先生,其间受革新思想和孙中山“三民主义”的理论影响于1936年参加国民党,任区分部委员。

1939年脱离国民党,经中共安吉县委委员、妇女部长许斐然介绍加入中国共产党。1940年年初为政工队员,下半年创办诸家边小学,以教师身份为掩护建立中共钱坑桥支部,并任书记,为昆铜第一个党支部。先后发展杨自有、江大毛、江二毛、钱阿庆等为中共地下党员。1941年6月,由于叛徒金学府和盛全琪出卖被捕,先后关押于天目山监狱和杭州陆军监狱,后经党组织营救出狱。1942年,在荆湾继续以教师为掩护开展抗日宣传活动。1943年夏至1944年冬,受命在郎玉麟部队任指导员。1945年2月,新四军解放浙西,经梅溪区委书记董金生等推荐担任民主抗日政府铜山乡乡长。10月初新四军北撤,范绍赓任华东野战军一纵一师副官和民运股长。1946—1949年跟随部队转战于苏北平原、皖北、鲁南等地,先后参加泰安、孟良崮、淮海、渡江等战役。1949年4月渡江战役后,在郎玉麟为团长、曹辰力为政委的独立团任军需处处长。上海解放后,在松江县人民委员会工作,后下派任径港乡乡长。1950年8月—1951年2月被调回安吉县人民政府民政科工作。

1952年调集省干校,接受历史问题审查,经组织部门严格审查后认为:范绍赓早年离开国民党,投身到抗日战争和解放战争中,坚信马克思列宁主义,是安吉最早入党和建立地下党组织的核心人物之一;为党为人民做了大量工作,为共产党在昆铜的创建和发展做出了不可磨灭的贡献。在被叛徒出卖被捕后,未叛变革命和出卖同志,经组织营救才得以出狱,历史清白。后调任梅溪镇人民政府民政干事,后因健康原因调县第二人民医院任领导工作。

“文化大革命”期间,被造反派排挤到良朋卫生院,遭数天批斗折磨,1967年5月20日深夜,带着遍体伤痕和满腹冤屈上吊自尽,时年57岁。

1982年9月2日,中共安吉县委组织部作出《关于范绍赓同志的历史复查结论》:“范绍赓同志的政治问题本人过去有交代，组织有结论；‘文化大革命’中对其重新审查是错误的，强加给范绍赓同志一切诬陷不实之词应予推倒，给予平反昭雪。”

施公先（1918—1978）

昆铜乡长林垓莫劳坞自然村人，幼读私塾，勤奋好学，安吉简师毕业。青年时代思想进步，反应敏捷，怜悯贫困，颇有正义感，对国民党的腐败和日本帝国主义的侵略深恶痛绝。1945年春夏，新四军反顽战役期间，他与青年伙伴们参加中国共产党。反顽战役胜利后，施公先被选为昆山乡民主抗日政府乡长，李成义、徐有林、李敏为副乡长。

1945年10月，施公先随新四军北撤，过江后被编入华东野战军一纵一师，转于苏北、皖北、鲁南各战场。解放战争期间，先后任连、营指挥员，参加莱芜战役、泰安战役、孟良崮战役、淮海战役。1949年12月从徐州部队转业到北京铁道部铁道报印刷厂任厂长，后转任中国铁路出版社主任。1968年，大庆油田大会战期间，调任安达市（即大庆市）物资局局长。后调任齐齐哈尔市工商局局长，市委纪委副主任，外贸局局长。1978年1月因病去世，享年60岁。

姚克明（1928—2013）

昆铜乡梅坞自然村人，上过三年小学。1945年2月，时年18虚岁参加革命，任地下交通梅坞情报站站长，同年3月加入中国共产党；同年6月参加新四军苏浙军区一纵二支队三团，任特务连文书、班长；10月随新四军北撤，后任排长。时值日本投降，而鲁南郯城、兖州的日伪军吴文化拒绝缴械，姚克明在攻城时中弹负伤。伤愈后调任廖政国师长的特务员，转战莱芜、孟良崮、开封战役，在睢杞战役中再次负伤而离开战场。

1948年12月，任华东军区荣军大队、苏浙中队干事、支书。1949年回安吉县公安局工作，1950年1月任省公安厅保卫科科员，同年12月任省和杭州市交际处干事。1952年任省公安厅保卫科副科长。1953年6月调任中央办公厅警卫局保卫处组长，在中南海保卫毛主席等中央领导人。

1955年9月考入中国人民大学法律系，1959年9月毕业后分配到北京市高级人民法院研究科。1960年下放到北京市大兴县红星公社劳动。1962年3月回北京市高级人民法院刑庭，任助理审判员。“文化大革命”期间被批斗，后又涉及林彪、江青等事件而隔离关押和下放劳动，前后长达14年。1979年秋，冤假错案得以平反昭雪，重回北京市高级人民法院任研究室主任与审判委员会委员。曾随中国法律工作代表团赴美国访问，回国后写下17篇访美司法工作报道。他兼任全国法律大学的校务委员和教授、北京市法律学会秘书长等职。曾在《人民日报》《北京日报》《人民司法》《瞭望》等报纸杂志上发表100多篇评论文章，著有《收案到结案》《法官必读上、下册》《暮鼓晨钟》《判案选篇》等。参与编著《历史审判》《陪审员手册》《办案规范》等。个人多次被评为北京市法院和市优秀党员。

附：

隐士与或为昆铜籍之古人

葛洪（284—364）

字稚川，自号抱朴子。丹阳郡句容（今江苏句容县）人。东晋道教学者、著名炼丹家、医药学家，三国方士葛玄之侄孙，世称"小仙翁"。

葛洪出身江南士族。三国时期，其祖历任吴国御史中丞、吏部尚书等职，封寿县侯。其父葛悌，继续仕吴。吴亡以后，初以故官仕晋，后迁邵陵太守，去世于官任上。葛洪在兄弟中排行老三，颇受其父之娇宠，年十三，父去世，从此家道中落，于是"饥寒困瘁，躬执耕穑，承星履草，密勿畴袭；伐薪卖之，以给纸笔；就营田园处，以柴火写书；常乏纸，每所写，反复有字，人鲜能读也"。他曾受封为关内侯，后隐居罗浮山（今广东惠州市境内）炼丹，著有《肘后方》等。

明《吴兴掌故集》载："葛仙山，乌程南五十里。《职方图志》云：葛仙炼丹处在天下有一十有三，乌程居其一，上有丹灶药臼。"清代及以前，乌程属湖州府，与安吉昆山相邻。昆铜乡干溪桥董家塘自然村有葛仙山，原名葛坞。明代，葛坞还有葛洪炼丹的洗药池、炼丹灶和葛公祠等遗迹。民国时期，昆山乡曾改为高葛乡；20世纪50年代有葛坞村，60—70年代有高葛大队。后来，行政区划调整，地名变更，但当地人仍熟悉葛坞。

施 斌

施斌，亦名施彬，施然（朱然）之孙，乐平寺人。明万历版《湖州府志》和清同治版《安吉县志》等文献载："乐平寺在县东北三十五里梅墅镇，南北朝宋·元嘉元年（424）信义太守施彬舍宅建。唐会昌中废，后复旧。"

南宋嘉泰版《吴兴志》卷十三载："施明侯庙在梅溪镇，神为晋尚书左丞征西大将军施彬，以征讨有功诏封中蜀侯。彬父先为青州牧，封安吉侯。至是，彬上表请县之住宅南空地为食邑。其后遂庙食。唐大中三年重修。七年，二十四代孙公赞作记，石刻见存。"《施氏宗谱》载：东晋时有施氏第三十二世的施斌，能征善战，一生功勋卓著，为朝廷赏识，拜尚书左丞，勅授征西大将军，封中蜀侯，逝后归葬乐平寺后侧，后人又在施彬墓与乐平寺之间立寺庙为施明侯庙，数代后改施明侯庙为施氏祠堂。

陶弘景（456—536）

字通明，号华阳隐居，丹阳秣陵（现江苏南京）人。自幼聪明异常，10岁读《神仙传》，立志养生，15岁著《寻山志》。20岁被引为诸王侍读，后拜左卫殿中将军。36岁梁代齐而立，因看透了混浊的人世，隐居句曲山（茅山）华阳洞。南朝齐、梁时期的道教思想家、医药家、炼丹家，为南朝南齐南梁时期的道教茅山派代表人物之一。道教著作主要有《真灵位业图》《真诰》《登真隐诀》《太清诸丹集要》等。他主张道儒三教合流，《真灵位业图》中有诗："儒门释户道相通，三教捷来做一家。释道从来是一家，两般形貌理无差。"他的文章《答谢中书书》（又名《山川之美》）被选入人教版初二语文教科书。

陶弘景对历算、地理、医药、化学等都有一定研究。首创药物分类方法。著有《陶氏效验方》《补阙肘后百一方》《陶隐居本草》等。梁武帝早年就与陶弘景认识，称帝之后，想让其出山为官，辅佐朝政。陶弘景坚不出山。虽不为官，但书信不断，梁武帝常以朝廷大事与他商讨，人称"山中宰相"。

《吴江县备志》说："其弟陶宏政是安吉县令。陶弘景曾仕齐，拜左卫殿中将军，入梁隐居句曲（矛山），武帝礼聘不出，但朝廷大事辄就咨询，时称山中宰相。"《太平寰宇记》：安吉县隐坞，梁陶弘景尝隐居于此。明嘉靖《安吉州志》：隐坞在铜山乡，陶弘景尝隐于此。《梁书·本传》："陶弘景，字通明，原籍丹阳秣陵人（今南京），精辟谷道引之法，年逾八十而有壮容。卒，谥贞白先生。"清同治《安吉县志》：先生尝居州之铜山乡，名曰隐坞。

陆龟蒙（？—881）

字鲁望，苏州人，唐代文学家。举进士不第后，任苏州、湖州从事，后隐居甫里（今苏州甪直），自号江湖散人，人称甫里先生。擅长诗文，与皮日休友善，互相唱和，同负盛名，人称皮陆，通六径大义，尤明春秋，善为赋，文辞绝妙，著有《甫里先生集》《笠泽丛书》等。

陆龟蒙生于官僚世家，却终身以农为业，虽以隐士自诩，却怀儒家之志，修身持家、治国平天下的理想每见于笔端。他撰写的《耒耜经》是中国有史以来的一本专门论述农具的古农书经典著作。

陆龟蒙嗜茶，写过《茶书》一篇，是继《茶经》《茶诀》之后又一本茶叶专著。《茶书》已失传，《和茶具十咏》尚存，对茶坞、茶人、茶笥、茶籯、茶灶、茶焙、茶鼎、茶瓯、煮茶等10项茶具作了叙述，有的为《茶经》所不见。

明嘉靖《安吉州志》：陆龟蒙嗜茶，往来桃城，得陶贞白隐坞而居焉。清同治《安吉县志》：隐坞在铜山乡，陶弘景尝隐于此。

朱跸（1079—1129）

《宋史本传》：安吉人，知钱塘县。建炎三年，金人陷杭州。初犯余杭，守臣康允之退保赭山。跸白允之，率弓手、土军前后拒敌，使杭民为逃死计。行一十里遇金兵，跸两中流矢，左右掖至天竺山，犹能率乡兵御敌，后数日遇害。《伍志》：朱跸，字子美，铜山乡人。政和五年，上舍登第。教授兴国军，提举河东学事。高宗即位，召赴行在，除太学录。跸叹曰："主忧臣辱，思效尺寸以报国。"因请使金，还，除太学正，寻补钱塘令。建炎三年冬，兀术破桐川，将窥临安。跸请于郡守康允之，欲戍千秋、独松二岭，以扼其冲，守不听，临安陷。跸率民兵出御，同列止之。跸曰："此正吾报国日也。"行一十里，遇贼对敌，两中流矢，犹里指麾左右，以短兵邀击，遂遇害于天竺山下，实同年二月十九日也。事闻,赠宣教郎。淳祐十年,令有司立祠于钱塘门外,岁祀之。墓在安福乡郎湾里。

凌时中(1260—1334)

字德庸,号吉川,宋元之间安吉铜山乡樊坞(今南北庄乡)人。元至元十八年(1281)进士,任建昌路司狱、宣城和嘉兴太守,入准东宪司幕府后任福建肃政谦访司径历、都水监丞,累官至秘书少监,封吴兴郡候。

时中任司狱时,有一重犯待斩,时中察其蒙冤,报上司请予宽赦。上司不准,时中为之愤然,解印辞职。后,真犯自外地组获,冤犯得以释放。任都水监丞时,河南王筑堰拦水转磨,妨碍农田灌溉,乡民愤怒,上告朝廷,朝廷命地方官查处,但无人敢管,独时中不畏王势,立命毁堰,乡民感戴。又,大长公主南游,乘豪华巨舫,鸣钲鼓而行,时中认为不合礼制,定要大长公主换乘驿舟,大长公主无奈,只得换乘。

《凌氏宗谱》载,顺帝元统二年(1334)卒,墓在今鲁家溪风火山或凌家上(今林家上)。

凌懋翁(生卒不详)

凌时中之子,早年为国子生,泰定二年(1325)进士,为官期间,广施仁政,减少纳税,深受百姓爱戴,家殷实显赫,生有十六子,各自成家后,住在一乡,渐生矛盾,预感将钢纪不正,难于和睦振兴。遂将十六子驱散他乡,只留十四子一支于凌斗。其中,第十五子迁居到铜山蒲芦坞,至今已有二十七世,现有250余人,其第十二子从外乡返迁横塘,繁衍较快,修建祠堂,然太平天国战乱,全族灭,祠堂毁。

凌说(生卒不详)

字孟傅,铜山乡人,登元后至元(1335—1340)进士第。有名于时,太祖召为卷帘使。尝称曰:“老凌而不名”。入明累官佥都御史。然性峭直,每颟谏。竟忤上意,籍其家。清同治《安吉县志》载有其“鄣南八景”诗。

董份(1510—1595)

字用均,号浔阳山人,又号泌园,浙江湖州人。明嘉靖十六年(1537)举乡荐,明嘉靖二十年(1541)中进士,改授翰林院编修。世宗斋居西宫时,亲点为翰林学士,得乘骑出入宫廷之中,官至礼部、工部尚书。

《安吉县地名志》记载:“董家塘水库,……库址原有明代进士董姓坟墓,坟前有水塘,俗称董家塘。”县文物调查显示,董家塘有6座古墓,但都遭严重破坏。其中一座规模较大,从墓葬形制和墓区散落的石构件、砖块和水库内一件基本完整的石像判断,为明代遗存。也与当地人说的“天官墓”在年代上相吻合。

《胡府志》:“明朝嘉靖辛丑进士,累官至尚书,古文诗词书法并高,构别业于故鄣之葛山,即葛坞。”董份有《初得葛山别业》诗:“鸡鸣客馆晓寒侵,早舁篮舆野兴深。买得一山称小隐,薄游五岳是初心。地传勾漏成丹处,人拟苏门渡啸音。若道长生真可学,洞中石髓正堪寻。”可见,董份得知葛洪曾经在此炼过仙丹,又看到这里环境优美,于是在此置业,晚年隐居于此。

董份之孙，明万历进士、礼部员外郎董嗣成有《葛坞山行即事诗》云："万里翠烟凝，探奇最上层。悬萝危石堕，映日碧潭澄。日落惟闻虎，云深不见僧。仙人丹灶处，犹有紫鸾乘。"

第二节 人物选介

一、功勋人物

沈福宝（1909—2003）

昆铜乡管城村人。1945年在梅溪参加新四军，10月随新四军北撤过江，编入第三野战军序列，参加泰安战役、孟良崮战役、淮海战役、渡江战役。中华人民共和国成立后，参加抗美援朝战争的多次战役。抗美援朝胜利后回国，获多枚立功勋章和纪念章。1954年复员返乡，积极参加乡村的建设，关心集体，成为农业生产和农业学大寨的骨干。经常教育后代不忘战争年代的艰苦，要爱国爱家。一生受人尊敬。2003年病故。

周文华（1912—1992）

昆铜乡张家山村人。1937年被国民党抽壮丁入伍，部队进入苏北、皖北、河北和鲁南，转战千里抗日。1946年被解放军俘获，成为一名解放军战士，在解放战争中参加了莱芜战役、泰安战役、孟良崮战役、淮海战役、渡江战役，立功数次，获多枚功勋章和纪念章，并加入中国共产党。中华人民共和国成立后转业到上海兵工厂工作，1957年为国家挑重担复员返乡，回乡后在村任民兵连长、治保主任等职。工作积极，一生任劳任怨。

唐福珍（1916—2008）

昆铜乡干溪桥村人。1945年7月新四军在天目山地区三次反顽战役取得胜利后，与当地青年伙伴在梅溪镇参加新四军。10月初随新四军北撤，过江后编入华东野战军。1946年加入中国共产党。参加莱芜战役、泰安战役、孟良崮等战役。在孟良崮战役中负伤，左眼球被打落，身上多处中弹片，治疗后终成残疾。获多枚立功勋章和纪念章，被评为二等甲级残废，享受国家抚恤。1950年退伍回乡，身残志坚，关心家乡的各项建设。教育青年后辈，努力学习，争做时代新人，一生受人尊敬。2008年病逝。

叶春荣（1916—2008）

字其珍，昆铜乡路西村南楼坞人，排行老大，兄弟众多，家庭贫困。1940年到湖州潘店参加郎玉麟的湖长安抗日自卫大队，在安吉梅溪甲子、后山庙与日本侵略者激战数次，在吴兴的一次战斗撤退时受伤，改任通信员。

1945年10月随新四军北撤，编入第三野战军特别纵队，任供给员。参加石家庄战役、济南战役、淮海战役、渡江战役、解放上海战役，数次立功，获数枚功勋章，被评二等乙级残废军人。其间加入中国共产党。1950年4月转业到安吉县公安局工作。2005年获国务院授予抗日战争60周年纪念章。

林阿毛(1919—1981)

昆铜乡长林垓村人。1945年随当地进步青年一起参加新四军,参加天目山三次反顽战斗。同10月初随部队北撤过江,编入华东野战军一纵队。1946年加入中国共产党。后参加莱芜战役、孟良崮战役、淮海战役、渡江战役。1950年随部队赴朝参战。1953年夏停战后回国。一生经历抗日战争、解放战争、抗美援朝战争,获数枚勋章和纪念章,功勋卓著。1954年退伍返乡,积极投身农村合作化及家乡的各项建设,成为骨干。他爱国爱家,关心集体,努力奉献,受人尊敬。1981年病故。

孙荣春(1921—2006)

昆铜乡大路口村人。1944年参加新四军,1945年参加天目山三次反顽战役,后随部队驻扎梅溪镇。10月初随军北撤,过江后编入华东野战军。1946年加入中国共产党。后参加泰安战役、孟良崮战役、淮海战役、渡江战役,多次负伤。获多枚战斗勋章、纪念章。1950年转业到上海飞机场工作,1951年在山东省劳改局工作。1957年年底,为国家挑重担返乡务农,担任村干部主职数十年。

江松虎(1921—1982)

又名江祥锡,号老五,昆铜乡路西村江家边人。幼时家庭贫困,青年时代正逢抗日战争,1942年被抽壮参加国民党部队,与日本侵略者作战于华北平原,转战千里。1946年被中国人民解放军俘获,以后成为一名解放军战士,编入第三野战军,参加石家庄战役、孟良崮战役、泰安战役、济南战役、淮海战役、渡江战役。1950年随部队参加抗美援朝,1953年抗美援朝胜利结束后回国,获多枚战役勋章和纪念章。1954年退伍回乡。1976年起享受政府照顾补助。

李六生(1922—1969)

昆铜乡干溪桥人,祖籍安徽桐城,幼时家庭贫寒,青年时代正逢抗日战争,1937年被抽壮丁参加国民党部队,数次与日本侵略者激战于华北平原。1944年被中国人民解放军俘获,参加新四军,参加泰安战役、济南战役、孟良崮战役、淮海战役、渡江战役等战役。1946年6月加入中国共产党,1954年退伍返乡。回乡后成为地方骨干,热心于农业合作化运动和社会主义建设事业。1958年年初担任高葛大队党支部书记。1969年病故。

姚松寿(1922—1992)

昆铜乡梅坞村人。1945年夏,新四军天目山三次反顽战役胜利后,姚松寿同本村伙伴姚金林、姚庆寿、姚克明等一起参加新四军,10月初随新四军北撤。过江后编入第三野战军,转战于苏北鲁南,参加过泰安战役、孟良崮战役、淮海战役、渡江战役。在孟良崮战役中负伤,被评为二等甲级残废军人。历任班长、排长,立三等功2次,获多枚功勋章、纪念章。1947年6月加入中国共产党。1950年转业回乡,积极参加本地乡村的各项建设。1958—1961年任梓兴(梓坊)大队党支部书记。教育青年热爱国家和社会,成为社会的有用之才。他无私奉献,一身正气,受人尊敬。1992年病故。

赵贵法(1922—1998)

昆铜乡钱坑桥村人。1945年夏,新四军天目山三次反顽战役胜利后,赵贵法同陈天民、陈根有等伙伴一起参加新四军;10月初随部队北撤,过江后编入华东野战军一纵队,经历苏北的多次战役,后参加泰安战役、孟良崮战役、淮海战役、渡江战役,任副排长,几次负伤,满身弹片,眼珠被打坏。在部队加入中国共产党,荣获多枚功勋章和纪念章。中华人民共和国成立后,转业到上海市金山县公安局,后转入松江县粮食局工作,直至离休。

俞金法(1923—1997)

又名俞宝银,昆铜乡化家坞人。1945年夏,新四军天目山三次反顽战役胜利后,俞金法与当地青年伙伴一起在梅溪参加新四军;10月随部队北撤,过江后编入华东野战军,转战于苏北、皖北和鲁南的各战场,曾参加著名的莱芜战役、泰安战役、孟良崮战役、淮海战役、渡江战役。1946年加入中国共产党,曾担任排长、连长,数次负伤,荣获数枚功勋章、纪念章。1950年参加抗美援朝战争,任营长。1953年回国,被分配在县食品公司工作,1978年因健康原因提前退休返乡。

姚庆寿(1924—2001)

昆铜乡梅坞村人。1945年夏,新四军天目山三次反顽战役胜利后,姚庆寿同本村伙伴姚金林、姚松寿、姚克明等一起参加新四军。10月初随新四军北撤,过江后编入华东野战军,转战于苏北涟水、洪泽湖和鲁南一带。参加过泰安战役、孟良崮战役、淮海战役、渡江战役,立三等功一次,获多枚功勋章、纪念章。1947年加入中国共产党。新中国诞生后转业回安吉,任安吉县第一任看守所长,看押捕获的土匪、反革命分子、恶霸等。1951年回原籍担任铜山乡第一任党支部书记,开展土改工作。1956年任新华(梅坞)高级社社长。1958—1963年任新华大队党支部书记。"文化大革命"中被当作走资派批斗,1972年平反。1975年被安排在公社石粉厂管理岗位。他一心为公,任劳任怨,关心集体事业,经常教育青年不忘国家和社会。退休后享受政府抚恤,一生受人尊敬。2001年逝世。

江二毛(1924—2006)

又名江锡祥,昆铜乡隐将村人。1945年2月入党,1945年夏,新四军天目山三次反顽战役胜利后,江二毛同当地青年伙伴一起参加新四军,10月初随新四军北撤,过江后编入华东野战军一纵队,转战于苏北、鲁南,并加入中国共产党。参加过泰安战役、孟良崮战役、淮海战役、渡江战役,历任班长、排长。1950年参加抗美援朝战斗。立功数次,获数枚勋章、纪念章。回国后,先后任浙江省厂矿联营处保卫干事、杭州市工业原料站负责人、杭州市土特产公司拱宸桥仓库主任、杭州郊区食品公司小河食品站康桥营业组负责人。1984年2月离休。

梁荣芳(1925—2003)

昆铜乡独山头村人。1945年新四军天目山三次反顽战役时,参加新四军;10月初随新四军北撤,后转为第三野战军,参加解放战争的泰安战役、孟良崮战役、淮海战役、渡江战役。获多枚功勋章和纪念章。中华人民共和国成立后,于1953年复员回乡,成为农业合作化的带头人,为家乡建设成为骨干,为农村奔小康奉献力量。2003年病故。

谢孝志(1925—1998)

昆铜乡姚良村人。1945年4月在孝丰参加新四军,参加天目山羊角岭反顽战斗,不久返回家乡。反顽战役胜利后,新四军部队移至梅溪镇,谢孝志在梅溪镇归队,随新四军北撤,后参加孟良崮战役、淮海战役、渡江战役。获多枚功勋章、纪念章。中华人民共和国成立后于1953年退伍返乡,在家乡的合作化运动和乡村建设中起模范带头作用,特别在农业学大寨运动中为姚良的林业生产贡献了力量。1998年病故。

叶根林(1925—1981)

昆铜乡路西村人。1945年夏,新四军天目山三次反顽战役胜利后,叶根林同本村几名伙伴在梅溪镇一起报名参新四军。10月随部队北撤,过江后编入华东野战军一纵队,担任机枪手。1947年加入中国共产党,参加孟良崮战役、泰安战役、济南战役,在济南战役中被打断一条腿,评为二等甲级残废。曾立二等功1次,三等功1次。获多枚战斗勋章和纪念章,1950年复员返乡,一直在村任职。

王杏宝(1926—1987)

昆铜乡梅坞村杨家坞人。1945年夏,新四军天目山三次反顽战役胜利后,王杏宝约同本村青年一起到梅溪参军。10月初随新四军北撤,过江后编入华东野战军,转战于苏北、皖北、鲁南地区,参加过泰安战役、孟良崮战役、淮海战役、渡江战役、渡江战役。后转入皖南军区特务营供给部,又转到芜湖军管会。社会稳定后调入芜湖市公安局工作,1962年任交通部芜湖长江江东造船厂保卫科科长。1977年在处级工作岗位上离休。

吴焕英(1927—2010)

又名吴焕云,女,昆铜乡干溪桥村人,1945年春在安吉简师读书,受中共地下党员康老师影响,思想进步。1945年新四军在天目山地区三次反顽战役取得胜利后,于8月初在梅溪参加新四军,10月初随军北撤,在过长江时遇险落水,有幸抓住一匹马尾而脱险。不久被编入华东野战军一纵队卫生队,参加淮海战役和渡江战役。在渡江战役时结识了战友河南人王照林,中华人民共和国成立初期在杭州结为夫妻,后转业到杭州福音医院。1951年,与丈夫一起报名参加抗美援朝。1953年抗美援朝胜利,到山东部队医院工作。1964年转业到山东坊子煤矿医院工作。1985年离休,住山东潍坊干休所,享受行政副处级待遇。2010年因病去世。

叶海青(1927—)

1927年生,昆铜乡梅坞村石门自然村人,1945年夏,新四军天目山三次反顽战役胜利后,叶海青同梅坞的青年一起参加新四军。10月初随新四军北撤,过江后编入华东野战军一纵一师。1946年加入中国共产党。后参加苏北战役、泰安战役、孟良崮战役、淮海战役、渡江战役,其间负伤,立多次战功,获多枚功勋章和纪念章。1950年参加抗美援朝战争。1954年复员返乡。返乡后,积极投身于本村的各项事业,关心集体,成为建设山区的骨干。他用自己的亲身经历教育青年后辈为山区发展贡献力量,耄耋之年受人尊敬。

吴正富(1927—1975)

昆铜乡梅坞村培头上人。1945年夏,新四军天目山三次反顽战役胜利后,吴正富与王杏宝等青年伙伴一起到梅溪参加新四军。10月初随新四军北撤,过江后编入华东野战军,转战于苏北、皖北、鲁南等地的战役,曾参加著名的莱芜战役、泰安战役、孟良崮战役、淮海战役、渡江战役,曾任陈毅等领导的通信员,获战功和数枚功勋章、纪念章。1948年加入中国共产党。1955年退伍,积极参加集体劳动,成为山区建设的骨干。他热爱集体,长期抱病工作,终因积疾伤身,于1975年逝世,时年48岁。

程月寿(1927—2009)

昆铜乡上舍村人。1945年9月初,程月寿联络了昆山片的几个青年伙伴一起到梅溪镇参加新四军,9月底,随新四军部队北撤,过长江后被编入第三野战军,转战苏北、皖北、鲁南地区,参加过孟良崮战役、泰安战役、淮海战役、渡江战役。1949年12月加入中国共产党。曾担任二十四军七十师后勤处运输连排长,1950年随军参加抗美援朝战役。程月寿在部队先后立二等功1次、三等功1次,并获数枚功勋纪念章。1955年3月,退伍返乡担任村干部,一生受人尊敬。2009年病故。

叶水林(1928—)

1928年2月生,昆铜乡路西村人。1945年夏,新四军天目山三次反顽战役胜利后,叶水林随同青年伙伴叶根林、张金山一起在梅溪参加新四军。10月随部队北撤,过江后编入华东野战军,经过初训后任通讯员。参加泰安战役、孟良崮战役、济南战役、淮海战役、渡江战役。1948年5月加入中国共产党。1950年参加抗美援朝战斗,立功数次,获数枚功勋章和纪念章。1955年退伍回乡务农,成为本村的骨干,发挥共产党员的优良品质,经常用战争年代的艰苦斗争精神激励青年,教育后辈。他不顾年老,经常参加劳动,关爱国家集体,是一位受人尊敬的老人。

叶小元(1931—2008)

昆铜乡路西村人。1951年3月参加志愿军。在解放一江山岛的战役中任重机枪弹药手。一次,机枪被打红发热急需冷却,他冲出阵地找水,背着水返回时,阵地已被敌人炮火炸平,排长和不少战友牺牲,他自任代理排长指挥余下的战友继续战斗。战斗结束后,被上级任命为排长,并立二等功。1955年转业到嘉兴市粮食局工作,工作积极,被提为中层领导。后定居于嘉兴,在粮食局退休。

江汉才(1936—)

字荣生,生于1936年7月,路西村江家边自然村人。少时在路西、上舍、晓墅小学、安吉一中上学,毕业后返乡务农。1956年考取嘉兴医士学校,1959年毕业,分配在浙江省中医院西内科工作。1960年调到浙江省中医药研究院,从事临床科研工作。1960年入浙江医科大学夜大学习,1965年毕业。1974—1976年在浙江中医学院中医班学习。

其研制成功的抗蝮蛇、五步蛇蛇毒血清,获浙江省1977年科学成果奖、1978年全国医药卫生科学成果奖、1979年全国科学大会重大成果奖。"'蓝胃膏'治疗胃、十二指肠溃疡和慢性胃炎的研究"获浙江省1981年度优秀科学技术成果四等奖。"'养胃冲剂'治疗慢性萎缩性胃炎的研究"获1985年度浙江省科学技术进步四等奖。"'胃复春'治疗癌前病变的研究"获1982年度浙江省卫生厅科学技术进步二等奖。

主要学术著作有《中国蛇类图谱》《动植物致毒及防治》《腹泻与便秘》《蛇伤防治学基础》。其中《中国蛇类图谱》获浙江省1982年优秀科学技术成果三等奖。1979年获评省级科学技术先进工作者，1996年被评为中西医结合主任医师，终身享受国务院特殊津贴。

何富江（1964—　）

昆铜乡三山村人，1964年9月生。1982年10月入伍，任班长，1984年7月至1985年7月在云南老山地区参加对越自卫反击战，立一等功。1985年1月加入中国共产党，退伍后，分配到人民银行安吉县支行工作，任党支部委员。多次被评为先进工作者。

二、劳动模范

焦有甲（1909—2000）

昆铜乡上舍大队（村）人，1909年生，女。中华人民共和国成立初期，任村妇女主任、高级社副社长，1956年6月加入中国共产党。公社化时期任大队妇女主任，带领广大妇女积极参加集体生产劳动，同妇女姊妹种试验田，精心管理创高产。冬春季节带领全村妇女到水库工地挖土、挑土，与男社员开展比赛，不怕苦，不怕累。积极宣传党的政策，关心妇女姊妹的家庭生活，带头尊老爱幼，团结互助，工作兢兢业业。1958年度被评为省级劳动模范。一生奋斗在基层，年老退休后仍关心集体的事业，受人爱戴和尊敬，全乡村民有口皆碑。

郭金虎（1924—1983）

昆铜乡管城村（原三城大队）人。1956年年初担任三城农业高级社社长，同年6月加入中国共产党。为改变山区的农业水利条件，寻找水源，为建设黄泥墩水库、马鞍岭水库，自任技术员勘察设计，起早贪黑，吃苦耐劳，带领社员苦干巧干，改善水利设施，为保证粮食丰收做出了积极贡献。1958年4月，被省人民委员会评为省社会主义水利模范。1976年被安排到社办企业任厂长，他为昆铜社队企业的发展日夜操劳。1982年因病离厂，1983年病故。

沈阿生（1925—　）

昆铜乡姚良大队（村）人，1925年生。中华人民共和国成立初期，积极投身于农村社会主义建设，1956年加入中国共产党。1957年任姚良高级社社长，带领广大社员走社会主义集体化道路。1959年任姚良大队党支部书记，为改变姚良大队的山村面貌和林业生产而呕心沥血，进行毛竹林高产试验，使姚良大队成为全县林业战线的一面红旗；在农业学大寨运动中，身先士卒，积极带头，综合治理姚良大队的山、水、田、林、路，开展溪滩造田、平整梯田，为改变姚良面貌做出了重大贡献。在任姚良大队（村）党支部书记26年中，多次被评为公社、县优秀党员、先进生产者。其间，被嘉兴地委和嘉兴地区行政公署评为1978年度市级农业学大寨劳动模范。

方桂珍(1926—1990)

昆铜乡张家山(原四岭大队)俞家舍人,女。1958年,她与同队的三位姊妹组成试验小组,在水冷、土薄、海拔440多米的梯田里进行早稻、中稻高产试验。他们苦干、实干、巧干,选用良种,精耕细作,科学施肥和灌溉。采用开冷水沟提高田水温度;用加厚土层、积土杂肥、烧焦泥灰、割嫩柴头作沤肥等办法,施足基肥,巧施追肥;用土法防治病虫害、防倒伏。试验田的秧苗粗壮,秋天穗大粒多,粒粒饱满,获得高产。1958年12月,出席全国社会主义建设农业先进单位代表会议,成为全国学习的榜样,并随团出访苏联,瞻仰列宁、斯大林遗容。以后数年继续取得好成绩。成为全县、全省农业战线的一面旗帜。她和她姊妹小组创造山区高产丰收的实绩是可以公认的。但由于当时某些领导虚构夸大了宣传,产生了负面影响,数年后逐渐在宣传媒体中淡出。

朱双凤(1939—)

全国教育劳模朱双凤

昆铜乡潘家上村人,1939年生,女。浙江省林业学校毕业,小学高级教师。1964年开始在昆铜乡潘家上小学从事小学单班复式教学。至1986年,先后在钱坑桥、潘家上、苍蒲上等偏僻山村小学任教。苍蒲小学位于440余米高的山冈上,借山民的堂屋作教室,饭桌当课桌;生活和教学用品要到五六十里外的晓墅镇购买,山高路陡,有时靠爬行上山,从不叫苦。教书育人,重视思想品德教育,德智体全面发展。学生的语文、数学成绩居全乡前列。她热爱教育事业二十多年如一日,为山区教育事业做出了贡献。

1984年被评为县劳模、市优秀共产党员。1985年被评省优秀老师。1986年被评为全国教育系统劳动模范,获人民教师奖。1987年被选为中共安吉县第七届党代会代表,并被选为第七届县委委员。1988年被选为县第九届人代会代表。

钱春富(1942—)

昆铜乡独山头村人,1942年4月生,中共党员。改革开放后,创办浙江春晖竹木业有限公司,任董事长、总经理。企业利用当地竹资源,开发竹木产品和工艺制品等外贸产品,产品远销东南亚及世界各地,连年创佳绩。1998年,工业总产值6270万元。1999年获得外贸自行出口权,外贸交货值2000万元,出口创汇100多万美元,创税收310万元,实现利润300万元,解决农村剩余劳动力就业1000余人。该公司获省、市级农业龙头企业称号。致富不忘回报社会,积极参与"光彩事业"活动,先后资助希望工程、敬老院、抗洪救灾等数十万元。被评为1999—2000年度安吉县劳动模范。期间，被选为安吉县工商联四届执委，增补为副会长，五届副会长。2002年被选为县十一次党代表、湖州市第四届人代会代表。

王开源（1946— ）

上海市人，1946年生。1976年来昆铜乡长林大队插队的上海市知识青年。1980年创办村集体绣花厂，1981年创办村集体长林针织厂，兼任厂长。1984年，与县乡镇企业局地产公司合资筹办合成纤维厂，为发展社队（乡镇）企业做出了贡献。被湖州市政府评为1984年度先进生产者，被安吉县人民政府评为1986年度劳动模范，被湖州市人民政府授予1986年度湖州市劳动模范称号，1988年被县政府评为乡镇企业办厂能人，1989年被湖州市政府评为优秀厂长。

陈志平（1960— ）

昆铜乡张家山村人，1960年生，中共党员。1985年创办铸钢企业，1994年创办志平矿山机械制造厂，成为昆铜乡民营企业领军人物。企业生产的矿山机械铸钢配件、复摆式颚破碎机等产品，具有短时板、低具悬挂、大摆脚、寿命长、维修方便、工艺可靠等优点，申请多项技术专利。产品销往苏、浙、沪和东北各省。1994年产值4000万元，创利税600余万元。被评为安全诚信企业、优秀民营企业；个人获评优秀党员、1994年县级劳动模范。

梁瑞荣（1960— ）

独山头村人，1960年4月生，中共党员，浙江峰晖竹木制品有限公司董事长。梁瑞荣系残疾人，但自强不息，艰苦创业。创办企业采用与村民合作的形式，企业提供技术、原料和样品，订单分给村民单家独户完成，近2000名村民成为公司的合作者。发家致富不忘家乡建设，先后为美丽乡村建设捐款17万多元。坚持每年慰问残疾人和敬老院老人。

2008年被评为年度“安吉骄傲”人物。2012年被评为浙江省“自强创业”之星。被评为安吉县“道德劳动模范”，市人大代表。

李晓生（1963— ）

昆铜乡钱坑桥村人，1963年生。1981年10月应征入伍，1984年5月加入中国共产党。1985年10月退伍，经考试被安吉县公安局录用，历任交通警察大队长、特警大队长。从警30余年，现场处置9000余起，盘查移送3100余人次，抓获各类违法犯罪嫌疑人53人，查获被盗“三车”160辆，查扣113辆，查处黄毒案件680余起。化解隐患30余起。参加该县防突防暴305起，参加市局防突防暴23起。参加抢险救灾287起，受伤39次；抢救遇险人员931名。有一次抗洪抢险，连续工作30多个小时。近年来向慈善事业共捐款32000余元，为群众办好事5100起。他以单位为家，几乎每天加班，累计加班3290小时，折合成工作日，平均每年工作达到382天。

李晓生先后3次被评为优秀队长，5次被评为省、市、县的先进个人，获三等功2次，二等功3次。2012年被评为县级劳动模范。2013年被评为湖州市优秀警察和省劳动模范。

三、副处级以上干部

叶三毛(1928—1995)

昆铜乡路西村江家边人,1928年生。自幼家庭贫寒,兄弟姊妹多。中华人民共和国成立初期参加地方民兵和土地改革工作,1951年参加中国人民志愿军,赴朝鲜参加抗美援朝战斗,立功数次,1952年加入中国共产党。1953年回国,任浙江省军区萧山部队教导员。1972年任常山县人民武装部副政委。1978年调任安徽省太湖县人武部副政委。1985年调任广东省广东机床厂宣传部部长。1989年退休返安吉。1995年病故。

殷玉岗(1929—)

昆铜乡干溪桥村人,1929年2月生。1949年7月毕业于东湖大学湖州附中。返乡后参加中华人民共和国成立后的新政权昆铜乡乡公所工作,同年8月到晓墅镇政府工作;9月被选送到临安专区军政干部学校学习,加入青年团;同年11月学习结束,参加临安专区土改工作队。

1953年4月,土改结束后调入专区行政科,1954年11月加入中国共产党。1981年任舟山地委机关事务管理局副局长,1984年以后先后任舟山行署巡视员、侨务办公室主任、市政府巡视员。1989年退休。

李永其(1929—2012)

昆铜乡独山头村人,1929年生。1949年夏,湖州高中毕业,时值刚解放,知识分子奇缺,他参加当地政府工作,不久被调到安吉县政府(在安城)工作。1950年调到省级机关工作。1955年任省政府领导秘书。不久调往北京,任全国人大常委会秘书。1962年调任云南省人大常委会办公室秘书、办公室副主任、主任等职。1990年退休。2012年病故。

施其礼(1936—)

昆铜乡大路口村人,1936年生,中共党员。1955年高中毕业后参加昆山乡供销社工作,1957年任青年团孝丰县委书记。两县合并后,任安吉县政法委办公室主任、县人民检察院检察长。“文化大革命”期间受冲击,“文化大革命”后复出,先后任县县人民检察院检察长、湖州市城区县人民检察院检察长、湖州市委政法委副书记。1983年在中央党校学习,两年后任湖州市人民政府驻北京办事处主任。1991年任湖州市政协常委、市政协社会法制委员会主任。1997年退休。

肖富林(1939—)

昆铜乡化家坞村人,1939年10月生。1956年3月参加中国人民解放军,同年10月加入中国共产党。入伍后,到上海警备区内卫92团任通信员,一年半后,调江苏省军区司令部管理处,任省军区司令员刘先胜(中将)随身安保。1959年,随刘先胜司令员调到南京军区司令部管理局管理处。1964年,调管理局营房处工作,任营房协理员,次年任营房处副处长(副团级)。立三等功2次,多次被评为优秀党员。1984年转业到南京铁路分局生卫处任副处长。1998年退休。

梅尧顺(1948—)

昆铜乡梓坊村人,1948年9月生。1968年3月应征入伍,1969年2月加入中国共产党。1969

年9月调入新疆柳树泉空军第八飞行学院学习。毕业后，历任飞行教员、中队长、副大队长、团政治处副主任、学院司令部副参谋长，大校。其间，立三等功3次、二等功1次。1991年8月转业到新疆科技厅，任机关服务中心主任、机关服务处处长兼党委书记。2008年退休。

洪从理（1949—　）

昆铜乡隐将村人，1949年生。1968年应征入伍，加入中国共产党。1970年转业，任天津市化建公司厂党支部书记。1979年起任天津市塘沽区委组织部科长、区整党办副主任、区卫生局党委书记。1992年起任天津市和平区人民政府街委主任（副处级）、区有线电视台台长等。2010年退休。

唐东林（1951—　）

昆铜乡钱坑桥村人，1951年8月生，中共党员。1969年应征入伍，先后任战士、班长、排长。1974年11月入南昌陆军学校参谋队学习。1976年7月任步兵第278团司令部作战训练股参谋。1977年4月起，先后任陆军第93师司令部作战训练参谋、副科长、科长（中校军衔）。1989年1月转业到福建省商业厅工作。2011年退休。

胡静如（1956—　）

昆铜乡上舍村人，1956年10月生，女。毕业于嘉兴师范英语专业，中央党校经济管理专业。1975年9月开始，先后在上舍完小、昆铜乡中心学校、安吉一中、安吉二中任教，获湖州英语教坛新秀一等奖。

1989年7月调嘉兴市人大工作，历任嘉兴市人大常委会委员、市人大财经委副主任委员、市人大预算工委副主任（正处级）、省人大预算审查处专家库成员。

孙金华（1957—　）

昆铜乡大路口村人，1957年生，中共党员，高级经济师。1975年至1978年10月在昆山中学任民办老师。以后在长兴发电厂先后任会计、财务科长、扩建办副主任。2000年7月以后任浙能长兴发电有限公司副总经理、党委书记兼任副总经理等职。

谢晓清（1958—　）

又名谢孝清，1958年11月生于武汉，其父亲为昆铜乡姚良村人。1976年上山下乡到河南省邓县插队落户。1982年毕业于浙江大学化工系，到中石化河南油田设计院工作。1993年担任副院长（副处级），1997年任河南油田房产管理处处长和基建处处长。2007年任中石化河南油田设计院党委书记（正处级）。

孙忆男（1961—　）

昆铜乡大路口村人，1961年生，中共党员。1975年高中毕业后参加工作，历任长兴县煤山镇党委书记，中国银行长兴县支行行长。2007年调浙江省经贸委工作。2009年任浙江三狮集团办公室主任。

盛有昌（1962—　）

昆铜乡管城村人，1962年生，中共党员，法学研究生。1980年10月应征入伍，1982年考入南京陆军学院学员。1984年起历任武警上海总队排长、连参谋、中队长，副营职参谋，副处长、处长（正团）。2005年转业到上海海关，任海关关务保障处副处长。其间，立三等功3次，多次受嘉奖，多次被评为优秀党员。

杜方林（1963— ）

昆铜乡长林村人，又名杜炳江，1963年8月生，中共党员，浙江省委党校政治学研究生，高级统计师。1982年9月考入浙江物资学校。1984年8月毕业，分配到湖州市统计局，先后任科员、副科长、处长、湖州市企业调查队队长（副局级）、市统计局总统计师、统计局党组副书记。2007年7月任国家统计局湖州市调查队队长（正局级）、党组书记。

杨　颖（1963— ）

昆铜乡上舍村人，1963年11月生。1981年10月参军，1983年11月加入中国共产党。1986年7月毕业于南京政治学院新闻系，本科学历。1986年7月至2005年8月，历任南京军区炮兵第九师政治部干事、秘书，炮兵第二团宣传股长、炮兵第三团一营政治教导员、党委书记，炮兵第九师宣传科长，炮兵第九师基地政治委员兼政治处主任、党委书记、师党委委员，陆军第一集团军工兵团政治委员、党委书记，集团军党委委员等职。其间，参加了老山地区对越自卫反击战，参加过数次重大军事演习及各地抗洪抢险。

2005年8月转业到湖州市文化广电新闻出版局，任党委副书记、副局长。之后，任湖州市体育局副书记、副局长，国际贸易促进委员会湖州市党组副书记、副会长。

陆子宝（1963— ）

昆铜乡三山村人，1963年1月生，杭州化工学院毕业，分配在山河造纸厂工作。1989年招入安吉县公安局工作，先后任县公安局办公室副主任、主任，县公安局副局长、常务副局长。2010年调浙江省公安厅，任新闻传媒中心主任，《平安时报》总编辑，省公安厅宣传处处长，政治处主任等职。

钱　敏（1964— ）

昆铜乡独山头村人，1964年12月生。1982年10月入伍。1984年9月起在武汉军事经济学院物资管理专业学习；其间加入中国共产党。1986年7月起，在南京军区后勤部浙江物资供应站储运科先后任助理员、科长兼办公室主任；2009年9月起先后任办事处主任、书记（正处级）。

谢传军（1965— ）

昆铜乡姚良村人，1965年11月生，华东交通大学毕业，硕士研究生，教授级高级工程师。先后任铁道部北京南口机车车辆厂党委书记、中国北车建设工程有限公司副总经理，现任中国中车置业有限公司总经理。

方敏强（1965— ）

昆铜乡隐将村人，1965年生。1983年6月招飞入伍，1983年起先后在空军第一航空预备学校、第九航空学校、空军勤务学院学习。1987年9月起在87167部队服役，历任营房技术员、助理工程师、工程师；1999年4月在94969部队服役，任勤务工程师。2006年被定为上校。

梅旗华(1967—)

昆铜乡梓坊村人,1967年1月生。1987年8月参加工作,先后任湖州市公安局城区分局城南派出所所长、城区分局副局长、吴兴区分局党委副书记、湖州市公安局110指挥中心主任,吴兴区分局政委、中共吴兴区委员常委、湖州市公安局副局长等职。

姚月华(1968—)

昆铜乡潘家上村人,1968年生。1987年应征入伍。1989年8月加入中国共产党。历任战士、班长、学员、区队长、参谋、副处长、处长、支队长等职。先后完成党和国家领导人、重要外宾到沪警卫工作三百余批次;参与指挥APEC会议、上海合作组织峰会、特奥会、北京奥运会、上海世博会等重大安保任务,立二等功1次、三等功3次,被评为"上海市警卫工作先进个人",支队长和政委被评为"一对好主官"。获评2011年度"安吉骄傲人物"。

卢 萍(1971—)

昆铜钱坑桥人,女,1971年11月生。1989年7月湖州师范学校毕业,先后在晓墅镇中心小学、湖州市朝阳小学任教。1999年起任朝阳小学副校长、环球小学副校长。2002年6月任湖州市爱山街道妇联主席。2003年9月任吴兴区委宣传部外宣办主任。2005年6月调入湖州市文联工作,任市文联党组成员、副调研员、秘书长。

李益祥(1972—)

昆铜乡独山头村人,1972年4月生。1990年12月应征入伍,1992年加入中国共产党,解放军炮兵指挥学院指挥专业本科毕业,入伍后历任战士、班长、学员、排长、副连参谋、连长、营长、副团职参谋、作训处副处长等职,立三等功2次,5次受嘉奖,获福建省军区优秀共产党员,爱岗敬业标兵,2012年12月转业在厦门市公安局工作,2次被嘉奖,被市公安局评为厦门金砖国家会议安保先进个人。

金卫成(1972—)

昆铜乡隐将村人,1972年生。1991年12月入伍,1994年7月考入军校。1997年7月毕业,分配到原南京军区装甲10师,历任排长、连长、副营长、营长、师炮兵指挥部副主任。2012年3月,任浙江省军区预备役步兵师高团参谋长,中校。

杨兵斌(1973—)

昆铜乡隐将村人,1973年12月生。1991年8月招飞入伍。1995年7月入党,历任排长、副连长、干事、指导员、教导员,空军雷达兵94895部队政治部副主任(副团级)。

叶 文(1976—)

昆铜乡路西村人,1976年1月生。1993年12月入伍。1996年10月调省消防总队直属中队,同年11月加入中国共产党。2001年10月转杭州消防支队。2003年10月调任嘉兴市消防支队南湖一中队代理排长。2004年10月进新疆公安边防指挥学校学习。2007年起,任杭州消防支队灵隐中队排长(正连职)、杭州市消防支队后勤处生产科副科长(正连职),总队后勤部生产管理处协理员(副营职)、总队后勤装备运输处副处长(正营职)、支队后勤处副处长(副团职)。

方兆丰(1978—)

昆铜乡张家山村人,1978年2月生。1997年8月招飞入伍。先后在95171部队、95207部队服役。其间立三等功1次。2012年升为副团级(副处级)。

石一婷(1980—)

昆铜乡管城村人,女,1980年5月生,中共党员。杭州电子工业学院毕业,2000年8月参加工作,省委党校研究生学历,历任安吉县报福镇党政干部,共青团安吉县委办公室副主任、主任,共青团安吉县委办公室主任、副书记、党组成员,共青团安吉县委书记、党组书记,安吉县章村镇镇长,镇党委副书记、书记,镇人大主席,共青团湖州市委书记、党组书记,长兴县委副书记,吴兴区委副书记,长兴县县长等。

张忠良(1986—)

昆铜乡潘家上村人,1986年生。2001年,从昆铜中学保送到湖州中学。2004年考入中国人民大学公共管理学院行政管理学系。同年4月加入中国共产党。2008年大学毕业,先后任中央纪委组织部科员、副主任科员、主任科员。中央纪委副处级巡视专员。

四、当代知名人士

严盛祺(1925.5—2015)

昆铜乡独山头陆家村人,1925年生。1947年毕业于杭州师范大学,在校加入中国共产主义青年团,并留校任教。在校期间帮助一位地下党员传递军事情报,帮助地下党员陈雪心逃离国民党当局的追捕,并帮助联系上级党组织(中华人民共和国成立后,陈雪心任浙江省公安厅秘书长)。1949年年初考入浙江省干部学校学习,时值杭州刚解放,分配到省教育厅工作。1950年,报名去农村参加土地改革工作,在嘉兴培训期间遇土匪袭击,搏斗负伤。培训结业后被分配回安吉开展土改工作。

1958年反右运动中被打成右派,下放劳动。1976年被安排任公社农具厂会计。1978年拨乱反正,得以平反,被安排在梅溪粮管所工作。他多次申请加入中国共产党,2000年获党组织批准。此时他已76岁高龄。《浙江日报》《钱江晚报》《湖州日报》《安吉新闻报》等主流媒体争相报道。1985年离休,自学摄影、书法。2009年5月,在安吉吴昌硕纪念馆举办个人书画展,获"老有所为,精神可贵"评价。

葛颖凤(1955—)

昆铜乡梓坊村人,女,1955年生。1980年湖州师范毕业。先后在安城中学、凤凰山中学任教,1982—1985年自修大学汉语文学。1989年调入县机关工作。2007—2009年任杭州安吉商会办公室负责人,2011年在县外经贸局退休。

其文学作品《隐将的传说》《大溪行》《白茶记》等先后发表于《安吉民间故事集》《竹乡文学》《安吉报》。2009年以来,与陈永昊、张国强、陆宗诚等合作创作多首歌曲。其中《故乡,我难忘的地方》《断桥情思》分别获《神州歌海》全国群众创作歌曲金奖。《美丽乡村我的家》获《南太湖杯》音乐舞蹈创作奖，被上海歌星俱乐部和湖州市电视台拍成MTV，作为《美丽乡村》栏目主题歌。与国家一级作曲家、音乐家李红林老师合作《安吉的故事》《神奇的叶子》，在中国大众音乐协会、中国职工音乐家协会、中国乐坛杂志社共同举办的全国原创歌曲征集评选中荣获金奖、银奖，并入选庆祝中华人民共和国成立70周年新编原创歌曲集《祖国颂歌》。

郭吉成（1957—　）

独山头村陈家塘自然村人，1957年12月生。1975年高中毕业后任乡五七中学教师，1977年入杭州大学中文系就读，1979年毕业。先后任良朋中学、安吉一中、安吉二中、安吉高级中学语文教师。1995年12月晋升为中学高级教师，2000年被省政府授予浙江省特级教师。曾当选为县第十四届、十五届人代会代表，先后被评为湖州市有突出贡献的专业技术拔尖人才、湖州市写作协会理事、湖州市中语会副会长，教育部骨干教师、浙江省首批名教师、湖州市督学、浙江省写作协会理事、浙江省中语会理事、浙江省特级教师协会理事；参与浙江省高中语文会考标准制定，省级考试重大命题或审题工作；担任浙江省高考作文评卷小组长20余年，在省级以上刊物发表教育类文章600余篇，正式出版教学类著作35本，代表作有《本真语文教例剖析》《高中新课程作文实验教程》《新课标高中论文写作指导》等。

吉春亚（1963—　）

昆铜乡干溪桥村人，女，1963年12月生。毕业于湖州师范学院，先后在梅溪镇中心小学、湖州师范学院附属小学任教，为浙江省特级教师。2001年被选送到北京师范大学深造，后作为北京市引进人才，留任于北京市干部子弟学校、北京小学，兼北京市师范大学育龄儿童教授。先后被评为北京市第一批正教授级中小学特级教师。获北京西城区霍懋征园丁奖；撰写出版教学专著、个人散文等书籍30余本，发表论文、教学设计400余篇。

谢传印（1965—　）

昆铜乡姚良村人，1965年生。1984年就读于东北大学，获学士学位。2001—2007年就读于美国北卡罗来纳大学，获战略管理博士学位。1988—1995年，供职于上海第二铜管厂、北京海淀钢管厂从事企业管理工作，先后任厂长助理、厂长。其间，就读于北京科技大学获硕士学位。1995—2001年，任北京首都科技集团有限公司总经理助理和副总经理。2002—2006年就读于美国北卡罗来纳大学，获战略管理博士学位。2007年1月至2008年8月，在美国北卡罗来纳大学企业家创业中心、美国蒙特圣玛丽大学从事企业家创业研究和管理教学。2008年9月后，在美国坦帕大学商学院从事企业管理教学、研究和企业顾问咨询工作。

朱兆年（1965—　）

字禾千，号舍山人，昆铜乡上舍村人，1965年生。自幼受家父启蒙，临习家藏字画。后学杨植之画风，18岁拜见诸乐三先生，耳濡目染诸老的人格魅力和书画艺术。20岁拜安吉现代乡贤杜启汉先生学书法。1996年和2007年，两度入中国美术学院学习美术设计和山水花鸟画。2009年，在安吉建立美术工作室，美术造诣甚深。

卢　勇(1966—　)

昆铜乡钱坑桥人,1966年3月生,1988年7月毕业于浙江医科大学口腔系,1991年7月获华西医科大学口腔病理学硕士学位。同年8月,任华西医科大学口腔学院教研室主任、书记。1996年赴日本广岛大学做访问学者,任客座研究员。1997年赴加拿大多伦多大学作访问教授。1999年定居加拿大多伦多,在多伦多大学任助理研究员。曾承担过中国国家自然科学基金、中国卫生部基金科研项目多项,完成牙源性肿瘤国际合作项目,发表有国际影响的专业论文60余篇,并曾担任世界卫生组织牙源性肿瘤分类专家。

殷昕怡(1994—　)

昆铜乡长林垓村人,女,1994年生,国家水上运动中心皮划艇队队员。在世界和全国水上运动(皮划艇)多项比赛中,取得多次较好的成绩。其中在全国皮划艇冠军赛、全国城市运动会和全运会上获多项第一名,被国家体育总局授予"国家级运动健将"和"体育道德风尚奖"等多项称号。2010年被评为"安吉骄傲"人物。

五、工业企业领军人物

杨立信(1941—　)

昆铜乡上舍村人,1941年生。1984年创办安吉长虹锚链厂,1999年成立安吉长虹制链有限公司,经过30多年的努力,采用国际先进焊接技术,运用自动化设备生产各种国际国内标准圆环链条产品。注册"长虹牌"商标,产品畅销欧美。2012年,年销售收入2亿余元,年交税金800万元,公司被评为县科技创新企业、省级高新技术企业;1999—2003年,杨立信被选为县政协委员。

肖其成(1945—　)

昆铜乡钱坑桥村人,1945年生。中共党员。1995年,与日本联合创立安吉三美竹木制品有限公司,注册资金1800万元,年产700多万支绿色环保的竹火炬,销往美国、英国、德国、澳大利亚等国家,公司职工有紧密型和松散型两种,解决了600余名农村妇女就业的问题。2012年,年产值3000余万元,创利税300余万元。其间,企业被评为安吉县纳税先进单位,个人获县优秀企业家称号,1995—1999年其被选为县人大代表。

徐彩莲(1947—2016)

长林垓村人,女,1947年生。1987年购置四台横机起家,创办个体羊毛衫加工厂。1990年与上海17羊毛衫厂合作,成立申安羊毛衫厂,拥有100多台横机。1998年与湖州织里珍贝集团合作加工。2003年与珍贝联营,创办昆铜珍贝羊毛衫工业园,引进内资500万元,招收当地家庭妇女300多名为挡车工,为农村劳动力转移做出了贡献。受县政府多次奖励,被推荐为县工商联执委,1999—2007年被选为县政协委员。2016年病故。

杨仁人(1954—　)

昆铜乡上舍村人,1954年生。1999年与人合伙在长林垓村创办昆安化纤厂。2007年迁到独山头闽头山,年创产值2000余万元,创利税近200万元。2005年投入600余万元,创建安吉腾越纺织厂,生产纺化纤丝、织化纤布、无纺布等产品。努力开拓绍兴、慈溪的轻纺市场。连年来,创年产值2000余万元,创利税近200万元。

杨建康(1955—)

昆铜乡上舍村人,1955年生。1980年任社(乡)办竹制品厂副厂长,同年加入中国共产党。1984年任厂长。改革开放后,于1995年引进外商投资,创建安吉鑫顺竹木制品有限公司。2001年变更为合资企业,杨建康作为合资人,注册资金538万元。他精于企业管理和新产品的研发,获得100余项实用新型发明、外观等专利,产品全部销往日本、美国、欧洲、澳洲、中国台湾等等国家和地区,年产值1200万~1500万元,年创利税150余万元。他先后向安吉壹加壹慈善公益基金捐赠11.9万元,多次被评为优秀厂长。

吕连根(1957—)

昆铜乡干溪桥村人,1957年生。1998年,购买转制的原昆铜乡办的鱼竿厂,迁到干溪桥村,注入资本250万元,生产沙滩围栏、渔具鱼竿和各种竹制工艺品。企业以诚信为本,质量至上,生产规模逐年扩大。2012年,年销售收入1000余万元,创利税200余万元。

姚仲民(1961—)

昆铜乡姚良村姚坞人,1961年生。1994年创办佳源竹制品有限公司。2006年与外商合资成立胜达竹木制品有限公司,引进数十台先进机床,获得自营出口权,产品远销南美、中非、澳大利亚、意大利、美国等国家年产值3500余万元,创利税600万元。

朱玉忠(1962—)

昆铜乡上舍村人,1962年生。1994年创办安吉翠林竹木工艺厂,生产竹木工艺玩具、竹编工艺品、园艺木制品,产品大多出口。他原是连生活都难以自理的残疾人,但他自强不息,主动与外界联系,以诚信为本,坚持产品质量第一,使企业逐年壮大。2012年,年产值1000余万元,创利税200余万元。

孙金良(1965—)

昆铜乡大路口村高家坞人,1965年生。1996年创办大路口工艺渔具厂,生产工艺鱼竿、渔具和其他竹工艺制品。2004年迁至长兴和平工业园,投资500万元,成立长兴金良竹木工艺品厂,生产竹制火炬、渔网、鱼竿等渔具和其他竹木工艺品,连年来,年销售收入2400余万元,创利税200余万元。

江朝宗(1965—)

昆铜乡路西村江家边人,1965年生。1984年毕业于浙江机械工业学校,后被分配到杭州汽车发动机厂工作。2002年辞职,创办上海雅心椅业有限公司。2008年回原籍创办浙江安吉博俨椅业有限公司,任董事长、总经理。注册资金580万元,拥有6项专利。生产钢塑转椅配件,产品销往东南亚、欧美等国家。近年来,年产值3000多万元,创利税300多万元,企业被评为县科技型企业。

尤 敏(1968—)

昆铜乡独山头村人,1968年生。1998年创办安吉青云麻纺织厂,生产黄麻布、袋,黄麻凹凸布，黄麻卷、网、片，环保袋、食品袋，染色贴胶烧毛黄麻布等产品。2012年，年产值2000多万元，创利税100余万元。

李文虎（1970— ）

昆铜乡三山人，1970年生。安吉吉祥医疗用品有限公司董事长，安吉县政协委员。1996年在塘浦工业园创建安吉吉祥医疗用品有限公司，生产一次性医用敷料产品。产品销往欧美、东南亚、澳大利亚等国家。"LUCKY"商标被认定为"湖州市著名商标"。公司先后被评为"浙江省最为成长潜力中小企业"和诚信企业，AAA级守合同重信用单位。产品通过欧盟认可和ISO 13485专业医疗器械体系认证和美国FPA认证。2007年成立安吉鑫潘有限公司，产品全部出口，年轻的团队、超强的理念，创造了较好的业绩。2012年，两家公司有员工近百人，年销售产值数千万元。

施明华（1972— ）

昆铜乡路西村莫家上人，1972年生。中共党员。2000年创建安吉明瑞五金塑料制品厂，总投资500余万元，生产各种规格的转椅塑料配件、小五金配件。企业以诚信为本、质量至上，受用户好评。连年来，创年产值2500余万元，创利税200多万元。

姚惠峰（1973— ）

昆铜乡梅坞村人，1973年生。1992年，其父亲姚国权创办安吉兴华综合厂，生产青竹、白竹、竹火炬、竹篮竹筐等竹制品。2000年接手父亲经营后，从国外引进三台先进注塑机，生产转椅配件，与县内各大转椅企业配套，使企业生产规模迅速扩大。2012年，实现年产值2000余万元，创利税200余万元。

第三节　烈士 参战老兵

一、烈士

据不完全统计：至2012年，昆铜有革命烈士13人，其中中华人民共和国成立前牺牲的有11人。

昆铜籍烈士一览表

表20-1

姓名	性别	出生时间	出生地	入伍时间	单位职务	牺牲时间	牺牲地
载　高	男	1928	乐平寺		龙山乡民主政府乡长	1945.7	良朋汤湾桥
夏守元	男		独山头	1945.8		1945	
凌其安	男	1924	路西蒲芦坞	1945.1	新四军返乡潜伏战士	1946.2	蒲芦坞村口
陈根有	男	1923	钱坑桥卜家上	1945.8	华野一纵一师战士	1946	山东泰安
方荣贵	男	1925	张家山中坞	1945.8	华野一纵一师战士	1946	山东泰安
范宝福	男	1930	梓坊	1945.6	华野一纵三团战士	1946.4	江苏苏北

续表20-1

姓名	性别	出生时间	出生地	入伍时间	单位职务	牺牲时间	牺牲地
严阿龙	男		昆铜乡	1945.2		1946.6	
程来松	男	1928	莫劳坞	1945	华野一支队战士	1946.6	山东泰安
陈天民	男	1928	钱坑桥	1945.8	新四军五十八师战士	1946.6	山东泰安
姚金林	男	1916	梅坞	1945.7	新四军战士	1947	江苏苏北
张金山	男	1920	路西岳征坞	1945.1	华野一纵队战士	1948.11	淮海战场
钱小林	男	1929	梓坊	1951.3	公安17师51团炮兵	1952.11	浙江玉环县
万银生	男	1933	隐将	1951.4	公安51团通讯员	1955.8	浙江洞头县

二、参加解放战争及抗美援朝的战士

录入以上各节未提及的参加解放战争及抗美援朝战争的战士，共20人，其中参加抗美援朝的有15人。

昆铜籍参加解放战争及抗美援朝战士一览表

表20-2

姓名	性别	出生时间	出生地	入伍时间	参战地
程月寿	男	1927	上舍村	解放前	解放战争战场
沈桂荣	男	1927	管城村	解放前	
叶长法	男	1927	路西村	解放前	
叶小元	男	1931	路西村	1950	解放一江三岛
唐诗来	男	1930	路西村	1950	解放大陈岛
载阿毛	男	1930	上舍村	1950	抗美援朝战场
林阿毛	男	1919	长林村	1945	
沈福宝	男	1909	管城村	1945	
江松虎	男	1921	路西村	1945	
叶三毛	男	1928	路西村	1950	
叶水林	男	1928	路西村	1945	
俞金法	男	1923	化家坞村	1945	
肖水清	男	1935	化家坞村	1950	
诸茂林	男	1932	隐将村	1950	
江二毛	男	1924	隐将村	1945	
李梦华	男	1933	钱杭桥村	1950	
方谢才	男	1935	钱坑桥村	1950	
陆百金	男	1931	大路口	1950	
刘金成	男	1930	大路口	1950	
齐小球	男	1930	梅坞村	1950	
陈根福	男	1934	张家山村	1950	

三、抗美援越战士

昆铜籍参加抗美援越战争的战士共有14人。

昆铜籍抗美援越战士一览表

表20-3

姓名	性别	出生时间	出生地	入伍时间	参战时所在连队
梁华芳	男	1946	独山头村	1965	6支队62团15连
施忠全	男	1945	大路口村	1965	6支队64团后勤处
姚百华	男	1947	姚良村	1965	6支队64团汽车连
孙菊林	男	1945	上舍村	1965	6支队62团15连
陈昌良	男	1946	上舍村	1965	6支队64团
万宝林	男	1945	管城村	1965	6支队62团15连
肖如高	男	1946	化家坞村	1965	6支队64团修理连
吴连芳	男	1945	钱坑桥村	1965	6支队62团15连
李小苟	男	1945	隐将村	1965	6支队64团3连
陈水来	男	1946	梅坞村	1965	6支队64团2营测量班
王锡山	男	1945	梓坊村	1965	6支队汽车连
王长富	男	1945	梓坊村	1965	6支队64团机械连
王吉明	男	1946	潘家上	1965	6支队64团后勤处
赵金泉	男	1946	南湖监狱职工	1965	6支队64团机械连

说明:参战时间为1966.4—1968.10

第四节　其他人才

昆铜历来人杰地灵。古有朱氏、施氏等辅国战将和御前谋臣,也不乏任职于地方的知州、知县等官员。他们有的是封荫世袭,更多的是刻苦攻读,经层层选拔的优秀儒生。自三国以来,他们的名字就被记录在史书和后代各姓氏家谱中。近代,昆铜的人才更是层出不穷。特别是中华人民共和国成立以后,日趋安宁的社会环境和逐渐富裕的物质条件使耕读传家的风尚更加代代相传。历来被称为庶民的寻常百姓逐步识字、普及初中,出了众多大学生,获得硕士、博士学位,成为社会各领域的拔尖人才,有的进入国家机关担任领导职务。他们在不同的岗位上为祖国的繁荣、为实现前辈们的梦想孜孜不倦地奋发工作着。

一、县内外工作的昆铜藉人才

据不完全统计:昆铜籍在县内外工作的研究生毕业或获高级职称的人才共有40人。

县内外工作的昆铜籍人才一览表

表20-4

姓名	性别	出生年份	出生地	学历或职称	毕业学校、任职单位与职务
韩　薇	女	1982	独山头村	博士	复旦大学博士生，上海外国语大学
姚兆慧	男	1982	独山头村	硕士	同济大学硕士生，第二军医大学第三附属医院
鲍　龙	男	1986	干溪桥村	博士	澳门大学研究生、美国哈佛大学博士生
孙琦峰	女	1987	大路口村	博士	清华大学医药系博士生，南京光声药业有限公司
严　蛟	女	1986	大路口村	硕士	西南大学计算机与科学技术硕士生，安吉图书馆
姚丹萍	男	1990	大路口村	硕士	武汉理工大学研究生，网易杭州有限公司
程　赟	男	1992	大路口村	硕士	合肥大学会计专业研究生，安吉县引进人才
杨峙岳	男	1992	大路口村	硕士	华中科技大学研究生
姚昱权	男	1963	姚良村	硕士	广州中科院自动化研究所研究员
汤玉武	男	1982	姚良村	硕士	浙江大学研究生，世贸集团浙江投资中心总经理
谢智郎	男	1992	姚良村	硕士	浙江大学研究生
姚俊龙	男	1988	姚良村	硕士	美国、加拿大研究生，汇丰银行
杨群欢	男	1962	长林村	硕士	湖州职业技术学院教授
章淑芳	女	1977	上舍村	博士后	浙江大学研究生，浙医大
陈国富	男	1969	路西村	硕士	嘉兴博物馆文博研究员
王陈继	男	1981	路西村	博士	上海复旦大学医学遗传学副教授
赵文斌	男	1956	化家坞村	硕士	浙江农业商贸学院教授
白雪飞	男	1989	钱坑桥村	硕士	德清县科学技术局
姚　昊	男	1995	梅坞村	博士	上海外国语硕士生，国家保送日本博士留学生
姚　涛	男	1993	梅坞村	硕士	复旦大学研究生，上海微电子集团有限公司
章　伟	男	1982	梅坞村	博士	厦门大学博士生，深圳电子软件公司
叶信栋	男	1992	梅坞村	硕士	中国电子大学研究生，上墅乡乡长助理
卢　敏	女	1982	张家山村	博士后	北京中科院心理研究所
王家辉	男	1994	梓坊村	硕士	杭州师范大学研究生
杨玲琪	女	1990	梓坊村	硕士	浙江大学研究生
吴　江	男	1990	梓坊村	博士	浙工大研究生，上海中科院有机化学研究所
朱承采	男	1939	上舍村	高级工程师	嘉兴市电控厂
朱新良	男	1966	上舍村	博士	中国政法大学法学博士生，县公安局工作
诸茂龙	男	1966	梅坞村	高级农艺师	县政协委员，县农业局植保站
诸　强	男	1971	梅坞村	主任医师	县中医院副院长
戴凤娇	女	1968	姚良村	主任医师	县第二人民医院
何金生	男	1943	长林垓村	中学高级	昆铜中学副校长
谢昱胜	男	1972	姚良村	中学高级	金华市外国语中学教师
江　丽	女	1980	路西村	中学高级	港口中学校长
王加兴	男	1975	路西村	中学高级	县政协委员，安吉三中副校长
朱梅芳	女	1980	管城村	中学高级	丰食溪中学
陈少寅	男	1963	姚良村	县书法家	县第三届书法家协会理事
杭立人	男	1930	三山村	名中医	湖州市卫生局评定为“名中医”

续表20-4

姓名	性别	出生年份	出生地	学历或职称	毕业学校、任职单位与职务
谢敦行	男	1957	姚良村	竹根雕塑家	县人事局1998年评审为“工艺美术师”
李益程	男	1968	独山头村	民间书画新秀	县美术协会会员，湖州孤城画廊特聘画家

二、昆铜籍科级干部

据不完全统计：昆铜籍人士担任科级干部的有57人，其中在县外担任科级干部的有9人。

昆铜籍科级干部一览表

表20-5

姓名	性别	出生年份	出生地	任职单位与职务
吴　璋	男	1925	独山头村	昆山乡乡长，昆铜区长，县农业局局长
叶树强	男	1952	独山头村	溪龙乡党委书记，县农业局局长
李晓敏	男	1969	独山头村	县委办副主任，县直机关党工委书记
陈玉堂	男	1956	干溪桥村	县监察局局长，建设局党委书记，县政法委副书记
姚海康	男	1963	姚良村	晓墅镇长，递铺镇副镇长，县工商联副主委
王银芳	男	1955	长林村	县茧丝绸公司总经理，县商业局局长
洪小山	男	1946	长林村	县交通局副局局长
李祝如	男	1921	上舍村	昆山乡首任乡长
万顺庆	男	1958	管城村	南浔区民政局局长
盛　嵘	男	1981	管城村	上海武警总队参谋
赵德富	男	1961	三山村	县司法局局长，县委政法委副书记
赵德忠	男	1967	三山村	县人大办主任，县直机关党工委书记
朱金勇	男	1980	三山村	7305部队装备科科长
李文根	男	1961	三山村	县工行副行长，湖州银行公司部、银行部总经理
陆有根	男	1926	三山村	昆山乡乡长，昆铜乡乡长
叶其高	男	1928	路西村	荆湾乡党委副书记，湖州市党校办主任、讲师
叶德宝	男	1951	路西村	县人事局局长，县人大办主任，县供电局党委书记
叶援宝	男	1955	路西村	上墅乡乡长、递铺镇镇长
叶新安	男	1962	路西村	三官乡党委书记，建设局、城管局、交通局等局长
肖树年	男	1942	化家坞村	部队转业，溪龙乡乡长
何文刚	男	1965	钱坑桥村	安吉县国税局局长
王有富	男	1972	钱坑桥村	县安监局、建设局局长，农整办主任
汤纯豪	男	1953	钱坑桥村	昆铜乡党委副书记，乡长
郭　明	男	1918	梅坞村	铜山乡首任乡长
方连健	男	1955	张家山村	交通局党委副书记
徐立鸿	男	1976	张家山村	部队转业，杭州市下城区统战部党派科科长
王　峰	男	1971	梓坊村	县法院副院长、县政研室主任
李永彪	男	1931	独山头村	昆铜公社管委会副主任
林崇逊	男	1935	独山头村	昆铜公社革委会副主任

续表20-5

姓名	性别	出生年份	出生地	任职单位与职务
殷志龙	男	1960	大路口村	昆铜乡副乡长，山川乡人大副主席
孙小平	男	1965	大路口村	县工商联副主委
汤月昆	男	1932	姚良村	昆山乡副乡长，昆铜副乡长
汤学如	女	1953	姚良村	昆铜乡、溪龙乡党委副书记，县建设银行党组书记
张春香	女	1954	长林村	昆铜乡副乡长，晓墅镇副镇长
陈国祥	男	1929	长林村	昆山乡副乡长
杨群昌	男	1960	长林村	湖州蒸谷厂厂长
孙菊林	男	1945	上舍村	昆铜乡人武部长，经济联合社长，安城镇副镇长
伍德福	男	1943	上舍村	晓墅镇副镇长
朱利顺	男	1943	上舍村	县动力机厂厂长，县工业局副局长
沈海根	男	1952	上舍村	昆铜乡副乡长，县政府驻上海办事处
姚建华	男	1953	梅坞村	梅溪乡副乡长、梅溪镇、良朋镇副镇长、昆铜乡副乡长
胡庆忠	男	1967	上舍村	县交通局港航中心主任
章树新	男	1953	上舍村	江苏镇江市机关医院书记、院长
吴　超	男	1979	上舍村	嘉兴市秀州区监察、秀州区人民政府副科长
金　健	男	1953	三山村	县卫生局党委副书记
叶瑞林	男	1930	路西村	青山公社、溪龙公社党委副书记，县农科所副所长
蒋　华	男	1980	路西村	织里派出所所长，织里公安局副局长
叶　飞	男	1982	路西村	鄣吴镇副镇长，山川乡常务副乡长
赵玉峰	男	1983	化家坞村	德清县武康镇派出所所长
李晓生	男	1963	钱坑桥村	县交警大队长，县特警大队大队长
汪希强	男	1926	梅坞村	昆铜乡副乡长，梅溪公社党委副书记
王和平	男	1967	梓坊村	天子湖镇党委副书记，递铺镇副镇长
梅利庆	男	1973	梓坊村	县司法局局长
李百荣	男	1962	独山头村	中国银行湖州市信贷科长，德清县、长兴县支行行长
叶勤民	男	1974	独山头村	上墅乡副乡长

附录：

昆铜古代贞女

我国古代封建专制社会里，妇女崇尚贞节，从一而终，夫死不再嫁；无论如何贫困，立志守寡，侍奉公婆、抚养幼子，直至老死；或去庵堂为尼，遁入空门。这些夫死守节至死不改嫁的妇女，古时称为贞女。更有甚者，有的寡妇为抗拒改嫁或强暴，采取上吊、投水、服毒等方式以保持所谓的贞节，被称为烈女。地方官多为之上报朝廷请旌表彰。朝廷选择典型准予树立贞节牌坊于乡间。1970年，杨家坞村口还立有清朝表彰王学坤之妻纪氏的贞节牌坊，当年建造石坞岭水库时被拆除。不可否认，历代贞女中不乏孝敬公婆、抚养子女、维护家庭的典范，值得后人学习，但所谓尽忠守节的烈女实属愚忠，实乃封建时代的畸形产物。自辛亥革命后，此种愚忠绝迹。兹摘录清同治《安吉县志》所载的昆铜乡古代贞女姓氏，使后代了解封建时代妇女的悲惨遭遇。她们大多至死都没有名字，悲夫！

一、明朝贞女

昆山乡徐珪妻范氏，名琼英。珪遘笃疾，范爇香吁天，愿以身代珪。珪竟不起。范氏时年二十三，一女尚幼。族人有欲夺其志者，范誓死不从，截发以见志。孀居繁饰尽屏，唯闭门课女红而已。成化丁未年(1487)，县令黄祐以闻，诏旌其门。

金六妻郎氏，年十六归金，方三日而夫死。自誓守节，终身不易。

昆山乡徐学经妻汤氏，年十六夫亡，侍奉公婆、抚养遗腹子，甘心苦节。知州张养蒙给以“节孝双全”之匾额。

二、清朝贞女

铜山乡

张浚妻王氏，年二十五夫亡，守节三十余年。乾隆三年请旌。

陈正宏妻胡氏，年十五归陈，未几夫卒，孀居三十余年。乾隆四年请旌。

蒋鼎琮妻贺氏，二十四岁夫故，守节三十余年。乾隆四年请旌建坊。

陈巡妻张氏，二十三岁夫故，守节四十年。乾隆六年请旌。

张彩臣妻许氏，二十四岁夫故，守节四十余年。乾隆八年请旌。

范唯亨妻施氏，倪家村人，十八岁夫故，守节五十余年。

朱日标妻范氏，上庄村人，二十七岁夫故，现节三十三年。

朱常显妻方氏，二十四岁夫故，守节三十一年。

吴斌妻陈氏，二十一岁于归，未一年而寡，贞操历五十一年如一日。

吴澜妻汤氏，年二十八夫故，冰节二十余年。

吴象熊继妻章氏，年二十九夫故，冰操凛然。

吴成文妻孙氏，二十四岁夫故，矢志柏舟，朝夕唯取蔬素，苦节终老。

施承焕妻吴氏，二十八岁夫故，守节三十余年。

严治成妻沈氏，二十五岁夫故，寿八十。

梁用瓒妻朱氏，年十七归梁，数月而寡，五十余年而卒。

梁文升妻韦氏，二十七岁夫故，砥节三十余年。

朱世隆妻戚氏，十九岁夫故，守节四十六年。

朱以本妻沈氏，年二十二夫故，守节三十年。道光二十三年请旌。

张家俊妻万氏，贞洁艰卓守节四十一年。道光二十四年请旌建坊。

王鼎魁妻姚氏，钱坑桥人，年二十夫故，守节四十一年。

王学坤妻纪氏，杨家坞人，年二十一夫故。守节三十二年。

金孔时妻诸氏，化角坞人，年十九夫故，守节三十七年。

赵列三继室陆氏,化角坞人,年二十二夫故,守节五十一年。

叶云文妻张氏,东坞人,年二十七夫故,永守贞操,六旬殉难(咸丰同治年间)。

叶彬文妻王氏,东坞人,年三十一夫故,年过五十殉难(咸丰同治年间)。

张天叶妻施氏,张家村人,年十九夫故,守节六十三年。

张昌富妻谢氏,张家村人,年二十一夫故,安居守分。年老殉难。

杨应法妻赵氏,乡路西村人年十八夫故,守节二十一年。

杨元良妻孙氏,路西村人年二十四夫故,不降不辱全始全终守节三十五年。

杨圣忠妻沈氏,路西村人,年二十六夫故,年老殉难。

叶世封妻丁氏,江家边人,年二十九夫故,守节二十三年。

萧廷三妻叶氏,化角坞人,年三十一夫故,贞节自守志。

杨宏显妻姜氏,路西村人,年二十七夫故,守节四十三年。

杨宏孝妻范氏,路西村人,年三十夫故,守节二十九年。

杨建广妻姚氏,路西村人,年二十夫故,守节二十五年。

叶海东妻杨氏,南楼坞人,年二十夫故,守节四十一年。

叶焕文妻钦氏,南楼坞人,年二十一夫故,守节三十五年。

叶龙文妻梁氏,西坞荡人,年二十一夫故,守节三十六年。

王守源妻蒋氏,钱坑桥人,年二十五夫故,守节二十年。

王人和妻李氏,钱坑桥人,年二十七夫故,玉洁冰清,守节二十五年。

王人爱妻叶氏,钱坑桥人,年二十九夫故,抚子继承,守节二十一年。

诸士礼妻范氏,诸家边人,年二十六夫故,守节二十四年。

施孔林妻范氏,南楼坞人,年二十一夫故,定节二十九年。

施孔礼妻朱氏,南楼坞人,年二十六夫故,守节三十年。

施孔信妻范氏,南楼坞人,年二十二夫故,年老殉难。

施孔偕妻潘氏,乡南楼坞人,年三十一夫故,年老殉难。

梅圣材妻童氏,梓坊村人,年二十七夫故,抚育孤儿,坚贞守节二十六年。

范文山妻王氏,倪家边人,年二十六夫故,守节二十六年。

朱元朋妻施氏,年二十二夫故,守节二十八年。

朱吾新妻范氏,年二十七夫故,守节三十年。

朱肇新妻章氏,年二十九夫故,守节三十五年。

朱元廷妻吴氏,年二十九夫故,守节二十余年。

朱承性妻童氏,年二十五夫故,守节数十年。

蔚文科妻吴氏,年二十五夫故,守节四十年。

朱唯溥妻诸氏,年三十二夫故,守节二十五年。

朱唯淳妻方氏,年二十五夫故,立守节二十九年。

朱曰乡妻周氏，年二十三夫故，守节二十六年。

朱以梧继室沈氏，年二十六夫故，守节二十一年。

王志荣媳杨氏（夫名缺），年十八夫故，守节三十年。

昆山乡

童（一作黄）道行妻邵氏，年十七夫亡，坚贞四十余年。

黄中色妻胡氏，黄中色避难死于西山，妻胡氏截发毁容，为夫营窀穸（墓圹），多做一穴以自待，示无二志。竟完节以老。

徐升珍妻沈氏，年二十一夫故，苦守三十九年。

庠生徐梦卜妻俞氏，年二十二夫故，守节四十五年。

徐培英妻俞氏，年二十二夫故，守节四十四年。

徐上珍妻施氏，年二十六夫故，守节四十年。

徐荣春妻李氏，年二十二夫故，守节五十一年。

第二十一章　丛　录

梅溪之源，昆铜两山；交二兴（长兴、吴兴）而接德清，近湖州而临杭城。物华天宝，翠竹乘水达苏沪；人杰地灵，梁帝赏才召吴均。历朝各代，文人辈出，唱和往来，文章锦绣；散载于志书家谱，灿若乎银河繁星；寺亭楹联寥寥，亦为昆铜增辉。近世渐盛，中华复兴；万业千行，英才接踵。事迹常见于报刊，乡情每流于笔端。诚为昆铜骄傲、后人表率；循例选录其文，不使湮没。

第一节　历代诗文选辑

昆铜人在文学艺术上最有成就者，当数1500年前南北朝时期的吴均。现代学者生义超的《吴均词文选注》序言说："吴均是齐、梁时代一位最杰出的现实主义诗人，是一位对当时和后世都有深远影响的作家。"然而吴均的著作繁多，虽大多散失，但明代张溥辑录的《吴朝请集》仍有赋、书、表、诗一百四十余篇（首），不可尽录，兹录其与安吉有联系者及有代表性者若干篇（首）。南北朝以降，各代均出文人，积累了大量诗章，亦录其与安吉地理人文有联系者。

一、吴均诗文选

青山偶书

家住青山下，时向青山上。青山不可上，一上一惆怅。

与施从事书

故鄣县东三十五里有青山，绝壁干天，孤峰入汉；绿嶂百重，清川万转。归飞之鸟，千翼竞来；企水之猿，百臂相接。秋露为霜，春萝被径；风雨如晦，鸡鸣不已。信足荡累颐物，悟衷散赏。

与顾章书

仆去月谢病，还觅薜萝。梅溪之西有石门山者，森壁争霞，孤峰限日；幽岫含云，深溪蓄翠；蝉吟鹤唳，水响猿啼；英英相杂，绵绵成韵。既素重幽居，遂葺宇其上。幸富菊花，偏饶竹实。山谷所资,于斯已办。仁智之乐,岂徒语哉?

*梅溪,即梅溪水,此处指梅溪水之源头铜水(袁成民《沧海桑田话梅溪》)。

与宋元思*书

风烟俱净,天山共色。从流飘荡,任意东西。自富阳至桐庐一百许里,奇山异水,天下独绝。水皆缥碧,千丈见底;游鱼细石,直视无碍。急湍甚箭,猛浪若奔。夹峰高山,皆生寒树,负势竞上,互相轩邈,争高直指,千百成峰。泉水激石,泠泠作响;好鸟相鸣,嘤嘤成韵。蝉则千转不穷,猿则百叫无绝。鸢飞戾天者望峰息心,经纶世务者窥谷忘返。横柯上蔽,在昼犹昏;疏条交映,有时见日。

*宋元思,一作朱元思。清乾道间学者许梿评选《六朝文洁》订为"宋元思"。黎经语《六朝文洁笺注》云:"宋,一作朱,非。宋元思,字玉山,刘峻有《与宋玉山元思书》。"刘峻,字孝标,与吴均同时代,亦同遭遇,后均一年卒。

《续齐谐记》片段

吴兴故鄣县东三十里有梅溪山*。山根直竖一石,可高百余丈,至青而圆,如两间屋大。四面斗绝,仰之于云外,无登涉之理。

*梅溪山,当指梅溪水源头之山。

杂绝句二首

昼蝉已伤念,夜露复沾衣。昔别曾何道,今夕萤火飞。

泣听离夕歌,悲衔别时酒。自从今日去。当复相思否?

宝　剑

我有一宝剑,出自昆吾溪。照人如照水,切玉如切泥。
锷边霜凛凛,匣上风凄凄。寄语张公子:何当来见携?

梅　花

梅性本轻荡,世人相陵贱。故作负霜花,欲使绮罗见。但愿深相知,早摧非所恋。

迎柳吴兴*道中

团团日西靡,客念已蹉跎。长风倒危叶,轻练网寒波。
白云光彩丽,青松意气多。所言饱恩德,忘我北山萝。

*柳吴兴,吴兴(今湖州市)太守柳恽,时人以所辖之地呼之。另见柳恽《赠吴均三首》注。

同柳吴兴乌亭集送柳舍人

河阳一怅望,南浦送将归。云山离暗暖,花雾共依霏。
流连百舌喉,下上阳禽飞。桂舟无淹枻,玉轸有离徽。愿君嗣兰杜,时采东皋薇。

送柳吴兴竹亭集

平原不可望,波澜千里直。夕鱼汀下戏,暮羽檐中息。
白云时去来,青峰复负侧。踯躅牛羊下,晦昧崦嵫色。王孙犹未归,且听西光匿。

同柳吴兴何山*集送刘余杭

王孙重离别,置酒峰之畿。逶迤川上草,参差涧里薇。
轻云纫远岫,细雨沐单衣。檐端水禽患,窗上野萤飞。君随绿波远,我逐清风归。

*何山,吴兴山名。余杭官员刘某将离吴兴赴任,诗人与柳恽聚于何山送之。

采药大布山

我本北山北,缘涧采山麻。九茎日反照,三叶长生花。可用蠲忧疾,聊持驻景斜。
景斜不可驻,年来果如驱。安得昆仑山,偃蹇三珠树?三珠始结荄,绛叶凌朱台。
玉壶白凤肺,金鼎青龙胎。韩众及王子,何世无仙才?安期倘欲顾,相见在蓬莱。

别夏侯故鄣

白马黄金羁,青骊紫丝鞚。新知关山别,故人河梁送。置此一函书,为余达云梦。

山居杂诗

一

山际见来烟，竹中窥落日。鸟向檐上飞，云从窗里出。

二

绿竹可充食，女萝可代裙。山中自有宅，桂树笼青云。

三

具区穷地险，嵇山万里余。奈何梁隐士，一去无还书？

二、与昆铜地理人文相关的古诗文选

《吴朝请集》题词*

张溥　明崇祯进士　江苏太仓人

文中子云：吴均、孔珪，古之狂者也。其文怪以怒。今《叔庠集》文鲜绝奇者，独《饼说》《责壁》二文颇诡博不经，似得之枚叔《七发》行以排调。《与朱元思书》盛称富阳桐庐山水，微矜摹拟，则士龙《鄮县》、明远《大雷》*波澜尚存，谓之怪怒，殆以此哉！

萧梁之世，史学蔚兴。隐侯既撰《宋书》；叔庠追轡，综成《齐代志》。慕甚广，乃借"书不得私撰"被诃。虽幸免伯深之诛，已书焚身废，本愿乖塞。《史》又云："叔庠与何仲言同事梁武，赋诗失指，《诏》曰：'吴均不均，何逊不逊。'遂永疏隔。"文人一身，吐词辄病，仰观长卿凌云，何独无天子缘也？诗什累累，《乐府》尤高；《续齐谐》《西京记》则《洞冥》《述异》之流，无问真伪矣。

*《吴朝请集》是南朝梁吴均编著的诗文集，原集二十卷，已佚；今仅存明人张溥辑本。此文是张溥为辑本写的序言。古代诸侯朝见天子，春日朝，秋日请。汉代退职大臣多以奉朝请的名义参加朝会。南朝多以"奉朝请"安置闲散官员。

*士龙《鄮县》、明远《大雷》，指陆云和鲍照的两首诗。

《梁书·吴均本传》

吴均，字叔庠，吴兴故鄣人也。家世寒贱，至均好学有俊才。沈约尝见均文，颇相称赏。天监初，柳恽为吴兴，召补主簿，日引与赋诗。均文体清拔有古气，好事者或效之，谓为吴均体。建安王伟为扬州，引兼记室，掌文翰。王迁江州，补国侍郎，兼府城局。还除奉朝请。先是，均表求撰《齐春秋》，书成奏之，高祖以"其书不实"使中书舍人刘之遴诘问数条，竟支离无对，敕付省焚之，坐免职。寻有敕召见，使撰《通史》，起三皇讫齐代，均草"本纪""世家"已毕，唯"列传"未就，普通元年卒，时年五十二。均注范晔《后汉书》九十卷，著《齐春秋》三十卷、《庙记》十卷、《十二州记》十六卷、《钱唐先贤传》五卷、《续文释》五卷、《文集》二十卷。

（《梁书》卷四十九）

《南史·吴均本传》

吴均，字叔庠，吴兴故鄣人也。家世寒贱，至均好学有俊才，沈约尝见均文，颇相称赏。梁天监初，柳恽为吴兴，召补主簿，日引与赋诗。均文体清拔有古气，好事者或效之，谓为吴均体。均尝不得意，赠恽诗而去。久之复来，恽遇之如故，弗之憾也，荐之临川靖惠王。王称之于武帝，即日召入赋诗，悦焉。待诏著作，累迁奉朝请。先是，均将著史以自名，欲撰齐书，求借《齐起居注》及《群臣行状》，武帝不许，遂私撰《齐春秋》奏之。书称帝为齐明帝佐命，帝恶其实录，以"其书不实"使中书舍人刘之遴诘问数十条，竟支离无对。敕付省焚之，坐免职。寻有敕召见，使撰《通史》，起三皇讫齐代。均草"本纪""世家"已毕，唯"列传"未就，卒。均注范晔《后汉书》九十卷，著《齐春秋》三十卷、《庙记》十卷、《十二州记》十六卷、《钱唐先贤传》五卷、《续文释》五卷、《文集》二十卷。

（《南史》卷七十二）

赠 吴 均

（南朝·梁）萧子云★

欲知健少年，本来最轻黠。绿沈弓项纵，紫艾刀横拔。
谁持命要宠，宁知敌可杀？有功终不言，明君自应察。

★萧子云（487—549），南朝梁兰陵（今江苏常州市西北）人，字景齐，南齐宗室。通文史，善草隶书。累官至侍中，国子祭酒，领南徐州大中正。著有《晋史》一百十卷、《东官新记》二十卷。

答吴均三首

（南朝·梁）周兴嗣★

明灯照暗室，边韶对赵壹。但酌中山酒，唯甘江浦橘。
风动云入箕，雨至月离毕。王丹赠不拜，是我相知日。

惊凫起北海，仪凤飞上林。骞低不同翼，欢楚亦殊音。
曀曀夕云起，落落晓星沉。李陵报苏武，但令知我心。

昔别褰城村，同会长安市。谁学莱芜甑？本得王乔履。

阶前养素鹤，池中饴赤鲤。一往玉壶上，无复见箫史。

★周兴嗣，南朝梁陈郡项（今河南项城）人。博通传记，好著作，擅文章，官至给事中。萧衍（高祖）称赏其文，命他集王羲之字次韵作千字文。

赠吴均五首

（南朝·梁）柳　恽★

寒云晦沧洲，奔潮溢南浦。相思白露亭，永望秋风渚。
心知别路长，谁（一作不）谓若燕楚？
关候日辽绝，如何（一作何因）附红旅？愿作野飞鸟，飘然自轻举。

远游适伊洛，秣马度清漳。邯郸娇（一作有）美女，艳色含春芳。
鼓瑟未成曲，踏屣（一作蹀履）复翱翔。我本游客子，情爱在淮阳。
新知谁不乐，念旧苦人肠。

夕宿飞狐关，晨登碛砾坂。形为戎马倦，思逐征旗远。
边城秋霰来，寒乡春风晚。始信陇雪轻，渐觉寒云卷。
徭役命所当，念子加餐饭。

山桃落晚红，野蕨初开紫。云日自清明，芊芷高藿靡。
离念已郁陶，物华复如此。

秋风度关陇，楚客奏归音。飒飒避霜叶，离离出（一作山）寒禽。

★柳恽（465—517）南朝梁诗人，字文畅，河东解（今山西运城县解州镇）人。在齐，官相国、右司马；入梁，官秘书监，两度任吴兴郡太守。以诗名，又善弈棋、弹琴。有《文集》十二卷。

题乐平寺

（宋）刘焘★

名兰占幽寂，花木深禅房。开轩俯芳流，竹风终日凉。
谓此已胜绝，坐可雄诸方。谁知槿篱外，古木郁苍苍。
下有湍激漳，珠玉鸣琅珰。何当开松门，两岸安石床。
尽发溪山奇，枕流挈其芳。他年我重来，君子留徜徉。

★刘焘，字无言，宋代湖州长兴人。未冠入太学，与陈亨伯等以八俊称。哲宗元祐三年进士。苏轼称其文章典丽。善书法，笔势遒劲，召修阁帖。历任知郓州、秘阁修撰。

吴均故宅

（明）韦龄★

故家文献旧诗坛，遗址飘零草莽间。
几度清风明月夜，空闻流水响潺潺。

★据今人龚肇智博文：韦龄，长兴人。其子韦厚，成化二十三年（1487）丁未进士，授贵溪知县。

初得葛山别业

（明）董份★

鸡鸣客馆晓寒侵，早舁篮舆野兴深。买得一山称小隐，薄游五岳是初心。
地传勾漏成丹处，人拟苏门渡啸音。若道长生真可学，洞中石髓正堪寻。

★董份，字用均，号浔阳山人，又号泌园，浙江乌程县（今湖州）人。明嘉靖二十年（1541）进士，授翰林院编修，参与纂修会典，转右春坊右中允，管国子司业事。世宗亲点为翰林学士，得乘骑出入宫廷之中，斋醮仪上“天神”表文多出其手。一度官至礼部、工部尚书。

葛坞山行即事

（明）董嗣成★

万里翠烟凝，探奇最上层。悬萝危石堕，映日碧潭澄。
日落堆闻虎，云深不见僧。仙人炼丹处，犹有紫鸾乘。

★董嗣成 字伯念，号清芝，董份之孙，万历八年（1580）进士，礼部员外郎。工吟咏，善行、楷。卒年三十六。

葛坞作二首

（明）董斯张★

笋鞭横出欲穿篱，松子才生鼠不知。
细雨一林山鬼语，白鸥浴起葛公池。

鸦衔半柿坠秋坡，竹筧疏篱带碧莎。
野菊满头山下女，也能学唱采茶歌。

梅　溪

云似鱼鳞压市低，竹排载笋出梅溪。
逢人闲问昆山路，葛岭西头更向西。

竹漾 有序

梅溪路多种竹，翳荟十余里，几不可睹天，里人名曰竹漾，为作竹漾诗。

一林绿初满，日在其隙中。虽无临其媚，时鼓瑶涧风。
所遇鲜异色，淙净戛空蒙。鸟声聊复暂，声匪他林同。
残暑徒尔为，已绝地天通。衣润硗亦寒，影息幽难穷。
焉知阴森处，不有虎豹客。竹尽山乃出，西景摇斜红。

★董斯张，原名嗣章，字然明，号遐周，又号借庵，董份之孙，明末浙江湖州诗人。为国子监学生时，耽溺书海，手抄书达百部。因体弱多病，自称“瘦居士”。平时收集吴兴（今湖州）掌故，著有《吴兴备志》32卷、《广博物志》，搜罗既富，唐以前遗文坠简裒聚良多，又有《吴兴艺术补》。

石屏六咏

（明清）释南潜★

敲　火

白石白如霜，峰头晓日光。日光射白石，乍惊飞焰长。

拾　樵

匹素下青天，满山白云堕。练带惊樵声，飞过石楠树。

扫　叶

秋风来过迟，山叶下何早？岭竹参天长，矫首不能扫。

削　草

闲庭贮凉月，此中横藻行。要配洗药池，照出危楼影。

挑　砾

难难蜀道难，岭名左右担。不如咬茎葅，平挑山色淡。

洗叶池

漱石水锵鸣，石齿喷花缕。一簇翡翠香，寒辉此中吐。

洗药池 有序

葛坞之胜以二水：一为凫荡，一为洗药池，即洞池也。入山问池，池已垢，积日经营洗发而后洁清。

石藻冷光动，满地秋发荣。忍杀数年景，时时尘土并。
山水有时厄，洁心终自明。来看岭南日，濯影此中行。

洗叶池

空山无以赠，古镜似相遗。镜莹不受叶，叶至风洗之。
水不自洗水，风洗洗尤奇。寄言洗心者，照影来何迟？
野人进一筹，长风为听之。楠叶丹砂红，反侧咸可书。
怜之不忍触，晓拾双袖垂。秀采秘天地，弃捐良足悲。
吹来破水面，文波淡相随。勿同众叶洗，庶以发清辉。

★释南潜，董斯张子，名说，字若雨，号西庵，自号鹧鸪生，明末清初乌程（今湖州）人。出太仓张溥门下，工于古文，闻名江左。明亡后，改姓名为林蹇，亦称林胡子，皈依佛门，屏迹丰草庵，精研经史，尤专注方言、地志、星法、星经、律法、释老之书。顺治十三年（1656），削发出家，更名南潜，云游四方。有《七国考》《董若雨诗文集》。

鄣南八景

（明）凌说★

天目晴雪

两池银水在云中，岩壑生花瑞气隆。盐虎作寒连地合，玉鳌扶冻与天通。
照人错落山应瘦，向日消残树半空。独有小梅清见骨，只将真色笑春风。

浮玉晚娇

白玉山前叠绮纨，故将娇艳弄轻寒。天香喷散龙涎饼，国色铺交玛瑙盘。
贵重万花春作主，醉逢三月日凭阑。自从李白题诗后，不许寻常子弟看。

渚溪夕照

渚溪行过少邻家，扑面黄蜂趁晚衙。一片素秋清映水，半汀红日淡迎霞。
渔竿影没人争渡，牧笛声残雁落沙。危石渡头清浅处，又看新月照梅花。

梅溪春涨

玉磬峰头积雪消，紫梅花下水平桥。喷开石窦山倾倒，怒拍溪门浪动摇。
连岸白沙鸥鸟下，满川红日鳜鱼跳。黄流引入星河去，一任乘槎上碧霄。

樊坞梨园

旧日樊川雪作团，尚余清艳后人看。一枝香湿雨初霁，千树恨多春作寒。
留月只应空院落，闭门谁复倚阑干。何当载酒来花下，洗却凡妆跨素鸾。

北庄梅花

颠倒溪流险在兹，山中忽复见横枝。天生一白世无匹，花压万红春有私。
疏影卧波宜入夜，暗香蒙雪幸同时。江南地暖开容易，马上逢人寄所思。

独松冬秀

撞破关门山势开，树头云起唤龙来。擎天老盖高千丈，傲雪贞标压众材。
岁久节根坚作玉，风生岩壑响成雷。苍颜不改浑依旧，万古相期竹与梅。

石埭夜航

顺风吹送下山前，石鼓沿溪不碍船。帆影扑开沙上月，橹声摇动水中天。
沧浪一曲寻秋去，玄鹤孤鸣恼夜眠。乘涉已为天下共，载云归越在何年？

★凌说，字孟傅，安吉铜山乡人，元后至元(1335—1340)进士。明太祖召为卷帘使，累官都御史，著有《六经疏义》。

青　山

(明)张永明★

面面青山气象雄，坐临顿觉思重重。幽林涧长琅玕竹，绝壑寒凝玳瑁松。
红雾湿衣花气重，碧云蔽日树阴浓。何人爱静寻幽乐，高结穹庐学卧龙。

★张永明，浙江乌程(今湖州)人，字钟诚，号临溪。明嘉靖进士，授芜湖知县。迁南京刑科给事中，连劾张瓒、严嵩、戴金贪污，有声誉。嘉靖四十一年(1562)官至刑部尚书，改左都御史。穆宗即位，遭劾乞归，病死于途。著作有《张庄禧公集礼集》。

石 门

（明）张节

白日阴森古木寒，野风萧瑟度林端。
涧藏小鸟鸣深翠，岩落幽茵下急湍。
双阙直疑天外立，残星半向日中看。
新营此地真奇胜，谢客诗成和更难。

石门集句

（清）张九苞★

石门岑寂断尘埃，松下残棋送客回。
记得去年春雨里，林花不待晓风开。

★张九苞，明末清初常熟人，“虞山诗派”诗人。自少学书不成，去而经商。既老，又为私塾先生。

游 三 山

（清）姜天麒★

夙爱三山好，寻幽策瘦筇。碧流区郡邑，翠耸压昆铜。
深壑蛟螭隐，层岩虎豹雄。云来与峦雉，何必梦魂通？

登麒堂山（一作渠塘山）

古寺云深客到稀，夕阳山下老僧归。松排劲干凌银汉，竹护青阴傍翠微。
坞里谁人拟摩诘，洞中吾欲访灵威。探幽端赖孤筇稳，还向高岗一振衣。

★姜天麒，字龙友、号復庵，安吉县荆溪乡散济桥人（今梅溪镇板桥村姜家大村）。清雍正十年（1732）壬子举人，拣选知县，参与修纂乾隆《安吉州志》。

南归后杂诗

（清）吴氏★

我本苕上人，未睹苕西景。今来十月中，风光始一领。
修竹何檀栾，萧萧风雨冷。竟日密箐中，咫尺不见影。
日落猩猖啼，山村寂以静。感此发长喟，中怀万绪并。

九月发直沽，风涛漫浩浩。哀此未亡人，自恨死不早。
沧海黑浪深，重洋真浩森。雷水空际来，青烟出云表。
火轮激水轮，覆没还难保。幸得苍天怜，获福信非小。
三千里行役，心事终未了。

★吴氏，归安进士吴增嘉之女，施文铨之妻。施文铨，安吉昆铜人，清咸丰五年(1855)顺天举人。

三、与昆铜地理人文相关的当代诗文选

石门山

（民国）千人俊★

冷谷寒云古岫迷，深溪蓄翠落花飞。
吴均去后无人问，孤壁森森鸟自鸣。

青山

孤峰岩下住幽人，秋露春萝无点尘。
毕竟故鄣多胜地，青山到处可逃秦。

★千人俊(1901—1982)，字庭芝，号梅园，浙江宁海人。1918年在杭州宗文中学读书，适逢五四运动时期，任该校学生会理事长、杭州市学生联合会副理事长及杭州市外交后援会委员。1927年入上海远东大学、上海复旦大学读书，获文学士学位，曾任《之江日报》主编。后在杭州、天台、黄岩、三门、宁海等地中学任教，兼任宁海县修志馆编纂、浙江省通志馆采访等职。退职后，共纂修省内外志书3辑62种1176卷，《民国安吉县新志稿》为其一。

题画

杨植之

一遇秋风起，群卉尽萧瑟。惟有东篱菊，能傲浓霜雪。

悼念杨植之表兄

姜兆瑞★

堪叹丹青早负名，何缘狂酒了浮生？文章品德从头论，石鼓梅花千古评。
每忆音容悲往昔，还将涕泪写生平。银山古道西风里，跄踉长歌扶醉行。

★姜兆瑞(1910—1990)，安吉晓墅人，毕业于上海美专，曾在嘉善中学、安吉中山小学、吴兴女中任教，后任梅墅小学、梅溪区立小学校长。著有《修竹庐吟草》。

沧海桑田话梅溪

——梅溪水与梅溪乡考证(节选)

袁成民

全国叫梅溪的地名颇多,但在同一个区域内既有叫梅溪(水)、梅溪山的,又有叫梅溪乡、梅溪镇、梅溪村的,恐怕唯有安吉一县了。安吉梅溪之名自古有之,最早的文字记载见于南朝齐梁时期吴均(469—520)致友人顾章的一封骈文信里。他在《与顾章书》中写道:“梅溪之西,有石门山者,森壁争霞,孤峰限日”。此后的隋唐、两宋,直至清末,多种志书和典籍中除有梅溪(水)的记载外,更有梅溪乡、梅溪镇的记载。那么梅溪(水)、梅溪乡、梅溪镇分别在哪里呢?其区域范围及其历史沿革如何呢?笔者生于斯,长于斯,自幼熟悉梅溪的山山水水,成年后兴趣于梅溪的逸闻趣事,退休后执意于与梅溪山、水、乡、镇有关文献的搜集,得出点滴见解,试图与读者共同探析令人为之困惑的古梅溪水、梅溪乡和梅溪镇。

一、梅溪(水)

如果说西苕溪是安吉的母亲河,那么梅溪便是古梅溪乡和古梅溪镇的母亲河。梅溪河究竟在哪里呢?有人说西苕溪浑泥港出口至荆湾段是梅溪,县南人将毛竹撑到马家渡以下就称进入了梅溪港。众说纷纭,但几乎都认为靠近今梅溪集镇的那段河就是梅溪,误把梅溪当成了西苕溪中的一段。甚至连一些志书也这么认为,例如明嘉靖三十四年(1555)江一麟《安吉州志》(以下简称《江志》)就这样写道:“梅溪,即东西里外溪之合流,下入荆溪。”清乾隆十五年(1750)刘蓟植撰《安吉州志》(以下简称《刘志》)也如此记载:“里溪,经浮塘桥出浮石山会梅溪。”其实,早在480多年前,州判伍余福就对这一误解加于了纠正,他在明嘉靖十三年(1534)刊印的《安吉州志》(以下简称《伍志》)中写道:“俗呼便民仓前总溪为梅溪者,非。”笔者多年的考证后,赞同《伍志》的观点,古梅溪河实际上是西苕溪的一条支流,是县东北的铜水与昆水以及两水汇合后的河港。而且,历史上梅溪河的下游段从晓墅西侧,朝北偏西方向直接通至现今的华光村务前自然村,汇入西苕溪。古代诸多地方文献记录了这一事实。

(一)梅溪以梅得名 源自石门之东

距今1.5亿年前的燕山期,昆铜一带群山山体形成。随着地壳抬升,沟谷下切,逐渐发育成河谷,最后形成稳定的溪流,成为西苕溪主要支流之一。溪流两岸梅树遍野,每当早春花开花落随水漂流,所以古人就称这条溪流为梅溪。宋嘉泰元年(1201)谈钥《吴兴志》、明天顺五年(1461)《大明一统志》、明嘉靖六年(1527)徐献忠《吴兴掌故集》等志籍均有记载。梅溪以梅得名,当无异议。

梅溪“源自昆、铜、四州等山”(见明嘉靖伍余福《安吉州志》卷三·山川)。其主流源出铜山村石门山之东的石门坞(见清宗源瀚《浙江全省舆图并水陆道里记》),与1500多年前吴均《与顾章书》所记载的“梅溪之西,有石门山者”之描述极为一致。梅溪水自石门坞西北流至湛水关附近形成山溪,西北流经隐将村,再折向西南流至钱坑桥,左岸梅坞水汇入后折向正北,经路西村流至独山头村陈家塘，右岸接昆水，西北流经独山头、乐平寺至东海堰，此段为上游，属山溪性河道。东海堰是县令钳耳知命（复姓双名）于唐圣历元年（698）为农田灌溉和古梅溪镇镇民饮水所开。根据明嘉靖《江志》"东海堰，水自塔山（今独山）来，经乐平，过泽头，潴于薛家坦"的记载，东海堰就是指今晓墅上街乐平亭以西，薛家滩以南，仙溪头、上四以东的那片沼泽地，当时水域面积约0.21平方千米。堰坝就坐落在今薛家滩自然村南，也就是梅溪之山溪性河道与平原性河道的结合处。所以，北宋景德元年（1004）左文质所著《吴兴统记》称"梅溪，一名东海堰"不无道理。

袁成民，安吉梅溪镇人，1953年2月生，中学高级教师。

笋，我舌尖上永远的美味和眷恋

盛有昌

每当家人或朋友聚餐征求我吃什么时，我总会情不自禁地脱口而出："来只有笋的菜。""腌笃鲜""咸菜冬笋肉丝""油焖笋""清炒笋干"等，只要菜中有笋参与，我就会津津有味地享受着笋的美味，表现出一种无法用言语表达的满足感。许多朋友、同事总不明白：一个自幼长在山里、吃着竹笋长大的竹乡人，在布满中国乃至全世界美味佳肴的大上海生活了三十多年，却为何对笋如此情有独钟、念念不忘呢？他们不知道，是笋，牵动我对家乡的绵绵情思呢！

那年春天，我在晓墅中学高复班学习，迎接再次的高考。当时学校规定要交三元钱的费用。我很清楚家里拮据，没有钱。父母日夜操劳，能维持一家老小十几口人的生计已很艰难，不可能再有多余的钱让我交费。可是钱又不能不缴，我望着窗外淅淅沥沥的小雨，犹豫、无奈、苦恼纠缠着我无助的心。这时有个同学叫我："你父亲找你。"我奔向学校门口，只见披着蓑衣的父亲，一脸汗水，见到我便从内衣口袋掏出了一把零零碎碎的钱："今天是你们缴费的最后日期了，今早天刚放亮，我与你妈就上山挖笋，到晓墅镇好不容易把那点笋卖掉了，快去缴吧。"捧着带有父亲体温的钱，我低下头，不敢看父亲的眼睛，伴随着雨水，一股热流涌出我的眼眶……

前一年我高考落榜，考虑到家境贫寒，我下决心参加生产队劳动，靠挣工分来养活自己，也可减轻父母负担。然而，当父亲得知晓墅中学已开办了高复班的信息时，毫不犹豫坚持让我进高复班复读。大字不识几个的父亲，在当时偏僻的乡村，又难知结果的情况下，让一个高高大大、能挣工分的小伙子重返课堂，足见父亲的远见与对我的期望。

当时，我们的国家尚处于计划经济时代。作为一个农民，就是随生产队的安排日出而作、日落而息地从事集体劳动，个体买卖是不允许的。父亲是个老实本分的农民，一向听党与干部的话，"跟着党与政府走"是他为人处世的准则。父亲上街卖笋，当时的心理压力远甚于上山劳作。我可以体会到父亲的万不得已和无可奈何，更能感受到父亲的勇气与力量。我知道了自己背负的希望，报答父母之恩的唯一办法就是发愤学习，让我的父母梦想成真……

那年我告别父母，远离家乡，来到人民军队的大熔炉里学习、锻炼、成长。每当遇到困难和挫折时，我的眼前就会出现父母双亲辛勤劳动、汗流浃背的身影与充满期待的慈爱目光，于是便有了战胜困难、克服挫折的勇气与动力。改革开放以后，父母还是常让家人写信告诉我："家里山上竹笋长势不错，收成挺好的，你安心在部队工作，不要牵挂家里。吃得苦中苦，方为人上人。"父母吃苦耐劳的品质，以及对我的殷切关怀，时时激励着我发愤努力学习和工作。有了父母的全力支持，我在部队一步一个脚印成长，从排职到连职，再到团职，我的事业顺风顺水。

我在上海有了自己的家，住房渐渐由小到大，我有能力可以回报父母的养育栽培之恩了。但每次当我尽孝心时，父母总会说："山上竹与笋的收入够我们开销了，不要牵挂我们，你尽管安心工作，培养好儿子吧！"每次我接父母到上海，想让他们享受一下大都市的生活时，他们总是来去匆匆，总是念叨着山上竹笋离不开他们的照料。

时至今日，我八十多岁的老母亲，在春笋萌生的时候还亲自默默上山挖笋，回家一颗颗剥去笋壳、煮熟、晒干，扎成一小把一小把，带给在上海工作的儿子。

我的父亲，我的母亲，我的父老乡亲，你们如笋一般，叫我如何不爱你们！

竹与笋养育了我，鞭策着我！

笋，我舌尖上永远的美味和眷恋！

（《英才情缘》中国文史出版社2013年版）

安吉之恩

陆子宝

从农家子弟成长为一名警察，我在家乡待了40年；离开家乡后，10年间我又成了一名传媒人。

在异乡纷繁的日子里，不时有朋友问起我是哪里人，我总是很自豪地告诉他（她）：我是安吉人。

"哦，安吉，好地方。"

从朋友们艳羡的眼神里，我总会忆起家乡那郁郁葱葱、重重叠叠，在山风中摇曳的竹海，那清澈洁净的泉水，还有那在喧嚣的城市中再也见不到的蔚蓝天空。

一

家乡的自然生态一流，拥有百万亩竹林，森林覆盖率达到69.3%。千百年来，秀美的山水养育着勤劳聪慧的家乡人民。但家乡那曾经与漫长农耕文明相适应的生态，也面临前所未有的冲击。也许这就是历史的宿命，难道经济的发展必须以牺牲生态环境为代价？

1997年9月，那时我还在老家工作。我所亲历的那一场盛大的"中国竹文化节"，让家乡百姓的目光，从尘土飞扬的工地上再次投向清绮明丽的山水间。

为官一任，造福一方。作为见证人，我目睹了家乡的父母官义无反顾地选择了一条在当初饱受质疑，现在看来却是荫庇子孙后代的发展之路，那就是生态立县。

时光如梭。一转眼10多年过去了。

10年间，家乡连续打造出了中国竹乡、全国首个生态县、中国美丽乡村三张国家级名片。

2008年5月12日，出于职业的习惯，我关注到了一条新闻。一上班，我就兴奋地向家乡的友人拨出了那天的第一个电话：你看到了吗？今天的《人民日报》头版头条，浙江省安吉县建设“中国美丽乡村”……那一刻，我仿佛又回到了家乡温暖的怀抱，那里有亲人的期盼，有纯洁的友谊，还有如诗如画的世界，让我如痴如醉地回想、遥望。

这一天，注定是一个让我永远铭记在心的日子。下午，一场突如其来的地质灾难，让全世界的目光投注到祖国西部一个叫“汶川”的地方。当为灾区人民默默祈祷的时候，我更加体味到了家乡“中国美丽乡村”的可贵。

二

家乡的过往，是一段文化传统悠久而又在中国古文明中占有一席之地的历史；如今的家乡，不仅要保护好这份老祖宗传承下来的文化遗产，而且还要用“文化自觉”来守护“我们的精神家园”。因为，这才是我们祖先的根脉和基因。

家乡有历史遗存的古“越”文化、“孝”文化，有地域特色的畲族文化，还有竹文化、茶文化等。一个个文化博物馆散落在青山绿水间，让慕名而来的人们流连忘返。

受吴昌硕大师遗风的影响，30年前家乡就有了特色文化村，民间诗社、农民书画院，如家乡漫山遍野的雨后春笋，虽才露出毛茸茸的尖角，却散发着泥土的清香。

2000年，安吉被文化部命名为“中国民间书画之乡”。

1999年，一部荣获奥斯卡4项大奖的电影《卧虎藏龙》，把家乡那青翠欲滴、延绵起伏的竹海带到了美国的好莱坞。而后，《夜宴》《西施》《越王勾践》《如意》……一部部电影、电视剧在家乡成功拍摄，成就了山里人的致富梦想。

文化不再拒绝产业，而是在充分尊重文化本原性的基础上，彰显出自己的文化特色。

那是2009年11月，我受邀回乡参加一个小型座谈会。当我的一番“挖掘文化底蕴，发展文化产业”简短发言，在家乡的网站上赫然出现时，我很是诚惶诚恐。

也许，文化的发展和演进有自己的规律。而在尊重文化发展的前提下，能够做到整体性、生态性的保护，却是家乡人无悔的选择。

三

相传，安吉建县于1800多年前，其名即取自《诗经》里的“安且吉兮”。事实上，安宁、吉祥，一直是家乡人向往和追求的。

因为工作的缘故，我更加关心的是家乡的平安。

家乡少有命案，百姓有安全感。

在家乡，我曾经的同事如今也跟生态结了“缘”，引入了“绿岛”理念，就是将全县所有小区，根据治安状况的好坏，划分为A、B、C三类，分别用绿、蓝、红三色在辖区地图上标注。“我们的目标是消灭C类小区，努力让B类向A类发展。如果我们的小区都成为‘绿岛’，那么群众的安全感指数又会上升！”

他们告诉我：家乡百姓民风淳朴，我们也在努力打造平安“绿洲”。这些年，家乡的治安平稳，已连续多年荣膺省级先进，正在向全国先进行列迈进。

“这才对得起‘中国美丽乡村’这块招牌。”看得出，过去的同事很是为之骄傲。他总是不失时机地为家乡做着“广告”，哪怕是对我这个才离开不久的游子。

去年夏天，我现在工作单位的同事到家乡采访。快结束时，那些曾经和我一起并肩战斗的战友们盛情相邀，一定要让我回家看看。

那一晚，我醉了，醉倒在家门口。

离开的时候，夜色已经很深了。望着车窗外，家乡那朦朦胧胧的山影如一个个镜头向后闪过，我忽然有些伤感：我为什么要离开呢？

是啊，为什么呢？

一座风景秀丽的绿色之都，一块绚丽多彩的文化瑰宝，一方安宁吉祥的宜居净土。

哦，这就是我的家乡，我的安吉之思。

（《英才情缘》中国文史出版社2013年版）

行吟乡村（两章）

吉春亚

乡　愁

一只孤雁掠过无语的夜幕。

如钩的月，静坐在梦的窗口，小心翼翼地垂钓那尾思念心切的鱼。

竹笛，故乡的声音。吹奏着，吹奏着，清朗的调子是在启迪我驾驶生命之舟，泊于幸福之港。低幽的音符是在担忧我柔弱的双肩是否担得起这天地的离愁？

多情，借着夜色敲响抒情的散板，款款地向我走来。我情感的篱笆，已遍地生长思念的青藤，相思的魂魄常常会飞向遥远的家园。

散开我的长发，也散开了无奈的往事回首。

有谁知道，在弯曲的林间小径上，在我稚嫩的小脚窝里，又加盖了多少层深秋的落叶呢？有谁知道，在我濯足的小河边，在流水叮咚的声韵里，还漂泊着用纸船扎着的我的童年吗？有谁知道，在那片青青的芳草地，在散发着桂花香味的植物园，还留存着我而立之年不断跋涉的昨天吗……

故乡在远方，聆听我归乡的脚步，而我却是在他乡的月光下不能踏上归程。

故乡，你的每一粒石子，你的每一块泥土，你的每一束浪花都像一个个有生命的音符，跳跃在我记忆的波涛中间；你的芳菲气息，你的累累硕果，都镶嵌在我的记忆深处，葳蕤繁茂，记不凋零。

湿漉漉的感觉暗暗流动。

走进老屋

曾几何时，厌倦高楼林立，车水马龙，人声鼎沸；曾几何时，浮躁、急功近利的心开始趋于从容、平静与自然，于是乎怀念起乡下老屋生活时的那份纯净、婉约的心情以及那淡泊却不乏趣味的生活。

寒假里，先生拗不过我的软磨，只得备车带我到老屋去看看。

老屋的日子里，有着水一样的清晨，梦一样的黄昏，谜一样的夜晚，而对于身处激烈竞争与白白浮华的我不能不说是一种奢侈。

行进在蜿蜒盘旋的并不宽敞的林间柏油马路，任苍翠的竹子倏倏地往身边后退，我的心开始飘悠起来——灰瓦白墙，小石板铺成的道路古朴典雅，树木成荫，花儿弥漫的缕缕清香与鸟儿清脆婉转的乐曲，不能不说是一种自然和谐的旋律。那便是我的老屋，令我魂牵梦绕的乐园。

“来了来了。”老屋的新主人笑盈盈地迎我们进了厅房，沏上一杯上好的“白茶”。辨其色，翠生生；闻其香，清醇醇；品其味，苦纯纯。喝上一口，全身的毛孔都舒展开来。我捧着茶杯，走出屋子，跨进左边的萧萧竹林。竹林演奏起交响乐欢迎我的到来。乐声沙哑，却颇有韵味。林边的池塘里，映着翠竹摇曳的风姿，仿佛明丽奇巧的水晶世界中那一抹翡翠，更增一丝妩媚。

老屋的正前方，那棵粗壮的长满瘌痢的老树，树梢上有着褐色的陈年老巢。夕阳西下的时候，温暖而斑斓的阳光，将树的影子久久地拖在老屋前，有一种说不出的缠绵，道不清的情深意长。老树旁边的歪枣树依然身板笔直，气势冲天，不同的是它已经儿孙满堂——整个村子都有它繁殖的影子。

老井的旁边是一排茶树，挨挨挤挤，若是夏日，树上会停息着各色的蝴蝶和蜻蜓，金色的阳光中，翻飞着，如无数细碎的闪光在翻涌。

天色暗了下来，静谧与安适中又漫布着一种奇妙的气息。记得夏天的黑夜里，母亲会坐在门廊的石阶上或乘凉或休憩或思索。当我踮着脚轻轻走到母亲跟前时，她抬起头，看见了我，笑了笑，一只手拉我挨着她坐下，另一只手就势把我揽在怀里。整个乡村万籁俱静，临近的屋子都熄了灯，月光朗朗地照着，那只看门的小狗从林子里向我们跑来，舒服地躺在我们的脚下，伸展一下身子，把头枕在母亲外衣的下襟上。我们这样待了很久，谁都不出声。当手触摸到母亲手臂时，会感觉到自己是那么安全，那么舒坦。

……

在老屋只住了一夜，那一夜睡得格外香甜。我恋恋不舍离开老屋时，竟禁不住湿润了眼睛。老屋的生活真真切切远离了我，而当我回忆起那段时光里平凡、细碎的小事时，它们却如同珍珠一般闪烁着耀眼的光芒。

是的，光脚丫的快乐只能在梦中回味，扑流萤的乐趣只能在遐想中重温。当我们刚刚懂得回首望一望曾经的时候，人生所有的事物，却如潮水般铺天盖地涌来，“哗”的一声，将以往的我们彻底打碎了，往日如泡沫一般，款款地退去了。

（《英才情缘》中国文史出版社2013年版）

今昔变迁

江铭新

那是过去的事，每每想起，历历在目，百感交集。

1955年我8岁，正月的一天，妈妈要带我到梅溪去走亲戚，我高兴得跳起来。清早天还冷，路上上了冻，好走。穿过晓墅街经白云庙，太阳出来了，路上逐步解冻，我们踏着泥泞打滑的路一步一摇地来到梅溪渡口。山里的孩子，第一次见到大河和渡船，感到非常新奇。摆过渡后，到了亲戚家，亲戚带我上街玩。农历正月初，走亲访友的人很多，街上非常热闹。街道都是用卵石铺的，两侧店铺门口贴着对联，挂着红灯笼，店里有各种画和竹木布纸做的玩具。可我记忆深刻的是：街上有好多好吃的橘红糕、八珍糕、酥糖、寸京糖、光豆酥、腰酥饼……有好玩的纸风车、糖葫芦小人，还有耍猴和耍杂技的、卖梨膏糖的、打铜板的、说大书的，让我大开眼界。

雨雪天，我们小孩喜欢在屋外玩。没有雨鞋，棉布鞋打湿后，脚冻得彤红，回家常被妈妈狠狠骂，要我们自己围在火堆旁烘干，否则就拿棒头揍。我们就用毛竹箬壳包起布鞋再穿草鞋出门玩。有些人家将布鞋用桐油油上几遍，再在底上钉上钉，虽然不渗水，但硬邦邦的穿着也不舒服。山里人晚上走路，都用火把照明，晚上进房间睡觉才舍得点煤油灯、油盏灯，有时用火篾。妈妈每晚都要在微弱的灯光下补衣服、砌（纳）鞋底。山里人上学带饭带菜用竹饭罐，上街买油用竹油筒，上山下地干活带茶用竹茶筒，男人晚上小便用毛竹筒（尿竹管）。

秋冬季节，山民将毛竹、小竹扎成一帖一帖的竹簰，连接起来。再在小溪上筑坝蓄水，将竹簰放运到晓墅出售。放竹簰是技巧活，一人撑簰头，用竹篙掌握方向；中间隔几帖站一个人，撑动竹簰不使搁浅。一条长龙顺水而下，直达晓墅山货码头。晓墅街上店铺林立，上半条街尽是打草鞋、卖草鞋的，卖给昆铜山里人穿山袜上山干活用；下半街有百货、南货、副食、茶行、蚕行、医药店、茶馆书场等。

1961年，我去位于梅溪的安吉一中读书，走的是公路，看到了汽车，以后逐步有了客运班车。20世纪70年代，毛竹全用汽车装运。80年代初，晓墅武康桥至三叉河经改道取直后，晓墅码头从此消失。

我中学时代，梅溪沿街有好多前店面后作坊式的商业结构，如老万瑞食品店、冷饮店后面即是食品厂，酱油杂品门市部后面即是梅溪酱厂。紫梅伞厂生产的油纸伞原是安吉一绝，产品畅销，负有盛名。70年代，油纸伞随布阳伞的兴起而消失，街上先前的卵石路逐步变成水泥路或油渣路。80年代，低矮的平房和砖木结构两层旧房换成了钢材水泥结构高层楼房。90年代以后，随着商贸集市和居住小区房地产的开发，纵深多进的建筑群和四合院大批消失。城镇多功能齐全的高层大厦逐渐增多，面貌焕然一新。

改革开放大潮冲击到各个方面和角落，村民的饮食讲究色香味，追求口味、营养、保健搭配。穿着讲究档次时尚。生活讲究和谐、浪漫。居住讲究舒适惬意，家庭用具电气化、现代化。省道、县道、乡道、通村公路四通八达，交通工具更新换代拉近了城乡距离。村里个私工业、商业崛起、通讯事业快速发展，村民一部智能手机在手，在家可办很多事。农村许多人家已在城镇购买了商品房，我村上就有几十户人家在递铺等地购买了别墅，我的孙子在递铺读书，也买了一套商品房。我和村民们一样拥有自己的小轿车，每天开着溜达、办事，早年梦寐以求的摩托车如今停在家里睡觉，我小时候向往的城镇生活，已经实现，而且早已超过那时的梦想。

如今，每每回想起我的童年和父辈的往事，总是感慨万千，孙辈们已不可能体验到我的这种感受！深切寄语后辈们，一定要珍惜眼前的美好生活，继续奋发不止，争取中华民族伟大复兴！

第二节　宗祠宗谱 家训家规

旧时，昆铜多数宗族建有祠堂、编有宗谱、立有家法。然而，历经历代战乱，特别是太平天国战乱和瘟疫，继之外国列强入侵、日寇的野蛮蹂躏，致使民不聊生，暗无天日；百姓无暇顾及宗祠、宗谱。以致族人凋敝、祠堂颓圮、宗谱散失。中华人民共和国成立后，政通人和，百废待兴，首要解决温饱。人民奋发图强，自力更生，改天换地，发展经济，以复兴中华民族大业为要，宗族观念逐渐淡化，传统宗族文化的整理再度搁置。

昆铜各宗族的家谱得以到较好的保存，得益于家乡崇山峻岭的天然屏障，茂林修竹的自然环境。曾几何时，族人逃难之际，不忘背负家谱，藏匿深山密林，避开战火寇氛；幸脱于虎狼之口，方传于后世子孙。改革开放后，人民生活水平提高，宗族文化开始重视，遗存的宗祠、宗谱得以逐步整理。

一、宗祠

昆铜人可查考的宗祠和遗址有：

乐平寺施氏祠堂　堂号庆余堂。在乐平亭旁，旧时有乐平寺庙，供奉晋朝名将施彬。施彬被封赐为施明侯，晚年向皇上请命在乐平建私宅，并立庙宇，而后建立宗祠，乐平寺香火甚旺，施斌逝后葬乐平寺旁。太平天国后，乐平寺村落被毁，后有各地移民聚居，寺庙与宗祠衰落，中华人民共和国成立后被村人改作住宅。遗址现已不存在。

独山头李氏祠堂　原设在公路向突来山方向60余米的路旁，中华人民共和国成立前后损毁，遗址在“文化大革命”期间被建造乡卫生院，后又改造为工艺竹编厂和工艺鱼竿厂，遗址现已不存在。

梁家塘梁氏祠堂　在闽头山，是昆铜较大的一座祠堂，正屋有前后二大进，东侧有数间小屋，中华人民共和国成立前曾设四维小学，中华人民共和国成立后也曾设小学。西侧有二进庙宇，前进为土地庙，后进为观音庙。宗祠及庙宇在1958年改作昆铜乡中心小学，1980年前后学校搬迁后被改作乡竹制品厂和鱼竿厂，后又改造为敬老院和其他用房。

上舍朱氏宗祠　上舍村朱氏从铜山乡北庄村迁入上舍村已有数百年的历史。朱氏聚全族之力建立朱氏祠堂，抗日战争时期，湖州中学曾搬迁上舍村，设在朱氏宗祠内，经吴兴、安吉二县协商取名“吴安联中”。1983年实行联产承包责任制时，宗祠被分配给农户，后农户改作住宅。

江家边江氏祠堂　堂号济海堂。江氏曾在江家边自然村后山边建有祠堂。太平天国战乱期间，江氏族人避居山间，台风将祠堂旁的大橡树吹断几根大树枝，压倒祠堂屋，族人幸存甚少，无力修复而被遗弃，遗址现已不存在。

叶氏祠堂　堂号固本堂。原设在荆湾乡的颜村，吴兴叶氏迁居荆湾乡后在颜村设建大祠堂。某年，宗祠被台风洪水所毁，族人散居各地，颜村宗祠荒废。迁入铜山南楼坞和叶家井等自然村的叶氏未建立宗祠。

凌氏祠堂　堂号八咏堂。在安城横塘村原有三进大祠堂，太平军进入安吉，横塘村祠堂被毁，凌氏族人散居各地，无力恢复。

梅氏祠堂　设在凤凰山乡高坞岭村，梅氏迁居梓坊有数百年的历史，族人发展缓慢。而从梓坊迁入凤凰山乡高坞岭村的一支发展较快，在高坞岭村建有梅氏宗祠，现宗祠尚在。

王氏祠堂　堂号三槐堂。杨家坞一带的王姓祠堂在钱坑桥下街(原在关帝庙对面)，后杨家坞的王姓支系又在杨家坞建立支系祠堂，中华人民共和国成立后改作生产队会堂，近年被拆建为民宅。

二、宗谱

昆铜乡居民大多都有宗族家谱，或在身边，或留在老家。遗憾的是很多家谱在历次战乱和人口迁徙中焚毁和散失，并在“文化大革命”中再次遭到损毁。但仍有不少家谱被保存了下来。特别是清太平天国以前的土著人，在战乱和瘟疫的双重灾难中仍顽强地保存了一部分宗谱，不但使后人知晓族人的繁衍迁徙轨迹，而且传承了地方民风习俗、家训家规、人物传记、诗词艺文等宗族文化；还为地方记录了若干历史事件和大量的历史地名以及人文线索。兹记录已知的土著人宗谱编修概况。

《施氏宗谱》　施氏始迁祖为晋中蜀侯彬。以战功食邑安吉而定居。子孙繁衍，散居全县各地及县外。第五十八世孙易之从仪凤桥迁居安吉铜山岳征坞(瓦甑坞)，以后又分居到南楼坞等处。年久，昆铜境内施氏也分成若干支。各支派纂修宗谱较多。创修于南宋淳祐三年(1243)，后人续修于宝祐二年(1254)、咸淳元年(1265)、清乾隆五十九年(1794)、嘉庆十三年(1808)，道光壬寅年(1842)，咸丰六年(1856)、光绪五年(1879)、光绪二十二年(1896)和民国23年(1934)等多次。光绪二十二年和民国23年的主修人均为施南初。民国谱全套52本，共印40套。

《钱氏宗谱》　钱氏始迁祖为钱三秀。于元末从临安迁来安吉铜山蛇角庙。族人于万历甲辰年(1604)创修宗谱。后于顺治十三年(1656)、康熙己亥年(1719)、雍正十年(1732)、乾隆戊子年(1768)、嘉庆十七年(1812)和宣统元年(1909)数次续修。宣统元年主修人为承端、以勋、承良、承志、荫德、以圣、承星、承文等；全套8卷。

《梅氏宗谱》　梅氏始迁祖为梅维新之子信顺。于明代嘉靖十三年从桐川迁居安吉梓坊。族人于康熙二十三年(1684)创修宗谱。后人于雍正丙午、清乾隆壬申年(1752)、光绪已丑和民国8

年(1919)数次续修。民国8年(1919)主修人为延瑛、大全、以初、大征、有勋、有祚、有春等;全套2卷。

《江氏宗谱》 江氏始迁祖为江士祥。于元代从休宁迁居安吉铜山。族人多次修谱,均散失于战乱。现存有民国十年(1921)所修的宗谱。主修人为鸣福、以清、祥龙等;全套2卷,共印5套。

《张氏宗谱》 南宋末年,独松关守将张濡之子张庆(字总霸),时方弱冠,知事不可为,奉父遁于顺灵乡(时属长兴县)张芝塘。子孙繁衍,分迁至昆铜岳征坞等地。明成化二十年,族人张宏请潘唯美修谱,而张宏不久得病逝世,修谱未果。19年后的弘治十六年(1503),张宏的儿子继续请唯美续修宗谱完工。后人于隆庆二年、万历四十二年,清道光八年和民国10年(1921)多次续修。民国10年(1921)主修人为正福、正凤、福田、可铭、可伦等;全套10本,共印6套。

《金氏宗谱》 金氏始迁祖为金家振。于明末从绍兴迁居安吉铜山化角坞。族人容卿、绍元于康熙六十一年(1722)纂修宗谱。铜山后人于民国9年(1920)续修,主修人承福、承禄、承寿、承德、承嘉等;全套2卷,共印10套。

《凌氏宗谱》 凌氏始迁祖凌平章。于南宋初年迁居安吉铜山。族人士锡于清顺治十三年(1656)纂修宗谱。后人于乾隆戊辰年、嘉庆乙丑年、道光二十七年和光绪十六年(1890)数次续修。光绪十六年主修人为凌嵩、有信;全套5卷,共印8套。

《故鄣朱子宗谱》 朱姓始迁祖为朱寓(沛国人)。东汉延禧间,朱寓事桓帝为尚书、司隶校尉,罗党锢祸,子孙奔避丹阳郡,即为安吉朱氏。后梁贞明间(915—920),朱邺徙居北庄,为宗谱第一世。第十九世孙福、德、庆三公于明正德间自北庄迁入上舍。南宋隆兴间,朱槐作《故鄣朱氏世系图》。嘉熙间,朱嵘首修《故鄣朱氏宗谱》。后人于明正统七年(1442)、万历十二年(1584)、清康熙三十八年(1699)、乾隆二十九年(1764)、嘉庆十六年(1811)、光绪二十九年(1903)续修宗谱。光绪谱族长朱承和领衔续修,全套十二卷,共印15套。2000年建中、文郎续修上舍分支宗谱。

《萧氏宗谱》 萧氏始迁祖为萧倍之。于元末从古越迁居安吉铜山戚家边。明万历年间,族人倡修宗谱。后人于清康熙二年(1663)、乾隆十年、道光三年、光绪二十九年和民国15年(1926)数次续修。民国15年(1926)主修人为正清、正有、元贵、元忠等;全套3卷,共印6套。

《赵氏宗谱》 赵氏始迁祖为赵恕。于南宋初年从广德迁居安吉铜山化角坞。族人于清乾隆六十年(1795)纂修宗谱。后人于道光二十五年、光绪十八年和民国6年(1917)数次续修。民国6年(1917)主修人为家和、应仍、启升等;全套4卷,共印6套。

《王氏宗谱》 王氏始迁祖为王明一兄弟。于明代从孝丰繅舍辗转迁居昆铜钱坑桥、蛇角庙等地。族人于清乾隆己巳年(1749)纂修宗谱。后人于嘉庆十五年、道光己亥年和光绪二十七年(1901)数次续修。光绪二十七年主修人为步瀛、一群等;全套10卷,共印11套。

《叶氏宗谱》 昆铜境内叶氏的始迁祖为北宋后期的中书舍人叶梦得第四代孙叶岱、叶嵤,于南宋年间从吴兴迁居荆溪大树下。叶梦得第十代孙迁居昆铜南楼坞;第十八代一支迁至独山头村的叶家井。叶氏祖上曾于东汉熹平四年(175)在南阳创修宗谱,北宋熙宁四年(1071)续修。叶岱、叶嵤迁居荆溪后，子孙于建炎四年(1130)、乾道三年、嘉熙四年、德佑二年、元至大元年(1308)、明洪武二十四年(1391)、嘉靖三年、嘉靖乙巳、嘉靖二十九年、崇祯戊寅、光绪辛卯(1891)、民国9年(1920)多次合修或分修宗谱。民国9年(1920)主修人文彩、昌渭、正嘉、建永、启泉、应茂；每套8本，共印20套。

三、家训

各宗族家谱都载有家训，表述各异，内容大同。兹录施氏家训和张氏家训以为代表，另综合各家谱所载以弥遗漏。

1.《施氏宗谱·家训》

忠君　先王之制，民生于三：亲生之，师教之，而君治之也。人生斯世，凿井耕田无一不蒙君上之长养，敦诗说礼无一不受君上之教化。非是，则虽生而无以自立于两间。此君臣之义所为重于亲与师也。苟居官不忠，为下倍上，则名教之罪于斯为大。我施氏服官守职，先代历有人矣！见今读书入学，由此取科第、膺爵秩者，当不乏人。须知隆其恩必重其报，任其事勿败其功。程子云："一命之士苟存心于爱物，于人必有所济"，臣子之忠无论燮理阴阳、霖雨天下，即躬莅郡县而殚心竭力，敷政事则兴利除弊，实为国家保乂生民，广教化则读法敷文，实为国家作养人才，此朝廷庆之为吉士，而斯世仰之为福星者也。若乃为士为民，未有职守，则惟奉公守法，勿武断乡曲，以紊国宪；勿枉谈祸乱以冒常刑。国课早完，乡约时讲，是即率土王臣、下不犯上之理也。此君臣之义，乃人道之大要，马融《忠经》不可不读也夫。

孝亲　人生鞠育抚畜之恩说不尽，报不尽。故蓼莪痛念深恩直云昊天罔极而已。人之本性不无厚薄，然而爱亲慕亲之真，孩提皆有。惟长，而于身家世务中营私逐利，以致真性日漓；甚者忤逆于父母，如世俗所谓五不孝，积渐使然也。夫慈乌反哺、羔羊跪乳，鸟兽犹知报本，曾知觉如人。顾于天高地厚之恩，莫不警醒耶！大本既亏，人道尽丧，此圣贤谆谆以孝弟为第一义，而五刑之属罪莫大于不孝焉！凡我族人谁非人子？古圣人大孝达孝理非易尽当时，孔子所云"生事以礼，服劳奉养"，竭其力也。死葬以礼，棺椁衣衾致其美也；祭之以礼，时享扫墓尽其诚也。可以为子，乃可以为人。更堪念者，家计单寒，二老龙钟，疾病支离，侍养艰楚，人之子难事在此。父母之赖有子，亦正在此。于此而能尽职，娱亲使皆得所，其人必上召天和、下获福报。古人卧水而鲤跃、卢墓而兔驯者，事岂诬也哉？凡此孝行，当共敦勉。若其病狂丧心，悖逆显著，我宗人当明告祖宗，共治其罪；甚者众首公庭，置之大法，必不使不孝孽种累我族姓也。

孔怀　古人云："民我同胞"，盖人同受生于天地，则天地一大父母，四海皆吾兄弟也。况生实同胞，有分形无分气者乎？家有兄弟，笾豆饮饫，乐与同乐；死丧急难，忧与同忧。即变启阋墙而外侮仍御，此常棣志。兄弟之戚，虽良朋不得比也。无如世故日历，和气日伤，人各私其室家，遂离其手足。彼外人朋友酒食相逐，而兄弟不相往来；馈赠好施，而兄弟算及毫末，此真良心丧没者矣！不知骨肉乖离，不祥莫大。任尔巨室富豪，而内变萧墙，即为衰败之渐。纵使寒门白屋，而一家和顺必有昌大之休。此固历历验之，无一或爽者也。凡我族人，为兄者，当思鞠子之哀而克友

于弟；为弟者，当念天显之戚而克恭厥兄。即有微嫌小隙，试思吃亏于同气，岂似吃亏于外人，忍自贼其手足耶？观古人，如薛包之分财、赵孝之争死，犹是人耳，其于兄弟何如也？格言云："但念身从何来，父母从何往？"新枝既起旧本为枯，则孝思自然激切。但念茫茫宇宙聚首几时？邈邈人寰同胞几个？则友爱自然真挚。

追远 子孙之有祖宗，水之源、木之根也。祖父母者，我父母之父母也。推而上之，祖父母之父母要皆吾父母也。支流万分，根源一脉，天下断无有薄其根源而支流得昌盛者。我施氏今日子姓殷繁，悉祖宗之瓜瓞身家完足，悉祖宗之种德绅衿不断，悉祖宗之书香先泽垂贻后人，何可忘诸？第自出之始祖，其在他处者杳矣、邈矣，已载全谱。若分迁祖以下及诸近祖世代相延，故冢具在，遗迹略存，春秋霜露祭扫，勿徒具文节；忌届临享祀，不稍怠玩；以至祠像流传，敬谨修葺；家规、训诫，罔或遗忘。总之，祖功宗德勿替，报本追源之诚。庶几，孝子顺孙可卜既炽且昌之福。若有不肖子孙不孝于祖宗，是即不孝于父母。而盗卖坟山、私伐墓木，以及恃强项占祭产如己业，利祖息为私资，以致轮派不均，祭扫生衅者，是逆伦之尤。我族人公会必惩而黜之。

睦族 苏子曰："吾今相视为途人者，其初兄弟也。"兄弟其初，一人之身也。是虽服尽亲穷，毕竟同源共本。奈何族情之衰，视宗族如秦越？至有恃强梁以欺愚弱、逞富势以凌孤寒，甚则援引外姓铄害宗人，此则祖宗之逆裔、通族之首恶也。我施氏向敦和气当益笃，同姓一本之情，婚姻寿庆吉相贺也，疾病死丧凶相吊也。古人睦姻任恤，即邻里间必以恩礼往来，况同族乎？至于族之不睦，莫大于争讼。是非终有定理，理明则心平，心平则气和，于他人尚可排解，何至亲族？乃有结讼不已者，其致讼之端，大要有二：争产也，争继也。分房授地自有定分，应继、爱继更有明条。其顽不达理、力能健讼者，率以不公不均，倾轧讦讼，或累年不解，贿赂不赀，往往案牍未结，而所争产业费去殆尽，且或倍之矣。嗟夫，以祖父艰难创造之业，摧残同气，贡献他人，卒之两无所得，而叔侄弟兄幸灾乐败，疾视如仇，乃如之人，绝无人理。嗣后，若有上项不公平事，房长族长及族人，径诣祠堂公剖曲直，轻则谕而遣之，重则罚以示惩，则争端亦可息，何至涉讼破家也？若其悖理健讼，强不服众者，当合族呈官究治，使败颓不得自逞，此亦息争弥讼之一法也。

辨分 从来辨名定分。国之所以治，天下之所以平，皆由乎此。而家规亦然，名分不严则礼数不肃。无论五服之近与九族之疏，嫌疑渐起，争竞遂开，甚非。所以合敬而同爱也。故一族名分，长幼卑尊本属天叙天秩。惟是积渐狎昵，不能体肃辞严；或伯叔当前敢称名道字；先生在列，居然抗坐并行。此子弟恣睢之端，必启衅隙之渐。至于弟不先兄，庶不夺嫡，分固然矣。最宜别者，应继承祧务，必昭穆相当，或以弟继兄，或以孙祢祖，似续不明，世次已紊，所谓名不正言不顺，无一而可，此大分所关。嗣后，倘有徇私妄继，致相凟乱者，通族明指大义，亟为改正可也。若子弟生长，必命以名。名虽定于一时，实将垂于永久。或成名而达于朝，或祭告而荐于庙。苟列子孙之班，犯祖父之讳，则称呼之凟，亦伦理之乖也。以后，命名必查阅谱系，择先人所未有者名之，不得犯前名讳。庶尊长卑幼，不致彼此同称，亦辨名定分之一端也。

恤贫 昔范文正公置义田以养济，群族之人日有食、岁有衣、嫁娶丧葬皆有给。古圣贤先天下之忧而忧，岂不以族人之忧而忧哉？此其深仁高谊，万世可师也。即今俗少长厚，间有好行施济救灾、恤困者，乡里艳称为盛德，而及身寿祉、子孙科第食报亦往往无穷焉。此可知积善者余庆，而于同宗尤为至切也。我施氏各派，户不下数百家，非兄弟即叔侄也。其有游手好闲、废业破家者，固不足恤。若其孝亲顺长、守分作家，而或衣食素艰、供养无出；且有立志向上，而力艰于从学，无以应试求名，此在吾族中，或捐己囊之羡余，或出公家之积贮，总当竭力设法，分多润寡。至节孝等事，尤为吾族增光，其有早寡守贞而家贫，子幼无以自立者，尤当触目恸心，协力周济，以成人美。此固敦宗，亦所以种德也。若其结纳交游，而同姓昧艰苦之状；施舍僧道，而宗人吝升斗之须，此亦祖宗之罪人也夫。

惩恶　人生一世，上者流芳，下者遗臭。人苟敦伦守礼，力学成名，远之可为乡国重，近之堪为宗族光也。若其不孝不友，如前训所云"忤亲恶孽、犯上害宗"，吾合族固得明治其罪矣。至有狎比淫朋、赌博宿娼，行入下贱，有玷宗祊；甚有帷薄不修、鸟兽其行者，簠簋不饬、盗窃相近者，凡如此类坏破家声，污世乱俗，祖宗耻以为后裔，子孙羞以为祖考。凡我族人必明告宗祠，屏黜族外。庶可以惩奸恶、肃门楣也。至四民分业，农工商贾皆可谋生；苟贫不立志，甘入污贱，如为优隶等事者，皆在黜族之例。若夫忝列宫墙，而出入衙门，充认官役，而当权用事，俗人视之称为才能，不知此实不肖之尤、败亡之券也。族中前辈自戒，戒人慎毋坠入恶道焉。

幼仪　孝悌、勤俭之当务，悖逆、淫荡之当惩，前训已详哉其言之矣。顾习上习下皆自幼年始，此古人所云"父兄之教不先，则子弟之率不谨"也。马伏波诫子弟曰："好议论短长，妄是非正法，宁死不愿闻"，此以轻薄招祸为戒也。武侯训子曰："慆慢不能研精，险躁不能理性，时驰岁去，悲欢穷卢"，此以学业无成为戒也。桂学士诗曰："戒汝休贪酒与花，馋贪花酒便亡家。酒残花谢黄金尽，花不留人酒不赊。"此以淫酗破家为戒也。范鲁公晓从子曰："肥马衣轻裘，扬扬过闾里，虽得市童怜，还为识者鄙。"此以奢侈败度为戒也。唐柳公玭书云："名门右族，莫不由祖先忠孝勤俭以成立之，莫不由子孙顽率奢傲以覆坠之。成立之难若升天，覆坠之易若燎毛。"数言尤为该括，尤为儆切。前人家训于斯备矣。凡我族人谁无子弟？当知成立之宜早教诲之，宜先入孝出悌成人之道，宜耳提面命以劝勉之，纵酒贪淫不肖之为，宜铭心刻骨以痛惩之。又慎选名师读书肄业，使日务为上达，勿致入于下流。是则昌大门户之要也。

内则　从来孝友勤俭家风之美，半由内助贤淑，有以共成之也。若其骨肉情疏，内外仪舛，则或因媳妇不孝，致失礼于舅姑；妯娌不和，致乖离其手足；一家无礼，少恩之习，恒由妇人之无知而起。此《颜氏家训》戒婢妾之为雀鼠、妻子之为风雨，壁陷楹沦，室家难复完也。凡我宗人，宜自主张，立丈夫体，勿以牝鸡司晨，致家之索。若有悍妇慢视舅姑、离间兄弟，及生心淫妒，杀妾绝嗣，显犯"七出"，当请族众鸣官斥退。若有隐纵不举，罪当并坐。至肃清闺范，莫先内外之防妇人：非吉凶大礼，虽亲族不许擅往，他如寺院烧香、玩灯、观剧，牵群引伴，巧扮艳装，所谓冶容诲淫，甚非别嫌明微之正。我宗人宜严加禁戢，以肃家声。

2.《张氏宗谱·家训》

语云："父兄之教不先，子弟之率不谨。"使父兄无教，何以为子弟之率乎？故必设立家训。凡族内尊长及贤达者，须于暇时或朔望，传会各子弟齐集，讲明家训，使有所遵守焉。

一曰敦孝悌 哀哀父母，生我劬劳；羊知跪乳，乌识反哺；人为物灵，反行忤逆；生前不养，死后徒悲；父母尚疏，广交何益？现任子媳，看样仿摩；我不孝亲顺姑，安望子贤妇孝？若唯私爱妻子，厌薄二老，则天性有亏。煌煌雷霆，赫赫神鬼，昭报不爽，甚可畏也。除了父母，便是兄弟，幼是欢爱，老共扶持，岂不融融？泄泄和气致祥，奈何听枕席之言，薄手足之谊，争货财之贱，伤骨肉之伦，不思同胞共蒂，保忍相煎。即有继生庶出，其原自合，薄待兄弟，便是薄待父母。弟虽不是，兄何妨少容？兄即有失，弟安可不敬？况明攻者必两败俱伤，阴讦者必神鉴鬼怒，可不戒哉！

二曰笃宗族 昔贤谓天下犹一家也，况同一本所出者乎！盖自子孙而言，支派虽各有别；自祖宗而观，后此总无异视。无何，门户分别，情义乖离，富贵者鲜周济之惠，贫困者多忮求之私；智巧者生欺诈之谋，愚懦者受笼络之害。独不思子姓之众，皆出祖宗一人之身，奈何以一人之身分为子姓，遽相视为途人而不顾哉？自后，吾族凡有鳏寡孤独之人，及疾病患难之时，当念祖宗一脉，共相扶持周恤，弗使失所，斯见厚道焉耳。

三念端交游 朋友居五伦之一，有善相劝，有过相规，实德业所赖以成也。惟所交是正人，与之共学，则学日进，而梯云有望；与之共事，则事得体，而身家可保。若一不慎而比匪往来，拍肩联袂，谑浪笑傲，穷口腹之欲，极声色之娱，甚至串戏集赌，败业亡家，日流污下，致贻父母宗族之羞。圣人云："无友不如己者"，可不谨哉。

四曰严闺范 闺门为万化之原，防微杜渐，端在几先。故义重有别，礼谨内外。男女不共席，授受不相亲，书不游庭，夜行以火，其训诫哉至深切也。今则任三姑六婆之出入，对亲朋邻里而谈笑，高声叫骂，坐立门庭；辍纺绩以往来田野，废针指而遨游邻里。规果何在乎？甚至装饰、烧香、观灯、看戏，男女混杂，倘有不可知而不忍言者，家风不败尽欤？慎毋纵忽焉。

五曰慎婚嫁 夫妇，人伦之首。男婚女嫁，贵于相称，故诗咏好逑，律分良贱，大戴礼也。子孙娶妻嫁女，必择孝弟仁义之家。近世人情偷薄，不顾礼义廉耻，娶妇惟思简便，弗问训教，若何设有骄纵泼悍，则终身贻误。至于嫁女只求财利，不计东床贤否，使归于浪子匪人，则将来羞我门闾，可不谨乎？他若男婚婢女嫁奴，玷辱已甚，宜以家法重治焉。

六曰明礼让 尊卑长幼，分出一定，故徐行可以为尧舜，近礼所以远耻辱。今虽丁众人繁，而祖孙伯叔之间，其名分原宜慎也。若傲慢不恭，趾高气扬，不惟不可行于宗族，亦岂可行于乡国乎？语曰：谦受益，满招损。又曰：若要人敬我，莫如我敬人。左传曰：小加大，少凌长，所以速祸也。吾族当法徐行后长之义，不宜效臂操戈之风也。

七曰尊师传 师道尊严，自古为昭。所以，后见长者，乐正自认其罪；立雪程门，游酢不畏其苦。语云："一日为师，终身为父。"明乎师与父有并尊也。倘故为疏慢，而礼貌不周；即稍加礼貌，而情意不至，是不惟不知尊师，抑且辱师，罪孰甚焉。况尊师者，身受其益：慢师者，终不率教，亦理势所必然者。吾族素称名门，既择师而奉之，当识尊严之体，断勿效薄俗之为也。

八曰务学业 人无贤愚，皆当勉学。不惟资禀俊秀者，固当及时加功；即气质迟钝者，亦须奋志勉学。程子云："参也，竟以鲁得之。"然则，人岂可不学乎？况学成则联步青云，足以显亲扬名；即不然，身列宫墙，为衣冠名士；又不然，通达礼义，为聪明百姓，岂不大过于目不识丁者乎？今人有倚财势而不学者，有恃门第而不学者，有困贫穷而不学者，有父母犊爱无许严师督责，卒至顽劣难训，学如不学者；有子弟骄纵，日出善言教训，反以仇雠视师，学至不终者；有择师不真，或学浅才疏，或怠课失业，或扬徒欺主，学因之而误者；有延师不诚，或礼貌衰慢，或情意冷淡，或修脯短少，学亦无成者，比比皆然。俗语云："书香一脉。"又云："挣得几个臭铜钱。"由是思之，积学之家，知书识礼，虽困苦亦香：失学之门，俚言鄙见，纵万贯不奇矣。时尚每视学为小事，故反复叮咛吾族，其致谨焉。

九曰尚勤俭　勤为立身之本，俭乃成家之要。昔大禹，圣人也，犹珍惜寸阴，卑菲居食；太姒，国母也，且躬亲蚕葛，不忘瀚濯，况士庶之家乎！若闲游懒惰，不务生理，鲜衣美食，不思制节，将见读者无成，耕者少获，而先业日替，家室空虚，难免啼饥号寒之苦。至此而求亲问友，借贷无门，悔亦迟矣。诚能勤俭自持，则丰厚者久享。即贫困者亦日兴矣。念诸！惕诸！

十曰谨丧礼　劬劳之恩，昊天罔极。不幸而至大故，凡附身附棺者，必要件件完备，不可阙略。苟稍有不尽，则过此难追，终天之根，曷有穷乎？由是寝苫枕块，服缟食粗，远酒色，绝燕会，泣血三年，以申哀慕。世人不解此义，吝财惜费，棺菲殓薄，甚至衣锦食肥、醉酒乐色，本心既失，徒建斋设醮，实何益乎？故君子不以天下俭其亲。曾子则以为亲丧宜自致，孟子又惟以送死当大事。吾族宜深思焉。

十一曰崇祭祀　祭祀之设，古人所谓追养以继孝也。父母在时，啜菽饮水，膝下承欢，原为幸事。无如幽明既隔，虽肆筵设席，几见其为下箸乎？然而思慕之诚，莫之能达，不得不托之于祭，是祭不贵，徒循其名，必竭诚尽敬，真若祖父之在上在旁而可也。奈何有祭而不备其物，有物而无其心，以致子卯忘忌，荐享失时耶。吾族于庙享家祀间，宜敬凛焉。

十二曰守先茔　坟墓者，祖宗魂魄所依，子孙安危所系，必须春秋扫除，常往照了。荫木毋许盗砍，左右毋许偷葬。若有附葬，亦必须通同族众，择无碍者方可定穴。如父母新亡，入土为安。惟近城郭、傍水口处不可轻葬。如果地势高燥，来龙得气，不宜过求大地。长年停厝，以致水火朽烂之虞；移此就彼，无异朝东暮西之苦。试思吾期富贵，而使祖宗风飘露宿，居处无定，于心安乎？他若欲至速发，火焚亲尸，伤残骸骨，尤为大逆。律有明禁，戒诸！惕诸！

十三曰明继立　不孝有三，无后为大。不幸乏嗣，须当继立，以承宗祧。然立继之家，必须据律，如兄无子，则以弟之长子为继。弟无子，则以兄之次子为继。又有仿春秋择贤之义，应继虽有，或爱别房之子侄，择而立之，名曰爱继，而家产仍与应继对分，庶不失承祧之重。唯应继若不孝，然后废之，另行择继，至若立继后，再自生子，则己子稍听嫡产，其大数与继子对分。或爱继先立，而应继迟生，则亦对分家产，皆天理人情之至当也。倘或舍应、爱继，外更立异姓之子，抑或阳畏名义，阴装腹胎，育假子为真子，则精神不相接适，以自斩其血食。此孔子所以垂莒人灭鄫之训也。但异姓承继传世既久，或彼宗无归者，姑附其图，提明原姓，庶亦可以辨其真假。然同姓之中，或有孙继祖、弟继兄者，亦乱名分，族宜谨之。

十四曰急赋役　普天率土，莫非王臣，安居乐业，皆由帝德。未有沐其泽而可忘其报者。但士庶之家，效忠无由，惟此钱粮早完，供奉无亏，足以稍尽微忱耳。若夫力役之征，虽曰劳民，实系卫民，公事安可不勉？近来人心不古，视征收为屈务，拖延望赦，以差遣为波累，诟骂不平，势必锁拿责杖，亏体辱亲，非只不忠，抑且不孝矣。吾族当急辨焉。

十五曰省词讼 温和谦退，兴隆之本。嚣漓争竞，败忘之端。每见仁厚之家，足迹不履公庭者，戮辱不得加于身，忧虑无所生于心；外不伤情面，内不破家财，岂不美哉？近来狡猾之辈，反视此等为无用，即不然废时失事，殚精劳力，求差媚房。何若以户婚田土小事，平其性气，听亲族朋友之解劝乎？况我亦父母所生，何至匍匐乞哀，拜跪他人之前。俗云“打了三年，赢了官司，瓶空甏空”，语虽鄙俚，甚有深意，宜三思焉。

十六禁赌博 赌博之事，一朝迷惑，未有不至田产荡尽，妻孥哀号者。考其由来，实起于好棍之引诱，暗放甜头，局赚戏耍，贪恋日久，习而不察，即有悔心，不敌所好。输云既多，遂思翻本，益输益翻，益翻益输。虽良言苦口，亦恶听厌闻，及至败尽，无人收留，追悔何及？况一入此路，不论奴仆乞丐，引为密友，亦不知耻甚。至官府访闻，或被告发，则朝廷之法律，必不为尔宽也。可不戒哉？

十七勤草续 宗谱大约三十年一修。然其中生卒嫁娶，无岁不有，苟不逐时登记，后必多误。是在各支支长明达者预置一册，每年详记生卒几人，嫁娶几人，是何支派，系何名号，及续修之时，择族中诚实有学问者掌之，给以膏火纸笔，汇聚成帖，庶免遗失。

3. 昆铜各家训综录补遗

《江氏宗谱·祖训》有：孝顺父母、和好兄弟、尊敬长上、亲睦族党、整肃祠规、训饬闺阃、各勤尔业、须种阴德、务敦礼仪、切戒谗愉、毋为游荡、严禁赌博共十二条。其他各宗谱中所载的家训、家规，大相仿佛，名目各异，内容实同。择其要者，诸如：

孝悌 忠孝节义为人之本，子孙必须尊老爱幼，孝敬父母，尊重师长。长兄承父，长嫂为娘，同胞手足，温谦恭让。妯娌相亲，和睦为贵。教子重训，教育并用。反省思过，务必深思。四时八节，孝敬为上。族之尊卑原有定分，毋犯上凌下，欺贫爱富，倚势欺压，借端嫉妒。

礼仪 骑马坐轿遇有长老，应下马下轿肃立，谦让等候长老过后再行。

正名份 治国必须名分为先，先国后家，国强盛，必家兴。男儿当自勇，保国匹夫责。名不正，言不顺，家国一理，国有君卿士庶之尊，家有兄弟叔侄称呼，定序不容紊乱。子弟尊长称名呼字大不顺也，应守礼法，无论亲疏远近尊卑序列，不可越礼犯分之诮矣！

戒争斗 树正气，不偷窃，戒赌博，走正道。重礼教，绝斗殴，莫逞强。人切莫自大，对人须和蔼，做事要平心，凡事忍耐为先，以免终身之忧。

扫墓 后辈不能忘祖宗眠藏归宿之处，清明扫墓须坟茔加土，修理花木，坟前祭祀。多年厝柩遗骸，须重新下葬，入土为安。祖宗墓地风水攸关，不可鬻砍坟地树木，不得替附盗葬、丧地破脉，违者追究鸣治。

四、家规家法

家规家法是实施家训的保证，各家的家规家法之前，都有说明：“家训，为人之道已备。但有不肖之辈，故悖家训，悍然不顾，则又不可无法以惩之。故复准之往古，参之律例，设立家法，倘有犯者，随即禀明族长家长及族中贤达者，会同按条究处。”兹录《张氏宗谱》所载家法为代表。

1.《张氏宗谱·家法》

——凡不孝之人，忤逆父母者，乃灭绝天理，罪不容死。如初犯，姑免其死罪，将本人重责，立改过甘结。如再犯，族众公呈送究，不可容隐以怙首恶。其于承继父母、嫡亲伯叔，亦依此法。若犯族内尊长，分别惩治。

——凡不悌之人，变起骨肉，伤残同气，不祥孰甚。或因妻妾谗构，或因棍徒离间，或因财产纷争，或因酗酒撒泼，小则污口辱骂，大则执械殴杀，论其曲直，究其造端，不论弟犯兄，兄欺弟，准酌情之轻重惩治。

——凡称名道讳，卑幼不许加尊长。如遇祖辈及伯叔辈，轻口单呼名讳，许被呼之，尊长面斥，如不改悔，指禀公罚，本人父母无许护短。如唆父母出头搪抵，并罚其父母，以儆失教之罪。至于僭越坐次、及各村会遇有隐世数，妄自尊大者，亦依此法。

——凡人无本业，必至习匪为，以玷辱宗祖，贻羞乡里。如族有游手好闲、三五成群、行止诡异，以及学戏唱曲、打拳舞棍，为隶卒窃盗等业者，会同族众将本人重责。本人父母亦应责，以儆失教之罪。若不悔过，公呈送究，革祭。

——凡人家整肃规矩，必自闺门始。故妇道无违，男女各别。如有不论大小诸事，容纵妇女插入扛帮，搬唆是非，沿村叫骂，以及与男人混杂，不顾廉耻者，将本人重责，以儆治家不严之罪，无夫即罪其子。更有年未四十，装饰烧香念佛，诱入教门者，亦依此法。

——淫为万恶之首，犯奸自有律例。吾族素守清风，料不出此。如有犯者，生不入祭，死不入谱。断不姑容，以至玷辱宗祖，贻羞通族。

——凡一草一木，物各有主，取非有，总谓之盗。如盗竹木柴薪，而盗真赃确者，计赃倍罚。若黉夜出入，遂同鼠窃狗偷，以玷污宗族。本房于初次，即宜禀举重责，以戒将来。倘至屡犯事发，必须加责，生不入祭。如本房嫡支容隐，不禀举者，亦各重责本犯，父母失教罪亦如之。

——朝廷法律首重窝逃，一家有犯，十家连坐。族内如遇面生可疑之人，异言异服之辈，即宜斥逐，不许贪图小利，容留在家。犯者，急宜公呈送究。至于三姑六婆，实系奸淫之谋，不许妻女容纵，出入往来。犯者，将本夫本父重责。更有请雇工人，来历不问，容其出入内外者，亦将本家主人重责，以儆不察之罪。

——凡好赌之人，上不顾父母，下不念妻子。亡身败家，玷宗辱祖，为盗做贼，皆由此出。甚有门户不谨，累及同居；火烛不慎，祸延邻里，皆赌之事始之也。初犯重责，罚银三两，入祠充公用。再犯，必须公呈送究。若族有窝赌之家，以及引诱里中子弟聚赌者，尤属罪魁。查出，加倍重治。

——凡卖良为贱，律有明条。眼前虽贫困，苟勤俭自持，乌知后来不发达？倘因饥寒逼迫，年荒无措，擅将妻室无故变卖，及卖子女为妾为仆者，本犯重责，生不入祭。更有忘礼义廉耻，将已妻典雇他人者，玷辱尤甚，从重责罚，生不入祭，死不入谱。

——凡有无相通，朋友且然，何况同族？如遇鳏寡孤独，并无基业者，本房近支温饱有余，宜周恤之。即有欠负，亦宜宽贷。若任其流离失所，贻羞受辱，毫无周济，或追捕无偿，反肆凌虐者，公罚银三两给之。如强呈究。倘本人系游闲懒惰,嫖赌浪费,因至困苦者,不拘此法。

——凡祖宗创置祭产,所以永先祀启后裔也。为子孙者,正宜增广以承孝思。若或盗卖,则斩宗祖之血食,绝子孙之祭享,犯者重责,勒令回赎。又或收息入已,至期不祭,屡次延约者,重责勒令补祭。如恃强不服,不回赎、不补祭者,呈送究。

——凡阴阳有犯,死生安危所系。吾族坟山坟地,不论公私,如有不肖盗伐木植,依祖禁将本犯即于墓前重责,罚银三两,并置酒标禁。其于阳基公共树木亦照此法。若坟山坟地无分,子孙有犯,只罚银三两,置酒标禁。至有通同外姓共犯,责加子孙,罚银置酒,俱宜均出,恃强不服,公呈送究。

——凡祖宗坟茔,不论公私,皆子孙性命攸关。倘有不肖,私将父母骨骸侵犯祖穴者,传会族众,公同掘起另葬。将本犯即于坟前重责,再罚银拾两,入祠公用。

一是非曲直,通族自有公论。有事宜禀族长,据理剖决。若至偏袒,方许呈控。如有土产钱谷、鼠牙雀角之事,未经族中调处,擅自呈告,索骗愚懦;亦有调处甚公,反恃强不服,复加呈告者,先将本犯重责,然后将未调处者为之调处,已调处公者开释。

——凡先族后亲,所以重根本也。吾族虽无健讼之人,然因坟山接界,沟坝毗连,或被侵占,或被坝截,亲友调处不妥,万不得已宜公同控告,亦必须齐心协力,以上缵祖绪,下垂后业。倘有不孝逆子,与彼有至亲瓜葛,或往来密交,或得其财贿,反为他姓作间牒者,查出重责,生不入祭。即非众事,而本族有与外姓争讼,友为他姓刺探,至确有见闻者,启侮召辱,莫此为甚,亦宜公责。如强,革祭。

——鬼神不享非祀春秋。尝议灭正立继之道,最宜慎重。族有不幸乏嗣,须立应继。或兼立爱继,不许舍应、爱继,外而立异姓之子,犯者依本犯老少,责其乱宗之罪。家产照律分给应继爱继执管。如所继虽为同姓,而名分不相当,亦依此科断。唯从前所继异姓,曾经养葬,或传世既久,彼宗无归者,则但于谱图提明其原姓,不必更追其家产。然亦不许承继之后,因吾宗近支少嗣,复使其子孙辗转相继,以至绝灭真宗。如犯者,并前承受之产,复当追夺分给应、爱继,以彰其转冒之罪。

——《律文》载:“凡男妇投河、自缢、服毒、自刎,并无威逼情形者,不加罪责。”如族有不孝子媳,父母舅姑稍加声色,动以死吓,此百死而不一惜者也。又有亡命之徒,厌已之贫,妒人之富,稍不如愿,即轻捐一命,以图赖族众。遇有此等,宜于公费项内开除殡殓,俟其事定偿还,毋许牵累。如有不服,合族即当公呈诉,出图诈情由,以免罪责。其有坐视成败,听其受冤者,即属唆棍,俟事定后,族宜公责,以儆刁风。

——族中与外姓构非,外姓无理而族人柔懦,不能分辨者,固当为族人申理,以令外姓知罪。若族内子弟无端与外姓殴斫,或恃强侵越,以及图赖勒诈,无论事发,必不能胜。即或胜,而理已不是,查出押令请罪。如有不服,会同族众重责,仍押令请罪,将此事受处,断不容护短,以败通族之家规。

——宗谱纂修,襄修者不知费多少精神劳力,方始可上告无罪,下垂世守。自后,各支领谱收贮，不可轻忽。每逢清明阅视时，如有污秽者，罚银三两；朽坏者，罚银五两；变卖者，重责三十板，罚银拾两，仍追赎其谱，另选贤能具领收贮；失毁者，照变卖例断，俟续修之时，再罚银拾两，以作工费。其前项罚银必须即于本村择贤能具领，填明年月，交付生放，每年只壹分算利，俟续修时本利交出，以作工费。至于谱中所载序文、诰敕、传赞，实先人之真迹存焉，不可妄为删削，犯者许本支子孙通会合族罚究。

2. 昆铜各家规家法综录补遗

昆铜各宗谱中所载的家规家法大同小异，名目各异，内容向同。择其要者，诸如：无法非礼者，族长应重教，杜绝恶气。屡教不改者送官惩治，切勿自循畏缩，酿成大错，走向犯罪。子孙有败行，玷污祖宗者，谱除其名，祭除其胙，至误容陷，所启自新。近房同族不得通婚。女子从一而终，间有夫夭者，理应托孤守志，族中叔伯应怜悯扶之，不可欺孤夺产，更不可欺良辱节；族中兄、嫂、弟、媳转茶，只许兄转弟媳，勿可叔转兄嫂，族内长辈商议通天方可。女子不承嗣继产。招婿入赘，应经族众商议统一，必须改名换姓；过房顶继必择名分，以宗谱传嗣求正，不可异姓乱宗。房绝，上房顶继，下房存续入谱。1～15岁夭折不入谱，16岁以上夭折入谱，在下次无近房顶继者，续修删除。若有继承者，系图五世不另提。女子未嫁而卒者不书。妇虽聘，未及于归而卒者不书。

第三节　碑刻 楹联

一、碑(石)刻

朝散郎致仕胡君墓志铭

大江之东以郡名者十，而士之慕学新安为最。新安之属以县名者六，而邑小士多绩溪为最。绩溪以族名者无虑百余，而学传子孙胡氏为最。胡氏有隐君子曰诚甫，其书满家，仰承俯授，皆有师法。又其族之尤者也。君讳咸，字诚甫。曾祖峤，祖筠，皆乐里居，不求仕。至父策始起家为铅山尉，诲其子必千里求师。长子宏登进士科，仕至处州司法参军；君其次也。君少刻意于学，自六经，司马迁、班固、范氏、陈寿史书皆手钞成诵。会熙宁至元丰间(1068—1085)，朝廷以经术新天下之材，学者宗王氏，君于诸经自得其指归，而尤邃于《易》。游太学十余年，率杖策往还，其精如此。方是时，士集京师岁以千计，君颖然出其间，为之领袖。一旦如有不乐者，谢病归，召诸子出其书授之。不数年，其子舜陟、舜举，踵相蹑取高第。而舜陟遂登法从典大州隐然，为天子名臣。君飨其禄几二十年，自承事郎累官至朝散郎。舜陟又以所当得服授君，赐绯衣银鱼。绩溪固多士，如君父子得名称章绂而归者无几。而公又慈祥岂弟，有以宜之长老称焉！方舜陟之为御史也，屡击大臣，大臣欲置之死，而君不以为忧。及守合肥，盗环，其强擒制之功，州人怀之，为肖像以祠，而君不以为喜。盖君之得于中者又如此。建炎四年(1130)八月辛亥以疾终于家，春秋八十有一。娶闵氏封安人，前君卒。四男子：曰舜陟，朝请大夫，充徽猷阁待制；曰舜俞、曰舜申，皆嶷然有立;曰舜举,廸功郎。二女子:适士人叶文仲、郑邦彦。五孙:曰偁、仔、传、俊,其一尚幼。而仔亦廸功郎。诸孤将以绍兴元年(1131)五月丁未,奉公葬于湖州安吉县管城之原,来求铭,纳之圹中。某与君世姻,知君非一日者,宜铭诏后。铭曰:

君之德纯明谅直,懿乡而隆戚;修身以亟,动而有则,为国人之式。

君之学得之先觉,闻尊而见卓;不琱其璞,遗其子琢,有连城之毂。

君之荣世以儒名,道传而志行;有子在廷,吾亦彯缨,飨耄期之龄。

下山之阳,维水泱泱。虽非其卿,与其山相望。子孙家傍,为万世之藏。

宋　汪藻撰

注:汪藻(1079—1154)　北宋末、南宋初文学家。字彦章。德兴(今属江西)人。崇宁二年(1103)进士。北宋时官至太常少卿、起居舍人。南宋时,官至显谟阁大学士、左大中大夫,封新安郡侯。

古亭文化苑记

亭者,人所安定也。亭,停也,亦通"汀",人所停集也。《汉书》曰:"其水亭居"。战国时期边境设亭以御敌称岗亭,所谓"筑亭候,修锋燧。"如:安吉天荒坪牙泉历史上的"幽岭亭"、原孝丰县太平乡的铁岭关西亭等。

亭,古时也指代一种行政机构。秦汉时每十里设一亭。《汉书》曰:"大率十里一亭,亭有长,十亭一乡。"古代还有诸多设在水、陆交通要道、驿道上之邮亭、驿亭,常用于迎宾送客的礼仪场所歇脚饯别,兼具道路的指示功用。如:安吉良朋历史上的"接官亭"、孝丰镇的"北干亭"。李白诗云:"何处是归程。长亭更短亭。"亦有园林或风景名胜处设亭,以志胜。如:安吉龙王山历史上的"仰止亭"、安城的"增明亭"。很多亭兼具多种功用。我们通常所指之亭,是建于路旁,一种有顶无墙传统建筑,供行人休憩、乘凉或观景之亭。中国亭文化内涵丰富,古代亭之楹联诗词及散文甚多,《夏日南亭怀辛大》《醉翁亭记》等名诗美文更是脍炙人口,千古流传。而像陶然亭、醉翁亭、爱晚亭、湖心亭已成为历史风景名胜,城市人文精神的重要载体。

地处天目山北麓之湖州安吉县,山川巨胜,原野饶庶。据清同治《安吉县志》记载:"天目山乃江南诸山之镇,层峦峻壁,委蛇环绕,山溪纡错,西通宣歙,南卫临安,用兵出奇之道也……"另据清同治《孝丰县志》记载:"浙东之郡以吾邑为隘口,吾邑则又以关为隘口。"古安吉是苏浙皖往来之隘口,控扼之险地,幽岭关、独松关、孔夫关等重重雄关即是明证。古安吉更为交通便捷之地,临安(杭州)至建康(南京)古道与徽杭古道穿安吉、孝丰而过,而水路则直达太湖,被誉为"东南大邑"。而绿嶂百重,清川万转的古桃州安吉,风景名胜为江南他邑之冠,被誉为武陵桃源。由于军事、交通及名胜等诸多因素,安吉岗亭、凉亭与名亭甚多,有记载的古亭逾百数,其蕴涵之文化及人文关怀之篇章宏富无穷,令人遐想。

群山连绵的昆山、铜山,历史上是安吉东南的屏障。位于铜山乡(今为昆铜乡)西部的路西村,乃古道之节点,村中十里凉亭,为古道之憩亭,有着悠远的历史积淀。现村域面积为14平方千米，398户，人口1760人。2010年，在安吉县“中国美丽乡村”建设中，路西村被列为指令性创建村。一年来，路西村党支部围绕“村村美丽、家家创业、处处和谐、人人幸福”建设目标，深入推进环境、产业、服务、素质四大提升工程，在各级党政领导的指导与支持下，深入挖掘亭、茶、竹文化，特别是以十里凉亭为缘起，在昆铜乡、县规划与建设局、县书法家协会等的鼎力相助下，历时半年建成古亭文化苑。该苑荟萃安吉百亭名录，并绘制(清)《安吉州古亭园》，镌刻安吉古亭诗咏，彰显深厚的亭文化，使其成为昆铜乡美丽乡村建设的一道亮丽风景。

安吉古亭文化是乡邦历史文化的重要内涵，相信随着中国美丽乡村建设深入，安吉乡邦文化与中国美丽乡村建设结合，一定会焕发更加明丽之光彩，并带给我们更多的好与安定，永远惠泽吾乡！安且吉兮……谨志文以纪。

温菊梅撰文 曹寿槐丹书

2010年12月

湖州市安吉县昆铜太平寺简介(石碑刻)

太平观位于湖州市安吉县昆铜乡隐将村境内，离县城30千米，湖州市56千米，杭州市80千米，上海市206千米，与德清县交界。

太平寺原为隐龙庵，素有以历史悠久，中国传统道教文化的影响，历沧桑，迁释道，具有规模，香火经久不息，鼎盛时期游人香客达数万人，曾在民国时期，有龙灯、舞狮、长大人、高跷、台架、抛车架集会。

太平寺坐落地隐将原为隐坞，曾在三国时期至今已有1700多年，尚有东吴安国将军朱治之子，武骑校尉朱才弃官隐此，卒世葬于岭，朱氏岭因而得名。晋梁时期至今已有1500多年，尚有陶弘景，字通明，丹阳株岭人(梁书本传)，精辟谷导引之法，隐此数十年(安吉志)，年逾八十，面壮容，卒溢贞白先生，常居州之铜山乡，名曰隐坞。唐末五代十国时期，至今已有1200多年，尚有茶神陆龟蒙，字鲁望，吴江人(湖府志)，通六经大义，尤明春秋，嗜好品茶，精辟医道，不喜兴流俗交往，喜蓬席书茶，谓江湖散人，以高士召如不至，后往来桃城东南，得贞白先生隐坞而居，供奉道教三清尊神，香火旺盛，传之于后焉，及率韦庄表，赠佐补缺。明代时期，至今已有600多年，隐坞俞坞地方，是一块风水宝地，明朝国师刘伯温保朱元璋江山，将俞坞山劈斩龙壕，溪架锁龙桥，由此隐龙庵隐化为太平庵。

太平庵曾有庙宇群落，四进三天井。有韦驮、普贤、观音、纯阳四殿，东侧有香客房、斋堂、圣纸庵，西有土地庙及戏台，北有堂子庙。计有庙屋三十余间。民国期间由汪道士(于民国27年2月17日，正值汪道士持剑作法，日本鬼子到庙欲毁，被鬼子残酷杀害)主持数十年。其间，重修纯阳正殿，民国二十四年尚有莫干山施主施少卿，山门前独资建造观音桥一座。汪道士卒死后，由其三弟及老林和尚、谛峰和尚三人相继主持。民国33年由谛峰主持，将原观音殿等二进拆除，扩建楼房，正中三间二弄作观音殿，两边14间楼屋，设置其他神像殿堂，直至1949年，但建筑尚未完整就解放了，中华人民共和国成立后谛峰和尚离庙，后烧饭和尚老林管理，直至60年卒世，庙宇基本保留完整。“文化大革命”期间破旧立新，庙内的一切全毁。改革开放，政通人和，得天时、地利、人和之助。1996年5月17日由安吉县人民政府批准为合法道教场所（太平寺），委施发坤为法人代表，率全体寺管会教职员工和各位居士，在各级政府有关部门的正确领导下，蒙十方各界善男信女，随缘乐助，建造起天将殿，观音阁，念佛堂，塑造纯阳、观音、天将等神像11尊，购置宝鼎二座，钟、鼓、香炉等设施，寺庙占地面积3520平方米，总投资365万元人民币。2001年由安吉县计划发展委员会批准，立项目，按照县委统战部民族宗教局要求，一次立项，分步实施，太平寺管委会按宗教政策，完善完成立项要求。

太平寺地处群山怀抱，漫山苍松翠竹，野生云雾茶芳香爽口，随手可采，花香鸟语，景色迷人，气候适宜，有世外桃源之感，真所谓山重水复疑无路，柳暗花明又一村。（为保持与碑刻一致，碑文未作修动）

十里亭碑文

十里亭坐落于昆铜乡铜山公路六千米处，县志中有记载，连接德清、吴兴地带的交通要道旁，自古至今是歇脚躲雨、避风纳凉之实用，清朝末年曾维修过，始建何时无考证。为尊重历史传记，展示我乡风貌、人文景观、自然特色，路西村委牵扯头实施重建，得到了县委县府、有关局和部分乡政府的资助，为永久纪念，重建十里亭捐资的仁人志士，将芳名立于此碑，留以后人怀念，特立此功德碑。

2004年12月

二、楹联

乐平亭石柱楹联

南边：锁钥谨严重建塔山路口
桥梁联络高出梅墅街头
北边：三百六旬往来预防风雨
七十二村出入旧话昆铜

十里亭亭柱楹联

沐风憩雨古道十里亭，观景览胜昆铜百竹乡 （江铭新）
一泓清水绕村去，万竿碧筱抱亭来 （李弘伟）

苍山不老只因南鄣瑞气，民风犹淳多缘西苕修篁 （范一直）

六岭七边茶香林茂醉人间 八村九坞姑娇竹秀胜仙境 （江铭新）

注：最后一副对联原为“六岭七边茶香林茂炊烟袅袅醉人间八村九坞姑娇竹秀流水潺潺胜仙境”，因字数太多被造亭工匠省去了“炊烟袅袅和流水潺潺”。这副对联六、七、八、九的数字是根据铜山的村落而配。“六岭”指俞之岭、庙思岭、梓坊岭、石家岭、福水岭、湛水岭等6个自然村；“七边”指江家边、戚家边、诸家边、施家边、谭家边、倪家边、彭家边等7个村庄；“八村”指路西、化家坞、钱坑桥、隐将、梅坞、张家山、梓坊、潘家上等原八个行政村；“九坞”指南楼坞、岳征坞、蒲芦坞、化家坞、梅坞、杨家坞、中坞、谢坞、俞坞等9个自然村。上联的“茶香”指负有盛名的梓坊茶；“林茂”指石门村薪炭林多。下联的“姑娇”指诸家边的美丽姑娘；“竹秀”指戚家紫蒲头石竹。暗指谚语“梓坊的茶叶石门炭，诸家边的姑娘不用看，戚家紫蒲头石竹场上掼”。

会翠亭廊柱楹联

古鄣多少亭与谁回首，安吉万千竹唯此可观。 （李弘伟）

文化无疆但坐品品，廊荫不限尚来嬉嬉。 （李弘伟）

长亭短亭风雨不至，山色水色越楚之邦。 （梅 松）

注：会翠亭廊位于路西村古亭文化苑内，建于2010年。古亭文化苑苑名为安吉书法家协会副主席祝嚞题，会翠亭亭名为安吉书法家协会主席董才宝题。会翠亭廊柱楹联、古亭歌咏图版为董才宝、祝嚞、王敦宏、王云根、黄家贵、梅松、丁盛、董云、范一安所书。

岳征坞、东坞戏台原有楹联

文臣武将半日荣华空得意

才子佳人一夕恩爱假风光

太平观殿柱楹联

纯阳殿

黄粱梦觉忘世上之功名，

宝剑光滕扫人间之妖怪。

点烛焚香灵气生，

求神拜仙福来临。

三清殿

混元一炁为造化之根源，
无上三尊乃乾坤之主宰。

一气化三清玄功玄运，
五行生万物至道无为。

一生二二生三三生万物，
地法天天法道道法自然。

玉皇殿

统率诸天万道毫光归紫气，
恩覃三界千条瑞气透玄穹。

金阙化身鼓雷霆润风雨，
玉皇敕命镇水火驱邪魔。

观音阁

众生拜手祷慈云供我香火但祝平安为福，
千佛低眉施法雨度他苦厄只缘忏悔能诚。

因案醒世度众生众善奉行，
果报现世恶善人如影随形。

天将殿

行善如春雨之草不见其长日有所增，
行恶如磨刀之石不见其消日有所损。

忠义著神威耿耿丹心贯日，
春秋尊正统巍巍峻德参天。

大门原有楹联

隐将藏龙朝笏鹅潭鱼鸟影，
竹乡攊马灵岩瀑布狮象门。

湖州八七老人　郎玉麟书　1996年秋　天将落成

第四节 党报刊载文章摘录

安吉晓墅镇收购站——开展供销业务介绍

《浙江日报》 1950-03-20 第3版

从群众迫切需要出发

毛料，是毛竹（楠竹）的丫枝，作扫把用，是华北（尤其是山东）各地农村生产上的必需用品，是安吉农民主要副产品之一。浙江省供销合作总社，为了打开土产销路，特指示安吉县供销合作总社，进行此项收购运销业务，在三月十五日以前，完成三十万斤的收购任务。该社乃于二月中旬着手筹备，决定在昆铜区晓墅镇设立临时收购站，从二月二十日起，办理收购工作。

晓墅是竹、木、柴、毛料的集中地，该区内因山多田少，农民多以制作山货为生，其他直接间接依赖山货为生的行家、客商、店铺、船户、工人等，占该镇市民的绝大多数。山货的运销，向由行家或客商采购外运，间或亦有船户自购自销的，近几个月来，外地市场价格不高，利润看小，故收购数量远不及前，加以目前正值春荒季节，山农普遍缺粮，所以销售土产买进食粮，是当地群众最迫切的要求。据此，县社特在该地设立收购站，初步进行收购毛料，配售食米的工作。

业务迅速开展

收购的第一天（二月二十四日），因为恐怕有的群众不知道，所以特地跑到街头去宣传。群众听说合作社里的价钱好，卖了毛料又有米可买，所以都踊跃地来此销货购米。开秤第一天，就收进毛料一万零四十三斤。第二、第三天以后，毛料就越来越多，由每天一万余斤，增到四万斤、五万斤。每天早上工作同志还在学习时，就有人来叫去过秤，一到八九点钟，骡马、榻车、手车、小车挤满了整个堆栈，过秤的被他们拖到这里，叫到那里，拉着秤说：“同志给我先称……”“同志，你过来看，我的毛料顶好……”，场子上几杆秤都忙不过来。

正确掌握收购配售价格

正确掌握高收低售的价格政策，一开始收购时，首先就特别注意了这一点，一般来说：我们的收价，总是高于行家的，而配售食米时，价格比市价却低。同时参考湖州、上海、杭州三地的米价，来决定次日的售价，以作机动灵活的调整，在售价减低时，也以相同的比例，把收价降低，总的掌握既不使公家亏本，又保证使农民受益，由于我们主动地大量配米给农民，同时每天将行情挂牌，使得整个市面的物价，都跟着走（如米的市价原来比牌价每石高四万元，现在只高到几千元了）。由于我们高价收购毛料，低价配售食米，因此有百分之九十九的毛料都到供销站来卖。

群众教育群众，革除旧习，提高品质

对于收购毛料这一工作，站内同志多不内行，就略略晓得也是一知半解，不知道其间的掺假等弊端，后来在打捆时（由小捆打成大捆），从中发现了“双龙梢”（龙梢即毛竹梢，有单双之分，单龙梢就是一条竹梢，扎扫把时还可勉强充用，双龙梢是竹梢的头，既短，枝又少），“和尚头”（毛竹棍子，除作柴烧以外绝无用处），这种以坏充好的办法，原是农民用以对付行家的“低价”“大秤”的手段，现在少数农民，依旧用这种办法来蒙混，当了解到这些情况以后，就采用打开来看的办法，有的卖主怕打开来后要受大家批评，假装说我这里面绝对和外面一样，不肯打开捆子；有的怕打开后难为情，就说：“同志，扣脱几斤算了，不要打开！”我们的办法是先打开几捆，凡是发现当中有暗梢（藏在里面的双龙梢）的，有和尚头的，就当众进行教育，告诉他们不要那样做，既然说合作社公平合理，就应该老老实实地把货色做好，里外一样；相反地，对毛料品质好的人，则当众表扬，要大家都要向他们学习，而且给他最好的价钱。经过这样几次教育以后，大部分人的货色都诚实了，只有极少数的人掺假，当在场上发现时，其他农民都纷纷责备说：“你们这批不识相的人，把我们好货的名誉都弄坏了，你们看：公家收货的价钱特别好，还低价售米给我们，对我们这样照顾，你们想想，怎么过意得去啊？！”被责备的人，当时也一半生气，一半悔恨地说：“今后那个王八蛋才再这样做！”从今以后，在群众的互相监督和我们教育下，质量一天天地好起来了，他们都要争取“做好货色，卖好价钱。”挑来的毛料总有百分之八九十够得上标准了，而且还自动地打开要我们去看，以示自己的毛料做得老实。

倾听群众反映，逐渐改进工作

自收购站成立以来，群众反映很好。他们都说：“行家买东西价钱低、又用老秤，嘴里讲米（譬如一担毛料值几升米），结果还是付钱，而且付五升米的钱，到街上只能买到四升，我们真是两头吃亏，并且有时还要欠账……”“合作社做事情真公道，好的货，好价钱，秤上不瞒人，有一斤算一斤，配的米又白又好，价钱也比街上便宜，街上的米价都被压低了……”，但是，也有的说：“合作社样样好，只是比行家要多个手续……”

对群众这些反映，该站的同志是非常注意的，比如他们说卖东西给公家，要具手续，太费事，于是就研究如何简化手续。早在收购以前，我们就拟好一套比较简便的手续，可是在这次收购中，一方面因为卖货的人太多，另一方面因为他们都来自数十里外的山区，急于要在当天回去，因此仍然认为手续不够快，后来我们又想出一套办法，就是宁愿自己在事后来忙，把一些手续都放到以后来补，尽量使他们能早些回去，不误群众生产（只请他们报姓名，收款配米后打手印），简化手续以后，群众都说：“现在好了，我们可以早些回去生产！”“同志！你们不吃饭来给我们算账，要是行里早叫我们出去等着啦！”

但实在不可省掉的手续，还是耐心解释，说明为什么要这样搞，同时更以事实教育了群众，认识到必要的手续是有好处的。例如：二十五日那天，有个姓潘的农民，匆匆地从乡下赶来，拿了一张前一天（二十四日）该站开的小票（收购时临时便条）来说：“昨天我因为有急事未来取钱，今天特地赶来，不知道是否可以照付？”当时一查他那个号头的配售单，果然还是一个空白，再问问他的情况属实，于是就填好后马上照数付给，他感谢地说：“要是行里那还查得出，就是查出来也不会认账的。”这使他感到有手续的好处。

从工作中学习知识摸索经验

这次上级指示要我们进行收购毛料的工作，社里除开少数人略懂得一点外，大多数同志都是一窍不通。虽然也多少听到过一点毛料鉴别的常识，但当见到真的货色时就有些难以分别了，所以头两天收货时，一方面有些畏惧，害怕买到不好的东西，使公家受损失，另一方面又要根据群众的迫切要求必须尽量地买。因此感到非常辣手，后来经过几天的研究和商讨，强调从工作中仔细学习，逐步取得经验，到现在来说，大家已经学习到一些常识和办法了。

（王浩义 周继康）

杭县、新登、富阳、安吉等县五个区乡

先后建立了工农速成初等学校

学生学习热情高涨保证完成学习任务为祖国服务

《浙江日报》 1952-04-01 第3版

（本报讯）自中央人民政府政务院颁布了《关于改革学制的决定》后，本省各地即广泛地展开新学制的学习与宣传，有力地推动了工农教育工作的开展。目前，不但有不少地区已将冬学转为农民业余初等学校，而且有不少地区已开办了工农速成初等学校。例如杭县的四维区和运河乡、新登县的龙羊区、富阳县的青云区、安吉县的昆铜区等地，已自1月中旬至3月初，先后建立了工农速成初等学校，并已取得了初步成绩。

不少工农群众在认识到开办工农速成初等学校的目的是适应国家的需要，加速培养建设人才之后，就设法克服各种困难，踊跃报名入学。如新登龙羊区的工农速成初等学校的学生，大部分是18~25岁可以离开工作岗位的乡村干部及有多余劳动力的工农子弟。杭县运河乡是属四维区管辖的，虽然区上已办了一所工农速成初等学校，但农民们由于迫切要求坚持学习，怕区上初创的工农速成初等学校收容学生的名额有限，就根据可能条件，要求政府在自己乡里另办一所工农速成初等学校（该校已于1月17日开学）。在开学前，有些地区普遍进行学生家庭访问，了解家长和学生的思想顾虑，分别给予说服教育，巩固了学生的学习情绪。开学时，各校都举行了隆重的开学典礼，由地方首长作报告，来进行前途教育，这就更加提升了大家的学习信心。

各校的整个开办过程，都贯穿着革命的精神和革命的办法。如为了解决部分学生的生活困难，安吉县昆铜区的工农速成初等学校就采用了工读办法，把星期日定为生产日，组织学员手车队去运柴。在不影响学习的前提下，各校都开展了课余生产，以课余生产收入来减轻学生负担，充实学校设备，或改善校中膳食。如杭县四维区工农速成初等学校曾组织学生踏荸荠、星期日进行集体生产、租种机动田等。有的学校还发动学生养猪、种菜、砍柴、积肥。各校师生有自己动手来隔教室、寝室，造猪栏、厕所的；有自己动手以毛竹制凳子，以门板制桌子的；凡是可以自己动手的，他们都尽量由自己动手来做。有些地区还发动各乡群众自愿助料、助工，来修理工农速成初等学校的校舍。

觉悟了的工农群众，学习热情是很高的。起初，大家由于来自各乡，还过不惯学校的集体生活，但在通过座谈、集体游戏，建立了制度，订出了各项公约之后，同学之间就很快地熟悉，学习情绪也就很快地稳定下来。各校在教学上经过短时期的摸索之后，也已得出了初步经验：例如有的学校，学生程度彼此参差不齐，很难教学，为了克服这一困难，教师除进行班级教学外，又着重在课外对程度差的学生进行个别指导。这样，本来对学习缺乏信心的学生也就因为能跟得上而稳定了学习情绪。另外是发动学生组织学习互助小组，进行互教互学，老师把教过的生字贴在教室里，供学生随时认读。此外，师生又各订出了教学和学习计划，学生把计划贴在教室里作为努力目标，每星期总结一次成绩，以便随时检查自己的学习情况。现在，各校同学的学习热情都很高涨。如新登县龙羊区工农速成初等学校，有的学员夜里一醒来，就用手指在被窝里画生字。许多学生都说："只有在毛主席、共产党领导下，我们才能有自己的学校，我们才能欢欢喜喜地在自己的学校里读书，我们怎能不全心全意搞好学习呢！"新登县龙羊区工农速成初等学校学员曾写信给毛主席及各级政府首长，保证完成学习计划，争取早日站到国家建设的岗位上去。

编者按：工农群众通过冬学运动后，一般对坚持学习的要求都很迫切，这是贯彻新学制，建立工农速成初等学校的有利条件与时机。但某些地区的领导上，没有掌握群众的思想情况，认为在目前建立工农速成初等学校还没有条件，因而想把建立工农速成初等学校的工作拖延到"芒种"或"秋收"之后再办，这是不对的。各地县、区领导必须树立信心，掌握时机，深入进行宣传动员，争取工农速成初等学校按计划迅速建立起来，满足工农群众坚持学习的要求。

访问团组织中的医疗队及文娱活动组织，一到访问地区，立即配合访问工作展开了为老根据地人民服务及向他们慰问致敬的医疗工作与文娱宣传活动。第四分团的医疗队在武义地区为887人治了病，为1907人布种了牛痘；求医群众有从数十里路以外赶来的。该团在这一带地区的各种群众大会上放映电影与演出戏剧共八场，参加会议的代表们在大会发言时都反映说：没有毛主席的领导，我们山上的人做梦也不要想看活动影戏！第二分团医疗队的同志们在鄞西金谷乡，一天之内就诊治了102人，群众说："毛主席派来的医生真好呀！"第四分团的同志们在武义地区活动时，曾专程去祭扫了当地红军领袖邵李清烈士的坟墓。经过访问团访问后的老根据地人民，现在都情绪高涨，纷纷投入了增产节约运动。

大挖井泉猛战干旱

昆铜乡井泉涌流群众开颜

《浙江日报》 1958-08-12 第1版

安吉县昆铜乡农民在紧张地抢收抢种的同时，与干旱开展了一场激烈的决战，取得了辉煌的战果。自7月21—23日，全乡党团骨干和基层干部奋战了三天三夜，首先打井630眼。群众亲眼看到一井井的泉水，源源不断地流向干得发裂的稻田，人人喜上眉梢，各个叫好。勇将社86岁的老人徐寿传说："只要井连井，旱到过年不要紧。"他已经多年不干活，这次也破例地重新拿起挖锄，兴奋地和社员一道挖了一天一夜的井，和青年人一样有劲。从7月25日到28日的四天中，全乡掀起了一个人人打井、各个挖井抗旱的群众性的热潮，先后奋战7天7夜，打井3033眼。勇将、长林等10个农业社已基本上达到丘丘有井，已引用井水灌溉抢种和保苗1274亩，预计再加整理和改进提水工具以后，井水灌溉面积可扩大到3000多亩，使全乡50%以上的山田从根本上解除干旱威胁。

当打井抗旱问题在群众中提出以后，干部和群众反映了两种态度：一种态度是相信党的领导，誓做自然的主人，抗旱到底；另一种态度认为没有水不能抗旱，对打井抗旱抱犹豫态度。乡总支针对这两种态度召开了千人抗旱、双抢誓师大会，就靠干劲还是靠天、没有水能不能保种保收、打井抗旱行不行等几个主要问题展开了大辩论。辩论结果是，干部、群众思想上插上了红旗，树立了靠干劲不靠天的思想。经过七天七夜奋战，地下水到处涌溢，吃饱了水的稻苗，扬眉吐气，令人喜悦。群众反映打井有四大好处：①为山区从根本上解除干旱威胁指明了方向。很多社员说："过去嘴讲百日无雨保丰收，心里总还是有点怀疑。现在我们敢大胆地从心里喊出200天无雨保丰收了"。②工程小、数量多，蓄水也多，受益快，早上打井晚上就能解除旱情。③抗旱时灌溉，不用时能做人造尿坑，一举两得。④稻苗有水喝，人也有水吃。

（杨永发）

学习方桂珍小组的冲天革命干劲

嘉兴区妇女大搞试验赶先进

《浙江日报》 1959-06-25 第3版

一个"学习方桂珍小组，赶上方桂珍小组，誓夺早稻双千，大搞晚稻试验"的竞赛活动，正在嘉兴专区广大妇女群众中热烈开展起来。

自6月12日本报刊登了方桂珍试验小组的先进事迹以后，省妇联嘉兴办事处当天下午就向各县妇联发出了"学习方桂珍小组"的通知。安吉、临安、嘉兴、德清等县还通过举办广播会，动员广大妇女向方桂珍小组学习。安吉县在召开全县妇女积极分子会议进行全面发动之后，全县已有41500多个妇女投入学习方桂珍小组的竞赛活动，每个生产队的妇女还建立了试验小组，大搞晚稻试验。晓墅公社昆铜大队的七个试验小组，已推派一个代表到方桂珍那里去学习她的田间管理经验。嘉兴县东栅公社各生产队妇女干部学习方桂珍小组的先进事迹以后，各个劲头很大，都有决心赶上方桂珍。例如"六枝花"试验小组的王桂花说："人家是冷水田，我们不是冷水田，人家提水上山，我们自动灌溉，再搞不好，真是说不过去。"当天回去以后，她就带动30多个组员将73亩早稻试验田普遍施上一遍肥，耘耥一遍。许安大队7个妇女试验小组的全体组员学习方桂珍小组事迹以后，第二天早上3点就起来插秧，一天就插好69亩晚稻试验田的秧苗。临安县玲珑公社周菊英试验小组学习方桂珍小组冷水田变温水田的经验以后，立即在自己的五亩试验田里开潭蓄水，提高水温；黄林娣试验小组还带动全队151个妇女，一天内在88亩试验田里全部施上一遍肥，并且提出要和男社员开展竞赛。

本月15日，嘉兴专区妇联办事处又召开了各县妇联主任、公社妇联主任会议，充分研究了如何使学习方桂珍小组的运动深入开展的问题。现在，全区各县妇联正根据会议精神，在县委、公社党委的统一领导下，进一步发动广大妇女向方桂珍小组学习。

（周美湘）

高山上的红旗

——丰收季节访方桂珍小组

《浙江日报》 1959-08-08 第2版

前些日子，我们爬上巍峨的四岭高山，访问了安吉县晓墅公社方桂珍试验小组。

奋战出奇迹

早稻收割的前夕，方桂珍躺在床上一直合不上眼。这也难怪，为了创造早稻丰产经验，方桂珍和她的试验小组，还在稻子尚未种下去的时候，就曾经用了几十个白天和黑夜，从山顶上挑来3000担地脚泥和40担柴脑来改造这块瘠薄的土地；她们也曾彻夜不眠地守在秧田四周，生火融霜，保护秧苗；为了克服山高水冷恶劣的自然条件，她们还苦心孤诣地想办法开出避冷水沟来保护田水的温度；在密植、耘田、施肥、浅灌勤灌、防止倒伏等环节上哪一件不是比别人做得细致！她为这1.3亩早稻欢喜过，也为它发过愁，流过泪，现在眼看着辛勤劳动的果实就要摘到手了，这怎么不使她高兴呢，她眼睁睁地望着床顶，好不容易盼到2点，一骨碌爬了起来，喊醒了她的伙伴。她们匆匆忙忙地吃过早饭，就出发了。

明亮的月光下，宁静的山谷里，刷刷的割稻声、打稻机隆隆的转动声和人们的笑语声交织成一片。参加收割的15个人当中，有的割稻，有的打稻，有的专管运稻把。割呀、打呀，老是收不完。她们眼看着一担担谷子，从田里挑到晒场，心里有说不出的愉悦。她们一直干到夕阳西斜才收割完。

晒场上热闹得很，方桂珍试验小组的组员和公社党委书记、昆铜大队副主任、四岭生产队分支书记等，都盯着称谷的那把秤，一箩、二箩、三箩……一共称出湿谷2737斤，每亩合2105斤。在场的人听了，各个眉开眼笑。经过两天晒干扬净，这丘1.3亩早稻试验田净收干谷2267斤，折合亩产1743斤8两。

薄田争高产

一天，我们参观了方桂珍试验小组一丘“四岭一号”中稻试验田。这几块田每天只有6个多小时的日照。施肥的时候，我们顺便用手试试扎根情况。啊！原来只2寸厚的石子砂土田，秧根怎能扎到6寸多深呢？方桂珍详细地叙述了她们改良土壤的经过。原来这丘山垅田土层很薄，深翻下去都是小石子，石子翻上来对稻苗生长有害无益。于是，她们苦战了三天三夜，挑上了1500多担地脚泥和几百担焦泥灰。现在这丘田的泥土又黑又肥。种在这丘田里的“四岭一号”中稻，苗长已有2尺半左右，株株茁壮。在山高、土薄、气候冷、日照少的条件下，能够培植出这样好的稻苗，可以想见她们在这丘田里付出了多少心血！

今年，这里的气候比往年坏得多。刚插下秧，就一连阴雨20多天，稻苗返青生长很慢。再加上接连下了几场大雨，稻苗一天不如一天好。方桂珍试验小组的组员们都很着急，其他社员在旁边看着也为她们担心。正在这个时候，支书谢正荣同志来到了田头，帮助她们找到了稻苗变黄的原因。主要是雨水多天气冷，肥料没有腐烂，影响了稻苗发育。接着，就在稻田增施石膏，促使底肥腐烂，促使秧苗发育；同时还进行了合理灌溉和适当烤田。这一来，稻苗很快地转青了。

最近，她们正在进行防倒伏和保穗保粒工作。计划用过磷酸钙拌毛灰，每隔5~7天撒一次，并且打算在孕穗前用细竹横竖架成并字形架子，以防倒伏。

一朵花开万朵红

方桂珍试验小组去年在高山上种出中稻亩产四千斤的奇迹，在安吉县曾经轰动一时，四路英雄响应党的号召，掀起了学方桂珍，追方桂珍，超方桂珍的热潮。如今，先进之花已经开遍全县。

学习劲头最大的要数方桂珍所在的晓墅公社，各个生产队都普遍建立了学习方桂珍的试验小组。高一生产队的社员过去一直被“自然条件差，种不出高产”的思想束缚着，去年方桂珍小组创造中稻高产的消息传来时，大家还不相信，以为这是神话。党支部组织了150个人分批去实地参观方桂珍小组的试验田，这才使他们心服口服。今年春耕生产时，他们组织了各种各样的试验小组，如妇女试验组、青年试验组、民兵试验组等。方桂珍小组也特地选出了900斤最好的“四岭一号”良种支援他们。现在，高一队的160亩早稻，获得了大面积丰收。如今，他们更加信服方桂珍试验田的先进经验了。都说：先进是个宝，虚心学习先进，粮食产量高。

江桂英是安城公社同合生产队的分支书记。去年，在方桂珍出席全国农业先进单位代表会议时，她以大面积丰产的事迹出席了全国妇女建设社会主义积极分子大会。江桂英想，方桂珍在那样差的自然条件下，能够种出4000多斤，我们平原地区条件比她好得多，产量却比她们差一半多，跟她一比，我们太落后了。江桂英发动生产队里131个妇女，种了192亩早、中稻试验片。她们诚心诚意地学习方桂珍，又一心一意追赶方桂珍。方桂珍每一封叙述生产情况的来信，江桂英都要召集试验小组的妇女开会讨论，参考方桂珍的生产情况研究制订自己的生产措施。由于她们精心培育，稻苗长得很好。当方桂珍小组的早稻高产的消息传出时，江桂英那里192亩早稻也获得了丰产，已割的一丘“元子二号”，亩产干谷1010斤。

（嵇毓贞　陆秋影）

方桂珍和她的伙伴

《浙江日报》 1959-09-20 第2版

（一）

1958年的暮春时节，安吉县四岭社高山上的竹林还挂满浓霜。一群妇女在向阳的坡地上翻掘，锄头起处，银色的土地立时敞开赭黑的胸膛。她们又说又笑，连竹林也被震得簌簌发响，突然，一个瘦长的中年妇女安详地开了腔，也不知道是对谁发问：

“咱们妇女种块试验田好不好？”

说话的是第一小队妇女队长方桂珍。四十开外的年纪，由于旧日的贫困和劳累，在她黝黑的脸颊上已爬上不少皱纹；但她还是很有劲，使得一手好锄头。

说笑的声音像刀切般地止住了。由于话问得突兀，妇女们怔得面面相觑，一时搭不上腔。

开过全县干部大会，方桂珍心里很不平静。她时刻想起县委第一书记韩世瑞的话：“全党全民搞试验，水稻亩产八百斤，争取秋后上北京！”这是党发出的振奋人心的号召啊！

党，我们的母亲！方桂珍对党有着深厚的感情。过去，她无地无山，缺衣少食，钻草棚，受欺压。是谁解救了她——是党！现在，生产年年提高，丰衣足食，还住上高大的新楼房，她又当上了干部，受人尊敬。这一切又靠了谁——还是党！党——这个光辉的字眼在方桂珍心中已深深地扎下了根。正是这样，几年来，她忠诚地相信党，听党的话，坚定地跟党走；她忘我地劳动，勤奋地工作，朝气蓬勃，就像个年轻人。不久以前，她向党提出了申请，要求党在实际工作中考验她，接受她加入光荣的共产党；而现在，党发出了庄严的召唤……

“县委号召人人搞试验，”方桂珍眉飞色舞地解说开了。“……听说男人们要种八百斤的试验田，我们搞它个一千斤的，和他们比比；县委书记说：‘实现八百斤，秋后上北京’，我们来个‘实现一千斤，秋后上北京’——有信心吗？”

“有信心！”二十来岁的穆阿明抢着回答。这个年轻人，心直口快，生就一副开朗的性子，声音总是那么爽朗，充溢着热情。“能上北京去见毛主席，再高些也能种！”

方阿吉迟疑了一会儿。她今年37岁，是6个孩子的妈妈，最小的孩子还不满1岁。她顾虑家务牵累，搞不好试验田。

“孩子可以组织托儿所……”

不等方桂珍把话说完，方阿吉就接了上去：“好！我也算一个。”

有句老话：“三官菩萨不进财。”她们也觉得三个人还不行。倒不是相信这句背时话，而是觉得力量还嫌单薄；人就是力量，能多一个人也好啊！

方桂珍找上了王金义。这是一个和方桂珍一样年纪的小脚妇女。她有病，身体比较差。由于这里田少，妇女向来只种地，她担心种不好水稻。

方桂珍说：“我们妇女也不短手少脚，不会种，就学；怕什么，有党领导着呢！”

“你们能做到,我也能做到!”王金义信赖地点点头。

听说几个妇女要搞千斤田,还要向男人下战表,好些男子都笑掉了牙。有的说:“几个娘娘家,说话倒不费力气,嘴巴一张,就要搞八百斤、一千斤的;高山上的冷水薄田,连泥带稻草也不会有一千斤——真不知天高地厚!”有的人还冲着方阿吉嚷:“娘娘家真有泼天胆!拖着一大帮孩子,也搞千斤试验田;搞不好先不说,你这是自讨苦吃!”

方阿吉的嘴上还硬,心里可打起了退堂鼓。对她来说,苦,算不了什么,就是受不了这些闲话:“羊肉未吃到,先惹一身膻”,试验田还没有开始搞,闲言碎语就飞来一大堆;要是真的完不成指标,还不知道会有多少呢!可是,能种好吗?老实说,方阿吉心里也没有个底。

没有人叫,四个人自然地碰在一起。穆阿明脸上像烧起一把火,开口就嚷:“真气人!”方阿吉耷拉着头,就像泄了气的皮球。

“不怕,要沉住气!”方桂珍沉着地说。“他们说他们的,我们做我们的;只要有决心,什么事情妇女不能做?瞧着,将来我们可要封他们的嘴!”她停了停,又开了口:“再说,这是党的号召,我们理不屈,而且,也有好些男子说我们妇女有志气呢!”

王金义是嗯嗯地答应着,四个人像有默契似的紧紧靠拢,甚至连彼此的心跳都能听见。方桂珍撩了一把头发,缓缓地说:

“你们听说过吗?没有吃过补的人,一吃上补的,就马上见效;吃惯补的,吃吃见不出。不错,山田土薄,好稻难长;可是,如果我们一股劲地加土上肥,结果是会怎样呢?”

“对呀!”方阿吉若有所悟。“南瓜缺肥,叶子焦黄焦黄,就像个黄疸病人;一上足肥料,碧绿碧绿的,要多好就有多好!”

四个人会意地交换一下兴奋的眼色,她们的心就像万里晴空似的明朗。穆阿明忍不住笑出了声。方桂珍脸上焕发着光彩,霎时间,无数根皱纹好像都长上了快腿。她站起身来,说:“我们这也算个会;现在散‘会’了,我还要到山下找社长去。”

社长是个共产党员,不久以前,方桂珍就是向他提出入党要求的。他很支持妇女们搞试验,还详细交代了种植水稻的技术问题。他说,有困难,找党,也找群众商量。

妇女试验小组正式成立了,方桂珍当了组长。俞家舍大路边的梯田里插起一块触目的中稻千斤牌,它向过路的人们眨着眼睛呢。

（二）

有些男社员口口声声说妇女吹大气,并不完全是轻视妇女的思想在作怪,这里的田也确实不好。特别是方桂珍小组的试验田,坐落于海拔数百米的高山上,才0.816亩,却高高低低地被分割成四块。人们习惯上从这些田的外形看,把它叫作梯田,其实这不很确切:这哪里是梯田!丘丘田都像城墙似的一垛叠一垛,这是“楼田”!有一首诗形容这里的自然环境:

山田挂在峭壁上,稻苗扎根云端里;六月不离棉絮被,十月阳春雪花飞。

山深水冷刺骨缝,田瘦土薄二三寸;晴天九时太阳露,阴天对面不见人。

无风竹林腾绿浪,有风群山万虎啸;自古高山难种稻,相传神农曾吓跑!

这首诗说的是这里山高路陡，天寒水冷，土薄风大，日照不足。一句话，自然条件很差。

人总是人，人是大自然的主宰者，但是，并不是所有人都意识到这一点；而几个妇女有志气，她们不是让自然界牵着鼻子走，而是去征服，去夺取！

为了使薄土变厚、瘦田变肥，她们干的可真不含糊！白天，小队里有活，她们就利用点滴空隙时间狠干加土积肥，早出带肥到田，晚归挑草到栏；夜里，火把像条游龙，惊飞林中宿鸟；中午，寒风刁刁，山道却洒满汗珠。方桂珍额头上的皱纹不时地攒拢，又不时地舒展，她为开拓肥源操心；山峻路陡级级高，她挑着深山老林里的沃土健步如飞。阿吉有时思想上难免有些小疙瘩，可是当疙瘩一解开时，那股劲儿呀真没说的！雨天，她和伙伴们上山割柴脑，浑身叫雨水、汗水湿得起了鸡皮疙瘩；嫩野漆的汁水沾得她的皮肤都烂开了，脸上肿得眼睛只剩两条缝，组长叫她去休息，可她硬是不答应。穆阿明总是嘻嘻哈哈，肩膀压肿了，也从未听见她说过一声累，真是挑起担来一股风，一路山歌唱入云！人家说，羊肠小道九曲十八弯，难走，她咧开嘴："怕什么！要不了几年，公路就要上山巅了。"王金义体力差，但也尽力而为，从不皱眉头……

在0.816亩中稻试验田里，一共加了2500多担客土，土层从原来的三寸增厚到七寸以上；施上嫩树叶、柴脑80担，猪栏粪150担，焦泥灰和土化肥200多担……可别小看这些数字，它是四个妇女多少个不眠之夜的累积，多少心血与汗水的结晶啊！

在前进的道路上必然会有很多困难：有能预期的，也有难以预料的；而她们所付出的心血与汗水又岂止是这些！

赤日炎炎，晴空万里，知了干叫着，番薯叶卷了，竹林烤出了油，山沟流水的琴声也早已消逝，连蛰居深山密林的黄鹿也下了山。它们在行将枯竭的水潭边游转，尽力吮吸沙土中仅有的水分，人们在田头猎获了它。

旱了天！党发出了"丘田口井，抗旱保苗"的紧急号召。方桂珍的皱纹更见深了。她想，老是这样旱下去，怎么得了。妇女们凑在一起，都眼睁睁地看着组长。方桂珍拧起眉头沉思了一会儿，突然，眉结解开了，她提出："挑水！"

"水呢？"连爱说爱笑的穆阿明都傻了眼。

"有办法！"方桂珍脸上的皱纹又跑得没影。

党号召挖地下水，可是山上哪来的水呀！她们就在山下挖起了13个水潭。

挑呀挑呀，来回四里路的陡道，日里挑，夜里挑，每一个昼夜不知道要打多少个来回！一只水潭挑干了，换另一只；一丘田水干涸了，再挑上！方桂珍说："用劲挑呀，秋后见毛主席去！"阿明挑着水在前面飞步走，金义提着水在后面追。阿明逗道："叔婆！来来，赶到我前面去！"

又是多少个不眠之夜，又付出了多少心血与汗水！

稻子快做肚了，长得齐胸高，就像小茭白。老农说，不要挑了，烤烤田，提防倒伏。她们这才停止了挑水。几天后，老天哭了鼻子，溪水哗哗响。她们胜利地对天叫嚷："不怕你不下雨；你再不下我们就再挑，看谁硬得过谁！"男人们由衷地夸奖："妇女劲头是大！"

方桂珍她们说得好："困难就像纸老虎，你越怕它，它越威风；你不怕它，去戳它的马蜂窝，它就现了原形。”

（三）

雁去燕回，又是一年。

一年来，变化很大，方桂珍小组的0.816亩中稻试验田，亩产不是1000斤，而是4075斤！男社员真是从心底里佩服她们。实现了诺言，也实现了希望，方桂珍上了北京，出席全国农业社会主义建设先进单位代表会议，看到了敬爱的毛主席！方桂珍多年的夙愿也实现了，她光荣地加入了中国共产党！

组里的成员也有了变动。王金义——这个埋头苦干的中年妇女——因为疾病，不好再下水，她离开了试验小组。新的生力军补充进来了，她是共青团员方茂生。

方茂生才18岁，长得矮墩墩，胖鼓鼓，人结实，心眼儿也实，人们都叫她“小茂生”。可别看她年纪小，能耐可大哩！120斤重的担子，在陡峭的山道上挑得飞快；割柴脑定额一天300斤，她一个上午就割了320斤；冬天修水库，冰嚓啦啦响，她日夜出工夯土；她还是去年支援钢铁生产的木炭模范哩！

这个姑娘思想好，干活猛，可就是怕羞，不爱说话。生产队党支部书记谢正荣一次和她比挑羊棚灰，老谢挑得气喘吁吁，问她吃力不吃力，她只笑了笑——力气倒是一点也不吝惜，可话就像金子一样珍贵。她的对象是生产队里的会计。那个会计也经常上山参加劳动，孩子们一见他来，就拍着手唱开了：“阿大来了，小茂生！阿大来了，小茂生！……”那姑娘脸上泛起桃红，活干得更猛，任你叫破嗓子，可就是不吭气。瞧，就是这样的一个姑娘！你说她不好，那叫什么话；你说她好，可……她又像面橡皮锣，随你千锤百敲，就硬是不响！

去年，这个姑娘独力种了0.7亩中稻试验田，竟收了1200斤！人家问她为啥加入试验小组，她也笑；可光是笑总也不顶事啊，追得急了，她脸涨得通红，才逼出一句：“人多力量大嘛！”

好嘛！又是4个妇女。今年春天，生活又给这四个妇女提出了新的课题。

这里种起连作稻还是前年的事，由于山上活多，因而妇女很少插手，现在，这四个妇女又种起1.3亩早稻试验田，另外，还与各小队的12个妇女，合种8.7亩早稻丰产畈。

培育早稻最大的威胁是天寒水冷。这一天，方桂珍到安城公社参加妇女试验田现场会议，她被江桂英的试验田吸引住了。

“这里的秧为啥长得这样好？”那青青的稻苗实在惹人喜爱，方桂珍心里就像有猫在抓，痒得不行。心在想着，不留神脚下踏空，两只手抓了两把泥浆。

“咦！这里的田水为啥这样热乎乎的？”这一跌倒跌出了门道。她到附近的水塘里洗手，嘿！水温也不低。

她回想起，前几天在自己的试验田里插秧时还有霜，拔了几把秧，还要生火烤烤发硬的手呢！是啊，这里水温高，所以秧苗长得好；可是山坑田能不能提高水温呢？

散了会，跑了三十多里山路，也没有来得及回家喝上一口茶，就一直跑到试验田边。她把手伸进水里，又不放心似的脱鞋下田，可不是，冰骨头的冷啊！她又仔细地看看秧苗，发现靠近埂边的一行，由于冷水渗入，长得特别黄小。她想，山沟石头缝里流出的活水，不见太阳，特别阴凉，如果不让活水在田里自由进出，田水经过阳光照射，水温不就提高了吗？要用水的话，想法叫活水在田头多转一圈，见见太阳，然后再放进田里，不就好了吗？

好主意！索性家里也不去了，她找谢正荣一商量，老谢问她有啥办法，她说要做避冷水沟。老社员也点点头，说山区过去也有过这种办法。

应着“小茂生”的话，果然是“人多力量大”，用不了多久，一丘试验田做起了避冷水沟。几天后，田埂边的黄苗转青，每畈碧绿，比未做的好得多。于是，避冷水沟就在生产队里推广开了。

劲大心专，智慧就来——任何创造发明都是如此。

（四）

四岭生产队第一小队长陈应宝说：“论生产经验，试验小组的四个妇女不一定会比男社员多，可男社员就服她们那种敢想敢说，说做就做、苦干实干巧干的精神；几个妇女真把男子汉逼上去了！”

这句话说得很好；可是，据四个妇女说，她们依靠了党，依靠了群众，才取得一点成绩。

党！你永远是新生事物的播种者和培育者！当人们在迷雾中彷徨的时候，你在前面召唤；当人们在前进的道路上遇险的时候，你伸出强有力的臂膀；当人们欢呼着登上一个顶峰的时候，你给予鼓舞，勉励，又指引给一个新的旅程。

党给予方桂珍小组以力量和荣誉，群众认为，这是给方桂珍小组的，也是给我们大家每一个人的。他们亲昵地管方桂珍叫“方模范”，并且很关心妇女试验小组。方桂珍她们说：“搞不好生产，对不起党和毛主席！”群众说：“这面高产红旗可一定要保牢！”方桂珍她们说：“争取二次上北京！”群众说：“最好多几个妇女去见毛主席！”

党和群众的关心与鼓舞，使她们增添了无限的信心与力量。

这一天早上，50多岁的李延堂在田头走着，铺满银霜的田塍上一步一个脚印。突然，他擦了擦眼睛弯下身去，啊，水沟里还结着薄冰呢！他三脚两步地赶到妇女试验田边，不得了，怎么秧苗都焦了头了，昨天都还不是好好儿的吗？

支部书记谢正荣刚吃过早饭，正准备出去，他也在思索着这一问题。原来他一大早就去看过试验田了。

“老谢！糟糕了，试验田出毛病了！”李延堂的喊声使老谢吃了一惊。

老谢连忙让座，他沉重地说：“是啊，毛病不轻！”

正在说着，却又听得外边忙不迭的叫声：“老谢，老谢！稻死头了！咋弄？”

这是方桂珍，她跑得满头大汗。

老谢站起身，说：“走！咱们去想想办法。”

田头简直闹翻了天！试验田有病痛可是件大事呀，在附近劳动的各小队的社员、干部，都聚拢来了，人们意见纷纭。

“肥料施得太多了，”第三小队的周文华打炮似的说。“施下那么多的羊棚灰，不烧死才怪呢！”

李延堂不慌不忙地弯下腰，用手在田里捞了几下，只听冰凌簌簌作响。他起身对周文华说：

“你是内行人说外行话！天这么冷，田里越烧越好。照我说是天冷的缘故；昨夜起了西北风，你看，田里不是结冰了！”

有人支持周文华，也有人同意李延堂的说法：这场田头辩论可真热闹。谢正荣没有表态，他在咀嚼着两种对立的意见：羊棚灰热度高，可能是烧的；天也冷，说冻得也可能！

方桂珍心里隐隐作痛，眉头拧成两股绳。她在人丛中挤来挤去，一会儿摸摸焦黄的稻梢，一会儿又找人出主意。突然，她想起了什么，挤出去一连跑了好几丘早稻田，回来，她担忧地对谢正荣说：“不得了，其他早稻田也焦了头啦！”

老谢一听，眉毛一扬，眼睛立时放光，他不假思索地高声发问：“大家说说，肥料施得少的早稻田，为啥也焦了头？”

霎时间，人们静了下来，认为肥多烧焦了的一伙人转念一想，不是原来所想的那么回事，于是，都同意了天冷冻焦的结论。接着，老谢就在田头布置了突击追肥的任务。这一天，全队总动员，不知道施下多少担人粪、羊棚灰和焦泥灰。肥料果然会“烧”：试验稻转青了，全队的早稻苗也转青了。

谢正荣回忆起这件事情时，体会很深，他笑着说：“这是一次自发的也是自觉的、无准备的也是最成功的全队干部、社员包括老农的代表会议。中心议题是如何解决试验田稻梢焦黄、也是全队早稻田稻梢焦黄的问题。会议很紧张，可也最活跃；有现场参观、田头辩论，也有统一思想、突击行动。从提出问题到解决问题，从突破一点到全面铺开，一天时间也不到，速度之快，效果之好，真是空前未有！”

在某种意义上，对于领导者来说，领导好试验田，也就是领导好整个生产；同样，对于群众来说，关心试验田，也就是关心自己种的田——而对于妇女试验小组来说，在这种场合里，既是吸取精神力量，又是学习生产经验；是鼓舞，也是鞭策，是求知，也是实验。

方桂珍小组1.3亩早稻试验田亩产达1743.5斤，妇女丰产畈8.7亩亩产也达1213斤：又是一面高山上的红旗！可是她们自己还不满意。前些日子，方桂珍听说舟山岱中公社虎斗生产队11.28亩早稻亩产破双千，“好哇！”她惬意地咂咂嘴，接着又认真地说：“我们这里山高，产量应该更高；落后了，得赶上去！”

听！在她们看来，山高并非困难条件，而倒是她们得天独厚的一种优势似的：这是一种什么样的思想！她们藐视困难，迎接困难，不断革命，不断创造，朝气蓬勃，勇往直前，不是贪图安逸，而是以克服困难为乐：这又是一种什么样的气概啊！

方桂珍和她的伙伴（本报记者 王昌浩摄）

在七月三十日晓墅公社的党支部书记会议上，谢正荣代表方桂珍小组向全公社发起晚稻超早稻的挑战。公社党委书记熊行富在总结时表扬了方桂珍小组，并号召全体干部和社员向方桂珍小组学习。

朋友们，好像是该结束我的饶舌的时候了。如果说，我的饶舌并没有回答好应该回答的问题，那么，就请你去一次。在高高的四岭山上，有一座高大宽敞的新楼房，那就是方桂珍的家。她很好客，既殷勤而又诚挚，去做客的人特别多，连匆忙的白云也经常无声地扣响她家的门环。他们说，从她那儿回来，带来了水晶般透明的思想和充沛的力量，精神陡长，简直就想插上翅膀飞！如果你想去，那就去吧！

（本报记者　王亮）

高山种出丰产稻

介绍农技师方桂珍

《浙江日报》 1960-09-10　第3版

方桂珍是安吉县晓墅公社昆铜大队党总支副书记、四岭生产队副队长兼小农场场长。她带领的试验小组，在海拔440多米的高山上种出了高产水稻，用事实打破了"自古以来高山难种稻"的迷信。

山区的客观条件是差的，土壤瘠薄，肥力低，耕作层只三四寸深，下层就是黄沙石壁，漏水、漏肥严重，常年亩产仅二三百斤。但是，人是活的，怎能被客观条件难住呢？思想解放了的方桂珍，串连了三个女伴，提出"深耕加客土，瘦田大翻身，实现八百斤，秋后上北京"的响亮口号。在1959年2—3月，她们给每亩高山试验田加了生土3000担，每亩丰产畈加客土2000担。

高山水冷，影响稻苗生长，必须突破这一关。方桂珍想出了开辟水沟的办法，使山坑水经过避水沟再流入稻田时，水温也提高了。秧苗插下只有四五天，就生长很好，原来的黄苗也变了青苗。

秧苗生长好，只证明高山上可以种稻，但是到底能否丰收，还要看下一步的工作。于是她们根据水稻生长各个阶段的需要，制订出了一套完整的田间管理措施，认真执行，并且每天早晚都翻三四里路去检查。每当天气剧变的时候，不论是雨天或黑夜，都是轮流看守，做到人不离田。

她们坚强地向自然作斗争，在高山种出了丰产稻，从而树立起了山区高产的红旗。

竹乡新风

记安吉姚良大队农业学大寨事迹

《浙江日报》 1975-03-19　第02版

被人们誉为“竹乡”的安吉县，有一个学大寨的先进单位——昆铜公社姚良大队。这个大队共有山3500亩，目前毛竹蓄积量达到80余万支，比“文化大革命”前的1965年增长60%以上。

从一场辩论说起

姚良大队每年都按国家下达的计划完成任务。从1969年以来，共向国家投售了商品毛竹47万支，没有一支毛竹流到集市上去。

有一年秋天，正是毛竹砍伐季节。广大干部、群众积极向国家交售毛竹，而一小撮阶级敌人却煽动群众多砍毛竹往自由市场上送，胡说什么“毛竹卖高价，增加收入，对集体和社员都有利”。在这股歪风影响下，有的人心里迷糊了。面对尖锐的阶级斗争，大队党支部认真学习毛主席关于“千万不要忘记阶级斗争”的教导，狠批刘少奇“三自一包”，“四大自由”的罪行。中华人民共和国成立前受尽地主、资本家剥削的党支部书记沈阿生气愤地说：“毛竹到自由市场卖高价，这就是要我们倒退、复辟，走资本主义道路，坚决不干！走社会主义道路就要敢撑顶风船！”一席话，说得大家心里亮堂堂。

紧接着，大队党支部发动社员群众进行了一场“毛竹应该卖给谁”的大辩论，向阶级敌人展开了针锋相对的斗争。

老贫农谢阿大激动地说：“中华人民共和国成立前，姚良12户地主、富农就霸占了80%的土地和山林。我们贫下中农到山上拾点枯柴，就被地主打得死去活来。中华人民共和国成立后，在毛主席和共产党领导下，我们贫下中农才翻了身。现在，阶级敌人不断变换手法，煽动毛竹卖高价，就是想挖社会主义墙脚，复辟资本主义。”其他社员也一致表示：我们是社会主义的姚良，搞竹木自由交易，就会卖掉社会主义方向，我们坚决不答应！

一辩论，一对比，使大家提高了阶级斗争和路线斗争觉悟，狠狠地打击了那个煽动搞资本主义的地主分子。阶级敌人破坏山林的阴谋被粉碎了，社员们喜气洋洋地拉着一车车又粗又长的毛竹投售给国家。从此，他们每碰到什么问题，就发动群众辩一辩，分清路线，一次又一次地打退阶级敌人和资本主义势力的进攻，把山林抚育得更好。

一车毛竹的由来

姚良大队干部、群众既不搞竹木自由交易，也不拿竹木“走后门”，徇私情。

有一次，这个大队的一个党员，没有经过集体研究讨论，就擅自将一车毛竹运到山外，支援朋友造房子。对此，社员们意见很大。有的说：党员做这样的事，该好好整一整；有的说：何必呢，马马虎虎算啦。而这位党员则认为，毛竹的钱我已经交给了集体，没白送，又没贪污，有什么大惊小怪的。

大队党支部感到，这是关系到能否模范地执行山林管理制度，发展社会主义林业生产的原则问题，一定要严肃对待，认真解决。于是，在专门召开的会议上，和这个党员一起学习毛主席著作和党的十大文献，一起批判林彪妄图复辟资本主义的反革命罪行，批判孔孟的反动谬论。大队党支部副书记谢正荣语重心长地说："户看户，社员看干部，我们党员要'立党为公'。如果为自己谋私利，搞不正之风，就会助长资本主义倾向，丢掉社会主义大目标。"其他党员也说："我们的权力是人民群众给的，我们就得带领人民干社会主义，把上层建筑领域里的社会主义革命进行到底。"

会后，老谢和其他同志又分别找这个党员谈心，耐心细致地做思想政治工作，使他提高了觉悟，认识到自己的错误，主动做了自我批评，并把这车毛竹取回来卖给国家。社员们满意地说："我们的党支部原则问题不含糊；这样的党员，我们信得过。"

干部们以身作则，社员们都自觉遵守山林管理制度，使山林越养越好。

红光发亮的挑杠

山林养好了，姚良大队的干部、群众仍不忘艰苦奋斗，节约每一支竹为国家社会主义建设多做贡献。

现在，你在姚良大队随时都能见到社员们肩上那一根根红光发亮的挑杠。这挑杠，充分反映了竹乡人民的新风尚。

这个大队经过批林整风，制订了节约用竹的制度。可是，有些社员上山做毛料，图方便、省力气，毛料担到山下，连挑杠一起往堆场一丢，空手回到山上，又新砍一根毛竹当挑杠。有些老贫农去劝阻，他们却毫不在乎地说："山里人多用支把毛竹，小意思。"党支部书记老沈看在眼里，记在心里。他想：为什么经过全大队干部、群众一致讨论通过的制度又不灵了呢？通过仔细观察和调查，原来是有个地主分子在背后捣乱，散布什么"山里人靠山吃山，砍根毛竹理所当然"的谬论，并趁做毛料的机会，偷偷地将挑杠一根根往自己家里拖，再把挑杠劈篾打成篮子，出高价搞资本主义。老沈和几个社员跑到这个地主分子家里一看，短短几天时间，这个家伙就盗窃了120根挑杠。

老沈抓住这一现实的阶级斗争，发动群众狠狠批判、打击了阶级敌人的破坏活动。在这基础上，向社员群众进行爱国家、爱集体的教育。他和社员们算了一笔账：全大队每年秋季150人上山做毛料，如果每人每天砍两根挑杠，一天要砍300支竹，一季就要砍27000支竹。加上另外用竹，不要几年，我们姚良就要变成荒山秃岭，还谈得上什么对国家多做贡献？

不算不知道，一算心开窍。社员们都说："立足昆山腰，眼望全世界，身居竹乡，要惜竹如金。"从此，社员们都自觉地执行节约用竹制度，做到精打细算，能省则省，旧的能用就不砍新竹；上山砍柴、做毛料、砍捆索，不是找野藤，就是找细小的竹子，尽量节约毛竹支援国家社会主义建设。

一滴水反映着太阳的光辉。你看这一根根红光发亮的挑杠，正包含着竹乡人民艰苦奋斗，支援祖国社会主义建设的深情厚谊！今天，在批林批孔运动朝着普及、深入、持久方向发展的形势下，姚良人民正在认真总结经验，决心把竹乡新风发扬光大！

（安吉县革委会报道组）

竹乡新貌

《浙江日报》 1975-06-22 第2版

昆铜公社上舍大队是安吉县农业学大寨的先进单位。这个大队的党支部,认真学习无产阶级专政的理论,增强革命团结,带领广大群众,坚持意识形态领域里的革命。他们认真办好政治夜校,培训以贫下中农为骨干的马克思主义理论队伍;发动群众学唱革命样板戏、大讲革命故事;巩固合作医疗制度;开展群众性体育活动。广大群众提高了社会主义觉悟,有力地促进了农业学大寨运动的深入开展。现在,这个大队到处呈现出一派欣欣向荣的景象。

大队党支部成员和社员们一起学习无产阶级专政理论,决心更好地把巩固无产阶级专政的任务落实到基层。

大队党支部注意在三大革命运动中培养年轻干部。

党支部副书记朱利生和社员一起播晚稻谷种。

新的一天开始了，干部和社员们一起下田劳动。

社员们经常通过革命大批判专栏，开展对于修正主义的批判。

深入开展学大寨运动，决心夺取今年早稻丰收。

大队文宣队新编的《十唱小靳庄》很受社员欢迎。

竹乡，有一枝翠竹

——记优秀教师朱双凤

《浙江日报》 1986-09-05 第4版

位于天目山北麓、西苕溪上中游的竹乡安吉县境内，有一枝扎根在深山冷坞的"翠竹"——全国教育系统劳动模范、人民教师奖章获得者、昆铜乡潘家上村小学教师朱双凤。这位四十八岁的女教师已在偏僻的小山村里拓垦了22个春秋，把纯真的爱献给了教育事业。

1962年，以优异成绩从丽水林校毕业的朱双凤，服从党的召唤，回到了安吉县昆铜乡，两年后被当地群众推荐担任钱坑桥村耕读小学的教师。离钱坑桥村十多里的梓坊村，其中有一个生产队，坐落在海拔700余米的苍蒲山。那里陡峭荒凉，山上12户人家的子女要读书，每天来回需爬十六里的山路。上级决定在山上办一个复式班，找到了朱双凤，让她去任教。不久，她身背不满周岁的小儿子，带上油盐米菜及日用品，一步一步地爬上了苍蒲山。

山上没有教室，没有课桌椅凳，连黑板和粉笔也没有。但当朱双凤看到十几双渴求学习的眼睛和村民热切期待的目光时，她动心了：“这里的孩子需要教师，再苦再累我也要坚持下去！”就这样，腾出生产队队长家的堂屋做教室，用吃饭桌代替课桌，用门板当黑板，开办了一个小学复式班。她拿着28元的月薪，既当教师，又兼任生产队会计。白天上课，晚上在竹篾火的照明下备课、批改作业、记工分账。在北风呼呼、气温降到零下七八摄氏度的寒冬腊月里，朱双凤让学生围着火堆，照常坚持上课。

苍蒲山上的学生基础差，要教好学生是一件颇不容易的事。日复一日，年复一年，朱老师为苍蒲山上的孩子操碎了心，她病倒了。当四位村民把她抬下山送到钱坑桥诊所时，一量体温竟高达40度。一些村民抹着眼泪说：“朱老师，你为苍蒲山上的孩子送来了文化，可你的身体拖垮了。”住院期间，朱老师又请爱人的弟弟上山代课。三个月病愈后，爱人劝她说：“你不要去苍蒲了。你在苍蒲教书，你拖垮了身体，我为你送粮送物也累坏了。”朱老师却说：“我不能离开苍蒲山，就像我离不开自己的孩子。”通情达理的爱人只得又一次点头称是。

三年后，组织上调她到另一山村潘家上村小任教，教的是单班三复式，一天六节课。朱老师在黑板前手不停、嘴不停、脑不停。午休和放学后，还常常要给差生补课。一天下来，嗓子发干，手脚发麻，身子发软。晚饭后，不是家访，就是在灯下备课、批改作业。但她从不叫一声苦。

韶华流逝，带走了朱老师年轻时的风韵和光泽，她的双眼也有了鱼尾纹。可她就是舍不得离开四周长满翠竹的小山村。朱双凤的丈夫在县城工作，有关部门也同意她调到县城一个教育单位。但朱老师已对这个远离县城百余里之遥的小山村，有了难分难舍的深厚感情。她只得找了一个“理由”来搪塞：“这里日夜安静，夏天又凉爽，我舍不得离开。”当地有不少人对此感到不可思议，说她自讨苦吃，她却淡淡地回答道：“习惯了，就也不觉得苦。”

“一个人的价值，在于她贡献了什么，而不应该看她得到了什么。”这是朱双凤老师常说的一句话。她真像那“历四时而常茂”的翠竹，深深地扎根在峭壁山崖中，悄悄地把养料输送给即将破土而出的竹笋，孕育那未来的新一代。

（金光华）

一枝翠竹出国门　万顷竹海犹嫌少

《浙江日报》　2001-10-09　第6版

如果不是实地调查，很难相信这样一个事实：有着100万亩竹林、年产商品毛竹2000万株的安吉县，从去年9月1日到今年8月31日的一年时间里，从江西、福建等地购进了2000多万株毛竹来搞竹制品加工。过去是守着竹海，靠卖原竹过日子，如今外省毛竹“倒”流进安吉县。用当地竹农的话来说，那就是“一竿翠竹出了国门，万顷竹海当然也就不够用”。

1979年，安吉县罐头食品厂首次试制水煮笋成功并顺利出口日本，展示出以竹笋加工为主的食品加工业的广阔前景。通过20多年的发展，目前安吉全县竹笋加工厂达50余家，年产水煮笋制品2.5万吨，其中1万余吨销往东南亚及欧美等地，年创汇达1000余万美元。

立足国内看国外，思路一变天地宽。竹笋能深加工，竹子也就能精加工。如今，全县涌现了1600家竹制品加工企业，年加工原竹能力超过4000多万株，并成功开发出五大系列700多个品种。短短10年间，安吉人种一株毛竹的产出已提高了几十倍，竹产业已成为该县的第一产业。杭垓镇坚安公司的竹地板年生产能力已达20万平方米，产品销往美国。坐落于昆铜乡的省级农业龙头企业春晖竹木业有限公司，利用当地杂竹品种多、面积大的优势，生产的寿司卷、铁炮串、茶杯垫等80多个竹工艺产品在国际市场十分走俏。鄣吴镇利用书画大师吴昌硕故里的优势，发展竹工艺扇厂30余家，年产各类工艺扇30万把。永和乡姚村年产值达数千万元的竹鞭工艺品，均是外贸抢手货。竹子全身是“宝”：竹根做根雕，竹枝编花篮，竹竿制地板，就连竹叶也成了“香饽饽”，安吉圣氏生物制品公司与大专院校合作，从中成功提取竹叶黄酮，还利用竹叶黄酮生产保健胶囊、饮料、啤酒等产品，深受外商青睐。

一竿翠竹出国门，万顷竹海闪金光。安吉县竹产业“蛋糕”越做越大：立竹量1.32亿株，商品竹年产量2000万株，竹业年产值28亿元，竹制品年出口总额6亿元，竹业经济综合实力，均是全国第一。安吉凭着这五个第一，已稳稳当当地坐上了中国十大竹乡的头把交椅。靠竹致富的安吉人，学会了合理开发和科学种植，促进了当地竹产业的可持续发展。全县每年计划采伐2000万株，指标分解到农户，超额重罚，从源头上避免了过度砍伐现象的发生。同时，加大科技培育力度，狠抓竹子科技推广，在全县办起了10多个科技兴林示范村。该县天荒坪镇东坞里村还建起了全国首个毛竹生产现代园区，园区面积5万亩，年亩产值高达4000元。

（通讯员　陈毛应）

代表一条意见　制止毁林事件

《浙江日报》　2003-06-26　第6版

最近，安吉县林业部门根据县人大代表的一条意见，依法查处了一起毁林事件，保护了大片生态公益林。

5月12日，县人大代表周重凯反映：近几个月来，有不少外地民工在昆铜乡大肆砍伐生态公益林中的柴木，出售到德清、余杭等地，希望有关部门能管一管。县林业局接到建议函后，立即指派当地森林派出所到昆铜进行实地调查。调查人员当场截获了几辆满载槠树、青冈栎等阔叶林木的拖拉机。并查明，这批民工都是贵州人，有五六十人之多。今年3月以来，他们在昆铜、梅溪、递铺等乡镇的林区四处乱砍滥伐，致使大片生态公益林遭到破坏。森林公安对他们进行了批评教育，并依法对为首者进行了严肃处理。目前，毁林行为已得到有效制止。

（通讯员　程维新　秦光明）

一把喜糖化解44年山林纠纷

新婚之夜，新郎仍在现场调解

《浙江日报》 2007-07-25 第7版

新婚之夜，安吉县昆铜乡司法所干部余五四依然坚守在调解现场，专程赶来的新娘现场发放喜糖，此举终于感动了山民。去年大年三十那天，在全体村民的见证下，44年无“界”的山林第一次有了界桩。安吉县这起山林纠纷得到成功调解，近日受到省信访局表扬。

里阳坞山位于昆铜乡的中部，当时山林的约定是竹山归管城村，柴山归三山村。由于没有具体界址，毛竹一直向柴山延伸，两村村民之间因界址产生的矛盾越积越深，20多年前的一场纠纷还导致一村民意外死亡，让两村积怨更深。

去年年底，昆铜乡派出了6名乡干部组成工作组进驻两村。“问题不解决，干部不撤回”。临行前，6名干部向组织立下了“军令状”。

工作组把里阳坞山60余亩山林跑了好几遍，先后调阅了大量原始案卷，对涉及两个村近千户村民进行逐户走访，调查笔记整整记录了三大本，但焦点的界址在哪里依然是桩“无头公案”。

“以前，我认为三山村的村民利益受到了很大损失。”三山村74岁老党员沈寿琪，并不讳言自己当初带领村民一起信访、打官司。老人与绝大多数村民的思想转变，缘于今年2月8日的那场特殊的婚礼——乡司法所所长余五四，下乡后一连3个月都没有回趟家。那天是他结婚的大喜日子。而当天晚上，又赶上了余五四主持召开三山村民的第18次协调会。余五四给新娘挂了个电话后，晚上就留在了村里。当晚的会议由于涉及山林补偿的价格问题，村民争议很大，会议开得很晚，气氛很紧张。

“入洞房”少了新郎官，远在湖州的新娘连夜赶到村里，看着深夜丈夫仍与一屋子的农民坐在一起商量解决方案，情急之下，她现场派发了喜烟和喜糖，这个举动让现场的村民深深感动，事情有了转机。两村农民都表示，愿意各退一步，协助工作组解决山林纠纷。

2月17 日，再有两天就是春节，所有涉及的农户和村小组均签下了山林新界址协议。乡林业站站长赵卫星更是在大年三十，在两村百姓的见证下，为山林界址打下了标准界桩，至此，这一纠缠两个村庄44年的恩怨终于尘埃落定。

67岁的老支书石亚明，当了近半个世纪的村干部，亲身经历了整个事件的曲曲折折，在最后的签字现场，他动情地流下了热泪。“山林纠纷的解决，做到讲理和不讲理的村民都没有异议，真是了不起呀！”

（本报记者 汪成明 安吉县委报道组 陈毛应）

安吉《竹叶龙》舞进央视

《浙江日报》2007-12-18　第5版

今天上午，安吉县昆铜乡上舍村像过年一样，家家户户都放下手中的活计，早早地等候着一个重要时刻的到来：该村农民表演的《竹叶龙》节目今天要在中央电视台播出了！

虽然是上午9点在央视播出，可7点不到，93岁的朱正身老人就坐在电视机旁边守候。“这里是中央电视台国际频道《同乐五洲》特别节目《相聚安吉》的演播现场……接下来我们将要欣赏的是一个有着200多年历史的上舍村《竹叶龙》表演！”大家都屏住呼吸，睁大双眼，生怕漏掉每一个细节：22个汉子头扎红巾，腰系红带，身穿金色服装，手捏竹叶伴随竹笋的道具，腾、跳、翻、滚，时而如万顷竹海绿浪翻滚，时而如春雨润物春笋勃发，一眨眼工夫，竹叶竹笋道具又变成了两条腾空而起的竹龙，龙戏珠、龙缠竹、龙掘笋、龙盘根、龙翻身……一个个优美的造型让人目不暇接。

今年10月，2007中国（安吉）竹文化节开幕式晚会上，中央电视台国际频道《同乐五洲》特别节目《相聚安吉》的录制现场，安吉县结合农民“种文化”百村赛活动，将《竹叶龙》《竹乐》等安吉特色的传统文艺节目搬上舞台，并让农民当演员，与当红歌星同台PK，激发了农民朋友的激情。如今，安吉县专门成立了安吉农民竹子打击乐团，上舍村也成立了《竹叶龙》表演队。

（安吉县报道组　陈毛应）

安吉《竹叶龙》舞向巴黎

《浙江日报》　2009-04-08　第9版

今天上午，接到赴巴黎参加第37届法国和平艺术节的邀请和签证，安吉县昆铜乡上舍村村民欣喜若狂——“竹叶龙要舞出国门了！”

作为安吉的一朵民间艺术奇葩，竹叶龙距今已有200多年的历史，整条龙由12节花灯衔接而成，制作选材是安吉竹子的杆、皮、叶、鞭、笋等，演出时有龙入阵、龙戏珠、龙缠竹、龙掘笋、龙盘根、龙翻身等12个造型。由于整条龙可分可合，“静则竹海碧波，绿浪汹涌；动则蛟龙腾空，气势磅礴”，看过竹叶龙的人无不为它巧妙的设计、壮观的场面所感染。

按照法方的安排，竹叶龙将在7月9日第37届法国和平艺术节开幕式上表演后，赴法国各地进行20多场演出，并参加7月22日的闭幕式。

此前，竹叶龙只是逢年过节在村舍农家表演，2007年年初在全省农民“种文化”活动中脱颖而出。通过专家和当地民间艺人的努力，经过13次重大的修改，竹叶龙由原先田间地头的演练变成了现在的舞台表演艺术。上舍村由此成立了安吉竹龙艺术团。艺术团的团员们都表示，这次一定要将竹叶龙的壮观场面表演得淋漓尽致，将安吉民间文化的独特艺术魅力展示给法国观众。

（安吉县报道组　陈毛应）

寻访仙翁炼丹处

《安吉新闻》2018年8月14日第7版

寻葛坞

每每查阅古代安吉地方文献，“葛坞”之名常跃入眼帘，仅清同治版《安吉县志》就有《山川》篇，《古迹》篇和《艺文》篇的相关记载。但在安吉县政区图、地形图、地名志，乃至最新的安吉县标准地名名录中，却始终未见“葛坞”踪影。由于之前尚未开展这方面的研究调查，其探寻工作也就一直没有开展。尽管如此，作为古代安吉县的百科全书，旧志能在不同篇幅中提到葛坞，说明其在安吉历史上的重要性。由此，探秘“葛坞”在心头久久萦绕，以至于每次碰到志同道合者都会请教葛坞的谜团，但始终没有求到满意的答复。近期友人发我一幅民国30年(1941)版的《安吉县乡镇区域详图》，猛然发现时有“高葛乡”，其位置就在今梅溪镇的昆铜地区，为寻找葛坞提供了大致的方位，也激发起了我沉睡多年的探寻热情。

今年开春之际，受梅溪镇干溪桥村之邀，帮助村里挖掘历史人文资源，为文化礼堂和美丽乡村的展示服务，由此意识到，探寻葛坞的机会终于来临，遂召开座谈会，咨询村干部，采访当地人。“干溪桥既没有与‘葛’相关的地名，又没有姓葛的村民，原来的高葛乡不知道是怎么来的。”村支书如是说。“我们这里有直坞里、东坞里、严家坞，就是没有葛坞。至于20世纪50年代这里为什么叫葛坞村，我们也不知道，祖上从来没有关于葛坞的相传。”一位居住在直坞里的耄耋老人虽没有让我得到葛坞来历的答案，但却为我提供了“干溪桥曾经叫过葛坞村”的重要线索，预感远去的葛坞将在不久的时日向我们走来。

近日，应约再次前往干溪桥，临行前，重新查阅有关葛坞的资料。“葛坞，在州东三十里，有东坞、西坞之分，可以相望。”“葛坞”与“东坞”在旧志中一并出现，突然想起直坞里老人曾经提到过的“东坞里”，马上翻开1984年版的《安吉县地名志》，在干溪桥村一节中，“东坞里”地名赫然在目。与此同时，该志在干溪桥村的历史沿革中，明确记载其曾经叫过“葛坞村”和“高葛大队”，真可谓“踏破铁鞋无觅处，得来全不费工夫”。

探葛坞

探秘是一件很神奇的事，尽管骄阳似火，酷暑难当，但阻挡不了我强烈的探奇心。穿过干溪桥村西南0.5千米的严家坞，向南眺望，满眼绿色里见一条宽阔隆起的山梁由南向北延伸，将一处较大的山坳分割成东、西二条长长的山坞，当地人告知，这就是东坞和西坞。仔细观察地形地貌，与旧志记载的葛坞完全吻合。

踏进东坞，只见坞口有一处开阔的平地，上为茂密的竹林、荒芜的杂草。寂静的山谷只听得哗啦啦的流水声，一条南北走向的山溪流淌着清澈的山泉。通过踏勘，未发现平地上有任何的历史遗迹。再向南数米，即为狭窄的山坞；西坞的地形亦与东坞相似，一条山路直插坞内，两侧即为收分的山体，同样，这里也是竹林密布，荒草一片。

两位古稀之年的严家坞村民告诉我，紧连东坞东侧是董家塘水库和“天官墓”，那边竹漾里还有一处老庙墓。在二十世纪六七十年代造房子时，他们从庙基和天官墓处搬来了很多大块石用来垫墙脚。“塘”“墓”“庙基”“大块石”这些古迹元素下意识地告诉我，那边才有可能是我们苦苦寻觅的地方。在踏看了两家的石构件后即赶往董家塘水库。

董家塘水库位于三面环山，唯北豁口似畚箕状的山坳内，库容10万立方米。隔山梁，东面是直坞里，西面为东坞里。仔细观察地形发现，水库坐落的位置极具优势，坐东南朝西北，背山体略高，两侧山体逐渐向外倾斜延伸，犹如一把太师椅，稳重又舒适。“1956年水库扩建前，这里是一口老池塘，面积只有三四百平方米。水库南侧山体上有天官墓，水库内还有从天官墓前滚下来的石马、石羊。”指路的村民侃侃而谈。

对于这里，还是比较熟悉的，因为这是我第四次到来，一次是8年前文物调查，一次是4年前调查董家塘来历，最近一次是今年开春采访天官墓故事时到现场踏看。至于天官（民间对在朝廷当官人的俗称）墓，文物普查时专门进行了登录，它是一处古代墓群，共有6座墓丘，其中一座规模较大，但都遭到了严重的破坏。从墓葬形制和墓区散落的石构件、砖块和水库内一件基本完整的石像生推断，是明代遗存，与当地人称的“天官墓”在年代上是吻合的。庙基的地方已荒败不堪，原建筑基址范围无法辨认，除散落的数块与严家坞村民房屋墙脚石相同的小块石外，未见其他遗存，自然就无法确定它原来到底是寺庙建筑，还是其他古建筑。

在干溪桥，流传着为破风水扩建董家塘和天官葬金头的故事，两则故事的主人公虽一个为商人，一个为天官，但都指向了来自南浔的董姓。由此，不由得使我浮想联翩：这董家塘是不是旧志记载的“洗药池”，庙基是不是“葛公祠”遗址，而这天官是否就是“一生构别业于故鄣之葛山”，年老致仕后小隐于此并终老于此的乌程（时南浔为乌程境内）人董份之墓，以至于董份之孙的董嗣成、董斯张及其之后的释南潜“寻葛坞旧迹，往来故鄣间”呢？

溯葛坞

东坞、西坞与葛坞，三者间有什么联系，这“葛坞”之名从何而来？

清同治版《安吉县志·古迹》载：“葛坞，在州东三十里昆山乡，上有葛公祠。”明代董斯张《葛坞作二首》，其中一首云：“笋鞭横出欲穿篱，松子才生鼠不知。细雨一林山鬼语，白鸥浴起葛公池。”那么这葛公祠、葛公池的“葛公”又指的是谁呢？

明《吴兴掌故集》载：“葛仙山，乌程南五十里。职方国志云：葛仙炼丹之处在天下有一十有三，乌程居其一，上有丹灶药臼”；明代进士，礼部员外郎董嗣成在《葛坞山行即事》中写道：“万里翠烟凝，探奇最上层。……仙人丹灶处，犹有紫鸾乘。”“仙人丹灶处”即仙人炼丹的灶台。于是，将上面提到的“葛公”与此二处记载的“葛仙”“仙人”作一联系，遂将目标锁定到了距今1700多年前东晋时期的葛洪。

葛洪（284—364），字稚川，自号抱朴子。东晋道教学者、著名炼丹家、医药学家，晋丹阳郡句容（今江苏句容县）人。三国方士葛玄之侄孙，世称“小仙翁”。他曾受封为关内侯，后隐居罗浮山（今广东惠州市境内）炼丹，著有《肘后方》等。

葛洪出身江南士族。其祖在三国吴时历任御史中丞、吏部尚书等要职，封寿县侯。其父悌，继续仕吴。吴亡以后，初以故官仕晋，最后迁邵陵太守，卒于官。葛洪为悌之第三子，颇受其父之娇宠，年十三，其父去世，从此家道中落，乃“饥寒困瘁，躬执耕穑，承星履草，密勿畴袭。伐薪卖之，以给纸笔，就营田园处，以柴火写书。常乏纸，每所写，反复有字，人鲜能读也。”

通过以上梳理得知，“葛坞”其名来源于仙翁葛洪曾经在此炼过仙丹，并传承至20世纪70年代末[民国时期有高葛（高家坞与葛坞合称，高家坞现属长林垓村，地名犹在）乡，20世纪50年代有葛坞村，六七十年代有高葛大队]。后来，随着行政区划的调整，地名的改换，“葛坞”慢慢从人们的视野中消失。如今，大部分干溪桥人基本不知道葛坞了，自然也包括20世纪60年代出生的村书记。

至于“天官墓”，虽旧志未有墓主人的明确记载，但《安吉县地名志》却记载：“董家塘水库……库址原是明代进士董姓坟墓，坟前有水塘，俗称董家塘。”原来如此，怪不得董家塘有如此优越的地理环境。结合考古调查、史料记载和民间故事等各方面信息，天官墓的墓主人确定为“一生构别业于故鄣之葛山（即葛坞）”的明嘉靖进士、工部和礼部尚书乌程人董份的推论，应该是没有问题的。

综合上述资料和信息，是否可以进行这样的推测：1700多年前，葛洪在此炼仙丹，并留下了祠堂（葛公祠）、池塘（洗药池）、炼丹灶、药臼等遗迹，为纪念葛洪，后人将此取名为“葛坞”（也叫葛坞山、葛仙山或葛山）。到了1200多年后的明代中晚期，董份追寻先贤足迹，在此置业和隐居，仙逝后葬于此，其后人还经常来此祭奠他。后来，祠堂坍塌，炼丹灶消失，豪华的天官墓被盗。再后来，洗药池被扩建成水库，天官墓和祠堂的石构件被附近村民搬去造房，葛坞逐渐衰败，直至消失。就这样，一处积淀深厚人文内涵，遗存众多历史古迹的葛坞，如今成了一处无人问津，甚至被遗忘的山旮旯。

赞葛坞

弄清了葛坞的历史渊源，就不难理解旧志为何在不同篇幅中记载着葛坞的情况，并将其作为一处历史古迹加以记录。历史名人及其留下的历史遗迹，历朝历代都相当关注与重视，载入史册告诉后人，不乏是一种最好的传承方式。也许通过现代科学的考古调查与发掘手段，葛坞可能还会有更多惊人的发现。

有了仙翁葛洪的足迹，名人雅士纷纷前来探秘，并留下了多篇描写与赞美葛坞的诗句，这在乌程（今湖州）人董氏一族中就能找到很多的例证，他们的古地名诗为今人揭开葛坞之谜提供了宝贵的历史资料。

明嘉靖进士、工部与礼部尚书董份，其在《初得葛山别业》一诗中写道：“鸡鸣客馆晓寒侵，早舁篮舆野兴深。买得一山称小隐，薄游五岳是初心。地传句漏成丹处，人拟苏门渡啸音。若道长生真可学，洞中石髓正堪寻。”从诗中可以看出，董份得知葛洪曾经在此炼过仙丹，又看到这里环境优美，想必是一处仙境之地，于是在此置业，一生热恋于葛坞。年老致仕后便小隐于此，欲学仙翁长生之术，将人生的“最后一千米”托付给了这世外桃源。

董份之孙，明万历进士、礼部员外郎董嗣成，遵循祖父足迹多次来到葛坞寻踪，留下了“万里翠烟凝，探奇最上层。悬萝危石堕，映日碧潭澄。日落惟闻虎，云深不见僧。仙人丹灶处，犹有紫鸾乘”的《葛坞山行即事》诗，对葛坞的美景作了生动的描绘。

释南潜，号月函，初名说，字若雨。董份之后，即出家，云游四方。已归吴中，寻葛坞旧迹，往来故鄣间。其著的《石屏六咏》《洗药池》《洗叶池》等，皆描写了葛坞的景色、遗迹及其在此生活的状况。他在《洗药池》有序中写道：葛坞至胜以二水：一为凫荡，一为洗药池，即洞池也。入山问池，池已圮，积日经营洗发而后清洁。并作“石藻冷光动，满池秋发荣。忍杀数年景，时将尘土并。山不有时厄，洁心终自明。来看南岭日，濯影此中行。”一诗。

“空山无以赠，古镜以相遗。镜莹不受叶，叶至风洗之。水不自洗水，风洗洗尤奇。寄言洗心者，照影来何迟。野人进一筹，长风为听之。楠叶丹砂红，反侧咸可书。怜下不忍角，晓拾双袖垂。秀采秘天地，弃捐良足悲。吹来破水面，文波淡相随。勿同众叶洗，庶以发清辉。”这是释南潜一首描写葛坞洗叶池的诗，记叙了空山之中的洗叶池是古人留下的遗迹，晶莹如镜，不仅可以洗叶，也可以洗心，但人们却迟迟没有领悟。还用“红叶题诗”的典故，写落叶随风漂流，它虽没有根基，但在水中散发着清辉。借物喻人，大概是他对人生的一种领悟吧！

揭开了尘封多年的葛坞，干溪桥美丽乡村的主题文化得以显现，成为安吉乡土文化中的一大亮点，是安吉美丽的生态环境造就了“长生文化”在此得以播种、生根、发芽、开花。据了解，在干溪桥690位村民中，80岁以上的老人达20余位，确为长寿之乡，长生文化得以一脉相承。至于仙翁葛洪是否真的在此炼过仙丹，虽然旧志记载了一些信息，但尚缺乏可靠的实物资料来加以证实。尽管如此，也已无关紧要，哪怕这是一个美丽的传说，足以让干溪桥村的乡土文化熠熠生辉了。

（程永军，安吉县文物局原副局长、博物馆副馆长、研究员）

第五节　部分文件辑存

安吉县人民委员会转知关于土改扫尾时所没收地主稻谷、金银变价款处理问题的几点意见

安财字1910号

各乡人民委员会：

按省财政厅一九五六年七月十七日财预字第4257号函，关于土改扫尾时所没收地主稻谷、金银变价款处理问题的几点意见，现转知如下希查照办理：

1. 土改扫尾时没收地主的物资，当时未分给农民，由乡人民委员会变价存入信用社，作为基金价款，可作为信用社基金，但乡人委因特殊原因需动用该款时，应该乡人委会讨论同意报县人委批准。

2. 农业社开荒所发现的金银财物，应归农业社集体所有，作为农业社的公共财物，如有历史价值的古代文物国家需要，可给农业社适当报酬奖励或动员农业社赠献。

3. 地主过去埋藏地下的金银等物，因土改时土地已分给农民，现在农民绝大多数已加入农业社，因此埋藏在已加入农业社社员土地下的金银等物，经发掘应交给该乡农民讨论处理，一般应作为支持集体的农业生产费用，不应分配给队，但对于发现的人，应予适当的奖励，对地主主动向农业社或国家交代有埋藏金银等物，应给予奖励或适当鼓励，没有交代的，不得追交，避免追逼等混乱现象的产生，以上各点即希查照办理。

安吉县人民委员会

1956年8月14日封发

昆铜区农业合作化问题的总结检查通报

基本情况：昆铜区共有八个乡、一个镇，5505户，其中农业户数占总数94%，现有贫下中农占全区65%左右，全区有水田47761亩，旱地12104亩，大部分农民主要经济生活来源是依靠水稻生产。几年来随着生产发展，互助合作运动有了很大发展，到今年8月底，全区在互助组、初级社的基础上已发展了5个半社会主义性质的农业生产合作社，入社农户1354户，占总数20.53%，互助组229个，3073户，占总数43.2%。互助合作组织在各项生产运动中都发挥了积极作用，特别是55个农业社是显示了土地劳动力集体经营的优越性，带领互助组和个体农民，贯彻了一系列的农业生产技术，战胜了严重的虫旱灾害。开展了增产节约运动，因此得到了全区农业生产普遍增产丰收，95%以上的农业社都比去年增加生产、增加收入，大大激发全区农民合作化积极性。省委在互助合作会议后，经过初步贯彻毛主席关于农业合作化问题的指示宣传以后，群众性的合作化运动高潮就开始酝酿形成起来。如三社乡粮食三定工作结束后，通过整社和制订秋收分配方案工作，初步贯彻了毛主席指示精神，就有6个互助组积极要求办社，群众性的合作化高潮已全部到来，但当时区委对这一新形势还认识不足，没有认真组织干部学习毛主席指示，检查批判右倾情绪和富裕农民思想。因此，干部对合作化高潮已经到来的新形势普遍看不到，仍然存在着前怕狼、后怕虎的思想，突出表现在规划中重保守，贯彻毛主席指示宣传教育不够积极，迅速有力，运动发展声势不大。群众思想发动不深不广，同时，整社、规划、发展也有脱节现象，整社、规划过程中，群众已经运动起来，但领导仍然小手小脚，按部就班，论阶段，没有积极勇敢地跟上运动。自九月中旬的全省、县会议精神贯彻后，区委即召开了区乡干部会议，认真学习毛主席指示和五年计划以及黑龙江省关于贯彻农业合作化，全面规划，加强领导方针的经验，进一步提高干部的社会主义觉悟，树立了合作社大发展的前进思想，并结合本区、乡的具体情况，分析了农业合作化运动发展的有利条件和不利因素，自觉检查与批判了在贯彻“坚决收缩”的错误方针以后，对领导农业合作运动的右倾情绪和富裕农民思想，进一步明确了合作化高潮已经到来的新形势，划清了社会主义与资本主义思想的界线，明确树立了阶段斗争观点和前进大发展的思想，以积极热情勇敢的作风，赶上合作化运动的发展，认真地修正了各乡规划方案，会后各乡均召开了党支部会议，认真进行贯彻……

到10月9日，全区发展了91个新社，1815户，有21个老社已扩进311户，全区现有新老社159个，3863户，占总农户58.7%，群众性的合作化运动在继续深入地开展。

中共昆铜区委、安吉县委

1955年10月12日

中共安吉县委关于高级社发展情况的报告

自省五次党代会后，县委认真研究了全县合作化发展规划，要求春前实现初级社，达到组织农户23950户，占总农户的95%左右，并在整顿巩固现在社，提高质量，改进生产管理的同时，积极做好试办高级社工作，全县计划试办24个，计6836户，占总农户的28.3%。

由于贯彻省委五次党代会精神与毛主席指标，自上而下地深入下层，总结先进生产经验，找增产苗头挖掘增添潜力，从而大大地鼓舞了广大群众建设社会主义积极性，促进了合作化迅速发展。全县到一月底统计共有初级社505个，16077户，占总农户的66.5%（已办和正在办的高级社不在内），高级社已办好9个，1800户，占总农户的7.4%，正在办的有30个，4752户，占总农户的19.7%，准备办的14个，1899户，占总农户的7.8%（这户数已计划在初级社数内），合计53个，8449户，占总农户的44.9%，从已办好的9个高级社来看，其中老社29个，计812户，占48%，新社15个，426户，占24%，互助组员与单干农户568户，占28%，内有共产党员54个，团员102个，农村主要干部141人，有党支部1个社，其余都有党小组，有团支部5个社，其余都有团小组，共有正半劳力3083个，社内领导成分正副社长34人（男32人，女2人）。

全县高级社发展是在元月上旬开始的，县委基点乡先行一步，由点到面逐步开展，为取得经验教育干部，在县委基点乡试办期间抽调各区合作干部与专职干部10人参加，边做边学，在此时各区也在试办。基点结束后，在1月30日举办了社长训练班计74人（系高级社骨干）学习3天，结束后根据各社条件逐步发展，现在正在办30个社，3269户，在已办和正在办的39个社中，县、区、乡党组织进行掌握，主要掌握以下几个问题：第一是抓住总结生产经验，找准增产苗头，挖掘增产潜力，进行生产规划。根据生产需要，试办高级社。第二是反复讲明政策，正确贯彻自愿互利原则，这是保证由初级社顺利地过渡到高级社中心环节，处理好社内经济关系是办好社的关键。第三是为了生产需要，紧密结合抓住建立生产秩序，提高管理水平，固定耕作队，固定耕作土地，建立生产责任制，进行包工包产，保证高级社的巩固与不断提高向前发展。

在办高级社的过程中，多数社员情绪是稳定的，但有少数社政策交代不明确，引起了个别富裕农民思想错觉……

中共安吉县委秘书处

1956年2月8日昆铜公社管理委员会

昆铜乡计划生育相关政策

生育政策：

依据《中华人民共和国人口与计划生育法》《浙江省人口与计划生育条例》等条例，特作如下规定：

一、鼓励公民晚婚、晚育，提倡一对夫妻生育一个子女。

二、男女双方均未生育，经依法登记结婚后，可以自愿安排生育第一个子女的时间。

三、符合下列条件之一的夫妻，经批准，可以再生育一个子女。

（一）双方均为独生子女，已生育一个子女的；

（二）双方均为农村居民（农业人口，下同），已生育有一个女孩的，但一方为机关、团体、事业单位和其他组织职工或一方从事工商业一年以上以及双方与企业建立劳动关系一年以上的除外；

（三）双方均为农村居民，一方两代以上均为独生子女，已生育一个子女的；

（四）双方均为农村居民，女方父母只生育一个或两个女儿，男到女家落户，并赡养女方父母，已生育一个子女的（只适用于姐妹中一人）；

（五）双方均为少数民族，已生育一个子女的；

（六）双方均为农村居民，一方是少数民族并具有本省两代以上户籍，已生育一个子女的；

（七）一方为烈士的独生子女，已生育一个子女的；

（八）一方未生育过，另一方再婚前已生育一个子女的；

（九）一方未生育过，另一方再婚前丧偶并已生育两个子女的；

（十）已生育一个子女，经设区的市以上病残儿童鉴定机构确诊为非遗传性残疾，不能成长为正常劳动力的；

（十一）一方连续从事矿井井下作业五年以上，已生育一个女孩，并继续从事井下作业的。

四、除以上规定外，对确有特殊情况的夫妻生育子女，必须夫妻双方提出生育申请，经计划生育管理部门对照有关政策批准，方可安排再生育一孩。

具备下列条件之一的：

1. 夫妻依法收养一个子女后又怀孕的；

2. 再婚前一方已生育过二个子女，另一方未生育过，现家庭无子女的再婚夫妻；

3. 再婚前双方各生育过一个子女，现家庭无子女的再婚夫妻；

4. 再婚前双方各生育过一个子女，其中一方丧偶，现家庭只有一个子女的再婚夫妻；

5. 夫妻生育的第一胎子女为双胞胎，经县市以上病残儿童鉴定机构确诊，两个子女都为非遗传性残疾、不能成长为正常劳动力的；

6. 夫妻生育的第一胎子女为遗传性残疾，不能成长为正常劳动力，根据国家《病残儿医学鉴定诊断标准及其父母再生育的指导原则》（国家计生委第7号令附件），通过产前诊断和筛选可以再生育的；

7. 再婚夫妻再婚前双方曾生育子女合计不超过两个、再婚后现家庭有一个经县以上病残儿童鉴定机构确诊为病残儿，不能成长为正常劳动力的。

五、在户籍制度改革和城市建设用地中农村居民转为城镇居民的，在转为城镇居民之日起五年内，可继续享受省条例规定的适用于农村居民的生育政策。

六、严禁弃婴、溺婴、非法收养子女。弃婴、溺婴、非法收养子女的，不再安排生育。

七、严禁非医学需要的胎儿性别鉴定或选择性别的人工终止妊娠。选择性别人工终止妊娠的，原生育安排失效，并不再安排生育第二个子女。

优惠奖励措施：

1. 各大队对实行结扎手术的夫妇给予一定的补助费（参与生产队误工记工分），对施行手术后引起的后遗症给予免费治疗；

2. 对领取独生子女的父母优先安排到乡企业劳动或工作；

3. 1983年开始，独生子女享受多承包一份自留山的制度；

4. 2000年实施大病统筹（即农保）后，独生子女家长每年可优惠4元以上的统筹金；

5. 独生子女本人就医除按农保的报销比例外，再优惠10%；

6. 境内60周岁以上持有独生子女父母光荣证的，每月可领取不低于80元的奖励费。

（1980年2月）

关于大力保护山林资深，严格山林管理制度的决定

林业在国民经济中占有极为重要的地位，大力保护森林资源、发展林业生产，对于加速四化建设有着密切关系。为了全面贯彻落实以林为主、林粮结合，多种经营全面发展的生产方针，更好地贯彻落实《中华人民共和国森林法》进一步发展林业生产，搞好山林经营管理，刹住破坏山林的歪风，严格山林管理制度，特作如下决定。

一、护林组织

1. 公杜成立护林委员会，由傅小寿、李永彪、项伟萱，孙菊林、徐鑫堂、张法林、李顺明等同志组成。傅小寿同志任主任，李永彪、顶伟萱同志任副主任。

2. 各大队、生产队都要成立由主要干部、管山员、社员代表参加的护林领导小组，根据本大队、生产队的山林管理制度，经常加强检查，并将检查和执行制度情况，及时向大队或生产队社员大会报告，以便采取更有必要的措施，确保山林管理制度的贯彻执行。

3. 建立毗邻地区联防小组，联防小组由常年管山员参加，分片包干，相互协作，相互监督，共同管好山林，各联防组采用轮岗值班，每月总结经验交流情况一次。有重要情况必须及时地如实向本片有关大队管理委员会和公社护林委员会报告。

4. 各大队，生产队必须配备专职护林人员，春笋期间（大年、小年）必须增加临时护林员，加

强护笋养竹是发展林业生产的重要基数。

5. 护林员要加强责任制，以身作则，办事公道，敢于斗争。护林员有权制止和揭发破坏山林的行为，有权抵制任何单位、个人返反《中华人民共和国森林法》规定的一切错误做法，有权将引起火灾，盗伐竹木和其他破坏山林的坏人坏事报告和送交大队、公社处理，因履行职责而受到压制打击报复的有权向上级组织反映。

二、山林管理

6. 做好护笋养竹工作，不准挖冬笋。春笋期间不准上山拾柴，不准牛羊上竹山，严禁挖掘活笋(不留养的小年笋应由集体挖掘)。

7. 采伐毛竹必须做到砍八留六，大毛竹基地砍十留八，小竹留养做到二度坐底，黄枯三度坐底。对毛竹实行先捏红黝后砍伐的制度。毛竹钓梢做到留养丫枝15档以上。

8. 确保完成毛竹和小竹派购任务，在完成国家任务后，有资源的大队、生产队经公社检查同意，报上级有关部门批准，在政策许可的范围内由集体组织进行议销。

9. 毛竹是国家的二类物资，禁止个人竹制品加工，严格控制非生产性用竹，反对浪费。积极推行集体配给冲杠、朵子、乜竹，并做标记固定使用，坏了以旧换新的办法，个人不得随意砍竹使用。

10. 社员烧柴应推广集体统一砍伐、按需分配的办法，或由大队、生产队统一安排，在指定的地点和规定时间内砍伐，不准私自上山乱砍。

11. 社员造屋宅地，不能自行选择地址，更不能占用林地、茶地、耕地。要由生产队社员大会讨论，大队统一安排，在指定地点内建造，如有损坏林、木要赔偿损失。凡属荒坡荒地大队审查、公社批准。良田或林地、茶地由公社审查，县农委批准，丧葬提倡深埋。

12. 保护四旁绿化和风景林，凡偷窃损坏四旁绿化树林和风景林，包括幼林，在本大队制度的基础上按破坏山林加倍处罚。

13. 毗邻山界和山林纠纷，双方必须保持现状，由双方派代表在有关领导协助下，根据具体情况协商解决。

14. 严格审批制度，凡集体、个人用木材，应个人申请，由社员大会讨论、大队审查、报公社批准。由大队统一号树，生产队组织劳力砍伐，不得由用户邀人上山，不得批少砍多，不得批小砍大。家具用料一律由集体配料。

在社内，经公社批准的集件及生产队社员用竹、木，本队确有困难的，一律凭公社批准的砍伐证明同兄弟队协商解决，并经解决生产队讨论，大队同意，给予证明书，方可采伐、否则一律作盗窃论处。审批以旧换新的房屋要严格控制拆造的旧科，必须充分利用，不准随意变卖，确有旧料多余无法使用，经生产队讨论，大队证明，公社批准。出县的要经县有关部门批准。

15. 按照国务院森林条例精神，不准任何单位和个人直接进入林区采伐竹、木。严厉打击偷树集团。近年来，有部分队少数人员、组织团伙盗伐竹、木，山林遭受严重破坏，必须组织力量进行打击。集体以难看管为借口，未经公社批准，自行砍伐，作破坏山林论处，酌情处罚生产队经济。破坏性严重的上报检察部门处理。

16. 建立封山育林制度，各大队、生产队都要对本队山林作出统一规划，把那些柴山、幼林山、残次山采取有计划的轮封，封若干年，然后轮流砍伐。

17. 凡是以到晓墅锯板为名，将木料外流，进行没收，罚款处理。

三、奖励与惩罚

18. 公社每年冬开展一次检查评比活动，对护林成绩显著的大队、生产队和护林有功的护林员、干部、社员给予精神和物质奖励。

19. 今后凡不执行本决定，违反山林制度，根据情节轻重，给予批评教育，责令赔偿损失，处以罚钦，并追回非法所得的财物，严重的上报有关部门处理。党员、干部要大力宣传，并积极带头执行本决定，积极支持护林人员的日常工作。

20. 各大队、生产队之间都要互相支持，如发现本队社员破坏兄弟大队、生产队的山林，干部要亲自将违反者送交对方处理，支持维护对方的处理意见。如需罚软、应当即兑现，如被罚者暂时经济困难，应由所在生产队垫付，今后在计划分配中扣除。

附　则

21. 爱林护林，人人有责，全体社员必须严格执行本决定的各项规定和制度，各大队、生产队要根据《森林法》和本决定的内容，结合本单位的具体情况，发动群众讨论，再订出具体管理制度.互相监督，共同进行。

各级干部要定期检查，发现问题、及时解决。生产队讨论通过的山林管理制度要公布、并报大队一份，各大队的护林制度，要上报公社一份，以便检查。

本决定从五月十五日起执行。

昆铜公社管理委员会

1982年5月15日

关于稳定完善山林承包责任制的意见

安吉县人民政府

安政〔1993〕9号

各乡、镇人民政府，县政府有关部门：

据了解，极少数乡村出现了生产队擅自将村集体统一经营的林场划分到户的现象。这种做法是极端错误的。为完善统分结合的双层经营体制，保护林地所有者和使用者的合法权益，维护正常的生产经营和管理秩序，促进农村经济发展，根据有关法律和上级有关文件精神，结合我县实际，对稳定和完善山林承包责任制提出如下意见：

一、充分认识擅自划分村集体林场的严重性和危害性。

擅自划分村集体林场是一种严重违反《土地管理法》《森林法》和中发(1987)20号文件规定的错误行为。这种行为如不及时制止,不仅会给已经发生的村造成经济损失,影响社会安定,还将迅速波及其他乡村和其他行业,蔓延下去后果不堪设想。

二、加强宣传,做好群众的思想教育和政策疏导工作。

各乡镇人民政府要采取多种形式向群众广泛宣传《土地管理法》《森林法》、县委、县府(90)114号文件和上级有关完善林业责任制的文件精神,提高广大农民群众的法制观念、政策观念、全局观念。使他们充分认识到稳定和完普家庭联产承包责任制,不断健全统分结合的双层经营体制,逐步壮大集体经济,是党在农村长期坚持的政策。凡山权、林权明确,并发了证的,不得轻易变动。凡创办林场时,有关政策处理问题经村队协商的,无论是书面协议,还是口头协议,都应承认。要尊重历史,尊重现实,不得推翻。村集体林场必须巩固、发展、壮大,继续办好。林地所有者和使用者的合法权益受法律保护,任何单位和个人不得以任何理由侵犯。

三、在稳定中求完善,在完善中促稳定。

稳定和完善林业承包责任制,仍然是我县农村工作的一项重要任务。各级政府要把这项工作作为发展林业,维护农村社会安定,贯彻落实党的十三届八中全会和十四大精神,密切党群、干群关系的一项重要工作来抓。

稳定和完善林业承包责任制,要在稳定中求完善,在完善中促稳定。稳定是指林地等生产资料的集体所有制长期不变。对已经形成的林地承包关系要保持稳定。完善是指在坚持公有制的前提下,遵循有利于政策的稳定性和连续性,有利于巩固、发展集体经济,有利于各业生产发展的原则,以承包合同为核心,缺什么补什么,有什么问题解决什么问题。①原手续不完备的要完备。没有书面协议的要补订;原定收益分配政策未兑现的要抓紧兑现。②合理、正确的要求要接受。收益分成比例确实不合理的,要在双方协商达成协议的基础上进行调整。对不合理,不正确的要求做好耐心、细致的宣传解释工作。③加强管理,改善经营,进一步办好林场。集体林场要走中长短结合、责权利统一的路子,切实加强林场内部管理,发展"一优两高"林业,提高经济效益,增加集体和农民收入。

四、坚持教育与打击相结合。

对个别教育不改,不听劝阻,挑动群众划分集体林场、哄抢、破坏林场财产、伤害护林人员的为首分子,必须依法予以严厉打击。

安吉县人民政府

1993年4月7日

抄送:县委、人大、政协、纪委、人武部、法院检察院、各区委

关于开展延长土地承包期核发土地权证工作的实施意见

昆府字〔1998〕第41号

各村党支部,村民委员会、村经济联合社、乡属企事业单位:

为了深入贯彻落实中共中央办公厅、国务院办公厅(中办发〔1997〕16号)《关于进一步稳定和完善农村土地承包关系的通知》、省委办公厅、省政府办公厅(省委办〔1997〕70号)和县委、县政府〔1998〕66号《关于开展延长土地承包期核发土地承包权证工作的通知》精神,搞好我乡土地承包期延长和粮田承包权证发放工作,促进土地承包责任制的进一步完善和稳定,经乡党委、政府研究,结合本乡实际,提出如下意见:

一、指导思想和主要任务

指导思想是:以党的十五大精神为指针,认真贯彻落实中办发〔1997〕16号、省委办〔1997〕70号及县委〔1998〕66号文件精神,认真落实好土地承包期再延长30年的政策,明确集体土地所有权,稳定农户土地承包权,搞活土地经营权,建立与社会主义市场经济和现代农业相适应的土地经营权流转机制,加强和规范土地承包合同管理,进一步稳定家庭联产承包责任制,切实保护农民利益,调动农民积极性,保障农村社会稳定,促进农村经济发展。

主要任务:摸清土地承包及管理工作中存在的主要矛盾和问题,研究制订解决矛盾和问题的具体办法、措施,结合本乡实际,采取切实可行工作方法,做好延长土地承包期工作,把《土地承包权证》发放到每个农户,建立和完善土地流转机制,完善土地承包合同管理的各项工作制度。

二、具体政策

根据中央和省委及县委文件精神,结合本乡实际,这次“延长土地承包期核发土地承包权证”工作的总体思想是在上一轮承包的基础上,可直接将土地承包期延长30年。凡是大多数农民认为现有的土地承包办法切实可行,人地矛盾也不突出,没有必要进行调整的地方要充分尊重农民的意愿,明确宣布土地承包期再延长30年不变;对因人口变动,土地征用、自然灾害等原因造成人地矛盾突出。群众意见较大要求调整的,可依照有关政策进行小调整。但绝不允许推倒重来,小调整方案必须经村民小组户主会议2/3以上成员同意,经村经济联合社审核,并报乡政府和县主管部门审批做适当调整后,土地承包期延长30年,签订好土地承包合同,发放土地承包权证到户,在30年承包期内不做大的调整。

具体政策如下:

1. 本次延长承包期,核发承包权证的土地仅指水田,不包括旱地、鱼塘等其他土地,原承包水田已种多年生经济作物及改塘等原则上作水田。

2. 本次延长土地承包期、核发承包权证工作,原则上以现有的在册农业户口为准,按人头落实土地承包份额,人口截止日期为1998年10月31日。

为落实农户土地承包权时,要认真研究确定土地的承包对象:

(1)对户口在本村的农业户口、现役军人,原承包土地按国家规定征用但未得到经济补偿的户,要明确落实他们的土地承包权。

(2)对尚未安排工作且无稳定收入来源的蓝印户口,在校大、中专生及毕业未分配工作的(含计划内代培生、自费生)及计划外自费大、中专生、两劳人员(判无期徒刑的除外),违反计划生育出生的人口已做过政策处理并已兑现的。上述人员只要本人有要求,家庭有经营能力,也要落实他们的土地承包权,无期徒刑改判有期徒刑,刑满释放后应作为原户籍所在村民小组新增人口对待。

(3)农民同非农业人口结婚,户粮关系留在原地本人有要求,并有生产经营能力的应予保留承包土地。与非农业人口结婚的农村妇女及其子女应与其他在队农业人口一视同仁。

(4)农村婚嫁异地的农业人口,自婚姻登记之日起,不参加迁出地大田承包,迁入地必须在大田小调整时落实其大田承包权。

(5)农户全家粮户关系外迁或承包户农业人口消失的,在处理好承包合同、结算等经济政策后,发包方应将其承包田等收回另行发包。

(6)对"外来户",原有协议的根据协议规定处理,原来没有协议的依照村经济联合社章程规定或根据多数农户的意见确定。

(7)对自理口粮进城的农民,经劳动人事部门批准的转工不转粮人员,凡家庭有经营能力的,可同其他社员一样,享有土地承包权。

(8)蓝印户口人员、在校就学和毕业未分配工作的大、中专生已落实工作并有稳定收入来源的则要收回承包田。

(9)其他特殊人员的土地承包权,有规定的按规定执行;没有规定的可以参照上述原则,根据大多数农民的意见,因地制宜,合理确定。

(10)农户无力承包经营土地, 自愿放弃土地承包权,经宣讲讲明政策后仍坚持放弃的,应向村经济联合社提出书面申请,说明无力承包的原因和自愿放弃承包权的期限,经村经济联合社同意后可以放弃承包权,村经济联合社可以收回放弃承包权的土地,统一经营或重新发包。

(11)保护耕地不得进行掠夺性经营,不得随意弃耕抛荒。农户无故抛荒大田一年以上的,要收取抛荒费;连续抛荒超两年的,由村经济联合社收回其大田承包权。

3. 30年承包期内解决人地矛盾,一般只能用"大稳定,小调整"的办法,绝不能采取行政命令的办法,强行规定在全村或村民小组范围内几年重新调整一次承包田。小调整按人头计算,并按规定程序办理好有关土地承包权证的变更手续。具体办法有:

(1)在年度之间采取"动粮或动钱不动田"的办法解决;

(2)对人员变动大,一时难调剂的也可采取生死进出顺序替补的办法解决。

4. 在30年承包期内,一般不允许打破原来的承包关系。但对确因社会公益事业建设和大规模土地整治等导致耕地被占用,承包土地严重不均,群众意见较大并要求调整的,可做适当调整。上述调整方案要经村民小组户主会议2/3以上成员同意。经村经济联合社审核,报乡人民政府和县人民政府主管部门审批,并办理土地承包权证的变更登记手续。

5. 签订土地承包合同，核发《土地承包权证》，集体土地的发包方为村经济联合社，各承包户与村经济联合社签订土地承包合同，承包期自1998年11月1日起至2028年10月31日止。取得土地承包权证的农户，经乡人民政府初审，县级主管部门审核，核发由省统一印制，县人民政府颁发的《浙江省农村集体土地承包权证》。对土地承包权证的管理办法另行发文。

6. 规范土地承包合同，明确双方权利和义务，落实土地经营权：

（1）农业税：年初按国家下达的农业税额由发包方分解到承包方。承包方必须在当年十月底前完成；

（2）承包款：提倡“实物计价，货币结算”的承包款上缴制度。土地承包款按每亩每年10~12元计算，由农户在当年十一月底前必须缴纳。

7. 上一轮承包期内形成的历史遗留问题，在这次延长土地承包期核发土地承包权证工作中有关问题应妥善解决：

（1）对农户在上一轮土地承包期内按规定程序审批，在承包田上建房的，此轮承包中一般应从该农户的承包面积中原则上给予剔除，但农户与集体另有协议的除外；

（2）未经审批违章在承包田中建房，应按有关政策法规进行处理，建房面积不得在该农户的承包土地中剔除；

（3）虽经审批但在承包田上超标准建房的，也要按有关政策法规处理，处理后，超标部分应计入该农户的承包土地内；

（4）土地征用费中应由集体统一管理使用的部分原已分到户的，在此轮承包中应做如下处理：原则上应一次性将原已分到户的土地征用费收归集体统一管理和使用。一次性全额归还的农户，在此轮土地分配中可视普通社员对待；一时无力归还的可由村经济联合社与农户签订分期偿还合同，按期收回，土地分配中亦可视普通社员对待；有的农户的确无法归还的，在这次承包中，应扣除与已分土地征用费相对应的土地份额。

三、切实加强领导，精心组织实施

家庭联产承包责任制长期不变，是党在农村的一项基本政策，此次延长土地承包期30年，核发土地承包权证是中央政策在农村的具体落实。基层干部群众对此信心不能动摇，农村土地承包工作涉及面广，政策性强，工作量大，是关系到广大农民的切身利益和农村改革、发展、稳定的大局，必须切实加强领导（乡已建立领导小组另行下文，各村也相应建立领导小组）把工作做实、做细．做到位、各村党支部、村委会必须认真负责，扎实工作，同时进一步搞好宣传，讲清政策，把宣传工作做到家喻户晓，以取得广大农民群众的支持和配合，确保此项工作的圆满完成。

昆铜乡人民政府

1998年11月5日

抄报：县核发土地承包权证工作领导小组

抄送：县农经委、县工作组

关于进一步稳定土地承包关系 建立健全土地使用权流转机制的若干意见

安委办〔2000〕34号

（2000年11月21日）

为进一步优化配置土地资源，推进农村经济结构战略性调整，加快发展效益农业，现就建立健全土地使用权流转机制提出如下意见：

一、充分认识建立健全土地使用权流转机制的重大意义

建立健全土地使用权流转机制，是现阶段生产关系适应生产力发展的客观要求。在稳定土地承包权30年不变的前提下，建立土地使用权流转机制，有利于土地资源向经营能手集中，促进土地、资金、技术等生产要素的重新组合和优化配置，实行专业化生产、集约化经营，加快农业增长由量的扩张向质的提高转变；有利于加快农业产业结构调整，促进区域特色经济发展和生产基地上规模，提高农业的规模效益；有利于促进农业劳动力的转移，加快发展二、三产业，推进农村城镇化进程；有利于发展壮大村级集体经济，增强村级组织在发展效益农业中的引导、协调、服务功能；有利于加快传统农业向现代农业的转变，推进农业和农村现代化建设。各级各部门要充分认识建立健全土地使用权流转机制的重要意义，围绕农业增效、农民增收这个目标，加快土地使用权流转，加快生产基地向规模集聚的步伐，努力提高效益农业的发展水平。

二、土地使用权流转的基本原则

建立健全土地使用权流转机制要遵循“坚持条件，积极引导，因地制宜，分类指导，大胆探索，形式多样，逐步规范，不断完善”的工作指导方针，在具体工作中要注意把握以下基本原则。

1. 坚持“稳制活田（地）”的原则。稳定土地家庭承包责任制，在坚持农民土地承包权30年不变的前提下，实行土地承包权与使用权的适当分离，促进土地使用权的合理、有序流转。

2. 坚持“依法、自愿、有偿”的原则。土地使用权流转，依法是前提，自愿是基础，有偿是保障，必须充分尊重农民群众的意愿，认真按照党和国家的有关政策和法律法规办事，切实保护好农民群众的利益。

3. 坚持因地制宜、分类指导的原则。根据各地经济发展水平的不同，占有土地资源的不同，大胆探索土地流转的多种形式，从实际出发，加强分类指导，防止一刀切。

4. 坚持“边发展、边规范”的原则。在加快土地使用权流转的同时，坚持有序流转，规范流转，依法办好流转手续。

三、积极探索土地流转的多种形式

近年来，各地围绕农业产业结构调整和生产基地上规模，坚持从实际出发，大胆探索土地（包括水田、桑地、水面、旱地、山林等）使用权的多种流转形式，有效地促进了土地流转。主要形式有：

反租倒包：是根据产业结构调整的需要，在尊重农民意愿的基础上，由村经济合作社把农民承包的土地反租回来，再租赁给他人经营的一种形式。

委托发包：是农户自愿要求村经济合作社帮助将自己所承包的土地租赁给他人经营的一种形式。

相互转包：是根据生产发展的需要，承包土地在农户间自由流转的一种形式。

招标承包：是将农户自愿流转或集体统一经营的土地由村集体经济合作社统一对外公开招标，按照投标额的高低选择经营者的一种形式。

股份合作：是村集体或农户以土地的使用权入股，与种养大户、工商企业或其他合作经济组织共同开发的一种形式。

使用权拍卖：是对村集体统一经营或农户承包的土地采取公开拍卖，在一定期限内买断使用权的一种形式。

各地可根据当地实际和产业特点，选择上述合适的流转形式，并注重在实践中积极探索，尊重群众的首创精神，总结和创造新的流转形式。

四、加快土地流转的主要措施

建立健全土地使用权流转机制既是调整农业产业结构的重要条件，也是促进生产基地上规模的重要保障，各地要采取切实有效的措施，加快土地使用权的流转。

1. 加强规划引导，搞好组织协调。紧紧抓住当地的优势，围绕培育主导产业，建立规模化生产基地，制定产业发展规划，加强组织协调，引导农民按规划的要求组织生产，促进土地向种养大户和经营能手集中。

2. 加快土地整理，改善生产条件。切实加强农业基础设施的建设，加大土地整理和标准田建设力度。对零星分散，插花严重，不便经营管理，产出率低的桑地、鱼塘、水田要通过土地整理，努力改变田、地、塘插花现象，为土地流转和农业产业结构调整创造条件。

3. 完善承包机制，延长承包期限。坚持山林承包权长期稳定不变，根据动钱不动山的原则，进一步完善利益调节机制，妥善解决好农户之间的经济利益矛盾，维护山区农村的长期稳定。

4. 发展二、三产业，促进劳力转移。认真贯彻落实好县委、县政府关于鼓励个私经济发展的政策，促进农村个私经济的快速发展。鼓励农民进城经商办企业。鼓励农民围绕发展效益农业，从事农产品的加工、流通业。通过农产业的发展和城镇化水平的提高，促进农村劳动力合理、有序转移，促进土地使用权的流转。

五、切实加强对土地使用权流转工作的领导

建立健全土地使用权流转机制，事关农村改革、发展、稳定的大局，各级党委、政府必须高度重视，加强领导，切实抓好各项措施的落实，促进土地流转工作健康有序发展。

1. 加强宣传教育。大力宣传建立土地使用权流转机制的重要性和必要性，向广大农民群众讲深讲透承包权与使用权的关系，努力克服小农经济等思想观念。教育基层干部群众进一步解放思想，增强集体观念和发展意识，为加快土地流转打下扎实的思想基础。

2. 加强典型引导。各级党委、政府要转变职能，创新方法，善于发现典型，总结典型，推广典型，坚持用农民身边的典型去教育群众，引导群众。对群众一时还认识不了、接受不了的，允许群众有一个逐步认识的过程，不能操之过急，切忌强迫命令。

3. 加强制度建设。各地要切实加强土地使用权流转的制度建设，严格依法办事，对涉及大多数农户的土地流转和集体土地的对外发包，必须按照《土地管理法》的要求，由社员代表大会或户主会议2/3以上成员讨论决定，并签订好土地流转的合同，明确双方的权利和义务。要及时督促、指导土地流转合同的兑现，保护合同双方的合法权益。要加强土地流转合同资料的档案管理工作，及时调处各类纠纷，促进土地流转工作的稳定健康发展。

中共安吉县委办公室

安吉县人民政府办公室

关于下拨2009年度建设“中国美丽乡村”考核验收以奖代补资金的通知

安新农办〔2010〕5号

各有关乡镇人民政府：

根据安委〔2009〕3号《关于2009年深入推进“中国美丽乡村”建设的实施意见》和安新农〔2009〕2号关于印发《安吉县建设“中国美丽乡村”考核指标与验收办法（修订）》的通知等文件精神，对2009年度建设“中国美丽乡村”申请验收的67个村进行了全面的考核验收。经综合考核评分，县新农村建设示范区工作领导小组评定：2009年度建设“中国美丽乡村”精品村42个、重点村24个、特色村1个，“中国美丽乡镇”4个。按照县委县政府文件精神，对获得2009年度建设“中国美丽乡村”精品村、重点村、特色村和“中国美丽乡镇”的实施以奖代补。

请各有关乡镇到县财政局统一办理拨款手续，并将以奖代补资金及时拨付各相关村。

附表：2009年度建设“中国美丽乡村”以奖代补资金安排表

以奖代补昆铜精品村：独山头村139.4万元，干溪桥村140万元，长林垓村150万元，上舍村75万元

安吉县财政局

安吉县新农村示范区建设工作领导小组办公室

2010年2月3日发

后　记

《昆铜乡志》经历5度春秋，终于成稿，即将付梓，总算了却一桩“老有所乐，乐在其中”和“记住乡愁，存史于后人”的夙愿，十分欣慰！

我，一介农夫，职不过村官，文不过高中，何以自不量力，突发撰志之念？实为事出偶然。2013年，我有幸参与第二轮安吉县志中的梅溪镇《资料长编》的撰写，看着这本沉甸甸的乡村百科全书，萌生撰写路西村村志的构想，得到有关领导和村干部的支持。在编写《路西村志》过程中，原在昆铜乡任职的同志相继走上县局级领导岗位，他们向我提出编写《昆铜乡志》的建议。因为安吉还没有一本乡镇志，故而又激起我尝试编纂乡志的冲动。于是，我在编写村志的同时，也注意收集《昆铜乡志》的资料。村志完稿后，就着手撰写乡志，得到梅溪镇领导和县史志办领导的大力支持。此后，我就全身心地到县档案馆、博物馆、史志办和20多个局、委、办及金融机构查找昆铜乡建制的历史沿革、政治经济建设的相关资料，索取相关数据，得到各部门的配合与协助。为撰写风俗习惯、乡土人情、人文故事等章节，我走访原所有行政村的数十个自然村，拜访老人和村干部，收集各种趣闻逸事，拜读各村土著人的家谱，了解各村村民迁徙历程，收集各姓氏宗族文化、民间传说等。2019年春夏粗成草稿，然后全面修改、增补，部分章节请有关老先生、教师分篇审稿。

修志，强调“详今略古”，重点记述当代，同时也采集历代至民国时期有存史价值的资料入志。昆铜有些历史地名、辖区几经变迁，里、庄、保、甲建制不复存在；有的人文遗迹、传说故事逐步淡化，离我们渐渐远去，我希望能将这些渐远的事物抢救性地记录下来，展现给乡人，让历史文化能得到传承，这是我编写《昆铜乡志》的初衷。

昆铜是省政府命名的百竹之乡，改革开放以来，竹文化和竹加工产品走出国门，开辟了世界之旅；工业经济蒸蒸日上，交通设施日趋完善，美丽乡村建设造就了处处景观，新农村拉近与城镇的距离，村民享受着华夏几千年来梦寐以求的幸福生活。每当我写到这些巨大变化时，总是情不自禁，心潮澎湃，由衷地感谢伟大的中国共产党的领导和优越的社会主义制度。由此，也极大地增强了我编好乡志的信心。

《昆铜乡志》注重突出乡土文化的魅力，让乡人一册在手，记得住乡愁，留得住乡韵，忘不了昆铜，从而激发乡人怀乡、思乡、爱乡、爱国、爱党的情怀。

《昆铜乡志》的编纂得到县史志办主任唐银荣、县档案局局长任爱军等领导的支持，梅溪镇党委、政府领导非常重视和关心乡志撰写的进展情况，县博物馆副馆长研究员程永军提供了部分文史资料和指导，县政协、县委组织部、县公安局、县统计局、县退役军人事务局、县人武部、县人社局、县人民检察院、县民政局、县教育局、县土管局、县农业局、县林业局、县水利局、县环保局、县交通局、县文化新闻出版局、县卫生局、县总工会、县妇联、县团委、县税务局、县农商银行等单位给予了大力支持。值此《昆铜乡志》付梓之际，谨向关心《昆铜乡志》修纂工作的各部门同志、各村干部、前辈给予的帮助表示感谢！

《昆铜乡志》的顺利完稿，得益于《安吉县志》（1989—2012）副主编袁成民，编辑程太平和徐晓红老师的专业指导、编撰、充实内容、修改润色和最后统稿，在此深表感谢！

在收集资料、征求初稿意见过程中，承蒙各界人士给予的大力支持，他们是：汤常欢、李杰、尚亿琴、毛金明、姚建华、高文才、潘荣华、李顺民、盛剑秋、赵小荣、孙志明、郭文彬、李汉文、李视远、方宝贵、沈文松、陈小连、沈福水、李春宝、王克镜、施玉和、姚水林、楼荣根、肖聚荣、唐顺宝、方盛财、朱正国等；县史志办徐基本给予了热情指点和帮助，在此一并致谢。

最后感谢县地方志编纂室，作为安吉县首部乡镇志，《昆铜乡志》由唐银荣做最后审定，并由县地方志编纂室出资付梓。

因为各种条件的限制，资料不全，更因为本人学识肤浅，谬误之处肯定不少，敬请行家、读者和昆铜广大乡民不吝指正。

昆铜乡路西村原党支部书记、《路西村志》主编　江铭新

2021年10月